Hermann Schäfer

Deutsche Geschichte in 100 Objekten

Mit über 100 Abbildungen

PIPER
München Berlin Zürich

Mehr über unsere Autoren und Bücher:
www.piper.de

ISBN 978-3-492-05702-8
© Piper Verlag GmbH, München/Berlin 2015
Konzeption: Büro Jorge Schmidt, München
Gesetzt aus der Fairfield
Satz: Büro Beck, Kempten / www.buero-beck.com
Litho: Lorenz & Zeller, Inning am Ammersee
Druck und Bindung: Pustet, Regensburg
Printed in Germany

Inhalt

Vorwort 12

Aus Vorgeschichte und Antike

1. Homo erectus und die »deutsche« Vorgeschichte 16
   Die Speere von Schöningen

2. Weltsicht in der Bronzezeit 22
   Die Himmelsscheibe von Nebra

3. Die Schlacht im Teutoburger Wald: Arminius contra Varus 28
   Eine römische Gesichtsmaske

4. Die deutsche Weinkultur 34
   Das Neumagener Weinschiff

Aus dem Mittelalter

5. Die Wikinger 40
   Haithabu 1

6. Glocken im kulturellen Wandel 46
   Der Saufang

7. Königsthron – Geschichte und Mythos 52
   Der Karlsthron in Aachen

8. Gottes-, Herrschafts- und Wirtschaftszeichen 58
   Das Trierer Marktkreuz

9. Gottesgnadentum und Kaiserherrschaft 64
   Die Reichskrone

10. Frömmigkeit und Renovatio imperii 70
    Christussäule und Bernwardtür

11. Heldenepik und das Ideal der Treue 76
    Das Nibelungenlied

12. Der Ritter als Idol 82
    Der Bamberger Reiter

13 Gesetzgebung und Rechtsprägung 88
Der Sachsenspiegel

Vom Spätmittelalter in die Frühe Neuzeit

14 Armen- und Krankenpflege im Spätmittelalter 94
Kabäuschen im Lübecker Heiligen-Geist-Hospital

15 Klöster als Wirtschaftsunternehmen 100
Das Tennenbacher Güterbuch

16 Mit den Städten blühen die Zünfte auf 106
Die Schmiedefenster im Freiburger Münster

17 Königswahl und Kaisermacher 112
Die Goldene Bulle

18 Die Hanse – eine Wirtschaftsmacht 118
Die Bremer Kogge

19 Ritter – Söldner – Landsknechte – stehende Heere 124
Der Plattenrock

20 Universitäten – Gründung und Wandel 130
Das Große Siegel der Universität Heidelberg

21 Kathedralen und Dombauhütten in der Spätgotik 136
Das Parlerzeichen auf der Parlerin

22 Revolution der Wissenstechnik 142
Gutenbergs bewegliche Lettern

23 Globalisierung im 15./16. Jahrhundert 148
Martin Behaims Erdapfel

24 Körperbilder und Geschlechterrollen in der Renaissance 154
»Das Frauenbad« von Albrecht Dürer

25 Stifter, Kunst und Politik 160
Die »Markgrafentafel« von Hans Baldung Grien

26 Bier – vom Wasserersatz zum Volks- und Kultgetränk 166
Das Reinheitsgebot

27 Handel im Frühkapitalismus 172
In der »Goldenen Schreibstube«

28 Bauernkrieg und frühbürgerliche Revolution 178
Werner Tübkes Panoramabild in Bad Frankenhausen

29 Bibelübersetzung und Reformation   184
    Martin Luthers *Biblia Deutsch*

30 Stadtleben in Spätmittelalter und Früher Neuzeit   190
    Die Augsburger Monatsbilder

Aus der Frühen Neuzeit

31 Der Dreißigjährige Krieg   196
    Die Zapfhähne aus der Schlacht bei Wittstock

32 Jüdisches Leben und Traditionen   202
    Ein Chanukka-Leuchter

33 Der Schwarze Tod   208
    Die Pestarztmaske

34 Von der Ewigkeit zur Endlichkeit des Lebens   214
    Der »Tanzende Tod«

35 Einwanderungsland Preußen   220
    Das Edikt von Potsdam

36 Architektur und Baukunst im Barock   226
    Balthasar Neumanns Instrumentum Architecturae

37 Das »Mirakel des Hauses Brandenburg«   232
    Die Tabakdose Friedrich des Großen

38 Erhellende Aufklärung   238
    Der Blitzableiter

39 Französische Revolution in Deutschland   244
    Goethes »Freiheitsbaum«

Aus dem 19. Jahrhundert

40 An der Schwelle zur Moderne: Die preußische Reformpolitik   250
    Das Oktoberedikt

41 Altes Volksgut und neue Ideen: Die Romantik   256
    Die Sammlung der *Kinder- und Hausmärchen* der Brüder Grimm

42 Die Völkerschlacht – vom Befreiungskrieg zum Nationalismus   262
    Skelett mit Kanonenkugel

43 Freiheit, Gleichheit, Brüderlichkeit   268
    Beethovens »Neunte«

44 Ingenieurskunst auf der Großbaustelle   274
    Der Grabstein von Johann Gottfried Tulla

45 Erste Demokratieversuche und ihre Niederschlagung   280
    Die Hambacher Fahne

46 Der Deutsche Zollverein   286
    »Gränzverlegenheiten«

47 Die Eisenbahn – Deutschlands Aufbruch in die Industrialisierung   292
    Der Adler

48 »Einigkeit und Recht und Freiheit«   298
    Der Erstdruck des »Deutschlandlieds«

49 Landwirtschaft im Wandel   304
    Der Goldene Pflug

50 Der deutsche Militarismus   310
    Die Pickelhaube

51 Armutsflüchtlinge und Auswanderung   316
    Geburtsmatrikel von Löb Strauß

52 Das Gespenst einer alternativen Gesellschaftsutopie   322
    Das Kommunistische Manifest

53 Die Paulskirche: Wiege der deutschen Demokratie   328
    Der »Zug der Volksvertreter« von Johannes Grützke

54 Die Elektroindustrie   334
    Die Dynamomaschine von Werner von Siemens

Aus dem Kaiserreich

55 Die Proklamierung des Kaiserreichs   340
    »Versailles« von Anton von Werner

56 Die Anfänge der Arbeiterbewegung   346
    Die Traditionsfahne der Sozialdemokratie

57 Malerischer Realismus in der Industrialisierung   352
    Das »Eisenwalzwerk« von Adolph Menzel

58 Grundlegung des Sozialstaats – das Zuckerbrot zur Peitsche   358
    Die Kaiserliche Botschaft vom 17. November 1881

- 59 Der Start ins automobile Zeitalter   364
  Der Benz Patent-Motorwagen Nummer 1

- 60 Die pharmazeutisch-chemische Industrie wird Weltmarktführer   370
  Das Aspirin

- 61 Von der Bildergeschichte zum modernen Comic   376
  Die Bleistifte des »lachenden Pessimisten« Wilhelm Busch

- 62 Weltmachtpolitik und Kolonialismus   382
  Der Sarotti-Mohr

Aus dem 20. Jahrhundert

- 63 Industrialisierter Krieg und Kriegsschuldfrage   388
  Das MG 08/15

- 64 Die Urkatastrophe des Ersten Weltkriegs   394
  »Der Krieg« – das Triptychon von Otto Dix

- 65 Frankreichs Triumph und Deutschlands Rache   400
  Der Waffenstillstandswaggon von Compiègne

- 66 Ausrufung der Republik   406
  Die Scheidemann-Schallplatte

- 67 Gleichberechtigung und Emanzipation   412
  »Frauen! – für die Wahl«

- 68 Der Nationalsozialismus als Weltanschauung und Ideologie   418
  Hitlers *Mein Kampf*

- 69 Terror gegen den Geist: Die Bücherverbrennung   424
  Ein Buch, das den Flammen entging

- 70 Antisemitismus, Rassenwahn und Massenmord   430
  Der »Judenstern«

- 71 Rundfunk im Dienst der Propaganda   436
  Der Volksempfänger

- 72 Widerstand gegen den Nationalsozialismus   442
  Die Werkbank von Georg Elser

- 73 Staatlicher Willkür und Anmaßung   448
  Nicht einfach »eine« Guillotine

Aus der Zeitgeschichte seit 1945

74 Der 8. Mai 1945 – Niederlage und Befreiung 454
Die sowjetische Fahne auf dem Reichstag

75 Flucht und Vertreibung 460
Die Suchdienst-Kartei

76 Die Nürnberger Prozesse – das erste internationale Strafgericht 466
Die Anklagebank

77 Hilfe in großer Not: Mythos und Realität 472
Carepaket und Westpäckchen

78 Die Erfindung des Computers – aus Rechenfaulheit 478
Zuse-Rechenmaschine Z3

79 Staatsgründung mit eingeschränkter Souveränität 484
Das Besatzungsstatut

80 Das Wunder von Bern 490
Der WM-Ball 1954

81 Ein geeinter Kontinent – Idee und Realität 496
Die Europaflagge

82 Von zwei Armeen im Kalten Krieg zu einer im Einsatz 502
Helme von Bundeswehr und NVA

83 Antibabypille versus Wunschkindpille 508
Anovlar und Ovosiston

84 Vom KdF-Automobil zum Wirtschaftswunder-Käfer 514
Der Volkswagen

85 Einwanderung ins Wirtschaftswunder 520
Das »Gastarbeiter«-Moped

86 Die RAF und der Deutsche Herbst 526
Magnum-Revolver

87 *Holocaust* – eine TV-Serie: Die Vergangenheit holt die Deutschen ein 532
Bilder einer Familiengeschichte

88 Der Volksaufstand am 17. Juni 1953 538
Die Geheimkamera

- 89 Überwachung und »Vorratsdatenspeicherung« in der Diktatur   544
  Die Geruchsproben der Stasi

- 90 Grenze im geteilten Deutschland   550
  Abfertigungskabine im Tränenpalast

- 91 Der erste Deutsche im All – ein Bürger der DDR   556
  Der Raumanzug von Sigmund Jähn

- 92 Die Friedensbewegung in der DDR   562
  »Schwerter zu Pflugscharen«

- 93 Die Öffnung der Mauer   568
  Schabowskis Zettel

Auf dem Weg ins 21. Jahrhundert

- 94 Die Immer-und-überall-Kultur   574
  MPlayer3 (Pontis)

- 95 Protestbewegungen in der Bundesrepublik   580
  Sprechende Logos

- 96 Geld – Währung – Inflation   586
  Die DM-Urpatrize

- 97 »Wir sind Papst«   592
  Der Stuhl Benedikts XVI.

- 98 Ausspähen unter Freunden   598
  Merkels Handy

- 99 Die Energiewende   604
  Großspeicherbatterien

- 100 Jeder ist ein Fremder – fast überall   610
  Das Plakat »Dein Christus – ein Jude«

Dank   616

Anhang
  Literatur   620
  Bildnachweis   650
  Personenregister   651

Vorwort

Deutsche Geschichte anhand von 100 Objekten zu erzählen ist – schon allein aufgrund des immensen Umfangs eines solchen Projekts – eine gewaltige Herausforderung: Jahrtausende sind in den Blick zu nehmen, in jeder Epoche Erinnerungswürdiges, möglichst Geschichtsträchtiges, vielleicht Überraschendes aufzufinden und am Ende die vielen Einzelteile zu einem großen Ganzen zusammenzufügen – wie farbige Mosaiksteinchen, die jedes für sich, aber erst recht als Gesamtbild ihre magische Wirkung auf den Betrachter entfalten.

Tatsächlich besitzt die Zahl *100* für viele Menschen etwas Magisches: Sei es, weil Zahlen bis 100 noch überschaubar und darum leichter zu merken sind; sei es, weil 100 Grad Celsius den Siedepunkt markieren, weil wir von *100 Punkten* als Maximum oder von *100 Tagen Schonzeit* sprechen, weil das kleine Einmaleins bei 100 endet oder weil uns der *Hundertjährige Kalender* manchmal verlässlicher scheint als der Wetterdienst.

Allerdings gibt es weder einen themen- noch einen objektbezogenen Grund, sich auf exakt die Zahl von 100 Objekten zu beschränken. Doch ähnlich wie die interessanteste Ausstellung nur dann besucherfreundlich ist, wenn ihr Spannungsbogen zu überblicken ist und Anfang wie Ende absehbar sind, dient hier die Begrenzung dazu, einen Rahmen für die Auswahl abzustecken – auch wenn dadurch ersichtlich wird, was fehlt, was ausgelassen und in der Darstellung übergangen wurde. Aufgrund seiner eigenen Interessen wird jeder Leser andere Leerstellen sehen, und all diese verweisen darauf, dass unsere Geschichte, ihre Themen wie ihre Objekte, in Herkunft und Zukunft unendlich sind.

Die Relikte aus den vergangenen 300 000 Jahren werden an vielen verschiedenen Orten aufbewahrt, gepflegt, interpretiert und der Öffentlichkeit zugänglich gemacht. Sie alle verlangen die ganze Sorgfalt, Pflege und Hingabe der Museums-, Bibliotheks- sowie Archivmitarbeiter ebenso wie der Ausstellungsmacher. Nicht von ungefähr zieht es allein in Deutschland jährlich mehr als 100 Millionen Besucher in die Museen. Historische Themen, die am Beispiel von Menschen, Orten, Bauwerken oder eben meist von Objekten dargestellt werden, erfreuen sich dabei besonderer Beliebtheit. Vor allem Originale besitzen häufig eine Aura, der sich kaum jemand entziehen kann oder will. Wer sie betrachtet, sich auf sie einlässt, nimmt diese Eindrücke im Kopf und im Herzen mit. Aus diesem Umfeld heraus hat sich auch die Idee für dieses Buch entwickelt: Im Lauf eines langen und spannenden Berufslebens reifte der Gedanke. Zahlreiche Publikationen über einzelne Exponate und Objektgeschichten erscheinen im Rückblick wie der Testlauf für das vorliegende Buch. Das Echo auf sie war Ermutigung, sich auf das Projekt einzulassen, ein solches Mammutunternehmen in Angriff zu nehmen.

Das Projekt sollte möglichst alle Epochen abbilden: die Antike und das Mittelalter, Spätmittelalter und Frühe Neuzeit, die neuere und neueste Geschichte bis hin zur jüngsten Zeitgeschichte; seine regionale Begrenzung findet es im heutigen Deutschland. Es sollte eine zeitliche Spanne umfassen, die von den ersten Speeren der Menschheit bis zur Energiewende und zum heutigen Selbstverständnis der Deutschen reicht. Langfristige strukturgeschichtliche Veränderungen waren wichtiger als kurzfristige politische Wechsel. Zu den Themen zählen technische Neuerungen ebenso wie Industrialisierung und sozialer Wandel, Erster und Zweiter Weltkrieg, beide Diktaturen auf deutschem Boden und ihre Folgen, schließlich die Vereinigung des geteilten Deutschlands bis hin zum europäischen Einigungsprozess und den Problemen des 21. Jahrhunderts – dies sind nur einige der Facetten, aus denen sich die einzelnen Teile zusammensetzen.

Manche Objekte – vielleicht den Käfer, die Pille, ein Carepaket oder ein Westpäckchen – wird der Leser wie alte Bekannte begrüßen, weil er an sie eigene Erinnerungen knüpft. Oft sind es auch Überraschungsfunde, von denen die wenigsten hätten sagen können, dass sie tatsächlich zur deutschen Geschichte gehören, wie der erste Computer oder auch die Aspirin-Tablette. Jedes einzelne der 100 Objekte wird in den historischen Zusammenhang gestellt, seine Herkunft und individuelle Geschichte beschrieben. Manche können als Leitobjekte exemplarisch für ganze Phasen historischer Entwicklungen gesehen und interpretiert werden, andere werfen Schlaglichter auf kürzere oder längere Prozesse, prägende Strukturen und besondere Ereignisse. Trotz aller gesellschaftlichen Umbrüche und Veränderungen lässt sich doch über die Jahrhunderte auch eine – sicherlich nicht auf deutsche Geschichte beschränkte – Konstante erkennen: die beharrlichen Versuche der Herrschenden,

Geschichte zu instrumentalisieren und für ihre Zwecke zu vereinnahmen. Das fängt bei der römischen Gesichtsmaske an und hört bei Angela Merkels Handy längst nicht auf.

Wie aber wählt man am Ende aus der Fülle des Materials aus, welche historischen Überreste sind geeignet, *Deutsche Geschichte in 100 Objekten* zu repräsentieren? Schließlich gibt es keinen Kanon der deutschen Geschichte und schon gar nicht einen, der sich konkret auf die Exponate beziehen würde. Manches ist Pflicht, anderes ist Kür, aber jede Auswahl ist subjektiv geprägt und hat zwangsläufig viel mit den Vorlieben sowie biografischen Erfahrungen des Autors zu tun. Das Neumagener Weinschiff etwa vermochte ihn schon als Jugendlicher zu fesseln und stand ihm wieder vor Augen, als er dieses Buch zu schreiben begann. Anderen Objekten begegnete er in späteren Jahren in seinem Berufsleben, wieder andere fielen durch ihre besondere Provenienz auf. In jedem Fall sollten die Objekte anziehen, fesseln und zur Kommunikation anregen. Gesucht wurden mehr dreidimensionale als flache Objekte – selbst wenn diese Vorgabe bei manchen Themen langwierige und nicht immer erfolgreiche Recherchen nach sich zog. Beispielsweise existieren die 1834 beseitigten Zollschranken heute nicht mehr, während Teile der Berliner Mauer in unendlicher Zahl zu besichtigen sind. Aus ebendiesen Gründen wurden weder die Zollschranken noch Mauerüberreste in diese Auswahl aufgenommen, andere Exponate zur deutschen Kleinstaaterei und zum Mauerfall aber sehr wohl.

In der Zusammenschau aller Objekte und Themen kann und will das Buch weder Geschichtsbücher noch Überblicksdarstellungen oder Speziallektüre ersetzen und erst recht nicht den Besuch von Ausstellungen und Museen. Vor allem anderen möchte es neugierig machen auf die Auseinandersetzung mit der Geschichte und dem Leser durch das emotionale Erfahren der Objekte einen weniger abstrakten, konkreteren Zugang zu unserer Vergangenheit eröffnen. Es möchte ein breites, historisch interessiertes Publikum ansprechen. Wer sich eingehender informieren will, dem bietet es Hinweise auf weiterführende Literatur, die auch der Arbeit an diesen Texten zugrunde lag. Wenn der Leser hinschaut, hinterfragt, Zusammenhänge nachvollzieht und auf diese Weise aus den Objekten und ihren Kontexten eine Art Netz von Erinnerungen zu spannen vermag, dann fügen sich Zusammenhänge zu einem Gesamtbild, und das Buch hat eines seiner Ziele erreicht. Ein anderes Ziel ist die Sensibilisierung für die Objekte, ein weiteres die Auseinandersetzung mit den Themen und vielleicht sogar mit den Leerstellen, die es aus eigenem Interesse und eigener Neugier zu füllen gilt. Denn die Vergangenheit ist ja nicht gänzlich vergangen, sondern bleibt immer auch Entstehungsgeschichte, also Grundlage unserer Gegenwart.

Meinen Dank für die vielfältige Unterstützung, die ich während der Arbeit an diesem Projekt immer wieder erfahren konnte, habe ich an anderer Stelle zum Ausdruck gebracht. Neben den Kolleginnen und Kollegen in den Museen, Archiven, Bibliotheken und allen weiteren Einrichtungen, die sich mit Liebe und Leidenschaft der Bewahrung, Pflege und Erforschung ihrer Objekte widmen, danke ich vor allem allen Besucherinnen und Besuchern von Museen und Ausstellungen, denen ich begegnen durfte und die sich als Alltagsmenschen anziehen und faszinieren ließen, interessante Fragen stellten, meine Sensibilität schärften und so durch ihre Neugier das Entstehen dieses Buches maßgeblich förderten.

Ihnen allen sei es gewidmet!

Hermann Schäfer
Köln/Bonn, im September 2015

1

Die Jagd mit diesen Waffen verlangte höhere Fähigkeiten und bessere Kommunikation unserer Vorfahren, als bislang bekannt, neue Forschungsfragen stellen sich.

Die Speere von Schöningen

Homo erectus und die »deutsche« Vorgeschichte

Die ältesten auf deutschem Boden gefundenen Überreste unserer Vorfahren gehören – natürlich – zu unserer Geschichte. Und das nicht nur, weil sie überraschend einsatzfähig aussehen: acht Speere, sieben aus Fichten-, einer aus Kiefernholz, 1,80 bis 2,50 Meter lang, drei bis fünf Zentimeter dick, beidseits angespitzt, sorgfältig von Menschenhand gefertigt und bearbeitet. In Bauform und Wurfeigenschaften ähneln sie sogar heutigen Speeren und lassen sich 70 Meter weit werfen. Sensationsfunde aus dem Oktober 1994, die allen wissenschaftlichen Untersuchungen zufolge die weltweit ältesten bisher gefundenen Jagdwaffen der Menschheit sind und deren Erforschung das Bild der kulturellen Entwicklung des frühen Menschen nachhaltig verändert.

Als 1983 der Abbau im Helmstedter Braunkohlerevier an der innerdeutschen Grenze bei Schöningen begann, ahnte niemand, welche archäologischen Schätze hier Jahrtausende überdauert hatten. Die Entdeckungen sprengten selbst die kühnsten Erwartungen aller Experten. Archäologen begleiteten den Tagebau und fanden anfangs dicht unter der Oberfläche viele Spuren der jüngeren Vergangenheit. Nach neun Jahren kamen schließlich – gut zehn Meter unter der Oberfläche und aufbewahrt in Jahrmillionen alten Torfschichtungen über die Abfolge zweier Eiszeiten hinweg – acht hölzerne Speere aus der Altsteinzeit zum Vorschein. Nach allen bisherigen Erkenntnissen dienten sie den hier lebenden Urmenschen – Homo erectus – zu Jagd- oder auch Verteidigungszwecken und sind unfassbare 300 000 bis 400 000 Jahre alt.

Neben den Wurfspeeren legten die Archäologen in angrenzenden Schichtpaketen weitere Artefakte frei, die dem Urmenschen dieser Region vermutlich als Distanzwaffen dienten. So die als Lanze, als Wurfstock bzw. -holz und als Klemmschäfte interpretierten menschlichen Jagd- und Arbeitsgeräte, etwa 20 bis 30 Steinwerkzeuge (Schaber) sowie einen angekohlten, auf den Gebrauch von Feuer verweisenden Holzstab, möglicherweise in der Funktion eines Bratspießes. Diese menschlichen

Hinterlassenschaften wiederum befanden sich inmitten einer Ansammlung von etwa 12 000 Tierknochen, die von mehr als 20 Wildpferden, vereinzelt von Rothirsch, Wisent, Nashörnern und Elefanten stammen. Die Spuren an den Skelettresten der Pferde sowie aufgeschlagene Knochen weisen auf gezielte menschliche Bearbeitung, vermutlich Schlachtung durch Steinwerkzeuge, hin, wie sie der afrikanische Urmensch bereits vor 1,5 Millionen Jahren etwa mit dem Faustkeil praktizierte.

Alles in allem liegt mit dem Fundensemble die beinahe eine halbe Million Jahre alte Momentaufnahme menschlicher Frühgeschichte vor, im luftdichten Boden des Tagebaus konserviert für die Gegenwart. Was sagt sie uns für das Verständnis unserer Vorfahren, über ihre Intelligenz, das Sozialverhalten und die Anpassungsfähigkeit des Homo erectus im Nordwesten des heutigen Deutschland?

Der mittlerweile gut dokumentierte Fund der Schöninger Speere, dem mit dem »Paläon« am Entdeckungsort seit 2013 ein Besucherzentrum und Museum gewidmet ist, schließt eine große Lücke im archäologischen Geschichtsbuch der frühen Menschheitsgeschichte, auch wenn noch viele Mutmaßungen bleiben. Etwa 800 000 Jahre ist es nach bisherigem Erkenntnisstand her, dass die ersten Vertreter der vom Menschenaffen und Frühmenschen unterschiedenen Menschenart Homo erectus von Afrika aus Europa erreichten. Als nomadisierender Jäger und Sammler fand dieser aufrecht gehende Urmensch auch im Norden des heutigen Deutschland gute Lebensgrundlagen. Das belegen die ältesten hierzulande gefundenen Überreste von Menschen wie der 1907 entdeckte Unterkiefer des »Homo erectus heidelbergensis« von Mauer bei Heidelberg (600 000 Jahre) und der 1933 gefundene Schädel des »Urmenschen von Steinheim« an der Murr (250 000 bis 300 000 Jahre alt). Der 1856 bei Düsseldorf entdeckte Neandertaler ist demgegenüber viel jünger (40 000 Jahre), und noch jünger ist das 1914 bei Bonn-Oberkassel gefundene Paar mit dem ältesten Haushund Europas (14 000 Jahre).

Dabei bedurfte das Überleben des altsteinzeitlichen Menschen in dieser Region ausgebildeter Anpassungsfähigkeiten an wechselvolle Lebensverhältnisse und das entsprechende Klima. Sein Lebensraum im geologischen Eiszeitalter, dem mittleren Pleistozän, wurde über Jahrhunderttausende bestimmt durch den Wechsel von Warm- und Kaltzeiten, den Vorstoß gigantischer skandinavischer Gletschermassen, die in der Zeit vor 400 000 bis 320 000 Jahren auch den niedersächsischen Mittelgebirgsrand erreichten.

Auch die Schöninger Jagdrelikte stammen aus einer Warmphase zwischen zwei Eiszeiten, der Elster- und der Saale-Eiszeit. Am Speere-Fundort, davon geht die Forschung heute aus, entstand im Verlauf eiszeitlicher Ablagerungen aus einer Senke ein See und damit ein vom Menschen häufig aufgesuchter Rast- und Jagdplatz. In der Folge wurde dieses Gebiet wiederum über Jahrhunderttausende hinweg (bis vor etwa 150 000 Jahren) von bis zu 100 Meter hohen Gletschern übertürmt und am Übergang zum Holozän vor etwa 11 700 Jahren mit einer viele Meter starken Schicht aus Löss bedeckt. Auf diese Weise konnten die Speere wie in einem Magazin ungestört lagern und zum Zeitpunkt ihrer Entdeckung wie »frisch vergraben« erscheinen.

Das Eiszeitalter oder Quartär ist der jüngste Abschnitt der Erdgeschichte; darin findet die Entwicklung des Menschen, der Gattung »Homo«, statt. Sie begann vor 2,6 Millionen Jahren und dauert bis heute an. Das Quartär wird in zwei geologische Zeitabschnitte unterteilt, das Pleistozän und das Holozän, die Jetztzeit. Die altsteinzeitlichen Funde von Schöningen stammen aus dem mittleren Pleistozän, sind also 320 000 bis 300 000 Jahre alt. Tausende von Generationen vor der Bildung erster Zivil- und Staatsgemeinschaften in Mesopotamien (ca. 4000 v. Chr.) und den ältesten Hochkulturen der Menschheit in Ägypten, Babylonien, Mexiko und Kreta erscheint also der Mensch im Pleistozän. Im nördlichen Mitteleuropa beginnt er als Homo erectus mit seiner Herrschaft über widrige Naturbedingungen, auf heutigem deutschem Boden bewährt er sich als mutiger und listiger Jäger von Wasserbüffel, Auerochse oder Wildpferd, und er tritt bewaffnet den Giganten des Eiszeitalters wie dem Eurasischen Altelefanten, der Säbelzahnkatze oder dem Steppenmammut gegenüber.

Der Schatz von Schöningen fügt sich in dieses archäologische Bild ein und ergänzt es zugleich, denn er wirft Fragen zum Entwicklungsgrad dieses europäischen Homo erectus im Allgemeinen und zum Heidelbergmenschen im Besonderen auf. Fragen, die nicht nur den Archäologen bewegen. Umso spannender, wie die moderne Forschung die »Schöninger Jagdszene« aus der Altsteinzeit interpretiert.

Da die Jagdgeräte, der »Bratspieß« und die steinernen Werkzeuge zum Zerlegen inmitten einer Fläche lagen, die von Tausenden Tierknochen bedeckt war und erwiesenermaßen nicht durch nachträgliche Seebewegungen entstand, lassen sich diese Relikte tatsächlich als Beleg für die – mutmaßlich häufiger stattfindende – systematische Jagd des steinzeitlichen Jägers und Sammlers deuten. Der Homo erectus wie später der Neandertaler ernährte sich sehr fleischreich; nördliches Klima und Lebensraum verlangten viel Energie bei einem nomadisch geführten Leben. So wurden wohl auch hier an dem ehemaligen Ufer eines Sees gemeinsam Wildpferde gejagt und vermutlich Strategien der Großwildjagd in der sozialen Gemeinschaft verabredet. »Wer glaubt«, so der Speere-Entdecker Hartmut Thieme, »dass das mit Grunzlauten und Armfuchteln möglich war, der irrt! Eine subtile Kommunikation war nötig, mit Sicherheit gab es bereits eine Form von Sprache.« Zu den kognitiven Fähigkeiten (bewusst und vorausschauend planen, strategisch denken, sozial kommunizieren und koordinieren) kommen also handwerkliche Fertigkeiten und ein technologisches Wissen hinzu, wie das gezielte handwerkliche Bearbeiten von Rohmaterial (Holz, Stein) zur Werkzeug- oder Waffenherstellung für den gemeinschaftlichen Jagdzweck. Zu solchen Intelligenzleistungen sind nur Wesen aus der Familie der Hominiden befähigt. Sie setzen ein großvolumiges, hoch organisiertes Gehirn voraus, aber auch von Generation zu Generation weitergegebene Erfahrungen.

Die Speere belegen, dass die Schöninger Jäger bereits eine Jagdtechnik besaßen, denn sie sind nicht nur sorgfältig bearbeitet und mit ihren unterschiedlichen Längen vermutlich der Konstitution ihrer Werfer angepasst. Sie sind auch ballistisch optimal austariert, geformt wie heutige Wettkampfspeere und als Distanzwaffen gebaut. Unbeantwortet bleibt bislang die Frage, weshalb die Speere am Schöninger Jagdgrund zurückgelassen wurden. Sind sie eventuell Relikte ritueller Handlungen (H. Thieme), Bestandteil eines frühen Opferkults des Homo erectus?

Ungeachtet der Vielzahl von Deutungsmöglichkeiten und noch ausstehender Detailuntersuchungen korrigieren die Speere von Schöningen bereits heute eine lange verbreitete Auffassung der Evolutionstheorie, wonach der kräftig gebaute Mensch des Pleistozäns noch kein Jäger gewesen sei, trotz seines starken Kiefers hauptsächlich vegetarisch gelebt und sich wie Tiere von Aas ernährt habe. Wenn aber bereits der Vorfahre des europäischen Neandertalers, der Homo erectus von Schöningen, in großem Stil Wildtiere angegriffen, erbeutet und in der Gruppe unterschiedliche Waffen und Angriffstechniken (Wurfspeere, Lanze) verwendet hat, dann muss das erste Auftreten menschlichen Jagdverhaltens »um mindestens ein Vierfaches an Zeit« (Thieme) zurückdatiert werden. Bereits der Schöninger Homo erectus war also Großwildjäger und Fleischesser, planender Denker und sprachlicher sozialer Kommunikator mit Anpassungsstrategien für die Klima- und Umweltverhältnisse im nördlichen Harzvorland. Insofern rückt der Schöninger Speerfund den Homo erectus der Altsteinzeit mit seiner menschlichen Intelligenz dem Homo sapiens evolutionsgeschichtlich so nah wie noch nie. Solchen detaillierten Aufschluss über den europäischen »Prä-Neandertaler« konnten bisherige Knochen-, Schädel- und Siedlungsfunde wie 1908 und 1972/73 im thüringischen Bilzingsleben (400 000 Jahre alt) bislang nicht gewähren.

Auch die Besiedlungsgeschichte Nordeuropas erhält mit dem Speere-Schatz einen neuen Mosaikbaustein, denn sie sind der bisher älteste Siedlungsnachweis des Menschen in Niedersachen – wiederum gut 14 000 Generationen, bevor der moderne Homo sapiens auch auf dem Boden des heutigen Deutschland sesshaft wurde, Ackerbau betrieb und menschliche Kulturlandschaften wie Siedlungen und Großsteingräber schuf (um 5600 v. Chr.).

Dank der altsteinzeitlichen Jagdspeere ist das Braunschweiger Land rund um den Elm heute eine weltweit bedeutsame archäologische Fund- und Untersuchungslandschaft. Sie umfasst inzwischen rund sechs Quadratkilometer und verspricht auch nach 30 Jahren intensiver Forschung noch weitere Erkenntnisse: so zum Beispiel zu urgeschichtlichen Siedlungen, zu Befestigungsanlagen sowie zu Gräbern aus der Jungsteinzeit, der Bronze- und Eisenzeit. Auf diese Weise ergeben sich immer wieder überraschende »Kurzschlüsse« der modernen Zivilisation mit ihren Ursprüngen, die wesentlich erst durch die Schaufelradbagger des industriellen Fortschritts ermöglicht wurden.

»Es gibt nicht nur Schätze aus Silber und Gold, sondern auch Schätze der Erkenntnis«, sagen Archäologen mit Bezug darauf, dass sich »über 99 Prozent der Menschheitsgeschichte unseres Landes nur in paläontologischen und archäologischen Quellen« (Harald Meller, nach: Güntheroth/Pursche) abbilden. Einzigartige Entdeckungen wie die von Steinheim und Mauer, Weimar-Ehringsdorf und Mettmann, Nebra oder Schöningen belegen diese Sichtweise. Sie öffnen neue Fenster in die Ursprungszeit des Menschen unserer Region, geben den Äonen des weltumspannenden Zivilisationsprozesses ein wenig klarere Konturen oder lassen bei allem Staunen überhaupt erst verständlich werden, wie lang die Kette der menschlichen Kulturentwicklung wirklich ist. Und wie viele Glieder in dieser Kette immer noch fehlen.

2

Die rund 4000 Jahre alte Darstellung des Nachthimmels gibt viele Rätsel auf und diente vielleicht als astronomische Erinnerungsstütze.

Die Himmelsscheibe von Nebra

Weltsicht in der Bronzezeit

Die Himmelsscheibe von Nebra gilt als der bedeutendste archäologische Fund der letzten 100 Jahre. Es ist die weltweit älteste bisher bekannte Darstellung des Kosmos in einer Abbildung des Nachthimmels. Auf ihr haben vor etwa 3700 bis 4100 Jahren die Menschen eines vorgeschichtlichen Kulturkreises in der Mitte des heutigen Deutschland ihre astronomischen Vorstellungen verewigt. Doch bis dies nachgewiesen und das Objekt erstmals der Öffentlichkeit präsentiert werden konnte, vergingen einige Jahre, die wie ein Krimi erscheinen.

Am 4. Juli 1999 stießen zwei Männer bei ihrer illegalen Schatzsuche mithilfe eines Metalldetektors auf dem Gipfel des 252 Meter hohen Mittelbergs im Forst von Ziegelroda, vier Kilometer westlich der Stadt Nebra, nur wenige Zentimeter unter dem Laub der Oberfläche auf eine Steinkammer mit Bronzen. Sie gruben ihren Fund höchst unfachmännisch mit Hacke und Beil aus und beschädigten ihn dabei bereits. Dann transportierten sie ihn im Pkw Trabant nach Hause und versuchten, die geheimnisvolle Scheibe in der Badewanne mit Seifenlauge, Zahnbürste und Stahlwolle zu reinigen; dabei wurden der Scheibe weitere Schäden zugefügt. Nachdem rasch ein erstes Händlerangebot über 31 000 DM eingegangen war, begannen ihre Preisvorstellungen zwischen 200 000 und einer Million DM zu geistern.

Bald kursierten aber auch bereits in Fachkreisen Fotos der grün korrodierten, erdverschmutzten Scheibe. Auch dem Landesarchäologen und Direktor (seit 2001) des Landesmuseums für Vorgeschichte von Sachsen-Anhalt in Halle, Harald Meller, blieb der spektakuläre Fund nicht verborgen. Eine zwischen Kriminalamt und Kultusministerium des Landes sorgfältig koordinierte Fahndung wurde eingeleitet, und im Februar 2002 kam es in der Bar eines Schweizer Hotels zum filmreifen Rettungsakt – mit einem Lehrer und einer Museumspädagogin als Hehler und Meller als vorgeblichem Kaufinteressenten. Die Basler Polizei verhaftete die Hehler, der in ein Handtuch eingewickelte Fund war sichergestellt. Er wurde sogar schon zwei Monate später, im April 2002, erstmals als »versehrte Kostbarkeit« von Nebra der interessierten Öffentlichkeit vorgestellt – Sensation und Höhepunkt einer Ausstellung des Landesmuseums für Vorgeschichte in Halle.

Die annähernd kreisrunde, diskusförmige Scheibe, rund 32 Zentimeter im Durchmesser, am Rand keine zwei Millimeter und in der Mitte, an ihrer stärksten Stelle, fast einen halben Zentimeter dick, wiegt 2,3 Kilogramm und wurde nachweislich in alter Schmiedetechnik aus einem Bronzerohling getrieben (Bronze ist eine Legierung mit überwiegendem Kupferanteil sowie Blei und Eisen). Ihre goldenen Metalleinlagen sind Beweis handwerklichen Könnens vor Jahrtausenden und stellen vermutlich den Mond, eine Mondsichel und einen Sternenhimmel dar. Auch ursprünglich zwei seitliche sogenannte Horizontbögen sowie ein als »Sonnenbarke« gedeutetes Schiff sind Einlegearbeiten. Die Anordnung der gestalterischen Elemente auf der ursprünglich dunkel gefärbten, im Verlauf von fünf Jahrtausenden mit grüner Patina überzogenen Bronzescheibe deuten Archäologen und Astronomen übereinstimmend als älteste Darstellung dieser Art in der schriftlosen Kultur, nur in Ägypten vor 3500 Jahren gibt es vergleichbare Abbildungen. Es ist dieses Zusammentreffen von handwerklichem Können, hohem Alter und astronomischem Wissen, das den unschätzbaren Wert der Himmelsscheibe von Nebra ausmacht. Ihr Herstellungsdatum wird auf die frühe Bronzezeit (circa 2100 bis 1700 v. Chr.) geschätzt.

Die akribische kriminalistisch-wissenschaftliche Spurensuche der Archäologen und Astronomen umfasste die Himmelsscheibe selbst und alle Begleitfunde, zwei bronzene Prunkschwerter, zwei Beilklingen, einen Meißel und Bruchstücke spiralförmiger Armreifen; alles war zusammen vergraben worden. Bei einem solchen Fund gab es von Anfang an viele Spekulationen: War er »echt« oder eine grandiose Fälschung? Würde es möglich sein, eine wissenschaftlich fundierte und angemessene Interpretation der Darstellung der Scheibe zu geben?

Schon die Datierung allerdings stellte eine wissenschaftliche Herausforderung dar, denn das Alter von Bronze lässt sich nicht mit naturwissenschaftlich exakten Verfahren feststellen. Weil die Nebra-Bronze keine messbare Radioaktivität enthält, muss sie älter als 100 Jahre sein, denn nur in diesem Zeitabstand ist in ihr enthaltenes radioaktives Blei noch nachweisbar. Dies erlaubte den Schluss, dass die Scheibe keine moderne Fälschung war. Auch die besondere chemische Zusammensetzung der Bronzescheibe, die aus einer heute nicht mehr verwendeten Legierung besteht, stützte die ersten Altershypothesen. Das weitere Fundmaterial, vier Kilogramm Bronze und 50 Gramm Gold, spielt für die Gesamtdeutung eine wichtige Rolle. Das Kupfer stammt aus Erzminen in den österreichischen Ostalpen, das Gold möglicherweise aus Minen in Siebenbürgen.

Ein weiteres Indiz für Alter und Echtheit liefert die Struktur der Korrosionsschicht: Sie zeigt unter dem Mikroskop sowohl bei der Bronze als auch den Goldauflagen, dass sie über einen sehr langen Zeitraum gewachsen ist, der unmöglich imitierbar ist. Schließlich deuten Unterschiede in der handwerklichen Ausführung und der gestalterischen Überformung darauf hin, dass die Himmelsscheibe ein Werk der Schmiedekunst mehrerer Handwerker sein dürfte. Vermutlich wurde über Generationen an ihr gearbeitet, um die sich verändernden Vorstellungen über den Himmel auf der Scheibe abzubilden.

Die Beifunde aus der Steinkammer bieten weitere Anhaltspunkte, denn Armspiralen wie die von Nebra sind durch zahlreiche Funde aus der Bronzezeit belegt, die gute Vergleiche ermöglichen, wenn auch keine exakte Datierung. Die Beile von Nebra haben allerdings eine so typische Form (Randleisten und ein schwacher Absatz in der Mitte), dass eine genauere zeitliche Eingrenzung auf das Ende der Frühbronzezeit um 1600 v. Chr. naheliegt. Einen nächsten Mosaikstein liefern die Schwerter des Fundes. In den Griffen der Prunkschwerter befanden sich Reste von Birkenrinde, die mithilfe des Radiokohlenstoffverfahrens (C14-Methode) auf die Zeit zwischen 1500 und 1600 v. Chr. datiert werden konnten. Das Gesamtbild der insgesamt äußerst komplexen Einzelanalysen liefert also eine starke Indizienkette für die Authentizität der Himmelsscheibe und darauf, dass sie mit den anderen Bestandteilen des Fundes vor 3600 Jahren auf dem Mittelberg deponiert wurde.

Doch wie sind dieses Objekt und seine Darstellung astronomischer Phänomene zu interpretieren? Was will der »geschmiedete Kosmos« auf der Bronzescheibe uns sagen? Der Hintergrund ist als abstrakter Nachthimmel deutbar, als Himmelsgewölbe mit insgesamt 32 goldenen Sternen. Auffällig zwischen Sichel und Kreis ist eine Häufung von sieben goldenen Punkten. Auf den ersten Blick könnte es sich bei den großen Goldapplikationen um Sonne, Mond und Sterne handeln. Experten sehen darin aber die Darstellung von Vollmond, zunehmendem Mond (Sichelmond) und dem Sternbild der Plejaden (Siebengestirn). Schon bei den Griechen und Babyloniern des Altertums (3500 v. Chr.) werden die Plejaden als Kalendersterne benutzt zur Bestimmung der Zeit von Aussaat und Ernte; auch später orientierten Beduinen und Indianer sich an ihnen. So lassen sich Sichelmond und Vollmond in ihrem Bezug auf die Plejaden als Markierungen für jahreszeitliche Wechsel auffassen. Sie geben zwei wichtige Termine im Sonnenjahr wieder – 9. März und 17. Oktober – und lassen sich also als eine Art früher Kalenderhilfe interpretieren, ein für die Orientierung im bäuerlichen Jahr wichtiges Wissen.

Eine weitere Hypothese legt ebenfalls nahe, in der Himmelsscheibe nicht etwa eine naive Illustration des Kosmos zu sehen, sondern die Veranschaulichung eines naturwissenschaftlichen Grundsatzes: Die 32 goldenen Sterne, die Konstellation der Plejaden und der verschobene Scheibenmittelpunkt lassen sich schlüssig als Verbildlichung einer höchst komplexen Schaltregel deuten, die dazu diente, Sonnen- und Mondkalender in Einklang zu bringen. Eine Entsprechung hierfür gibt es in der Plejadenschaltregel der alten Babylonier, die als Vorbild für die Himmelsscheibe angenommen werden kann (Hansen). Solche Erkenntnisse setzen jahrzehntelange präzise Himmelsbeobachtungen voraus und ein hohes Abstraktionsvermögen, wie es den bronzezeitlichen Menschen in unseren Breitengraden bislang nicht zugeschrieben wurde.

Doch auch damit nicht genug. Die in einer nächsten Phase an der Himmelsscheibe angebrachten, einander gegenüberliegenden seitlichen Goldbögen werden von Astronomen als Verweise auf die Bahnen der Sonnenauf- und -untergangspunkte im Jahresverlauf dechiffriert, als sogenannte Horizontbögen (Schlosser). Auch sie dienten als Anzeiger für den Beginn des bäuerlichen Jahres, so wie der Mensch der Jungsteinzeit fast 4000 Jahre vor der Zeit der Himmelsscheibe den Horizontdurchlauf der Sonne als Orientierung verwendete. Die Himmelsscheibe ist danach eine astronomische Erinnerungsstütze, ein »Memogramm« derer, die den Himmel in der Bronzezeit beobachteten.

Es scheint, dass die Geheimnisse der Himmelsscheibe durch die Vielzahl an unterschiedlichen Interpretationsvarianten bis heute allenfalls »solide angekratzt«, aber bei Weitem nicht erschöpfend geklärt sind (Meller 2006). Denn es gibt noch eine weitere – mythische – Deutung, die der relativ jungen, nicht unumstrittenen Wissenschaft der Archäoastronomie zu verdanken ist: Der unsymmetrische, Rillen aufweisende, gegliederte Goldbogen am unteren Rand der Scheibe wird als eine am Horizont entlangfahrende »Sonnenbarke« gedeutet. Solche Strichreihen in Bogenform sind in Nord- und Mitteleuropa tatsächlich als frühe symbolische Schiffsdarstellungen aus der Bronzezeit bekannt, die Idee einer Sonnenbarke wiederum verweist auf Funde aus Ägypten, während sich der Mythos der Sonnenreise später in den Bildprogrammen des westlichen Ostseeraums und in Mitteleuropa (Vogelsonnenbarke) wiederfindet. Die Reise der Sonne per Schiff über den Himmel, durch Tag und Nacht; oder das »Sonnenschiff« als Vehikel zwischen den Horizonten, vielleicht den Mond oder die Sonne tragend – mit dieser mythischen Interpretation des Kosmos und seiner kalendarischen Dynamik erscheint die Himmelsscheibe wie eine Verklammerung von astronomischem Wissen und mythischem Weltbild, als bronzezeitlicher, europabezogener Vorstellungshorizont kosmischer Gesetze und damit zugleich als eines der frühesten Verbindungsglieder zu den astronomischen Deutungsbildern des antiken Griechenland (Hesiod, Homer).

Auch der Fundort auf dem Mittelberg spielt für diesen Deutungsrahmen eine Rolle, sind auf dieser bewaldeten Anhöhe doch bislang keine eindeutigen Siedlungsspuren entdeckt worden. Wohl aber belegen andere Funde vom Bergplateau, dass der Mittelberg spätestens seit dem 5. Jahrtausend v. Chr. zu kultischen Zwecken immer wieder aufgesucht worden war. Dass auch die Himmelsscheibe in diesem Kontext, das heißt als vermutlich »heiliges Gerät« (Maraszek in Meller 2010), bedeutsam war, liegt nahe. Einen Hinweis auf einen längeren, wohl religiösen beziehungsweise kultischen Gebrauch liefert ein weiteres Indiz: Eines Tages wurde der Rand der Bronze durchlocht, ein möglicher Hinweis darauf, dass sich die Verwendung der Himmelsscheibe nun änderte und sie, auf einem Träger befestigt, fortan vielleicht als Standarte diente. Somit wäre sie als Teil kultisch-ritueller Handlungen zu deuten, wie sie die Menschen in diesem Kulturkreis ausübten.

Die »Karriere« der Himmelsscheibe vom Sensationsfund zu einem »Schlüsselfund der Archäoastronomie« (Meller) und zum geheimnisvollen Bedeutungsträger astronomischer und mythischer Deutungszeichen ist durch die bis heute existierenden, vielen kontroversen Deutungsmöglichkeiten sicherlich eher beschleunigt worden. Die Geheimnisse der Himmelsscheibe sind noch längst nicht völlig aufgedeckt, viele Überraschungen sind noch zu erwarten.

Auf dem Oberesch im niedersächsischen Kalkriese gefundene römische Gesichtsmaske aus der Varus-Schlacht im Jahr 9 n. Chr.

3

Eine römische Gesichtsmaske

Die Schlacht im Teutoburger Wald: Arminius contra Varus

Dieser Gesichtshelm war vor allem in der ersten Hälfte des 1. Jahrhunderts n. Chr. bei den römischen Truppen verbreitet. Er gehört zu den ältesten im römischen Heer bekannten Typen. Es war kein reiner Paradehelm, sondern er konnte auch im Kampf getragen werden; aus Eisen geschmiedet, mit Silberblech überzogen und innen gepolstert, war er mithilfe eines Scharniers in Stirnhöhe an einem zweiten Helm mit Wangenklappen befestigt und ließ sich hochklappen. Die schmalen Augenschlitze erlaubten eine relativ gute Sicht, Atmen und Hören waren schwieriger. Aber der Helm bot Schutz, weil er schräg auftreffende Geschosse und Hiebe abzuleiten vermochte, rechtwinklig waren sie schon gefährlicher.

Unter den Hunderten von mutmaßlichen Orten der Varusschlacht kristallisierte sich als einer der wahrscheinlichsten Kalkriese heraus – wo übrigens bereits 1885 Theodor Mommsen das Schlachtfeld vermutet hatte –, nachdem 1987 ein englischer Hobbyarchäologe mit seinem Magnetometer nicht nur Münzen, sondern auch römische Schleuderbleie entdeckt hatte. Seitdem wird hier – weltweit einzigartig – ein antikes Schlachtfeld aus augusteischer Zeit ausgegraben. Einer der frühen und besonders repräsentativen Funde war Ende der 1980er-Jahre die Gesichtsmaske, sie fand sich in Oberesch, in Relikten eines von den Germanen errichteten 400 Meter langen Walls, der vermutlich unter den letztlich vergeblichen Gegenangriffen der Römer zusammenbrach.

Ein Engpass in einer Senke zwischen Moor und Wall beziehungsweise Kalkrieser Berg, in dem die römischen Soldaten nur einen 100 bis 200 Meter breiten, trockenen Wegstreifen hatten, bedeutete einen gefährlichen Hinterhalt. An dieser Stelle wurden seit den 1880er-Jahren auch die meisten Funde ergraben: Waffen, Ausrüstung, Münzen, Sandalen und vieles mehr – ein Querschnitt dessen, was römische Armeen auf dem Marsch dabeihatten, Funde von militärhistorischer Bedeutung. Es war eine Sensation fast 2000 Jahre nach den Ereignissen. Die Gesichtsmaske wurde rasch zum markanten Erkennungszeichen und geheimnisvoll wirkenden Logo der Varusschlacht.

Überreste der Germanen sind nicht nachweisbar, ihre Ausrüstung bestand aus vergänglichen Materialien, ihre Lanzenspitzen ähnelten den römischen, überhaupt benutzten sie gerne erbeutete römische Waffen, und schließlich konnten sie als Sieger ihre Toten vom Schlachtfeld bergen. Nachweisbar sind allenfalls Funde römischen Metalls, das wohl systematisch vom Schlachtfeld gesammelt, eingeschmolzen, umgegossen und weiterverarbeitet worden war.

Die Datierung all dieser Funde verweist ins Jahr 9 n. Chr., das Jahr der nach dem Sieger Arminius oder dem unterlegenen Varus benannten Schlacht im Teutoburger Wald. Dass eine solche wohl drei bis vier Tage dauernde Schlacht stattgefunden hat, ist unstreitig und aus schriftlichen Quellen überliefert, wo genau, ist immer noch nicht mit letzter Sicherheit geklärt. Aber so gut wie sicher erscheint, dass Kalkriese zumindest *ein* – besonders gut erhaltener – Schauplatz dieser Schlacht war, bei der die Römer drei Legionen verloren mit vermutlich insgesamt 15 000 bis 20 000 Soldaten, dazu noch 4000 bis 5000 Reit-, Zug- und Tragtiere. Hinzu kam als symbolische Schmach, dass auch die Goldadler dieser Legionen verloren waren und darum – singulär – die Ziffern XVII, XVIII und XIX dieser Legionen nie mehr neu vergeben wurden: Jede Erinnerung an diese verheerende Niederlage sollte vermieden werden. Tatsächlich befürchteten die Römer einen anschließenden Angriff auf die Rheinfront, den Abfall Galliens und ein germanisch-gallisches Bündnis gegen Rom.

Arminius war adeliger Cherusker, romfreundlich, römischer Bürger, Offizier und ursprünglich Vertrauter des Varus. Als Anführer einheimischer Hilfstruppen organisierte er einen Aufstand aus dem militärischen Apparat heraus. Ob diese Erhebung mit einem möglicherweise im Vergleich zur vorherigen Statthalterzeit von Tiberius imperial-rigoroseren Herrschaftsstil des Varus zusammenhing, ist umstritten: Die konkreten Motive für die Verschwörung und den Verrat des Arminius bleiben unbekannt. Allerdings ist das Geschehen auch vor dem Hintergrund der innerlich und äußerlich noch ungefestigten und in konfliktträchtigem Wandel befindlichen Landesherrschaft der Römer zu sehen.

Varus war als Nachfolger von Tiberius schon runde zwei Jahre Statthalter des Kaisers Augustus in Germanien und lagerte im Sommer

9 n. Chr. mit drei Legionen bei den Cheruskern an der Weser, als er sich auf den Weg machte, um dieser von Arminius im Hintergrund eingefädelten Rebellion Einhalt zu gebieten. Die Lage im Land galt damals eigentlich als stabil, sodass Varus einen sicher erscheinenden Weg nahm durch das Gebiet schon weitgehend als romanisiert geltender Germanenstämme. Dieser Weg führte ihn allerdings in den Hinterhalt und die Niederlage. Sie war desaströs: Varus stürzte sich am Ende – römischer Sitte folgend – in sein Schwert, seine Offiziere folgten seinem Beispiel. Varus' Haupt kam auf Umwegen nach Rom, Kaiser Augustus ließ es ehrenvoll in dem für ihn selbst vorgesehenen Mausoleum bestatten. Legendär wurde sein Ausruf, nachdem er von der Niederlage hörte: »Varus, Varus, gib mir meine Legionen wieder!«

Kaum zwei Tage nach der Schlacht erreichte die Nachricht von der Niederlage Mogontiacum (Mainz), von wo der dortige Legat, Stellvertreter und Neffe von Varus, mit zwei Legionen rheinabwärts eilte, um ein Ausbreiten der Unruhen, vor allem den Abfall linksrheinischer Stämme zu verhindern, während alle rechtsrheinischen Positionen ihrem Schicksal überlassen blieben. Die Germanen hatten zwar viele weitere Kastelle erobert, aber zu einer erneuten Allianz der Stämme gegen Rom kam es nicht, weil sie sich entzweiten, vor allem der Markomannenfürst Marbod sich Arminius nicht anschloss. Im Jahr 21 n. Chr. wurde Arminius nach Stammesstreitigkeiten ermordet.

Mit der Niederlage des Varus waren die Römer in ihrer Germanienpolitik schlagartig um zwei Jahrzehnte zurückgeworfen, sodass zur Sicherung Galliens bis zur Rheinlinie, auch um befürchtete Invasionen abzuwehren, der erfahrene Tiberius im Frühjahr 10 n. Chr. zurückkehrte, die rheinischen Legionen verstärkte und neu organisierte. Mit seinen energischen Maßnahmen war rechtsrheinisch bald wieder Ruhe hergestellt.

Während Varus von antiken ebenso wie von modernen Autoren zu Unrecht als unfähig, überheblich und geldgierig charakterisiert wird, hat man Arminius' Rolle überhöht und verzerrt dargestellt. Seitdem Tacitus-Schriften im 15./Anfang des 16. Jahrhunderts wiederentdeckt worden waren, wurde Arminius – nach Tacitus' Formulierung »unzweifelhaft der Befreier Germaniens« – zum »Nationalhelden« der Deutschen; deutsche Geschichte schien mit ihm zu beginnen. Ulrich von Hutten, humanistischer Dichter, gilt mit seiner reformatorisch-antirömischen, posthum erschienenen *Arminius*-Schrift (1529) als Begründer des Arminiuskults. Der Name wurde »eingedeutscht« in Hermann, Luther wollte ihn poetisch »celebrieren« und hatte ihn »von herzen lib«.

Justus Möser, einflussreicher Jurist und vielseitiger »Vater der Volkskunde«, schrieb ein Trauerspiel (1749) mit Arminius als Titelgestalt, Johann Gottfried Herder rühmte die Gesetze der Germanen, Friedrich Gottlieb Klopstock machte ihn in seiner Hermanntrilogie (1769, 1784, 1787) zum Helden. Die Besetzung durch Napoleon und die Befreiungskriege gaben dem Thema neue »Nahrung«: Ernst Moritz Arndt forderte einen »neuen Hermann«, Friedrich Ludwig Jahn, der »Turnvater«, einen Nationalfeiertag für den Tag der Schlacht (bis etwa 1910 galt übrigens der 9. September als Beginn der dreitägigen Schlacht); Heinrich von Kleist machte in seiner *Hermannsschlacht* (1808) die Franzosen zu Römern, die Preußen zu Cheruskern, sein Werk wurde aber erst ab 1870/71 mit dem Krieg gegen Frankreich zum »nationalen Festspiel«. Im Kontext des Ruhrkampfs entstand ein Stummfilm unter diesem Titel.

Nach dem Wiener Kongress sahen preußische und österreichische Regierungen den »Arminiusmythos« als Bedrohung, Burschenschaften dieses Namens wurden verboten; Heinrich Heine widmete der nationalistischen Vereinnahmung der Varusschlacht in seinem *Deutschland. Ein Wintermärchen* (1844) zwar spöttische Zeilen, bekannte aber zugleich, er habe für die Errichtung des Denkmals »selber subskribieret«. Zur Realisierung der lange propagierten Idee zur Errichtung eines Hermannsdenkmals war 1838 ein Verein gegründet worden, der 1841 auf dem 386 Meter hohen Berg Grotenburg bei Detmold den Grundstein legte. Es wurde 1871 fertiggestellt und 1875 eingeweiht; der anwesende Kaiser Wilhelm I. wurde vor Tausenden von Teilnehmern mit Arminius verglichen.

Auch die Historienmalerei griff das Thema gerne auf. Und in der Literatur galt bis zum Ende des Zweiten Weltkriegs Arminius' Sieg über Varus als Beginn und Grundstein deutscher Geschichte: Felix Dahn verfasste schon vier Jahre vor seinem Bestseller *Kampf um Rom* einen *Siegesgesang nach der Varusschlacht* (1872), Theodor Mommsen, späterer Nobelpreisträger (1902), nannte die Schlacht einen »Wendepunkt der Weltgeschichte« (1872) – darin folgte ihm Friedrich Engels – und lehrte, in der Varusschlacht sei erstmals deutsches Nationalgefühl aufgekommen.

Im Kaiserreich wurde das Hermannsdenkmal zu einem Wallfahrtsort für Nationalisten, Rassisten und Antisemiten. Zu Beginn des Ersten Weltkriegs musste der Hermannmythos sinn- und einheitsstiftend für den Burgfrieden der Parteien herhalten, gegen Ende als Parallele für die Dolchstoßlegende. Hitler besuchte das Hermannsdenkmal 1926, sein Chefideologe Rosenberg ein Jahr später aus Anlass des 150. Geburtstags von Kleist, in der Reichskanzlei stellte einer von acht eigens angefertigten Wandteppichen die Varusschlacht dar. Hitlers Interesse galt mehr der Expansion als der Verteidigung, wobei er kaum die Meinung seines faschistischen Gesinnungsfreundes Mussolini geteilt haben dürfte, es wäre besser für die Germanen gewesen, wenn Arminius unterlegen wäre.

Während das Hermannsdenkmal, das nach seiner Erbauung mit 53 Metern Gesamthöhe, davon 26 Meter für die Figur, sogar für ein Jahrzehnt wohl die höchste Statue der Welt war, heute mit fast einer Million Besuchern jährlich zu den meistbesuchten Denkmälern in Deutschland zählt, liegt das zum Bimillennium eröffnete, rund 100 Kilometer vom Denkmal entfernte Museum in Kalkriese – noch – im Windschatten des Besucheransturms und abseits der Touristenströme.

Ob historische Wende, Zäsur oder eine Schlacht unter vielen, die Erinnerung an die Varusschlacht und den Hermannmythos wie auch ihre Instrumentalisierung durch gesellschaftliche oder/und politische Strömungen sind jedenfalls ein anschauliches Spiegelbild deutscher Geschichte.

4

Als »Weinschiff«
oder Grabmal – dieses
Monument war bei seiner
Erstausstellung eine
Attraktion; seit 2007
gibt es sogar einen
Nachbau als Schiff.

Das Neumagener Weinschiff

Die deutsche Weinkultur

Wie kann es sein, dass ein so faszinierendes, die Fantasie beflügelndes Objekt erst nahezu 1700 Jahre nach seiner Entstehung und weitab von seinem ursprünglichen Platz aufgefunden wurde? 1878 wurde es aus dem Fundament der kleinen konstantinischen Festung Noviomagus, Neumagen/Mosel, ausgegraben, dem vielleicht ältesten Weinort Deutschlands. Die von Ausonius, einem Beamten aus Trier, 371 n. Chr. gedichtete berühmte Reisebeschreibung *Mosella* erwähnt – neben anderen schriftlichen Quellen – auch Noviomagus und den Weinbau. Der Ort war Umlade- und Stapelplatz für die Schifffahrt und lag an einer Querverbindung zur Fernhandelsroute. Das Weinschiff galt seit der Ausgrabung als »Glücksfund«, war es doch ursprünglich Teil eines imposanten Grabmonuments des frühen 3. Jahrhunderts n. Chr., das entweder auf einem der römischen Friedhöfe vor den Toren Triers gestanden hatte oder auf einem größeren Landgut moselaufwärts.

Da es keinerlei Inschriften oder Bildmotive gibt, sind wir auf Mutmaßungen über den Toten angewiesen, zu dessen Grabmonument dieses Weinschiff gehörte. Zweifellos waren er und seine Familie wohlhabend, die Spekulationen reichen vom erfolgreichen Händler über Großgrundbesitzer, Militär, Reeder, Schiffs- oder Weinliebhaber bis zu der verbreitetsten Variante eines römischen Weinhändlers. Vor allem die Schiffsladung spricht dafür, und die »verklärte« Miene eines der beiden Steuerleute wird gern als »weinselig« interpretiert. Dieses und manch anderes bleibt weiterhin Gegenstand wissenschaftlicher Erörterung wie auch die Frage, um welchen Typus eines spätrömischen Kriegsschiffs es sich hier handelt, mit sechs Ruderern, Schanzkleidern an der Reling sowie martialisch wirkenden Tierköpfen an Bug und Heck. Der Steinmetz des Grabmals illustrierte jedenfalls keinen militärischen Einsatz, und die den Gesamteindruck dominierenden großen Fässer könnten Salz, Fischsoßen, aber auch Bier oder wohl am wahrscheinlichsten Wein enthalten haben – vielleicht ein ausgemustertes Kriegsschiff, das jetzt dem Transport von Wein diente.

Tatsächlich importierten die Römer ihren eigenen Wein in Weinfässern und Amphoren nach Germanien, weil der »hiesige«, seit Keltenzeiten aus Wildreben erzeugte Wein ihnen nicht schmeckte. Sie brachten über das Rhonetal auch Rebstöcke aus ihrer Heimat in die Gegend von Mosel und Rhein; deren Anbau wurde immer beliebter und zum Ende des 1. Jahrhunderts sogar eingeschränkt zugunsten des Weinimports. Bis zum letzten Viertel des 3. Jahrhunderts war der Konsum von Wein, der als Alltagsgetränk übrigens meist mit Wasser verdünnt getrunken wurde – bei besonderen Anlässen aber selbstverständlich auch unverdünnt und in besserer Qualität –, erheblich gestiegen, sodass auch der Import wieder freigegeben wurde. In konstantinischer Zeit gab es sogar das Amt eines Weinverwalters, eine staatliche Administration für die inzwischen riesigen Anbauflächen. Der Weintransport auf der Mosel dürfte also zugenommen haben – und damit auch die Zahl der Weinhändler, die sich repräsentative Grabmale leisten konnten.

Seit dem ersten Viertel des 7. Jahrhunderts ist auf deutschem Territorium Weinbau auch rechtsrheinisch belegt und seit dem 6./7. Jahrhundert auch an den Südlagen der Donau. Karl der Große regelte in der Verordnung »Capitulare de Villis« über die Verwaltung seiner Güter unter anderem die Aufbewahrung von Wein in Fässern statt Schläuchen bzw. Tierbälgen (die schwerer zu reinigen waren und Wein rascher altern ließen) und verbot aus Reinlichkeitsgründen das Entsaften mit den Füßen. Er, der selbst »während der Mahlzeiten selten mehr als drei Becher trank« (Einhard), erließ – wenn auch vergeblich wie viele Fürsten nach ihm – Verbote gegen den Trinkzwang bei Gesellschaften. Sieben Jahrhunderte später klagte Martin Luther »Wir predigen und schreien und predigen. Es hilft leider wenig«, wobei es ihm nicht um Enthaltsamkeit, sondern lediglich um Mäßigung ging.

Nach Rebsorten wurde im frühen Mittelalter nur selten unterschieden, wohl aber seit dem 13. Jahrhundert zwischen »hunnischem« und dem wertvolleren »frentschen« Wein, dem *vinum hunnicum* bzw. *francium*, was aber nichts mit der Weinfarbe zu tun hatte. Denn bis Mitte des 15. Jahrhunderts wurde überwiegend Rotwein getrunken; Weißwein kam überhaupt erst im 13. Jahrhundert stärker auf. Zentren der Weinkultur waren die Klöster, und das nicht nur, weil sie Messwein benötigten. Wein war ein Volksgetränk; der jährliche Pro-Kopf-Verbrauch an Wein soll im Mittelalter in Deutschland etwa 150 bis 200 Liter betragen haben, während es heute lediglich 21 Liter sind. Selbst bei den bescheiden lebenden Zisterziensern schrieb die Ordenssatzung den Besitz eigener Weinberge vor. Auch weltliche Fürsten förderten den Weinbau. Wein war wegen seines Alkoholgehalts keimärmer und sauberer als Wasser und auch deswegen beliebt; gegen die zunehmende Weinpanscherei wurden zum Beispiel in der zweiten Hälfte des 15. Jahrhunderts Weingesetze erlassen. Die Rebflächen auf deutschem Boden sollen an der Wende vom Mittelalter zur Neuzeit insgesamt dreimal so groß gewesen sein wie heute. Es wurde mehr produziert, als der eigene Bedarf verlangte, und dementsprechend auch exportiert. Köln war das »Weinhaus der Hanse«.

Die Qualität der Weine ging – auch als Folge des Dreißigjährigen Kriegs – drastisch zurück, entsprechend auch der Absatz. Zum Ende des 18. Jahrhunderts wurden Maßnahmen zur Qualitätsverbesserung notwendig, und zu dieser Zeit wurde das Gebiet an der Mosel aufgrund einer erzbischöflichen Anordnung zum Anbau dieser Reben allmählich zur Rieslingregion. Erst in der Zeit der napoleonischen Herrschaft in Deutschland – mit der Säkularisation – wurde die kirchliche Vorherrschaft im linksrheinischen Weinbau beseitigt; die großen Weingüter von Adel, Klöstern und Kirchen wurden verstaatlicht, aufgeteilt und meistbietend versteigert, oft an ihre bisherigen lehenspflichtigen Pächter. Der Wechsel von herrschaftlich gelenkter Bewirtschaftung zu eigenverantwortlichem Anbau und Vermarktung führte allerdings zu einer Stagnation von Weinbau- und Kellertechnik, was kleine Winzer an ihr Existenzminimum brachte, die Auswanderung förderte und genossenschaftliche Zusammenschlüsse entstehen ließ. Die aus Nordamerika seit dem letzten Drittel des 19. Jahrhunderts über London und Frankreich und gegen Ende des Jahrhunderts auch nach Deutschland eingeschleppte Reblaus hatte bis nach dem Ersten Weltkrieg katastrophale Folgen und brachte den Weinanbau fast zum Erliegen, bis sie mit sogenannten Pfropfreben auf resistenten amerikanischen Wurzeln seit der Jahrhundertwende erfolgreich bekämpft werden konnte.

Der Alkoholgehalt bestimmt Haltbarkeit und Geschmack und ist abhängig vom Zuckergehalt der Trauben, der wiederum natürlicherweise von Sonne und Witterung bestimmt wird. Zucker wurde erst um die Mitte des 19. Jahrhunderts so preiswert, dass es sich rentierte, ihn nicht nur Schaumwein, sondern auch Wein zuzusetzen. Die Trockenverbesserung – das Chaptalisieren – kam Anfang des 19. Jahrhunderts auf, die Messung von Oechslegraden um 1840. Louis Pasteur enthüllte die Geheimnisse der Gärung, und Sterilfiltration ermöglichte in der zweiten Hälfte des 20. Jahrhunderts das Abfüllen süßer Weine in großem Ausmaß. Edelstahlbehälter helfen geschmackliche Nuancen besser zu erhalten als Holzfässer. Die sogenannte Weinverbesserung durch »Gallisierung« wurde Mitte des 19. Jahrhunderts erfunden und gegen Ende des Jahrhunderts als »Nassverbesserung« lebensmittelrechtlich reguliert. Sie erlaubte es, eine zu geringe Sonneneinstrahlung bis zu einem gewissen Grad mit Wasser und Zucker auszugleichen. Ein eigentliches deutsches Weinrecht gibt es heute nicht (mehr), weil seit 1970 eine immer komplizierter gewordene europäische Weinmarktordnung geschaffen wurde.

Rheinhessen, Pfalz, Baden, Württemberg und Mosel sind heute die mit Abstand größten Weinanbaugebiete in Deutschland, hier werden auf fast 100 000 Hektar 86 Prozent des Weins erzeugt (2008). 22 Prozent der produzierten Weine sind Riesling, gefolgt von Müller-Thurgau (13 Prozent) und Spätburgunder (12 Prozent), die weitere Sortenvielfalt ist immens. Nach Frankreich, Italien und Spanien ist Deutschland viertgrößter europäischer Weinexporteur und der achtgrößte weltweit. 14 Prozent der deutschen Durchschnittsernte werden in über 100 Länder exportiert, insgesamt 1,3 Mio. Hektoliter, überwiegend nach den USA sowie in die Niederlande, nach Großbritannien und Norwegen.

Wein hat einen hohen Stellenwert im gesellschaftlichen Leben und damit auch in der Geschichte, Alkaios von Lesbos dichtete im 7. Jahrhundert v. Chr. vom Wein als »Spiegel für die Menschen« und dass in ihm die Wahrheit liege, woraus bei den Römern der geflügelte Satz »in vino veritas« wurde. Die Trinkkulturen der Länder sind allerdings durchaus unterschiedlich, in den Mittelmeerländern gilt Weintrinken als eher »integriert«, also ohne besondere Anlässe üblich, in anderen – auch Deutschland – nennen Soziologen es »ambivalent«, gesellschaftlich akzeptiert, aber nicht ohne jeden Anlass.

Als ältester Winzer in unserem Kulturkreis gilt Noah, weil er dem Buch Genesis der Bibel zufolge Reben in die Arche rettete, nach der

Sintflut neu anpflanzte, aber sich auch am Wein berauschte. Schon bei den Römern – und nicht erst im Mittelalter – soll mehr Wein als Wasser getrunken worden sein – die Miene des fröhlichen Steuermanns auf dem Neumagener Weinschiff mag den Betrachter an den Wandel des Weinkonsums denken lassen. Sortenvielfalt und internationale Konkurrenz haben bis heute erheblich zugenommen, stärker als in der Vergangenheit ist der Weingeschmack der Mode unterworfen: Vor 100 Jahren hieß es, der Weingeschmack wechsele alle 100 Jahre, inzwischen geschieht das im Lauf von Jahrzehnten. Nach den Mangeljahren der unmittelbaren Nachkriegszeit waren in den 1950er-Jahren preiswerte, süße, aromatische Weine der »Renner«, in der Wirtschaftswunderzeit süße Spät- und Auslesen, seit den 1970ern wurde »trocken« getrunken, in den 1980ern brachte die Gesundheitswelle einen bis heute anhaltenden Rotweinboom. Seit den 1990er-Jahren geht der Trend global zu höheren Alkoholwerten, südlichen Reben und dem Ausbau im Barrique. Im neuen Jahrtausend wird »Lage« durch »Terroir« ersetzt, »Sorte« durch »Bodenart«. Trends der Individualisierung und der Globalisierung bzw. Vereinheitlichung stehen sich heute gegenüber, das allgemeine Qualitätsniveau hat sich deutlich verbessert, aber aus Vielfalt könnte Einfalt werden, wenn das Kulturgut Wein »nur« noch Getränk ist.

Manches Kulturgut kommt erst wieder nach Jahrtausenden ans Licht der Betrachter – wie dieses eindrucksvolle Grabmonument eines römischen Weinhändlers; selbst Friedhöfe dienten in der Spätantike offensichtlich als Steinbruch.

5

Aus wenigen Originalfunden (Skizzen) wurde in akribischer wissenschaftlicher Arbeit rekonstruiert, wie die Haithabu 1 ausgesehen haben könnte.

Haithabu 1

Die Wikinger

Vor 1000 Jahren war das wahrscheinlich im 8. Jahrhundert gegründete Haithabu vor den Toren der heutigen Stadt Schleswig am Haddebyer Noor eine der »Metropolen« Nordeuropas. Hier kreuzten sich vom 8. bis in das 11. Jahrhundert Fernhandelswege aus West- und Osteuropa, vom skandinavischen Raum bis in den arabischen, hier kamen Menschen und Waren aus aller Welt zusammen und trafen zahlreiche Kulturen und Währungen aufeinander; und es wurden hier auch Münzen geprägt. Fast 300 Jahre hatte der Hafen eine Schlüsselposition im Warenumschlag zwischen Nord- und Ostsee, weil von hier nur 18 Kilometer Landweg zu bewältigen waren, um über Treene und Eider die Nordsee zu erreichen. Ein großer Halbkreiswall schützte die Stadt und ihre 1000 bis 1500 Einwohner. Er war mit dem Danewerk verbunden, einem gewaltigen Bollwerk der Dänen gegen ihre südlichen Nachbarn.

Seit dieser Zeit lag im Wasser des ehemaligen Hafenbeckens ein außergewöhnliches Wikingerschiff. Zu Beginn des 20. Jahrhunderts weisen Ausgrabungen auf dem gesamten Areal auf die Bedeutung von Haithabu hin, das aber auch in einer arabischen Reisechronik aus dem Jahr 965 schon als »sehr große Stadt am äußersten Ende des Weltmeeres« beschrieben wurde. Im Dezember 1926 stießen Holmer Fischer zufällig auf ein langes Stück Holz, das sich als Teil eines Einbaums herausstellte. Seitdem wurde systematischer gegraben, weil weitere Funde, vielleicht auch Schiffe vermutet werden konnten. Weil die Nationalsozialisten »germanische Identität« suchten, erhielten die Ausgrabungen im »Dritten Reich« eine ideologische Begründung und damit besondere Priorität: Heinrich Himmler übernahm 1934 eine »Patenschaft« über die Ausgrabungsarbeiten, und die von ihm 1935 gegründete »Ahnenerbe-Stiftung« investierte in Haithabu etwa die Hälfte ihres Ausgrabungsetats.

Reste der Hafenpalisade und das Wrack des Wikingerschiffs Haithabu 1, wie es von den Wissenschaftlern genannt wurde, wurden erst 1953 entdeckt – ein sensationeller Fund; war es doch bis zur Entdeckung der Roskilde 6 in Dänemark 1996/97 das größte je gefundene Wikingerschiff. Seine Bergung war schwierig, da das trübe Wasser Probleme bereitete, auch eine Tauchaktion mithilfe der Bundesmarine 1966 blieb erfolglos. Erst nachdem 1979 im Wasser ein eigener Kasten aus Spundwänden Stück für Stück um das Wrack herumgebaut worden war, konnte das Wasser anschließend aus dem Kasten herausgepumpt und das Wikingerschiff auf diese Weise trockengelegt werden.

Der Form seines Rumpfes nach zu urteilen, diente die Haithabu 1 zu unterschiedlichen Fahrtzwecken – auch als Kampfschiff – und war nicht nur wegen ihrer Länge von etwa 30 Metern und der für ihren Bau ebenso wie für erkennbare Reparaturen verwendeten wertvollen Rohstoffe ein außergewöhnliches Schiff. Den bisherigen Untersuchungen zufolge wurde es im ausgehenden 10. Jahrhundert, wahrscheinlich um das Jahr 982 gebaut und ging zwischen 990 und 1010 unter. Brandspuren deuten darauf hin, dass es vor dem Untergang Schlagseite nach Steuerbord hatte, in Flammen stand und auf seiner Backbordseite bis unter die Wasserlinie abbrannte. Es gibt verschiedene Erklärungsversuche zu Brand und Untergang. Ein Unfall wird ausgeschlossen, auch ein »heidnisches« Begräbnisritual eher für unwahrscheinlich gehalten. Plausibler erscheint die Deutung, es gebe hier einen Zusammenhang mit einer Schlacht um die Stadt Haithabu: So könnte das Kriegsschiff bei einem Angriff auf die Hafenanlage mit Brandpfeilen beschossen worden sein, bis das geteerte Segel und schließlich auch der Rumpf in Flammen aufgingen; oder es diente als »Brander«, eine Art brennender Rammbock, der – wie in nordischen Sagas beschrieben – vom Angreifer bewusst angezündet und mit gesetzten Segeln gegen die Befestigungen des Verteidigers gerammt wurde. Aber ob wirklich ein Schiff von solcher Qualität hier so genutzt wurde, muss bislang offenbleiben. Jedenfalls fiel Haithabu 1066 in einer Schlacht den Flammen zum Opfer. Die Gebäude brannten nieder, und das Gelände der einstigen Metropole des Nordens wurde nie wieder großflächig bebaut.

Wenn wir von den Menschen reden, die in Haithabu lebten und in dessen Umgebung vielleicht auch Schiffe bauten, dann sprechen wir ganz selbstverständlich von »Wikingern« – doch wer oder was sind eigentlich diese »Wikinger«? Die Franken nannten sie schlicht »nortmanni« – »Nordleute« –, und auch ihnen war bewusst, dass es sich nicht um ein einzelnes Volk handelte. In den schriftlichen Quellen findet sich zwar auch der Begriff »Vikingr«, doch ist er selten und bleibt äußerst vage. Adam von Bremen, ein zuverlässiger mittelalterlicher Chronist, beschreibt sie sinngemäß als Seeräuber, die Dänen nennten sie Wikinger, die Sachsen »Ascomannos« (»Eschenmenschen«), die vom dänischen König geduldet wurden, da sie ihm Tribut zahlten.

Die Wikinger waren *eine* Gruppe der skandinavischen Gesamtbevölkerung, doch ihre Taten hatten Einfluss auf ganz Europa und darüber hinaus. Ihre Bedeutung verdanken sie ihren außerordentlichen Fertigkeiten in Schiffsbau und Navigation. Die Qualität ihrer Schiffe ist legendär; diese waren zugleich auch Symbole von Prestige und Macht. Mit geringem Tiefgang und Gewicht konnten sie über Flüsse tief ins Land fahren und unabhängig von Häfen landen. Und sie konnten sogar für Reparaturen an Land gezogen werden. Zugleich waren sie hochseetauglich, da das große viereckige Segel lange Fahrten ermöglichte und ein langer Rumpf ein effektives Rudern. Schiffe wie die Haithabu 1 hatten ungefähr 30 Ruderreihen, sodass auch ohne Wind erstaunliche Geschwindigkeiten möglich waren. Die Langschiffe der Wikinger – dies berichten auch die schriftlichen Quellen – waren außergewöhnlich schnell und daher besonders geeignet für überfallartige Eroberungen; ihre bauchigeren, breiteren Handelsschiffe (»Knorr«) ermöglichten große Erfolge im Fernhandel. Konnten die nordischen Schiffstypen im 11. Jahrhundert 60 Tonnen Ladung aufnehmen, so waren es im 12. Jahrhundert bereits 80, im 13. Jahrhundert sogar bis zu 150 Tonnen.

Das Klischee von den brutalen Wikingern existiert bis heute. Ihre Feldzüge waren eng verbunden mit ihren Wirtschafts- und Handelsinteressen, häufig waren es »räuberische Kauffahrten« (Fried): Von Luxusgütern über Sklaven bis zu Alltagsgegenständen und Nahrung reichten ihre Handelsinteressen, sie plünderten an der Nord- und Ostsee, an der Atlantikküste und im Mittelmeer. Sie fuhren die russischen Flüsse hinauf und erreichten byzantinische Gewässer. Sie überfielen Klöster, Höfe und Dörfer, nahmen Silber und Gold, verschleppten und versklavten die Besiegten. Einhard, der Chronist Karls des Großen, berichtet von der Anlage von Befestigungen und der Positionierung von Schiffen in wichtigen Flussmündungen zur Verteidigung gegen die Wikinger.

Besonders hart trafen die Überfälle das Westfrankenreich und die Britischen Inseln, aber auch im entfernteren Osteuropa zwangen die »Waräger« Slawen und andere Völker auf dem Gebiet des heutigen Russland zu Tributzahlungen, wie eine Kiewer Chronik für das 9. Jahrhundert berichtet. Aus den zunächst eher spontanen und küstennahen Plünderfahrten der Wikinger wurden im Lauf der Zeit geplante, regelmäßige und häufigere Unternehmungen mit immer mehr Kämpfern, die auch tiefer ins Landesinnere vordrangen. Schließlich besetzten die Wikinger die eroberten Gebiete, mehrfach überwinterten ihre Heere im Frankenreich, errichteten Befestigungen und blieben als Gruppe manchmal mehrere Jahre an bestimmten Plätzen, so zum Beispiel im ausgehenden 9. Jahrhundert in Friesland und England oder ab 880 am Niederrhein. 911 erhielt ein Wikingeranführer nach seinen Überfällen die Normandie als Lehen und begründete ein Herzogtum; 1016 hatten sie ganz England erobert, und ab 1020 errichteten sie Herrschaften in Süditalien.

Ihre Fahrten führten die Wikinger noch weiter in den Norden: Im 9. Jahrhundert entdeckten sie Island und besiedelten es, im 10. Jahrhundert ließen sich erste Wikinger an der Küste Grönlands nieder. Um die Jahrtausendwende erreichte Leif Eriksson mit seiner Mannschaft ein Land jenseits des Atlantiks, das er »Vinland« nannte (Neufundland), und wurde so zum ersten Europäer, der Nordamerika erreichte. Eine isländische Saga berichtet davon, und Ausgrabungen bestätigen sie zumindest teilweise. Zu dauerhaften Siedlungen von Wikingern kam es auf dem amerikanischen Kontinent jedoch nicht.

Unser Bild der Wikinger hat sich im Lauf der Geschichte verändert. Seit das aus dem 13. Jahrhundert stammende *Nibelungenlied*, dessen Thema bis in die Zeit der germanischen Völkerwanderung zurückreicht, im 18. Jahrhundert wiederentdeckt wurde, stieg mit der wachsenden Begeisterung für den Mythos der Germanen im 19. Jahrhundert auch das Interesse an den Wikingern. Im 20. Jahrhundert konnte der aufkommende Nationalsozialismus darauf aufbauen, es ideologisch kultivieren und die »nordische Reinheit« der Wikinger und ihre Überlegenheit über andere Völker rassistisch verklären. In der Sowjetunion hingegen wurde die Rolle der Wikinger zum Beispiel bei der Gründung Nowgorods und Kiews verleugnet.

Das Wissen über die Wikinger ist in mancher Hinsicht noch unscharf und bleibt weiter ein Anliegen der Forschung, Entdeckungen wie die in Haithabu helfen dabei enorm. Tatsächlich sind inzwischen die Deutungen wesentlich vielfältiger und bewegen sich seit den 1960er-Jahren auch zunehmend weg von der einseitigen Sicht, die Wikinger nur als brutale Krieger anzusehen. Ihr Fernhandel, ihre friedlichen Besiedlungen und ihre Entdeckungen werden heute ganz selbstverständlich mit gewürdigt, ohne dabei die kriegerischen Aspekte zu ignorieren. Die Phase des Übergangs nach der Wikingerzeit, die Ablösung ihres

Fernhandels durch die Hanse sowie die Kontinuitäten und der Wandel zwischen Früh- und Hochmittelalter werden weiterhin intensiv erforscht.

Die Saufang-Glocke stammt vermutlich aus dem 9. Jahrhundert. Den Weltkriegen fielen im 20. Jahrhundert viele Glocken zum Opfer.

Der Saufang

Glocken im kulturellen Wandel

Nach der Legende wurde diese Eisenglocke von einem Schwein aus der Erde gewühlt, war also ein ganz besonderer Saufang. Tatsächlich war es nicht unüblich, Glocken zu verstecken, auch zu vergraben, wenn sich Feinde näherten; für die Jahre 881/882 sind grausame Überfälle der Normannen im Rheinland überliefert. Vielleicht seit der Gründung des Kölner Damenstifts St. Cäcilien im letzten Drittel des 9. Jahrhunderts hing die Glocke in der dortigen Kirche und kam nach über einem Jahrtausend, Ende des 19. Jahrhunderts, ins Museum. Vielleicht ist sie sogar noch älter und stammt aus der Zeit des Kölner Bischofs Kunibert im 7. Jahrhundert, der sie nach einer Legende geweiht haben soll und an dessen Todestag sie immer läutete, seitdem sie in St. Cäcilien hing; in den Stiftsstatuten aus dem 14. Jahrhundert wurde sie ausdrücklich als »sent Kunibertz clocke« erwähnt. Der Saufang ist jedenfalls ein »einzigartiges, frühes Dokument der abendländischen Glockengeschichte« (Poettgen) und zählt zu den ältesten – und zudem funktionsfähigen – Glocken im deutschsprachigen Raum.

Als die Glocke aus drei Eisenblechen geschmiedet wurde, die mit Nieten zusammengefügt sind, war der Guss von Glocken aus Bronze noch die Ausnahme. Oval im Querschnitt (33 x 19,5 Zentimeter), hat sie eine harmonische Kuhschellenform, Seiten und Schulter leicht gerundet, mit angedeuteten Kanten, der untere Rand leicht aufgebogen. Nicht mehr original ist der Klöppel, und anstatt der bei solchen Schellenglocken üblichen Krone hat sie einen aufgeschweißten Haltebügel, montiert an einem Holzbalken, an dem sie mit ihrem Gewicht von 15 Kilogramm schwingt. Nicht nur äußerlich erinnert sie an eine Kuhglocke – wobei sie mit 42 Zentimetern viel höher ist –, sondern auch klanglich. Jedenfalls lässt sie sich kaum in ein harmonisches Geläute einfügen.

Schellen- und Glockentöne in unterschiedlicher Form dienten zunächst vor allem als Rufzeichen, die Römer läuteten zum Beispiel die Öffnung der Bäder mit kleinen Schellen ein, die Christen riefen nach der Anerkennung ihrer Religion als Staatsreligion (380) zunächst mit Klapperwerkzeugen, dann mit Schellen zum Gottesdienst, die Benediktiner ihre Brüder zum Gebet. Vor allem irisch-schottische Wandermönche sorgten für die Verbreitung zunächst von Handschellen und dann auch von Glocken im Christentum; es wird gemutmaßt, dass auch der Saufang mit ihnen nach Köln gekommen sein könnte. Auch die Technik des Bronzeglockengusses kam aus Irland auf den Kontinent, nach Fulda, Erfurt, auf die Reichenau und nach St. Gallen, von wo deswegen Karl der Große um 800 einen Mönch nach Aachen rief; spätestens seitdem wurden neben geschmiedeten Eisenglocken auch bronzene Gussglocken verwendet, am Aachener Dom auch Bronzeportale hergestellt. Ab dem 11./12. Jahrhundert wurden Glocken nicht mehr nur vor allem in Klöstern und zu deren Eigenbedarf hergestellt, das Glockengießerhandwerk blühte auf.

Glocken dienten bis ins 13. Jahrhundert vor allem als akustische Signale, dabei hatte jede eine eigene Funktion entweder im kirchlichen (Gebets-, Toten-, Fest-, Sonntags-, Vesperglocke etc.) oder im weltlichen (Markt-, Bann-, Gerichts-, Mittags-, Abend-, Feuerglocke etc.) Dienst; sie wurden meist »solistisch« geläutet, erklangen allein, jedermann kannte ihren Klang und damit die Bedeutung der Läutezeichen. Wenn alle vorhandenen Glocken zusammen läuteten, war dies eine seltene Ausnahme bei besonderen Anlässen, wie zum Beispiel Besuchen hochgestellter Persönlichkeiten. Und es klang nach Lärm. Erst als sich im 13./14. Jahrhundert in der Musik die Mehrstimmigkeit durchsetzte, wurden die Glocken stärker unter musikalisch-harmonischen Gesichtspunkten betrachtet, genutzt und hergestellt, dann auch mit Kennzeichnung des jeweiligen Glockentons.

Der Wunsch nach musikalischer Klangentfaltung führte im 14./15. Jahrhundert zu einem deutlichen Anstieg der Glockenproduktion, wobei die alten Glocken eingeschmolzen und ganze Geläute mit zuvor festgelegten Stimmtonhöhen neu hergestellt wurden – einhergehend mit einem Fortschritt der Gießtechnik vor allem bei der Ausformung der Glockenrippe (nicht, wie fälschlich oft angenommen wird, der Legierung, die mit der Kupfer-Zinn-Relation 4:1 auch von den Zünften längst festgeschrieben war).

Jede Region entwickelte ihre eigenen Bräuche und Gewohnheiten in den Läutesitten. Das uns heute vertraute Geläute großer Kirchen entstand seit dem Barock und im 19. und 20. Jahrhundert. Bis dahin waren die Glocken längst zum akustischen Symbol der Verehrung Gottes geworden – mit und neben Größe und Ausstattung der Kirchen, der Höhe ihrer Türme, dem Farben- und Formenreichtum ihrer Glasfenster, der Pracht der Altäre, dem Schmuck von Kanzel, Skulpturen und vielem mehr.

Das legendäre Schicksal der Saufang-Glocke deutet schon auf die Gefährdung von Glocken bei Kriegsgefahr. Bronzeglocken erlebten häufig eine »tragische Metamorphose« (Kramer), spätestens seit im 14. Jahrhundert auch Geschütze aus diesem Material gegossen wurden. Beispiele aus allen Jahrhunderten liegen vor: Kurfürst Friedrich von Brandenburg hatte mit schlechtem Gewissen in der ersten Hälfte des 15. Jahrhunderts die Glocken der Berliner Marienkirche einschmelzen lassen und beauftragte seine Söhne auf dem Totenbett, sie zu ersetzen. Der Rat der Stadt Magdeburg opferte die Glocken »Unserer Lieben Frau« nicht nur einmal, zuerst im Schmalkaldischen (1546) und dann im Dreißigjährigen Krieg (1631). Als Beute des Oberbefehlshabers der Katholischen Liga Johann Tilly, der übrigens auch Schüler des Kölner Jesuitenkollegs gewesen war, wurden sie zum Geschenk für den Neuguss von Glocken für Mariä Himmelfahrt in Köln.

Napoleon liebte den Klang von Glocken, aber er ließ sie in größerer Zahl »wiederverwerten« als jeder andere in der Weltgeschichte, es sollen an die 100000 gewesen sein. Nach dem Sieg des Deutschen Reichs über Frankreich verschenkte Kaiser Wilhelm aus französischen Kanonen hergestellte Glocken, so auch die rund 27 Tonnen schwere »Kaiserglocke« aus Anlass der 1880 bevorstehenden Fertigstellung des Kölner Doms. Im Juli 1918 wurde diese »Gloriosa«, die größte des Geläuts, abgenommen und für Kriegszwecke verwendet. Der berühmte »Dicke Pitter«, die St.-Peters-Glocke, ersetzte dann mit »nur« 24 Tonnen die Kaiserglocke und erklang erstmals 1925, es ist die größte an geradem Joch aufgehängte, frei schwingend läutbare Glocke der Welt; mit sieben weiteren Glocken, davon zwei aus der Mitte des 15. Jahrhunderts, besitzt der Kölner Dom eines der größten und historisch bedeutsamsten Kathedralgeläute überhaupt.

Die Glockenverluste der beiden Weltkriege sind nicht nur auf die Verordnungen zur Beschlagnahme von 1917 und 1940 zurückzuführen, sondern auch auf unsachgemäße Lagerung und Behandlung in und nach beiden Kriegen. Dem Ersten Weltkrieg fielen schätzungsweise die Hälfte, dem Zweiten etwa 50000 aller Kirchenglocken in Deutschland zum Opfer. Eine sorgfältige Inventarisierung insbesondere auf dem riesigen zentralen Glockenfriedhof in Hamburg, einschließlich vieler Klang- und Filmaufnahmen, ermöglichte eine gewissenhafte Rückgabe, so 1947 an den Hamburger »Michel«. Dennoch: Im Zweiten Weltkrieg sollen in ganz Europa 150 000 Glocken eingeschmolzen worden sein.

Friedrich Schiller hat der Glockengießerkunst mit seinem »Lied von der Glocke« (1799) ein poetisches Denkmal gesetzt: Kaum ein anderes Gedicht erfreute sich größerer Beliebtheit, gehörte länger zum Kanon der deutschen Literatur, fand breitere Aufnahme in den Zitatenschatz geflügelter Worte, wurde mehr zitiert und parodiert.

Aber nicht nur der Bildungskanon hat sich geändert. Waren 1950 noch über 96 Prozent der Deutschen Christen, so sind heute (Stand 2012/13) je knapp 30 Prozent Katholiken oder Protestanten, fünf Prozent Muslime (2010), aber der größte Anteil ist konfessionslos (2010: 33 bis 37 Prozent, je nach Erhebung). Schätzungen gehen davon aus, dass in spätestens 20 Jahren weniger als die Hälfte der Menschen einer der beiden großen Kirchen angehören wird.

Neben den wohl insgesamt 40 000 bis 50 000 Kirchen gibt es bundesweit 206 Moscheen (120 weitere sollen im Bau oder in Planung sein), 2600 Bethäuser und ungezählte »Hinterhofmoscheen«. Traditionell ruft der Muezzin die Muslime der Umgebung fünfmal täglich vom Minarett zum Gebet, wobei dies in Deutschland von Ort zu Ort unterschiedlich gehandhabt wird. Der erste Muezzinruf war hierzulande 1985 in der Dürener Fatih-Moschee zu hören. Die islamischen Gebetsrufe sind in Deutschland durch die Religionsfreiheit geschützt, sie können aber nach dem Bundesimmissionsschutzgesetz untersagt werden, wenn sie zu laut sind.

Die strengen Richtwerte des Lärmschutzes gelten nicht für liturgisches Glockengeläut, weil die Kirche verfassungsrechtliche Privilegien hat. Traditionell läuten die Glocken vor dem Gottesdienst sowie währenddessen beim Vaterunser-Gebet (protestantisch) beziehungsweise während der Wandlung, am Gründonnerstag und in der Osternacht während des Glorias und zum Angelus-Gebet morgens, mittags und abends (katholisch). Läuteordnungen regeln die Einzelheiten regionenspezifisch, auch das mancherorts übliche Totengeläut.

Im kulturellen Gedächtnis der Menschen unseres Kontinents ist der Glockenklang in seiner engen Beziehung zwischen Weltlichem und Religiösem noch präsent. Mit der Industrialisierung, der Beschleunigung des Lebens- und Arbeitsrhythmus, der Veränderung der Kommunikation und der »Vermessung der Welt« hat der Mensch viel an innerer Verbindung zu Außerweltlichem verloren. Sein Bezugssystem braucht keine Glocken mehr. Wir leben jedenfalls nicht mehr – wie der Wiener Kulturhistoriker Friedrich Heer traurig-nüchtern schrieb – in »Glocken-Europa«.

7

Dieser faszinierende Thron gilt als die »Seele« der Marienkirche; von 1802 bis 1821/25 war sie und seit 1930 ist sie Dom und Bischofskirche.

Der Karlsthron in Aachen

Königsthron – Geschichte und Mythos

Nach seiner Krönung wurde der König »über eine Wendeltreppe« zu diesem Thron geleitet, der »zwischen zwei Marmorsäulen von wunderbarer Schönheit so errichtet [war], dass er selbst von hier aus alle sehen und von allen gesehen werden konnte«. Dieser Bericht von Widukind von Corvey ist die älteste schriftliche Erwähnung des Karlsthrons und stammt aus dem Jahr 967/68, als der Chronist seine Erinnerungen an die Krönung von Otto I. 936 aufschrieb und dabei auch die von ihm Basilica Magni Caroli genannte Marienkirche in Aachen beschreibt, ihren Säulenhof, den oktogonalen Rundbau im Inneren mit seinen Säulengängen unten und oben sowie dem Thron oben. Seitdem wird dieser Thron immer wieder Karl dem Großen zugeschrieben. Lange wurde angenommen, der Thron sei bereits von diesem selbst hier aufgestellt worden, vielleicht als Reliquienthron, aber als Krönungsstuhl sei er erstmals 936 für Otto I. benutzt worden.

Der Thron besteht aus zwei Teilen: Auf einem karolingischen, aus Italien stammenden Marmorfußboden steht ein schlichter, auf vier plump wirkenden Pfeilern ruhender Unterbau mit einer vorgelagerten Treppe mit sechs Stufen. Die Innenseiten der Pfeiler und die Unterseite der Grundplatte zeigen auffällige Abschleifungen, was darauf hindeuten könnte, dass sie von den Kleidern der unter dem Thron hindurchkriechenden Pilger regelrecht poliert wurden. Deren Verehrung galt wahrscheinlich dem Kaiser, dessen Thron seit seiner Heiligsprechung im Jahre 1165 eine Sekundärreliquie war. Vermutlich wurde auch eine Reliquie verehrt, die in einem Hohlraum unter dem Sitz verwahrt wurde – vielleicht die Stephansburse der Reichskleinodien, eine Pilgertasche, angeblich mit Erde aus Jerusalem, die getränkt sei mit dem Blut des heiligen Stephanus. Dessen legendäre Steinigung gilt als Auftakt der Christenverfolgung, er selbst als der erste Märtyrer. Außerhalb der Wallfahrten, hoher Festtage und der Krönungen blieb der Thron wie ein Reliquienschrein von einem hölzernen Gehäuse geschützt (Lobbedey). Seitlich waren eine Art Türen angebracht (Abbildung 1867, in Kramp), um den immensen »Zulauf« durchkriechender Gläubiger zu unterbinden, weil diese Verehrung inzwischen als unangemessen galt.

Der eigentliche Thronsitz steht auf dem erwähnten Unterbau aus Kalkstein und besteht aus vier wiederverwendeten, für diesen Zweck angepassten, zweieinhalb bis vier Zentimeter dicken antiken Marmorplatten. Diese Platten haben hier ihre dritte Verwendung gefunden, die dort eingezeichneten zahlreichen Graffiti römischer Soldaten und christlicher Pilger (Kreuzzeichen, Kalvarienberge) deuten darauf hin. Ob es sich um Platten mit Reliquiencharakter, vielleicht aus der Grabeskirche, handelt, ist nicht bewiesen. Zwei von ihnen dürften vorher als Fußbodenplatten verwendet worden sein, sicher jedenfalls die Wangenplatte, auf der ein Mühlespiel eingeritzt ist. Die beiden Wangenplatten links und rechts haben eine charakteristische konkave Rundung, die Rückenplatte ist oben erst seit dem frühen 19. Jahrhundert konvex gerundet, vorher hatte sie die Form eines etwa gleichseitigen Trapezes. Bei der großen Sitzplatte dürfte auf eine Holzkonstruktion ein dickes Kissen gelegt worden sein. Alle vier Platten werden durch sechs rechtwinklig gebogene Bronzeklammern gehalten, die mit je vier Nieten in die Platten gespitzt sind. Im Inneren des Throns findet sich eine heute erneuerte, schemelähnliche Holzkonstruktion, die die Marmorplatte für die Sitzfläche trägt; das ursprünglich verwendete Eichenholz wurde in Untersuchungen der 1970er-Jahre auf 930 datiert, jüngere Untersuchungen sprechen vom Jahr 800, sind letztlich aber noch nicht bewiesen.

Es ist viel gerätselt worden, ob Karl der Große diesen Thron benutzte, möglicherweise an anderer Stelle in dieser Kirche, und seit wann der Thron an seinem heutigen Platz steht. Aber eine genaue Datierung ist trotz vieler Untersuchungen bislang nicht gelungen. Dem jüngsten Forschungsstand zufolge wird die Ausführung an diesem Standort »am ehesten in das 10./11. Jahrhundert« gesetzt, aber »ohne Beweiskraft« (Lobbedey, in Müller/Bayer/Kerner). Der Ort des Throns entspricht jedenfalls dem eines kaiserlichen Throns in byzantinischen Hofkirchen. Dass Einhard, der Biograf Karls des Großen, ihn nicht erwähnt, mag daran liegen, dass der Thron zu seiner Zeit entweder noch nicht existierte oder er ihn für so selbstverständlich hielt wie den Altar, den er auch nicht eigens nennt.

Noch in karolingischer Zeit waren 813 Ludwig der Fromme und 817 dessen Sohn Lothar I. am Erlöseraltar der Marienkirche zu Mitkaisern erhoben worden; die lange Reihe von über 30 Königskrönungen begann dann 936 mit der von Otto I., endete 1531 mit Ferdinand I. und wurde 1356 rechtlich in der Goldenen Bulle verankert. Otto I. wählte Aachen bewusst wegen dieser Tradition für seine Krönung aus. Nach ihm bestiegen (fast) alle mittelalterlichen Könige den Karlsthron nach ihrer Salbung und Krönung, diese Thronsetzung machte neben der Salbung mit heiligem Öl die Krönung erst zu einem rechtsgültigen Akt. Der Thron wurde gewissermaßen zum »ortsfesten Herrschaftssymbol« (Petersohn, nach Kerner 2004). Wipo, der Biograf Konrads II., nannte den Thron »Erzstuhl des gesamten Reichs«.

Es bürgerte sich auch ein bestimmtes Zeremoniell ein, das idealtypisch beschrieben werden kann (Kerner 2014): Die Vertreter von Stadt und Kirche empfingen den zu Krönenden am Stadttor und geleiteten ihn feierlich zur Marienkirche, ins Oktogon, wo er, Gesicht nach unten, mit ausgebreiteten Armen in Kreuzform am Boden liegend das *Te Deum* hörte. Danach betete und opferte er. Die Krönung erfolgte am Tag darauf, der Mainzer und der Trierer Erzbischof begleiteten ihn von der Nikolauskapelle zum Marienaltar, wo der Kölner Erzbischof ihm den königlichen Eid abnahm, ihn salbte, ihm Zepter, Reichsapfel und Reichsschwert übergab und ihn schließlich – gemeinsam mit den beiden anderen Erzbischöfen – krönte. Dann wurde er über die schon von Widukind beschriebene Treppe ins Hochmünster zum Thron geführt und nahm darauf Platz. Es folgten abschließend sein Eid auf das kostbare, kurz vor 800 in Aachen entstandene Krönungsevangeliar und das Krönungsmahl, bei dem die Herzöge und später dann die Kurfürsten (Goldene Bulle) ihre Ämter ausübten, nämlich der Herzog von Sachsen als Marschall, der Markgraf von Brandenburg als Kämmerer, der Pfalzgraf bei Rhein als Truchsess und der König von Böhmen als Mundschenk. Am dritten Tag erneuerte der König die Lehen der Fürsten. Sein Titel war zunächst schlicht *rex* (König), ab Mitte des 11. Jahrhunderts hieß er *Romanorum rex* (König der Römer) mit dem Herrschaftsraum des *Imperium Romanum*. Für das Reich kam 1157 die Bezeichnung *Sacrum Imperium* auf und seit der Mitte des 13. Jahrhunderts der Titel *Sacrum Imperium Romanorum,* deutsch also das *Heilige Römische Reich.* Im späteren 15. Jahrhundert kam noch der Zusatz *deutscher Nation* hinzu.

Der Karlsthron wurde verehrt, weil sich die deutschen Könige in Erinnerung an Karl den Großen darauf niederließen. Aachen wurde dadurch im mittelalterlichen Verständnis »mit seinem vielfältigen politischen und kulturellen Leben [...] zu einer ›Hauptstadt‹ Europas« (Kerner 2000). Eher durch einen »Zufall« verlor Aachen seine Bedeutung als Krönungsort, als 1562 der Kölner Erzbischof verstorben war, also der traditionelle Coronator nicht zur Verfügung stand und die Kurfürsten nach der Wahl Maximilans II. entschieden, die Krönung in Frankfurt a. M. vom Mainzer Erzbischof durchführen zu lassen. Aachen ließ sich zwar noch mehrfach die Zusicherung seiner Rolle als Krönungsort geben, aber von nun an blieb die Zeremonie in der Frankfurter Bartholomäuskirche; es gab nur zwei Ausnahmen, nämlich 1636 in Regensburg und 1690 in Augsburg.

Der Karlsthron blieb eine verehrte »Reliquie«, rückte aber als »Krönungsort« aus dem Blickfeld. Erst mehr als ein Vierteljahrtausend später besann sich Napoleon seiner: Er stellte sich ideell und zeremoniell mit seiner Kaiserkrönung am 2. Dezember 1804 in Notre Dame de Paris in die Tradition Karls des Großen. Er hatte Aachen, das inzwischen zum französischen Reich gehörte, auch als Krönungsort erwogen und besuchte es zwischen seiner Kaiserproklamation und -krönung, um sich das Reliquiar Karls zeigen zu lassen. Im September 1804 soll er den Karlsthron bestiegen haben mit den Worten »Je suis Charlemagne«. Seine Gattin Josephine habe sich – so heißt es –, auf dem kalten Marmorthron sitzend, eine Erkältung zugezogen. Ein Ölgemälde aus dem Jahr 1898 zeigt Napoleon in Uniform, mit Dreispitz und in der für ihn typischen Geste auf der mittleren Treppenstufe, unten stehen drei seiner Offiziere, wie er geradezu ehrfürchtig auf den Thronsitz blickt, auf dem die römisch-deutsche Reichskrone liegt. Der französische Historienmaler Henri-Paul Motte brachte damit die von Napoleon angestrebte Traditionsbildung zum Ausdruck; tatsächlich war diese Reichskrone zum Zeitpunkt von Napoleons Besuch in Aachen vor den Franzosen nach Wien in Sicherheit gebracht worden.

Als mit dem im Laufe des 19. Jahrhunderts gewachsenen Nationalbewusstsein neues Interesse an Karl dem Großen aufkam, wurde in einem Wettbewerb der 23-jährige Alfred Rethel 1839 beauftragt, acht Fresken aus dem Leben des Kaisers für den sogenannten Krönungssaal des Aachener Rathauses zu malen. Einer seiner (später nicht realisierten) Entwürfe zeigt im Hintergrund den Karlsthron bei der Krönung Ludwigs des Frommen 813, in der historischen Annahme gehörte der Thron zur Szenerie. Der wirkliche Thron befand sich noch 60 Jahre später in einem

»unwürdigem Zustand«, wie 1899 der damalige Dombaumeister Joseph Buchkremer in einem Gutachten schrieb (Georgi). Damals soll übrigens ein rotes Samtkissen auf der Sitzfläche des Throns gelegen haben. Die Wiederherstellung begann noch im gleichen Jahr und dauerte mit vielen weiteren Restaurierungen bis 1936.

Im »Dritten Reich« erfuhr Karl der Große eine »ambivalente« (Pape) »Inbesitznahme«. Hermann Göring besuchte das Aachener Münster kurz nach der Machtergreifung, setzte sich »ungeniert« auf den Karlsthron und soll sich dabei »etwas indigniert« (Georgi) den Staub von seiner weißen Uniform abgewischt haben. Auf Betreiben vor allem von Alfred Rosenberg und Heinrich Himmler wurde Karl zunächst zum Sachsenschlächter, deren Anführer Widukind hingegen im Widerstand gegen die Expansion des Frankenreichs zum »Kämpfer für Blut und Boden« und zur Identifikationsfigur nationalsozialistischer Geschichtsinterpretation. Hitler selbst warnte vor dieser einseitigen Interpretation, was Rosenberg veranlasste, den »Führer« nun nicht mehr ausschließlich in die Tradition des Sachsenherzogs, sondern immer mehr auch in die Karls des Großen zu stellen. Aber seine »politische Inanspruchnahme hielt sich [...] in Grenzen« (Pape), weil Karl nicht in die nationalsozialistische Festkultur integriert wurde. Zur 1200. Wiederkehr seines damals vermuteten Geburtsjahrs 742 gab es allerdings 1942 in Aachen eine große Feier. Die SS hatte inzwischen eine »Division Charlemagne« mit französischen Freiwilligen aufgestellt.

Seit den ersten schweren Luftangriffen auf Aachen im Juli 1941 war der Thron mit einer dicken, eisenbewehrten Backsteinwand ummantelt und das Gewölbe von unten mit Balken abgestützt worden; deportierte ausländische Zwangsarbeiter hatten dies ausführen müssen. Der Glaube an den deutschen Sieg war zu dieser Zeit noch groß, die Maßnahmen waren nur für eine kurze Dauer gedacht und entsprechend mangelhaft ausgeführt. Niemand rechnete damals damit, dass erst Ende 1948 mit der Freilegung begonnen werden könnte. Seither begannen in fast jedem Jahrzehnt neue Etappen der wissenschaftlichen Erforschung dieses »stummen Zeugen [...] deutscher Vergangenheit« (Schramm, nach Kerner 2004), mit manchen Widersprüchen und vielen Deutungsmöglichkeiten, die wohl nie endgültig beantwortet werden können.

Das vermutlich älteste deutsche Marktkreuz aus dem 10. Jahrhundert zeigt manche Veränderungen, die Geschichte »erzählen«.

Das Trierer Marktkreuz

Gottes-, Herrschafts- und Wirtschaftszeichen

Das Original des wahrscheinlich ältesten deutschen Marktkreuzes kam 1964 ins Museum, wo es vor schädlichen Witterungseinflüssen geschützt ist. Es war ein Hoheitszeichen und stand im 10. Jahrhundert an seinem angestammten Ort praktisch auf dem geometrischen Mittelpunkt des fast quadratischen Stadtareals von Trier, genau in der Achse des Doms. Sein drei-, vielleicht fünfstufiger Sockel, darauf eine römische Granitsäule mit Kapitell aus Sandstein, und das Kreuz aus Kalkstein bildeten eine Einheit. Das gleicharmige Kreuz, dessen krukenartige Balkenenden, die Pflanzenornamentik, das zentrale Medaillon mit dem Lamm – Symbol der christlichen Heilsordnung –, das sich in einer solchen Art der Abbildung, ebenso wie das Kapitell, übrigens in Trier erstmals auf dem Festland findet, sind seit dem 8. Jahrhundert vor allem aus Britannien überliefert. Das Kapitell hat die Form eines Kelches, auf dem ein Fries von Palmetten und Lotosblüten abgebildet ist, darüber ein glatter Abakus mit der bis auf geringste Reste verwitterten, im Original praktisch unleserlichen Inschrift »Henricus archiepiscopus Treverensis me erexit« (*Der Trierer Erzbischof Heinrich hat mich errichtet*).

Heinrich I. war ein Verwandter von Kaiser Otto I. und von 956 bis 964 Erzbischof von Trier und kraft königlicher Amtsleihe und päpstlicher Bestätigung sowohl weltlicher als auch geistlicher Herr der Stadt. Trier hatte sich allmählich von der verheerenden Invasion der Normannen in den Ostertagen 882 erholt. Die Spuren dieser Invasion wurden übrigens bei archäologischen Untersuchungen in Form einer Brandschicht unter dem Marktkreuz sichtbar; die Stadt lag damals ein bis zwei Meter tiefer. Heinrich förderte die wirtschaftliche Erholung der Stadt mit seiner Entscheidung zur Errichtung eines neuen Markts in unmittelbarer Nähe des Doms. Das Kreuz symbolisierte Herrschaftsbewusstsein und Stadtentwicklungspolitik zugleich, vor allem machte es deutlich, dass der Erzbischof als Stadtherr den Markfrieden garantierte sowie die Marktgerichtsbarkeit ausübte. Er hatte auch das Recht, Münzen zu prägen. Ein wichtiger Grund, den Markt in der Nähe des Doms abzuhalten, war sicherlich auch, dass dort jede Kontrolle einfacher war. Außerdem zählten die Markteinnahmen zu den wichtigsten Einnahmequellen und war die Geistlichkeit des Doms eine bedeutende Konsumentengruppe.

Trier soll nach seiner erstmals in den *Gesta Treverorum* (1105) schriftlich aufgezeichneten Gründungssage bereits 1300 Jahre vor der Entstehung Roms von Trebeta, dem Sohn des Assyrerkönigs Ninus, gegründet worden sein. Das wäre etwa 2500 v. Chr. gewesen, lässt sich allerdings nicht zweifelsfrei belegen. Gesichert ist jedoch die Gründung Triers als Augusta Treverorum durch die Römer kurz vor der Zeitenwende. Das mittelalterliche Trier war allerdings nur noch halb so groß wie das Areal der römischen Stadt und lag mehr in dessen nördlichem Gebiet. Ausgehend von dem neuen Markt als Mittelpunkt, entwickelte sich die Stadt weiter. Dieser Markt war eher ein Einzelhandelsmarkt, wie auch die benachbarten Straßennamen andeuten, während der Großhandel wahrscheinlich an seinem aus römischer Zeit angestammten Platz in der Nähe des alten Trierer Hafens stattfand, der inzwischen jedoch außerhalb der mittelalterlichen Stadtmauer lag. Dieser seit Langem sogenannte Pferdemarkt trug im Mittelalter den Namen »Am Staffel«, was darauf hindeutet, dass die durchreisenden Händler hier ihre Waren zu stapeln und für einen bestimmten Zeitraum anzubieten hatten, damit die lokalen Händler ihr Vorkaufsrecht wahrnehmen konnten. In der Nähe gab es auch eine »Sackträgergasse«. Wie in anderen Städten gab es auch in Trier noch weitere Märkte, so an der Römerbrücke und vor dem Neutor. Stapel- bzw. Niederlassungsrechte waren wichtige Rahmenbedingungen für die wirtschaftliche Entwicklung jeder Stadt.

Trier war wie alle vergleichbaren Städte damals vor allem agrarisch geprägt, jedoch entwickelten sich auch verschiedenste Handwerke für den Bedarf des Doms. Die Stadt war zugleich Zentralmarkt und wichtiger Umschlagsplatz für das weitere Umland. Der Fernhandel spielte – mit Ausnahme von vor allem Wein – eine eher untergeordnete Bedeutung, selbst wenn Trier im Jahr 1000 sogar gemeinsam mit den bedeutenden rheinischen Marktzentren Köln und Mainz genannt wurde und vereinzelte hochmittelalterliche Nachrichten Trierer Kaufleute in der Provence und auf den bedeutendsten Handelsmessen des damaligen Europa – in der Champagne – bezeugen. Spätestens im 11. Jahrhundert hatten die Juden einen wichtigen Anteil an diesem Fernhandel. Übrigens gehen auch die Nachrichten über die ersten Judenviertel in der Nachbarschaft einer Bischofskirche ins 11. Jahrhundert zurück; die Judengasse in Trier befindet sich nur einen Steinwurf entfernt vom Marktkreuz.

Die Märkte fanden traditionell zu festgesetzten Zeiten statt. Für den Einzelhandel waren sie meist täglich geöffnet, für den überregionalen bzw. Groß- und Fernhandel an den Heiligenfesten der Städte. In Trier sind diese überregionalen Märkte seit dem 12. Jahrhundert nachweisbar, so zum Beispiel am Peter-und-Pauls- (29. Juni), am Maximians- (29. Mai) sowie am Paulinstag (31. August); auf längere Sicht konnte sich allerdings nur der erstgenannte Markt halten.

Die Bedeutung des Marktkreuzes in rechtlicher Hinsicht lässt sich bis heute noch an seinem Sockel vermuten: Vier eingeschlagene Löcher, an denen Ketten mit Halseisen, Fußfesseln und Schandstein befestigt waren, deuten hin auf seine Verwendung als Pranger im Zusammenhang mit dem hier stattfindenden Marktgericht. Ab dem 13. Jahrhundert waren solche Pranger zur Vollstreckung von Strafen weitverbreitet. Häufig – und dies gilt nicht nur für Trier und andere Bischofsstädte – ging die Verleihung von Marktrechten der Gründung einer Stadt voraus.

Trier entwickelte im Vergleich zu anderen Städten erst relativ spät ein bürgerliches Selbstbewusstsein. Die Halbfigur Petri mit dem Schlüssel auf dem schmalen äußeren Rechteck der Kreuzenden des Marktkreuzes zeigt den Heiligen, wie er im Stadtwappen vorkommt, nämlich mit dem Schlüssel in der rechten, einem Buch in der linken Hand, einen Teil des Gewands über die linke Schulter geworfen. In dieser Darstellung ist der Stadtpatron erstmals 1396 auf dem Weberamtssiegel überliefert und ähnlich um 1470 im Ratswappenbuch abgebildet. Die Stadtgemeinde hatte in Trier also zumindest seit dem späten Mittelalter teil an der Symbolik des Marktkreuzes. Auch die Bohrung für den Schattenstab einer Sonnenuhr auf der südlichen Seite ist eindeutig; ihr genaues Alter ist zwar nicht bekannt, aber mindestens seit dem 16. Jahrhundert ist sie auch schriftlich überliefert. Sowohl die Petrus-Darstellung als auch die Sonnenuhr wurden vermutlich im Spätmittelalter hinzugefügt.

Im Zusammenhang mit der wachsenden Bedeutung der Stadtgemeinde gegenüber der Domkirche ist auch eine weitere Inschrift zu sehen, die von einem Wunder berichtet: »Ob memoriam signorum crucis quae caelitus super homines venerant anno dominicae incarnationis dccccviii anno vero episcopus sui secundo« (*Zum Gedenken an die Zeichen des Kreuzes, welche vom Himmel her auf die Menschen kamen. Im*

Jahr der Fleischwerdung des Herrn 958, im zweiten Jahr seines Pontifikats). Im Jahr der Errichtung des Marktkreuzes seien Kreuze vom Himmel herabgefallen, was als Zeichen Gottes verstanden wurde; so jedenfalls wurden äußerst selten vorkommende meteorologische Phänomene von den Zeitgenossen oft gedeutet. Diese Inschrift stammt gewiss nicht aus dem 10. Jahrhundert, sondern frühestens aus dem 12., spätestens dem Ende des 15. Jahrhunderts. Die selbstbewusster gewordene Stadtgemeinde beabsichtigte mit dieser Inschrift und mit der Darstellung des Stadtpatrons auf dem Marktkreuz vermutlich dessen Umdeutung zu lediglich einem Erinnerungsmal, und sie realisierte dies vermutlich, als Mitte des 15. Jahrhunderts die Zünfte in einem Aufstand die Ernennung eines eigenen Bürgermeisters durchsetzten. Letztlich wurde damit die ursprüngliche Bedeutung des Marktkreuzes als Hoheitszeichen verfälscht, wobei fraglich bleibt, ob die Menschen diese Umdeutung in ihrem Denken überhaupt nachvollzogen.

Es dauerte einige Jahrhunderte, bis das Marktkreuz nach vielen unruhigen, auch kriegerischen Jahren wieder in den Blick geriet. Trier war inzwischen wiederholt von Kriegen heimgesucht worden, sowohl während des Dreißigjährigen Kriegs als auch und noch häufiger im Krieg von Ludwig XIV. gegen die Generalstaaten. Die Franzosen gaben der Stadt eine neue Befestigung und ließen viele Gebäude niederreißen. Seit dem beginnenden 18. Jahrhundert ging es nach alles in allem 100 Kriegsjahren langsam wieder aufwärts, und wegen des immensen Nachholbedarfs kam es geradezu zu einem Bauboom. In diesem Zusammenhang war 766 Jahre nach seiner Errichtung auch die Restaurierung des Marktkreuzes fällig: Darauf deutet das auf der Ostseite unter der Inschrift ergänzte »Renovatum 1724« hin.

Von allen Gewerbetreibenden dieser Zeit hatten Krämer und Kaufleute die Kriegs- und Besatzungszeiten am besten überstanden. Impulse kamen von Zuwanderern vor allem aus Italien; eine wichtige Rolle spielten der Weinhandel und die Schiffer, denn die Trierer Hafenanlagen waren durchaus leistungsfähig. Stapelrechte und andere für den Handel wichtige Regelungen wurden der Stadt immer wieder vom Landesherrn bestätigt. Als die Renovierung des Marktkreuzes anstand, wurden 1725 auf Empfehlung des Rats mehrere Maßnahmen ergriffen, um den Handel zu fördern. So wurden zwei Messen eingerichtet, die mit zwei (Peter und Paul, Juni/Juli) bzw. einer Woche (November) Dauer deutlich länger waren als die bisherigen. Die Renovierung des Marktkreuzes war vor diesem Hintergrund sinnvoll. Diese Maßnahmen sind schon im Kontext einer kameralistisch orientierten und von den Landesherren gelenkten Wirtschaftspolitik zu sehen.

Archäologische Untersuchungen 1979 ergaben, dass das Marktkreuz wahrscheinlich im zweiten Viertel des 19. Jahrhunderts aus der Achse des Doms heraus um mehr als drei Meter nach Südosten verlegt und der bis dahin dreistufige in einen einstufigen Sockel abgeändert wurde. Dabei zeigte sich auch, dass in der Zeit des Nationalsozialismus unmittelbar neben dem Marktkreuz das Fundament für einen Maibaum gelegt worden war – nun überlagerte ein eher agrarisch, auch germanisch geprägter Maibaumkult, natürlich mit Hakenkreuz-»Schmuck«, die christliche und wirtschaftliche Symbolik.

Die Umweltverschmutzung vor allem seit Beginn der Massenmotorisierung machte es notwendig, das Original nach weiteren 240 Jahren (1964) durch eine Kopie zu ersetzen. Diese hat seit 2004 einen prächtigen farbigen Anstrich: das rot-schwarze Kapitell, das schwarze Kreuz mit jeweils in Gold gefassten Inschriften und Konturen beruhen auf der Annahme, dass die Farben bei allen Erneuerungen aus den früheren Fassungen übernommen wurden; seit 1571 ist immerhin Rot als Farbe des Kreuzes, Weiß für das Lamm und Gold für Petrus überliefert, während aus früherer Zeit dazu keine schriftlichen Informationen vorliegen.

9

Wahrscheinlich im 10. Jahrhundert entstanden, war diese kostbare Reichskrone eines der den Herrscher legitimierenden Symbole.

Die Reichskrone

Gottesgnadentum und Kaiserherrschaft

Wie viele Tausend Kilometer die Reichsinsignien in ihrer 1000-jährigen Geschichte kreuz und quer durch Europa gereist sind, lässt sich weder schätzen noch errechnen. Mal waren sie mit auf Pilgerreise, mal auf politischer Mission, mal in repräsentativem Auftrag unterwegs, mal auf der Flucht vor Invasoren oder Konkurrenten um den Königs- und Kaiserthron. Sie wurden versteckt und verheimlicht, wie Reliquien verehrt und öffentlich zur Schau gestellt. Wo die Krone sich befand, war die heimliche Hauptstadt des Reichs, deshalb war ihr Aufenthaltsort stets Gegenstand höchster Politik und von großem öffentlichem Interesse.

Im Kronschatz des Heiligen Römischen Reichs, den sogenannten Reichskleinodien, stehen vor Krönungsgewändern und Reliquien (darunter die Heilige Lanze und Kreuzpartikel) die Reichsinsignien an erster Stelle: Reichskrone, -schwert (zweite Hälfte des 11. Jahrhunderts), -apfel (spätes 12. Jahrhundert) und -zepter (zweite Hälfte des 14. Jahrhunderts) sowie das »Zeremonienschwert«. Das herausragende, zweifellos wertvollste Objekt unter ihnen ist die Reichskrone, die »wohl schönste[n] Insignie des alten Heiligen Römischen Reiches« (Staats 1991). Sie verkörperte den Reichsgedanken des Hochmittelalters und das Gottesgnadentum des Heiligen Römischen Reichs und symbolisierte eine Herrschaftsauffassung, bei der Weltliches und Religiöses, mittelalterliches Politikverständnis, theologische Botschaft und kunstgeschichtliches Programm miteinander verbunden waren. Zusammen mit den anderen Reichsinsignien wies sie den König oder Kaiser des Heiligen Römischen Reichs aus. Nicht Person, Dynastie oder Herkunft des jeweils Gekrönten waren zu respektieren, sondern der Inhaber der Reichsinsignien. Die Krone, ja überhaupt die Kleinodien waren »signa« und wurden im Laufe der Zeit zur symbolischen Verkörperung des »Reichs«. Auch die kaiserlichen Siegel zeigen seit ottonischer Zeit den thronenden Monarchen mit der Krone auf dem Haupt, dem Reichsapfel in Form einer Weltkugel mit Kreuz meist in der linken und dem Zepter in der rechten Hand. Bei einem feierlichen Aufzug von Herrschern und Kurfürsten im Spätmittelalter trug – nach der Goldenen Bulle – der Herzog von Sachsen das Schwert unmittelbar vor dem König, der Pfalzgraf zu seiner Rechten den Apfel und der Markgraf von Brandenburg zur Linken das Zepter – der Herrscher hinter ihnen trug offenbar »nur« die Krone.

Wenn ein Herrscher – als Kaiser oder König – diese Insignien nicht besaß, hatte er ein Legitimationsproblem. Die Reichskrone besteht aus acht bogenförmigen, durch Scharniere miteinander verbundenen Goldplatten unterschiedlicher Höhe; ursprünglich war die Krone in ihre Einzelteile zerlegbar, sie ist inzwischen durch eingezogene Eisenbänder wie zu einem festen »Reifen« verklammert. Die größeren Goldplatten über Stirn, Nacken und Schläfen sind in den Aussparungen reich mit Edelsteinen und Perlen besetzt, deren dominante Farben – Grün, Blau, Weiß – in Byzanz dem Kaiser vorbehalten waren. Vier der acht Platten sind Bildplatten: Je eine Emaille zeigt hier Christus als König der Könige mit der Inschrift »PER ME REGES REGNANT« (»Durch mich regieren Könige«) sowie Könige des Alten Testaments. Es sind Verweise auf die Funktion des Kaisers, der weltliche Herrschaft und sakrales Priestertum in sich vereinigt.

Die Datierung der Reichskrone ist nicht gesichert, aber der Kronenkörper entstand vermutlich in einer rheinischen Goldschmiede, vielleicht zur Kaiserkrönung Ottos I. im Jahre 962; der Stirn- und Nackenplatte helmzierartig verbindende Bügel vielleicht zur Regierungszeit Konrads II. (1024–1039), das auf der Frontplatte aufgesteckte Stirnkreuz zu der Heinrichs II. (1002–1024). Erstmals beschrieben wird die Krone um 1200. Seit dem 14. Jahrhundert galt sie als Krone Karls des Großen, doch ist sie mit Sicherheit lange nach dessen Herrschaft entstanden. Ihre älteste exakte Wiedergabe findet sich auf Albrecht Dürers Karlsbildnis von etwa 1512.

Ihre 1000-jährige »Rolle« hat Spuren hinterlassen, das geschulte Auge erkennt kleinere Ausbesserungen und Ergänzungen; es fehlen mittlerweile ebenso die herunterhängenden Schmuckkettchen der Schläfenplatten wie die aufsteckbaren Lilien aus Edelstein und Perlen, die einstmals Nacken- und Schläfenplatten verzierten. Wie der berühmteste Edelstein der Krone, der mysteriöse, sagenumwobene »Waise«, verloren gehen konnte, ist bis heute ungeklärt. Er fehlt seit dem 14. Jahrhundert und wurde durch einen kleineren Saphir ersetzt, ähnlich eine ursprünglich im Kroneninneren vorhandene Mitra durch eine rote Samthaube.

Die Herrscher verwahrten die Kleinodien an einem möglichst sicheren Ort, die letzten Staufer lange auf der Burg Trifels im Pfälzer Wald, die ersten Habsburger auf der Kyburg bei Winterthur, sie waren auch im Stift Stams im oberen Inntal, in München, Prag und Ungarn. Schließlich verlieh Kaiser Sigismund 1423 der Freien Reichsstadt Nürnberg das Privileg der dauernden Aufbewahrung. Von 1424 bis 1796 blieben sie in der Nürnberger Heilig-Geist-Kirche.

Vor den anrückenden napoleonischen Truppen wurden sie 1796 in so großer Hast, dass einige glücklicherweise weniger zentrale Stücke verloren gingen, und unter strenger Geheimhaltung in Sicherheit gebracht: zunächst nach Regensburg, dann nach Passau und schließlich nach Wien, wo sie 1800 in der kaiserlichen Schatzkammer deponiert wurden. Nachdem einige in Aachen aufbewahrte Teile des Reichsschatzes ab 1794 ebenfalls vor den Franzosen in Sicherheit gebracht worden waren, und zwar über Paderborn nach Wien, kam es hier zu einer Vereinigung des Bestandes. Aus Wien mussten sie dann erneut vor dem bekanntermaßen nach der vermeintlichen Krone Karls des Großen strebenden Napoleon gerettet werden: nach Budapest und Temeschwar in Siebenbürgen, bevor sie infolge der Niederlage Napoleons nach Wien zurückkehrten und 1827 in der Wiener Schatzkammer ausgestellt wurden.

Inzwischen hatten die Reichskleinodien und mit ihnen die Reichskrone ihre alte politische Bedeutung verloren: Nachdem Napoleon sich im Mai 1804 zum Kaiser von Frankreich hatte ernennen lassen, nahm der römisch-deutsche Kaiser Franz II. drei Monate später den Titel eines Kaisers von Österreich an; als Begründer des österreichischen Kaisertums wurde er damit zu Franz I. Zwei Jahre lang war er der einzige Doppelkaiser der Weltgeschichte; seine Krone symbolisierte somit ein Jahrtausend-Kaisertum seit der Krönung Ottos I. 962, wenn nicht sogar seit der Krönung Karls des Großen im Jahr 800. Aber im August 1806 verkündete er die Auflösung des inzwischen realpolitisch bedeutungslos gewordenen Heiligen Römischen Reichs Deutscher Nation.

Freilich hatte das alte Reich – nach Reformation, Religionskriegen und inneren Machtverschiebungen – am Ende nur noch wenig gemeinsam mit dem universalistischen Kaisertum des Mittelalters. Die »Reichsidee« blieb als vage Vorstellung allerdings lebendig. Besonders in Zeiten nationaler Not bot sie sich als romantisch verklärter Zufluchtsort an, erst recht angesichts der deutschen Kleinstaaterei des 19. Jahrhunderts.

Der Bedeutungswandel der Krone hin zu einem nationalen Symbol der Deutschen vernachlässigte allerdings ihren übernationalen, christlichen Hintergrund. Denn das Heilige Römische Reich war keineswegs ausschließlich ein »Reich der Deutschen«, sondern umfasste auch größere Teile von Mittel- sowie Südeuropa und hatte sich bewusst in die Nachfolge des antiken Römischen Reichs gestellt. Auch Krone und Krönung bezogen sich in ihrer Symbolik auf das römische Imperium ebenso wie auf den christlich-abendländischen Rahmen.

Gleichwohl wandelte sich die Reichskrone zu einem nationalen Symbol der Deutschen. Sie verkörperte Einheit, Glanz und alte »Reichsherrlichkeit«. Nach dem Ende des Heiligen Römischen Reichs 1806 gab es erst 1848/49 wieder den Versuch, einen »Kaiser der Deutschen« zu proklamieren. Doch lehnte der preußische König Friedrich Wilhelm IV. die ihm von der Frankfurter Paulskirche angetragene Reichskrone ab, zu sehr war ihm das alte Herrschaftssymbol des Gotteskaisertums mit dem »Ludergeruch der Revolution« behaftet. Das Modell eines deutschen Nationalstaats unter Einschluss und Führung des Kaisertums Österreich, die »großdeutsche« Lösung, war von der Paulskirche verworfen worden. Ein Deutsches Kaiserreich wurde erst 1871 gegründet, das »Zweite Reich«. Dieses Reich gab sich jedoch nie eine wirkliche Reichskrone, auch sonst keine Reichsinsignien. Zwar galt es nicht nur Patrioten als Fortsetzung des Heiligen Römischen Reichs Deutscher Nation und der Kaiser als legitimer Nachfolger der mittelalterlichen Herrscher. Aber nach langen Diskussionen führte die Einsicht in die politischen und staatsrechtlichen Unterschiede beider Kaiserreiche dazu, dass als kaiserliches Hoheitszeichen lediglich das heraldische Bild einer Krone geschaffen wurde, die in ihrer Grundform der Reichskrone ähnelte.

Nach dem Ersten Weltkrieg war das Rheinland besetzt, das Jahr 1925 wurde für Jahrtausendfeiern genutzt, bei denen es letztlich auch darum ging, eine national-völkische Identität zu fördern. In Aachen wurde eine Kopie der Reichskrone ausgestellt, die für eine 1915 geplante, aber wegen des Kriegs abgesagte Ausstellung gefertigt worden war. Das Exponat diente der Vision des Alten Reichs, die nach dem Ende der Monarchie keineswegs erloschen war.

Für die Nationalsozialisten bot die »Reichsidee« einen idealen Anknüpfungspunkt für eigene Propaganda, weil sich das »Dritte Reich« als Erbe und Vollender des mittelalterlichen »Ersten« Deutschen Reichs darstellen konnte. Grund genug, die Aachener Reichsinsignien für den Reichsparteitag der NSDAP in Nürnberg 1934 auszuleihen – ohne sie dort allerdings als Repliken zu kennzeichnen. Knapp ein halbes Jahr nach dem »Anschluss« Österreichs wurden die Wiener Originale am 31. August 1938, kurz vor dem Reichsparteitag, in einem Sonderzug nach Nürnberg gebracht, zum »politischen Wallfahrtsort des Dritten Reichs«, wo sie – wie der damalige Direktor des Germanischen Nationalmuseums für den Oberbürgermeister formulierte – »von vielen großdeutschen Träumen über Jahrhunderte Kunde geben und dadurch den historischen Sinn des neuen Großdeutschen Reichs augenfällig machen« sollten. Eine Woche später besichtigte der »Führer« sie, in den folgenden Jahren waren sie in der Meistersingerkirche ausgestellt, später sollten sie in der im Bau befindlichen Kongresshalle des Reichsparteitagsgeländes präsentiert werden. In Veit Harlans Durchhalte-Propagandafilm *Kolberg* (1943/45) waren sie beziehungsreiche Requisiten.

Das Kriegsende erlebten die Originalinsignien in einem Nürnberger Kunstbunker, die Repliken in einem Stollen bei Siegen. Letztere kehrten im Mai 1945 nach Aachen zurück, die Originale wurden im Januar 1946 nach Wien überführt und bei der Übergabeveranstaltung provisorisch in der Österreichischen Nationalbank ausgestellt. Dort betonte der damalige österreichische Bundeskanzler Leopold Figl in seiner Ansprache, die Insignien seien »das Symbol europäischer friedliebender Idee«, niemals seien sie – so rasch war der Nationalsozialismus verdrängt – Symbol einer »deutschen imperialistischen Bestrebung gewesen«.

Im Zuge der Regelung von Restitutionsfragen befasste sich Ende 1952 auch der Deutsche Bundestag mit dem Verbleib der Reichsinsignien, somit auch der Reichskrone. Er sprach sich zwar für ihre Rückführung nach Nürnberg aus, und zwar »nicht so sehr ihres Sachwertes wegen, auch nicht ihres hohen künstlerischen und kunsthistorischen Ranges«, sondern wegen ihrer Bedeutung »als Symbole und Zeugen tausendjähriger Vergangenheit und Geschichte unseres Volkes und des Abendlandes«. Es blieb bei diesem Wunsch, Rückgabeforderungen wurden nie erhoben. Die Reichsinsignien sind heute herausragende Erinnerungsobjekte, ihre staatstragende Bedeutung über Jahrhunderte ist genauso verblasst wie der »Reichsgedanke«. Die Vielvölkerrealität des Alten Reichs könnte jedoch manchmal an die aktuelle europäische national-kulturelle Vielfalt denken lassen.

10

Römischen Kaisersäulen nachempfunden: die biblische Geschichte auf einem langen, künstlerisch und technisch herausragenden Reliefband.

Christussäule und Bernwardtür

Frömmigkeit und Renovatio imperii

Die Christussäule im Hildesheimer Dom wird meist als Bernwardsäule und die zweiflügelige Tür im Westportal des Doms als Bernwardtür bezeichnet, nach ihrem Urheber Bernward (960–1022), der von 993 bis zu seinem Tode Bischof von Hildesheim war. Beide Kunstwerke stehen – auch wenn sie sich erst seit Ende des 19. Jahrhunderts gemeinsam im Dom befinden – in einem engen inhaltlichen Zusammenhang und gehören zu den künstlerisch wie technisch anspruchsvollsten Schöpfungen ihrer Zeit.

Die künstlerische Gestaltung des Reliefbandes der fast 60 Zentimeter dicken Säule ist bemerkenswert, es zieht sich in Aufwärtswindungen um ihren Korpus und schildert Szenen aus dem Leben Christi. Die am häufigsten dargestellten Motive – Geburt, Anbetung der Könige, Kreuzigung und Himmelfahrt – finden sich aber auf dem linken Flügel der Bernwardtür, denen auf dem rechten Flügel Szenen aus der Schöpfungsgeschichte gegenübergestellt sind. Im Bildprogramm der Tür wird die christliche Heilsbotschaft deutlich: Dem Sündenfall von Adam und Eva im Paradies folgt die Erlösung der Menschen durch den Opfertod und die Auferstehung Christi im Neuen Testament. Das Alte Testament erfüllt sich im Neuen, die Säule mit ihrer Darstellung des Wirkens Jesu auf Erden bildet eine wichtige Ergänzung zur Tür.

Die beiden fast fünf Meter hohen, je über einen Meter breiten, jeweils fast zwei Tonnen wiegenden Türflügel und die fast vier Meter hohe Säule mit ihrem großen Reichtum an fein ausgearbeiteten Ornamenten und Figuren sind jeweils in einem einzigen Stück gegossen. Dabei wurden die Modelle zunächst auf einem Tonkern aus Wachs gefertigt und mit Lehm ummantelt, der gebrannt wurde. In diesen Mantel wurde dann die flüssige Bronze geleitet, die wiederum das Wachs herausschmolz und dessen Stelle einnahm; nach dem Erkalten wurde die Form abgeschlagen. Zur Durchführung einer solchen Arbeit bedurfte es einer erstklassigen Gießereiwerkstatt und zur Herstellung der Modelle – einschließlich der 30 bis 40 Zentimeter großen, teilweise vollplastisch hervortretenden Figuren auf den Türen – überaus erfahrener und kreativer Künstlerhände. Eine so hohe künstlerische und technische Expertise war im Deutschland des frühen 11. Jahrhunderts an kaum einem anderen Ort anzutreffen, und dass sie sich gerade hier fand, in der kleinen (seit 815) Bischofsstadt Hildesheim, steht in eindeutigem Zusammenhang mit der Person des Auftraggebers der Werke.

Bischof Bernward stammte aus einer sächsischen Adelsfamilie, die enge und sogar verwandtschaftliche Beziehungen zum Kaiserhaus der Ottonen unterhielt. Diesen Kontakten verdankte er seine Erziehung an der angesehenen Hildesheimer Domschule, seine Berufung als Beamter an den kaiserlichen Hof und seine Priesterweihe durch Erzbischof Willigis von Mainz. Im Alter von 27 Jahren ernannte Kaiserin Theophanu, die als Witwe Ottos II. nach dessen Tod die Regentschaft übernommen hatte, ihn zum Erzieher ihres siebenjährigen Sohnes, des späteren (ab 996) Kaisers Otto III. (980–1002). Mehr als fünf Jahre, bis er 993 auf den Hildesheimer Bischofsstuhl berufen wurde, übte er einen wesentlichen Einfluss auf den Heranwachsenden aus, der sowohl west- wie oströmische Wurzeln hatte.

Wie wenige seiner Vorgänger oder Nachfolger war Otto III. in seiner nur sechsjährigen Kaiserzeit beseelt von dem Gedanken einer Erneuerung des Römischen Reichs in einem christlichen Imperium (Renovatio imperii Romanorum). Von großer symbolischer Bedeutung war hierfür die Herrschaft über die Stadt Rom, die Otto mit allen Mitteln zu erringen suchte. Bernward unterstützte ihn dabei nachdrücklich, was ihm dessen Dank und wertvolle Geschenke eintrug, sogar eine Reliquie des Heiligen Kreuzes. Als der Kaiser 1002 im Alter von nur 22 Jahren in Italien verstarb, musste der Traum vom Wiedererstehen des Römischen Reichs aufgegeben werden. Bernward verfolgte ihn jedoch in veränderter Form weiter, wie sein Wirken in Hildesheim zeigt. Seine ungewöhnlich hohe Bildung versetzte ihn in die Lage, ein Programm zu verwirklichen, in dem sich theologische und politische Symbolik auf das Engste verbinden.

Bernward hatte Rom in den Jahren 980/81 und 1001 besucht und dort die zu Ehren der Kaiser Trajan und Marc Aurel errichteten Säulen gesehen. Die formale Ähnlichkeit der Säulen in Rom und der Christussäule in Hildesheim ist unverkennbar, dort werden die Taten der Kaiser verherrlicht, hier die Taten Christi. Auf einer römischen Kaisersäule stand die Statue des jeweiligen Kaisers, auf der Christussäule ließ Bernward auf einem Kapitell ein Kruzifix anbringen.

Symbolhaft wie die Säule selbst war auch der Ort ihrer Aufstellung, nämlich die Heiligkreuzkapelle, die Bernward 993 zu Ehren und zur Ausstellung der von Otto III. erhaltenen Heiligkreuzreliquie nördlich des Dombergs hatte errichten lassen und dann zum Benediktinerkloster St. Michael ausbauen ließ. Es ist nicht auszuschließen, dass die Bernwardtür, die laut einer Inschrift 1015 entstand, wie die Säule ursprünglich in St. Michael war; seit 1035 ist sie dann im Dom nachgewiesen. Die Heiligkreuzreliquie wurde bis zur Aufhebung des Klosters im 16. Jahrhundert auf dem Heiligkreuzaltar zur Schau gestellt (heute im Domschatz). Hinter diesem Altar stand die Christussäule, davor eine byzantinische Marmorsäule, ebenfalls ein Geschenk Ottos III.

Heute ist vom Kloster nur noch die Kirche erhalten. Die Dichte der symbolischen Rückbezüge auf Altes und Neues Testament und das antike christliche Kaisertum haben der Epoche Bernwards die Bezeichnung »ottonische Renaissance« eingetragen. Sie kommt in der Gestalt der Säule ebenso zum Ausdruck wie zum Beispiel in den kleinen Sockelgestalten, die an römische Flussgottheiten erinnern. Der Entwurf eines so breiten, bezugsreichen Bildprogramms bedurfte einer umfassenden Bildung, wie Bernward sie besaß. Doch dürfte auch ein großer Teil seiner weniger gebildeten Zeitgenossen zumindest die biblischen Elemente dieses Bildprogramms verstanden haben.

Die Christussäule mit an die 28 und die Bernwardtür mit 16 Bildfeldern enthalten eine große Fülle von Reliefszenen in für die damalige Zeit ungewöhnlicher Qualität und selten übertroffener Dramatik: aus dem Leben Christi und Johannes des Täufers, die Geburt, Anbetung der Könige, Taufe Christi im Jordan über die Versuchung, die Berufung der Jünger, Predigt und Tod Johannes des Täufers, zahlreiche Wunder und Gleichnisse, Einzug in Jerusalem, Kreuzigung, Auferstehung, Himmelfahrt. All dies zu »lesen« und zu verstehen sowie Bezüge zwischen den einzelnen Ebenen herzustellen war ein wesentliches Element der mittelalterlichen Bildung, in der Religion und Frömmigkeit selbstverständlich waren. Recht und Macht waren auf Gott zurückzuführen, Rechtsnormen und politische Ordnung waren gottgewollt, wurzelten also letztlich im christlichen Glauben. Gott und seine Heiligen vermochten nach dem verbreiteten Glauben ins Schicksal der Menschen einzugreifen, ihre Taten wurden auch erwartet und auf vielfältige Weise »herbeigebetet«, dafür wurde geopfert und gestiftet. Die Menschen hatten Hoffnung auf Wunder und großes Vertrauen in deren Macht.

Die mittelalterliche Religionspraxis war vielfältig, Laienfrömmigkeit und offizielle Religion oft unterschiedlich: Gebete, Gottesdienste, Sakramente, Predigten, Reliquienverehrung, Stiftungs- und Ablasswesen, Wunderglaube, Heiligen- oder Marienverehrung, Passionsfrömmigkeit, ländlicher Wetter- und Kräutersegen, Flur-, Fronleichnams- und sonstige Prozessionen, Gruppen- und Massenwallfahrten; am häufigsten waren Segnungen mit Weihwasser und dass die Menschen sich bekreuzigten. All das war nicht nur genuin christlich, sondern bestand aus vielen Bräuchen, die – vor allem im frühen Mittelalter – teilweise »transformierte vorchristliche Rituale darstellten oder von diesen doch wenigstens noch erheblich überlagert wurden« (Angenendt). Heidnische Amulette, sich zu bekreuzigen und gleichzeitig Heiligenbilder zu verehren war miteinander vereinbar. Gläubige und abergläubische Vorstellungen vermischten sich im Alltag, Religiosität hatte vielfältige Schattierungen.

Frömmigkeit hatte im Mittelalter eine »gesellschaftliche, visuelle und körperliche Dimension« und war »ein ganzheitlicher Akt« (Schreiner 2002). Die mündliche Kommunikation war von Anbeginn ein »konstitutives Element« der christlichen Frömmigkeit: in Form von Ritualen der Liturgie, in der Predigt, in Emotionen, in der Verehrung von Heiligen, in Prozessionen und vielerlei weiteren Ausprägungen. Eine wichtige Rolle spielte die Verehrung Mariae als Schutzpatronin zu fast jeder Art von Krisenbewältigung, für den Einzelnen ebenso wie für ganze Städte, die nach dem Verständnis ihrer Bürger aber immer auch ein »himmlisches Schutzkollektiv« (Lentes, in Schreiner 2002) vieler Heiliger besaßen, die einzeln und/oder zusammen verehrt und angerufen wurden. Bilder spielten eine große Rolle, im Blick auf privat-häusliche und öffentlich-kirchliche Andachtsbilder suchte der Gläubige – allein oder in Gemeinschaft – Erbauung, Trost und Hilfe. Der Austausch von Blicken zwischen dem Gläubigen und den Augen des Heiligen auf dem Bild oder der Statue »machte himmlische Gnaden auf den Menschen übertragbar« (Schreiner 2002). Wer seinen Namen auf ein Heiligenbild schrieb, erhoffte sich Nähe und Schutz durch diesen. Dass Bilder und Kruzifixe bei mystisch begabten Männern und Frauen Träume, Visionen und Verzückungen hervorriefen, ist vielfach überliefert.

Die wenigsten Menschen konnten im Mittelalter lesen oder schreiben, ihnen »erzählten« die Bilder Geschichten, sie machten die Bibel sowie Welt- und Gottesbilder anschaulich, erklärbar und verständlich. Was auf ihnen dargestellt war, prägte sich besser ein als Worte und Predigten. Hatten die frühen Christen sich noch an das Gebot »Du sollst dir kein Bildnis machen« gehalten, so erklärte um das Jahr 600 Papst Gregor d. Gr. Bilder zur »Bibel« der Laien. Die körperliche Dimension der Frömmigkeit äußerte sich im Berühren von Reliquien, dem Küssen von Kultbildern, dem Ausstrecken der Arme wie Christus am Kreuze. Wichtig war das Fasten, die Fleischabstinenz, die bekanntlich einen entsprechend hohen Marktbedarf an Fisch verursachte; auch gab es genaue Regeln, welche Fastenbuße für bestimmte Sünden infrage kam. Frömmigkeit war im Mittelalter »ein vielschichtiges Verhalten, ein komplexer Habitus« (Schreiner 2002). Die Bilder riefen Emotionen hervor, sie waren Symbole des Glaubens, darum waren sie in Zeiten der Kirchenkritik – ebenso bei Kritik an der weltlichen Herrschaft – immer ein besonderes Ziel der Kritiker und Bilderfrevel, Bilderstürmerei und -zerstörung die nicht nur aus heutiger Sicht beklagenswerten Folgen.

Auch die Bernwardsäule wurde zum Ziel solcher Religionskritik. Als die Wirren der Reformationszeit 1544 in Hildesheim zum Bildersturm führten, wurde das Kreuz auf ihrer Spitze heruntergerissen, eingeschmolzen und daraus eine Kanone gegossen. Die Michaeliskirche wurde zur protestantischen Pfarrkirche umgewidmet. Das Kloster blieb zwar erhalten, doch konnten die Benediktiner bis zur Säkularisation 1803 nur noch die Krypta für ihren Gottesdienst nutzen. Übrigens wird die Krypta bis heute katholisch genutzt, die Michaeliskirche ist damit eine von fast 70 Simultankirchen in Deutschland.

Ende des 17. Jahrhunderts wurde auch das Bronzekapitell der Säule eingeschmolzen, um eine Glocke daraus zu gießen, und durch ein hölzernes ersetzt. 1737 wollte der Rat der Stadt schließlich die Säule selbst einschmelzen und ließ sie in die städtische Waage schaffen, um ihr Gewicht festzustellen. Sie war schon verkauft, als es dem Abt des Klosters in letzter Minute gelang, ein kaiserliches Mandat zu erwirken, das ihre Rückführung in die St. Michaels-Kirche anordnete, wo sie dann allerdings »irgendwo herumlag« (Adamski). Erst im Verlauf des 19. Jahrhunderts wuchs das Interesse an der Kunst des Mittelalters. Die Christussäule wurde dann zunächst im Domhof aufgestellt, erhielt 1870 ein neues Bronzekapitell und wurde 1893 in den Dom überführt.

11

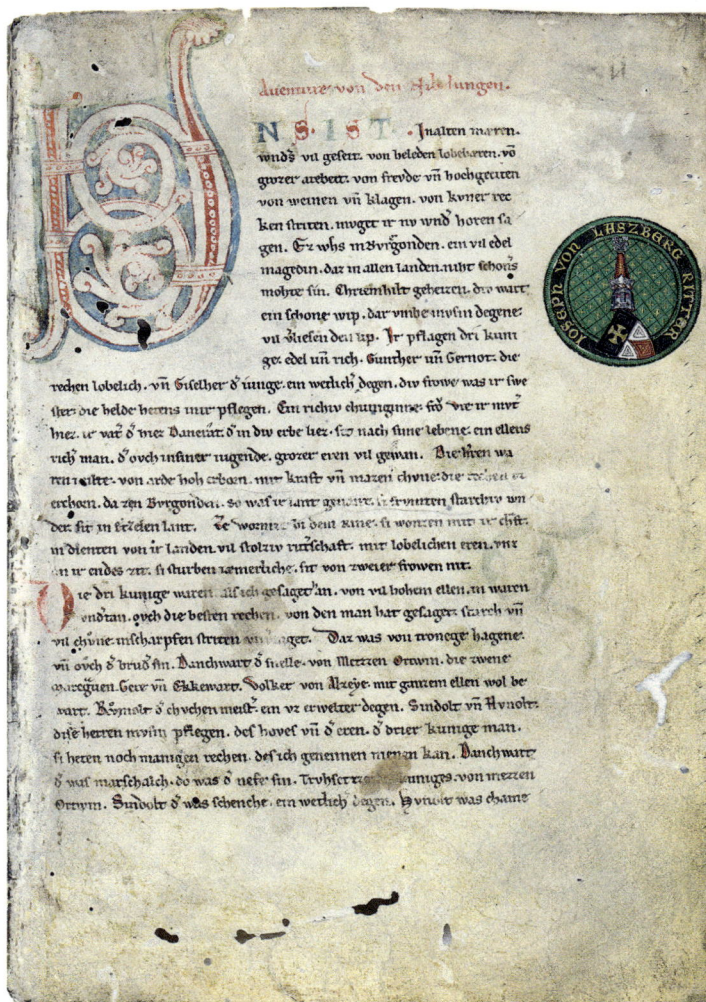

Die erste Seite der »Lied-Fassung« des »vielleicht tragischsten Stoffes der gesamten Weltliteratur«; er wurde vielfach uminterpretiert und missbraucht.

Das Nibelungenlied

Heldenepik und das Ideal der Treue

»Uns ist in alten Mæren wunders vil geseit/von Helden lobebæren, von grôzer arebeit,/von freuden, hôchgezîten, von weinen und von klagen,/von küener recken strîten muget ír nu wunder hœren sagen.« (»In alten Geschichten wird uns viel Wunderbares berichtet:/von ruhmreichen Helden, von hartem Streit,/von glücklichen Tagen und Festen, von Schmerz und Klage,/vom Kampf tapferer Recken: Davon könnt auch Ihr jetzt Wunderbares berichten hören.«) Die viel zitierte Einleitungsstrophe in der Handschrift C der berühmtesten Heldenerzählung der mittelhochdeutschen Literatur klingt wie der Beginn einer sagenhaften Abenteuergeschichte, wie sie dem gebildeten mittelalterlichen Publikum ähnlich aus der Artus-Epik vertraut waren. *Das Nibelungenlied* wurde wohl um das Jahr 1200 von einem unbekannten Dichter am Hof des Passauer Bischofs Wolfger von Erla niedergeschrieben. Seinen Anfang markieren zwei Spaltenleisteninitialen auf blauem Grund, das »U« steht spiegelverkehrt, weil es vermutlich von einer Vorlage mechanisch kopiert wurde. Rechts das Exlibris von Joseph Freiherr von Laßberg, der diese Handschrift 1815 in Wien mit finanzieller Unterstützung der Fürstin Elisabeth von Fürstenberg erwarb. Nach seinem Tode 1855 kam sie in die Fürstenbergische Hofbibliothek in Donaueschingen, seit 2001 befindet sie sich als Eigentum der Landesbank Baden-Württemberg und der Bundesrepublik Deutschland in der Badischen Landesbibliothek.

Die insgesamt 37 erhaltenen Handschriften bzw. Handschriftenfragmente belegen die große Verbreitung des *Nibelungenlieds* im Mittelalter, unter anderem in ganz Skandinavien und bis nach Spanien. Die drei bedeutsamsten und vollständig erhaltenen Handschriften (A, B und C) stammen aus der Zeit zwischen dem zweiten und dem letzten Viertel des 13. Jahrhunderts und stehen in unterschiedlicher Nähe zum nicht erhaltenen Original. Handschrift C wurde vermutlich nicht vom Nibelungendichter selbst verfasst, gilt aber als die populärste Variante der Schriftform und als authentisch. Sie gab dem Epos mit ihrer Schlusszeile den Titel: »hie hat daz maere ein ende: daz ist der Nibelunge liet« (»hier hat die Geschichte ein Ende: das ist der Nibelungen Lied«).

Die insgesamt 39 »Aventüren« genannten Kapitel der Handschrift C, immer in vierzeiligen »Nibelungenstrophen« gedichtet (insgesamt etwa 2400 Strophen), notierte ein einziger Schreiber mit hohem kalligrafischem Niveau auf gutes Pergament. Sie enthalten Erzählungen, Begebenheiten und Abenteuer, denen eine breite, schriftlich wie mündlich überlieferte Erzähltradition zugrunde lag. Mindestens zwei selbstständige Sagenkreise bzw. Erzählkomplexe sind seit dem sechsten Jahrhundert nachgewiesen, die im Verlauf der Jahrhunderte in der mündlichen Erzählung jedoch immer wieder umgeprägt wurden: die Burgunden-Sage, wie sie die Ältere Edda (eine auch »Lieder-Edda« genannte Sammlung von Helden- und Götterliedern) erzählt, und die Siegfried-Sage.

Tatsächlich ist das *Nibelungenlied* auch ein Spiegel realgeschichtlicher Ereignisse aus der Zeit der Völkerwanderung. Erzählt wird im ersten Teil die Liebe des Drachentöters Siegfried zur burgundischen Königstochter Kriemhild und die Ermordung Siegfrieds durch Hagen; dies »spielt« am Rhein. Im zweiten Teil geht es um Kriemhilds Rache mithilfe des Hunnenkönigs Etzel und um den Untergang des Burgunder-Reichs; dieser Teil findet im Donaugebiet des heutigen Österreich und Ungarn statt. Historischer Hintergrund ist die Niederlage der Burgunder in einer tragischen Vernichtungsschlacht im Jahr 436 gegen ein römisches Söldnerheer und dessen hunnische Hilfstruppen. König Etzel in der Sage weist Bezüge zum Hunnenführer Attila auf, Kriemhilds Bruder Gunther zum burgundischen Heerkönig Gundahar.

Die Forschung zählt den Kern des Epos zu dem »vielleicht tragischsten Stoff der gesamten Weltliteratur« (Bräuer), denn Liebe und Rachebedürfnis, Machtgier und Ehrversessenheit, Treue und Verrat gipfeln letztlich in einer mythischen Katastrophe. Und vermutlich gibt es kaum einen Text der deutschen Sprache, der bis in die Gegenwart hinein eine so verhängnisvolle Rezeption auszulösen vermochte.

Nachdem das *Nibelungenlied* in Hoch- und Spätmittelalter teilweise in der sogenannten Dietrich-Epik weiterlebte, geriet es im 16. Jahrhundert in Vergessenheit. Erst 1755 entdeckte der Lindauer Arzt Jacob Hermann Obereit auf Schloss Hohenems unverhofft die Handschrift C. Damit begann der Aufstieg des *Nibelungenlieds* zum deutschen Nationalepos und zugleich seine Stilisierung, denn schon einer der ersten Begutachter des Funds, der Schweizer Dichter Johann Jakob Bodmer, vermutete in ihm eine neue Art mittelalterlicher Homerischer Erzählkunst. 1786, vier Jahre nach dem ersten Gesamtabdruck nach Fassung A und C durch Christoph Heinrich Myller, orakelte der Historiker Johannes von Müller: »Der Nibelungen Liet könnte die teutsche Ilias werden« (zit. n. Ehrismann). Bis auf Preußens König Friedrich den Großen, der das *Nibelungenlied* für »nicht einen Schuß Pulver werth« befand und als »elendes Zeug« beschimpfte (zit. n. Heinzle/Waldschmidt), hielten deutsche Geistesgrößen der Aufklärung und Romantik das heroische Epos geradezu ehrerbietig hoch. Zum Bildungskanon gehörte es ohnehin schon.

Von solchen Hochschätzungen aus war es nicht mehr weit zur Auratisierung und Mythisierung des *Nibelungenlieds* – zunehmend im Zusammenhang deutsch-patriotischer Interessen. Hatte es in den napoleonischen Befreiungskriegen den Status eines Symbols nationaler Selbstbesinnung und deutscher Identität gegen den Aggressor erlangt, so wurde es in einer nächsten Stufe zu einer Art nationalem Wertemodell programmatisch aufgewertet, fast einer volkserzieherischen »Tugendschmiede«. Vermeintlich urgermanische Nationaltugenden wie Heldensinn, Tapferkeit, Opferbereitschaft und Unbeugsamkeit wurden aus ihm herausgelesen und als »unvertilgbare deutsche Karakter«-Eigenschaften interpretiert, wie es schon 1807 in dem viel zitierten Text des Berliner Professors für altdeutsche Literatur, Friedrich Heinrich von der Hagen, über das *Nibelungenlied* hieß. Patrioten hätten, so Hagen, am Epos ein unübertroffenes Vorbild, um »mit Stolz und Vertrauen auf Vaterland und Volk« zu blicken, erfüllt »mit Hoffnung auf dereinstige Wiederkehr deutscher Glorie und Weltherrlichkeit«. Damit war bis weit in das 20. Jahrhundert hinein der Grundstein gelegt für missbräuchliche Nibelungenverherrlichungen und die Uminterpretationen des Textes zu einem deutschen Gründungsmythos. Kein Wunder, dass seit den Befreiungskriegen eine »Feld- und Zeltausgabe« des Epos (1815) zur militärischen Ausrüstung preußischer Soldaten gehörte.

Mit dem Revolutionsjahr 1848 wurde das *Nibelungenlied* zum nationalen Symbol der Einheit. Galt Siegfried, der bekannteste und beliebteste Held deutscher Sagen, dem Sozialrevolutionär Friedrich Engels als »der Repräsentant der deutschen Jugend«, forderte der Gründerzeitautor Felix Dahn in einem der blutrünstigsten Gedichte deutscher Sprache die Deutschen auf, sich bis zum letzten Mann gegen die Feinde zu werfen: »Brach Etzels Haus in Glut zusammen, als er die Nibelungen zwang,/So soll Europa stehn in Flammen bei der Germanen Untergang!« (*Deutsche Lieder*, 1859). Nach dem Scheitern der Revolution beginnt die Um-Umwidmung des Epos zur ideologischen Motivationsfolie für heldische Aufopferung und Sterben: »Damit kann man Armeen aus der Erde stampfen, wenn es den Verwüstern des Reiches, den gallischen Mordbrennern ... zu wehren gilt«, prophezeite 1870 der Philologe und patriotische Dichter Karl Simrock, der das *Nibelungenlied* 1827 ins Hochdeutsche übertragen hatte. Richard Wagner beschäftigte sich seit 1843 mit der Thematik, die er als Tetralogie »Der Ring«, sein »opus summum«, in Bayreuth 1876 uraufführte; sein erster Prosaentwurf (1848) hieß noch »Der Nibelungen-Mythus, Entwurf zu einem Drama«.

Die national-pathetische Rezeption wurde auch künstlerisch umgesetzt, im 19. Jahrhundert sogar in sakraler Darstellung Siegfrieds in Anlehnung an Christus und Kriemhilds an Maria; übertroffen noch von Nibelungenkultbildern und -plastiken wie dem zwischen 1913 und 1915 geschaffenen, monumentalen siebenteiligen Wandbild-Zyklus Karl Schmoll von Eisenwerths für das Wormser Cornelianum.

Längst war das *Nibelungenlied* als »Germanische Heldensage« zur Schullektüre aufgewertet, pädagogische Handreichungen pervertierten es zum »Erziehungsmittel für militante Leistungsethik, chauvinistische Nationalgefühle, völkische Überlegenheitssehnsüchte« (Heinzle 2005). Anspielungen auf das Heldenepos waren beliebt: Als das deutsche Heer 1871 in Paris einzog, wurde Bismarck »Siege-Fried« genannt. Und im Ersten Weltkrieg wurde der Nibelungenheld zur »vollendeten Verkörperung deutschen Heldentums« (Karl Reich 1918, zit. n. Heinzle 2013) und Namensgeber der westlichen Front. Die ab März 1917 bestehende »Siegfriedlinie«, von den Alliierten als Hindenburglinie bezeichnet, wurde allerdings aus deutscher Sicht erfolglos verteidigt. Die Briten durchbrachen sie anderthalb Jahre später.

Zum Höhepunkt der Umdeutung kam es seit der Weimarer Republik und im Nationalsozialismus, als die Nibelungenklischees aggressiv-chauvinistisch instrumentalisiert wurden: Erst bestätigte Hindenburg in seinen Memoiren das *Nibelungenlied* als literarischen Vergleich in der Dolchstoßlegende. Und der Regisseur Fritz Lang trug durch seinen expressionistischen zweiteiligen Stummfilm *Die Nibelungen* mit dem Widmungstitel »Dem deutschen Volke zu eigen« 1924 künstlerisch fragwürdig zum bekannten deutsch-nationalistischen Grundmuster der Nibelungenideologie bei. Später mutierte Siegfried zum arischen Edel-Heros, blond und blauäugig; das Wort von der »Nibelungentreue« wurde überstrapaziert. »Meine Ehre heißt Treue«, lautete der Wahlspruch der mordenden SS. In den letzten Januartagen 1943 rief der Oberbefehlshaber der deutschen Luftwaffe Hermann Göring die hoffnungslos eingekesselten Wehrmachtsoldaten von Stalingrad dazu auf, sich für »Deutschlands Sieg« wie die eingeschlossenen Nibelungen in Etzels Burg zu wehren, die ihren Durst mit Blut gelöscht und »bis zum Letzten gekämpft« hätten.

Wegen dieser ideologischen Instrumentalisierung wurde das *Nibelungenlied* nach 1945 lange tabuisiert. Es blieb zwar Schullektüre in Ost wie West, aber es begann die kritische Auseinandersetzung mit der »Unheilsgeschichte der Nibelungen-Rezeption« (Heinzle/Waldschmidt), beispielsweise in absichtsvoll demaskierenden und entmythologisierenden Inszenierungen von Wagners »Ring«. In der Filmkunst fielen die ideologiekritischen Polemiken weniger radikal aus. Mittlerweile ist das Monumentalepos um Siegfried, Kriemhild und die Nibelungen zu einem marktkompatiblen Mythen- und Bildermagazin geworden. Die amerikanischen Macher der Jedi-Ritter im 1976 gedrehten *Krieg der Sterne* entlehnten – ähnlich wie bereits J. R. R. Tolkien Mitte der 1950er-Jahre für seinen Weltbestseller *Herr der Ringe* – Handlungsmotive und Personen der Nibelungensage.

Zur Besichtigung des »Gegenstücks« einer schlichten Nutzung des Epos als »Fundgrube« für sagenhafte Stoffe geben alljährlich die »Nibelungen-Festspiele« der Stadt Worms an einem der mutmaßlichen Schauplätze des *Nibelungenlieds* die Gelegenheit: Worms, wo zwischen 1937 und 1939 das *Nibelungenlied* in der Hebbel'schen Fassung ganz im Sinne der von den Nationalsozialisten geforderten Nibelungentreue gegeben wurde, reflektiert seinen eigenen Umgang mit dem Stoff des Epos kritisch – seine sagenhafte Fehldeutung und verfehlte Interpretation. In der Neuinterpretation der Nibelungen ebenso wie mit anderen im Rahmen der Festspiele aufgeführten Stoffen verweist es sinnstiftend mehr auf Probleme der Zeitgeschichte und Gegenwart als auf die Epoche des Mittelalters, der das *Nibelungenlied* entsprang.

12

Warum »reitet« er seit 1237 an derselben Stelle im Dom? Bis heute hat er nicht alle seine Geheimnisse preisgegeben.

Der Bamberger Reiter

Der Ritter als Idol

Fast 500 Jahre musste der Ritter alt werden, bis er 1729 in einem kurzen Reisebericht erstmals Erwähnung fand, nach einem weiteren Jahrhundert setzten kontroverse Deutungsversuche ein, zwar allesamt geleitet von der Grundthese, bei diesem steinernen Standbild handele es sich um ein exzeptionelles, einzigartiges Kunstwerk des Mittelalters, dennoch blieb die Skulptur – ihre Bedeutung, ihre Zuschreibung – bis heute so umstritten wie kaum eine andere.

Gesichert ist inzwischen, dass sie seit der Einweihung des Neubaus des Bamberger Doms 1237 sich immer an derselben Stelle befunden hat, am linken Eingangspfeiler zum Ostchor, hoch über den Köpfen der Besucher des Gotteshauses. Aufrecht, leicht zurückgelehnt, sitzt ein jugendlich wirkender gekrönter Reiter in einem Turniersattel, dabei scheint er fast in den Steigbügeln zu stehen. Gekleidet ist er in zeittypischer Rittertracht des 13. Jahrhunderts mit einem langen, früher wahrscheinlich orangeroten Mantel, jedoch ohne Rüstung, Schild oder Waffe. Einziges Attribut ist die Krone auf dem lockigen Haupt. Seine Haltung ist frei und ungezwungen, die linke Hand hält lose die Zügel. Die Rechte greift empor in den Mantelriemen vor der Brust und strafft – fast schon keck – mit dem Zeigefinger den über die Schultern herunterwallenden Mantel. Das Pferd, nicht ganz so fein modelliert wie sein Reiter, steht bis auf die linke Hinterhand nahezu unbewegt, abwartend, die Ohren gespitzt und in die Ferne witternd, wie wenn der Reiter das trabende Tier, vermutlich einen Grauschimmel, soeben zum Stehen gebracht hätte. Die Haltung des Pferdekopfes scheint das zu bestätigen. Dass die Zügel nicht gestrafft sind, widerspricht dem nicht, denn sie sind in dieser Form erst später hinzugefügt worden.

Die Figur ist an diesem Platz mehr als ungewöhnlich: Wo sonst trabt ein Reiter in einer Kirche? Warum befindet sich in einem Gotteshaus die lebensgroße Darstellung eines Pferdes, das zudem – überraschend und einmalig, »im Grunde eine Unverschämtheit« (Gockel) – dem Eintretenden sein Hinterteil zuwendet? Was ist des Reiters Ziel? Er streckt Hals und Kopf leicht vor und wendet den Blick nach rechts, in Richtung

Hauptchor. Dieser Blick zieht seit jeher die Betrachter in den Bann: Ist es ein Gruß, hat ein – heute nicht mehr vorhandenes – Objekt, eine Person seine Aufmerksamkeit gefunden, oder geht sein Blick in die Ferne, gar in die Ewigkeit? Strahlt er »Helle und Entschiedenheit aus, unverrückbare Sicherheit im Wollen und Tun, Wärme und Ernst« (Jantzen), sind es »Tatkraft und hoher idealer Sinn« (Doering), »Zartheit, gepaart mit jugendlicher Beweglichkeit, Güte und Willensstärke, gerichtet auf ein hohes Ziel« (nach *1000 Jahre Kaiserdom Bamberg*) oder auch »innere Jugendlichkeit« und nicht zuletzt »das rein Seelische« (Hege)? Viel ist über diesen Blick gemutmaßt worden. Auch »Zartheit einer edlen Männlichkeit«, der »Wille zur Entscheidung und furchtloseste Entschlossenheit« wurden in den Gesichtsausdruck des Ritters hineininterpretiert, das Antlitz »eines Herren, der Traum und Abenteuer gebändigt hat und mit geistiger Kraft Besitz ergreift von der Welt« (Schreyer).

Auffallend ist auch eine gewisse Gegensätzlichkeit in der Skulptur: Die klaren, fast flächigen Konturen des Pferdekorpus und die ruhige Haltung des Tiers kontrastieren mit der inneren Bewegtheit seines Reiters, der so herrschaftlich aufrecht im Sattel sitzt, dabei aber fast zum Stehen kommt, mit gespannt gehaltenem Mantelriemen, während das Haupt frei und träumerisch in die Ferne schaut. Die äußere Ruhe ist voller Energie, man hat den Eindruck, der Reiter könne jeden Moment lospreschen. Auch diese Gleichzeitigkeit von Gespannt- und Gelöstheit wurde interpretiert: unter anderem gegen das Vorurteil eines wenig dynamischen Mittelalters als »Ausdruck einer in der Zeit liegenden Hochspannung des Lebens unter weitem Horizont« (Jantzen). Jedenfalls trägt auch diese »innere Energie« zur Faszination des Bildwerks bei, das als »eine der großartigsten Kompositionen der gotischen Skulptur des Abendlandes« bezeichnet wurde (Jantzen).

Der Bamberger Reiter ist eines der ältesten erhaltenen Reiterstandbilder, die seit der römischen Antike geschaffen wurden. Nur der sogar frei stehende Magdeburger Reiter ist älter. Um 1240 entstanden, stellt er möglicherweise Kaiser Otto I. dar, den Gründer von Stadt und Bistum Magdeburg; sein Künstler ist ebenso unbekannt wie der Meister, der den Bamberger Reiter aus acht Sandsteinquadern schuf. Dessen größtes Rätsel aber ist der Name des abgebildeten Herrschers. Generationen von Kunsthistorikern haben sich an seiner Identifizierung abgearbeitet, es gibt wohl mindestens 20 Zuschreibungen. Darunter: Konstantin der Große, der dem ganzen Mittelalter als Überwinder des Heidentums, als erster christlicher Kaiser galt, dargestellt im Augenblick seiner Kreuzesvision – aber ihn verbindet rein gar nichts mit Bamberg; Kaiser Heinrich II., der Gründer des Bistums Bamberg, oder Friedrich II., zu dessen Regierungszeit die Skulptur entstand – aber beide hätten mit kaiserlichen Insignien dargestellt werden müssen. Einer der Heiligen Drei Könige? Da fehlt das ihm zugeordnete Geschenk. Genannt wurden auch König Philipp von Schwaben, der heilige Georg, der heilige Martin, Christus selbst als »König der Könige« und viele mehr. Die meisten Kunsthistoriker vertreten die Meinung, es sei der heilige Stephan, König von Ungarn und Gemahl Giselas, der Schwester des kaiserlichen Bistumsgründers, deren Dynastien miteinander verbunden waren. Doch wird auch dies bestritten mit der These, dass der Reiter auf ein früher im Hauptchor stehendes Triumphkreuz des wiederkehrenden Christus blicke, diesem seine Reverenz erweise und vielleicht sogar selbst der »endzeitliche Herrscher« sei (Gockel). Die ebenfalls im Bamberger Dom stehende, vom selben unbekannten Künstler stammende »Seherin«, deren blinde Augen auf den Reiter gerichtet sind, habe die Ankunft dieses Herrschers visionär vorausgesagt. Die Kontroversen werden weitergehen: Vielleicht verkörpert der Reiter die idealtypische Königs- oder Kaiserherrschaft, ist eine sinnbildliche Vergegenwärtigung des deutschen Mittelalters überhaupt?

Als der Bamberger Reiter geschaffen wurde, erlebte das Rittertum seine Blüte. Es war in einem jahrhundertelangen Prozess seit der Spätantike entstanden, und aus dem in seiner äußeren Erscheinung unverkennbaren, gepanzerten Reiterkrieger (»miles«) waren seine Angehörigen seit dem 11. Jahrhundert zu einem sozialen Stand geworden. Waren früher sowohl Könige und Fürsten als auch Vasallen und kleine Dienstmannen Ritter, so entwickelte sich die Ritterschaft seit dem hohen Mittelalter von einem Berufs- zu einem Geburtsstand. Neben die militärischen, vor allem in den Kreuzzügen gipfelnden Aufgaben traten nun zivilisatorische, die insbesondere in der Entwicklung einer höfisch-ritterlichen Kultur ihre Ausprägung fanden. Mit dem Aufkommen der Landsknechte nahmen die militärischen Funktionen der Ritter ab, in den neuen Heeren übernahmen sie Rollen in mittleren oder höheren Führungspositionen. Zugleich entfalteten sich immer mehr höfisch-ritterliche Wertvorstellungen mit unterschiedlichen Formen: festliche Turniere, Minnesang, weltliche Ritterorden, Idealisierung der Tugenden Treue, Loyalität, Achtung und Schutz der Frauen etc.; übrigens wurde der Begriff »ritterlich«

bereits im 12. Jahrhundert auch für die Charakterisierung höfischer Damen verwendet. Das Phänomen des Rittertums veränderte sich über die Jahrhunderte, und seit dem späten Mittelalter lebte der Begriff weiter als »Mode« und »rein formeller Lebensstil« (Ganshof, in Borst). Als es dann keine mittelalterlichen Ritter mehr gab, wurden sie von der Romantik wieder »erfunden« und beflügelten die Fantasie immer wieder neu.

Diese Vielzahl an Interpretationsmöglichkeiten war auch Einfallstor für immer wieder neue, zeitgebundene Deutungen und Vereinnahmungen. Dies umso mehr, als in der relativ kurzen Hochphase der Popularität des Reiters unterschiedliche politische Systeme herrschten. Während der Reiter im Kaiserreich eher akademisches Objekt der Kunstwissenschaft mit noch geringer Öffentlichkeitswirkung gewesen war, stieg in der Zeit der Weimarer Republik seine Popularitätskurve in ungekannte Höhen. Der Fotograf Walter Hege entdeckte seine Fotogenität und veröffentlichte in den 1920er-Jahren als spektakulär geltende Aufnahmen des Reiters, die zu Tausenden reproduziert, veröffentlicht, nachgeahmt und verschenkt wurden und den Bamberger Reiter in ganz Deutschland »zu einer der ersten Kultfiguren des modernen Medienzeitalters« (Ullrich) machten. 1920 wurde der Kopf des Reiters sogar auf der 100-Reichsmark-Banknote abgebildet. Der 1917 geborene Literaturnobelpreisträger Heinrich Böll mutmaßte, dass in seiner Jugendzeit eine Aufnahme des Bamberger Reiters »wohl über jedes jungen Deutschen Schreibtisch oder Bett hing« (Krischker). Vor dem Hintergrund der Niederlage im Ersten Weltkrieg wurde der Blick in die Ferne geradezu als Verheißung einer besseren Zukunft interpretiert. So wurde der Bamberger Reiter zu einer romantisierenden Erinnerung an eine vermeintlich glückliche Zeit des »deutschen Mittelalters« mit einem starken »Heiligen Römischen Reich Deutscher Nation«, an die sich auch das Versprechen neuer, zukünftiger deutscher Größe knüpfen ließ. Solche Deutungen machten es den Nationalsozialisten leicht, den Reiter propagandistisch zu einem Nationalhelden, zum »Urbild einer Führerpersönlichkeit nordischer Rasse« (Arndt, 1937, nach Hinz) zu erklären, ja zum Sinnbild Adolf Hitlers schlechthin, der als moderner Heilsbringer das Werk des mittelalterlichen Ritters vollende. Das Machwerk *Rassenkunde des deutschen Volkes* des Vordenkers der nationalsozialistischen Rassenideologie, Hans F. K. Günther, trug schon Mitte der 1920er-Jahre den Kopf des Reiters auf dem Titelbild. Und in dem Propagandafilm *Der ewige Jude* (1940) ist der Bamberger Reiter zu sehen, wenn von »heiligsten« Dingen die Rede ist.

Den Zweiten Weltkrieg »überlebte« er in einem Schutzmantel aus Beton, vom dem er 1947 »befreit« wurde. Die ideologische Vereinnahmung des Bamberger Reiters im »Dritten Reich« trug dazu bei, dass seine Rezeption nach 1945 verhaltener wurde. Zwar galt er weiterhin als ein Objekt von herausgehobener kunstgeschichtlicher Bedeutung und gehörte zum Kanon bürgerlicher Allgemeinbildung, aber eine nationale Symbolfigur war er nicht mehr. Bei der in den 1968er-Jahren beginnenden kritischen Auseinandersetzung der Kunstwissenschaft mit der Verdrängung der NS-Vergangenheit war der Bamberger Reiter eines jener Beispiele, die die Diskussionen in einer »affektgeladenen Atmosphäre« (Warnke) erheblich zu befeuern vermochten.

Aber bei aller Ideologisierung und späteren Entideologisierung blieb und bleibt er als Kunstwerk beeindruckend, und 1977 nannte Bundespräsident Walter Scheel die Plastik bei der Eröffnung der großen Staufer-Ausstellung in Stuttgart schon wieder »ein Stück von uns selbst«. Es gibt den Reiter mittlerweile auf einer Zwei-Euro-Briefmarke (2003), aus Schokolade oder Eisen als Kurzfilmpreis und – vorläufiger Gipfel der Trivialisierung – sogar als Playmobilfigur: nach dem Magdeburger Reiter seit 2006 nun also seit dem 1000-jährigen Jubiläum des Bamberger Doms (2012) auch den Bamberger, beide mehr als »frei interpretiert« und mit unterschiedlicher, angeblich dem Mittelalter nachempfundener Farbgebung.

13 Ein bärtiger Lehrer sitzt neben seinem Schüler und deutet mit der linken Hand auf die ersten Zeilen des Unterrichtsgegenstands, den Rechtstext.

Der Sachsenspiegel

Gesetzgebung und Rechtsprägung

Zu den bedeutendsten Denkmälern der deutschen Rechtsgeschichte und Literatur gehört der zwischen 1220 und 1235 entstandene *Sachsenspiegel* des Eike von Repgow (* zwischen 1180 und 1190, † nach 1233). Kein anderes deutsches Rechtsbuch hat jemals wieder eine solch epochenübergreifende und territorial ausgedehnte Geltung erlangt. Mehr noch: Der »Spegel der Sassen« ist ein Wegbereiter des muttersprachlichen Deutsch, ist er doch das erste große Prosawerk in mittelniederdeutscher Sprache und damit einer der frühen Beweise für die Emanzipation des Deutschen vom Latein in der öffentlichen Kommunikation des Mittelalters.

In der Muttersprache konnten Eikes Aufzeichnungen von breiten Schichten rezipiert werden; tatsächlich werden heute weit über 400 Handschriften und Fragmente seiner Texte in Nieder-, Mittel- und Oberdeutsch gezählt. Erst mit der um 1270 entstandenen vierten Fassung (*Versio Vulgata*) war der inhaltliche Abschluss der Gesetzessammlung erreicht.

Von dieser *Vulgata*-Ausgabe gingen die einzigartigen illustrierten Handschriften des *Sachsenspiegels* aus: die zwischen 1295 und 1371 angefertigten prachtvollen Heidelberger, Oldenburger, Dresdner, Wolfenbütteler Bilderhandschriften. So unterschiedlich diese vier Fassungen sind, haben sie doch eine wesentliche Gemeinsamkeit: Nie zuvor ist in Handschriften eine derartig charakteristische Bild-Text-Kombination vorzufinden. Jede Seite zeigt eine sich ergänzende Bild- und Textspalte. Die Untergliederung des Textes erfolgt durch auffällige Initialen. Die Heidelberger Bilderhandschrift ist die älteste (um 1300), aber unvollständigste; die Oldenburger enthält den ausführlichsten Text (ab 1336); die Dresdner hat die meisten und zugleich künstlerisch wertvollsten Bildszenen; die Wolfenbütteler ist ihre jüngere »Schwesterhandschrift«.

So bilderfreudig das Mittelalter auch war, innerhalb der europäischen Rechtsgeschichte gibt es kein anderes so reich illustriertes Rechtsbuch. Wir wissen nicht, ob Eike als Verfasser sich bereits selbst in diesen

Bildern zeichnete, aber die Schreiber der Abschriften haben ihn in unterschiedlicher Weise in ihre Versionen »eingebaut«: Meist in der typischen Tracht eines »Herrn«, mit gepflegter Bart- und Haartracht, ohne Kopfbedeckung, beispielsweise als Lehrer mit einem Schüler, oder kniend dem Kaiser seinen Rechtstext anbietend, auch getreten und bespuckt von Männern, denen das im *Sachsenspiegel* verkündete Recht zuwider ist.

Zwar schrieb »Eike von Repchowe«, wie sich der Verfasser im Werk selbst bezeichnete (die Familie benannte sich nach dem sachsen-anhaltinischen Ort Reppichau bei Dessau), die erste Fassung seiner Aufzeichnungen noch auf Latein und verstand sie als private Zusammenstellung des überlieferten Rechts seiner Heimat. Sehr wahrscheinlich hat er dem Stand der Ministerialen angehört, nachweislich trat er bei diversen Rechtsgeschäften im Dienst des Quedlinburger Stiftsvogts Hoyer von Falkenstein als Zeuge auf. Er war überdurchschnittlich gebildet und vermutlich selbst Schöffe oder Gerichtsdiener; die Probleme der Rechtsprechung seiner Zeit waren ihm jedenfalls bestens bekannt.

Auf höchst uneinheitliche Weise wurde zu Gericht gesessen, nicht nur in Eikes Heimat »Sassen«, jenem Raum zwischen Elbe und Saale, in dem seit Jahrhunderten Franken, Thüringer, Sachsen, Friesen und Slawen siedelten. Die Rechtsprechung in Städten und Dörfern beruhte auf praktisch bewährten, jedoch in der Regel nur mündlich überlieferten Grundsätzen und Erfahrungsberichten. Einen akademisch ausgebildeten Richterstand gab es noch nicht, Laienschöffen übernahmen häufig dessen Aufgaben. Darüber hinaus sorgte eine Vielzahl von Landes- und Ortsrechten für Unübersichtlichkeit von Landstrich zu Landstrich, die einzigen schriftlich kodifizierten Rechtsquellen bestanden in Satzungen, Urkunden, regionalen Rechtsbüchern und Stadtrechten. Übergreifende Normen fehlten weitgehend, üblicherweise wurde nur der Einzelfall entschieden. Die Ständestruktur bedingte, dass Geistliche, Laien, Adlige, Dienstleute, Kaufleute, Handwerker, Sesshafte, Fahrende, Bauern sowie »ehrliche« und »unehrliche« Gewerbetreibende unterschiedlich bzw. je nach ihrem Stand beurteilt wurden.

Da die landesherrliche Rechtsprechung zulasten königlicher Macht im 13. Jahrhundert erstarkte und sich zudem auch städtische Strukturen rechtlich verfestigten, war es ein im historischen Rückblick geradezu überfälliger Akt, die Rechtsprechung so weit als möglich zu kanonisieren, also die bestehende Vielzahl unverbundener Rechtsquellen in eine systematisch gegliederte Form zu gießen. Dass dies langfristig nur in schriftlicher Form Sinn machte, muss dem »Spiegler« – wie der Verfasser auch genannt wurde – klar gewesen sein. Im Prolog teilt er mit, dass er sein Rechtsbuch zunächst in der üblichen Schrift- und Gelehrtensprache der Zeit, nämlich Latein, verfasst habe und erst auf Bitten seines mutmaßlichen Lehnsherrn Graf Hoyer von Falkenstein bald darauf ins Deutsche übersetzte. Beide Urfassungen gelten heute als verschollen.

So spektakulär die Wirkungsgeschichte des *Sachsenspiegels* sich danach entwickelte, so bescheiden mutet sein historischer Ausgangspunkt an: Nach seinem programmatischen Titel sollte er ein »Spiegel« werden, durch den – wie es in der Einleitung heißt – »das Recht der Sachsen allgemein wird, wie durch einen Spiegel den Frauen das Antlitz, das sie erblicken«. Damit war zugleich die Zugehörigkeit zur lateinischen Tradition der sogenannten Speculum-(Spiegel)-Literatur bekundet, mit der seit der Antike bestimmte Lebensbereiche vergleichend beschrieben oder, wie in später verfassten Fürsten- oder Narrenspiegeln, kritisiert wurden; Sebastian Brants 1494 entstandenes *Narrenschiff* sollte in dieser Gattung ein »Bestseller« des 15. und 16. Jahrhunderts werden. Aufzeichnung und Bewahrung, Ordnung und kritische Begutachtung in einem: Dem Verfasser des *Sachsenspiegels* ging es nicht um die Formulierung eigener Rechtsauffassungen oder Gesetze, sondern um die juristischen Grundlagen. Er schuf eine geordnete Sammlung der verbreiteten Rechtsbräuche in einer bestimmten historischen Landschaft, dem von Eike folgendermaßen umrissenen Sachsenland: Für fünf Pfalzstädte im Sachsen-Anhaltinischen, für Fürstentümer des Herzogtums und der Pfalzgrafschaft Sachsen, der Mark Brandenburg, der Landgrafschaft Thüringen, der Mark Meißen und Lausitz, der Grafschaft Aschersleben sowie der Erzbistümer Magdeburg, Mainz, Köln und Bremen sollte der *Sachsenspiegel* fortan die Grundlage der Rechtsprechung bilden.

Die Wirkungsgeschichte des Rechtskodex zeigt, dass dieses Ziel weit übertroffen wurde. Zahllose Faktoren beeinflussten und prägten seine komplexe Überlieferungsgeschichte und trugen dazu bei, ihn noch im Mittelalter in ganz Europa zu verbreiten – in Verbindung mit dem weithin angesehenen Magdeburger Stadtrecht war das »Ius Theutonicum« des Eike von Repgow bekannt in Schlesien, Böhmen, Polen, im Baltikum, in der Ukraine, in Ungarn, im europäischen Westen sogar in Katalonien. Der *Sachsenspiegel* schloss gewissermaßen die historisch gewachsene, europaweite Bedarfslücke für eine kodifizierte Rechtsprechung und wurde – modern gesprochen – ein Jahrhundert-»Longseller«.

In seinem Mittelpunkt stehen die Gewohnheitsrechte der sächsischen Stammesverbände bezüglich einerseits der bäuerlichen Rechtsverhältnisse und andererseits der Feudalherren untereinander. Hieraus ergab sich die Einteilung des Werks in die Vorrede sowie die beiden Hauptteile Landrecht (234 Artikel zum Zivil- und Strafrecht für »freie Leute« einschließlich der Bauern) und Lehnrecht (78 Artikel zur Regelung der Rechtsverhältnisse zwischen Lehnsherren und Vasallen). Behandelt werden Strafrecht und Strafverfahren, Familien- und Erbrecht, Dorf- und Nachbarschaftsrecht sowie Regeln für das dörfliche Zusammenleben. Weiterhin enthält das Rechtswerk umfangreiche Normen zu einzelnen Rechtsgebieten, etwa für die Wahl der Könige. Ebenso nahm der »Spiegler« zu Staatspraxis und Gerichtsverfassung Stellung, indem er etwa die Parallelität von weltlicher und geistlicher Gerichtsbarkeit herausarbeitete. Dienstrecht, Hofrecht und Stadtrecht blieben also ausgeklammert.

Kaum verwunderlich, dass das Rechtswerk nicht nur ähnliche Rechtskodifizierungen seiner Zeit beeinflusste – vom *Deutschen-* und *Schwabenspiegel* (um 1275) bis zum *Meißener* (1357–1387), *Herforder* (1370 bis 1375) und *Glogauer* (1386) *Rechtsbuch*. Bis zum Inkrafttreten des Bürgerlichen Gesetzbuchs (1. Januar 1900) wurde Eikes Sachsenrecht noch in etlichen kleineren Staaten wie Thüringen, Anhalt, Holstein, Lauenburg angewendet. Noch 1932 stützte sich das Leipziger Reichsgericht in einem Urteil ausdrücklich auf den *Sachsenspiegel,* und selbst heute noch kann seine Anwendung in Betracht kommen. Manche rechtspraktischen Fragen der Gegenwart sind von ihm beeinflusst: So erinnert sogar das Vorrecht auf eine Parklücke an Gewohnheitsrecht des 13. Jahrhunderts, denn »der Fuhrwagen, der zuerst auf die Brücke rollt, der soll sie auch zuerst überqueren«. Auch dass »niemand [...] seine Dachtraufe in den Hof eines anderen hängen lassen [soll]«, hat Parallelen in der Gegenwart.

Neben dem rechtlichen ist auch das sprachliche und kommunikative Erbe des *Sachsenspiegels* bis heute unbewusster Alltag: Teils in der Form des Stabreims verfasste Redewendungen wie »Wer zuerst kommt, mahlt zuerst«, »mit Haut und Haar«, »Fersengeld [geben]«, »nach Jahr und Tag«, »Stadtluft macht frei« oder »einer Sache ein Mäntelchen umhängen« sind im Rechtsbuch des »Spieglers« erstmals dokumentiert und zeigen, wie gewissenhaft der Autor – hierin Luther verwandt – »dem Volk aufs Maul geschaut« hat. Darüber hinaus haben die Illustrationen sogar beispielgebende Funktion für manche Verhaltensweisen vor Gericht bis in die Gegenwart.

Nicht alles, was der *Sachsenspiegel* notierte, war unumstritten: Für Zündstoff und erhebliche Anfeindungen sorgten beispielsweise zum einen seine Ablehnung der Leibeigenschaft der Bauern und zum anderen sein Eintreten für die Gleichberechtigung von Papst und Kaiser; Letzteres führte zur »Verdammung« von 14 Artikeln des *Sachsenspiegels* 1374 durch die römische Kurie – was allerdings fast wirkungslos blieb. Eike stehe allerdings deswegen da wie ein Wild, das die Hunde anblafften, schrieb der erste Bearbeiter des *Sachsenspiegels* denn auch in einer Vorrede zur Neuausgabe und lieferte damit den Beweis, dass das Werk streitbarer Rechts- und Zeitspiegel in einem war.

Zur Wirkungsgeschichte des *Sachsenspiegels* gehört auch die Vereinnahmung des Textes je nach politischen Interessenlagen. Den Gipfel des Missbrauchs erreichten die Nationalsozialisten, als sie 1933 eine 700-Jahr-Feier zum Gedächtnis des »Spieglers« ausriefen und ihn als Rechtfertigung der Ideologie von »Blut und Boden« missbrauchten. Denn Eike, so hieß es bis in die Lokalpresse hinein, habe erstmals die »Grundlagen völkischen Rechts« ausgewiesen. Und die vom »Bund Nationalsozialistischer Deutscher Juristen« initiierte Einweihung eines Denkmals für Eike von Repgow auf Burg Falkenstein im Harz entartete im Jahr der Machtergreifung zur Proklamation des *Sachsenspiegels* als dem »große[n] Schatz nordischer Ur- und Erbweisheit«, der zur Bewahrung »urgermanischer Auffassung« diene. Auf der enthüllten Bronzetafel des Gedenksteins wurde sein Verfasser denn auch als »Kenner und Künder deutschen Volksrechtes« beschworen, womit diese wie auch weitere ähnliche Eike-von-Repgow-Feiern vollends zur pathetischen »Inszenierung unter dem Hakenkreuz« (Lück) gerieten. Die Inschrift ist inzwischen retuschiert und liest sich jetzt unverfänglich.

Für die infolge der Bombenangriffe auf Dresden 1945 durch Wasser stark beschädigte Dresdner Handschrift kam die Rettung mit der Wiedervereinigung: Seit 1991 wurde sie in langwierigen Restaurierungsarbeiten so weit wie möglich aufgearbeitet und steht nun – wie alle anderen – als Digitalausgabe zur Verfügung. Nicht länger als sechs Wochen jährlich wird sie auch in der Schatzkammer des Buchmuseums der Sächsischen Landes- und Universitätsbibliothek ausgestellt.

14

Diese winzigen Wohnkammern gibt es seit Beginn des 19. Jahrhunderts im »Langen Haus« des Hospitals, einer der ältesten Sozialeinrichtungen.

Kabäuschen im Lübecker Heiligen-Geist-Hospital

Armen- und Krankenpflege im Spätmittelalter

Wer je die Kabäuschen im Lübecker Heiligen-Geist-Hospital gesehen hat, vergisst sie nie mehr. Neben dem monumentalen Backsteinbau aus dem 13. Jahrhundert selbst sind es vor allem diese kleinen hölzernen Wohnkammern im Zentrum des Gebäudes, dem »Langen Haus«, die heute große Aufmerksamkeit auf sich ziehen. Sie haben eine Grundfläche von nur etwa vier Quadratmetern und sind vom nächsten »Kabuff« getrennt durch eine nur etwa 2,30 Meter hohe, zur Saaldecke offene und dünne Holzwand. Nach außen eine kleine, vielleicht einen Meter breite Tür (darüber eine »Hausnummer«) mit einem kleinen Fenster, individuell mit Vorhang versehen. Unmittelbarer Einblick ins »Interieur« dieses persönlichen »Rückzugortes« war nur bei offener Tür gegeben: auf die mehr als karge Einrichtung mit einem einfachen Bett und Nachttisch, einem kleinen Tisch und Stuhl, auf die wenigen privaten, in einem Schrank verstaubaren Utensilien, manchmal Blumentöpfe mit sorgsam gepflegten, rankenden Pflanzen auf den Zwischenwänden. Diese Kammern werden nicht selten als mittelalterlich angesehen, doch handelt es sich in Wirklichkeit um Einbauten aus der Zeit um 1820, also mehr als 500 Jahre nach der Einweihung des Hospitals im Jahre 1286, das bis heute eine der ältesten Sozialeinrichtungen in Deutschland ist.

Mittelalterliche Hospitäler unterschieden sich in ihrer Funktion grundlegend von modernen Krankenhäusern. Sie erfüllten eine Vielzahl karitativer Aufgaben, unter denen die Versorgung von Kranken nur eine und keinesfalls die wichtigste war, sie dienten auch als Waisenhäuser, Altenheime und Herberge für Arme und Pilger. Die ersten Spitäler im christlichen Abendland entstanden seit dem 7. Jahrhundert in den Klöstern der Benediktiner und später auch anderer Orden. Der vermutlich Anfang des 9. Jahrhunderts auf der Reichenau entstandene St. Galler Klosterplan, der Idealplan eines Benediktinerklosters, verzeichnet insgesamt drei »Hospitäler«: ein im Klausurbereich gelegenes für die Mönche, das in der Tat der Krankenversorgung diente, eines als Herberge für vornehme Gäste und ein drittes zur Aufnahme von Pilgern und einfachen Reisenden.

Im Rahmen der Kreuzzüge zur Befreiung des Heiligen Landes formierten sich seit dem 12. Jahrhundert ritterliche Orden, die sich der Hospitalität – und zwar im doppelten Sinne sowohl der Beherbergung als auch der Krankenfürsorge – im eroberten Palästina verschrieben und diese Tätigkeit teilweise auch nach dem Scheitern des Kreuzzugsprojekts in Europa fortsetzten; so etwa die Johanniter bzw. die Malteser (wie sie sich nach ihrer dortigen Ansiedlung im 16. Jahrhundert nannten). Ungefähr gleichzeitig entstanden in den aufstrebenden Städten bürgerliche Hospitalorden, vor allem der 1180 in Montpellier gegründete Orden vom Heiligen Geist, der sich rasch ausbreitete und im 14. Jahrhundert etwa 900 Hospitäler in Westeuropa unterhielt. Er war unterteilt in einen geistlichen Orden, der nach klösterlichen Regeln lebte, und eine Laienbruderschaft, die Männer, Frauen und auch Ehepaare aufnahm. Durch päpstliche Privilegien und bürgerliche Schenkungen erlangten die Hospitäler bald einen ansehnlichen Besitzstand, der es ihnen erlaubte, eine wachsende Zahl Bedürftiger aufzunehmen. Eine ärztliche Betreuung war dabei nicht vorgesehen, sie begnügten sich mit einer Kombination aus geistlicher und seelischer Fürsorge, strengen Hygienevorschriften sowie guter und reichhaltiger Ernährung. Aufnahme fanden u. a. arme und unehelich schwangere Frauen, Findelkinder und Waisen, die im Hospital meist eine Ausbildung erhielten und – im Fall der Mädchen – oft auch eine bescheidene Mitgift zu ihrer Verheiratung, außerdem Arme, Pilger und Reisende. Um diese auch nach Torschluss noch aufnehmen zu können, lagen die Hospitäler nicht selten außerhalb der Stadtmauern.

Eine weitere Zielgruppe waren alleinstehende alte Menschen, und dies führte vor allem in größeren Städten zu einer grundlegenden Veränderung des ursprünglichen Hospitalgedankens. Manche Einrichtungen wandelten sich im Lauf der Zeit zu regelrechten Altersheimen, die nicht nur bedürftige, sondern auch wohlhabende Alte aufnahmen, die sich mit ihrem Besitz in das Hospital »einkauften«, indem sie ihn dem Hospital stifteten. Diese sogenannten Pfründner bedeuteten in wirtschaftlicher Hinsicht eine Absicherung für die Hospitäler, da sie mit ihrer Einlage selbst für ihren Lebensunterhalt aufkamen. Gleichzeitig schwand damit aber der Raum für die Bedürftigen, und es entstand eine Zweiklassengesellschaft, da die zahlenden Bewohner eine bevorzugte Behandlung beanspruchen konnten.

Neben den Armenspitälern gab es spezielle Einrichtungen zur Aufnahme von bestimmten Kranken. Dabei ging es zum einen um ihre Versorgung im Geist christlicher Nächstenliebe, zum anderen aber – bei ansteckenden Krankheiten – auch darum, die Kranken zu isolieren. Das galt zum Beispiel für die Leprosorien, in denen die an der Lepra Erkrankten abseits der gesunden Gesellschaft ein einigermaßen gesichertes Leben führen konnten. Bei anderen Krankheiten, die mit größerer Ansteckungsgefahr und schnellerem Krankheitsverlauf verbunden waren, kamen solche Vorkehrungen meist zu spät. Pestspitäler wurden zwar gebaut, aber meist erst nach dem Abklingen der Seuche fertiggestellt und bis zum nächsten Ausbruch längst einem anderen Zweck zugeführt. Manche Hafenstädte unterhielten dauerhafte Pestlazarette, die meist außerhalb der Stadt lagen und als Quarantänestationen dienten. Auch Irrenhäuser hatten in erster Linie den Zweck, die Geisteskranken unter Kontrolle zu halten und von der übrigen Gesellschaft abzuschotten. Therapeutische Ansätze begannen hier erst im Lauf des 18. Jahrhunderts eine Rolle zu spielen.

Stärker vom Gedanken der Caritas geprägt waren die Hospitäler des Antoniterordens, der sich der Pflege der am Antoniusfeuer Erkrankten widmete. Bei dieser Krankheit, dem Ergotismus oder Mutterkornbrand, handelt es sich um eine Vergiftung, ausgelöst durch einen Pilzbefall des Roggens besonders in feuchten Sommern. Wenn dann nämlich eine Ernte schlecht ausfiel, wurden notgedrungen auch die befallenen Körner mitverarbeitet und gegessen. Das Gift führte zu Hautirritationen, Durchblutungsstörungen und schließlich zum Absterben von Gliedmaßen. Dieser Zusammenhang war im Mittelalter unbekannt, doch gelang es den Antonitern, indem sie den Kranken gute, gesunde Nahrung verabreichten, meist, die Krankheit zu stoppen. Im 15. Jahrhundert unterhielt der Orden immerhin fast 400 Hospitäler in ganz Europa.

Im Verlauf der Frühen Neuzeit veränderte sich die Einstellung gegenüber der Armut vor allem in den Städten. Der wachsende Zustrom von Armen führte dazu, dass sie in Kategorien unterteilt wurden und unterschieden wurde zwischen eingeborenen und fremden Armen sowie zwischen verschuldeter und unverschuldeter Armut. Die Fürsorge konzentrierte sich zunehmend auf die einheimischen und arbeitsunfähigen Armen. Auswärtige Bettler wurden oft ausgewiesen und arbeitsfähige Arme in sogenannten Zucht- und Arbeitshäusern interniert, um sie dort zu disziplinieren und zu »nützlichen« Mitgliedern der Gesellschaft umzuerziehen. Diese Häuser waren nicht immer klar gegenüber den bestehenden karitativen Einrichtungen abgegrenzt. Oft erfüllten sie mehrere Funktionen zugleich, wie etwa die Bezeichnung »Armen-, Waisen- und Arbeitshaus« in Frankfurt am Main zeigt. Seit dem 18. Jahrhundert entstanden dann auch die ersten wirklichen Krankenhäuser, die sich dezidiert der Pflege von Kranken widmeten, einschließlich einer Betreuung durch fest angestellte Ärzte.

Das Lübecker Heiligen-Geist-Hospital wurde um das Jahr 1227 als typisches Armenhospital gegründet, lag damals allerdings noch an einem anderen Ort der Stadt als das heutige Gebäude. Es wurde von einer Bruderschaft getragen, die aber wohl nicht dem Orden vom Heiligen Geist angehörte, da der Bischof von Lübeck ihr 1263 auf ihren Wunsch eine eigene Regel gab. Diese orientierte sich an den Regeln für geistliche Orden und umfasste unter anderem das Gelübde der Armut, des Gehorsams und der Keuschheit. Männer und Frauen konnten Mitglieder werden, aber auch Ehepaare, wenn sie kinderlos waren und einer nach Geschlechtern getrennten Unterbringung zustimmten. In Ausnahmefällen waren auch gesonderte Unterkünfte für Einzelpersonen und Ehepaare vorgesehen. Die Leitung des Hospitals lag bei einem Hospitalmeister, der von weltlichen Vorstehern gewählt wurde, die zu diesem Zeitpunkt vermutlich noch der Bischof ernannte. Aufnahme fanden Arme und Kranke, außerdem Reisende, die aber nur für eine Nacht beherbergt und verpflegt werden sollten.

Dieses erste Hospital fiel möglicherweise einem Stadtbrand zum Opfer und wurde durch den 1286 eingeweihten, bis heute bestehenden Bau ersetzt. Der Neubau entstand als Stiftung reicher Lübecker Kaufleute und ist ein Ausdruck des bürgerlichen Selbstbewusstseins in der zu dieser Zeit stolzen und mächtigen Hansestadt Lübeck. Der repräsentative Backsteinbau gehört zu den großartigsten Beispielen der norddeutschen Gotik und erinnert an die etwa zeitgleich entstandenen Rathäuser anderer Hansestädte. Das Zentrum des Gebäudes bildete das »Lange Haus«, eine ausgedehnte Halle, die als Schlafsaal diente. Auf der einen Seite standen in zwei Reihen die Betten für die Männer, auf der anderen Seite die für die Frauen. Am oberen Ende öffnete sich die Halle zur Hospitalskapelle, einer dreischiffigen Hallenkirche, um auch den bettlägerigen Bewohnern die Teilnahme an der Messe zu ermöglichen. Bereits im 14. Jahrhundert wurde diese Gestaltung aber wohl als unpassend empfunden und daher durch einen Lettner eine Abgrenzung zwischen den beiden Gebäudeteilen geschaffen.

Neben dem »Langen Haus« und der Kapelle umfasste der Gebäudekomplex des Hospitals noch zwei Bürgerhäuser sowie mehrere Wirtschaftsgebäude. Ebenfalls zur Grundausstattung des Hospitals gehörte ein ansehnliches Stiftungsvermögen, das überwiegend aus Grundbesitz bestand und sich im Laufe des Mittelalters noch vergrößerte. Dem Hospital gehörten zahlreiche Dörfer, die weit verstreut in Holstein, Mecklenburg und Sachsen lagen, Wälder, Mühlen und auch Anteile an der einträglichen Lüneburger Saline. Durch diesen Besitz war das Hospital zugleich ein Wirtschaftsunternehmen von bedeutender Größe, an dessen Kontrolle dem Rat der Stadt sehr gelegen war. Seit Mitte des 14. Jahrhunderts amtierten die Bürgermeister oder von ihnen ernannte Ratsmitglieder als Vorsteher und führten die Aufsicht über Wirtschaft und Finanzen des Hauses.

Eine ähnliche Tendenz der Kommunalisierung karitativer Einrichtungen ist etwa zur selben Zeit auch in anderen Städten festzustellen. Ein weiterer Schritt in dieser Richtung erfolgte im Zuge der Reformation, als alle frommen Stiftungen grundsätzlich dem Rat unterstellt wurden, was häufig zu großen Strukturveränderungen führte. In Lübeck erfolgte in dieser Zeit die endgültige Umwandlung des Heiligen-Geist-Hospitals in ein Altersheim; die damit verbundenen Funktionen hat es bis heute behalten. Auch wenn der Hospitalsbesitz durch Kriege und politische Veränderungen auf die Dauer stark zurückging, blieb er doch immer noch groß genug, um den Fortbestand des Hauses zu sichern. Bis zum Anfang des 19. Jahrhunderts blieb auch die Unterbringung unverändert: Die meisten Bewohner – Pfründner wie Hausarme – schliefen weiterhin in dem großen Schlafsaal mit seinen vier Bettenreihen. Um diese Zeit setzte sich eine neue Konzeption von Privatsphäre durch, die schließlich zum Einbau der heute sichtbaren, beeindruckenden Kabäuschen führte. Sie waren tatsächlich für die Pfründner bis zu ihrem Lebensende insgesamt 170 winzige »Eigenheime« und wurden noch bis 1970 bewohnt, als schon längst andere Maßstäbe für Privatheit und angemessenes Wohnen galten. In diesem Jahr zogen die letzten Bewohner aus dem »Langen Haus« in modern ausgestattete Räume in anderen Teilen des Gebäudes. Die Kabäuschen wurden wie das »Lange Haus« und die Hospitalskirche unter Denkmalschutz gestellt.

Diese Widmungsseite des *Güterbuchs* (1341) ist praktisch der Bildkommentar zur Rechts- und Abgabenpraxis in der mittelalterlichen Grundherrschaft.

Das Tennenbacher Güterbuch

Klöster als Wirtschaftsunternehmen

Ein so umfangreiches Besitzverzeichnis würde heute wohl notariell ausgestellt und bei Weitem prosaischer ausfallen als dieses schon im 19. Jahrhundert von der Wissenschaft bewunderte Lebenswerk eines Abtes, gewürdigt als »seltenes Meisterwerk seiner Gattung« (Bader, nach Weber etc.), »Musterbeispiel« eines »Hand- und Hausbuches« der mittelalterlichen Klosterwirtschaft und als »Glücksfall« nicht nur für die Handschriftenforschung, sondern auch für die mittelalterliche Rechts-, Wirtschafts-, Agrar- und Landesgeschichte. Darüber hinaus ist das *Tennenbacher Güterbuch* exzeptionell durch seine buchkünstlerische Ausstattung, denn seine Titel- und Widmungsseite schmücken hochwertige Miniaturen und den Text zahlreiche farbige Initialen.

Im oberen Teil des Titelblatts umfasst die in Gold ausgeführte Initiale »O« – für den Satzbeginn »O Dee paratum sit opus […]« (»O Gott, dieses Werk sei [Dir] dargebracht/bereitet«) – gewissermaßen die himmlische Szenerie. Im unteren Teil steht das »S« für den Satzbeginn »S-cripturus igitur possessiones, bona, grangias […]« (»Ich werde/will darum die Besitztümer, Güter, Grangien aufschreiben«) und damit für die irdische Szenerie. Beide Bilder und Textblöcke beziehen sich aufeinander und sind auch in sich hierarchisch aufgebaut. Die Dreifaltigkeit schwebt über einem Wolkenband, der Heilige Geist als Taube ist – was ikonografisch selten vorkommt – in gleicher Größe wie Gottvater und Gottessohn abgebildet. Darunter, am Thron Gottes, beten die Ordensheiligen und -gründer: Bernhard von Clairvaux (um 1090–1153), der Zisterzienser in grauer Ordenskutte, und Benedikt von Nursia (um 480 bis 547) in dunkler Kutte. Da zur Zeit der Entstehung des *Güterbuchs* der Zisterzienser Benedikt XII. (um 1285–1342) Papst war, lag es für die Zeitgenossen nicht fern, beim Anblick dieses Bildes auch an ihn zu denken, zumal er weitgehende Reformvorschriften für die Verwaltungs- und Wirtschaftsführung der zisterziensischen Klostergüter erlassen hatte.

In den Textzeilen daneben ruft der Abt des Klosters Tennenbach – im Bild darunter sichtbar und durch die Inschrift »FRATER IO[HANNES] ZENLI[N] ABBAS« identifizierbar, ebenfalls im ordenstypischen Grau – den dreifaltigen Gott sowie Bernhard und Benedikt an. Darunter findet sich eine »in ihrer Art wohl einzigartige Schreiberszene« (Krimm). Der darin namentlich genannte »FRATER JO[HANNES] MEIG[ER]« notiert in einem Buch auf dem Schreibpult die Zeugenaussage eines Bauern. Dieser steht ehrerbietig, den Hut an der Schulter baumelnd, vor dem Vertreter seiner Herrschaft: gebückt, weißhaarig, auf einen Stock und einen bärtigen Laienbruder gestützt, der ihn hereingeführt hat und auf ihn deutet; der Bruder trägt ein Kerbholz an seinem Gürtel (Zingulum), auf dem damals Schuldverhältnisse dokumentiert und gegebenenfalls vor Gericht als Beweismittel verwendet wurden. Ein Rechtsakt steht an, die Zeugenaussage eines Bauern, vielleicht auch des Laienbruders, bei seiner Grundherrschaft und deren Eintrag in eine Rechtsquelle, die zugleich Güter-, Einnahmen- und Verwaltungsverzeichnis des Klosters ist – Beweisaufnahme aus der Gegenwart und Beweismittel für die Zukunft, Inventarisierung und rechtliche Fixierung des Besitzes und der Einnahmen der Klosters Tennenbach.

Das *Güterbuch* entstand vor einem doppelten Hintergrund: Zum einen erwartete das Generalkapitel des Zisterzienserordens Rechenschaft, um die Kontributionen der Klöster berechnen zu können. Zum anderen machte die Reformbulle Benedikts XII. *Fulgens sicut stella matutina* (1335), auch *Benedictina* genannt, neue Vorgaben für die Aufteilung der Verantwortlichkeiten zwischen Abt und Konvent. Das *Güterbuch* wurde benötigt, weil sich die zisterziensische Wirtschaftsführung im 14. Jahrhundert grundlegend wandelte und die Güterverwaltung komplexer geworden war.

Das Kloster im Landkreis Emmendingen bei Freiburg im Breisgau war unter dem Namen Porta Coeli (Himmelspforte) zwischen 1158 und 1163 als Tochterkloster von Frienisberg (Kanton Bern) gegründet worden, wurde aber bald nach dem älteren Flur- oder Siedlungsnamen Tennenbach benannt und stand seit 1170/80 unter der Aufsicht der Zisterzienser von Salem. In den ersten anderthalb Jahrhunderten konnte es seinen Grundbesitz durch Schenkungen des regionalen Adels und mehr noch durch Ankäufe so erheblich mehren, dass er sich über mehr als 200 Orte verteilte, in den fruchtbaren Gebieten der südlichen Ortenau, im ganzen Breisgau und bis auf die Höhen des Schwarzwalds. Laienbrüder

(Konversen) des Klosters bewirtschafteten gemäß den Ordensstatuten 14 Höfe (Grangien) und erzielten hohe Naturalienüberschüsse, die auf den seit der zweiten Hälfte des 13. Jahrhunderts wachsenden städtischen Märkten abgesetzt wurden, vor allem in Freiburg. Der wichtigste Sektor der Grangienwirtschaft war der Ackerbau (meist Dreifelder-, seltener die ältere Zweifelderwirtschaft) vor allem für Brotgetreide; an zweiter Stelle rangierte die Viehwirtschaft, danach kamen Gartenbau, Wald- und Fischereiwirtschaft sowie der Anbau von Öl- und Faserpflanzen; der Weinbau war in dieser Zeit schon meist verpachtet. Das Kloster war durchaus innovativ, beispielsweise in der Düngepraxis und indem es Fruchtfolgesysteme sowie die seit dem 12. Jahrhundert aufkommenden Stampfmühlen einführte oder auch Pferde statt Ochsen zum Pflügen einsetzte.

Im 14. Jahrhundert wandelte sich die zisterziensische Wirtschaftsführung nicht nur in Tennenbach grundlegend, weil sie von der bis dahin dominanten Eigenwirtschaft auf eine reine oder überwiegende Rentengrundherrschaft umgestellt wurde. Dies »dürfte sogar der eigentliche Anstoß zur Anlage des Urbars gewesen sein« (Weber etc.). Im Zuge der kontinuierlichen Umstellung wurde der klösterliche Besitz nun sorgfältig verzeichnet. Bei einem landwirtschaftlichen Betrieb mit eigenen Kräften, Laienbrüdern und Knechten im Grangiensystem war eine genaue Beschreibung aller Güter und Parzellen nicht so wichtig wie in einer Grundherrschaft. Hier aber war ein solches Urbar, ein Verzeichnis einschließlich der Besitztitel, der Inhaber der Äcker, Wiesen, Weinberge, der Abgaben usw., »wesentliche Grundlage zum Einzug der Gefälle [Abgaben] für den Mönch oder den Klosterbeamten, der vielleicht nur einmal im Jahr von weit her in die betreffende Ortschaft kam« (Weber etc.).

Die Vorarbeiten für das *Güterbuch* begannen mit Nachforschungen und dem Zusammentragen des Stoffs »schon einige Zeit vor 1317« (Weber etc.). Die Materialien des Klosterarchivs wurden dabei ebenso zurate gezogen wie persönliche Erinnerungen, die Beteiligten wurden befragt, Mitbrüder ebenso wie Bauern, übrigens auch Frauen; sogar widersprüchliche Angaben wurden sorgfältig notiert. Zu dieser Zeit war Johannes Zenlin (wahrscheinlich vor 1300 in Freiburg geboren, verstorben 1353), der juristisch und theologisch geschulte Sohn eines örtlichen wohlhabenden Gerbers, Cellerar in Tennenbach und damit der für alle wirtschaftlichen Belange des Klosters Verantwortliche. Er begann seine Arbeit höchst systematisch, machte sie geradezu zu seiner Lebensaufgabe, der er sich auch weiter intensiv widmete, nachdem er 1336 Abt geworden war. Er wird als klug, tatkräftig und selbstständig geschildert. Ihm oblag in seiner Funktion als Cellerar auch die Auflösung der großen Grangien, ihre Verpachtung in kleineren Parzellen, weil es an Arbeitskräften fehlte, denn Laienbrüder wandten sich damals zunehmend den Bettelorden zu.

Nach einem genauen Plan, der im später hinzugefügten Vorwort des *Güterbuchs* dargelegt wird, machte Zenlin sich an die »gewaltige Arbeit« (Weber etc.), indem er alle 233 Orte alphabetisch zusammenstellte, in denen Tennenbach zu der Zeit Besitz, Zinsen oder Rechtsansprüche hatte. Jeder wurde mit Herkunftsbelegen, Angaben über Erb- oder Zeitpacht, Zinshöhe und zugrunde liegende Rechtstitel sowie dem Namen des Zinspflichtigen aufgelistet; Letzterer stand jeweils auf einem Zettel, der aufgeklebt wurde, sodass die Namen leicht zu aktualisieren waren. Hinter den Beschreibungen des jeweiligen Besitzkomplexes blieb Platz für Nachträge, zum Beispiel bei Vermehrung des Besitzes oder anderen Änderungen.

Das Verzeichnis war offensichtlich auf lange Dauer angelegt. Der gesamte Kodex hat eine durchdachte Seitenaufteilung und umfasst 352 Blatt eines gleichartigen, überwiegend leicht bräunlich verfärbten, mittelstarken Pergaments (meist 33,5 Zentimeter hoch, 24 Zentimeter breit) mit 50 auf jeder Seite sorgfältig gezogenen Linien. Zenlin selbst war der Hauptschreiber des *Güterbuchs*, und er notierte manches zusätzlich, so eine vollständige Abschrift des Freiburger Stadtrechts sowie Bemerkungen zu seiner Arbeit und zu seiner Familie. Er wurde bei dieser Arbeit vielleicht schon seit 1326 unterstützt von Johannes Meiger, der ihm als führender Wirtschaftsbeamter des Klosters nachgefolgt war und der zweite Hauptschreiber des Buches wurde; außerdem gibt es noch eine dritte (anonyme) Handschrift.

Der Abschluss der Arbeit am *Güterbuch* 1341 war Anlass für die Fertigung der Widmungsseite als Titelblatt: Zenlin weihte darin sein Werk dem dreifaltigen Gott und erbat die Fürbitte der Ordensheiligen Benedikt und Bernhard bei Gott für sich selbst. Vor allem veranlasste er auch die »eigenartige Dreifaltigkeitsdarstellung« (Weber etc.) auf dem Titel und sorgte dafür, dass sein Mitbruder, Cellerar-Nachfolger (bis 1363) und wichtigster Unterstützer Johannes Meiger in dieser berühmt gewordenen Schreiberszene namentlich und bildlich verewigt wurde.

Seine größte Blüte hatte das Kloster wohl um die Mitte des 14. Jahrhunderts, und auch über das ganze 15. Jahrhundert wuchs sein Besitz noch. Unterbrochen wurde diese Entwicklung 1444 durch die Plünderung der Armagnaken und 1525 durch den Bauernkrieg, in dem die Mönche vor den plündernden und die Klosterkirche in Asche legenden Bauern für 30 Jahre in die Schweiz flüchteten. Auch im Dreißigjährigen Krieg musste der Konvent von 1632 bis 1647 Tennenbach verlassen, und im letzten Viertel des 17. und den ersten Jahrzehnten des 18. Jahrhunderts nahmen die Kriegsereignisse das Kloster ebenfalls stark mit; nach einem Brand 1723 erhielt der Klosterkomplex ein teilweise barockes Aussehen.

1806 hatte Tennenbach noch 20 Mönche, das Kloster fiel mit der Säkularisation an das Großherzogtum Baden, wurde aufgehoben und die Klostergebäude wenige Jahre später auf Abbruch versteigert. Seine Steine wurden für den Bau einer evangelischen Kirche in Freiburg verwendet und finden sich an manch anderer Stelle. Die weitverzweigte Vernetzung des Kloster Tennenbach und seine Impulse lassen sich bis heute nachverfolgen: In der Zisterzienserabtei Fürstenfeldbruck findet sich ein barockes Deckengemälde, das eine Marienvision Tennenbacher Mönche zeigt. Im Kloster Wettingen-Mehrerau am Bodensee endete die Odyssee des mit 169 Edelsteinen besetzten Tennenbacher Altarkreuzes von 1280/90, das Mitte des 19. Jahrhunderts verkauft wurde, in den Besitz des Vatikans gelangte und schließlich 1964 an die Zisterzienser zurückgegeben wurde. Überreste des Marienhochaltars von Tennenbach, nämlich elf um 1440 gefertigte Tafeln, sind im Freiburger Augustinermuseum aufbewahrt, aber unter der irritierenden Bezeichnung »Staufener Altar«, weil sie unter ungeklärten Umständen in den Besitz der Staufener Pfarrkirche kamen; die dortigen Restaurierungsforschungen haben erst jüngst ergeben, dass es sich dabei wohl um einen Tabernakelaltar handelt. Der kostbare vergoldete Kelch (Ziborium) des Abtes Zenlin schließlich gelangte auf abenteuerlichen Wegen 1998 in den Besitz des Germanischen Nationalmuseums Nürnberg, auf der Unterseite des Deckelrandes ist der Name des Stifters eingraviert.

In den Blick einer breiten Öffentlichkeit geriet das *Tennenbacher Güterbuch* im April 2007, als Papst Benedikt XVI. seinen 80. Geburtstag beging. Die baden-württembergische Landesregierung überreichte ihm aus diesem Anlass ein Faksimile des kostbaren Widmungsblattes, sowohl weil darin Benedikt dargestellt ist, als auch weil das Titelblatt des *Tennenbacher Güterbuchs* zu den schönsten seiner Art zählt.

Die Zünfte stifteten allein zehn der großen Münsterfenster, selbstbewusst zeigen sie ihre Symbole, hier unter anderem Hammer und Zange.

16

Die Schmiedefenster im Freiburger Münster

Mit den Städten blühen die Zünfte auf

Das Zunftwappen der Schmiede auf dem mittleren Sockelteil eines Glasfensters im Freiburger Münster zeigt Hammer, Zange und eine Feuer speiende Schlange – Arbeitsgeräte und ein Sinnbild des für dieses Handwerk so wichtigen Feuers. Daneben und darüber finden sich biblische Szenen wie die Verkündigung und die Kreuzigung sowie Episoden aus dem Leben des heiligen Eligius, des Patrons der Schmiede. Bevor er als Goldschmied zu Ansehen gelangte, später dem geistlichen Stand beitrat und Bischof wurde, soll dieser Heilige des 7. Jahrhunderts zunächst Hufschmied gewesen sein. Dargestellt wird er meist – so auch hier – beim Beschlagen eines Hufs an einem abgeschnittenen Pferdebein. Die dazugehörende Legende ist unterschiedlich überliefert. Nach der plausibelsten Version soll ein Fremder in seine Werkstatt gekommen sein und ihm dort eine »bequeme« Art des Beschlagens gezeigt haben – indem er dem Pferd das Bein abschlug und es nach dem Beschlagen wieder ansetzte. Als Eligius dies nachzuahmen versuchte, misslang das natürlich, und er erkannte, dass sein Besucher Gott selbst gewesen sei, der ihm eine Lehre in christlicher Demut erteilen wollte. Durch diese Legende wurde er zum Schutzpatron zahlreicher Metall verarbeitender Handwerke; außerdem der Sattler, Tierärzte und anderer Berufe mit Bezug zu Pferden.

    Das Schmiedefenster gehört in eine Gruppe von insgesamt zehn um 1320/1330 entstandenen Fenstern im Langhaus des Freiburger Münsters, die von Zünften gestiftet wurden; sie sind fast alle original erhalten geblieben, einzelne auch originalgetreu wiederhergestellt. In den Sockeln der jeweiligen Glasfenster finden sich – außer den erwähnten der Schmiede – die Zunftzeichen: Brezeln und Brote der Bäcker, Scheren der Schneider, Stiefel der Schuhmacher, ein Mühlrad der Müller, Schilder der Maler, die auch »Schilderer« genannt wurden, Werkzeuge und Winkel der Steinmetze, außerdem der Löwe als Wappentier der reichen Tucher mit einem Walkerbaum in den Vorderpranken, Holzkübel der

Küfer und schließlich ein von den Küferknechten gestiftetes Fenster mit heraldischen Tieren; der Weinbau war wirtschaftlich bedeutend, die Küfer eine angesehene Zunft.

Diese Fenster zeugen von dem großen Einfluss, den die Zünfte damals auf das städtische Leben ausübten, und zugleich auch von ihrem Selbstverständnis als christlich geprägte Korporationen. Neben den Zünften waren einige bedeutende Patrizierfamilien und sogar eine außerstädtische Korporation mit eigenen Fenstern vertreten, nämlich die der Bergleute, die in den Silberminen am nahe gelegenen Schauinsland arbeiteten. Auf zwei Fenstern finden sich anstelle der Zunftzeichen Szenen aus dem Bergbau, die ein anschauliches Bild von Tätigkeit und Ausrüstung der Bergleute vermitteln. Ihre Präsenz im Münster ist umso berechtigter, als das Silber aus den Minen einen entscheidenden Beitrag zum Aufschwung Freiburgs und nicht zuletzt zur Finanzierung des Münsterbaus leistete.

Das Freiburger Münster entstand im 13. bis 15. Jahrhundert und diente von Anfang an als Stadtpfarrkirche, die hier Münster genannt wurde. Die mittelalterliche Stadt setzte sich aus einer Vielzahl von Gruppen zusammen, die sich organisierten, um ihre Interessen besser vertreten zu können. Es gab Kaufmannsgilden, die – regional unterschiedlich benannten – Zünfte, Gilden, Gaffeln, Ämter und Einungen/Innungen der Handwerker. Die patrizische Oberschicht fand sich in Stubengesellschaften zusammen, so bezeichnet nach ihren Trink- und Versammlungsstuben.

Auch die Zünfte besaßen solche Stuben in ihrem jeweiligen Zunfthaus. Ebenso wichtig wie die Zunftstube war für die Gruppenidentität der Zunftaltar, der sich meist in der städtischen Pfarrkirche befand. Zwar sind die mittelalterlichen Altäre im Freiburger Münster nicht mehr erhalten, doch lassen die Zunftfenster auf diese Altäre schließen. Es waren Stiftungen der Zünfte, hier versammelten sich die Mitglieder zu den Seelenmessen für verstorbene Mitglieder, die von einem eigens für ihren Altar angestellten Kaplan zelebriert wurden. Die Kirche wurde dadurch zu einem wichtigen Zentrum für die Gemeinschaft, was auch durch weitere Stiftungen wie solche Zunftfenster zum Ausdruck kam.

Dem Aufblühen des Städtewesens seit dem 12. Jahrhundert verdankten auch die Zünfte ihre Entstehung. Die wachsende Zahl der städtischen Gewerbe und ihre zunehmende Spezialisierung führten zu einem Regelungsbedarf innerhalb der einzelnen Handwerke. Da etwa gleichzeitig in vielen Städten die kleine patrizische Oberschicht den Versuch unternahm, die politische Macht zu monopolisieren, galt es außerdem, diesen Bestrebungen eine eigene Interessenvertretung entgegenzusetzen. Die Tätigkeit der Zünfte war daher von Anfang an nach innen und nach außen gerichtet und umfasste eine Vielzahl von Aufgaben, auch solche militärischer Art, beispielsweise zur Erhaltung und Verteidigung bestimmter Teile der Stadtmauer.

Die Zunftstatuten regelten die internen Belange, vor allem Qualitätsstandards und Preise im jeweiligen Handwerk, etwa bei Backwaren auch Maße und Gewicht der Produkte, die Fertigungsprozesse und die Verwendung der erforderlichen Rohstoffe. Außerdem bestimmten sie, wie viele Meister eines Handwerks in der Stadt zuzulassen und welche Voraussetzungen für die Zulassung zu erfüllen waren, auch wie viele Lehrlinge und Gesellen in einem Betrieb beschäftigt werden durften und deren Löhne, Arbeitszeiten und Ausbildungsbedingungen. Darüber hinaus wachten die Zünfte über den Lebenswandel der Mitglieder, ihre Vorsteher schlichteten Streitigkeiten und verhängten Bußgelder. Diese flossen zusammen mit den Mitgliedsbeiträgen in die Zunftkasse, aus der wiederum auch Unterstützungen für kranke oder anderweitig in Not geratene Mitglieder gezahlt wurden, eine Form von solidarischer Fürsorge bei Krankheit und Arbeitsunfähigkeit.

Der Entstehungsprozess der Zünfte verlief in den einzelnen Städten unterschiedlich. In manchen Fällen entstanden sie auf landesherrliche Veranlassung, in anderen auf Initiative der Mitglieder. Auch der Grad der obrigkeitlichen Kontrolle war unterschiedlich und damit die Autonomie der Zünfte. Die Zunftordnung bedurfte in jedem Fall der Genehmigung durch die Obrigkeit, und auch darüber hinaus war ein gewisser Konsens mit den Stadtherren geraten. Zwar gelang es den Zünften im Mittelalter, sich in einigen Städten durch Aufstände eine Teilhabe an der politischen Macht zu verschaffen, doch handelte es sich oft um Erfolge von kurzer Dauer. Spätere Versuche im 16. und frühen 17. Jahrhundert endeten meist mit der völligen Entmachtung oder gar Auflösung der Zünfte. Als politisches Kampfinstrument waren sie nur begrenzt tauglich, erfolgreicher erwiesen sie sich als »Lobby«. Der Zunftzwang führte zur Ausschaltung unerwünschter Konkurrenz durch nichtzünftige Handwerker, sogenannte Störer oder Bönhasen oft aus dem Umland, und die Überwachung der Produktionsqualität ebenso wie des moralischen Verhaltens der Mitglieder trug zum Ansehen des Handwerks bei.

Die Zahl der Zünfte variierte. Während in kleinen Städten oft nur wenige Zünfte bestanden, die dann mehrere Handwerke umfassten, teilte sich in größeren etwa das Schmiedehandwerk nicht selten in mehrere Zünfte auf, wie Grobschmiede, Hufschmiede, Kesselschmiede, Schwertfeger und Büchsenschmiede. Die Gold- und Silberschmiede bildeten ohnehin gesonderte Kategorien und genossen besonders hohes Ansehen. Die Zunft erfasste alle Angehörigen eines Handwerks – die Meister einschließlich ihrer Familie, Gesellen und Lehrlinge. Die Entscheidungen wurden jedoch allein bei den regelmäßigen Treffen der Meister, den sogenannten Morgensprachen, getroffen. Diese fanden in der Zunftstube statt, dabei wurde die Zunftlade geöffnet, in der die Zunftordnung und andere wichtige Dokumente aufbewahrt wurden; dies unterstrich den feierlichen Charakter der Sitzungen. Gesellen und Lehrlinge waren dabei nicht zugelassen, sie hatten nach ihrer Rechtsposition weder in der Zunft noch innerhalb der Stadt ein Mitspracherecht. Während die Meister das Bürgerrecht besitzen mussten, hatten Gesellen und Lehrlinge keinen eigenen Aufenthaltsstatus, sondern zählten zum Haushalt ihres Meisters, dem sie unbedingten Gehorsam schuldeten. Die Lehrlinge hatten dies in den drei bis fünf Jahren ihrer Lehrzeit klaglos hinzunehmen, wollten sie doch das Handwerk erlernen und am Ende »freigesprochen«, das heißt aus der Lehre entlassen und zum Gesellen erklärt werden. Anders war dies bei Gesellen, die als voll ausgebildete Handwerker ihre Arbeitskraft verkauften: Zur Wahrung ihrer Interessen und um dem Diktat der Meister nicht völlig ausgeliefert zu sein gründeten sie eigene Vereine, oft auch mit eigener Kasse zur Unterstützung bedürftiger Mitgesellen.

In Zeiten des Arbeitskräftemangels konnten Gesellen durchaus beachtlichen Druck ausüben, indem sie in den Streik traten oder mit ihrem kollektiven Abzug aus der Stadt drohten. Dabei half ihnen auch ihre überregionale Vernetzung; zwar waren Wanderjahre für Gesellen längst nicht in allen Handwerken vorgeschrieben, aber der Arbeitsmarkt oder die Suche nach einer der knappen Meisterstellen zwang sie zu erhöhter Mobilität. Da die Zunftmeister bei der Vergabe solcher Stellen häufig die Söhne von Zunftgenossen aus der eigenen Stadt bevorzugten, standen die Chancen für Auswärtige schlecht. Die meisten Gesellen besaßen auch nicht das Geld, um sich in eine Meisterstelle einzukaufen. Einen Ausweg bot unter Umständen die Verheiratung mit einer Meistertochter oder, wenn der Meister starb, mit dessen Witwe, da der bereits im Betrieb tätige Geselle meist über gute Voraussetzungen zu dessen Weiterführung verfügte. Auf der anderen Seite bestand aber für Meisterwitwen oft auch die Möglichkeit, die Werkstatt – zumindest für einen begrenzten Zeitraum – selbst zu leiten.

In Freiburg kam es 1248 zu einem Aufstand gegen das Regiment des alten Rats der Stadt, der sich aus einer kleinen Gruppe in den Adel aufgestiegener Patrizierfamilien rekrutierte. Die Mitglieder einer neu herangewachsenen Oberschicht überwiegend aus Kaufleuten wollten nicht länger hinnehmen, dass sie als nicht »ratsfähig« galten und von der Stadtherrschaft ausgeschlossen waren. Sie setzten einen Vertrag durch, mit dem ein zweites, gleichberechtigtes Gremium neben den alten Rat gestellt wurde. Unter den Mitgliedern dieses »jüngeren« Rats sind 1292 erstmals auch die Namen einiger Handwerker genannt. Im nur ein Jahr später, 1293, erlassenen Stadtrecht wurde für die Besetzung dieses Gremiums bereits eine Quote festgeschrieben: Es musste zu je einem Drittel aus Patriziern, Kaufleuten und Handwerkern zusammengesetzt sein. Die Zünfte hatten damit ihren festen Platz in der Stadtverfassung erobert. Dass ihre Bedeutung in der Folgezeit noch weiter zunahm, zeigen nicht zuletzt die wenige Jahrzehnte später gestifteten Zunftfenster. Die meisten anderen Fenster des Münsters stammten von Angehörigen der Oberschicht, und es stand durchaus nicht jedem frei, sich durch eine Stiftung an so exponierter Stelle zu »verewigen«.

Im Laufe des 16. und 17. Jahrhunderts gerieten die Zünfte durch das Aufkommen neuer Produktionsformen unter zunehmenden wirtschaftlichen Druck. Sie litten unter der Konkurrenz durch größere, arbeitsteilige Manufakturbetriebe und durch das Verlagssystem, mit dessen Hilfe Teile der Produktion in das nicht ihrer Kontrolle unterliegende Umland ausgelagert wurden. Mit der Einführung der Gewerbefreiheit in Preußen 1810 begann der endgültige Niedergang der Zünfte. Andere Staaten folgten diesem Beispiel, darunter auch das Großherzogtum Baden, zu dem Freiburg seit der napoleonischen Zeit gehörte. Durch das badische Gewerbegesetz von 1862 wurden die Zünfte hier endgültig aufgelöst. Erst die Gründung der Handwerkskammern Anfang des 20. Jahrhunderts verschaffte dem Handwerk wieder eine korporative Stimme, doch war deren politischer und gesellschaftlicher Einfluss in keiner Weise mit dem der mittelalterlichen Zünfte vergleichbar.

17

Das »Frankfurter Exemplar«
der Goldenen Bulle galt
als das »Reichsexemplar«.
Ist es Vorläufer eines
europäischen Grundgesetzes?

Die Goldene Bulle

Königswahl und Kaisermacher

Die Goldene Bulle von 1356 war von der Mitte des 14. bis zum beginnenden 19. Jahrhundert das wichtigste Verfassungsdokument des Heiligen Römischen Reichs Deutscher Nation. Die Zeitgenossen nannten es »keiserliches rechtsbuch«, und ab etwa 1400 bürgerte sich die Bezeichnung »Aurea Bulla« (*Goldene Bulle*) nach dem Siegel der Urkunde ein. Dieses Siegel besteht aus zwei dünnen Goldblechen, die mit ihren schmalen Rändern wie zwei Blechbüchsen ineinandergesteckt und im Hohlraum der besseren Stabilität wegen mit Wachs gefüllt sind. Ein innen eingelöteter Kanal verhindert dabei deren Auseinanderfallen. Durch diesen Kanal verläuft die Siegelschnur, die übrigens mehrmals unter notarieller Aufsicht (1642, 1710, 1988) erneuert werden musste. Der Durchmesser des Siegels beträgt 64 Millimeter, am Rand ist es 40 Millimeter dick. Die Vorderseite zeigt Kaiser Karl IV. mit Krone, Reichsapfel und Zepter auf dem Thron, flankiert vom einköpfigen Reichsadler und dem böhmischen Löwen. Die Umschrift lautet »KAROLUS QUARTUS DIVINA FAVENTE CLEMENCIA ROMANOR(UM) IMPERATOR SEMP(ER) AUGUSTUS ET BOEMIE REX« (*Karl IV., von Gottes Gnaden Kaiser der Römer, allzeit Mehrer des Reichs und König von Böhmen*). Die Rückseite zeigt ein stilisiertes Bild von Rom mit der lateinischen Umschrift, die Stadt sei das »Haupt der Welt« und lenke die »Zügel des Erdkreises«.

Karl IV. (1316–1378) aus dem Hause Luxemburg war seit 1341 Regent von Böhmen. 1346 wurde er gegen den seit 1314 amtierenden König Ludwig den Bayern in Rhens zum König gewählt und im November 1346 »am falschen Ort« – da Aachen zu Ludwig hielt –, nämlich in Bonn, gekrönt. Nach Ludwigs und dessen Nachfolgers Tod ließ er diese beiden Handlungen – um der Rechtskraft willen – 1349 an den »richtigen« Orten wiederholen: die Wahl in Frankfurt a. M. und die Krönung in Aachen.

Karl war am französischen Königshof erzogen worden. Er war gebildet und klug und gründete 1348 die erste deutsche Universität in Prag.

Seine ersten Jahre als Regent waren nicht nur politisch von Rivalitäten um die Königswürde belastet, sondern auch militärisch überschattet, so von einer Niederlage im Hundertjährigen Krieg bei Crécy (1346), und wirtschaftlich-sozial vom Einbruch der wohl schwersten Krise des Spätmittelalters im Gefolge der aus dem Mittelmeerraum heraufziehenden Großen Pest.

Um die seit anderthalb Jahrhunderten immer wieder aufgekommenen Machtkämpfe und Kriege um die Königswürde für die Zukunft auszuschließen, wollte Karl IV. die gewachsenen Strukturen des Reichs stabilisieren. Darum berief er im Jahr nach seiner Kaiserkrönung in Rom zur Festlegung klarer Regelungen der Königsnachfolge einen Reichstag nach Nürnberg ein. Dort wurde seit Ende November 1355 zwischen Kaiser und Kurfürsten ausgehandelt, was am 10. Januar 1356 verkündet und Ende des Jahres auf einem weiteren Reichstag in Metz ergänzt wurde. 450 Jahre hielt diese Vereinbarung, die als eine Art »Grundrecht« des alten Reichs vom Spätmittelalter bis zum Ende der Frühen Neuzeit galt.

Indem Karl IV. die Erfahrungen der Vergangenheit und die gewachsenen Rechte der Kurfürsten anerkannte, gelang es ihm, ein bis 1806 befolgtes Verfassungsrecht zu kodifizieren. Die Wahl des Königs erfolgte durch die sieben Kurfürsten (zwei weitere Kurwürden kamen erst mehr als 300 Jahre später für Bayern und Hannover-Braunschweig-Lüneburg hinzu) auf Einladung des Mainzer Kurfürsten und Erzbischofs nach Frankfurt a. M., das aufgrund seiner zentralen Lage und seiner wirtschaftlichen Bedeutung bereits seit Mitte des 12. Jahrhunderts gewohnheitsrechtlich Ort der meisten Königswahlen war; nur der hier Gewählte galt als rechtmäßiger König. Hier war der Mainzer Kurfürst auch Ortsbischof und fungierte als Wahlleiter. Die Einladung hatte innerhalb eines Monats nach Tod oder Abdankung des Königs zu erfolgen, und die Kurfürsten mussten innerhalb von drei Monaten zusammenkommen. Die Wahl war dann – konklaveähnlich – innerhalb von 30 Tagen durchzuführen. Kam es in dieser Zeitspanne zu keinem Ergebnis, wurden die Kurfürsten auf Wasser und Brot gesetzt; auch ein Verlassen der Stadt war ihnen nicht erlaubt. Die Reihenfolge der Stimmabgabe (Erzbischof von Trier, Erzbischof von Köln, König von Böhmen, Pfalzgraf bei Rhein, Herzog von Sachsen-Wittenberg, Markgraf von Brandenburg, Erzbischof von Mainz) war eindeutig festgelegt, also gab der Mainzer mit seiner Stimme bei einer Pattsituation den Ausschlag.

Die Kurfürsten erhielten mit der Goldenen Bulle viele ihrer bisherigen Gewohnheitsrechte verbrieft, darunter die unbeschränkte Gerichtshoheit und die mit bedeutendem Einfluss und beträchtlichen Einnahmen verbundenen Berg-, Salz-, Zoll- und Münzregale, den Judenschutz sowie ferner das Majestätsrecht, die Primogenitur etc.

Tatsächlich wurden die Bestimmungen über das Zeremoniell bei Wahl und Krönung, bei Aufzügen und Hoftagen und vieles mehr lange genau befolgt; lediglich aus dem geplanten jährlichen Kurfürstenrat zur Beratung von Reichsfragen wurde nichts. Die bis dahin übliche Mitwirkung des Papstes bei der Königswahl wurde in der Bulle nicht mehr erwähnt, also stillschweigend übergangen, womit sie abgeschafft bzw. zu einer nachträglichen Approbation abgewertet worden war.

Karl gilt als der bedeutendste Herrscher des deutschen Spätmittelalters. Als er selbst in Rhens zum Gegenkönig gewählt wurde, war nicht absehbar gewesen, dass er zehn Jahre später langfristig verbindliche Regeln einführen würde. Seit Mitte des 13. Jahrhunderts hatte sich zwar das Prinzip der freien Königswahl durch die sieben Kurfürsten durchgesetzt, aber Dynastiewechsel und Erbteilungen hatten zu häufigem Streit darüber geführt, wer abstimmen durfte, was wiederum Doppelwahlen und Gegenkönige begünstigte. Außerdem hatten die Kurfürsten bevorzugt schwache Könige gewählt, um ihre eigene Machtstellung nicht zu gefährden. Karl anerkannte nun die gewachsenen Rechte der Kurfürsten und deren Macht, verbriefte sie in der Goldenen Bulle und schuf damit die Voraussetzungen für die Verstetigung des Königtums. Ein Meisterstück seiner Diplomatie war, wie er gegen den Widerstand unter anderem des Papstes seinen Sohn Wenzel zu seinem Nachfolger machte. Nur gegen diesen kam es erneut – letztmalig im alten Reich – zu Doppelwahl und Gegenkönig. Als kurz vor Karls Tod das große Schisma der Kirche ausbrach, entschied er sich für den römischen Papst.

Die Goldene Bulle war in Nürnberg beraten und erlassen worden, mindestens fünf der Kurfürsten erhielten ein eigenes Exemplar. Alle weiteren Exemplare aus der Zeit Karls IV. sind Abschriften, eine für Nürnberg und eine – 1366 in der Kanzlei Karls gefertigte – für Frankfurt als ständiger Wahl- und Krönungsort; all diese Exemplare hatten vollgültigen Rechtscharakter. Das Frankfurter Exemplar wurde die bekannteste und am häufigsten verwendete Ausfertigung der Goldenen Bulle, und weil es bei jeder Wahl zurate gezogen wurde, galt es bald als das »Reichsexemplar«. Obwohl es zehn Jahre jünger war als die Kurfürstenexemplare, wurde es schon nach kurzer Zeit für das Original gehalten.

Ausgewählten Gästen wurde die Goldene Bulle von den Repräsentanten der Stadt Frankfurt immer gern gezeigt. Bereits seit etwa Anfang des 17. Jahrhunderts war sie gegen eine Gebühr zu besichtigen und entwickelte sich sogar zu *der* Touristenattraktion der Stadt. Erzherzogin Marie Elisabeth von Österreich, eine Schwester des amtierenden Kaisers Karl VI., ließ sie sich 1725 zeigen. Der Soldatenkönig Friedrich Wilhelm I. von Preußen besichtigte sie am 8. August 1730; vermutlich in Begleitung seines 18-jährigen Sohnes, des späteren Königs Friedrich II. (des Großen), der sich in einer tiefen Lebenskrise befand und erst drei Tage zuvor dem Zwang des väterliches Hofes zu entfliehen versucht hatte. Auch Johann Wolfgang von Goethe sah die Bulle, kannte ihre Anfangssätze auswendig und beschrieb in *Dichtung und Wahrheit* nostalgisch deren »Wert und Würde«. Für Heinrich Heine und Ludwig Börne symbolisierte sie jedoch ein bis zwei Generationen später, in der Zeit des Vormärz, das alte, undemokratische Deutschland, das beide bekämpften.

Während der Revolutionskriege konnte die Goldene Bulle im Juli 1796 gerade noch rechtzeitig vor der bereits angeordneten Beschlagnahmung durch die Franzosen und einem drohenden Abtransport nach Paris gerettet werden; 1796 wurde sie einige Monate in Ansbach, 1799 bis 1801 in Leipzig aufbewahrt. 1845 war sie in einem Holzkasten mit Glasdeckel im Frankfurter Stadtarchiv ausgestellt, seit Anfang des 20. Jahrhunderts im dortigen Historischen Museum. In den 1930er-Jahren wurde sie mehrfach auf Ausstellungen gezeigt, die meist der nationalsozialistischen Propaganda dienten: 1934 in Berlin im Rahmen von »Deutsches Volk, Deutsche Arbeit«, 1936 in Leipzig im Rahmen des Deutschen Juristentags und in Frankfurt im Rahmen der 500-Jahr-Feier des Stadtarchivs, 1939 im Städel im Rahmen der Ausstellung »Deutsches Volk – Deutsche Einheit«; hier wurde der Anschluss Österreichs an das Reich im Jahr zuvor historisch gerechtfertigt. Als Hitler Frankfurt 1938 auf einer Wahlkampfreise besuchte, wollte der dortige Oberbürgermeister dem Führer »als Vollender des deutschen Reichsgedankens« eine Handschrift der Goldenen Bulle schenken. Ausgewählt wurde die zweite ihrer in Frankfurt aufbewahrten Übersetzungen vom Beginn des 15. Jahrhunderts. Weil Hitler keine Zeit hatte für die Übergabe des Geschenks, brachte der Oberbürgermeister es ihm wenige Wochen später nach Berlin – seither ist dieses Exemplar verschollen.

Die ältere und erste deutsche Übersetzung aus dem Jahr 1365/71 verbrannte mitsamt dem Kasten bei Bombenangriffen im März 1944, nachdem sie seit 1942 anstelle des Originals ausgestellt worden war. Das Original »überlebte« den Zweiten Weltkrieg, zunächst in einem Tresorkeller des Bankhauses Bethmann, dann seit 1943 im Safe der Vereinigten Coburger Sparkassen in Neustadt an der Saale. Zwischen September 1945 und August 1946, also schon in der Zeit des geteilten Deutschland, wurde es nach Frankfurt zurückgeholt und möglicherweise zunächst in einem Hochbunker in Heddernheim aufbewahrt, bis es 1969 seinen endgültigen Aufbewahrungsort in der Privilegienkammer des Stadtarchivs fand. Das 600-jährige Jubiläum der Goldenen Bulle am 10. Januar 1956 blieb auf eine akademische Feierstunde beschränkt, fand aber in den Medien große Beachtung.

Die Goldene Bulle wird seit der Nachkriegszeit zunehmend in die Tradition der europäischen Idee gestellt: Ihre aus dem Hochmittelalter stammenden Prinzipien werden – über die Territorien der Kurfürsten – als Föderalismustradition der deutschen Geschichte gesehen. Das Heilige Römische Reich war als Reichsverband unübersichtlich, es wurde durch die Wahlregeln der Goldenen Bulle und eine Reihe weiterer Reichsinstitutionen – Reichstag, Reichshofrat, Reichskammergericht und Reichskreise – zusammengehalten. Es konnte kein Staat werden im Sinne des Absolutismus, ohne sich selbst zu zerstören. Gegen Ende kam es auch den Zeitgenossen als Relikt des Mittelalters vor, was schließlich mit zu der Deutung führte, Deutschland sei eine »verspätete Nation«.

Seit dem Fall des Eisernen Vorhangs und der zunehmenden Integration der Europäischen Gemeinschaft wird das alte Reich in einem neuen Licht gesehen: Als multizentrisches Gebilde, das über Jahrhunderte auch den kleinsten Mitgliedern Bestand, Eigenheiten und Rechte garantieren konnte, wird es sogar zum Vorbild zukünftiger »Vereinigter Staaten Europas« (Schmidt 1999). Das 650-jährige Jubiläum der Goldenen Bulle war Anlass für eine große Retrospektive und angemessene Würdigungen sowie weitere intensive wissenschaftliche Auseinandersetzungen. Die Rolle der Goldenen Bulle wird »nicht nur [als] ein deutsches, sondern auch ein europäisches Grundgesetz« (Borgolte) herausgearbeitet.

Die Überreste des »Lastentransporters« aus dem 14. Jahrhundert wurden erst 1962 entdeckt, vorher war er nur von Abbildungen bekannt.

18

Die Bremer Kogge

Die Hanse – eine Wirtschaftsmacht

Was am 8. Oktober 1962 aus dem Schlamm der Weser vor dem Bremer Ortsteil Rablinghausen herausragte, war zunächst nichts als ein Hindernis für die Arbeit des Baggerschiffs bei der Erweiterung des Europahafenbeckens für moderne Frachtschiffe. Eine ärgerliche und kostspielige Verzögerung der Bauarbeiten drohte. Die Uferböschung war abgerutscht und hatte ein Holzskelett freigelegt, ein Schiffskörper schien – halb unter Wasser, halb im Uferschlamm der Weser – ans Tageslicht zu kommen, zweifellos ein sehr altes Wrack. Was der rasch herbeigerufene Archäologe dann sah, kannte er bislang nur von alten Abbildungen, Siegeln oder historischen Stadtwappen: Überreste einer originalen Hansekogge. Der Fund war eine Sensation der Schifffahrtsarchäologie.

Erstmals war der bekannteste Schiffstyp des alten nordeuropäischen Seehandels, der legendäre »Lastentransporter« der Hanse, als historisches Objekt in der Wirklichkeit »aufgetaucht«. Über seine tatsächlichen Maße, seine genaue äußere Gestalt, Material und schiffbauliche Verarbeitung war bis dahin nur gemutmaßt worden – nun konnte das Geheimnis der Kogge erforscht werden.

Da der Winter mit seinem auf der Weser oft starken Eisgang drohte, musste die Bergung rasch erfolgen. Viele Hürden waren zu überwinden, von der Finanzierung über das Know-how bis zur Technik. Die bei den spektakulären Bergungen der »Vasa« im Stockholmer Hafen und von Wikingerschiffen im dänischen Roskildefjord wenige Jahre vorher eingesetzten Techniken waren in Bremen nicht anwendbar. Eine Hebung im Ganzen verbot sich, denn das Holz der Kogge war so aufgeweicht, dass ein geringer manueller Kraftaufwand reichte, um die Planken samt Nägeln aus dem Verband zu ziehen. Darum wurde das Wrack zunächst über und unter Wasser sorgfältig dokumentiert, vermessen, anschließend von Tauchern im trüben Weserwasser mühsam in Einzelteile zerlegt und geborgen. Mithilfe einer Taucherglocke wurde akribisch nach weiteren Fundstücken gesucht, bis schließlich im Juli 1965 insgesamt rund 2000

Einzelteile an Land in Wassertanks lagerten; dies sollte das Austrocknen, Schrumpfen oder Reißen des Holzes vermeiden helfen. Wie ein großes Puzzle wurden die Einzelteile dann zusammengesetzt, rund sieben Jahre lang und immer bei einer Luftfeuchtigkeit nie unter 97 Prozent – das Holz wäre sonst ausgetrocknet und zerfallen. Die Steuerbordseite konnte nahezu vollständig, die Backbordseite etwa zu einem Drittel rekonstruiert werden. Erst danach begann die eigentliche Konservierung: Polyethylenglykol, ein wasserlösliches Kunstharz, absorbierte – wie bei der »Vasa« erfolgreich praktiziert – das Wasser im Holz, ersetzte es und stabilisierte die Schiffshölzer. Die Überreste der Kogge erhielten dieses Harzbad in einem zweistufigen, 17 Jahre dauernden, von außen durch Glasscheiben zu beobachtenden Verfahren in einer eigens dafür erbauten, riesigen »Badewanne« aus Edelstahl. Erst 38 Jahre nach ihrer Entdeckung, im Jahr 2000, war sie erstmals trocken und unverstellt in dem 1975 eröffneten, von Hans Scharoun architektonisch konzipierten Deutschen Schiffahrtsmuseum (übrigens immer noch mit lediglich zwei »f«) zu bewundern, dessen wichtigstes Forschungsobjekt und Hauptattraktion sie bis heute ist.

Die Untersuchungen ergaben unter anderem, dass eine Sturmflut die Kogge kurz vor ihrer Fertigstellung von der Bauwerft abgetrieben hatte und sie daraufhin gesunken war; denn sie war zwar vom Bau her im Wesentlichen fertiggestellt, aber noch nicht fertig ausgerüstet. Viele Schiffsbauwerkzeuge und auch der lederne Schuh eines Schiffszimmermanns waren zum Vorschein gekommen, aber weder Ladung noch Ausrüstung oder Habseligkeiten der Besatzung, also keine der erhofften sozialgeschichtlich interessanten Gegenstände des spätmittelalterlichen Alltags.

Die für den Bau verwendeten Eichen waren 1378 in Hessen gefällt worden, der Bau hatte also etwa 1380 begonnen. Zu diesem Zeitpunkt befand sich die Hanse auf dem Höhepunkt ihrer Entfaltung, in der zweiten Hälfte des 14. Jahrhunderts war sie gewissermaßen eine nordeuropäische Großmacht, die wohl um die 200 See- und Binnenstädte vereinte. Ihren Kern bildeten über 70 Städte, denen viele weitere assoziiert waren, auch Gemeinschaften wie der Deutsche Orden. Der Machtraum erstreckte sich von Flandern bis zum Baltikum, umfasste die südliche Nordsee und den gesamten Ostseeraum bis zum Finnischen Meerbusen.

Die Hanse hatte sich seit Mitte des 12. Jahrhunderts aus Zweckgemeinschaften von Kaufleuten entwickelt, die im Schutz einer Gruppe

Gefahren der Fernhandelsfahrt gemeinsam abwehren und Interessen an den Zielorten besser vertreten konnten. Die von Friesen, Sachsen, Wikingern und Engländern erschlossenen Verkehrswege zu Wasser wurden übernommen und vor allem mit den Landwegen verbunden. Der Handel wurde meist über kurzfristige Gelegenheitsgesellschaften abgewickelt mit unterschiedlicher, vertraglich festgelegter Verteilung von Kapital- und Wareneinsatz, von Risiko und Gewinn zwischen aktiven und stillen Teilhabern; verwandtschaftliche Beziehungen spielten dabei eine große Rolle. Ausgetauscht wurden Rohstoffe aus dem Osten (Getreide, Felle, Pelze, Holz, Bernstein, Wachs etc.) gegen Fertigwaren aus dem Westen (Tuche aus Flandern und England, Metallwaren etc.) und dem Süden (Wein, Früchte etc.). Einträgliches Exportgut für Lübeck war auch das aus Lüneburg über die Alte Salzstraße und seit Ende des 14. Jahrhunderts über den Stecknitzkanal zugelieferte Salz.

Wichtige Niederlassungen, auch eigene Kontore hatte die Hanse von London (im »Stalhof«, wo Kölner Kaufleute schon zuvor, seit dem frühen 11. Jahrhundert nachgewiesen sind und vor allem mit Wein handelten) über Brügge bis Nowgorod (im »Peterhof«) sowie Bergen und Visby auf Gotland. Visby war eine Drehscheibe des Ostseehandels mit besonders engen Verbindungen zu Lübeck. Das 1143 gegründete Lübeck war seit Ende des 13. Jahrhunderts Hauptort der Hanse, hier fanden die meisten Hansetage statt (der erste 1356, der letzte 1669), auf denen die Vertreter der teilnehmenden Städte bei Bedarf gemeinsame Fragen behandelten. Diese Hansetage fanden zeitweise jährlich, manchmal auch nur alle paar Jahre statt. Die Versammlung galt als höchstes Leitungsgremium, doch hing die Verwirklichung von Beschlüssen in diesem lockeren Zweckverband vom Ermessen der einzelnen Städte ab.

Der ursprünglich genossenschaftliche Zusammenschluss von west- und niederdeutschen Kaufleuten war langsam zur »Städtehanse« geworden, einer lockeren, aber mächtigen Gemeinschaft auch weit ins Binnenland hinein. Mit der deutschen Ostkolonisation hatte ein wahrer »Gründungsboom« von Städten an der Südküste der Ostsee eingesetzt. Lange Zeit hatte die Hanse im Ost-West-Handel nahezu ein Monopol, ihre umfassenden Handelsprivilegien sicherte sie sowohl diplomatisch als auch militärisch (vor allem gegen Seeräuber wie Klaus Störtebeker und andere der sogenannten Vitalienbrüder, aber auch gegen Dänemark, das die privilegierten Handelsrechte infrage gestellt hatte).

Rückgrat des Handelsverkehrs war der Transport über See mithilfe der Kogge, die aber auch als Kriegsschiff eingesetzt werden konnte. Der Begriff »Kogge« wird synonym für eine Vielzahl von Schiffsvarianten gebraucht. Ihr Grundtyp war – bei allen baulichen Veränderungen und regionalen Varianten über die Jahrhunderte – charakterisiert durch eine bauchige Form, ein hohes Freibord, das große, typische Rahsegel, breite, geklinkerte Planken, kastellartige Aufbauten vorn und achtern, geraden Kiel und ebensolchen Vorder- und Achtersteven. Eine Neuerung stellte das fest eingebaute Heckruder dar, das im 13. Jahrhundert das Seitenruder allmählich ablöste. Dies ergab zusammen ein stabiles, zuverlässiges Schiff mit hoher Ladefähigkeit und guten See- und Segeleigenschaften – das bewiesen nicht zuletzt auch die umfangreichen Erprobungen von Nachbauten, die auf der Grundlage der Bremer Kogge gefertigt wurden.

Mit ihrer Länge von rund 23,3 Metern, einer Breite von 7,6 Metern und einer Laderaumgröße von circa 160 Kubikmetern konnte die aufgefundene Bremer Kogge rund 80 Tonnen Ladung transportieren. Schon um 1370 war jedoch eine Tragfähigkeit von bis zu 200 Tonnen keine Seltenheit mehr. Das mag wenig sein im Vergleich zu modernen, um die 400 Meter langen, 60 Meter breiten und 20 000 Standardcontainer fassenden Riesenschiffen. Aber für damalige Zeiten waren dies gewaltige Größenordnungen, zumal im Vergleich zum Landverkehr mit Gespannen. Dabei gehörte die Bremer Kogge noch nicht einmal zu den größten Exemplaren ihrer Gattung, anders dimensionierte brachten es später sogar auf das Acht- bis Zehnfache. Fuhr eine größere Kogge als Kriegsfahrzeug, konnte sie bis 300 Kämpfer aufnehmen, während die Stammbesatzung zum Segeln auf 15 bis 20 Mann geschätzt wird.

Letztlich prägte die Kogge das Erscheinungsbild der nordeuropäischen Schifffahrt in Spätmittelalter und Früher Neuzeit wie kein zweites Fahrzeug. Denn dieser Schiffstyp, der dann auch den west- und südeuropäischen Schiffsbau beeinflusste, begründete für drei Jahrhunderte die Vormachtstellung der Hanse, avancierte – auch auf städtischen Wappen und Siegeln – zum Symbol hanseatischer Seefahrt und deutschen Fernhandels des Spätmittelalters und bleibt bis heute Symbol der Hanse, ihres Unternehmer- und Kaufmannsgeistes, ihres Wagemuts im grenzüberschreitenden Handel und schließlich auch der Ideale des »ehrbaren Kaufmanns«. Die Farben der Hanse (Weiß und Rot) finden sich noch heute in den Stadtwappen vieler Hansestädte.

Als die Mitglieder der Hanse 1669 zum letzten »Hansetag« zusammenkamen, hatte der Bund seine Blütezeit schon 150 Jahre hinter sich. Mit dem Erstarken der Territorialherrschaften mussten sich die Städte zunehmend den Interessen der Landesherren beugen. Neue Handelswege kamen auf, der Überseehandel wurde wichtiger, ohne dass die Hansewege aufgegeben worden wären. Der Dreißigjährige Krieg brachte schließlich einen endgültigen Bedeutungsverlust der Hanse, die allerdings nie »formell« aufgelöst wurde, sondern ebenso sukzessive an Bedeutung verlor, wie sie entstanden war.

Keinesfalls war die »Sterbestunde der Hanse« zugleich die »Geburtsstunde des brandenburgisch-preußischen Staates«, wie nationale Geschichtsschreibung im 19. Jahrhundert gerne suggerierte, wobei die Hanse im Nachhinein idealisiert wurde. (Walter Vogel, zit. n. Graichen/Hammel-Kiesow) Ihre wissenschaftliche Erforschung begann früh, aber im Kaiserreich diente sie auch der Legitimierung von Flottenpolitik und Kolonialismus. In dieser Phase erhielt der Mythos der Hanse seine stärkste Prägung durch monarchistisch-großdeutsche Vorstellungen.

Das schon Ende des 19. Jahrhunderts aufkommende sozialkritischere Hansebild dominierte nach dem Ersten Weltkrieg – Störtebeker gegen die »Pfeffersäcke«, die Hanseatischen Kaufleute. Aber das Bild der Hanse als mittelalterlicher Verkörperung deutscher Größe blieb; die Wahl des Namens »Deutsche Luft Hansa AG« für die erste nationale Luftverkehrsgesellschaft 1926 war kein Zufall. Die nationale und machtpolitische Bedeutung der Hanse herauszustellen lag später auch im Interesse der nationalsozialistischen Kriegs- und Expansionspolitik.

Nach dem Zweiten Weltkrieg vollzog die deutsche Hanserezeption eine »180-Grad-Kehrtwende« (Graichen/Hammel-Kiesow): In der DDR wurde sie als ein Beispiel für den Klassenkampf in der Geschichte interpretiert, in der BRD wird sie bis heute oft zum Vorläufer des vereinten Europa stilisiert. Der internationale Aspekt leitet, verbunden mit den Themen Kulturaustausch und Tourismus, auch die seit 1980 stattfindenden »Hansetage der Neuzeit« unter dem Dach des »Städtebundes DIE HANSE«, dem inzwischen 185 Städte in 16 Ländern angehören. Der Mythos der Hanse lebt – auch wenn Vergleiche mit dem heutigen Europa hinken.

19

Teile des ältesten bislang gefundenen ritterlichen Plattenrocks: Um 1350 hergestellt, 2002 ausgegraben, 2007 von einer Auktion ins Museum gerettet.

Der Plattenrock

Ritter – Söldner – Landsknechte – stehende Heere

Dieser Plattenrock gilt nicht nur als ältester seiner Art in Europa, sondern als weltweit einzigartig. Seine 30 Einzelteile fand ein Hobbyarchäologe 2002 mit elektromagnetischer Sonde auf dem Gebiet der niederbayerischen Burgruine Hirschstein bei Fürstenzell-Irsham (Landkreis Passau). Sie gehörten zu einer Art ritterlichem Schutzpanzer, wie er bislang nur aus Abbildungen von Grabmonumenten bekannt war.

Im April 2007 wurde der Fund in einem Auktionskatalog angeboten, konnte noch rechtzeitig zum nationalen Kulturgut erklärt und vom Museum erworben werden. Seit April 2014 gibt es eine unter Beteiligung internationaler Fachleute realisierte stimmige Rekonstruktion des Plattenrocks, die erstmals 2014 ausgestellt wurde. Er bestand aus überlappenden Eisenplatten, die an der Innenseite einer oft ärmellosen Jacke aus Tuch oder Leder angebracht waren und seinen Träger besser schützten als die seit der Antike bekannten, schon von Kelten und Römern getragenen Kettenhemden. Seitdem zunehmend Armbrüste und Langbogen eingesetzt wurden, boten die herkömmlichen, immer weiter verbesserten Kettenhemden keinen ausreichenden Schutz mehr. Seit dem späten 12. Jahrhundert wurden Brust, Schultern und Gliedmaßen durch zusätzliche Panzerplatten geschützt, bis um 1430 der vollständige Plattenharnisch entstand.

An den Rändern des Plattenrocks waren sogar noch einige der Nietköpfe zu erkennen, mit denen die Eisenplatten an dem Kleidungsstück festgemacht waren; sie waren häufig verziert, auch von außen gut erkennbar, wenn auch nicht immer auf den ersten Blick als Teile einer Rüstung. Darüber hinaus sind an diesem Exemplar sogar auch die an der Brustplatte angebrachten vier Eisenketten (»Mamelieres«) gut erhalten, an denen man seinerzeit Dolch, Axt, Streitkolben, Schwert, Schild und Helm befestigte, um sie zur Hand zu haben und damit sie beim Kampf nicht verloren gingen. Die gewölbte Schulterplatte hatte vermutlich einen Verriegelungsmechanismus. Einige der Platten lassen sogar die –

für eine solche Herstellung älteste bekannte – Marke des Handwerkers erkennen.

Der Kopf wurde damals mit einer sogenannten Beckenhaube geschützt, einem leichten Helm, der das Gesicht frei ließ; er hatte die bis dahin üblichen Panzerhauben aus Kettengeflecht abgelöst. Das Schwert war nach wie vor die Hauptwaffe und das Symbol des Rittertums, es hatte seit Beginn des 14. Jahrhunderts eine zweischneidige Klinge und wurde seit Aufkommen der Plattenpanzer im 14. Jahrhundert auch zum Stich in die Fugen zwischen den Panzerplatten eingesetzt, weshalb es zunehmend eine keilförmige Klinge und einen längeren Griff erhielt.

Selbst wenn der Plattenrock nicht mit Sicherheit personifiziert werden kann – allein dass die Vermutung angestellt werden darf, er könne Ritter Zacharias Haderer gehört haben, macht dieses Objekt zu einer noch größeren Sensation.

Tatsächlich gehörte der kleine, unbedeutende, wahrscheinlich nur aus einem einzigen festen Haus bestehende Burgstall Hirschstein seit dem letzten Viertel des 13. Jahrhunderts der Ritterfamilie Haderer oder von Haderstein, vielleicht als kleines Jagdschloss, denn ihr dortiges Jagdrecht ist nachgewiesen. Zacharias Haderer war ihr letzter Besitzer, er war Dienstmann – Ministeriale – des Hochstifts von Passau, hatte aber Streit mit dem Fürstbischof Albert III. von Passau, der daraufhin 1384 die Burg des Ritters schleifen ließ.

Die Ministerialen waren ihrem Bischof einerseits zu Gefolgschaft und Kriegsdienst verpflichtet und unterstanden seiner Gerichtsbarkeit, erhielten aber andererseits von ihm als Grundherrn Land – das Lehen mit weiteren Rechten, Aufgaben sowie Einkünften. Ihre Ausrüstung mussten sie selbst stellen, und ein Plattenrock wie dieser war zweifellos teuer, ein einfacher Dienstmann konnte ihn sich nicht leisten.

Im 14. Jahrhundert fanden im Kriegswesen komplexe Strukturveränderungen statt. Während der Kreuzzüge und im Rahmen der Ostkolonisation waren Kämpfer zusätzlich bezahlt worden, und bis Mitte des 14. Jahrhunderts bestanden die europäischen Heere bereits bis zu einem Drittel aus besoldeten Kämpfern. Auch wenn Ritterheere noch bis ins 16. Jahrhundert existierten, gewann das Fußvolk zunehmend an Bedeutung.

Der typische »Fußkämpfer« des späten 15. Jahrhunderts wurde bezahlt, er wurde nur bei Bedarf angeworben, in der Regel nicht einzeln, sondern als Teil einer Rotte. Nach Ende seines Dienstes suchte er sich einen neuen Auftraggeber. Die Hochphase des europäischen Söldnerwesens hatte begonnen. Die Söldner spezialisierten sich auf bestimmte Kampfweisen. Die aus der Schweiz und aus Böhmen konkurrierten miteinander, beide galten als besonders schlagkräftig.

Ein anderer Söldnertypus entwickelte sich mit dem deutschen Landsknecht: Im 16. und frühen 17. Jahrhundert dominierten sie den europäischen Söldnermarkt. Sie kleideten sich bunt und auffallend, orientierten sich zwar an der damaligen Mode, setzten aber eigene Akzente, um erkannt zu werden. Grundsätzlich konnten Menschen aller Stände und Schichten Landsknechte werden und taten dies auch: Bauern, Handwerker, Städter, auch Adlige und Ritter. Sie traten aus verschiedensten Gründen in den Kriegsdienst, wie etwa Abenteuerlust oder Prestigegewinn durch den Dienst für den Kaiser oder einen anderen hohen Herren, doch natürlich spielten auch wirtschaftliche Gründe eine große Rolle. Selbst niedere Adlige hatten oft keine andere Perspektive, als in den Solddienst zu gehen, was allerdings auch ganz ihrem Standesbewusstsein als kämpfende Gesellschaftsschicht mit einer ganz eigenen Organisation entsprach. Soweit sie nach dem Kriegsdienst nicht in ihre zivilen Berufe zurückkehrten, zogen sie als sogenannte Gartknechte umher – und wurden in ihrer Rolle von Verbündeten bewundert, als Plünderer gefürchtet. Landsknechte gaben sich als Kämpfer in ritterlicher Tradition, aber die Realität hatte nichts mehr mit den Ritterschlachten des Mittelalters zu tun.

Wie ihr Aufstieg, so war auch ihr Niedergang das Ergebnis einer gesellschaftlichen Umwälzung. Geldmangel der Auftraggeber zwang zur Rekrutierung aus städtischen Unterschichten, die Besitzlosen führten Krieg im Auftrag der Steuerzahler; der Wandel zum Söldner des Dreißigjährigen Kriegs vollzog sich. Der schwer gerüstete und berittene Kämpfer trug zwar nicht mehr die Hauptlast des Kampfs, war aber immer noch vorhanden. Der Gebrauch von Schusswaffen bestimmte die Kriegsführung. Auch der Adel hatte sich mit den Veränderungen gesellschaftlicher und militärischer Natur arrangieren müssen; im 17. Jahrhundert bildeten Adlige oft den Kern der Offizierkorps. Mehr und mehr orientierten sich auch die deutschen Fürsten seit der zweiten Hälfte des 17. Jahrhunderts am Beispiel des französischen Absolutismus und schufen stehende Heere mit Kasernen, in denen die Soldaten permanent bereitstanden. Die ersten Regimenter des österreichischen Staatsheeres gingen aus Wallensteins Truppe hervor. Die Armee war nun Instrument des Herrschers, auch zur Festigung der Macht im Inneren. Die Einführung der Wehrpflicht, erstmals 1793 in Frankreich, in Preußen 1813/14, war eine logische Folge dieser Entwicklung (erneut 1935, in der Bundesrepublik 1956, der DDR 1962).

Bis zu den napoleonischen Kriegen war die Zeit der Söldner fast vergessen, ab der Sturm-und-Drang-Epoche Ende des 18. Jahrhunderts erlebten die Landsknechte ihre Renaissance vor allem in der Literatur. Auch die romantische Begeisterung für das Mittelalter erlebte ihren Durchbruch im Zusammenhang mit den napoleonischen Kriegen. Die Maler der Romantik liebten Burgen und ihre Ruinen, die Dichter griffen mittelalterliche Stoffe auf; so Wilhelm Hauff in seinem Ritterroman *Lichtenstein* (1826).

Die Ritter- und Raubritterverherrlichung äußerte sich zunächst in Adels- und großbürgerlichen Kreisen in Kostümfesten, Theateraufführungen, Tafelrunden und Femegerichten; seit der Mitte des 19. Jahrhunderts wurde dieser Kult auch von weiteren Kreisen gepflegt. Um die Jahrhundertwende übernahm die Jugendbewegung alte Landsknechtslieder und verfasste neue.

Aus den nach dem Ersten Weltkrieg zurückkehrenden Truppen bildeten sich einzelne Freiwilligenverbände, sie wurden wie Söldner angeworben, erhielten höheren Sold als früher bei der Armee, wurden nicht auf Staat und Verfassung verpflichtet, sondern ihren Anführern bedingungslos unterstellt. Sie nannten sich in Anlehnung an die während der napoleonischen Kriege entstandene Tradition Freikorps; sie waren sozial und politisch bunt zusammengesetzt: Offiziere, Desperados. Von Schulbank oder Hörsaal weg Soldat geworden, wollten sie nicht in ihr bürgerliches Leben zurückkehren. Unter dem Markenzeichen »Landsknechte« wurden sie angeworben, und dem entsprach ihr diffuses Selbstverständnis: antibourgeois, nationalistisch, mit einer nebulösen Reichsidee, monarchiefeindlich, aber nur selten demokratisch. Sie ermordeten im Januar 1919 Karl Liebknecht und Rosa Luxemburg, schlugen im Mai die Münchner Räterepublik nieder, sie schützten in Weimar die Nationalversammlung und waren dann beim Kapp-Lüttwitz-Putsch im März 1920 bereit, die Weimarer Republik zu stürzen.

Als deutsche Helden wurden Landsknechtsfiguren in die nationalsozialistische Propaganda eingebunden. Der Landsknecht wurde Sinnbild deutschen, den Kriegsdienst glorifizierenden Soldatentums. Ernst Röhm war einer von ihnen, »eine merkwürdige Mischung von Landsknecht und Idealist« (Bloch, zit. n. Baumann). Sehr früh Hitleranhänger, baute er seit 1924 die SA auf; 1934 ließ Hitler ihn ermorden. SS und Wehrmacht wurden nun die wesentlichen Instrumente nationalsozialistischer Politik, und in beiden spielte die Erinnerung an das Landsknechtswesen eine Rolle; bei der SS in der Verknüpfung von rassischem Elitedenken mit spätmittelalterlichen Kriegerorden, bei der Wehrmacht vor allem in der Popularisierung des Begriffs »Landser«, der ebenso ideologisiert und verklärt wurde wie Jahrhunderte zuvor jener des Landsknechts, auch wenn beide Begriffe von der jeweiligen Wirklichkeit weit entfernt waren.

Es war darum zumindest überraschend, dass Landsknechtsromantik noch im Alltag der Bundeswehr in den 1980er-Jahren mitklang, wenn Soldaten der Bundeswehr Verse der Landsknechte sangen wie »… kämpfen wir, so weit die Erde, bald für das und bald für dies …«.

Das Söldnerwesen hat in Abhängigkeit vom Kriegsgeschehen, von Politik-, Macht- und Wirtschaftsinteressen durch alle Epochen der Geschichte und bis in die Gegenwart immer wieder Hoch- und Tiefphasen durchlaufen. Seit der Gründung der französischen Fremdenlegion 1831 kämpften Deutsche in französischem Militärdienst, zeitweise war jeder Zweite ein Deutscher; andere waren in spanischen, belgischen, niederländischen Diensten. Ernst Jünger war ihr Prominentester; er trat der Legion als 18-Jähriger 1913 in Verdun bei, verpflichtete sich für fünf Jahre, floh, wurde gefasst und kam auf Intervention seines Vaters beim Auswärtigen Amt frei. Auch wenn diese Legionäre rein rechtlich keine Söldner in klassischem Sinne waren, weil ihre Einheit zu den regulären französischen Streitkräften zählte, so wurden sie doch als Söldner angesehen.

Die Seepiraterie hat inzwischen »Privatisierung« des Schutzes beziehungsweise »Outsourcing« des Risikos und der Verteidigung mit sich gebracht. Individuell sind neue Typen von Söldnern entstanden: von den bei Sicherheitsfirmen beschäftigten, hoch bezahlten Zeitarbeitern mit vielerlei Spezialisierungen bis hin zu den »digitalen Söldnern« der Informationstechnologie. Die Massenarmee hat seit Ende des Kalten Kriegs ihr Ende gefunden, 24 der 28 NATO-Staaten haben eine Berufsarmee. Ihr Aussehen hat sich durch alle Epochen immer wieder verändert, der Zeit und der Umgebung angepasst. Auch der Plattenrock aus dem 13. Jahrhundert gab nicht auf den ersten Blick den Kämpfer preis – und schon gar nicht seine Ziele oder Gesinnung.

20

Seit 1857 im Museum, wurde das Siegel erst 2012 als Replikat erkannt, es ist im Durchmesser etwas kleiner als das bislang verschollene Original.

Das Große Siegel der Universität Heidelberg

Universitäten – Gründung und Wandel

Das Große Siegel der Universität Heidelberg wurde unmittelbar nach ihrer Eröffnung vom Hofgoldschmied des Pfalzgrafen bei Rhein hergestellt, ist also fast so alt wie die Universität selbst – übrigens die älteste im heutigen Deutschland. Vor einer gotischen Silhouette thront in einer mittleren Nische unter einem Baldachin der Apostel Petrus, mit quadratischem Buch in der linken und Schlüssel in der rechten Hand. In den beiden kleineren Seitennischen knien, Petrus zugewandt, zwei Ritter und strecken ihm ihre Wappenschilde entgegen (links das der Pfalz mit Löwen, rechts das bayerische Rautenwappen); sie übergeben dem Schutzpatron der neuen Universität damit symbolisch Teile ihres Besitzes. Diese Ritter werden gelegentlich für Kurfürst Ruprecht I. (links, 1309–1390), der die Pfalz viele Jahrzehnte – offiziell seit dem Tod seines Vaters 1319, de facto seit 1329 – regierte, und seinen Neffen Ruprecht II. (rechts, 1325–1398) gehalten, der seit 1368 sein Mitregent und nach dem Tod von Ruprecht I. dessen Nachfolger war.

Das Siegelbild symbolisiert die Stiftung der Universität Heidelberg im Jahr 1386, mehr als ein Jahrhundert nach der Gründung erster Universitäten in Paris und Bologna (12. Jahrhundert); 1348 wurden in Prag, 1365 in Wien die ersten Universitäten im Römisch-Deutschen Reich nördlich der Alpen gegründet. Studenten aus Deutschland besuchten damals bevorzugt die hohen Schulen in Italien und Frankreich, vor allem in Paris.

Nachdem Frankreich sich 1378 zu dem in Avignon residierenden Papst bekannte, während die deutschen Länder durchweg zum römischen Papst hielten, waren die deutschen Magister und Studenten genötigt, die Pariser Universität zu verlassen; sie gehörten dort zum »falschen« Papst, verloren ihre Finanzierung aus der Heimat und jede Aussicht auf Anstellung nach ihrer Rückkehr. Ruprecht I. beschloss in dieser Situation am 26. Juni 1385 gemeinsam mit seinem Neffen die Gründung einer Universität, erhielt am 23. Oktober vom römischen Papst

Urban VI. das dazu erforderliche Privileg und stattete urkundlich am 1. Oktober 1386 die neue Universität mit allen erforderlichen Rechten und Freiheiten nach dem Muster von Paris aus. Der 26. Juni 1385 gilt bis heute als Tag der Stiftung der Heidelberger Universität.

Am 18. Oktober 1386 wurde die Eröffnungsmesse gefeiert, tags darauf begann mit nur drei Lehrern der Universitäts-»Betrieb«, so bescheiden wie bei keiner anderen deutschen Universität. Einen Monat darauf wurde der erste Rektor gewählt, knapp ein Jahr später hatte die Universität 32 Lehrer, davon die meisten in den Artes Liberales, und insgesamt fast 600 »akademische Bürger«. Eine wichtige Rolle bei der Gründung spielte als Berater der Landesherren, als Gelehrter und Organisator der zweimalige Rektor der Sorbonne, der aus den Niederlanden stammende Marsilius von Inghen, der wohl eine neue Gründung gegen das schismatische Paris betrieb. Doch die hoffnungsvoll begonnene Gründung wäre bereits nach kaum drei Jahren fast gescheitert, als Krieg heraufzog, die Pest ausbrach und Konkurrenz erwuchs, weil das reiche, 40 000 Einwohner zählende Köln 1389 und Erfurt 1392 unter besseren ökonomischen Bedingungen ebenfalls Universitäten eröffneten und die aus diesen Gegenden kommenden Studenten dadurch abwarben.

Universitäten waren damals autonome Genossenschaften Lehrender und Lernender, ihre üblichen Rechte gingen auf 100 Jahre alte Gesetze zurück, zu denen eine eigene Gerichtsbarkeit, Steuerfreiheit und preiswertes Wohnen gehörten sowie auch ein eigenes großes Siegel. Daneben gab es ein kleineres Rektorensiegel mit dem Pfälzer Löwen, der ein aufgeschlagenes Buch mit der Inschrift »Semper apertus« (»das immer geöffnete [Buch]«) hält, bis heute das Motto der Heidelberger Universität.

Die wirtschaftliche Ausstattung der Universität oblag ihrem Stifter, aber die Pfalz war klein, und Heidelberg hatte höchstens 4000 Einwohner. Der Kurfürst zahlte Marsilius ein hohes Gehalt, weil dieser offenbar auch als sein Berater fungierte, aber er musste auch die ersten Professoren besolden. Es dauerte eine Generation, bis die finanzielle Grundausstattung einigermaßen gesichert war.

Die räumliche Unterbringung der Universität löste Ruprecht II. (genannt »der Harte«) »auf brutale Weise« (Wolgast), indem er die unter seinem Onkel Ruprecht I. erst wieder in der Pfalz zugelassenen Juden vertrieb und deren großen Besitz der Universität vermachte.

Eine Generation nach der Gründung gab es vier Fakultäten: die Artes Liberales (die Sieben Freien Künste) mit sechs Lehrstühlen und rund 20 Magistern als größte, gefolgt von den Theologen und Juristen mit je drei Lehrstühlen und der Medizin mit einem Lehrstuhl. In der Artes-Fakultät wurden, vergleichbar einer höheren Schulbildung, die Grundlagen wissenschaftlichen Arbeitens vermittelt, so im »Trivium« Grammatik, Rhetorik und Dialektik bzw. Logik und im »Quadrivium« dann weiterführend Arithmetik, Geometrie, Musik und Astronomie. Der niedrigste Abschluss, das Bakkalaureat, war meist erst nach über zwei Jahren zu erlangen; zweieinhalb weitere Jahre dauerte es bis zum Magister Artium. Für die Zulassung zur Doktorpromotion war in der Theologischen Fakultät ein etwa zwölfjähriges Studium erforderlich, in der Juristischen und Medizinischen dauerte es etwa sechs Jahre bis zur Lizenz.

Für viele Universitäten endete das Spätmittelalter erst mit der Reformation, in Heidelberg 1556 unter dem neuen Landesherrn Ottheinrich (1502–1559), der, indem er Organisation, Personal, Lehrinhalte und Studienbetrieb modernisierte, fast eine »zweite Gründung« vornahm. Unter Ottheinrichs Nachfolger, Friedrich III., und dessen Förderung blühte Heidelberg in der zweiten Hälfte des 16. Jahrhunderts als calvinistische Universität auf, erlangte internationale Bedeutung und den Ruf eines »deutschen Genf«.

Einen eigenen Bibliotheksbau hatte Heidelberg bereits seit 1442, aber mit der Schenkung seiner wertvollen Bibliothek an die Universität machte Ottheinrich sie zur vielleicht wichtigsten in ganz Europa. Umso schmerzlicher war es, als diese weltberühmte »Palatina«, die als »Mutter aller Bibliotheken in Deutschland« galt, im Dreißigjährigen Krieg geraubt und der päpstlichen Bibliothek in Rom einverleibt wurde (sie kehrte 1816 zurück). Die vor dem Dreißigjährigen Krieg blühende Universität musste sogar 1626 geschlossen werden und nahm erst 1652 den Lehrbetrieb in bescheidene Umfang wieder auf. Zwischen 1556 und 1685 kam es neunmal zu einem Konfessionswechsel der Universität.

Die erste protestantische Hochschule war die 1527 gegründete Alma Mater Philippina in Marburg. Ein Wettbewerb der Landesfürsten, die ihre Pfarrer, Beamten und sonstigen Fachleute im eigenen Lande ausgebildet wissen wollten, sowie Reformation und Gegenreformation führten dazu, dass Deutschland (Heiliges Römisches Reich ohne Habsburger Gebiete) bis Ende des 18. Jahrhunderts (1789) 34 Universitäten besaß, mehr als jedes andere europäische Land. Ein großes Universitäts-

»Sterben« folgte jedoch in napoleonischer Zeit (um 1800 schlossen über 20 Universitäten, Köln 1798, neu eröffnet erst 1919).

Bei ihrer 400-Jahr-Feier 1786 blickte die Universität Heidelberg, inzwischen eine kleine Jesuitenuniversität, auf das »dunkelste« Kapitel ihrer Geschichte (Wolgast) zurück. Im Rahmen der Stadt war sie jedoch ein bedeutsamer Wirtschaftsfaktor. Wenige Jahre später ging es mit dem Übergang der Pfalz in das 1806 neu gegründete Großherzogtum Baden aufwärts: Die Universität wird zum dritten Mal so tief greifend umorganisiert, geradezu neu gegründet, dass sie den Namen des Landesherrn, Großherzog Karl Friedrich von Baden, dem ihres Gründers hinzufügt und sich seitdem »Ruperto-Carola« (Ruprecht-Karls-Universität) nennt.

Die moderne Humboldt'sche Idee eines neuhumanistischen Verständnisses der Universität als Bildungsanstalt mit Eigenverantwortung in der Gestaltung von Forschung und Lehre setzte sich erst allmählich durch. Sie ging aus von der 1809 gegründeten Berliner Universität (Friedrich-Wilhelms-Universität, seit 1949 Humboldt-Universität). In Heidelberg wurde die bis dahin als Wissenschaft führende Theologie abgelöst von der Jurisprudenz, die von nun an über Jahrzehnte den Ruhm der Universität ausmachte. Staatliche Finanzierung trat nun an die Stelle der Eigenfinanzierung aus Stiftungserlösen. Das Großherzogtum ließ sich seine Hochschulen Ende des 19. Jahrhunderts sogar mehr als doppelt so viel kosten wie alle anderen Länder (pro Kopf der Bevölkerung 1,53 Mark gegenüber 0,60 Mark in Preußen).

Seit Mitte der 1880er-Jahre hatte Heidelberg als mittelgroße Universität regelmäßig über 1000 Studenten, darunter einen sehr hohen Ausländeranteil (10 bis 15 Prozent). Dieser Zuwachs machte eine beträchtliche Personalaufstockung erforderlich. Auch bei der Zulassung von Frauen war Baden Vorreiter. Seit 1900 können sie sich hier immatrikulieren und haben Promotionsrecht. Ihr Anteil in Heidelberg stieg von Anfang des Jahrhunderts von zwei auf zehn Prozent vor dem Ersten Weltkrieg, bei einem deutlich niedrigeren Reichsdurchschnitt von nur sechs bis sieben Prozent.

In der Weimarer Zeit sahen sich die deutschen Universitäten an der Spitze der internationalen Forschung (besonders Physik, Altertumswissenschaft, Medizin, Mathematik). Aber die Mehrheit der Professoren stand der Republik kritisch bis ablehnend gegenüber, wobei Heidelberg den Ruf einer »akademischen Hochburg« hatte, in der immerhin etwa die Hälfte der Professoren der Philosophischen Fakultät »gelegentlich oder durchgängig« (Wolgast) für die Weimarer Republik eintrat.

Hitlers Machtergreifung traf in Deutschland bei den mehrheitlich konservativ-nationalen Professoren und noch mehr bei den Studenten auf »fruchtbaren Boden«: Zehn Tage zuvor hatten bei den ASTA-Wahlen zwei Drittel der Heidelberger Studenten bei einer 74-prozentigen Wahlbeteiligung national und antisemitisch gewählt. Führerprinzip, Indoktrination und Gleichschaltung folgten, seit Oktober 1933 auf Beschluss der Rektorenkonferenz auch der Hitlergruß. Der sogenannten Säuberung fielen in Heidelberg 35 Prozent der Lehrstuhlinhaber zum Opfer – weit mehr als im Reichsdurchschnitt. Bei ihrer 550-Jahr-Feier 1936 präsentierte die Universität Heidelberg sich als »braune« Hochschule.

Der Neuaufbau nach dem Krieg begann nach einer vorübergehenden Schließung schleppend, etwa 70 Prozent der habilitierten Mitglieder des Heidelberger Lehrkörpers mussten wegen ihrer Mitgliedschaft in der NSDAP »für kürzere oder längere Zeit oder auf Dauer ausscheiden« (Wolgast).

Seit den 1960er-Jahren ist der Trend zur Massenuniversität ein Hauptkennzeichen der deutschen Universitätslandschaft. Wohl an die 20 neue Gründungen, von Bochum (1962) bis Siegen (1972), sollten helfen, diese Entwicklung zu steuern. Seit Mitte der 60-Jahre nahm im Rahmen eines internationalen »Aufbruchs« die Studentenbewegung, die »68-er Generation«, die sich kritisch mit dem Verhalten der Vätergeneration unter dem Nationalsozialismus auseinandersetzte, an Bedeutung zu. Eine Ikone dieser Bewegung ist das 1967 während der Rektoratsübergabe in Hamburg entrollte Transparent »Unter den Talaren – Muff von 1000 Jahren«.

Die Vielzahl der seit Ende der 1960er-Jahre verabschiedeten zahlreichen Hochschulgesetze zeigt die Ratlosigkeit der kurzatmig reagierenden Politik gegenüber den brennenden Fragen der Universitäten. So wird die seit den 1970er-Jahren feststellbare Diskrepanz zwischen Lehre und Forschung inzwischen immer größer, Verschulung, Mobilitätsverlust, Disziplinierung einerseits, Einbuße an akademischen Freiheiten andererseits sind unverkennbar. Der Trend zu immer größeren Studentenmassen bei gleichzeitiger Prekarisierung des wissenschaftlichen Personals hält an. Dass die internationalen Bestrebungen zur Harmonisierung der europäischen Hochschulwesens (Bologna-Prozess) je ihre Ziele erreichen, ist unsicherer denn je.

Der Winkelhaken war das Zeichen der bekannten Baumeisterfamilie, diese Büste trägt es im Wappen auf der Brust; oben auf der Konsole stand eine Figur.

21

Das Parlerzeichen auf der Parlerin

Kathedralen und Dombauhütten in der Spätgotik

Vermutlich lächelte die junge Dame einst von einem Pfeiler der Klosterkirche Mariengraden (St. Maria ad Gradus) in der Nähe des Kölner Doms auf den Betrachter herab; die Aussparung im Rücken der Büste deutet darauf hin, dass sie sich an einen der vorgelagerten »Dienste« des Pfeilers anfügen ließ. Ihre Kleidung und Frisur entsprechen dem Stil der Spätgotik, sie dürfte um 1390 entstanden sein. Die Büste der Kölner Dame – so schön sie auch sein mag – ist kein Selbstzweck, sondern eine Konsole, die nebst ihrem floralen Kopfüberbau als Sockel für eine weitere Figur diente, wahrscheinlich für eine Marienskulptur.

Auf ihrer Brust trägt sie einen Wappenschild mit einem Winkelmaß, wie es von Baumeistern verwendet wurde. In mittelalterlichen Handschriften kennzeichnete dieses Instrument häufig ganz allgemein einen Architekten (»Werkmeister«). Umso erstaunlicher, dass sich dieses Wappen mit dem Winkelhaken hier einer ganz konkreten Familie von Baumeistern und Steinmetzen zuweisen lässt, den Parlern, die diesen Haken als Meisterzeichen und zum Teil auch in ihrem Siegel führten. Der Name Parler geht ebenfalls auf ihre Tätigkeit zurück: Der »Parlier« war der Stellvertreter des leitenden Baumeisters und zugleich der Sprecher der Bauhütte. Der Begriff leitet sich vom französischen »parler« ab und findet sich bis heute auf deutschen Baustellen als »Polier« (Vorarbeiter). Eine ähnliche Stellung mögen auch die ersten Parler bekleidet haben, identifizierbar wird die Familie jedoch erst, als ihre Mitglieder bereits zu den führenden Architekten Europas gehörten und zahlreiche Großprojekte vor allem im Kirchenbau leiteten.

Der bekannteste von ihnen ist zweifellos der Prager Dombaumeister Peter Parler. Er wurde um 1330 als Sohn des aus Köln stammenden Werkmeisters Heinrich geboren, der für den Bau des Münsters in Schwäbisch Gmünd verantwortlich war und sich daher Heinrich von Gmünd nannte. Bei ihm absolvierte Peter vermutlich seine fünfjährige Lehrzeit, auf die obligatorische Wanderjahre als Geselle folgten, die ihn u. a. an den Rhein führten, wo er seine erste Frau Gertrud, die Tochter des Kölner Baumeisters Bartholomäus von Hamm, kennenlernte. Mit 23 Jahren wurde er an die Spitze der Bauhütte des Prager Veitsdoms berufen und übte diese Tätigkeit lange Jahre aus. Daneben betreute er mehrere andere Bauprojekte wie die Kirche von Kolín an der Elbe und die Prager Karlsbrücke über die Moldau.

Peter Parler war jedoch nicht nur ein großer Architekt, sondern ein ebenso bedeutender Bildhauer, wie etwa die von ihm oder zumindest unter seinem Einfluss geschaffenen Büsten im Chor des Prager Doms zeigen. Im Mittelalter beschränkten sich Personendarstellungen lange Zeit auf die Wiedergabe ihrer Funktionen – ein König erschien als König, ein Ritter, Priester oder Bauer als Vertreter seines Standes und nicht als Individuum. Die Bedeutung der Personen wurde oft durch ihre unterschiedlichen Dimensionen veranschaulicht – der König war größer dargestellt als der Ritter und dieser wiederum größer als der Bauer. Das Porträt als Ausdruck von Individualität entwickelte sich erst im Spätmittelalter, und der Zyklus der Prager Büsten ist ein Schritt in diese Richtung. Neben einer Reihe von – natürlich idealtypisch dargestellten – Heiligen umfasst er die Porträts zahlreicher Mitglieder der königlichen Familie, die ersten Prager Erzbischöfe sowie die »Baumeister«, die die Finanzen der Bauhütte verwalteten – und schließlich den ausführenden »Werkmeister« Peter Parler sowie seinen Vorgänger Matthias von Arras. All diese Büsten besitzen dieselbe Größe, sicher nicht alle eine wirkliche Porträtähnlichkeit, doch tragen gerade Baumeister und Werkmeister eindeutig individuelle Züge. Das Porträt Peter Parlers ist zudem durch genau dasselbe Wappen mit dem Winkelmaß, das typische Parlerzeichen, gekennzeichnet wie die Kölner Büste.

Dieser Porträtzyklus wirft ein bezeichnendes Licht auf das Konzept des Kirchenbaus in der Spätgotik, denn er zeigt alle Personen, die aus zeitgenössischer Sicht maßgeblichen Anteil an seinem Gelingen hatten. Neben den selbstverständlich auch dargestellten heiligen Patronen sind dies die königlichen Auftraggeber und die erzbischöflichen Kirchenherren, aber eben auch die administrativen und künstlerischen bzw. technischen Leiter der Dombauhütte. Diese hohe Wertschätzung der Letztgenannten ist das Ergebnis einer langen Entwicklung des Kirchenbaus, die bis in die Anfänge der Gotik im 12. und 13. Jahrhundert zurückreicht.

In dieser Zeit vollzog sich ein grundlegender gesellschaftlicher Wandel in Europa. Mit den zahlreichen Städtegründungen kam es zur Entstehung neuer wirtschaftlicher und politischer Zentren. Gleichzeitig stiegen die landwirtschaftlichen Erträge durch Anwendung neuer Agrartechniken, deren Überschüsse wiederum die Versorgung der Städte sicherten. Die Folgen waren ein deutlicher Bevölkerungsanstieg, der das Wachsen der Städte, das Aufkommen der Geldwirtschaft und eine bisher nicht gekannte Konzentration von Kapital in den Städten förderte. Dadurch entstand ein starkes Bedürfnis nach repräsentativen Bauten, vor allem Kirchen.

Die neuartigen Baustellen führten zur Entstehung einer immer größeren Zahl spezialisierter Gewerke. Die eigentlichen Bautätigkeiten wurden von Steinmetzen, Maurern, Zimmerleuten, Dachdeckern, Glasern und vielen Hilfskräften durchgeführt; hinzu kamen Zulieferer wie Schmiede, Seiler, Steinbrecher, Mörtelmacher etc. Die Bauaufsicht lag zunächst in den Händen des Bauherrn, der sie einem Verwalter übertrug, dem Baumeister. Dieser war anfangs selten ein Baufachmann, sondern eher ein Kleriker oder Bürger mit Verantwortung für Finanzen, Einstellung und Bezahlung der Handwerker. In der Rangfolge der Handwerker standen die Steinmetze an erster Stelle, und es dauerte nicht lange, bis demjenigen von ihnen, der das größte Vertrauen des Baumeisters genoss, die Koordination der Gewerke übertragen wurde. Die Position dieses »Werkmeisters« war anfangs nicht sonderlich herausgehoben, und sein Lohn lag nur unwesentlich über dem der anderen Steinmetze. Da gute Werkmeister gesucht waren, übernahmen sie angesichts ihrer mäßigen Besoldung oft mehrere Aufträge gleichzeitig und waren daher seltener und kürzer auf der einzelnen Baustelle. Es lag also im Interesse des Bauherrn, seinen Werkmeister durch bessere Arbeitsbedingungen fester an sich und sein Projekt zu binden.

Gleichzeitig veränderten sich die technischen Anforderungen auf den immer größer werdenden Baustellen. Wurden Bauwerke anfangs eher intuitiv konzipiert und Aufmaße vor Ort mithilfe von Winkelmaß, Messstab und Richtschnur vorgenommen, so tauchten seit dem 13. Jahrhundert erste Baupläne und Aufrisszeichnungen auf; diese waren zwar noch nicht maßstabsgetreu, boten aber im Fall eines Wechsels des Werkmeisters oder nach einer längeren Baupause immerhin eine Orientierungshilfe für die Fortsetzung der Arbeiten So konnte etwa der Kölner Dom, dessen Baustelle seit dem 16. Jahrhundert brachlag, im 19. anhand solcher Zeichnungen vollendet werden. Die Baukonstruktion erfolgte mithilfe geometrischer Figuren, die in ein harmonisches Verhältnis zueinander gebracht werden mussten. Herausragende Werkmeister des Mittelalters wie die Parler wurden von den Zeitgenossen wegen ihrer Fähigkeiten in der Geometrie gelobt, Kenntnisse der statischen Berechnung besaßen sie noch nicht. Es waren die Erfahrungen, die lehrten, und diese Lehren wurden vor allem innerhalb der Bauhütten bzw. ihrer Familien weitergegeben.

Die Anfänge der Gotik lagen in Frankreich, und von hier breitete sie sich in Europa aus. Die Bauhütten waren international besetzt, die Fluktuation guter Handwerker war hoch, sodass Kenntnisse und Erfahrungen weitergegeben wurden. Die Meister der Parlerfamilie etwa arbeiteten nicht nur in Schwaben und Böhmen, sondern auch in Mähren, am Ober- und Mittelrhein und in Wien. Als 1391 in Mailand ein Streit um die Konstruktion des kurz zuvor begonnenen Doms entstand, der zur Entlassung des bisherigen, aus Frankreich stammenden Werkmeisters führte, wurde zunächst der Ulmer Dombaumeister Heinrich von Gmünd, ein Mitglied der Parlerfamilie, eingeladen, ein Gutachten abzugeben, das aber wohl nicht als hinreichend erschien, da im folgenden Jahr eine Konferenz von 14 namentlich bekannten Werkmeistern – darunter Peter Parler – anberaumt wurde, um die Voraussetzungen für den Weiterbau zu klären. Gerade dieses Beispiel verdeutlicht, dass sich die Position der Werkmeister mit der Zeit grundlegend veränderte, auch wenn sie weiterhin zu den Handwerkern zählten, wie übrigens auch andere Künstler wie Maler und Bildhauer.

Die Beschäftigungsverhältnisse in den mittelalterlichen Bauhütten waren sehr unterschiedlich geregelt. Steinmetze arbeiteten ebenso als Festangestellte wie auch gegen Stücklohn für die Fertigstellung einzelner Bauelemente. Auch andere Handwerker wurden mal länger-, mal kürzerfristig angestellt, je nach dem akuten Bedarf der Bauhütte. Die zahlreichen Hilfskräfte arbeiteten in der Regel als Tagelöhner, ihr Lohn wurde täglich oder am Ende der Woche durch den Baumeister ausbezahlt. Da die Arbeitszeiten aufgrund der Licht- und Witterungsverhältnisse in Sommer und Winter unterschiedlich lang waren, variierten auch die Verdienste nach den Jahreszeiten. In den Sommermonaten wurde im Schnitt 14 Stunden gearbeitet, von fünf Uhr morgens bis 19 Uhr abends, im Winter wesentlich kürzer. Die Sonntage waren natürlich arbeitsfrei und ebenso die zahlreichen Feiertage, doch hing die Bezahlung für diese Tage vom jeweiligen Beschäftigungsverhältnis ab. Um eine gewisse Rechtsicherheit zu erlangen, organisierten sich einige Gewerke wie die Steinmetze im 15. Jahrhundert in Bruderschaften, die etwa den städtischen Zünften entsprachen und dazu dienten, verbindliche Ansprüche gegenüber den Arbeitgebern zu formulieren und durchzusetzen.

Die Werkmeister befanden sich demgegenüber in einer recht privilegierten Situation. Je größer ihre Bedeutung für die Kontinuität der Bauhütte, desto mehr bemühten sich die Bauherren, sie durch günstigere Konditionen vor Ort zu halten. In den Verträgen des 14. und 15. Jahrhunderts spielten die saisonalen Arbeitszeiten keine Rolle mehr, oft wurden sie unbefristet oder gar auf Lebenszeit angestellt und nicht selten mit Zusicherung eines Ruhegehalts im Falle der Arbeitsunfähigkeit durch Alter oder Krankheit. Außerdem wurden ihnen Dienstwohnungen, Häuser oder Bauplätze gestellt. Peter Parler etwa erhielt als Dombaumeister in Prag ein festes Jahreseinkommen zuzüglich Sonderzahlungen für von eigener Hand gefertigte Bauelemente sowie freie Wohnung und Sonderbeträge für Kleidung und Heizung. Im Lauf seiner Tätigkeit erwarb er fünf Häuser auf dem Prager Burgberg, dem Hradschin, übte hier mehrere Jahre das Ehrenamt eines Schöffen aus und gehörte damit unzweifelhaft zur bürgerlichen Oberschicht.

Die Beziehungen der Parler zur Kölner Dombauhütte sind nicht genau geklärt – abgesehen von dem recht wahrscheinlichen Aufenthalt Peter Parlers während seiner Gesellenwanderung und der Herkunftsbezeichnung seines Vaters. Aufgrund von Stilvergleichen ist davon auszugehen, dass zwei Meister aus der Familie – möglicherweise Neffe und Schwiegersohn Peter Parlers – in den 1380er-Jahren den größten Teil des Figurenschmucks am Petersportal des Kölner Doms schufen, und wahrscheinlich ist einer von ihnen auch der Künstler der Konsolbüste. Diese Parlerin – wie sie geradezu liebevoll genannt wird – wurde Anfang des 19. Jahrhunderts auf dem Gelände des Klosters Mariengraden wiedergefunden, als dieses 1817 gesprengt wurde, um einen freien Blick auf den Dom zu gewähren. Wenig später befand sie sich im Besitz des bekannten Kölner Kunstsammlers Ferdinand Franz Wallraf, mit dessen Nachlass sie 1824 an die Stadt Köln gelangte.

So oder ähnlich könnten Gutenbergs erste Gießinstrumente für bewegliche Lettern ausgesehen haben – Originale aus seiner Werkstatt gibt es nicht mehr.

Gutenbergs bewegliche Lettern

Revolution der Wissenstechnik

Das Gießinstrument ermöglichte mithilfe einer Gussform die Herstellung vieler gleicher Typen eines Buchstabens; seine Erfindung war besonders kompliziert, sie steht »im Mittelpunkt der gutenbergischen Entdeckungen« (Füssel 20013). Verständlicherweise wurde sie geheim gehalten. Es gibt kein Original aus dem 15. Jahrhundert, es dürfte allerdings ähnlich ausgesehen und funktioniert haben, wie Enzyklopädien es 300 Jahre später darstellten und wie es inzwischen rekonstruiert wurde. Auch jüngste Untersuchungen deuten darauf hin, dass »wohl doch« Johannes Gutenberg (1400–1468) ein »Stempel-Matrizen-Gießinstrument-System« erfand (Reske).

Die Erfindung des Buchdrucks mit beweglichen Lettern gilt als die bedeutendste Erfindung des zweiten Jahrtausends (*Time-Life* 1997), vielleicht sogar als die wichtigste und folgenreichste in der europäischen Geschichte überhaupt. Voraussetzung war das Zusammentreffen von drei Faktoren um die Mitte des 15. Jahrhunderts. Der wichtigste war zweifellos ein steigender Bedarf an Schriftprodukten, der nicht mehr in der bis dahin gebräuchlichen Weise – durch Schreiben und handschriftliches Kopieren – gedeckt werden konnte. Zweitens bedurfte es geeigneter Materialien, um Schriften in größerer Zahl herstellen zu können, und drittens der eigentlichen Erfindung, der genialen Idee eines Johannes Gutenberg, des »Mannes des Jahrtausends«.

Nachdem seit der Spätantike das Wissen um viele Kulturtechniken verloren gegangen war, entstand ein neuer Bedarf seit dem 12. und 13. Jahrhundert, vor allem mit dem Aufstieg der Städte und ihrer zunehmend verschriftlichten Verwaltungen. Die Zahl der Gewerbe stieg an, innerhalb des Handwerks fand eine zunehmende Spezialisierung statt, neue Berufe entstanden, unter denen nicht wenige einen gewissen Bildungsstand voraussetzten. Juristen, Ärzte und Kaufleute mussten nicht nur das Lesen und Schreiben beherrschen, sondern auch darüber hinausgehende Fachkenntnisse besitzen. Um die Grundlagen hierfür zu schaffen, wurden städtische Schulen und Universitäten eingerichtet, die ihrerseits zur Entstehung neuer Berufsstände führten.

Auch die religiöse Landschaft veränderte sich durch die Gründung der Bettelorden im 13. Jahrhundert. Das wesentliche Anliegen der Dominikaner und Franziskaner war die Seelsorge, weshalb sie ihre Klöster inmitten der Städte errichteten, ihre Predigten teilweise in den Volkssprachen hielten und lateinische Literatur in diese übersetzten. Neben religiösen Werken entstand zur gleichen Zeit eine weltliche Literatur, die ebenfalls zunehmend in den Volkssprachen verfasst wurde. Doch nicht nur Dichter schrieben in der Volkssprache, die Ausdifferenzierung der Berufe führte zur Entstehung von Lehrbüchern, Pilger nach Rom oder ins Heilige Land fertigten Reiseberichte an. Die Gelehrtensprache war weiterhin das Lateinische, doch bestand in den deutschen Städten ein Nebeneinander von lateinischen und deutschen Schulen, von gelehrter und volkssprachlicher Literatur. Der Alphabetisierungsgrad blieb zwar – wenn man die ländlichen Regionen einbezieht – immer noch sehr gering, doch erweiterte sich der Leserkreis in den Städten entscheidend und damit auch die Nachfrage nach Lektüre aller Art.

Um die wachsende Nachfrage befriedigen zu können, bedurfte es eines Materials, das sich in größerer Menge und zu einem geringeren Preis produzieren ließ als das bisher verwendete Pergament, das in einem aufwendigen Verfahren aus gegerbten Tierhäuten hergestellt wurde und natürlich teuer war, denn »eine große Bibel erforderte eine gesamte Schafherde« (Frugoni). Auch der Bedarf an repräsentativen Bibeln stieg mit der Zunahme der Bevölkerung in den Städten, da in jeder Kirche zumindest ein Exemplar vorhanden sein sollte.

Die Herstellung von Papier aus Pflanzenfasern war in China bereits im zweiten nachchristlichen Jahrhundert erfunden worden, doch dauerte es volle 1000 Jahre, bis dieses Verfahren über den arabischen Raum nach Europa gelangte. In Deutschland wurde die erste Papiermühle 1390 vor den Toren Nürnbergs eingerichtet. Erst der Buchdruck mit beweglichen Lettern verhalf jedoch dem Papier zum Durchbruch. Die Entwicklung beider Techniken verlief also eng verzahnt.

Gedruckte Bücher hatte es auch zuvor schon gegeben, Blockbücher, zu deren Herstellung jede einzelne Seite, Bilder und Schrift, in einen eigenen Holzblock geschnitten wurde. Dieses Verfahren war jedoch sehr aufwendig und kaum zur Reproduktion längerer Texte geeignet. Die Idee, mit beweglichen Lettern zu arbeiten, die sich nach dem Druck einer Seite zum Satz der nächsten neu kombinieren ließen, lag daher nahe; das eigentliche Problem war die Anfertigung von Drucktypen, die so gleichmäßig gearbeitet sein mussten, dass sie sich lückenlos zusammenfügten, und gleichzeitig auch stabil genug, um ohne größere Abnutzung immer wieder verwendet zu werden. Versuche mit holzgeschnitzten Lettern scheiterten, da sich allenfalls herausgehobene Initialen auf diese Weise herstellen ließen – die später auch tatsächlich verwendet wurden –, nicht aber kleinere Buchstaben für den eigentlichen Text, da diese nicht gleichmäßig genug ausfielen und sich zudem schnell abnutzten.

Die eigentliche Erfindung Gutenbergs lag also weniger im Druck selbst, sondern in einem Verfahren, mit dem sich robuste Lettern in identischer Ausführung und großer Zahl herstellen ließen, da zum Satz einer einzigen Seite zwischen 1500 und 3000 Zeichen notwendig waren. Über Gutenbergs Leben wüssten wir gern mehr, als aus den zahlreichen Prozessen bekannt ist, in die er immer wieder verwickelt war; es gibt auch kein authentisches Bild von ihm. Sicher ist, dass er in Mainz als Sohn eines Patriziers aufwuchs und dort wohl auch Kenntnisse in der Prägung von Münzen erwarb, die ihm für sein Vorhaben von Nutzen waren. So verwandte er von Hand gefertigte Prägestempel, deren Abdruck in Plättchen aus weicherem Metall, in der Regel Messing, getrieben wurde, die als Matrizen, als Gussformen für die eigentlichen Buchstaben, dienten. Die Matrizen wurden nun mit noch weicherem Blei ausgegossen, und dieses Verfahren wurde so oft wiederholt, bis die benötigte Zahl von Drucktypen erreicht war.

Wichtig war dafür nicht zuletzt ein geeignetes Gießinstrument, mit dessen Hilfe sich das Blei präzise in die Formen einfüllen ließ, immer in der entsprechenden Menge, um Buchstaben in gleicher Höhe zu erhalten. Dieses Instrument musste zudem verstellbar sein, da für Lettern unterschiedlicher Größe und Breite auch eine unterschiedliche Menge Blei erforderlich war. Waren genügend Drucktypen vorhanden, wurden diese in einen Setzkasten sortiert, um beim Satz sofort zur Hand zu sein. Dieser erfolgte mithilfe einer Schiene, des sogenannten Winkelhakens, in der Buchstaben, Zahlen, Satzzeichen und nicht druckendes Blindmaterial für die Abstände zwischen den Worten Zeile für Zeile angeordnet wurden, um sie dann in den Druckrahmen zu überführen. Wenn eine Seite gesetzt war, wurde sie in die Druckerpresse gelegt und eingefärbt, ein Blatt Papier daraufgelegt und die Presse betätigt. Dieses Verfahren war so lange zu wiederholen, bis die gewünschte Zahl von Blättern bedruckt war. Danach konnte die Druckvorlage auseinandergenommen werden, um ihre Elemente zum Satz des nächsten Blatts zu verwenden. Tatsächlich waren erhebliche Investitionen in die Entwicklung dieser neuen Technologie erforderlich, und Gutenberg verschuldete sich dafür so stark, dass er seine Werkstatt an einen seiner Gläubiger verlor, der sie mithilfe von Gutenbergs ehemaligen Mitarbeitern weiterführte.

So aufwendig dieses Verfahren erscheinen mag, blieb es doch bis ins 19. Jahrhundert nahezu unverändert. Erste Neuerungen gab es bei den Druckerpressen. Die von Gutenberg und noch lange nach ihm verwendeten Pressen arbeiteten mit Spindeln und Gewinden, mit denen der Pressblock zum Bedrucken jedes einzelnen Blatts mit großem Kraftaufwand herunter- und danach wieder hochgeschraubt wurde. Eine deutliche Erleichterung war im 18. Jahrhundert die Erfindung der Hebelpresse, die den jeweiligen Druckvorgang auf wenige Handgriffe reduzierte. Anfang des 19. Jahrhunderts gelang dem Leipziger Friedrich Koenig eine weitere Innovation in Form einer dampfbetriebenen Presse, in der zudem die Vorlage mechanisch eingefärbt werden konnte. Zu dieser Zeit machten auch die steigenden Auflagen der »Presse« – mit anderen Worten der Zeitungen – ein schnelleres Druckverfahren erforderlich.

Der große Siegeszug des Buchdrucks hatte jedoch lange zuvor begonnen – bereits mit Gutenberg oder zumindest kurz nach ihm, da er selbst kaum von seiner Erfindung profitierte. Von ihm sind nur wenige Drucke erhalten, darunter vor allem die berühmten Gutenberg-Bibeln, von deren erster (zwischen 1452 und 1455 in vermutlich 180 Exemplaren gedruckter zweibändiger) Auflage heute weltweit noch 49 komplette oder fragmentarische Exemplare bekannt sind. Zuletzt wurde 1987 eines für die Rekordsumme von umgerechnet rund fünf Millionen Euro verkauft.

Zahlreiche in Mainz ausgebildete Buchdrucker zogen von dort in andere Länder, vor allem in die Niederlande und nach Italien, gründeten ihrerseits Druckereien und verhalfen der neuen Technik zum Durchbruch. Noch im 15. Jahrhundert wurden zum Beispiel in Rom in einem Zeitraum von zehn Jahren etwa 160 000 Bücher gedruckt. Die Konsequenzen waren gewaltig: Bücher waren plötzlich auch für jene erschwinglich, die sie sich zuvor nicht leisten konnten, das entstehende breite Spektrum kleinerer Schriften, Flugblätter etc. fand einen florierenden Markt.

Neue Ideen konnten nun schneller denn zuvor verbreitet werden, Flugschriften zu den Bauernunruhen ebenso wie vor allem die Thesen

Martin Luthers. Wie die Reformation ohne den Buchdruck verlaufen wäre, ob sie überhaupt stattgefunden hätte, ist schwer zu sagen. Fest steht, dass sie erst mit seiner Hilfe eine ungeheure Dynamik erhielt – in den wenigen Jahren von 1517 bis 1520 wurden von den 30 Schriften Luthers an die 300 000 Exemplare verkauft. Die Reformation wiederum trug entscheidend zur Ausbreitung des Buchdrucks bei. Eines ihrer zentralen Anliegen war der unmittelbare Bezug auf die Heilige Schrift, die jedem Gläubigen ohne Vermittlung von Priestern zugänglich sein sollte. Also mussten Bibeln in großer Zahl und – da die meisten von ihnen das Lateinische nicht beherrschten – auf Deutsch gedruckt werden.

Ein weiterer wichtiger Motor für die Ausbreitung des Buchdrucks war der wachsende Durst nach Neuigkeiten, etwa über den Türkenkrieg im Osten Europas oder die Entdeckungen fremder Länder durch europäische Seefahrer. Diese Meldungen – im zeitgenössischen Sprachgebrauch »Zeitungen« – wurden meist in Form von Flugschriften oder Flugblättern verbreitet, die wiederum in Geschichtswerke wie etwa die damals aufkommenden Weltchroniken einflossen. Es war dann nur noch ein kleiner Schritt bis zur Entstehung von Zeitungen im modernen Sinne, der im 17. und 18. Jahrhundert erfolgte. Diese waren zunächst zwar nur wenige Bogen stark, enthielten aber bereits die bis heute typische Mischung von aktuellen Mitteilungen aus Politik und Gesellschaft, Veranstaltungshinweisen und Inseraten.

Gutenberg als Persönlichkeit, dem diese Erfindung zu verdanken ist, wurde erst Jahrhunderte später besonders herausgestellt. Ein erstes Denkmal erhielt er in Mainz 1827, ein zweites, größeres 1837. Sein seit dem 19. Jahrhundert gepflegtes Bild als eines »einsamen, asketischen und ausgenutzten Erfinders« wich nach und nach dem eines »hervorragenden Organisators« und scharf kalkulierenden Unternehmers mit viel Geschäftssinn« (Hanebutt-Benz).

Im 19. und 20. Jahrhundert erfolgten dann weitere große technische Innovationsschritte: Setzmaschinen machten den Handsatz, Papierrollen das Einlegen der Blätter überflüssig, Rotationspressen ermöglichten das gleichzeitige Bedrucken beider Seiten. Der Fotosatz und der Einsatz von Computern schließlich führten zu einer zweiten publizistischen Revolution, die erste allerdings bleibt die der beweglichen Lettern des Johannes Gutenberg.

23

Martin Behaims Erdapfel von 1492/93 ist der älteste erhaltene Globus der Welt. Er war wie eine Enzyklopädie zur außereuropäischen Welt.

Martin Behaims Erdapfel

Globalisierung im 15./16. Jahrhundert

Dieser höchstfragile Globus aus vier Lagen von Leinstoffen, die über einer Tonkugel zur Form der Erde verleimt wurden, darüber mehrere Pergamentschichten, diese wiederum überzogen von dünnem Leder und dann Papier, das bemalt und beschriftet wurde, hat einen Durchmesser von 51 Zentimetern und wurde 1492/93, also vor mehr als einem halben Jahrtausend, in Nürnberg hergestellt. Er steht auf einem dreibeinigen, über 1,30 Meter hohen, horizontal drehbaren Gestell aus geschmiedeten Eisenstäben und hängt schräg von Pol zu Pol im Inneren eines beweglichen doppelten Meridianrings, damit er ursprünglich vertikal in jede Position geschwenkt werden konnte. Ein Schutzbezug aus Leder und sein zunächst wohl hölzerner Standfuß sind nicht mehr erhalten. Darstellungen der Erdkugel sind schon aus der Antike bekannt und wurden schon Jahrzehnte früher hergestellt, doch dieser Erdapfel ist der älteste erhaltene Globus der Welt.

Zur Zeit seiner Entstehung stand die Reichsstadt Nürnberg in höchster Blüte. Sie galt als »des Reichs Schatzkästlein«, war für mehr als ein halbes Jahrhundert (1470–1530) eines der wichtigsten Handels- und Produktionszentren der damaligen Welt, unterhielt in vielen Städten eigene Handelsniederlassungen, war eine der größten aller Reichsstädte auf dem Gebiet des heutigen Deutschland und weltberühmt als Zentrum für die Herstellung wissenschaftlicher Instrumente, da beispielsweise Peter Henlein hier seine Uhren herstellte.

In einer solchen Stadt muss die Idee zur Herstellung eines Globus, vor allem auch die grafische Platzierung der Herkunft der Produkte, der Handelswege und Märkte Interesse geweckt haben. Der aus einer der führenden Familien Nürnbergs stammende Martin Behaim (1459 bis 1507) hatte diese Idee, wollte vielleicht sogar die Nürnberger Fernhändler für ein überseeisches Unternehmen gewinnen (Kellenbenz). Er überzeugte den Nürnberger Rat und initiierte und überwachte die Herstellung seines Erdapfels nach alten Ptolemäus-Karten, mittelalterlichen

Mappae Mundi sowie vermutlich von ihm aus Lissabon, einem Zentrum der damaligen Kartografie, mitgebrachten neueren nautischen Karten sowie unterschiedlichen Reisebeschreibungen. Behaim war gelernter Tuchhändler, mit beruflichen Stationen in den Niederlanden und Portugal, wo er hochrangig verheiratet und 1485 von König Johann II. zum Ritter geschlagen worden war, und hatte eigene Reiseerfahrungen mindestens südwärts entlang der afrikanischen Westküste. Da er am portugiesischen Hof verkehrte, dürfte Behaim von Kolumbus' 1484 in Lissabon vorgetragenem, vermutlich heftig diskutiertem, aber letztlich abgelehntem Plan gewusst haben, die Westroute nach Ostasien zu suchen.

Das Motiv für die Herstellung des Globus ist bis heute nicht eindeutig geklärt: Sei es, dass sich die Idee einer Darstellung der Erde in Kugelform in Gesprächen zwischen Behaim, Schedel und Münzer entwickelte, sei es, dass Behaim die Idee aus Portugal mitgebracht oder sie allein hatte – sie lag auf jeden Fall »in der Luft« und war nicht neu; auch in der Schedel'schen *Weltchronik* findet sich eine solche Abbildung der Erde.

Der Globus hat eine – auf jeden Fall nach seiner Herstellung angebrachte – Widmungsinschrift, nach der gern vermutet wurde, der Nürnberger Rat habe den Auftrag zu seiner Herstellung erteilt. Tatsächlich wurden die Kosten im August 1494 auch vom Rat beglichen: An den Hersteller der Kugelform, Hans Glockengiesser, an den Waagenmacher Ruprecht Kolberger für Stoff und Leim über der Kugelform und an den Buchmaler und Illuministen Georg Glockendon für seine und seiner Frau Bemalung bzw. Beschriftung. Es handelte sich vermutlich bei der Herstellung dieses Erdapfels – wie er in den Quellen genannt wurde – um eine Art Prototyp, den Behaim an den Rat gegen Übernahme der direkten Kosten abtrat, ohne seine eigenen Leistungen in Rechnung zu stellen. Behaim hatte vielleicht im Zusammenhang mit Schedels *Weltchronik*, einer der aufwendigsten Buchproduktionen jener Zeit, die Idee, das neue Medium des Drucks für die Herstellung einer Serie von Erdgloben zu nutzen. Der Prototyp war etwas größer als die geplanten weiteren Exemplare, eher »werkstattmäßig« gefertigt und »relativ schludrig« beklebt (Willers). Glockendon war bekannt als Hersteller von Holzdruckstöcken. Er zeichnete die kugelförmige Vorlage in eine flache um und schnitt sie in Holz, wobei ein Satz von Segmenten entstand, sphärischen Zweiecken, die für die Globenherstellung benötigt wurden. Von dieser *Mappa Mundi* kaufte der Rat ein Exemplar, ließ es ausmalen und in der Kanzlei aufhängen. Leider ist es heute verschwunden.

Behaim regte also die Herstellung eines großen Globus an und überwachte dessen Herstellung, während Kolberger weitere, etwas kleinere Kugeln herstellte, die mit der gedruckten *Mappa Mundi* beklebt werden sollten und deren Verkauf Behaim – nach Abzug seiner eigenen Kosten für Druckstöcke, Druck etc. – Gewinn bringen sollte. Vermutlich nahm er einen Teil der Drucke auch mit zurück nach Portugal. Woran das Projekt einer Serienproduktion letztlich scheiterte, ist Anlass zu mancher Spekulation bis hin zu Fragen der Qualität des Holzschnitts, war aber bislang nicht zu klären. Behaim war weder ein besonders erfahrener Seefahrer noch ein überragender Kosmograf oder Kartenzeichner, denn die Geografie seines Erdapfels entsprach nicht dem neuesten Stand der portugiesischen Kenntnisse und wies eklatante Fehler bei den Breiten- und Entfernungsangaben auf. Neu und zukunftsweisend war allerdings Behaims Idee, Globen im Seriendruck herzustellen und somit einer breiteren Öffentlichkeit zugänglich zu machen.

Behaim reiste 1493, während die Arbeit an seiner Erdkugel noch im Gange war, zurück nach Portugal, im Jahr darauf nach Flandern, wurde dort ausgeraubt, geriet in englische Gefangenschaft und fand sich nach seiner Flucht und Rückkehr nach Lissabon durch den Tod seines königlichen Gönners beruflich und privat in misslicher Lage. Er muss dort von der Entdeckung Amerikas durch Kolumbus erfahren und auch erlebt haben, wie Vasco da Gama 1497 von Lissabon aufbrach und 1499 mit der Nachricht von der Entdeckung des Seewegs nach Indien zurückkehrte. Auch die Entdeckung Brasiliens im Jahr 1500 hat er dort mitbekommen. Er starb 1507 völlig verarmt in Lissabon; nach Nürnberg war er nicht wieder zurückgekehrt.

Sein Globus wurde in einem der Repräsentationsräume des Rathauses aufgestellt. Es ist unwahrscheinlich, dass Nürnberg als eine Metropole des damaligen Welthandels nicht schon bald von den Entdeckungen des Kolumbus und Vasco da Gamas erfahren hätte. Erste Karten stellten den neuen Kontinent bereits dar, vor allem war 1507 die Weltkarte des aus Wolfenweiler bei Freiburg stammenden Kartografen Martin Waldseemüller erschienen, die den neuen Kontinent in der irrtümlichen Annahme, Amerigo Vespucci habe ihn entdeckt, erstmals als »America« bezeichnete.

Vielleicht wurde die Entdeckung der Westindischen Inseln und letztlich Amerikas in Nürnberg unterschätzt (Görz). Behaims Globus erfreute sich 1510 in Nürnberg immerhin so großer Wertschätzung, dass er ein neues und im Wesentlichen bis heute erhaltenes Gestell erhielt sowie einen schweren Horizontring aus Messing mit Sonnen und Sternzeichen; beides minderte allerdings die ursprüngliche Eleganz und Beweglichkeit des Globus. Erst 90 Jahre später (um 1600) wurde der dann wirklich längst veraltete Globus durch einen neuen ersetzt und das Original an die Familie Behaim zurückgegeben. Dort fand er lange nur wenig Wertschätzung, wurde irgendwann mit Leinöl überzogen, war teilweise unleserlich und insgesamt ziemlich lädiert, als er 1822/23 erstmals renoviert und dabei Inschriften über- oder sogar neu geschrieben wurden.

Inzwischen waren Behaim und sein Globus bereits so berühmt, dass eine bei Maffei in München gebaute Lokomotive 1847 auf seinen Namen getauft, anlässlich eines Sängerfestes 1861 sein Geburtshaus mit Szenen seines Lebens dekoriert und 1890 in Nürnberg ein Denkmal zu seinen Ehren errichtet wurde. Auf einem 1901 vollendeten Rathausgemälde berühmter Nürnberger wurde Behaim im Kontext des Fernhandels dargestellt. Diese Behaim-Renaissance passte auch zu den Bemühungen der Stadt, mit seit Mitte des 19. Jahrhunderts neu erstarkender wirtschaftlicher Leistungsfähigkeit nach rund drei Jahrhunderten der Provinzialität wieder an ihre Blütezeit zur Wende des 15./16. Jahrhunderts anzuknüpfen.

Die Legendenbildung war da bereits in Gange: In dem 1902 erschienenen, weitverbreiteten *Bildersaal Deutscher Geschichte*, einer populären Geschichtsdarstellung, wurde Behaim jenseits aller historischen Wahrheit im Sinne der hochfliegenden kaiserlichen Seemachtspläne zu dem Globusmacher stilisiert, der Kolumbus Orientierung bei seinen Entdeckungsfahrten gegeben habe. Dies fand auch seinen Niederschlag im Schulunterricht, wie Schultafeln aus der Zeit andeuten.

Die Bibliothèque Nationale in Paris hatte 1847 eine Kopie anfertigen lassen, die nur gegen hartnäckigen, erst auf Druck der Bayerischen Akademie der Wissenschaften und der Bayerischen Staatsregierung überwundenen Widerstand der Familie Behaim realisiert werden konnte. Immerhin war der Globus nun über seine – wenn auch unzureichende – Kopie in Paris der Forschung zugänglich. Jegliche Publikationen zum Globus aus der Zeit zwischen 1847 und 1908 stützen sich vor allem auf die Kopie. 1906 gab die Familie den eifersüchtig gehüteten Globus als Leihgabe ins Germanische Nationalmuseum Nürnberg (GNM), das ihn im Rahmen seiner Sammlung wissenschaftlicher Instrumente ausstellte. 1927/28 gelangten erste Gerüchte an die Öffentlichkeit über wirtschaftliche Schwierigkeiten der Behaims und ihre Absicht, den Globus in die USA zu verkaufen. 1928 musste das GNM den Globus an die Familie zurückgeben. Die Verkaufsidee wirbelte viel öffentlichen Protest auf und scheiterte letztlich daran, dass der Globus inzwischen auf die Liste national wertvoller Kulturgüter gesetzt worden war.

Inzwischen wurde über die Eigentumsfrage verhandelt, denn Stadt und Museum lehnten unangemessene Preisvorstellungen ab. 1937 gab es schließlich die Zusage des Oberbürgermeisters und von Hitler, den größten Teil der Kaufsumme zu übernehmen. Der Globus kam nach einer weiteren Restaurierung endgültig ins GNM, wurde in diesem Jahr im Rahmenprogramm des Reichsparteitags als ein zentrales Exponat in der Ausstellung »Nürnberg, die deutsche Stadt« gezeigt und war anschließend in der Dauerausstellung zu sehen. In Legendenbildung und Geschichtsklitterung und damit in der Beeinflussung des Geschichtsverständnisses unübertroffen war dann Veit Harlans Film *Das unsterbliche Herz* (1939), mit Heinrich George und Kristina Söderbaum in den Hauptrollen und Tausenden von Nürnbergern als Komparsen. Der Handwerker Henlein erfindet hier – bar jeder historischen Realität und wider beider Lebensdaten – für Behaim die diesem für seine Navigation noch fehlende Taschenuhr, das nie nachgewiesene »Nürnberger Ei«.

Den Krieg überlebte der Globus im »Kunstbunker«, einem Luftschutzkeller im Nürnberger Burgberg; ab 1948 wurde er wieder ausgestellt. Nur einmal in seiner Geschichte wurde er 1954/55 ausgeliehen – und kam prompt beschädigt aus Brüssel zurück. Eine weitere »Reise« nach Erlangen in die Forschungslabors von Siemens diente 1992 im Vorfeld der Fünfhundertjahrfeier computertomografischen Untersuchungen.

Behaims Globus bietet heute noch viele Rätsel, seine Erforschung geht weiter. 2011 wurde er digital hochauflösend fotografiert und umfassend text- und bildvergleichend analysiert. Denn mit seinen 110 Miniaturen, rund 2000 Orts- und Flurnamen sowie zahlreichen Texten, unter anderem von Marco Polo, besitzt er eine enzyklopädische Dimension und bleibt eine wertvolle Quelle für das Wissen zur außereuropäischen Welt zu Behaims Zeiten. Er steht in der Kartentradition seiner Zeit, nutzt zugleich damals moderne Elemente der empirischen Seefahrt, zeigt noch die Welt der Vor-Kolumbus-Zeit und steht – wie das Zeitalter der Entdeckungen selbst – am Übergang zwischen Mittelalter und Neuzeit.

24

Nacktheit ohne religiösen Kontext: Albrecht Dürer als Avantgardist.

»Das Frauenbad« von Albrecht Dürer

Körperbilder und Geschlechterrollen in der Renaissance

Diese kleine, nicht einmal DIN A4 große Federzeichnung in Rußtusche auf kräftigem Büttenpapier gilt zwar nicht als das schönste, aber als das »interessanteste und ungewöhnlichste, darum eines der meist diskutierten Blätter« (Röver-Kann 2012) von Albrecht Dürer (1471–1528), ein kühnes Werk des erst 25-Jährigen. Die von dieser Zeichnung ausgehenden Anregungen machten sie zu »eine[r] der kostbarsten Urkunden« in seinem gesamten Werk (Winkler) und zu einem »Schlüsselwerk der europäischen Kunstgeschichte« (Herzogenrath in Röver-Kann 2001).

Es ist das erste – wie Dürer es nannte – »nacket Bild«, das mehrere Frauen ohne jeden religiösen Kontext zeigt und in dem Kunst zur freien und persönlichen Abbildung des Menschen übergeht, nachdem bis dahin Nacktdarstellungen vor allem an religiöse Inhalte gebunden waren: Adam und Eva, Stationen im Leben Jesu, Allegorien zur Vanitas, Fortuna, Luxuria. Der Begriff »Akt« kam erst im 19. Jahrhundert auf.

Die Szenerie zeigt eine nicht perfekt proportionierte Badestube, niedrig, fensterlos, holzgetäfelt, mit Kachelofen, Wasserkessel, Wannen, Bodenbecken, Badehauben, Schwamm, Quaste, Laubbüschel etc. Darin sechs Frauen, ganz unterschiedlich in Alter, Figur und Aussehen – von jung, hübsch, schlank über kräftig und korpulent bis alt und hässlich; außerdem sind zwei kleine Jungen zu sehen. Badestuben dieser Art gehörten als Institutionen der Hygiene zum städtischen Leben. Sie wurden nach Geschlechtern streng getrennt besucht.

Zahlreiche Quellen bezeugen, dass sich weder Gäste noch Personal ganz unbekleidet in Badestuben aufhalten durften. Vor diesem Hintergrund überrascht die Szene umso mehr. Zudem dürfte der junge Albrecht Dürer kaum Zutritt zu einem Frauenbad gehabt haben, und es ist ungewiss, ob ihm frühere Zeichnungen von Badeszenen bekannt waren. Drei Jahre zuvor (1493) hatte Dürer die Federzeichnung einer nackten Frau nach einem Modell gefertigt – vermutlich einer Bademagd. Dies war – soweit heute bekannt – die erste Aktstudie nach einem lebenden

Modell nördlich der Alpen. Drei Jahre später zeichnete Dürer das »Frauenbad« und fast gleichzeitig und etwas größer ein »Männerbad«.

Über die Frauen im Bad wissen wir nichts, aber zur Unterschicht gehörten sie wohl kaum. Die sozialen Verhältnisse sind nach Land und Stadt differenziert zu betrachten. In der Stadt hatten Frauen mehr berufliche Möglichkeiten als auf dem Land. Die Situation der Bauersfrau besserte sich in weit geringerem Maße als in der Stadt, die Arbeitsteilung zwischen Mann und Frau blieb in der mittelalterlichen und frühneuzeitlichen Landwirtschaft weitgehend gleich. Patriarchalische Familienstrukturen blieben eine Konstante. Sie wurden nur durch die geschlechtsspezifische Mitarbeit etwas durchlässiger, in Handel und Gewerbe (nicht nur im textilen) vor allem bei einer gewissen Geschäftsfähigkeit der Frau. Die Berufstätigkeit der Frau wurde dadurch erleichtert, dass Wohnung und Arbeitsplatz nicht getrennt waren. Die Frauen heirateten zu Dürers Zeiten mit etwa 15 bis 18 Jahren. Für manche Städte darf ein Frauenüberschuss von 20 Prozent angenommen werden. Jedenfalls war die »Benachteiligung der Frau im Berufsleben in der Neuzeit, vor etwa 1918, größer« (Ennen) als zu Dürers Zeiten. Von all diesen Faktoren wurde auch die weibliche Mentalität beeinflusst – das im »Frauenbad« offensichtliche Selbstbewusstsein war nicht selbstverständlich. Dass und wie Dürer das andeutet, ist eine weitere Besonderheit dieses Kunstwerks.

Trotzdem wird das Werk nicht wegen seines Sujets als besonders bemerkenswert angesehen. Badebilder hatte es schon vor Dürer gegeben, auch wenn sie weibliche Körperlichkeit »nicht so ostentativ zur Schau stellten«, sondern »vorwiegend um der gefälligen erotisierenden Wirkung willen« (Bonnet 2001). Dürers Figuren im »Frauenbad« sind auch isoliert zu betrachten: eine stehende Rückenfigur, eine Sitzende seitlich von links, zwei Stehende, die eine von vorn, die andere seitlich von rechts, eine matronenhafte Hockende von rechts und vorn mittig eine auf den Fersen Sitzende. Die Beschäftigung jeder Einzelnen wirkt auf den ersten Blick zufällig und situationsgemäß, aber tatsächlich hat Dürer jede für sich genauso wie alle zusammen »ausgefeilt komponiert«. Dürer gestaltete seine Akte, lotete aus, wie nackte Leiblichkeit sich in ein und demselben Bild variieren ließ. Tatsächlich bediente Dürer sich des in dieser Zeichnung angelegten »Reservoirs« an Akten immer wieder; auch weil es an guten Modellen mangelte, pauste er sie durch und variierte die Figuren für spätere Zeichnungen.

Eine weitere Besonderheit offenbart eine Analyse der Blickachsen: Zwei der Frauen blicken – sei es keck-erotisch oder neugierig bis ungeniert – in Richtung des Betrachters, wie wenn sie ihn sähen, für ihn posierten, jedenfalls wüssten, dass sie beobachtet werden. Andererseits wissen wir aus Sittenschriften der Zeit, dass der Blickkontakt zwischen den Geschlechtern verboten war, Frauen sollten den Blick senken.

Zu dieser Blickachse kommt – auf den dritten Blick und überraschend – noch eine weitere hinzu: Aus einem nur einen Spaltbreit geöffneten Fenster in der getäfelten Rückwand schaut heimlich ein Mann herein und beobachtet die Szene. Die Rückenfigur zeigt sich nicht nur den beiden Knaben, sondern vor allem diesem Voyeur frontal völlig unverhüllt. Die Blickachsen »in das Bild herein und aus dem Bild heraus, von vorne durch den Betrachter und von hinten durch den Voyeur« geben die Figuren in verschiedenen Haltungen und Ansichten von (fast) allen Seiten preis; der Raum wird zum »Schaukasten« (Bonnet 2001).

Vielleicht sollte das »Frauenbad« als Vorlage für einen Holzschnitt dienen, so wie das fast zeitgleich entstandene »Männerbad«: eine ähnliche Szene, allerdings im Freien, auch hier sechs fast ganz nackte Männer jeden Alters in unterschiedlicher Haltung, ebenso ein bekleideter Zuschauer. Diese Zeichnung gehörte zu den ersten, die Dürer in seiner eigenen Werkstatt entwarf, auf bestes Papier druckte, zuschnitt, eigenhändig mit seinem Monogramm versah und in den Handel brachte. Mit großem Erfolg, denn Holzschnitte dieser Art waren gut verkäuflich und brachten ihm als »Unternehmer in eigener Sache« wesentlich höhere Einkünfte als alle Gemälde sowie breitere Bekanntheit und Anerkennung. Dürer gelang es, neue Käuferschichten für seine Kunst zu interessieren, seine Werke wurden zu Kultobjekten, sein Monogramm »AD« zu einem international bekannten Markenzeichen. Auf die Vermarktung seines »Frauenbads« verzichtete Dürer, später wurde er in viel schlechterer Qualität von Kollegen publiziert.

Auch wenn ein Großteil der Werke Dürers christlichen Themen gewidmet ist, so erscheint er doch als Maler neuen Typs, war mehr Künstler, der seinen eigenen Ideen folgte, als Handwerker, der Bilder »ausführte« – und arbeitete vor allem auch marktorientiert. Keiner seiner Kollegen verkörperte so sehr wie er den Wandel der Kunst an der Schwelle zur Neuzeit. Parallel zu Leonardo da Vinci und sogar »weit erfolgreicher als dieser« (Bonnet 2014) trug er zur Entstehung und Verbreitung eines neuen zeitgemäßen Menschenbildes bei. Er machte sich frei von Zwängen und Traditionen, suchte neue Bildthemen, setzte sich intensiv, fast wissenschaftlich, mit Fragen der Perspektive und der Körperproportionen auseinander, kurzum, er war ein Avantgardist an der Wende von Mittelalter und Früher Neuzeit – und er war sich dessen bewusst.

Wie viele bedeutende Werke der Kunstgeschichte hat auch diese Zeichnung ihre besondere Geschichte: die ihrer Provenienz. Bis heute ist nicht geklärt, in wessen Hände das »Frauenbad« nach Dürers Tod gelangte. In den 1820er-Jahren erwarb sie Dr. Hieronymus Klugkist, Mitbegründer des Bremer Kunstvereins, mit dessen Vermächtnis sie in den Besitz des Kunstvereins gelangte. Seitdem wurde sie vorwiegend als Illustration in Publikationen zum Badewesen vergangener Zeiten abgebildet.

Als während des Zweiten Weltkriegs die Bombenangriffe auf Deutschland zunahmen, lagerte die Bremer Kunsthalle wie andere Museen ihre Sammlungen im Sommer 1943 an vier weniger gefährdete Orte aus. Von den fast 5000 nach Schloss Karnzow bei Kyritz (Brandenburg) östlich der Elbe gebrachten Werken kehrten die wenigsten zurück, ihr Schicksal wirft Schlaglichter auf die Realität der Probleme bei der Rückführung von Kulturgütern: 101 Zeichnungen von dort wurden Anfang der 1990er-Jahre in der Deutschen Botschaft in Moskau anonym abgegeben und durften im April 2000 mit offizieller Erlaubnis der russischen Regierung zurückkehren.

Zwölf Zeichnungen fielen 1993 der dortigen Deutschen Botschaft besonders auf, als sie im Nationalmuseum Baku (Aserbaidschan) ausgestellt werden sollten, darunter »Das Frauenbad«. Sie wurden noch vor der Eröffnung gestohlen, wenig später dem New Yorker Auktionshaus Sotheby's zum Kauf angeboten. Auch dem FBI gelang es nicht, die Anbieter dingfest zu machen, einen japanischen Händler und eine Staatsanwältin aus Aserbaidschan. Vier Jahre später, im Frühsommer 1997, wurde der Deutschen Botschaft in Tokio der Kauf genau dieser Werke – angeblich aus Familienbesitz – für zwölf Millionen US-Dollar angeboten. Der Japaner verhandelte im Frühsommer 1997 sogar in Bremen, halbierte in Anbetracht eindeutiger Eigentumsstempel seine Preisvorstellungen zwar, war aber nicht mit dem üblichen Finderlohn in Höhe von zehn bis 15 Prozent des Schätzwerts zufrieden. Allein der Wert des »Frauenbads« wurde damals von amerikanischen Sachverständigen auf rund 23 Millionen Mark beziffert. Im September 1997 sollten die Vertreter der Bremer Kunsthalle in New York endlich die Echtheit der Werke prüfen dürfen. Unter dramatischen Umständen wurden sechs der Zeichnungen im Hotel des Japaners sichergestellt, die anderen sechs lieferten wenig später Mittelsmänner ab, und einige Wochen später konnte die Staatsanwältin aus Baku bei der Einreise in die USA verhaftet werden. Nach einer Odyssee von über einem halben Jahrhundert, nach zuletzt rund vierjährigen Verhandlungen, aber glücklicherweise wenige Monate vor der schrecklichen Zerstörung des World Trade Center, wo sie schließlich zwischengelagert hatten, kehrten die zwölf Zeichnungen im Sommer 2001 nach Bremen zurück, darunter Dürers »Frauenbad«.

Eine andere spannende Geschichte um den Verbleib der in Schloss Karnzow ausgelagerten Bremer Sammlungsbestände rankt sich um Viktor Baldin, den »Mann mit dem Koffer«. Er war Hauptmann der Roten Armee, von Hause aus Architekt und Museumsmann, und erlebte im Frühsommer 1945, wie »jeder Oberst 200 Kilo Kunst wegschleppen« durfte (Röver-Kann 2012). Er selbst nahm von dort 362 Zeichnungen, darunter etliche von Dürer, und zwei Gemälde in einem Koffer mit, bewahrte sie Jahrzehnte sorgfältig auf, inventarisierte und dokumentierte sie, deponierte sie im Museum und sorgte sich zeitlebens darum, dass seine Sammlung nicht auseinandergerissen würde und irgendwann einmal nach Bremen zurückkehren sollte. Heute lagern die von ihm geretteten Kunstwerke in der Eremitage in St. Petersburg. Tatsächlich tauchten immer wieder einmal einzelne Werke hier und da auf, konnten erworben oder zurückgewonnen werden – ein Thema, das bis heute höchst diskret behandelt wird (Röver-Kann 2012).

Bislang verweigert Russland generell eine Rückgabe, denn die Duma hat 1998 die bei Kriegsende in die Sowjetunion überführten Kunst- und Kulturgüter als Kompensation für die deutschen Kriegszerstörungen zu russischem Eigentum erklärt. Es handelt sich um über eine Million Objekte, davon rund 200 000 mit höherem musealem Wert; hinzu kommen 4,6 Millionen Bücher, drei Kilometer Archivalien. Insgesamt hatte die Sowjetarmee etwa 2,5 Millionen Kunst- und Kulturgüter aus ihrer Besatzungszone mitgenommen, davon in den 1950er-Jahren etwa 1,5 Millionen an die DDR zurückgegeben, darunter den Pergamonaltar in Berlin und die Sixtinische Madonna in Dresden. Seit vielen Jahren ist über das Thema nicht mehr ernsthaft zu verhandeln. Während Deutschland unrechtmäßigen Besitz restituiert, bleiben russische Rückgaben wie 2002 nach langen Verhandlungen die von 111 mittelalterlichen Fensterfeldern des Chors der Marienkirche in Frankfurt an der Oder Ausnahmen.

25

Anna Selbdritt, umgeben von der Familie des Markgrafen von Baden: Das berühmte Bild aus dem 16. Jahrhundert sorgt noch 2006 für große Aufregung.

Die »Markgrafentafel« von Hans Baldung Grien

Stifter, Kunst und Politik

Die sogenannte Markgrafentafel, ein Werk des Malers Hans Baldung, wird allgemein auf die Zeit um 1510 datiert. Ihren Mittelpunkt bildet eine Darstellung der »Anna Selbdritt«, der heiligen Anna mit ihrer Tochter Maria und deren Sohn, dem Jesuskind. Zur Rechten ihrer Mutter sitzt die Jungfrau Maria mit dem Kind auf dem Schoß, während Anna ein Buch aufgeschlagen hat, aus dem sie – so scheint es – dem Enkelkind das Lesen beibringt. Um die Heiligen ist die Familie des Markgrafen Christoph I. von Baden versammelt, auf der Männerseite der Graf mit den zehn Söhnen, auf der Frauenseite die Gräfin Ottilie von Katzenelnbogen mit den fünf Töchtern. Diese Anordnung ist typisch für frühneuzeitliche Votivbilder, Gemälde, die in Einlösung eines Gelübdes gestiftet wurden und die Stifter in demütiger Haltung neben den Heiligen zeigen. Ungewöhnlich hingegen sind die Maße des Bildes, das breite Format von über zwei Metern bei einer Höhe von nicht einmal 70 Zentimetern.

15 Kinder, das war eine große, aber für das 16. Jahrhundert keinesfalls ungewöhnliche Zahl. Allerdings war auch die Kindersterblichkeit groß. Aus anderen Quellen ist bekannt, dass mindestens vier der markgräflichen Kinder zum Entstehungszeitpunkt des Gemäldes nicht mehr lebten. Dass die Lebenden und die Toten Seite an Seite dargestellt sind, enthält die Aussage: Sie alle gehören zur Familie und bilden einen Teil von ihr. Ihre Kleidung ist unterschiedlich und deutet auf ihren Stand: Zwei der Töchter tragen ein geistliches Gewand, weil sie Äbtissinnen waren, drei tragen weltliche Kleidung mit der Haube der verheirateten Frau, sie befanden sich »unter der Haube«. Unter den Söhnen sticht einer durch sein bischöfliches Ornat und den Krummstab besonders hervor, Jakob, seit 1503 Erzbischof von Trier. Die Übrigen sind teilweise in ritterlicher Rüstung und teilweise in ziviler oder geistlicher Kleidung dargestellt, drei von ihnen waren Domherren.

Diese Anordnung der Söhne sollte vermutlich eine politische Botschaft vermitteln: Markgraf Christoph I. war 1510 krank, dachte an die Regelung seiner Nachfolge und hatte das Ziel, einen seiner Söhne als Alleinerben einzusetzen, um eine Teilung seines Territoriums zu verhindern; dieser eine war der fünftgeborene Sohn Philipp, vermutlich der als dritter von links herausgehoben in Szene gesetzte Ritter. Allerdings gelang es Christoph nicht, diese Erbfolgeregelung durchzusetzen.

Hans Baldung, genannt Grien (Grün), porträtierte Graf Christoph mehrere Male. Der um 1484 in Schwäbisch Gmünd geborene und in Straßburg ansässige Maler gilt als der begabteste unter den Schülern Albrecht Dürers und war ein zu seiner Zeit überaus geschätzter Künstler. Heute ist er vor allem bekannt für seine Darstellungen von Hexen und von der Begegnung mit dem Tod – der als Skelett personifiziert eine nackte junge Frau umfängt oder küsst –, doch schuf er auch zahlreiche religiöse Werke, darunter so prominente wie den Hochaltar des Freiburger Münsters. Im Gegensatz zu vielen anderen Künstlern seiner Zeit gelangte er durch seinen beruflichen Erfolg zu beachtlichem Ansehen und Wohlstand. Als er 1545 starb, war er Mitglied des Straßburger Rats und gehörte zu den reichsten Bürgern dieser Stadt.

Die jüngere Geschichte der Markgrafentafel ist spektakulär und wurde erst 2006 im Zusammenhang mit der sogenannten Karlsruher Kulturgutaffäre erforscht. In diesem Jahr plante die badische Landesregierung den Verkauf einer größeren Menge von Handschriften und Frühdrucken aus Beständen der Badischen Landesbibliothek Karlsruhe. Der Erlös sollte dazu dienen, einen Vergleich mit dem Haus Baden zu treffen, das eine ganze Reihe im Besitz des Landes befindlicher Kunstwerke als sein Eigentum reklamierte. Dieser Vorgang, die Veräußerung von Kulturgütern aus öffentlichen Bibliotheken und Museen in einem derartigen Umfang durch eine Landesregierung, war in der Geschichte der Bundesrepublik beispiellos und führte zu lebhaften Protesten. Die Markgrafentafel spielte dabei eine nicht unerhebliche Rolle, da auch sie von Ministerpräsident Günther Oettinger als eindeutiges Eigentum der markgräflichen Familie bezeichnet wurde. Diese wollte die Tafel ebenfalls auf einer Auktion verkaufen, aber mithilfe von Sponsorengeldern und Mitteln aus Kultureinrichtungen sollte sie für acht Millionen Euro vorab durch das Land erworben werden. Erst der Freiburger Historiker Dieter Mertens fragte zu Recht provozierend: »Wer will denn ein Bild kaufen, das ihm schon gehört? Günther Oettinger haut acht Millionen auf den Kopf.« Er beendete eine veritable »Affäre«, indem er die Absurdität des geplanten Ankaufs nachwies – die Tafel war bereits seit 1930 Eigentum des Landes.

Erstmals erwähnt wird die Markgrafentafel in einem Inventar der

Gemälde, die 1688 im pfälzischen Erbfolgekrieg vor den herannahenden Franzosen aus Durlach nach Basel in Sicherheit gebracht wurden. Eine umso sinnvollere Maßnahme, da die Durlacher Residenz ein Jahr später in Flammen aufging. Erst ein Jahrhundert später wurde die Tafel nach Baden zurückgebracht und erhielt 1789 einen Platz in der markgräflichen Gemäldegalerie in Karlsruhe. Anfang des 19. Jahrhunderts wurde das Bild einige Jahre in das Kloster Lichtenthal bei Baden-Baden gegeben, wo es als Antependium in der Fürstenkapelle diente, doch ließ Großherzog Leopold 1833 eine Kopie für die Kapelle anfertigen und das Original nach Karlsruhe zurückbringen.

Nach dem Ende der Monarchie kam es 1919 zu einem Abfindungsvertrag zwischen dem badischen Staat und dem ehemals großherzoglichen Haus. Darin war eine Sonderregelung für die in der Gemäldegalerie befindlichen Werke aus dem Privatbesitz der Herzöge enthalten: Die insgesamt 549 Gemälde blieben im Familienbesitz, die Familie erklärte aber, sie gegen Übernahme der Verwaltungskosten durch den Staat für immer in der Kunsthalle zu belassen, solange man nicht genötigt sei, sie zu verkaufen. Dies sollte nur in dringenden Notfällen geschehen und dann dem Staat ein Vorkaufsrecht eingeräumt werden.

1928 verfügte der kinderlose letzte Großherzog Friedrich II. testamentarisch, dass die Kunst- und Büchersammlungen nach seinem Tod nicht mit dem übrigen Erbe an die markgräfliche Salemer Linie gehen, sondern im Besitz seiner Witwe Hilda bleiben sollten, mit der Zusage, sie öffentlich zugänglich zu erhalten und nur im Notfall zu verkaufen. Nach ihrem Tod sollten sie in eine Stiftung überführt werden.

Der in beiden Dokumenten angesprochene Notfall trat indes schon zu seinen Lebzeiten ein, als die acht Millionen Reichsmark, die das Haus Baden als Abfindungssumme erhalten hatte, durch die Hyperinflation von 1923 ihren Wert verloren hatten. Wie andere ehemals regierende Fürstenhäuser forderte man eine »Aufwertung« als Entschädigung für den erlittenen Verlust. Die badische Regierung wies diese Forderung zwar zurück, doch verfiel sie bald auf den Gedanken, Gemälde- und Kupferstichsammlung als Ganzes zu erwerben und durch einen gehobenen Preis zugleich den Aufwertungsanspruch abzugelten. Verhandlungen wurden begonnen, führten allerdings bis zum Tode des Großherzogs 1928 zu keinem Ergebnis.

Nun waren die Ansprechpartner eigentlich die Rechtsvertreter der Witwe, doch musste, um die beabsichtigte Abgeltung aller Ansprüche des Hauses Baden zu erreichen, auch die Salemer Linie einbezogen werden, für die Graf Douglas-Langenstein, ein Verwandter, die Verhandlungen führte. Die Zeit drängte, da die großherzogliche Vermögensverwaltung inzwischen gezwungen war, zur Aufrechterhaltung eines angemessenen Lebensstandards, wie er der Familie 1919 vertraglich zugesagt worden war, und besonders für Besoldung und Renten der 130 Bediensteten, Kredite aufzunehmen.

In den nun stattfindenden Verhandlungen versuchte die großherzogliche Seite zunächst, als Familienbilder angesehene Werke, darunter die Markgrafentafel, vom Verkauf ausnehmen. Die Kunsthalle protestierte dagegen mit dem Hinweis auf die Bedeutung der Tafel für ihre Sammlung. Der damalige Innenminister Adam Remmele ließ sich durch dieses Argument überzeugen und bestand im Folgenden darauf, auch die Tafel sowie sechs weitere Bilder in die Verhandlungen aufzunehmen. Auch Staatspräsident Josef Schmitt unterstützte das Vorhaben, da er den Vorteil sah, den eine definitive Abgeltung der Ansprüche des Hauses Baden bot, und zur Rechtfertigung auch den kulturellen Schaden hervorhob, der dem Land Baden durch den Verkauf einer bereits seit 1831 öffentlich zugänglichen Sammlung von Werken mit einer so engen Beziehung zur Geschichte des Landes entstehen würde.

Im Laufe zahlreicher Gespräche wurde eine allmähliche Annäherung erreicht, doch blieb die Frage des Mitverkaufs der Familienbildnisse und insbesondere der Markgrafentafel bis zum Schluss umstritten. Unter anderem tauchte mit einem Mal das Argument auf, die Tafel sei aus der großherzoglichen Kapelle des Klosters Lichtenthal nach Karlsruhe gelangt und damit so fest mit der Familiengeschichte verbunden, dass man unter keinen Umständen auf sie verzichten könne. Obwohl sich das Bild eigentlich nur sehr kurze Zeit in der Kapelle befunden hatte, galt sie plötzlich als ursprünglicher Bestimmungsort der Tafel.

Nach einem gemeinsamen Besuch in der Kunsthalle mit Remmele am 18. Februar 1930, bei dem sie die Tafel besichtigten, lenkte Graf Douglas offenbar ein. Noch am Nachmittag desselben Tages traf ein Brief von Markgraf Berthold ein, in dem er offiziell den Verzicht auf die Tafel zugunsten des badischen Staats erklärte. Die endgültige Einigung erfolgte drei Tage später. Am 1. April wurde im Landtag ein Gesetz zum Ankauf des Gemäldes verabschiedet, das am 14. verkündet und 17. publiziert wurde. Darin wird zum einen der Übergang der Kunstbestände aus dem Eigentum der Großherzogin Hilda in das des Landes Baden festgehalten und zum anderen die Anerkennung, dass alle Aufwertungsansprüche des Hauses Baden damit nun vertraglich abgegolten seien. Damit hatte die Regierung ihr doppeltes Ziel erreicht: die endgültige Klärung im Verhältnis zum ehemaligen Herrscherhaus und die Rettung der Markgrafentafel für die Kunsthalle Karlsruhe.

Dieser Sachverhalt war offensichtlich vergessen, als die Tafel 2004 in der Münchner Ausstellung »Schatzhäuser Deutschlands« über Kunst in privatem Adelsbesitz als Eigentum des Hauses Baden präsentiert wurde. Erst die Nachforschungen von Dieter Mertens brachten die tatsächlichen Eigentumsverhältnisse wieder an den Tag und ersparten dem Land Baden-Württemberg eine große Blamage und eine völlig unnötige Ausgabe. Erst 2007 kamen weitere »Tricks im Haus Baden« (*FAZ*, Nr. 59, 10. 3. 2007) ans Licht, dass nämlich schon 1995 Kunstgegenstände veräußert worden waren, die nicht mehr Eigentum des Hauses waren.

Nicht immer enden Streitigkeiten über die Geschichte von Besitzverhältnissen so eindeutig. Umso wichtiger ist gerade in Deutschland vor dem Hintergrund der nationalsozialistischen Enteignungen die Provenienzforschung. Sie wurde hier allerdings viel zu spät und zögerlich begonnen, wird jedoch seit etwa 2008 systematischer betrieben und sollte inzwischen selbstverständlich sein. Die Rückgabe von Raubkunst ist nicht nur eine rechtliche und moralische Verpflichtung vor dem Hintergrund der wiederholten Forderung des Präsidenten des World Jewish Congress, Ronald S. Lauder, endlich müssten auch die Kunstwerke, »die letzten Kriegsgefangenen des Zweiten Weltkriegs«, freikommen. Provenienzforschung bezieht sich nicht nur auf die Jahre zwischen 1933 und 1945, sie muss integraler Bestandteil jeder musealen – zum Teil auch archivarischen und bibliothekarischen – Arbeit sein, sowohl retrospektiv bei der Erforschung der Bestände als auch proaktiv bei Neuerwerbungen und bei der Vermittlung. Wenn Museen und Ausstellungen so etwas wie die Schaufenster der Geschichte sind, dann sind die Sammlungen, Magazine und Archive ihr Gewissen. Wird das Wissen um dieses Gewissen nicht gepflegt, so kann es leicht zu Affären wie der Karlsruher um die Markgrafentafel kommen.

26

Lieber Bier als Wasser –
nur der Gesundheit wegen:
die wohl älteste lebens-
mittelrechtliche Vorschrift
der Welt.

Der Vierd tail

das sölhs den pfarrern in vnserm lannde nit gestatt werden sol/ausgenomen was die pfarrer vnd geystlichen von aigen weinwachssen habñ/vnd für sich/je pfarrgesellen/priesterschafft vnnd hausgesynd/auch in der not den kindlpetterin/vnd krannckhen leüten/vmärlich geben/das mag jne gestatt werden. Doch genärlicher weis/von schennckhens vnd gewins wegen/sollen sy khainen wein einlegen.

Wie das pier summer vnd winter auffm lannd sol geschennckt geprawen werden.

Item Wir ordnen/setzen/vnnd wöllen/mit Rathe vnnser Lanndtschafft/das füran allenthalben in dem Fürstennthumb Bayrñ/auf dem lannde/auch in vnsern Stettñ vnd Märckthen/da deshalb hieuor kain sonndere ordnung ist/von Michaelis bis auf Georij/ain mass oder ain kopf piers über ainen pfenning müncher werung/Vnd von sant Jörgen tag/bis auff Michaelis/die mass über zwen pfenning derselben werung/vnnd derennden der kopf ist/über drey haller/bey nachgesetzter Pene/nicht gegeben noch aufgeschennckht sol werden. Wo auch ainer nit Mertzn/sonnder der annder Pier prawen/oder sonnst habñ würde/sol Er doch das/kains wegs höher. dann die mass vmb ainen pfenning schenncken/vnd verkauffen. Wir wöllen auch sonnderlichen/das füran allenthalbñ in vnsern Stettñ/Märckten/vnnd auf dem Lannde/zu kainem Pier/merer stuckh/dann allain Gersten/hopffen/vnd wasser/genomen vnnd geprauncht sölle werden. Welher aber dise vnnsere ordnung wissenntlich überfarñ vnd nit hallten würde/dem sol von seiner gerichtzöbrigkait/dasselbig vas pier/zustraff vnnachläslich/so offt es geschicht/genomen werden. Jedoch wo ain Geuwirt von ainem Pierprewen in vnsern Stetten/Märckten/oder aufm lande/yetzzeytñ ainen Emer piers/

Das Reinheitsgebot

Bier – vom Wasserersatz zum Volks- und Kultgetränk

Von diesem Gebot hat schon jeder Biertrinker gehört oder gelesen: »Wie das Pier summer und winter auffm lannd sol geschennckt geprawen werden«, lautet die Überschrift. Und es folgt zunächst die Festsetzung des Höchstpreises in der Sommersaison auf einen Pfennig pro Maß, im Winter auf zwei Pfennige. Untergäriges Bier bedurfte kühler Temperatur bei der Herstellung, war bekömmlicher, hatte bei höherer Stammwürze mehr Alkoholgehalt und war bei entsprechend kühler Kellerlagerung länger haltbar. Sommerbier war leichter verderblich, für den raschen Ausschank bestimmt, bisweilen war in dieser Zeit das Brauen sogar verboten. Danach folgt die »bekannteste, vermutlich sogar [...] einzig bekannte aus den fast 150 Textseiten der Landesordnung von 1516« (Franz), das – wie es 470 Jahre später genannt wurde – »11. Gebot der Bayern«, »Gesetz und Evangelium zugleich«: »wir woellen auch sonnderlichen, das füran allenthalben in unsern Stetten, Märckten unnd auf dem lannde zuo kainem Pier merer stuckh, dann allain Gersten, hopffen und wasser genomen unnd gepraucht soelle werden« (nach Franz). Dann die Strafandrohung, bei einem Verstoß werde »dasselbig vas pier zuo straff unnachläßlich, so offt es geschicht, genommen werden«.

Diese Anordnung von 1516 gilt als die älteste lebensmittelrechtliche Vorschrift der Welt, die noch heute Gültigkeit besitzt. Flaschenetiketten sind oft mit dem Zusatz versehen »Gebraut nach dem Reinheitsgebot von 1516«, und Brauereien berufen sich gern auf die lange deutsche Tradition des Bierbrauens. Die Landesordnung wurde seinerzeit im Folioformat auf insgesamt 90 Blatt gedruckt, drei Exemplare der korrigierten, rechtsgültigen Ausgabe von 1516 auf Pergament sind überliefert. Auf dem Titelblatt in rotem Holzschnitt »Das buech der gemeinen Landpot, Landesordnung, Satzung unnd Gebreuch des Fürstenthumbs in Obern unnd Nidern Bairn [...]«, darunter in Schwarz ein Holzschnitt mit den beiden Herzögen Wilhelm IV. (»der Standhafte«) und Ludwig X., die in voller Rüstung gemeinsam das bayerische Wappen halten. Die beiden

Brüder hatten die Macht unter sich aufgeteilt und regierten von München bzw. Landshut aus.

Zu ihrem Erlass war es gekommen, weil das im Spätmittelalter mehrfach geteilte Herzogtum Bayern nach dem Landshuter Erbfolgekrieg (1504/05) wiedervereinigt und die unterschiedlichen Landrechte in einer neuen Landesordnung harmonisiert und zugleich auch modernisiert wurden. Sie wurde am 23. April 1516 auf einem Landtag in Ingolstadt erlassen, greift Formulierungen früherer Landesordnungen auf, ergänzt sie und gilt »durchaus als eine Art Vorreiter dieses Gesetzestyps« (Franz). Der Anstoß zum Erlass von Brau- und Preisvorschriften im Rahmen der Landesordnung kam wohl eher von den städtischen Landtagsabgeordneten als von den beiden Herzögen.

Der Begriff »Reinheitsgebot« hingegen taucht erstmals am 4. März 1918 in einem Sitzungsprotokoll des Bayerischen Landtags auf. Die Suche nach dem Original der Vorschrift begann aber erst 1959. Bis dahin hatten die Brauer auf spätere Drucke der Vorschrift, meist vom Ende des 18. Jahrhunderts, zurückgegriffen, angeblich weil das Reinheitsgebot für sie eine »solche Selbstverständlichkeit« war, dass die Suche nach dem Original nicht erforderlich sei – eine für diese traditionsbewusste Branche dann doch erstaunlich geschichtsvergessene Argumentation. Noch peinlicher: Der Anstoß zu dieser Suche kam von einer amerikanischen Brauerei, die Ende der 1950er-Jahre um eine Kopie der Originalurkunde gebeten hatte. Vergeblich, das Original wurde zwar 1961 »ausgegraben«, aber den Amerikanern nicht zur Verfügung gestellt, da es zu »trübe Erfahrungen« mit deren Werbekopien bayerischer Brautradition und -insignien gegeben habe. Das »Ursprungsjahr« des Reinheitsgebots nannte der Bayerische Brauerbund damals sogar ein »bayerisches Privileg«, und selbst der Bundesgerichtshof hatte 1958 in einem Urteil erklärt, in Bayern sei der Begriff Bier »untrennbar mit dem strengen Reinheitsgebot« verbunden (nach Speckle).

Zweifellos steht das Gebot von 1516 in einer lange vergessenen oder vernachlässigten Tradition: Denn die Formulierung von 1516 knüpfte an eine entsprechende Regelung in München von 1487 an, in der von »Gerste, Hopfen und Wasser« die Rede war, während in einem Landshuter Text von 1493 »Malz, Hopfen und Wasser« genannt wurden. Die ersten Verordnungen dieser Art reichen noch weiter zurück und waren meist Versuche zur Qualitätssicherung, wenn Klagen zunahmen: So gab es in München 1447 eine entsprechende Verordnung des Stadtrats, nachdem schon 1363 eine Bieraufsicht installiert worden war; 1434 findet sich ein solches Gebot im thüringischen Weißensee; bereits 1293 in Nürnberg, zuvor schon 1143 in Augsburg, wo die Herstellung von schlechtem Bier unter Strafe gestellt und dies sogar 1156 in das Stadtrecht aufgenommen wurde. Erstmals wird das Braurecht 974 urkundlich erwähnt, als Otto II. es der Kirche zu Lüttich (heute Belgien) verlieh; es gehörte im Mittelalter zu den Vorrechten der Grund- oder Landesherrschaft. Schon Karl der Große ließ bei Empfängen eine Art Bier servieren.

Die Geschichte bierähnlicher Getränke reicht sehr weit zurück. Ausgrabungen im Gebiet zwischen Euphrat und Tigris belegen, dass Bier schon im fünften Jahrtausend v. Chr. als Volksgetränk galt, und die Sumerer führten im dritten Jahrtausend v. Chr. in Keilschrift »Buch« über die Getreidelieferungen aus den staatlichen Vorratslagern an die Brauhäuser; dabei beschrieben sie auch Biersorten und -herstellung. Der babylonische Codex Hammurabi (1700 v. Chr.) enthält die älteste überlieferte Schankordnung, Rezepte sowie Strafen. Tacitus' Bericht wird gern zitiert, dass die Germanen einen ihm unbekannten »Saft aus Gerste oder Weizen (›ex hordeo aut frumento‹), zu einiger Ähnlichkeit des Weins gegoren«, gern auch im Übermaß tranken.

Für den Hausgebrauch brauten die Menschen aus ihnen zur Verfügung stehenden Rohstoffen (von der Gerste über Hafer und Roggen bis zu Linsen), stellten Maische aus Brotlaiben her, kochten, verzuckerten und ließen vergären. Das Getränk wurde in Kannen mit zur Feldarbeit genommen, sein Alkoholgehalt war so gering, dass auch Kinder es tranken; Biersuppe gab es oft als Frühstück. Vor allem die Klöster pflegten im Mittelalter das Brauhandwerk, verfügten sie doch auch über die notwendigen kühlen Keller. Ihr »Konfent«-Bier war ebenfalls nicht stark, es diente sowohl zum Verkauf als auch zum Eigenbedarf der Klosterbrüder; hart arbeitende Erwachsene tranken bis zu fünf Liter am Tag. Das Bier jener Zeit wird von heutigen Braumeistern als »warme, ungehopfte Kräuterbrühe, ohne Kohlensäure und Schaum, süßlich, alkoholarm, trüb und unansehnlich« beschrieben.

Bier war mehr als ein guter Ersatz für das mit Keimen verunreinigte Wasser, es war Durstlöscher, Nahrungs-, Arznei- und Rauschmittel. Der Bedarf wuchs mit der Zunahme der Bevölkerung, Konflikte um Rohstoffe und Bierpreise blieben nicht aus, besonders zwischen Bäckern und Brauern in der Konkurrenz um Getreide. Wenn Brauer nicht nur »experimentierfreudig« waren, sondern riskant mancherlei Kräuter verwendeten, entstanden mitunter gefährliche Mixturen. In Nürnberg verurteilte deswegen ein Gericht einen Brauer dazu, »eigenes Gebräu bis in alle Ewigkeit selbst zu trinken«. Ein Grabstein in Bayern dokumentiert den schlechten Ruf eines Brauers weit über seinen Tod hinaus: »Bet, Wandersmann, drei Vaterunser, hier liegt ein arger Bierverhunzer.«

Die Durchsetzung der Verordnung von 1516 verlangte immer neue Gebote landesherrlicher und städtischer Art: Es ging um Qualität, Preise und Kontrollen, ferner um Ausbildungs- und Zulassungsfragen, aber auch um fiskalische Aspekte. Seit dem 13. Jahrhundert erhoben die Städte mit dem »Ungeld« eine Art Umsatzsteuer auf bestimmte Güter des täglichen Bedarfs, darunter Getreide, Wein, Bier, Fleisch und Salz; eine Biersteuer wird erstmals 1220 erwähnt.

Überregional dominierten lange Biere aus Norddeutschland, berühmt wurde das Einbecker Bockbier, das sich auch die Wittelsbacher seit Mitte des 16. Jahrhunderts nach München liefern ließen. Hamburg war um 1500 das »Brauhaus der Hanse«, und es gibt sogar die These, erst der Einfluss des mitteldeutschen Brauwesens habe zum Reinheitsgebot von 1516 geführt (Irsigler, laut Speckle). Gesichert ist zumindest, dass diese Verordnung Bayern keinesfalls zum Bierland machte, wie noch in der ersten Hälfte der 1950er-Jahre gutachterlich im Auftrag des bayerischen Brauerbunds behauptet wurde. Für ihre geliebte Weißbierproduktion verstießen die Wittelbacher sogar gegen ihr eigenes Gebot, verwendeten – natürlich – Weizen statt Gerste und zahlten dafür eine Buße an die Staatskasse. Zum »Bierland« wurde Bayern erst, nachdem im Dreißigjährigen Krieg das norddeutsche Brauwesen verkam, und vor allem ab dem 19. Jahrhundert. Mit der Säkularisierung gingen die Braurechte der aufgelösten Klöster an die Staaten über, die sie weitervergaben oder Staatsbrauereien einrichteten; so auch in Weihenstephan, das seit Anfang des 20. Jahrhunderts als »Mekka der Braukunst« gilt.

Bis ins 19. Jahrhundert wurde Bier ohne Kenntnis der biochemischen Zusammenhänge gebraut, konnte leicht missraten oder verderben, denn bis zu Louis Pasteurs Entdeckung der Hefemikroorganismen in den 1870er-Jahren wurde der Gärprozess durch Wildhefen aus der Luft ausgelöst; bis dahin galt Hefe auch nicht als besondere Zutat und wurde nie eigens erwähnt. Hinzu kam die Kältemaschine von Carl Linde (seit 1877), sodass die industrielle Entwicklung das Brauwesen nachhaltig veränderte und insbesondere die Herstellung von Bier in größeren Mengen und gleichbleibender Qualität ermöglichte.

Mit der Reichsgründung 1871 wurden die Herstellungsregeln für Bier in der Biersteuergesetzgebung bis 1906 vereinheitlicht; sie zielten aber auch auf einen Ausschluss englischen Importbiers. Bayern machte seine Zugehörigkeit zur Weimarer Republik u. a. von der weiteren Geltung des Reinheitsgebots im gesamten Reichsgebiet abhängig.

In den 1950er-Jahren war es dem bayerischen Brauerbund mit einer intensiven Werbekampagne gelungen, den Begriff des Reinheitsgebots in ganz Deutschland zu etablieren. Zunächst wurde noch von einem »bayerischen Reinheitsgebot« gesprochen, seit den 1980er-Jahren dann von einem »deutschen Reinheitsgebot«, das »fast 500 Jahre alt« sei. Auf Initiative des Brauerbunds und mit vereinten Kräften wehrte die Bundesregierung in einem über 30-jährigen sogenannten Europäischen Bierkrieg alle Bestrebungen ab, Importe von Bieren anderer Länder unter Berufung auf ein deutsches Reinheitsgebot zuzulassen. Ausländische Biere wurden vor allem in den 1980er-Jahren als »Chemiebiere« gebrandmarkt. Auch wenn die regionalen Brauerinteressen häufig unterschiedlich oder sogar gegensätzlich waren, kämpften die deutschen Hersteller doch gemeinsam gegen ausländische Importe und Europäische Gemeinschaft bzw. (seit 1992) Union. Auf dem Höhepunkt dieser Auseinandersetzungen ging es weniger um das Original von 1516 als um die Propagierung und Popularisierung der Reinheitsgebote und ihres Alters.

Die Kampagne war erfolgreich: Die Europäische Kommission ermöglichte 1997 den Schutz von Bier als »traditionellem Lebensmittel« – damals übrigens das einzige aus Deutschland. So schön der »Glaube« an das Reinheitsgebot von 1516 ist, so sehr wird unterschlagen, dass es seither eine lange Weiterentwicklung der Braukunst und ihrer Zutaten gibt. Allerdings hat auch die Situation der deutschen Brauindustrie sich inzwischen erheblich verändert. Die Deutschen sind zwar nach den Tschechen weiterhin die zweitstärksten Biertrinker, aber ihr Pro-Kopf-Konsum hat sich in den beiden letzten Jahrzehnten mehr als halbiert, wozu auch viele Mischgetränke mit unterschiedlichsten Zusätzen beigetragen haben. International spielen die Brauer der »Biernation« Deutschland aufgrund der rasanten Globalisierung des Biermarkts keine bedeutende Rolle mehr, ihr Reinheitsgebot aber bleibt und mehr noch: sein Mythos.

27

Der deutlich über 70-jährige Jakob Fugger bespricht mit dem etwa 20-jährigen Matthäus Schwarz die Geschäfte anhand des aufgeschlagenen Hauptbuchs.

In der »Goldenen Schreibstube«

Handel im Frühkapitalismus

Ein Blick mitten in das Geschäftsleben des beginnenden 16. Jahrhunderts: Der Augsburger Kaufmann Matthäus Schwarz (1497–1574), vor sich mehrere Bücher, darunter ein aufgeschlagenes Geschäftsbuch, in dem er gerade einen Eintrag vornimmt. Vor ihm stehend sein fast 38 Jahre älterer Arbeitgeber Jakob Fugger (1459–1525), genannt »der Reiche«. Im Hintergrund ein großer Korrespondenzschrank mit zahlreichen Schubladen, die mit Städtenamen beschildert sind – in Rom, Venedig, »Ofen« (Budapest), Krakau, Mailand, Innsbruck, Nürnberg, »Antorff« (Antwerpen), Lissabon und vielen Städten mehr unterhielten die Fugger Niederlassungen, mit allen stand die Zentrale in engem Briefkontakt.

Was man auf dem Bild sieht, ist eine Szene in der »Goldenen Schreibstube« in Augsburg, dem Hauptkontor des Handelshauses der Fugger. Aus dem Text oben im Bild wissen wir, dass Schwarz im Oktober 1516 zu Fugger kam, vielleicht erst eine Probezeit absolvierte und nun im Januar 1517 als Buchhalter fungierte.

Das Handelshaus Fugger war in jeder Hinsicht der geeignete Arbeitsplatz für den damals 20-jährigen Matthäus Schwarz. Sein Vater, ein Weinhändler, hatte ihn nach der Kindheit in Augsburg 1514 nach Mailand, Genua und Venedig geschickt, wo er das Verfahren der doppelten Buchführung erlernte. Das Italien der Renaissance war auch in wirtschaftlicher Hinsicht ein Vorbild für die Länder nördlich der Alpen. Der bargeldlose Zahlungsverkehr und andere italienische Neuheiten machten Schule, wie die bis heute geläufigen Begriffe Konto und Kontokorrent, Disagio, Lombardkredit etc. zeigen. Matthäus Schwarz erwarb in Mailand die erforderlichen Kenntnisse eines seinerzeit sehr modernen Geschäftswesens, sie waren Grundlage für seine anschließende erfolgreiche Tätigkeit in Augsburg. Bald nach seiner Einstellung bei Fugger verfasste Schwarz ein kaufmännisches Lehrbuch, *Dreierley Buchhaltung* (geschrieben 1518, veröffentlicht 1550), stieg zum langjährigen Hauptbuchhalter auf, einer Art Prokurist, fasste für den internen Unternehmensgebrauch viele wichtige Usancen schriftlich zusammen und gelangte zu hohem Ansehen.

Das Bild stammt aus einer Serie, die wahrscheinlich als illustrierte Anlage zu der von Matthäus Schwarz 1519 begonnenen, aber leider nicht erhaltenen Autobiografie *Der wellt lauff* gedacht war. Sie umfasst insgesamt 137 Porträtminiaturen, die Schwarz von Narziß Renner, Christoph Amberger und Jeremias Schemel in Wasserfarbe anfertigen ließ und selbst handschriftlich kommentierte. Sein Sohn Veit Konrad Schwarz (1541–1587/88) setzte die biografisch-bildliche Historie noch weitere 41 Bilder fort, gab danach aber auf. Der häufig gebrauchte Titel *Trachtenbücher* ist insofern irreführend, als es nicht um Volkstrachten geht, sondern eher um eine »Kostümbiografie«. Schwarz war ein großer Liebhaber schöner Kleidung. Jedenfalls handelt es sich um eine in ihrer Art singuläre Bebilderung eines Lebens.

Die Geschichte der Fugger in Augsburg reicht zurück bis in das Jahr 1367, in dem ein junger Leinenweber namens Hans Fugger in der aufstrebenden Reichsstadt eintraf. Er hatte sein Handwerk zuvor in seinem Heimatort Graben im Lechfeld, keine Tagesreise von Augsburg, mit Erfolg ausgeübt und kam daher nicht – wie es die Legende will – mit leeren Händen, sondern verfügte über die notwendigen Mittel, um sich schon bald einen geachteten Platz innerhalb der bürgerlichen Gesellschaft zu verschaffen. Augsburg entwickelte sich in dieser Zeit zu einem wichtigen Zentrum der oberdeutschen Textilproduktion. Besonders das Weben von Barchent, einem Mischgewebe aus Baumwolle und Leinen, war ein einträgliches Geschäft, und die Weberzunft gehörte zu den angesehensten der Stadt. Als die Zünfte 1368 – nur ein Jahr nach Fuggers Eintreffen – mit Erfolg gegen das patrizische Stadtregiment rebellierten und faktisch die politische Herrschaft übernahmen, waren die Weber unter den Wortführern des Aufstands. Hans Fugger, der nacheinander mit zwei Töchtern angesehener Zunftmeister verheiratet war und dadurch das Bürgerrecht erlangt hatte, avancierte bald selbst zum Zunftmeister und dank der politischen Umwälzung auch zum Ratsherrn.

Augsburg war jedoch nicht nur eine Stadt des Gewerbes, sondern aufgrund seiner Lage an einer der wichtigsten Handelsrouten, die die Wirtschaftszentren des Nordens, Flandern und Brabant, mit Italien verband, vor allem auch eine Stadt des Handels. Es war daher kein Wunder, wenn die Nachfahren des ersten Fuggers, die sich in zwei Linien teilten, neben ihrer handwerklichen Tätigkeit auch einen schwunghaften Handel betrieben – sie hatten auch hier Erfolg, erwirtschafteten Gewinne, mit denen sie Grundbesitz im Umland erwarben, und wurden von Kaiser Friedrich III. durch Verleihung von Wappen in den Adelsstand erhoben.

Der erfolgreichste Zweig der Familie waren die nach ihrem Wappen so genannten »Fugger von der Lilie«. Ihr Aufstieg begann mit dem Besuch Friedrichs III. in Augsburg im Jahre 1473. Der Kaiser befand sich auf dem Weg nach Trier, um dort mit Herzog Karl dem Kühnen von Burgund die Ehe seines Sohnes Maximilian mit dessen Tochter Maria anzubahnen. Da Karl keine männlichen Erben besaß, ging es dabei um nichts Geringeres als den Übergang der reichen, sich von Flandern bis Dijon erstreckenden burgundischen Erblande an das Haus Habsburg. Dieses war dagegen eher arm und verschuldet und benötigte dringend Kredit, um sich bei dem Zusammentreffen überhaupt angemessen präsentieren zu können. Das notwenige Geld verschaffte ihnen Ulrich Fugger, ein Enkel von Hans und damaliges Oberhaupt des Familienunternehmens der Fugger von der Lilie. Mit einer Rückzahlung der geliehenen Summen konnte er dabei zwar kaum rechnen, doch versprach er sich Vorteile von der Verbindung zum Herrscherhaus. Diese Hoffnung erfüllte sich. Zwar waren die Österreicher knapp an Geld, sie besaßen aber weitläufige Ländereien und belohnten die Fugger, indem sie ihnen Silber-, Quecksilber- und Kupferbergwerke in Tirol zur Ausbeutung überließen und Privilegien für den Edelmetallhandel erteilten. Auf diese Weise entwickelte sich die »Firma« Fugger zu einem international agierenden »Mischkonzern«, der neben der Textilproduktion auch im Montanbereich sowie im Handel und im Bankgeschäft aktiv war. Damit ging ein tief greifender Mentalitätswandel einher – aus mittelalterlichen Kaufleuten wurden frühneuzeitlich-moderne Unternehmer, die reinvestierten, um weiter zu expandieren und sich immer neue Geschäftsbereiche zu erschließen. Einer der Familienzweige war intensiv am Gewürzhandel mit der portugiesischen Krone beteiligt.

Diese Entwicklung stand noch ganz am Anfang, als Jakob Fugger 1479 von seiner Lehre in Venedig zurückkehrte und in das Familienunternehmen einstieg, das dann unter seiner Leitung zu höchster Blüte gelangen sollte. Zunächst lag die Führung jedoch in den Händen seiner älteren Brüder Ulrich und Georg. Nach einigen Jahren in der Augsburger Zentrale erhielt Jakob 1485 – im Alter von 26 Jahren – seinen ersten verantwortungsvollen Posten: die Leitung der »Faktorei« – Niederlassung – in Innsbruck, der Residenzstadt Herzog Siegmunds von Tirol. Dieser verschwenderische Fürst steckte in ständigen Geldnöten, aus denen ihm die

Fugger immer wieder mit größeren Summen halfen. Dafür erhielten sie Anteile am Ertrag der ergiebigen Silberbergwerke im Inntal. Europa befand sich zu diesem Zeitpunkt in einer Phase des Aufschwungs, die zu einem steigenden Bedarf an Edelmetall führte. Um die Nachfrage befriedigen zu können, mussten die Bergwerke ihre Produktion erhöhen. Stollen wurden in immer größere Tiefen getrieben, was technische Innovationen erforderte, für die den meisten Tiroler Unternehmern das Kapital fehlte. Auch hier sprangen die Fugger ein und konnten so ihren Einfluss ausdehnen.

1490 musste Siegmund, dessen Verschuldung trotz der Kredite eine horrende Höhe erreicht hatte, auf Druck der Landstände zurücktreten. Die Nachfolge trat Maximilian (seit 1508 Kaiser) an, der die Schulden seines Verwandten beim Haus Fugger übernahm. So entstand auch mit diesem Habsburger eine bemerkenswerte Symbiose: Die Fugger finanzierten die Unternehmungen des Herrschers, und dieser unterstützte sie bei den ihrigen. Da die benötigten Summen gewaltig waren und das Eigenkapital der Augsburger bei Weitem überstiegen, war es unvermeidlich, immer neue Geldquellen zu erschließen. Eine davon waren Investoren, die als »stille Teilhaber« im Hintergrund blieben, eine weitere die Ausweitung des Montangeschäfts durch Gründung einer Gesellschaft zur Ausbeutung der ungarischen Kupferminen. Das dortige Abbaugebiet lag jedoch im Gegensatz zu den Tiroler Bergwerken weit abseits der Handelsrouten, und es gehörte zu den großen Leistungen Jakob Fuggers, dass es ihm gelang, völlig neue Handelswege und Stützpunkte aufzubauen, um das ungarische Kupfer dem europäischen Markt zuzuführen.

Als Kaiser Maximilian I. 1519 starb, unterstützten die Fugger die Wahl seines Enkels, des spanischen Königs Karl, zum Nachfolger. Die erforderlichen Mittel, um die Stimmen der Kurfürsten zu gewinnen, betrugen 850 000 Gulden, von denen die Fugger rund zwei Drittel übernahmen. Dafür eröffnete ihnen die enge Beziehung zum neuen Reichsoberhaupt, Kaiser Karl V., nun auch den Zugang zum spanischen Markt, einschließlich des Handels mit Importwaren aus den überseeischen Kolonien.

Nach Jakob Fuggers Tod 1525 folgte ihm sein Neffe Anton in der Firmenleitung. Ihm gelang es zwar, das Unternehmen gut weiterzuführen, doch war er genötigt, einzelne Sparten abzubauen und das Geschäftsvolumen zu reduzieren. Unter seinen Nachfolgern wurde die Firma in die Krise der 1570er-Jahre hineingezogen, die zum Konkurs etlicher Handelshäuser führte. Das Haus Fugger überlebte zwar, doch waren seine großen Zeiten vorüber. Hinzu kam ein mentaler Wandel: Die späteren Fugger waren weniger am Handel interessiert als an einer adligen Lebensweise, an Bildung, Kunst und Mäzenatentum, wozu ihnen ihr immer noch stattliches Vermögen die Möglichkeiten bot.

Das Bild der Fugger in der Nachwelt bleibt wesentlich geprägt von Aufstieg und Erfolg des Handelshauses, doch ist es auch ambivalent: Auf der einen Seite steht die berühmte Fuggerei, die 1509–12 eingerichtete erste Sozialsiedlung für Arme, auf der anderen Seite etwa der Begriff des »Fuggerns«, der im süddeutschen Volksmund bis heute für Geschäfte am Rande der Legalität steht. Doch auch die Förderung von Kunst und Wissenschaft war den Fuggern ein Anliegen, und ihr kulturelles Erbe findet heute wieder vermehrt – nicht nur wissenschaftliche – Beachtung.

Die Überlieferung der Schwarz'schen *Trachtenbücher* steht allerdings weniger im Zusammenhang mit dem Nachruhm der Fugger. Sie wurden 1658 von Herzog August dem Jüngeren von Braunschweig als Kuriosität für seine Bibliothek erworben. 1704 lieh sich Kurfürstin Sophie von Hannover das Buch des Matthäus Schwarz aus und ließ sogar zwei Kopien anfertigen (heute in Hannover und Paris). Ihr Wert für die Kostümgeschichte wurde zwar bereits im 19. Jahrhundert erkannt, doch galten sie zunächst vor allem als Ausdruck einer exzessiven modischen Eitelkeit. Erst die vollständige Edition der Bücher 1963 hat andere Interpretationen ermöglicht, und neuere Forschungen zeigen, dass Matthäus Schwarz keinesfalls ein »Modegeck« war, sondern ein sehr feines Gespür für Konventionen besaß. So nahm er seinen in Italien getragenen Mantel, der der spanischen Mode entsprach, zwar mit nach Augsburg, holte ihn aber erst Jahre später wieder hervor, als sich diese Mode auch hier durchgesetzt hatte, und rasierte den Bart, den er sich während eines vorherigen Aufenthalts in Nürnberg hatte stehen lassen, in Augsburg sofort ab, da man dort zu dieser Zeit keinen Bart trug. Sein Verhalten war also durchaus flexibel – es passte damit auch bestens zum Prokuristen eines mit der Zeit gehenden Unternehmens, das in der Entwicklung des europäischen Frühkapitalismus völlig neue Maßstäbe setzte.

Um Thomas Müntzer tobt noch die Schlacht, doch hat er die Flagge der Bundschuhbewegung bereits gesenkt – wohl wissend, dass seine Sache verloren ist.

28

Werner Tübkes Panoramabild in Bad Frankenhausen

Bauernkrieg und frühbürgerliche Revolution

Überwältigend ist nicht nur der erste Eindruck: ein beispielloses Rundumgemälde ohne Anfang und Ende auf 1722 Quadratmetern akribisch gemalter Fläche, 123 Meter lang, 14 Meter hoch. Ein Kosmos des 16. Jahrhunderts mit 3000 Einzelfiguren, unabsehbar reich an Farben und Formen – eine unendliche Erzählung in Bildern, die Wirkliches und Visionäres ineinanderfließen lässt. Entworfen und zu zwei Dritteln von Werner Tübke (1929–2004) in berserkerhafter Gewissenhaftigkeit selbst gemalt, in einem an Nerven und Gesundheit zehrenden Kraftakt von mehr als einem Lebensjahrzehnt.

Vom Gegenstand fasziniert und als Maler wie als Geschichtsinteressierter mit der Epoche bereits lange vertraut, formulierte Tübke das künstlerische Ziel, »der Würde des Geschichtlichen und der Ereignisfülle entsprechend« visuell zu überzeugen: kein illustrativ-didaktisches Revolutionspanorama mit ideologischer Funktion, sondern ein ästhetisch eigenwertiges Epochenpanorama mit metaphorischer Erzählfunktion. Tübke ließ sich nicht »von oben« bedrängen und erhielt »freie Hand«.

Insgesamt elf Jahre arbeitete er an der künstlerischen Bewältigung dieser Aufgabe, recherchierte in der Fülle des historischen Materials, erkundete Stoff und Motive, »lebte« sich in die Zeit hinein, schuf einen zwölf Meter breiten Entwurf im Maßstab 1:10, der 1981 einem sichtlich beeindruckten Fachpublikum präsentiert wurde. Das Echo reichte von Bewunderung bis zur totalen Ablehnung, Letztere vor allem aus dem Westen: Die möglicherweise auch dem Kalten Krieg geschuldete Schmähkritik reichte vom »schieren Surrogat abgestorbener historischer Expressionen« über »inszenierten Hokuspokus« bis zum Vorwurf eines »monomanischen Anachronismus«.

Es war die Herausforderung der Jahre 1983 bis 1987, den exorbitanten Bilderreigen des Entwurfs detailliert, maßstabs- und perspektivengerecht auf die gigantische Leinwand zu übertragen, oft in einem Zehn-Stunden-Tagwerk und auf einer 14 Meter hohen Bühne, dabei die Malerhand phasenweise überstrapazierend. Am 16. Oktober 1987 signierte Tübke sein Opus. Golo Mann sah es schon damals und schrieb seine »volle Bewunderung und Staunen« vor der Eröffnung ins Besucherbuch – wie stellvertretend für einen jeden Betrachter.

In fünf großen thematischen Abschnitten ist, ohne dass das Rundbild die »Lese«-Richtung vorgibt, ein ganzes Zeitalter zu besichtigen: realistische und metaphorische Szenen, Figurenensembles, persönlich Großes wie alltäglich Kleines im Spannungsfeld der Reformation und des Aufstands, humanistische Erneuerung und Kirchenkritik, Religion und Ökonomie. Auch Landschaften im Stil der Renaissance und allegorische Szenen wie etwa des Jüngsten Gerichts sind zu besichtigen; daneben individualisierte Porträts namhafter Köpfe der Epoche, Lebensszenen der Bauern mit ihrem bedrückenden wie heiteren Alltag. Neben der Darstellung realer Sozialstrukturen, Seuchen, Foltern und Feste finden sich die eher sinnbildlichen Szenerien im Zeichen von Aberglaube, Teufelswerk, Narrentum und Traum. Sie alle treffen in diesem Epochenbild jäh, kontrastreich und suggestiv aufeinander, ergänzen sich, schüren Vieldeutigkeit selbst im mutmaßlichen Bildzentrum mit dem nachdenklich-selbstbewussten, todgeweihten Müntzer unterm strahlenden Regenbogen.

Seit Ende des 15. Jahrhunderts hatte es soziale Unruhen zwischen Landadel und Bauern gegeben, der große Bauernkrieg begann 1524 am Südostrand des Schwarzwalds, griff auf Oberschwaben und bis nach Mühlhausen aus und endete in einer dramatischen Entscheidungsschlacht am 15. Mai 1525 bei Frankenhausen. Die Schlacht an diesem Ort hatte die DDR-Staatsführung im Sinn, als sie dieses Monumentalgemälde in Auftrag gab. Es hatte dort mehr als 6000 Tote gegeben, als Thüringer und vogtländische Bauern von Fürstentruppen niedergemetzelt wurden und ihr Anführer und Prediger, Thomas Müntzer, hingerichtet wurde. Bis heute heißt der Weg hinauf zum Schlachtberg die »Blutrinne«. Luther, auf dessen Reformationsrhetorik sich die Bauern gern bezogen, hatte sich 1525 »wieder die räuberischen und mörderischen Rotten der Bauern« ausgesprochen, während Zwingli deren Forderungen zumindest teilweise anerkannte. Lange galt die Haltung der beiden und überhaupt die der sich gerade etablierenden Konfession als »Fehltritt« der Protestanten, die doch die »Freiheit eines Christenmenschen« in den Mittelpunkt stellen wollten.

Diese historischen Ereignisse waren Anlass für vielfache künstlerische, literarische und historiografische Auseinandersetzungen mit dem Thema: Albrecht Dürer hatte schon 1525 eine Gedächtnissäule für die geschlagenen Bauern entworfen, der Mainzer Erzbischof 1526 als Dank für deren Niederschlagung in seiner Stadt einen Brunnen gestiftet. Goethe setzte 1773 mit *Götz von Berlichingen* ein bis heute nachwirkendes Schauspieldenkmal. Ab 1795 rückten Historiker den Bauernkrieg in einen Zusammenhang mit der Französischen Revolution. Wilhelm Zimmermann, der später einer der Abgeordneten des Paulskirchenparlaments wurde, nannte die Ereignisse in seinem 1841–43 erschienenen Werk *Geschichte des großen Bauernkrieges* einen »Krieg« der Bauern in ihrem Kampf um die Befreiung aus der Unterdrückung. Er verglich deren Ringen mit seiner eigenen Zeit, in der es um Freiheit und Demokratie ging. Für den Philosophen Friedrich Engels war der Bauernkrieg in der Mitte des 19. Jahrunderts »der großartigste Revolutionsversuch des deutschen Volks«. Sein Mitstreiter Karl Marx sah darin den Aufstand eines unterdrückten Volks am Übergang vom Feudalismums zum Kapitalismus und bezeichnete das Ereignis als die »radikalste Tatsache der deutschen Geschichte«.

Mehr als 80 Jahre später arbeitete der Agrarhistoriker und Nationalsozialist Günther Franz in seinen bis heute wissenschaftlich beachteten Forschungen heraus, der Bauernkrieg sei »nicht primär aus wirtschaftlichen und auch nicht aus religiösen Gründen begonnen«, vielmehr durch die Landesherren provoziert worden. In den 1960er-Jahren kam es zu einer neuen wissenschaftlichen Interpretation. Zunächst in der DDR, wo unter Berufung auf Engels das Konzept einer »frühbürgerlichen Revolution« in der Phase von etwa 1476 bis 1525 entwickelt wurde, und dann in der Bundesrepublik, wo das marxistische Konzept der DDR-Forschung umstritten war, aber vor allem Peter Blickle den revolutionären Charakter der Ereignisse hervorhob – einschließlich der Tatsache, dass nicht nur Bauern, sondern auch Städter, Bergleute, überhaupt der »gemeine Mann« an ihnen beteiligt waren. Der 450. Jahrestag der historischen Ereignisse hatte in Ost und West der Beschäftigung mit dem Thema wesentlichen Auftrieb gegeben.

Vor diesem Hintergrund erhielt Werner Tübke 1975 vom Ministerium der Kultur der DDR den Auftrag für den Entwurf eines der aufwendigsten Kunstprojekte des 20. Jahrhunderts. Er war zu diesem Zeitpunkt bereits ein international beachteter Maler, Hochschullehrer, »Klassiker der DDR-Kunst«, Repräsentant der renommierten »Leipziger Schule«

und vor allem streitbarer Kopf. Ideologische Planerfüllung lag ihm fern, Freiheit in der künstlerischen Gestaltung hingegen am Herzen.

Den staatlichen Projektverantwortlichen war es bei der Auftragsvergabe nicht um die Darstellung einer tragischen Schlacht (»Bauernkrieg«) gegangen, sondern um die Interpretation einer Epoche als »Frühbürgerliche Revolution in Deutschland«, um die Inanspruchnahme von Müntzers historischem Wirken als geschichtliches Erbe für den sozialistischen deutschen Staat und um eine marxistische Geschichtsinterpretation am Beispiel des historischen Klassenkampfs im 15./16. Jahrhundert. Ästhetisch ging es um den Geltungsnachweis realistischer Kunst, die Verknüpfbarkeit von Modernität und Traditionsbezug, um ein markantes Signal gegen »sinnentleerten Formalismus« und »geistiges Schrebergartentum«, wie Tübke es pointiert formulierte.

Beide Ansprüche bargen die Gefahr individuellen wie kollektiven Scheiterns. Die vermeintliche Antiquiertheit des Ansatzes mit dem Bildtypus Panorama, überhaupt das Monumentale des Projekts erschien namentlich den Kritikern außerhalb der DDR verdächtig. Mit dem 1974/75 begonnenen Bau des musealen Panoramagebäudes für das zu dieser Zeit noch nicht einmal konzipierte Gemälde hatte sich die kulturpolitische Führung der DDR schon reichlich unter Zugzwang gesetzt. Die von den Planern vorgesehenen 15 Jahre Umsetzungsprozess für das Gesamtprojekt mögen im historischen Rückblick gewaltig erscheinen, in Wahrheit steigerten sie nur das bestehende Risiko der Blamage.

Angesichts dieser metaphorisch verdichteten, minutiös gestalteten künstlerischen Komplexität in Tübkes Epochenpanorama und der ideologisch geprägten Entstehungsbedingungen des Werks ist eine Bewertung des Bildes nicht ganz einfach. Selbst der kurze Blick in die spannende Entstehungsgeschichte dieses Monumentalepos kann verdeutlichen, wie stark Tübkes Jahrhundertbild von Anbeginn zwischen Kunstkritik und Politik, Ost und West polarisierte – und zugleich instrumentalisiert wurde in einer Rezeption, die heute zur Geschichte des geteilten Deutschland gehört.

Es ist kein Zufall, dass dieses Werk zur Feier des 500. Geburtstags des revolutionären Reformators Thomas Müntzer in Auftrag gegeben und im Jubiläumsjahr 1989, das zum »Thomas-Müntzer-Jahr« ausgerufen worden war, symbolträchtig der Öffentlichkeit zugänglich gemacht werden sollte. Aber es ist ein beziehungsreicher Zufall, dass die DDR-Führung sich im September zwar auf den 50. Staatsgeburtstag der DDR vorbereitete, ihre wichtigsten Vertreter der Feier in Bad Frankenhausen jedoch fernblieben. Inzwischen liefen ihnen die Menschen davon und demonstrierten auf der Straße zunehmend selbstbewusster für ihre Freiheit. Die friedliche Revolution war längst im Gange.

Diesen Lauf der Politik hatte fast niemand, auch Tübke selbst nicht, erwartet. Nach der Wende betonte er vor allem seine künstlerischen Intentionen. Noch 1978 hatte er allerdings insbesondere westlichen Medienvertretern gegenüber hervorgehoben: »Es geht darum, Geschichten aufzufangen, zu polarisieren, voll zu besetzen mit der Fülle des Heute, auch mit der möglichen Laschheit, mit der Konzeptionslosigkeit, mit der Problematik der Zuspätgeborenen, der Zufrühgeborenen. ... Vom ersten Tag an muss das Bild als ein Teil der Gegenwartskunst interpretiert werden.« Im September 2014 erlebte das Panorama auf dem Frankenhauser Schlachtberg sein 25-jähriges Eröffnungsjubiläum – mit über 2,6 Millionen Besuchern insgesamt, die bisher vor dem Großgemälde zum Staunen gefunden haben. »Auftragskunst« hin oder her, die kunstgeschichtliche Verortung des Monumentalbilds fällt mittlerweile auch international eindeutig aus: Als künstlerisch bedeutendes, auch geschichtskulturell fesselndes Werk zur Reformationszeit ist Tübkes Epochenpanorama ein gesamtdeutsches, ein europäisches Bild. Es ist auch formell »Europäisches Kulturerbe« (2011) und als »kultureller Gedächtnisort« von herausragender nationaler Bedeutung anerkannt.

»Die gedankliche und emotionale Fülle des Gemäldes wird sich den Betrachtern in dem Maße erschließen, wie sie sich über eine Auffassung zu erheben vermögen, die das Bild lediglich als eine historische Lehrtafel begreift«, hatte der Künstler bereits 1985 prophezeit. Tübkes Bild belehrt nicht, es bietet Anschauung, die Möglichkeit zur Erprobung und Infragestellung von Sichtweisen. Dadurch lässt es Geschichte in sich hinein, bleibt so unabgeschlossen wie der geschichtliche Prozess selbst und die Wahrnehmung seiner Betrachter. Heute wird das Werk als eine »historische Parabel gesehen« (Eduard Beaucamp), das die historische Wirklichkeit »in die Zeitlosigkeit der apokalyptischen Entstehung der Welt oder deren Untergang« überführe. Über die Lebenserfahrungen des Künstlers hinaus werde das Werk so auch zum Spiegel einer von Utopien enttäuschten Übergangszeit. So »narrt« das Tübke'sche Panorama tatsächlich bis heute alle ideologisch begründeten Lesarten. Nicht nur historische Narrenfiguren sind darin präsent – es mag ein Hinweis an den Betrachter sein, dass Tübke sich auch selbst im Harlekinkostüm hineinmalte.

29

Die zweibändige Erstauflage mit 3000 Exemplaren, Altes und Neues Testament, in deutscher Sprache, übersetzt von Martin Luther, war rasch vergriffen.

Martin Luthers *Biblia Deutsch*

Bibelübersetzung und Reformation

»Biblia/das ist die/gantze Heilige Sch=/rifft Deudsch./Mart. Luth./ Wittemberg./… gedruckt durch Hans Lufft./ M.D.XXXIIII« (Bibel. Das ist die ganze Heilige Schrift, Deutsch von Martin Luther, Wittenberg, … gedruckt durch Hans Lufft, 1534). Mit diesem Titelblatt erschien 1534 die erste vollständige Ausgabe von Martin Luthers deutscher Bibelübersetzung in zwei Bänden. Sie umfasst über 900 Blatt, besteht aus sechs selbstständig paginierten Einzelteilen mit jeweils einzelnen Titelblättern, macht aber einen »unfertigen Eindruck« (Füssel 2012), weil ihr eine einheitliche redaktionelle Bearbeitung fehlte. Luther nahm persönlich großen Anteil an der Drucklegung, auch die Illustrierung war ihm wichtig, er gab selbst Hinweise dazu. Die Titelblätter, die insgesamt 117 bebildernden Holzschnitte sowie die Initialen stammen von einem bislang nicht eindeutig identifizierten Meister MS aus der Werkstatt von Lucas Cranach; die originalen Holzstöcke werden in Krakau aufbewahrt.

Diese erste »Vollbibel« erschien zur Leipziger Herbstmesse Anfang Oktober 1534. Die Auflage von 3000 Exemplaren war trotz eines hohen Preises relativ rasch vergriffen, sodass schon 1535, 1536 und 1539 weitgehend unveränderte Nachdrucke erschienen. Erst danach wurden die Texte weiter bearbeitet, Typografie und Druckformat verändert. Bis zur Jahrhundertmitte sind etwa 430 Teil- oder Gesamtauflagen nachweisbar, sodass bis dahin wohl »mit etwa eine halben Million (!) Lutherbibeln gerechnet werden kann« (Füssel). Dieses Weimarer Exemplar unterscheidet sich von den etwa 60 weiteren noch erhaltenen der Auflage von 1534 vor allem durch seine Kolorierung mit kräftigen blauen, grünen und roten Deckfarben, zum Teil mit Gold gehöht: »Nicht nur der gedruckte Text transportierte das Wort Gottes, sondern auch das Bild« (Knoche).

Es war nicht die erste gedruckte Bibelausgabe in deutscher Sprache, doch beruhten diese allein auf der »Vulgata«, der spätantiken lateinischen Übersetzung (Ende des 4. Jahrhunderts). All diese Übersetzungen in »gestelztem Deutsch« waren für das »einfache Volk« schwer verständlich. Luther benutzte die Vulgata ebenfalls, orientierte sich aber zusätzlich an den Urtexten, der hebräischen jüdischen Bibel – aus christlicher Sicht dem Alten Testament – und am Neuen Testament in Griechisch.

Als Martin Luther mit seiner Übersetzungsarbeit begann, war er 37 Jahre alt und bereits eine berühmte, aber auch sehr umstrittene Persönlichkeit. Der Grund dafür war seine vehemente Kirchenkritik, die sich vor allem am Ablasshandel entzündete und letztlich in die Spaltung der Kirche durch die Reformation mündete.

In seiner Kindheit und Jugend hatte nichts auf einen solchen außergewöhnlichen Lebensweg hingewiesen. Geboren 1483 in Eisleben und aufgewachsen in Mansfeld als Sohn des Hüttenmeisters und Ratsherren Hans Luther, nahm er 1501 ein Grundstudium in Erfurt auf. Auf Wunsch des Vaters wandte er sich danach dem Jurastudium zu, doch veranlasste ihn angeblich 505 das Erlebnis eines Gewitters auf dem Weg von Mansfeld nach Erfurt zu einer Änderung seiner Absichten. Die Gefahr, in der er sich befand, führte ihm die menschliche Schwäche und Hilflosigkeit gegenüber dem als Ausdruck göttlichen Zorns angesehenen Wüten der Elemente vor Augen und ließ ihn das Gelübde ablegen, als Mönch in den Orden der Augustiner-Eremiten einzutreten. 1507 erhielt er die Priesterweihe und begann im folgenden Jahr das Theologiestudium in Wittenberg. Nach einer Rom-Reise im Jahre 1511 erlangte er 1512 das Doktorat und wurde – wie zu dieser Zeit durchaus üblich – noch im selben Jahr zum Professor für Bibelexegese an der Universität Wittenberg ernannt. Hier entwickelte er eine zunehmend kritische Haltung besonders gegenüber der zeitgenössischen Praxis der Sündenvergebung gegen Zahlung einer Geldsumme, den sogenannten Ablass.

1517 formulierte Luther seine Kritik in 95 Thesen, die er in gedruckter Form verbreitete und – der Legende nach – auch selbst am Portal der Wittenberger Schlosskirche anschlug. Diese ungewöhnlich direkte Art, Missstände öffentlich anzuprangern, hatte eine Anzeige in Rom zur Folge und führte zur Vorladung vor den päpstlichen Gesandten auf dem Augsburger Reichstag im folgenden Jahr. Als Luther sich dort weigerte, seine Thesen zu widerrufen, wurde er als Ketzer angeklagt und entzog sich einem Verfahren durch die Flucht. In der Folge griff Luther die päpstliche Autorität in immer schärferen Tönen an, forderte ein allgemeines Konzil und reagierte auf die öffentliche Verbrennung seiner

Schriften mit der Verbrennung der gegen ihn erlassenen Bulle, in der ihm der Kirchenbann angedroht wurde.

1521 erreichte Kurfürst Friedrich der Weise von Sachsen, inzwischen sein Beschützer, eine weitere Anhörung auf dem Wormser Reichstag, wo das Verfahren mit der definitiven Bannerklärung und Verhängung der Reichsacht seitens des Kaisers endete. Damit galt Luther als »vogelfrei« und hatte jeglichen Rechtsschutz verloren. Auf der Rückreise nach Wittenberg wurde er im Mai auf Initiative seines Herzogs »entführt« und in Sicherheit gebracht. Als Junker Jörg übersetzte er auf der Wartburg innerhalb von elf Wochen das Neue Testament ins Deutsche, es erschien bereits im September 1522 (Septembertestament); damit begann »eine völlig neue Zeitrechnung in der Bibelübersetzung« (Füssel 2012). Die Auflage war innerhalb kürzester Zeit vergriffen, sodass schon im Dezember eine weitere folgte (Dezembertestament). Teile des Alten Testaments veröffentlichte er 1523, doch für dessen weitere Übersetzung benötigte er länger und die Hilfe besonders Philipp Melanchthons. Zugleich wuchs der Bedarf an einer »Vollbibel«, wie sie dann auch entstand.

Luthers Ideen verbreiteten sich in ganz Deutschland wie ein Lauffeuer und erlangten eine ungeheure Popularität. Die Bibelübersetzungen untermauerten eine seiner Kernforderungen, nämlich die Bibelauslegung des Priesters durch allgemeines Bibelstudium der Laien zu ersetzen. Nur die Schrift selbst – *sola scriptura* – sollte als Richtschnur für das Gewissen der Gläubigen gelten. Dabei war ihm eine ebenso verständliche wie volkstümliche und überzeugend-kräftige Ausdrucksweise wichtig, man müsse dafür – wie er 1530 formulierte – »die mutter im hause/die kinder auff der gassen/den gemeinen mann auff dem marckt drumb fragen/vnd den selbigen auff das maull sehen/wie sie reden/Vnd darnach dolmetzschen/so verstehen sie es denn/vnd mercken/das man Deutsch mit Jn(nen) redet.« Darum schöpfte er viele neue Begriffe, Wortbilder sowie -kombinationen und wurde stil- und sprachbildend wie kein Zweiter.

Luthers Thesen, die sich im Laufe der Zeit auf immer mehr Bereiche des religiösen Lebens erstreckten, hatten weitreichende Konsequenzen, die zum Teil deutlich über seine ursprünglichen Absichten hinausgingen. Die Forderung des Laienpriestertums etwa führte zum Auftreten charismatischer Prediger wie Thomas Müntzer, die seine Thesen in sozialrevolutionärer Richtung interpretierten und zum Aufstand gegen die etablierte Obrigkeit aufriefen.

Die lutherischen Theologen legten ihr Glaubensbekenntnis in der *Confessio Augustana* fest, die sie 1530 auf dem Augsburger Reichstag in der Hoffnung auf ihre Anerkennung präsentierten; sie wurde ihnen versagt, weil die kaiserliche Seite nicht bereit war, dieses Glaubensbekenntnis zu akzeptieren. Im folgenden Jahr schlossen sich die lutherischen Reichsstände im Schmalkaldischen Bund zusammen, und es kam zu mehreren Kriegen zwischen ihm und der Liga der katholischen Fürsten unter Führung des Kaisers. Erst 1555 wurde mit dem Augsburger Religionsfrieden eine Einigung erreicht, die die Anerkennung der lutherischen Konfession im Reich enthielt. Nach dem Grundsatz »cuius regio, eius religio« (wessen die Region, dessen die Religion) wurde festgelegt, dass das religiöse Bekenntnis des Landesherrn künftig auch das seiner Untertanen sein sollte. Auch später sorgten die lutherisch-katholischen Gegensätze immer wieder für Konfliktstoff, doch vermischten sie sich zunehmend mit politischen Interessen und Machtkonstellationen.

Die Gestalt Martin Luthers blieb die Leitfigur des deutschen Protestantismus. Schon durch die Bibelübersetzung, aber auch durch seine 34 Kirchenlieder, zu denen er teilweise auch die Melodie komponierte, sowie seine Lehrschriften, einschließlich eines Großen und Kleinen Katechismus, war sein Einfluss dauerhaft spürbar.

Ansätze besonderer Verehrung Luthers sind beispielsweise identifizierbar mit der Umwandlung seines Geburtshauses in Eisleben 1693 in eine Kombination aus Museum und Armenschule. Ein regelrechter Luther-Kult entstand jedoch erst im 19. Jahrhundert, als der Reformator zur Symbolfigur des entstehenden deutschen Nationalismus stilisiert wurde. Während der Befreiungskriege gegen die napoleonische Herrschaft war es vor allem Luthers Choral »Ein feste Burg ist unser Gott«, der immer wieder umgedichtet wurde – unter anderem von Ernst Moritz Arndt – und so zur Hymne der deutschen Selbstbehauptung avancierte. Die Reformation wurde dabei als Befreiung vom römisch-katholischen Universalismus interpretiert und eine Verbindung zwischen der Varusschlacht und den Befreiungskriegen konstruiert, alles Elemente des permanenten deutschen Abwehrkampfs gegen »welsche« Eroberungsgelüste.

Auch als die studentischen Burschenschaften für Oktober 1817 anlässlich des 300. Jahrestags der Reformation und des vierten der Völkerschlacht bei Leipzig zum Wartburgfest einluden, wurde Luther als Begründer einer deutschen Nationalreligion gefeiert. Während bei diesem

Fest Forderungen nach Freiheit und nationaler Einheit im Vordergrund standen und erstmals schwarz-rot-goldene Farben getragen wurden, standen einen Monat später im nahen Eisenach bei den Feierlichkeiten zum 300. Jahrestag von Luthers Thesenanschlag religiöse Aspekte im Vordergrund: Luther wurde als »Felsenmann«, als Neubegründer der christlichen Kirche in der Nachfolge des Apostels Petrus gefeiert.

Ein halbes Jahrhundert später erhielt der Kult um den Reformator 1868 mit dem großen Luther-Denkmal in Worms eine neue Dimension. Die Feier stand ganz im Zeichen der siegreichen Kriege gegen Dänemark und Österreich, durch die sich die preußische Vorherrschaft im Deutschen Bund gefestigt hatte. Bei der Einweihung manifestierte sich bereits das Bündnis von Thron und Altar, das für die Reichsgründung charakteristisch sein sollte. Auch diese selbst wurde von Männern wie dem Berliner Hofprediger Adolf Stoecker, der eine »Spur Gottes von 1517 bis 1871« verzeichnete, in die reformatorische Tradition gestellt: Der Sieg des Protestantismus über das römische Papsttum erschien als Vorstufe zum Sieg über das katholische Frankreich. Im wenige Jahre später von Bismarck eingeläuteten Kulturkampf gegen den politischen Katholizismus fand diese Ideologie eine weitere Zuspitzung. Liberale oder zumindest moderate Töne, wie sie etwa 1883 bei den Feiern zum 400. Geburtstag des Reformators von manchen Kirchenvertretern angeschlagen worden waren, fanden demgegenüber kaum noch Gehör.

Die nächste große Luther-Feier fand 1917 statt, also bereits mitten im Weltkrieg, in dessen ersten Jahren Luthers Dichtungen wiederum vielfach als Kampflieder gedient hatten, aber von der anfänglichen Siegesgewissheit war inzwischen nicht mehr viel übrig, und es blieb das trotzige Beschwören einer deutschen Schicksalsgemeinschaft.

Schicksalhaft erschien manchen Autoren wie dem Erlanger Theologen Hans Preuß die Tatsache, dass die nationalsozialistische Machtergreifung 1933 mit einem Luther-Jubiläum, dem 450. Geburtstag des Reformators, zusammenfiel, was Anlass zu einem natürlich völlig unangemessenen Vergleich zwischen Luther und Hitler bot. In der DDR wurde Luther anlässlich seines 500. Geburtstags 1983 unter Rückgriff auf ältere »linke« Interpretationen zum Wegbereiter der proletarischen Revolution erhoben. Die 500-Jahr-Feier der Reformation wird 2017 als internationales Ereignis begangen werden – auch eine neue, aktualisierte Bibelübersetzung ist angekündigt.

30

Dieser Teil des Jahreszeitenzyklus für die Monate Oktober bis Dezember zeigt lebendige winterliche Szenen, Schlitten, Verkaufsstände und Ratsherren.

Die Augsburger Monatsbilder

Stadtleben in Spätmittelalter und Früher Neuzeit

Ein Blick auf den winterlichen Perlachplatz in Augsburg um das Jahr 1530: in der Mitte der Perlachturm mit seinen Verkaufsständen, wie es sie in dieser oder ähnlicher Weise in fast allen Städten gab; davor lässt sich eine Patrizierin im Schlitten kutschieren, eine damals beliebte Unterhaltung. Links die Stadtmetzg, das städtische Schlachthaus, vor der Schweine geschlachtet werden, rechts das mittelalterliche Rathaus, aus dem die Ratsherren kommen; im Hintergrund das Lechtal mit angrenzenden Höhenzügen. Das Bild mit seinem bunten Treiben und den vielen Menschen in ihren farbenfrohen Gewändern wirkt wie eine realistische Wiedergabe des städtischen Lebens in den Wintermonaten. Allerdings ist die Perspektive verändert, dieses und jenes mag so ausgesehen haben, aber nicht alles war so, wie dargestellt. Das Gemälde ist Teil einer Serie aus vier monumentalen Bildern: jedes auf fast acht Quadratmetern, die den Zyklus der Jahreszeiten abbilden mit jeweils drei Monaten auf einem Bild – ein Abbild des prallen städtischen Lebens und eine anschauliche, in mancher Hinsicht auch rätselvolle Quelle.

Die Darstellung des Jahresverlaufs in Monatsbildern besitzt eine lange, weit ins Mittelalter zurückreichende Tradition. Sie findet sich zum Beispiel in den Stundenbüchern, reich illustrierten Gebetbüchern für den privaten Gebrauch, die Gebete im ganzen Tagesablauf enthalten. Die Szenen der Monatsbilder sind von den jahreszeittypischen bäuerlichen Verrichtungen und den gleichzeitigen Vergnügungen des höfischen Adels geprägt. Aussaat und Ernte, Heumahd und Weinlese, Schneeballschlachten, Ausflüge zu Pferd und Falkenjagd sind in Panoramen eingebettet, die bereits die Entwicklung der Landschaftsmalerei zur eigenständigen Gattung erahnen lassen. Parallel dazu entstanden Jahreszeitenzyklen ohne religiösen Hintergrund schon um 1400 beispielsweise in Trient, waren vermutlich auch in Augsburg bekannt und beeinflussten die Gestaltung der Augsburger Monatsbilder.

Ihre unmittelbare Vorlage bildete jedoch das Werk des Augsburger

Malers Jörg Breu d. Ä., der 1525 im Auftrag einer Patrizierfamilie eine Reihe von »Scheibenrissen« anfertigte, also Zeichnungsvorlagen für Glasfenster. In den späteren Monatsbildern vermischen und überschneiden sich unterschiedliche Bildprogramme, nämlich deren traditioneller Kanon mit den bereits in den Scheibenrissen Breus umgestalteten Mustern und schließlich eigenen neuen Motiven. Zu den gängigen Themen gehören das Festmahl (Januar), die Kahnfahrt junger Leute (April), das Maienbad für Alt und Jung und das Heumachen (Juni), die Getreideernte (Juli), Weinlese, Kelter (September), Versorgung mit Brennholz, Schweineschlachten (November/Dezember). In ihrer Ausarbeitung zeugen sie durchaus von den realen Lebensverhältnissen der Zeit in Augsburg: die Badekultur für Jung und Alt, unterschiedliche, in der Oberschicht beliebte Jagden, auch die große Turniersituation, Letztere vielleicht ein besonderer Wunsch des Auftraggebers.

Die Darstellungen der Kleider der Figuren orientieren sich weitgehend an der damals herrschenden Mode, wobei Abwechslungsreichtum dem Maler wichtiger gewesen zu sein scheint als historische Korrektheit, wie die Vielfalt höchst unterschiedlicher Kopfbedeckungen zeigt. Manches an den Bekleidungen ist geradezu luxuriös und deutet an, wie das städtische Patriziat in dieser Hinsicht dem Adel nachstrebt. Vor diesem Hintergrund sind auch die Kleiderordnungen zu sehen, die – in reichen Städten oft vergeblich – versuchten, die Standesunterschiede bezüglich der Kleidung aufrechtzuerhalten. Auch die in Augsburg 1530 erlassene »Polizeyordnung« enthielt solche Auflagen für gemeine Bürger, Handwerker, Kaufleute, Gewerbetreibende und Adelsgeschlechter.

Der große Anteil an landschaftlichem Hintergrund auf den Bildern lässt an die enge Verschränkung von Umland und Stadt denken – nicht nur in Augsburg – in politisch-administrativer, in kultureller und vor allem in wirtschaftlicher Beziehung. So wurde beispielsweise das ländliche Textilgewerbe von der Stadt aus als Verlag organisiert; dabei trat der Verleger in »Vorlage« durch die Lieferung von Rohstoffen oder Zahlung von Geld und organisierte die verschiedensten Produktionsstufen.

In der Versorgung waren Stadt und Land aufeinander angewiesen: Eine Szene zeigt, wie Brennholz von einem Leiterwagen abgeladen und an einer Hauswand aufgeschichtet wird, eine andere, wie Schweine zum Verkauf in die Stadt getrieben und noch mit Eicheln gefüttert werden. Nicht nur eine kleine »Liebesgeschichte« im Bild deutet auf Landbesitz und -schlösser der Patrizier; dieses Eigentum könnte auch handfeste ökonomische Gründe haben, wenn auf diese Weise die oft außerordentlich hohen Risiken des Fernhandels abgesichert werden sollten. Außerdem strebten die reichen Kaufleute in dieser Hinsicht dem Adel nach und suchten durch Verheiratung und Nobilitierungen zu diesem Stand aufzusteigen.

Im Vergleich zu anderen Monatsbildern besitzt dieses einen größeren Reichtum an Figuren und Farben, auch eine stärkere Differenzierung in den Rollen: Männer, Frauen, Kinder, dazu einzelne Angehörige von Randgruppen wie Bettler, Krüppel, Narren, Spielleute, fremdländische Händler, auch Juden. Die Spiele der Kinder sind durchaus zeittypisch: Reifenschlagen war ein damals beliebter Zeitvertreib, auch das Spiel mit Windrädern. Erwachsene spielten Karten, Schach oder Tric-Trac, eine Variante des weithin beliebten Backgammon. Eine andere Szene zeigt neben einem Fischverkaufsstand einen »Zahnbrecher«, seine »Praxis« im Freien mit Aushängeschild und vielerlei Angeboten – ob immer seriös, bleibt zweifelhaft.

Die Monatsbilder zeigen in den Ernteszenen, den städtischen Interieurs und in den Marktszenen viele Frauen, und tatsächlich waren Frauen in der städtischen und ländlichen Arbeitswelt im späten Mittelalter und im frühen 16. Jahrhundert »weit stärker vertreten als in späteren Epochen« (Schilling). Die Witwe Jakob Fuggers des Älteren führte im Alter von 50 Jahren nach dessen Tod die Firma sehr erfolgreich weiter; ihre Söhne erlangten erst nach ihrem Tode vollständige Verfügungsgewalt über das Familienvermögen. Eine so gefestigte Rechtsstellung konnten nicht nur Kauffrauen haben, sondern auch Handwerkerfrauen – und zwar nicht erst als Witwen, sondern auch schon in Vertretung ihrer Männer.

Es ist kein Zufall, dass dieser Zyklus gerade in Augsburg entstand, da vier so große Bilder mit zahllosen Figuren einen finanzstarken Auftraggeber und eine leistungsfähige Malerwerkstatt erforderten. Augsburg war zu dieser Zeit – neben Köln und Nürnberg – der wichtigste Finanz- und Handelsplatz des Deutschen Reichs, hatte etwas über 30 000 Einwohner, eine reiche Oberschicht, eine große Zahl von florierenden Handwerken, auch Maler, sowie enge Kontakte zu den italienischen und flandrischen Metropolen. Diese Verbindungen waren nicht nur wirtschaftlicher Art, ihre Einflüsse spiegeln sich auch in den Augsburger Monatsbildern, beispielsweise in deren Architektur- bzw. Landschaftsdarstellungen sowie in burlesken, zum Teil auch hintersinnigen Szenen:

Ein Narr greift nach Bienen und deutet damit an, die Hoffnung auf Gewinn im Spiel gleiche dem Versuch, im Winter Bienen zu fangen. Ein anderer Narr streckt im April sein nacktes Gesäß ins Bild, vielleicht um das Liebespaar daneben zu verspotten oder vor Unkeuschheit zu warnen. Im Weinmonat September fallen zwei Affen auf einer Mauer auf, eine Warnung vor den Folgen des Weingenusses.

In vielen Details kommt in den typischen Vergnügungen einer großbürgerlichen Oberschicht ungehemmte Lebensfreude zum Ausdruck: Turnier, Tanzvergnügen, Ausflüge ins Umland und Schlittenfahrt mischen sich mit den jahreszeittypischen Tätigkeiten der bäuerlichen Bevölkerung. Elend und Not bleiben weitgehend ausgespart – nur auf dem April-Bild ist ganz am Rand ein vielleicht taubstummer Bettler zu sehen, der mit der rechten Hand eine Schüssel vorstreckt und mit seiner linken auf den Mund deutet. Auch die Politik bleibt außen vor. Nur an einer einzigen Stelle – im August – sieht man ein Fähnlein bewaffneter Bauern durch das Bild ziehen, möglicherweise eine Anspielung auf den Bauernkrieg, der auch zu Unruhen in den Augsburger Vorstädten geführt hatte.

Wer die Bilder gemalt hat, ist nicht bekannt, doch wahrscheinlich waren es mehrere Maler. Vielleicht war sogar Jörg Breu d. Ä. – der Zeichner der Scheibenrisse – unter ihnen sowie dessen gleichnamiger Sohn. Auch wo die Bilder hingen, ist bislang ungeklärt, vermutlich auf dem Landsitz eines Augsburger Patriziers, von denen einige sogar mehrere Herrenhäuser oder Schlösser im Umland besaßen. Zum Auftraggeber gibt es zahlreiche Indizien, die auf ein Mitglied der Familie Rehlinger hindeuten: deren Familienwappen auf dem Schlitten, zahlreiche Porträts von Familienmitgliedern und der Familie nahestehenden Personen. So handelt es sich zum Beispiel bei den beiden Ratsherren, die hinter den in den Augsburger Farben gekleideten Stadtknechten den Auszug aus dem Rathaus eröffnen, um den Stadtschreiber Konrad Peutinger und den Bürgermeister Ulrich Rehlinger; sie kommen vielleicht vom traditionellen Festmahl des Rats am Jahresende. Die Frau hinter Peutinger ist seine Frau Margarethe, eine geborene Welser, der Mann im gelben Umhang, der mit ausladender Geste dem Gänseverkauf im Vordergrund zusieht, ist Anton Fugger, der mit Anna Rehlinger (seit 1527) verheiratet war. Jörg Breu, Vater oder Sohn, scheint eben eine Martinsgans zu kaufen, beide Maler sind bekannt für ihren gelben, pelzbesetzten Mantel.

Der Mann (ganz links) auf einem roten Schemel mit der goldenen Haube ist Jakob Fugger, den seine Zeitgenossen bereits »den Reichen« nannten, er war wohl damals der Vermögendste im ganzen Deutschen Reich. Die Dame hinter ihm legt ihre Hand vertraulich auf seine Schulter, es ist seine Frau Sibylla Artzt. Jakob Fugger starb allerdings bereits 1525, einige Jahre vor der Entstehung der Bilder, und Sibylla heiratete wenig später Konrad Rehlinger. Beide sind mehrfach dargestellt: Er im »November« hinter dem Gänseverkauf, sie im Schlitten; auf dem »April-Juni«-Bild beide zusammen gleich dreimal.

Vielleicht wird hier eine Geschichte erzählt: im »April« die einer einsamen, jungen Frau, im Tor eines Landschlosses stehend, während ein Mann in einem Kahn davonrudert, der sich sehnsüchtig nach ihr umblickt. Sodann Sibylla Artzt in einem rosafarbenen Kleid im Vordergrund, während hinter ihr Konrad Rehlinger in dem Kahn heranrudert. Im »Mai« sitzt Sibylla wiederum im Vordergrund, diesmal beim Kartenspiel, sie hält eine Herz Sieben in der Hand, während er hinter ihr steht und seine Rechte auf ihre Schulter legt. Die mögliche Interpretation: Die erste Darstellung bedeutet die Trennung der beiden, die zweite den Wiedereintritt Rehlingers in Sibyllas Leben, womit die Liebe (symbolisiert durch die Herz Sieben) darin Einzug hält und ein neuer, glücklicher Abschnitt beginnt. Da es ein offenes Geheimnis war, dass die beiden schon in ihrer Jugend eine Neigung füreinander hatten und Sibylla nur ungern in die Ehe mit Jakob Fugger eingewilligt hatte, die auch nicht sonderlich glücklich verlief, erscheint diese romantische Lesart durchaus plausibel.

Mitten im bunten Treiben der Monatsbilder wird hier eine sehr persönliche Liebesgeschichte erzählt. Auch die Tatsache, dass unter den identifizierbaren Personen nur wenige Mitglieder des Hauses Fugger vertreten sind, spricht für eine solche Deutung, da sich Sibylla Artzt mit einem Teil der Familie überworfen hatte.

Die »Spur« der Monatsbilder als Ensemble verliert sich bis Ende des 19. Jahrhunderts, danach hingen sie nacheinander in unterschiedlichen bayerischen Schlössern, bis sie Ende des 20. Jahrhunderts ins Museum kamen. Fiktion und Realität überlagern sich in ihnen, sie sind keine realistischen Abbilder der historischen Wirklichkeit, aber sie bieten Ansätze zu deren Interpretation und Erforschung, die zwar begonnen, aber noch längst nicht abgeschlossen ist.

31

Branntwein wurde aus solchen Hähnen gezapft: vor der Schlacht, danach für die Verwundeten, natürlich auch bei Sieg oder Niederlage.

Die Zapfhähne aus der Schlacht bei Wittstock

Der Dreißigjährige Krieg

Je kleiner der Zapfhahn, desto hochprozentiger der Fassinhalt: Vielleicht war es Branntwein – sei es, um sich vor einer Schlacht Mut anzutrinken, sei es, um danach Schmerzen zu lindern. Denn die Verletzungen und Grausamkeiten jener 30 Jahre sind nahezu unvorstellbar. Solche Zapfhähne saßen wahrscheinlich nicht auf Fässern mit Wein oder Bier, sondern auf solchen mit Hochprozentigem. Ihre Form ist nicht ungewöhnlich: Der eine stellt tatsächlich einen Hahn dar, der andere hat die Gestalt eines kleeblattförmigen Schlüssels, und beide tragen wie üblich die Meistermarken ihrer Hersteller, der Hahn die Buchstaben »HZ«, der Schlüssel einen kleinen Puttenkopf in der Mitte des Kleeblatts. Zapfhähne gab es schon in der Römerzeit, früheste mittelalterliche sind bildlich aus dem 13. und seit dem 15. Jahrhundert aus Funden bekannt.

Ungewöhnlich hingegen ist dieser Fundort, der eine genaue historische Einordnung ermöglicht. 2007 wurden in einer Kiesgrube in der Nähe der brandenburgischen Stadt Wittstock durch einen Zufall zahlreiche Artefakte und menschliche Überreste gefunden. Die erste Vermutung, es handele sich um Opfer eines der Todesmärsche der Häftlinge des nahe gelegenen KZ Sachsenhausen im April 1945, wurde durch anthropologische Untersuchungen rasch widerlegt. Schließlich stellte sich heraus, dass es sich um das größte bislang entdeckte Massengrab aus der Zeit des Dreißigjährigen Kriegs mit den sterblichen Überresten von in der Schlacht bei Wittstock am 4. Oktober 1636 gefallenen Soldaten handeln musste. Eine unter Beteiligung zahlreicher Fachleute aus verschiedenen Disziplinen durchgeführte wissenschaftliche Ausgrabung förderte 88 vollständige Skelette sowie Einzelknochen von 37 weiteren Personen – also von insgesamt 125 Toten – zutage, außerdem etwa 1100 Fundstücke aus Metall, vor allem Bleiprojektile, aber auch Münzen, Gürtelschnallen, Fingerhüte und eben die besagten Zapfhähne.

Grabfunde dieser Art aus der Frühen Neuzeit sind selten, der Fund wurde daher als »sensationell« bezeichnet. Da Söldner nur ein geringes Ansehen hatten, die Zahl der Gefallenen gerade in den Schlachten des Dreißigjährigen Kriegs oft hoch und die Lage unübersichtlich war, unterblieb meist eine geordnete Bestattung. Dies war in Wittstock anders, weil die siegreiche schwedische Armee nach der Flucht des Gegners allein auf dem Schlachtfeld zurückblieb und hier für einige Tage Quartier bezog, um zu rasten – Zeit genug, um etwas Ordnung zu schaffen und die Leichen von Freund und Feind – schon aus Sorge vor dem Ausbruch von Seuchen – beizusetzen.

Das Massengrab hatte eine Fläche von 6×3,5 Metern, die Toten wurden in drei Schichten übereinander begraben. Da es sich um eine der größten Feldschlachten des Dreißigjährigen Kriegs handelte, sind die 125 hier Bestatteten natürlich nur ein kleiner Teil der auf insgesamt 8000 geschätzten Gefallenen, doch ermöglicht schon dieser »kleine« Fund weitreichende Einblicke in das Alltagsleben der Soldaten.

Wie kamen zum Beispiel Fingerhüte und andere Nähutensilien in die Ausrüstung der Soldaten? Da sie selbst für den Erhalt ihrer Kleidung verantwortlich waren, lässt sich diese Frage noch relativ leicht beantworten, doch finden sich daneben auch Reste von Kleidungs- und Schmuckstücken, die aller Wahrscheinlichkeit nach aus dem Besitz von Frauen stammen. Hier geben autobiografische Quellen Anhaltspunkte zur Einordnung der Funde. Unter ihnen finden sich vom Kriegsleid betroffene Bürger, Reisende, die Verwüstungen auf ihrem Weg schildern, Teilnehmer an den Feldzügen, Offiziere, Militärgeistliche und immerhin auch ein typischer Söldner, dessen anonymer Bericht eine anschauliche Schilderung des Militärlebens gibt (Peters 1993). Er nahm von 1625 bis zum Ende 1648 am Krieg teil, diente meist auf kaiserlicher, einige Jahre aber auch auf schwedischer Seite und machte eine bescheidene militärische Karriere, betätigte sich in schlechten Zeiten aber nebenbei auch als Bäcker. In seinen 24 Kriegsjahren war er zweimal verheiratet und zeugte insgesamt neun Kinder, von denen allerdings nur ein einziges überlebte.

Dieses Nebeneinander von Kriegs- und Familienleben war ein typisches Element der Epoche. Dem Heer folgte in der Regel ein ansehnlicher Tross, in dem neben Händlern (Marketendern bzw. Marketenderinnen), die die Söldner mit Proviant und Gebrauchsgegenständen versorgten, ebenso Prostituierte wie auch zahlreiche Ehefrauen von Soldaten und Offizieren mitzogen. Diese starke Präsenz von Frauen im Tross erklärt jedenfalls die genannten Funde im Wittstocker Massengrab.

Die Schlacht bei Wittstock war nur eine in dem langjährigen Ringen um die Vorherrschaft im Heiligen Römischen Reich Deutscher Nation, an dem auch etliche außerdeutsche Mächte beteiligt waren, doch markiert sie zugleich einen Wendepunkt. Angefangen hatte der Konflikt 1618 als Religionskrieg zwischen der protestantischen Union und der katholischen Liga, der ausgelöst wurde durch den bekannten »Prager Fenstersturz«, mit dem die lutherischen Stände Böhmens gegen die Rekatholisierung durch die habsburgischen Landesherren revoltierten, sowie die Wahl des protestantischen Pfalzgrafen Friedrich V. zum Gegenkönig. Zwar konnte dieser sich nur einen Winter lang halten, weshalb er unter der spöttischen Bezeichnung »Winterkönig« bekannt wurde, doch weitete sich der Krieg damit über Böhmen hinaus aus. Durch seine Niederlage in der Schlacht am Weißen Berg verlor Friedrich nicht nur die böhmische Krone, sondern auch die Pfalzgrafschaft und den mit ihr verbundenen Kurfürstentitel, der an Bayern überging. Etwa gleichzeitig entstand ein weiterer Kriegsschauplatz in den Niederlanden, wo sich der spanische Zweig der Habsburger bemühte, die Unabhängigkeitsbestrebungen der protestantischen Stände mit Gewalt zu unterdrücken.

Nach dem endgültigen Sieg der kaiserlichen Truppen und ihrer Verbündeten – darunter Bayern und das protestantische Sachsen – gelangte der Krieg 1625 durch das Eingreifen Dänemarks in seine zweite Phase. Inzwischen handelte es sich längst nicht mehr nur um einen Konflikt zwischen katholischen und protestantischen Territorien, sondern auch zwischen lutherischen und reformierten und darüber hinaus auch um Machtkämpfe zwischen konkurrierenden Fürsten. Die meisten lutherischen Herrscher standen zumindest anfangs aufseiten des Kaisers, und manche hielten dort bis zum Ende aus. Das gilt zum Beispiel für die Landgrafen von Hessen-Darmstadt, während die reformierte Linie Hessen-Kassel sich auf der Gegenseite positionierte. Beide erhofften sich durch einen Sieg Gebietsgewinne zulasten der anderen Dynastie.

1629 errangen die kaiserlichen Truppen unter ihrem Generalissimus Wallenstein den Sieg über die Dänen sowie die mit ihnen verbündeten deutschen Fürsten, und der anschließende Frieden von Lübeck ließ vorübergehend auf ein Ende des Kriegs hoffen, doch zerschlugen sich diese Hoffnungen sehr schnell durch den Kriegseintritt Schwedens im folgenden Jahr. König Gustav II. Adolf betrieb eine konsequente Machtpolitik, um Schweden zur Hegemonie im Norden Europas zu verhelfen, und schwang sich zu diesem Zweck auch zum Vorkämpfer der protestantischen Sache in Deutschland auf. Unterstützt wurde er dabei nicht zuletzt durch französische Subsidien, da sich Frankreich – obwohl katholisch – unter Ludwig XIII. bzw. seinem mächtigen Minister Kardinal Richelieu auf jede Weise bemühte, dem Haus Habsburg zu schaden, um sich aus der Umklammerung durch dessen Vertreter in Spanien und im Reich zu befreien. 1635 trat Frankreich dann auch offiziell durch eine Kriegserklärung an Spanien und drei Jahre später durch ein Bündnis mit Schweden in den Krieg ein.

Nur kurz zuvor hatte es noch einmal nach einem baldigen Kriegsende ausgesehen. Durch den Tod König Gustav II. Adolfs in der Schlacht bei Lützen 1632 hatte die schwedische Seite ihren wichtigsten Anführer verloren. Auf der kaiserlichen war der mächtige Wallenstein durch seine eigenmächtige Politik in Ungnade gefallen und 1634 in Eger (Cheb) von einigen seiner eigenen Offiziere ermordet worden. 1635 kam es im Frieden von Prag zum Bündnis zwischen dem Kaiser und dem sächsischen Herzog, der zwischenzeitlich die Seite gewechselt hatte. Die meisten anderen Reichsstände schlossen sich an, sodass eigentlich nur der Konflikt zwischen Frankreich und Spanien ungelöst blieb, dessen Schauplatz vor allem die Niederlande waren. Doch standen immer noch schwedische Truppen im Land, und Frankreich unterstützte diese ebenso wie auch die wenigen Reichsstände, die den Frieden nicht unterzeichnet hatten.

In der Schlacht bei Wittstock, der größten des ganzen Kriegs, wendete sich das Blatt zu ihren Gunsten. Durch ein zu dieser Zeit ungewöhnliches Umgehungsmanöver gelang es dem schwedischen General Johan Banér, die zahlenmäßig überlegene kaiserlich-sächsische Armee in einem blutigen Gemetzel aufzureiben und in die Flucht zu schlagen. Dass der Mut der Kombattanten in diesem unübersichtlichen Schießen, Hauen und Stechen – es gab noch keine Uniformen, die eine eindeutige Erkennung von Freund und Feind ermöglichten – durch den Ausschank von Alkohol gesteigert wurde, ist nicht unwahrscheinlich. Aufgrund des überraschenden Siegs der Schweden verlängerte sich der Krieg noch einmal um weitere zwölf Jahre, bis er im Westfälischen Friedensschluss 1648 endlich sein Ende erreichte.

Seine Auswirkungen blieben in weiten Teilen des Heiligen Römischen Reichs Deutscher Nation noch viele Jahre hindurch spürbar – entvölkerte Landschaften, zerstörte Städte und Dörfer, eine völlig daniederliegende Infrastruktur: Die Zahl der Toten war regional sehr unterschiedlich, manchmal reichte sie bis zu zwei Dritteln der ursprünglichen Bevölkerung, im ganzen Reich lag sie schätzungsweise bei 15 bis 20 Prozent. Überall fehlte es an Geld für den Wiederaufbau, zumal in den Friedensverhandlungen gewaltige Reparationszahlungen an Frankreich und vor allem an Schweden festgelegt worden waren.

Noch größer als die materiellen Schäden waren aber wahrscheinlich die moralischen. Nach 30 Kriegsjahren hatten die meisten Menschen nie etwas anderes als den Krieg erlebt und waren ohne große Hoffnung auf geordnete Verhältnisse aufgewachsen. Zu ihnen zählten auch Literaten wie die 1616 bzw. 1622 geborenen Andreas Gryphius und Hans Jakob Christoffel von Grimmelshausen, die ihre Kriegserfahrungen verarbeiteten, Gryphius in Gedichten und Tragödien, Grimmelshausen im Schelmenroman. Sein bekanntestes, unter Pseudonym veröffentlichtes Werk ist *Der Abentheuerliche Simplizissimus Teutsch* (1669) mit dramatischen Schilderungen geschundener und vergewaltigter Bauern. Seine *Lebensbeschreibung der Ertzbetrügerin und Landstörtzerin Courasche* (1670) inspirierte Bertolt Brecht zu seinem Drama *Mutter Courage und ihre Kinder*, das er 1939 im schwedischen Exil verfasste. Brecht warnt in seinem Drama nachdrücklich vor den Schrecken des Kriegs. Zugleich klagt er den Kapitalismus an als Wurzel des Kriegs und seiner moralischen Folgen.

Er schrieb sein Drama in einer Zeit, die General de Gaulle im Londoner Exil wiederholt als »zweiten dreißigjährigen Krieg« (1940) bezeichnete, der 1914 begonnen habe und erst mit der Niederlage Deutschlands enden werde; der Begriff war inzwischen auch zu einer Metapher für die Schrecken des Kriegs überhaupt geworden.

Genau 40 Jahre später veröffentlichte Günter Grass seine Erzählung *Das Treffen in Telgte* (1979), mit Courasche (Libuschka) in einer tragenden Rolle, auch wenn es hier um eine in das Jahr 1647 verlegte, verschlüsselte Darstellung der Geschichte der »Gruppe 47« geht, der bekannten Schriftstellervereinigung, die sich kurz nach dem Zweiten Weltkrieg – eben 1947 – gegründet hatte. Grass untersucht in seiner Erzählung die Möglichkeiten und Grenzen intellektuellen, literarischen Handelns in Zeiten tiefer politisch-moralischer Krisen, wie sie in Deutschland ebenso während des Dreißigjährigen Kriegs wie auch unter dem Nationalsozialismus herrschten.

32

Diesen achtflammigen Chanukka-Leuchter fertigte Johann Valentin Schüler eigens als wertvolles Brautgeschenk für eine große Hochzeit 1681 in Frankfurt a. M.

Ein Chanukka-Leuchter

Jüdisches Leben und Traditionen

Dieser silberne Leuchter ist aufgrund seiner Größe, seiner Gestaltung und – vor allem – seiner Geschichte ein herausragendes Objekt. Zunächst soll er an die Geschichte des Chanukka-Fests erinnern: Die Makkabäer eroberten 164 v. Chr. im Kampf gegen die Seleukiden den zweiten jüdischen Tempel in Jerusalem zurück, der entweiht und in ein Zeus-Heiligtum umgewandelt worden war. Zur Erinnerung an dieses Ereignis beschlossen die Juden, jährlich im November/Dezember ein achttägiges Fest zu veranstalten. Eine im Talmud überlieferte Legende berichtet, bei der Rückeroberung sei nur noch ein einziger kleiner Krug mit geweihtem Öl gefunden worden, um die Menora, den großen Tempel-Leuchter, zu entzünden. Normalerweise hätte dieser Vorrat höchstens für einen Tag genügt. Aber wie durch ein Wunder reichte er doch volle acht Tage – und damit lange genug, um neues, geweihtes Öl herbeizuschaffen. An dieses Wunder erinnert auch dieser achtflammige Leuchter. Die neunte Ölschale in der Mitte dient zum Anzünden der anderen Lichter.

Der Fuß dieses Leuchters wird von vier Löwen getragen und ist mit Putten geschmückt. Oberhalb der mittleren (neunten) Ölschale ist eine männliche Gestalt mit Helm zu sehen: Es ist Judas Makkabäus, der Anführer des Aufstands der Makkabäer. Ganz oben an der Spitze des Schafts steht auf einer runden Platte eine Frau: Judith mit dem Haupt des Holofernes. Damit wird an eine zweite legendär-triumphale Episode der jüdischen Geschichte erinnert: die Verführung und Ermordung des feindlichen Feldherrn Holofernes durch die schöne Judith, vor dessen Bedrohung sie damit ihr Volk rettete. Das Thema wurde vielfach künstlerisch bearbeitet.

Über den acht Ölschalen ist jeweils ein kleiner Ölbaum dargestellt, davor kleine Tierfiguren: auf beiden Seiten je ein Eichhörnchen, ein Pelikan, ein Hirsch und ein Adler. Diese Tiere ermöglichen die historische Zuordnung des Leuchters, denn es handelt sich um Hauszeichen. Sie dienten bis zur Einführung von Hausnummern im 18. Jahrhundert in den Städten dazu, die Häuser identifizierbar zu machen – auch in der Frankfurter Judengasse.

Dort fand 1681 eine spektakuläre Hochzeit zwischen Mitgliedern zweier einflussreicher Familien statt. Moses Michael Speyer, der im väterlichen Haus zum Goldenen Hirsch lebte und dessen Mutter aus dem Haus zum Goldenen Adler stammte, heiratete Scheinle Bing-Kann, eine Tochter von Isaak Kann, der als Hoflieferant für mehrere deutsche Fürsten zu Macht und Ansehen gelangt war. Ihm gehörte unter anderem das Haus zum Eichhorn, während seine Frau, die Brautmutter, wiederum aus dem Haus zum Pelikan stammte. Der Leuchter dokumentiert somit die Verbindung der beiden Familien und diente offenbar als Brautgeschenk. Solche Geschenke wurden in der Regel am Freitag vor der Hochzeit bei einem Essen im Kreise beider Familien übergeben. Bis zu diesem Zeitpunkt war die Eheschließung eine geschäftliche Angelegenheit, die zwischen den Familien durch professionelle Heiratsvermittler moderiert wurde. Bei diesem Essen erhielten die Brautleute nun erstmals die Gelegenheit, sich näher kennenzulernen, und es wurden auch die Brautgeschenke übergeben, die nach Frankfurter Brauch aus Leuchter, Lampe und Becher bestanden. Alle drei Gegenstände besitzen religiöse Funktion: der Chanukka-Leuchter, die Schabbat-Lampe und der Kiddusch-Becher, der an Schabbat und Feiertagen mit Wein gefüllt wird, über den der Hausherr dann den Segen spricht.

Dieser Leuchter ist durch die Initialen »V S« als Werk des Silberschmieds Johann Valentin Schüler (1650–1720) gekennzeichnet, der seit 1680 in Frankfurt als Meister tätig war und zahlreiche jüdische Kultgeräte anfertigte. Von ihm stammt auch eine Schabbat-Lampe, die sich heute im Jüdischen Museum New York befindet und dieselben Hauszeichen zeigt, also ebenfalls als Geschenk zu dieser Hochzeit diente. Der zugehörige Becher ist – soweit bekannt – nicht erhalten. Dass ein christlicher Silberschmied für jüdische Auftraggeber arbeitete und anscheinend sogar ein Experte für jüdisches Kultgerät war, ist bezeichnend für das Zusammenleben von Christen und Juden in einer Stadt wie Frankfurt am Main. Schüler war in dieser Hinsicht kein Einzelfall. Andere Meister wie Johann Adam Boller (1679–1732) und Rötger Herfurth (1722–1776) schufen ebenfalls zahlreiche Werke in jüdischem Auftrag.

Die Jüdische Gemeinde Frankfurt hatte sich im Laufe des 16. Jahrhunderts mit etwa 3000 Personen zur größten und wichtigsten des Heiligen Römischen Reichs Deutscher Nation entwickelt. Seit 1462 lebten die Juden gezwungenermaßen in einem abgeschlossenen, ummauerten Viertel, dessen Tore nachts und an Wochenenden verschlossen wurden. Zwar standen sie wie die christlichen Bewohner unter der Herrschaft des Rats der Reichsstadt, doch besaßen sie eine gewisse Autonomie mit eigenen Gerichten und freier Religionsausübung in mehreren Synagogen. Dass dies nicht selbstverständlich war, zeigt ein Vergleich mit der Situation der seit Mitte des 16. Jahrhunderts aus den Niederlanden zugewanderten Calvinisten, denen ein eigener Gottesdienst im lutherischen Frankfurt lange Zeit verwehrt wurde.

Obwohl die Frankfurter Judenschaft also teilweise ein Eigenleben abseits der christlichen Gesellschaft führte, bestanden doch zahlreiche Kontakte zwischen beiden: Jüdische Ärzte wurden häufig von christlichen Patienten konsultiert; jüdische und christliche Kaufleute unterhielten Geschäftsbeziehungen; jüdische Bankiers, Wechsler und Gebrauchtwarenhändler waren ein wichtiger ökonomischer Faktor im Rahmen der Frankfurter Messen. Dass die jüdische Oberschicht christliche Handwerker mit der Anfertigung von Kultgerät betraute, lag unter anderem auch daran, dass sich – aufgrund des Monopolanspruchs der christlich geprägten Zünfte und der Begrenztheit des Markts – keine jüdische Handwerkstradition entwickeln konnte.

Eine städtische Gemeinde in der Größenordnung der Frankfurter mit zahlreichen eigenen Institutionen – Synagogen, Rabbinatsgericht, Hospital und Ritualbad – war allerdings in der Frühen Neuzeit eher eine Ausnahme. Die Mehrzahl der deutschen Juden lebte auf dem Lande, weit verstreut in kleinen Gruppen, die oft nur aus wenigen Familien bestanden und keinen Gemeindestatus besaßen. Die ökonomischen Möglichkeiten in den Dörfern oder Kleinstädten waren begrenzt. Da Juden in der Regel keinen Grundbesitz haben durften, waren sie von der Landwirtschaft ausgeschlossen. Auf der anderen Seite bestanden auf dem Land aber auch weniger Einschränkungen als in den Städten mit ihren Zunftorganisationen, sodass sich häufig ökonomische Nischen fanden. Vereinzelt waren Juden hier sogar als Handwerker, zum Beispiel als Glaser, tätig. Die häufigste Beschäftigung war jedoch der Handel. Viele Juden zogen als Hausierer über Land und versorgten die Bewohner der Dörfer mit städtischen Waren. In manchen Gegenden lag auch der Viehhandel fast gänzlich in jüdischer Hand.

Eine wichtige Einkommensquelle – in der Stadt wie auf dem Land –

war außerdem die Vergabe von Kleinkrediten, meist in Form der Pfandleihe. Aus dem Verkauf verfallener Pfänder entwickelte sich schließlich der Gebrauchtwarenhandel als ein weiteres typisches Metier. Das größere Geldgeschäft beschränkte sich dagegen fast ausschließlich auf die Städte und führte zur Herausbildung einer kleinen jüdischen Oberschicht. Besonders die Hoffaktoren, welche die Fürsten – meist auf Kredit – mit Luxusartikeln belieferten und die oft auch als Heereslieferanten fungierten, gelangten nicht selten zu Wohlstand und manchmal gar zu Reichtum wie die berühmte Familie Rothschild, die ebenfalls aus der Frankfurter Judengasse stammte.

In diesen Kreis gehörten auch die Familien Kann und Speyer, die durch die geschilderte Heirat 1681 eine Verbindung eingingen. Während die Kann, deren Name sich von ihrem Stammhaus zur Goldenen Kanne herleitet, bereits seit dem 16. Jahrhundert in Frankfurt nachweisbar sind, war Michael Speyer, der Stammvater der Bräutigamfamilie, erst 1644 aus Speyer an den Main gekommen, aber schon bald in die Führungsschicht der Gemeinde aufgestiegen. Beide Familien stellten häufig Vorsteher und Schatzmeister der jüdischen Gemeinde und verwendeten einen Teil ihres Vermögens für Stiftungen zu deren Wohl. Die Familie Kann, aus der auch mehrere angesehene Gelehrte hervorgingen, förderte besonders das Talmudstudium. Die Speyer stifteten wiederholt Kultgeräte für die Frankfurter Hauptsynagoge, darunter einen wertvollen Kiddusch-Becher und einen Tora-Zeiger, deren Herkunft aus den eingravierten Inschriften ersichtlich ist. Der Chanukka-Leuchter blieb dagegen lange Zeit in Familienbesitz und gelangte erst Ende des 19. Jahrhunderts, vielleicht auch später, in das 1877 gegründete Historische Museum Frankfurt.

Um 1900 machte Heinrich Frauberger, der Direktor des Düsseldorfer Kunstgewerbemuseums, den Vorschlag, in Frankfurt eine eigene Einrichtung zur Bewahrung jüdischen Kulturerbes in Deutschland zu schaffen. Gemeinsam mit dem jüdischen Philanthropen Charles L. Hallgarten und anderen gründete er in einem ersten Schritt in Frankfurt die »Gesellschaft zur Erforschung jüdischer Kunstdenkmäler«. Ihr Ziel war zunächst die Dokumentation von Kunstwerken, da aus Kostengründen noch kaum an die Anlage einer eigenen Sammlung zu denken war. Im Lauf der Jahre entstand dennoch eine kleine Sammlung, die bei verschiedenen Anlässen gezeigt wurde, und es kam auch der Gedanke einer dauerhaften Ausstellung auf. 1911 wurde die Sammlung im Historischen Museum deponiert, in der Absicht, sie dort in einem künftigen Erweiterungsbau zu präsentieren. Die Realisierung dieses Projekts wurde durch den Ausbruch des Ersten Weltkriegs verhindert.

Schon wenige Jahre nach Kriegsende ergab sich eine neue Chance: 1922 erklärte sich die Familie Rothschild bereit, dem Verein den ersten Stock ihres nicht mehr genutzten Frankfurter Geschäftshauses zu überlassen, und noch im selben Jahr konnte hier das »Museum jüdischer Altertümer« eröffnet werden. Die bisherige Sammlung der Gesellschaft wurde ergänzt durch Schenkungen und Leihgaben, darunter die Judaica-Sammlung des Historischen Museums, die der Magistrat dem neuen Museum leihweise überließ. Teil dieser Leihgabe war möglicherweise auch der Chanukka-Leuchter, doch lässt sich das nicht eindeutig nachweisen. 1938 wurde das Museum während der Reichspogromnacht zerstört und geplündert. Ein Teil der erhalten gebliebenen Objekte konnte jedoch am darauffolgenden Tag durch den damaligen Direktor des Historischen Museums geborgen und dorthin überführt werden.

Als in den 1980er-Jahren die Pläne für die Gründung eines Jüdisches Museums der Stadt Frankfurt reiften, einem der ersten überhaupt in der Bundesrepublik, fehlte es mehr noch als 1922 an geeigneten Objekten. Der Magistrat verfügte die Überstellung eines Teils der alten Judaica-Sammlung des Historischen Museums. Unter diesen Gegenständen, von denen mehrere schon im »Museum jüdischer Altertümer« zu sehen waren, befand sich auch der Chanukka-Leuchter. Heute zählt er zu den Glanzstücken des Jüdischen Museums, das im Übrigen ebenfalls in einem ehemaligen Rothschild-Gebäude untergebracht ist, am Untermainkai im Rothschild-Palais.

Chanukka-Leuchter zählen in jeder jüdischen Familie zu den unverzichtbaren Kultobjekten. Anders als die siebenarmige, an den traditionellen Tempel-Leuchter erinnernde Menora – eines der wichtigsten Symbole des Judentums, das auch im Staatswappen Israels abgebildet ist – hat er acht Lichthalter und einen kleinen »Hilfsleuchter« zum Anzünden. Sein erstes Licht wird am Chanukka-Fest etwa 20 Minuten nach Sonnenuntergang angezündet, die weiteren in täglicher Folge; sie sollen vor der Eingangstür, gegenüber der Mesusa, einer Schriftkapsel am Türpfosten, oder im Fenster stehen und so die Erinnerung an die Legende des Wunders sichtbar verbreiten.

33

Um 1700 sollte diese Maske (Stoff, Leder und Glas) zusammen mit einem langen Gewand den Arzt gegen eine schrecklich-schicksalhafte Krankheit schützen.

Die Pestarztmaske

Der Schwarze Tod

Wenn »Schwellungen in der Leistenbeuge oder in der Achselhöhle, zuweilen groß wie ein Ei oder ein Apfel« zu sehen waren und – wie Giovanni Boccaccio im *Il Decamerone* (zwischen 1349 und 1353) berichtete – »überall am Körper schwarze oder bläuliche Flecken« erschienen, dann waren die »Vorboten des Todes« bereits da. Einem derart schwer Kranken näherte man sich besser nicht, und wenn, dann nur mit Schutzkleidung. Diese bestand, jedenfalls ab dem 17. Jahrhundert, aus einem bodenlangen Gewand aus gewachstem Stoff oder glattem Leder, dessen Ärmel direkt in lederne Stulpenhandschuhe übergingen, und einer Pestarztmaske. Deren schnabelartige Nase enthielt einen Schwamm, der mit duftenden Essenzen getränkt wurde, sodass die Atemluft mit dem aromatischen Geruch von Zimt und Nelken durchsetzt war. Denn Feuer und Rauch galten als probate Mittel, die Luft zu reinigen und den Pesthauch zu verdrängen. Wohlhabendere verwendeten auch Weihrauch und Myrrhe, Ärmere hingegen Wacholder oder sogar Hornspäne. Die Augenöffnungen der Furcht einflößenden Maske waren mit Glas oder Kristallscheiben verschlossen, die vor dem Blick des Kranken schützen sollten, der ebenso wie die Luft, der sogenannte Pesthauch bzw. das Miasma, für ansteckend und die Krankheit übertragend gehalten wurde. Das Bild eines solchen Pestarztes veröffentlichte um 1660 der Nürnberger Verleger Paul Fürst unter dem Titel »Pestarzt Dr. Schnabel in Rom«.

Diese Pestarztmaske aus der Zeit um 1700 ist eine Rarität, denn nur zwei Museen besitzen sie in ihren Sammlungen, das Medizinhistorische Museum Ingolstadt und das Deutsche Historische Museum in Berlin. Ein Holzschnitt von 1493 ist die vielleicht älteste Darstellung, auf der ein Arzt, allerdings ohne Maske, den Puls eines Patienten fühlt und sich dabei einen mit Essig getränkten Schwamm vor Mund und Nase hält. Der Patient ist höher gelagert, weil die Ansteckungserreger der herrschenden Lehre zufolge nach oben stiegen. Zwei Pagen halten darum brennende Fackeln in die obere Raumhälfte, deren Rauch das Pestgift vertreiben soll. Als möglicherweise Erster trug Charles Delorme (1584–1678), der Leibarzt mehrerer französischer Könige war, während der Pestepidemie

1619 in Paris erstmalig ein solch langes Ganzkörpergewand, vielleicht erfand er auch eine ähnliche Schutzmaske mit 15 Zentimeter langem Schnabel.

Gewissheit über die *Yersinia pestis* als Auslöser der mittelalterlichen Pest (vom lateinischen *pestis*: »Seuche«) gibt es erst seit wenigen Jahren. Zwar entdeckte der Schweizer Tropenarzt Alexandre Yersin in Hongkong den – seit 1967 nach ihm, vorher nach Louis Pasteur *Pasteurelle pestis* benannten – Erreger bereits 1894, aber erst Untersuchungen 2010/2011 an den Zähnen mittelalterlicher Leichen eines Londoner Pestfriedhofs brachten die Gewissheit, dass die damaligen Epidemien tatsächlich von Asien ausgingen. Flöhe, insbesondere Rattenflöhe, können den Erreger übertragen. Von großen Seuchen wird bereits in der Bibel berichtet, und in der griechischen Mythologie wurde die Pest durch göttliche Pestpfeile verursacht; was später dazu führte, dass der heilige Sebastian, der von Pfeilen durchbohrte christliche Märtyrer, als Pestheiliger verehrt wurde. Um welchen Erreger es sich bei den überlieferten großen Seuchen im Römischen Reich und im 6. Jahrhundert tatsächlich handelte, wird weiterhin diskutiert – möglicherweise war es die Beulenpest in Verbindung mit weiteren Krankheiten.

Europa wurde seit Mitte des 14. Jahrhunderts regelmäßig von Pestepidemien heimgesucht. Sie wurde 1346/47 über die Handelswege, ausgehend von vor allem italienischen Seehäfen, aus dem Fernen Osten nach Süd- und Mitteleuropa eingeschleppt und breitete sich mit rasender Geschwindigkeit aus. Boccaccios *Decamerone* ist die beklemmend realistische Schilderung der Pest dieser Jahre in Florenz und damit ebenso historische Quelle über das damalige Sterben von wohl vier Fünfteln der Bevölkerung dieser Stadt wie auch Weltliteratur. Wenig später erreichte die Pest dann deutsche Städte. Auch wenn die Quellenlage schwierig ist, gibt es Nachweise bzw. Annahmen, dass sie das Pustertal 1348, Wien und Basel 1349 erreichte, Hamburg 1350, Frankfurt und Hessen 1356, Regensburg und Böhmen 1357, Nürnberg 1359, Augsburg 1380; bis 1349/50 war sie bis in den Norden Skandinaviens vorgedrungen. Daneben gab es aber auch viele Städte und Regionen, die verschont blieben. Noch schwieriger ist die exakte Bestimmung der Todesrate: Nach groben, stark differierenden Schätzungen starb ein Drittel der europäischen Bevölkerung an der Pestwelle von 1347 bis 1351, die im Allgemeinen mit dem Begriff »Schwarzer Tod« bezeichnet wird – das größte Massensterben in der europäischen Geschichte. In Europa trat die Seuche seitdem in verschiedenen Gebieten in fast regelmäßigen Abständen auf, meist in Wellen alle sechs bis zwölf Jahre; während des Dreißigjährigen Kriegs wohl häufiger. Sie wurde bis in das beginnende 18. Jahrhundert in Europa zu einem Dauerphänomen.

Die Pest galt als Strafe Gottes, die Menschen reagierten mit Opfergaben, beteten vor allem St. Sebastian und St. Rochus an (welcher der Legende nach von der Pest genesen war), trugen stark riechende Pflanzen mit sich (Knoblauch oder die gurkenähnlich schmeckende »Pimpernelle«, den *Kleinen Wiesenknopf*), hängten sich Kreuze und Pestmedaillen um und hatten Pestzettelchen oder kleine Sebastianspfeile dabei. Sie züchtigten sich in besonderen Bußpraktiken wie den Umzügen der Geißler oder Flagellanten, die in Pestjahren regelmäßig zunahmen, oder flüchteten – wenn sie es sich leisten konnten. Oft kam es – manchmal sogar im Vorfeld einer drohenden Pestwelle – zu Judenpogromen, bei denen nicht selten ganze Gemeinden ausgerottet wurden (1349: Nürnberg, Speyer, Worms, Mainz, Koblenz, Köln, Trier und andere mehr).

Die ersten Anzeichen der Krankheit waren Fieber, Kopf- und Gliederschmerzen, Benommenheit, dann Beulen am Hals, in den Achselhöhlen und Leisten, die sich mit Eiter füllten; am Ende des Deliriums kam es zu Bewusstseinsstörungen und Fieberwahn. Wirksame Therapien gab es nicht, Infizierte wurden isoliert, meist um die 40 Tage (»Quarantäne«); wer sich einen Arzt oder Bader leisten konnte, ließ die Geschwüre salben, reifen und risikoreich aufschneiden; Essig wurde gesprüht, Feuer an Straßenkreuzungen sollte die Luft »reinigen«.

Aber wer infiziert war, hatte nur geringe, lediglich auf zehn bis 40 Prozent geschätzte Überlebenschancen: Die Beulenpest wurde meist durch einen Flohstich übertragen, hatte eine Inkubationszeit von etwa sechs Tagen, der Tod trat nach einer bis vier Wochen ein. Die Lungenpest kam als Tröpfcheninfektion über die Luft in die Lunge, hatte eine Inkubationszeit von etwa einem Tag und führte zum raschen Tod. In solchen Zeiten versuchten die Städte, sich zu isolieren, Häuser mit Kranken wurden verschlossen und von eigens bestellten Pestknechten bewacht, soweit möglich noch versorgt. Die zahlreichen Toten wurden von den Angehörigen oder Totengräbern und ihren Pestknechten oft auf besonderen Pestfriedhöfen abseits der Siedlung in Sammelgräbern bestattet; dabei wurde Kalk verwendet, um die Verwesung zu beschleunigen. Mancherorts entstanden sogar eigene Pestbruderschaften, die Leichname einsammelten und zu Grabe trugen.

Die Städte waren während der Pest voller Gestank, dem Geruch von Krankheit, Tod und Verwesung. Dies war der Bevölkerungsdichte sowie mangelhaften hygienischen Verhältnissen geschuldet. Wo besonders viele Menschen auf engstem Raum lebten, war die Ansteckungsgefahr größer.

Das Schrecklich-Schicksalhafte der Pest ließ die Menschen nicht nur Gottes Hilfe häufiger als sonst anrufen, auch Kunst und Literatur haben sich mit dem »Schwarzen Tod« auseinandergesetzt. Die schwere Pest in Paris 1348 gilt als Anstoß für Darstellungen des Totentanzes, auf Wandbildern haben Menschen jedes Alters und aller Schichten den Tod als »Tanzpartner«. Dürers berühmte »Apocalyptische Reiter« (1498) entstanden vor dem Hintergrund der Nürnberg damals bedrohenden Pest. Boccaccios Hauptpersonen waren vor der Pest in Florenz auf einen Landsitz geflüchtet, Daniel Defoes *Journal of the Plague Year* (1722) galt lange fälschlich als Augenzeugenbericht der Pest von 1655. Edgar Allen Poes *King Pest* (1835) handelt während der Londoner Pestzeit des 14. Jahrhunderts, seine *Masque oft the Red Death* (1842) war angeregt durch die Choleraepidemie in Baltimore 1831, die er selbst miterlebte, und griff formale Elemente des *Decamerone* auf. In der deutschsprachigen Literatur gilt *Die schwarze Spinne* (1843) des Schweizers Jeremias Gotthelf als »wie kaum ein zweites Stück Weltliteratur« (Thomas Mann); darin verarbeitete er alte Sagen über einen Handel mit dem Teufel zu einer gleichnishaften Novelle, in der die Spinne die Pest versinnbildlicht.

Lange galt die Pest als ausgestorben, bis Ende 2013 Dutzende von Menschen auf Madagaskar an der Beulenpest verstarben. Tatsächlich sind einige Erregervarianten noch existent, auch wenn die meisten längst ausgestorben sind. Zwar könnte einer der Erreger wohl auch jederzeit eine neue Pandemie auslösen, aber anders als im Mittelalter und in der Frühen Neuzeit würden Antibiotika heute eine Ausbreitung verhindern bzw. die Krankheit heilen. Andererseits haben Politik, Behörden und Medien bei »Hühner-« (1997), »Vogel-« und »Schweinegrippe« (2009) vor allem in Deutschland so überreagiert, die Katastrophe schon im Vorfeld fast an die Wand gemalt, dass Assoziationen einer Pest geweckt wurden.

Selbst die Pestarztmaske in Ingolstadt brauchte inzwischen eine gründliche »Behandlung«: Ihr Stoff war spröde und rissig geworden und hatte an vielen Stellen einen weißen Belag. Das Medizinhistorische Museum teilte im Januar 2014 mit, dass die Maske zu einer Textilrestauratorin in die »Kur« gehen werde. Und weiter: »Nach dem ersten Diagnosegespräch war klar: Das würde ein richtiger Wellness-Urlaub werden, mit Tiefenreinigung, Faltenglättung, Nasenlifting und einigem mehr.« Danach soll »Herr Schnabel«, wie das Exponat inzwischen genannt wird, im Rahmen eines »Autopsie-Abends« ins Museum zurückkehren. – Inzwischen sind nicht einmal Fotos erlaubt.

34

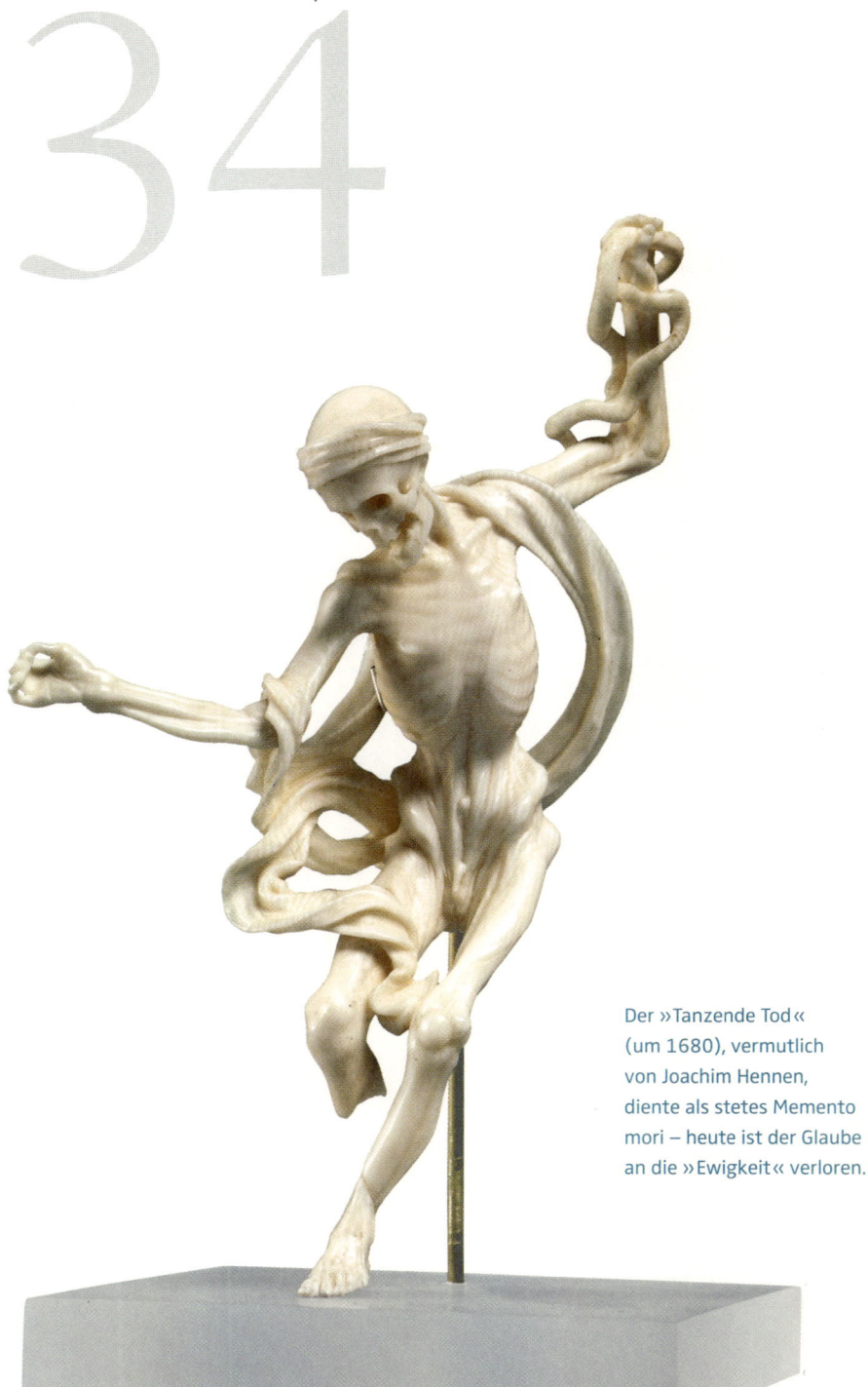

Der »Tanzende Tod« (um 1680), vermutlich von Joachim Hennen, diente als stetes Memento mori – heute ist der Glaube an die »Ewigkeit« verloren.

Der »Tanzende Tod«

Von der Ewigkeit zur Endlichkeit des Lebens

Der Tod tanzt! Die kleine, nur 13 Zentimeter große Statuette entstand um 1680 vermutlich in der Werkstatt des Bildschnitzers Joachim Hennen und zeigt ein tanzendes Skelett, die Personifizierung des Todes. Mit der linken Hand umfasst es eine sich windende Schlange als Symbol der Erbsünde, die der Bibel zufolge mit der Verführung durch Eva in die Welt kam und den Menschen die Sterblichkeit, den Tod, brachte. In der rechten hielt es vermutlich einen Pfeil oder eine Sense als Sinnbild der vernichtenden Kraft des Todes. Die heute auf uns makaber wirkende Figur ist aus kostbarem Elfenbein gefertigt, wie es damals zur Herstellung künstlerisch wertvoller und dekorativer Objekte verwendet wurde.

Die Vorstellung eines tanzenden Todes wirkt heute umso befremdlicher, weil einerseits der Tanz geradezu als Inbegriff von Lebensfreude gilt, andererseits der Tod aus dem Bewusstsein verbannt und an die Ränder der Gesellschaft gedrängt worden ist. Im Mittelalter und in der Frühen Neuzeit allerdings war der Tod ein weitverbreitetes Motiv und symptomatisch für das vorherrschende Lebensgefühl der Menschen in diesen Epochen. Denn der Tod war allgegenwärtig. Die durchschnittliche Lebenserwartung lag – ähnlich wie heute noch in einigen Ländern der Dritten Welt – bei unter 30 Jahren. Hauptursache hierfür war die hohe Säuglings- und Kindersterblichkeit: Etwa ein Viertel aller Kinder starb im ersten Lebensjahr, und ein weiteres Viertel erreichte nicht das Erwachsenenalter. Wer die Risiken der Kindheit überstanden hatte, konnte mit einem Lebensalter von 50 bis 57 (Männer) bzw. 38 bis 50 Jahren (Frauen) rechnen. Männer wurden damals also – anders als heute – im Durchschnitt um ein Drittel bis zur Hälfte älter als Frauen, was an deren Risiken im Kindbett lag. Jenseits aller statistischen Durchschnittsberechnungen gab es jedoch immer auch Menschen, die ein selbst nach heutigen Maßstäben beachtliches Alter erreichten.

Häufige Todesursachen waren ansteckende Krankheiten und Seuchen sowie die Folgen von Mangelernährung und Krieg. In einer agrarisch geprägten Gesellschaft, in der die meisten Menschen gerade das Lebensnotwendige erwirtschaften konnten, genügten bereits wenige Missernten oder gar völlige Ernteausfälle, um die Lebensmittelpreise so stark ansteigen zu lassen, dass ein großer Teil der Bevölkerung unter das Existenzminimum absank. Während Wohnkosten eine eher geringe Rolle spielten, lag der Anteil der Ausgaben für Nahrungsmittel in der einfachen Bevölkerung bei 60 bis 80 Prozent des Einkommens, weshalb bereits ein moderater Anstieg der Lebensmittelpreise große Auswirkungen auf die Ernährungslage haben konnte.

Zu den witterungsbedingten Missernten als Resultat von Unwettern und Dürren kamen Ernteausfälle aufgrund der zahlreichen Kriege. Der Dreißigjährige Krieg etwa führte in den am stärksten betroffenen Regionen zum völligen Niedergang der landwirtschaftlichen Produktion. Denn warum säen, wenn die Ernte von durchziehenden Soldaten vernichtet oder geraubt würde? Mangelernährung war vielerorts und immer wieder ein ständiger Lebensbegleiter und eine der wichtigsten Todesursachen, da sie die Immunkräfte schwächte und dadurch jede Anfälligkeit für Krankheiten erhöhte. Seuchen konnten sich schrecklich auswirken, besonders in Kriegszeiten und wegen der durchziehenden Söldner.

Die schrecklichste dieser Seuchen war zweifellos die Pest, doch grassierten auch andere Epidemien, häufig in Form von Durchfallerkrankungen wie etwa die Ruhr. Der Ausbruch der Seuchen erfolgte in unkalkulierbaren Abständen und unterschiedlicher Intensität, doch war deren Häufigkeit so groß, dass praktisch jeder Mensch des Mittelalters und der Frühen Neuzeit mindestens einmal in seinem Leben selbst mit einer schweren Epidemie konfrontiert war oder durch diese bedingte Todesfälle in seinem engeren Umfeld zu beklagen hatte – bis hin zur Ausrottung ganzer Familien.

Diese Erfahrungen führten natürlicherweise zu existenzieller Verunsicherung, zu einem Gefühl des Ausgeliefertseins, der Relativität des Lebens und der Vergeblichkeit, sich seinem Schicksal zu entziehen. Eine Hilfe fanden die Menschen in der Religion. Da nach christlicher Vorstellung das jenseitige, das ewige Leben ohnehin eine ungleich größere Bedeutung hat als die kurze Spanne des Erdenlebens, erschien es nur konsequent, sich die Eitelkeit und Vergeblichkeit (vanitas) des irdischen Strebens einzugestehen. Die Vorstellung des Todes verlor dadurch zumindest einen Teil ihres Schreckens. Was mehr zählte als der Tod selbst, war eine gründliche Vorbereitung auf das Sterben. Tatsächlich wurden zahlreiche Werke über die Kunst des Sterbens (ars moriendi) verfasst, die den Leser auf einen »guten Tod« vorbereiten und ihm den Weg ins Jenseits erleichtern wollten. Da der Zeitpunkt des Todes unvorhersehbar ist, galt es, jederzeit vorbereitet zu sein. Die schrecklichste Vorstellung war aus diesem Grund der unvorbereitete Tod, wie er den Menschen nicht nur bei Seuchen, sondern auch plötzlich auf Reisen ereilen konnte. Die wichtigste Vorbereitung bestand in der rechtzeitigen und aufrichtigen Reue über die eigenen Sünden als Voraussetzung für ihre Vergebung und für den Empfang der christlichen Sterbesakramente.

Der Vanitas-Gedanke setzte die Nichtigkeit des irdischen Lebens der Unausweichlichkeit des Todes entgegen und war eines der beherrschenden Elemente des mittelalterlichen und frühneuzeitlichen Lebensgefühls. Im Motiv des Totentanzes findet dieser Gedanke seinen deutlichsten Ausdruck. Dieses Motiv entstand unter dem Eindruck der Schwarzen Pest im 14. Jahrhundert und ist auf zahlreichen Gemälden, auf Wandmalereien und in Skulpturen überliefert. Im Zentrum dieser Darstellungen steht eine Art Reigen der Vertreter der verschiedenen Stände, die jeweils einzeln vom personifizierten Tod in Gestalt eines Skeletts zum Tanz geführt werden. Der Reigen beginnt mit den höchsten Würdenträgern, Kaiser und Papst, gefolgt von Fürsten, Adel und Klerus bis hinunter zu Bürgern, Bauern und Bettlern. Männer und Frauen, hoch und niedrig, alt und jung sind gleichermaßen vertreten, selbst das kleine Kind wird durch den Tod von seiner Mutter weggerissen.

Die Aussage ist klar und deutlich; sie kann in gewisser Weise auch als tröstlich empfunden werden, denn vor dem Tod sind alle gleich. Standes- und Besitzunterschiede verlieren in diesem finalen Reigen jegliche Bedeutung. Besonders beliebt ist in diesem Zusammenhang die Darstellung bestimmter Berufsgruppen, die entweder als typisch für ihre zweifelhafte Moral bzw. ihr Gewinnstreben galten oder für den Anspruch, die Zukunft vorhersehen zu können: der Wein panschende Wirt, der Wucherer und der Wahrsager.

Wo sich Texte in den Darstellungen finden, kommt – oft in gereimten Dialogen zwischen dem Tod und seinen Tanzpartnern – auf der einen Seite die plötzliche Unerbittlichkeit, auf der anderen das menschliche Entsetzen zum Ausdruck: Alle Menschen, gleich welchen Standes, bringen es nicht fertig, das irdische Leben »loszulassen«. Der Tod kommt ohne Ankündigung, er lässt sich weder aufhalten noch beschleunigen. Der Tod kennt kein Erbarmen, auch nicht mit dem Bettler, der halb nackt auf der Straße sitzt und den Tod herbeisehnt. Denn gerade er wird zunächst vom Tod übergangen; dies zeigt eine eindrucksvolle Serie von Holzschnitten, die im 16. Jahrhundert nach Zeichnungen von Hans Holbein d. J. entstanden.

Totentänze existieren in vielerlei Form, von den monumentalen, jeweils 22 Meter langen Fresken in der Berliner Marienkirche und an der Außenwand der Kirche San Vigilio in Pinzolo in Norditalien bis zu den kleinformatigen Holzschnitten des Holbein-Zyklus. In Basel war eine Totentanzdarstellung auf der Innenseite einer Friedhofsmauer angebracht, in der Lübecker Marienkirche in einer Beichtkapelle. Beide entstanden in der zweiten Hälfte des 15. Jahrhunderts – und beide an Orten, die sehr geeignet waren, die Menschen an ihre Sterblichkeit zu erinnern, denn das war die eigentliche Aussage: *Memento mori!* Bedenke, Mensch, dass du sterben musst!

Auch diese kleine Elfenbeinstatuette gehört in diesen Kontext, nur dass der Totentanz hier auf eine einzige Gestalt reduziert ist: die Hauptperson. Mithilfe solcher Figuren war es möglich, sich die Mahnung des Memento mori auch in privater Umgebung jederzeit vor Augen zu führen. Die Darstellungen mussten dabei nicht immer dem Typus des »Tanzenden Todes« entspreche, es gab vielmehr ein weites Spektrum von Motiven. So waren zum Beispiel in Süddeutschland und Tirol sogenannte Betrachtungssärglein verbreitet mit kunstvollen Darstellungen des mehr oder weniger verwesten Leichnams.

Die unterschiedlichsten Vanitas-Darstellungen waren oft aufwendig gefertigt, nicht selten aus Elfenbein – wie der »Tanzende Tod«. Die Menschen ließen sich die Erinnerung an die Sterblichkeit durchaus etwas kosten. Beliebt waren auch Wendeköpfe, die auf einer Seite das Gesicht eines Sterbenden und auf der anderen einen Totenschädel zeigten. In manchen Fällen besaßen solche Köpfe eine praktische Funktion, indem sie als Knauf oder auch als Riechfläschchen dienten. Der Kontrast zwischen profaner Verwendung und theologischer Aussage machte die Botschaft umso eindrücklicher. Selbst die häufig zur Hand genommenen Schnupftabakdosen gab es in der Form eines kleinen Sarges.

Die Kindersterblichkeit begann zwar im 18. und mehr noch im 19. Jahrhunderts zu sinken, doch lag sogar um 1870 die Säuglingssterblichkeit in Deutschland noch bei 25 Prozent, sank bis 1919 auf 16, Ende der 1920er-Jahre unter zehn, aber erst in den 1950ern unter fünf, seit den 1970ern auf 2,5 und liegt inzwischen unter einem Prozent. Die medizinische Versorgung verbesserte sich, und seit der Mitte des 19. Jahrhunderts vor allem auch die Hygiene. Die Lebenserwartung eines Neugeborenen beträgt heute in Deutschland für Mädchen fast 83 und für Jungen fast 78 Jahre; in der Hälfte der europäischen Länder ist sie sogar noch höher, aber in afrikanischen Ländern zum Beispiel liegt sie zehn bis 20 Jahre darunter.

Die Lebensdauer hat sich so sehr verändert, dass die meisten von uns heute »zwei Leben« haben. Vor vier Jahrhunderten lag das durchschnittliche Sterbealter bei etwa 30, heute zwischen 70 und 80 Jahren. Dabei ist die »mittlere maximale Lebenserwartung« in den letzten 300 bis 400 Jahren mit etwa 85 Jahren erstaunlich gleich geblieben, aber »immer mehr Menschen können heute einen immer größeren Teil dieser natürlichen Lebensspanne zu Ende leben« (Imhof). Zugleich haben sich auch die Modelle der »Lebensstufen« seit der vorindustriellen Gesellschaft tief greifend verändert. Waren sie früher durch einen meist gleitenden Übergang gekennzeichnet, so hat das Industriezeitalter, vor allem das 20. Jahrhundert, sie zunehmend standardisiert; die Übergänge zwischen Kindheit, Ausbildungs-, Erwerbs- und Rentenphase sind heute durch »äußerst harte Grenzen« (Borscheid, in Imhof) gekennzeichnet. Mit der Veränderung der Lebensbedingungen hat sich auch die Einstellung zum Tod geändert, der zwar unausweichlich, aber doch weniger unberechenbar erschien. Dieser Wandel manifestierte sich auch im Schicksal der großen Totentanzdarstellungen aus dem Mittelalter und der Frühen Neuzeit. War der Baseler Totentanz noch bis Anfang des 18. Jahrhunderts wiederholt restauriert worden, so wurde er nun vernachlässigt und schließlich 1805 beim Abriss der Friedhofsmauer zerstört. Ähnlich erging es dem Lübecker Totentanz, der – allerdings in schlechtem Zustand – »überlebte«, bis er 1942 einer Fliegerbombe zum Opfer fiel.

Die utopische Vorstellung einer zunehmenden Berechenbarkeit – und vielleicht sogar Besiegbarkeit – des Todes hat bei manchen Menschen einen »Unsterblichkeitswahn« entstehen lassen. Da aber mit der Verweltlichung der Gesellschaft der Glaube an die Ewigkeit verloren ging, »ist unser Leben nicht länger, sondern *unendlich* kürzer geworden. Der irdische Rest hat sich zwar verdoppelt; er ist aber alles, was uns verblieb« (Imhof). Wir haben Lebensjahre gewonnen, aber – wie Arthur E. Imhof treffend formulierte – die »Ewigkeit verloren«.

35

Chur-Brandenburgisches EDICT,

Betreffend

Diejenige Rechte / Privilegia und andere Wolthaten / welche Se. Churf. Durchl. zu Brandenburg denen Evangelisch-Reformirten Frantzösischer Nation so sich in Ihren Landen niederlassen werden daselbst zu verstatten gnädigst entschlossen seyn.

Geben zu Potstam / den 29. Octobr. 1685.

Ein ebenso historisches wie erfolgreiches »Einwanderungsgesetz« – mit Vorteilen für die Flüchtlinge ebenso wie für die Aufnahmeländer.

Das Edikt von Potsdam

Einwanderungsland Preußen

Das 1685 erlassene Edikt von Potsdam war die preußische Reaktion auf das kurz vorher erschienene Edikt von Fontainebleau. Friedrich Wilhelm von Brandenburg-Preußen, der Große Kurfürst (1620–1688), reagierte rasch und eindeutig. Er war selbst Calvinist und hatte an seinem Hof genug gleichgesinnte Berater. Außerdem dachte er kameralistisch und wollte eine Verbesserung der wirtschaftlichen Verhältnisse seines auch mehr als eine Generation später immer noch unter den Folgen des Dreißigjährigen Kriegs – vor allem der Bevölkerungsverluste – leidenden Landes.

Das vom Kurfürsten eigenhändig unterzeichnete und dann gesiegelte Urexemplar ist allerdings nicht erhalten geblieben. Bis heute existiert aber eine Vielzahl von an mindestens sechs Orten, in mehreren Sprachen und 13 verschiedenen Ausgaben gedruckten Exemplaren, weil es unmittelbar nach seiner Ausfertigung weithin verteilt wurde. Die Gesamtauflage des Edikts wird auf deutlich über 5000 Exemplare geschätzt, es war damit praktisch *die* Werbebroschüre für einen Neustart in Brandenburg.

Die Einladung an Glaubensflüchtlinge aus Frankreich erfolgte am 29. Oktober (jul.)/8. November (greg.) 1685, nur elf Tage nach Erlass des Edikts von Fontainebleau, mit dem Ludwig XIV. das 1598 von seinem Großvater Heinrich IV. erlassene Edikt von Nantes aufhob; die Unterdrückung der Hugenotten in Frankreich wurde erneut verschärft.

War in Nantes noch die – allerdings häufig gebrochene – Religionsfreiheit für die französischen, stark vom Calvinismus geprägten Protestanten erlassen worden, so bekräftigte der Sonnenkönig die katholische Staatsreligion und verbot die protestantische. Schon in den Jahren zuvor war diese damals nur etwa vier Prozent der Bevölkerung umfassende Minderheit religiös und politisch zunehmend verfolgt sowie wirtschaftlich benachteiligt worden. Auch dies war in den deutschen Ländern nicht nur an der Zunahme von Flüchtlingen bemerkt worden, es hatte vielmehr auch einige Landesherren bewogen, aus unterschiedlichen Gründen aktiv darauf zu reagieren und die »réfugiés« besonders seit den 1680er-Jahren mit Privilegien in ihr Land zu locken.

Werbung und große Zugeständnisse an die Einwanderungswilligen waren allerdings auch notwendig, denn in der Wahl ihres Exils folgten die Reformierten meist den Wegen ihrer schon früher ausgewanderten Vorfahren. Und diese Netzwerke waren tatsächlich dichter und effektiver in den wirtschaftlich prosperierenden Niederlanden und in England als in dem als »zutiefst rückschrittlich und unterentwickelt« (Lachenicht) geltenden Brandenburg-Preußen.

Um 1670 gab es in Frankreich etwa 900 000 Reformierte, von denen die meisten aufgrund der brutalen Verfolgung konvertierten. Neueren Forschungen zufolge verließen im letzten Drittel des 17. Jahrhunderts 150 000 bis 160 000 von ihnen unter großer Lebensgefahr ihre Heimat, schätzungsweise 50 000 emigrierten nach England (einschl. Irland und amerikanische Kolonien), 35 000 bis 50 000 in die Niederlande (einschl. Kolonien). 38 000 bis 44 000 flüchteten in deutsche Territorien (1680 bis 1730); etwa 6500 bis 7500 nach Hessen-Kassel, 4000 nach Franken, 3000 nach Württemberg; die bei Weitem meisten, 16 000 bis 20 000, ließen sich in Bandenburg-Preußen nieder. Ein Drittel von ihnen zog nach Berlin, wo um 1700 ein Fünftel der Stadtbevölkerung hugenottisch war. In dieser Zeit (1701–1705) wurde für sie die Französische Friedrichstadtkirche erbaut, an die später (1780–1785) ein Kuppelturm (»dome«) angebaut wurde, der sogenannte Französische Dom.

Heute gilt das Edikt von Potsdam als »Grundgesetz« des hugenottischen Lebens in Brandenburg-Preußen. In seiner Vorrede klagt der Kurfürst – was andere Staaten in ihren Edikten nicht riskierten – die »harten Verfolgungen und rigoreusen proceduren« Ludwigs XIV. ausdrücklich an. 14 Artikel legen im Einzelnen die Bedingungen für die Aufnahme der Glaubensflüchtlinge fest, indem deren Privilegien und Vergünstigungen beschrieben werden. Diese reichten von der freien Religionsausübung in französischer Sprache über die freie Wahl des Aufenthaltsorts bei Empfehlung bestimmter Städte, umfangreiche Steuerbefreiungen bzw. -erleichterungen, kostenlose Ackerflächen, Baumaterialien, Befreiung von Frondiensten – und für die Handwerker und Gründer von Manufakturen auch Befreiung von Zunftzwang sowie finanzielle Zuschüsse – bis hin zu eigener Untergerichtsbarkeit und schließlich für Adelige die gleichen Rechte wie Angehörige des einheimischen Adels.

Ähnliche Entgegenkommen sagten auch andere Territorien zu, aber tatsächlich variierte deren Umfang erheblich, zum Beispiel zwischen zehn und 25 Jahren Steuerfreiheit.

Während sich demografische, ökonomische und ethisch-religiöse Motive in der Aufnahmepolitik durchaus die Waage hielten, waren die »réfugiés« im Rechtsverständnis der Zeit doch »Fremde«, und als solche und als Konkurrenten wurden sie von den Zeitgenossen auch zunächst meist wahrgenommen. Sie brachten Innovationen mit oder intensivierten sie: als Bauern zum Beispiel Früh- und Mistbeete, Ölmühlen und Zuckersiedereien, Obst, Spargel, Blumenkohl, Sellerie, Chicorée, Champignons, Artischocken, Zichorie und vor allem den Tabakanbau; als Handwerker Fertigkeiten für Lederwaren, Hüte und Perücken, vor allem auch für die Seidenverarbeitung, das Posamentieren und die Strumpfwirkerei, Letztere auch schon mit maschineller Verarbeitung. Auch den Schmuckgewerben gaben sie neue Impulse, da sie aus ihrer Heimat die dort weiter als in Deutschland entwickelten modischen Entwicklungen importierten.

Die Hoffnungen in die von manchen der Flüchtlinge aufgebauten Manufakturen als neuer vorindustrieller Betriebsform erfüllten sich allerdings selten, die wenigsten hielten sich länger als ein Jahrzehnt, staatliche Zuschüsse gingen meist verloren. Als »banquiers« traten sie zu den in diesem Zweig bislang dominierenden Juden; unübersehbar war auch ihr Beitrag zur Entstehung von Vermittlungsbüros und eines Börsenwesens.

All diesen positiven Effekten standen Widerstände gegenüber, sei es, weil die Bauern sich gegen die Abgabe von Land, die Zünfte gegen die Zunftaußenseiter, die Behörden gegen Sonderregelungen wehrten. Jedenfalls sollte der Anteil der »réfugiés« an der Wirtschaftsleistung der Aufnahmeländer nicht überschätzt werden, auch wenn einzelne Regionen erheblich von den Flüchtlingen profitierten. Den Mythos, dass sie brachliegende Landschaften in blühende Volkswirtschaften verwandelt hätten, kultivierten vor allem die Nachkommen der Flüchtlinge.

In Brandenburg-Preußen wurden Hugenotten und Einheimische 1709, also rund eine Generation nach Erlass des Edikts von Potsdam, nochmals rechtlich ausdrücklich gleichgestellt, doch blieben Privilegien und die rechtlich herausgehobene Stellung der »réfugiés« erhalten. Bis 1809 waren sie kirchlich, juristisch und administrativ weiterhin als geschlossene Gruppe in den Staat inkorporiert. Interessanterweise scheinen die Hugenotten so lange überdurchschnittliche Leistungen erbracht zu haben, wie ihr juristischer Status sie von den Einheimischen abhob.

Unbewusst übernahmen sie auch eine wichtige Rolle bei der Formierung des Staats der Hohenzollern, indem sie ein »Gegengewicht gegen die widerspenstigen Stände« (von Thadden) bildeten, weil sie – wo immer sie sich niederließen – nicht Brandenburger, Pommern, Ostpreußen oder Westfalen wurden, sondern staatsunmittelbare preußische Patrioten. Dass sie in einer Notzeit aufgenommen worden waren, bildete den Grundstein ihrer fortwährend dankbaren Anhänglichkeit an das Herrschergeschlecht der Hohenzollern.

Die Gedenkfeier zur 100. Wiederkehr des Edikts von Potsdam geriet daher zur Ergebenheitsadresse an das Königshaus, 1785 verkörpert von Friedrich dem Großen. Preußen war inzwischen von einem kleinen Kurfürstentum zu einer respektierten europäischen Macht aufgestiegen, und die Hugenotten rühmten sich, »als treue Unterthanen auf allen Gebieten des Staates redlich [dabei] mitgeholfen« zu haben. Die Aufhebung ihrer rechtlichen Sonderstellung als «réfugiés« im Zuge der Stein-Hardenbergschen Reformen ab 1806 förderte ihre Integration, während die napoleonische Politik sie zu Protesten veranlasste, viele auch zur Aufgabe der französischen Sprache.

Zu diesem Zeitpunkt war bereits ein umfassender freiwilliger Assimilationsprozess im Gange, der die Grenzen zwischen Hugenotten und eingesessener Bevölkerung zunehmend verwischte. Die Hugenotten hatten ihren Platz zwischen der Bewahrung ihrer Tradition und der Zugehörigkeit zum preußisch-deutschen Staat gefunden.

Gleichzeitig wurde hugenottisches Bewusstsein auf volkstümliche Art weiterhin gepflegt und in einer eigenen, engagierten Geschichtsschreibung das Verdienst der französischen Kolonie um die Modernisierung der deutschen Gesellschaft, um Wissenschaft und Wirtschaft geschickt-idealisierend in den Vordergrund gestellt. Zum 200-Jährigen des Edikts von Potsdam 1885 zollte die hugenottische Gemeinde »unseren Hohenzollernfürsten ... unverlöschliche Dankbarkeit«. Inzwischen waren die Hugenotten vollkommen deutschsprachig geworden, sie verstanden sich gerade in der Zeit des Deutsch-französischen Kriegs und während der Reichsgründung 1871 als Deutsche »par excellence«. Kein Wunder, dass immer wieder überliefert wird, Bismarck habe sie mit Bedacht zu den »besten Deutschen« gezählt.

Das Selbstbild der staatstragenden Hugenotten übernahmen auch die Nationalsozialisten, sie sollen die Flüchtlinge aus Frankreich als »besonders positive Auslese besten germanischen Blutes« (Fuhrich-Grubert, in: Neugebauer) bezeichnet haben. Die Hugenotten spalteten sich über der Frage nach der Haltung zum Nationalsozialismus. Während der Vorsitzende des deutschen Hugenotten-Vereins sich für die Bekennende Kirche entschied und dann auch bald abgelöst wurde, hielten die meisten französisch-reformierten Gemeinden, allen voran die Berliner, loyal zum NS-Staat. Deren Pfarrer fand anlässlich des 250-Jährigen des Potsdamer Edikts 1935 die Formulierung, »keiner [solle uns] übertreffen in der Liebe zu unserem Führer«.

Der 300. Jahrestag des Edikts initiierte in beiden Teilen Deutschlands eine intensivere, kritischere Auseinandersetzung mit dem bis dahin dominierenden Bild der Einwanderung. Die DDR-Geschichtsschreibung identifizierte die Hugenotten geradezu als Archetypus des frühen Kapitalisten, monierte die vorrangig bürgerliche-aristokratische Herkunft der Flüchtlinge und kritisierte einen »hugenottisch-preußischen Staatspatriotismus« (Grau), der zu einer tragenden Säule des verhassten Hohenzollern-Staats gehört habe. Zwar wurde die »fortschrittsfördernde Seite der Leistungen« der »réfugiés« nicht geleugnet, ihre Rolle in der Herausbildung des Nationalstaats und ihre »Geschichtsmythologie« aber wurden kritisch betont: »In moralischer und kultureller Hinsicht oder in einer leistungsorientierten Perspektive haben die Hugenotten im Gründungsmythos Preußens zum Teil die Rolle der puritanischen Pilgerväter für die USA übernommen.« (Grau)

Im Westen wie im Osten bedeutete 1985 »›Hugenotte sein‹ noch immer, Nachkomme einer Elite zu sein, welche ... die Wirtschaft und die Kultur ihres Aufnahmelandes zum Blühen gebracht hat« (Fuhrich-Grubert, in: Beneke/Ottomeyer). Außerdem wurden sie inzwischen von Politik und Presse als »Basis der deutsch-französischen Freundschaft« in Anspruch genommen, während ihr früher gern beschworener Patriotismus beiseitegelassen wurde.

Gleichwohl gilt die Aufnahme der Hugenotten bis heute als Schulbeispiel gelungener Integration und Assimilation; für die Deutschen einerseits als Ausweis ihrer Toleranz und für die Hugenotten andererseits als Beleg ihrer innovativen und staatstragenden Rolle in Kunst, Kultur und Wirtschaft.

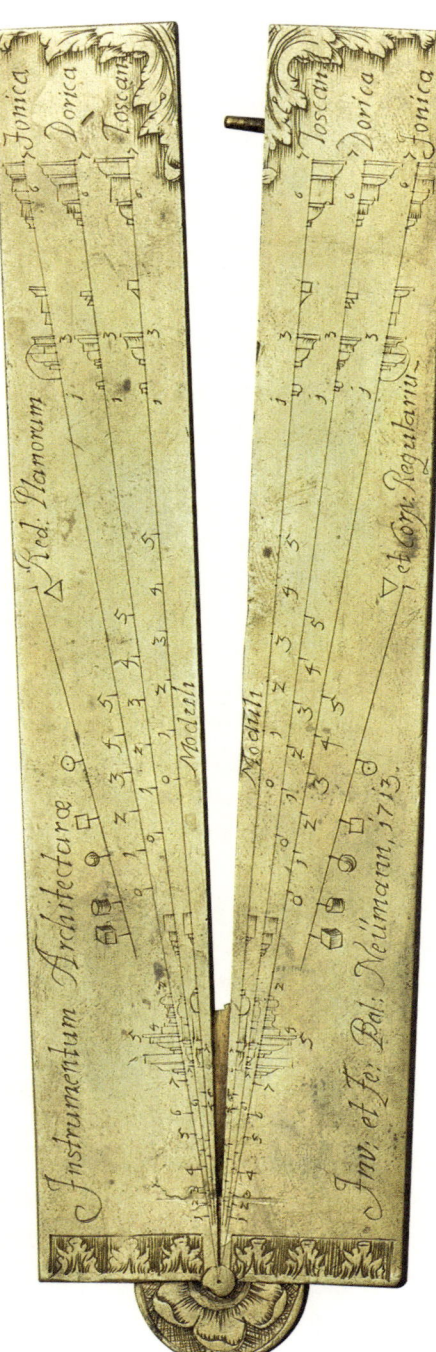

Dieses Messinstrument fertigte sich der Architekt selbst im Alter von 26 Jahren, die klassischen Grundformen von Säulen dienten seiner Arbeit.

36

Balthasar Neumanns Instrumentum Architecturae

Architektur und Baukunst im Barock

Die Würzburger Residenz, die Wallfahrtskirche Vierzehnheiligen in Bad Staffelstein, die Treppenhäuser der Schlösser Bruchsal und Brühl und weitere annähernd 100 Brücken, Kirchen, Schlösser, Klöster, Wohn- und Geschäftshäuser zwischen Bodensee und Rheinland sind als großartige barocke Baukunst mit dem Namen Johann Balthasar Neumann (1687 bis 1753) verbunden, dem bedeutendsten deutschen Baumeister des 18. Jahrhunderts.

Weit weniger bekannt ist sein »Instrumentum Architecturae«, eine seiner frühen, in vielfacher Hinsicht aufschlussreichen Konstruktionen aus dem Jahr 1713: Es ist mehr als eines der üblichen Analogrechengeräte und Proportionalzirkel, wie sie spätestens seit der Wende des 16./17. Jahrhunderts, beispielsweise von Galileo Galilei, bekannt sind und bis in das 19. Jahrhundert hinein von Architekten und Ingenieuren zum Rechnen und Planen benutzt wurden. Wie viele Mathematiker seiner Zeit hatte auch Neumann dieses Messgerät selbst angefertigt und signiert, wie die Gravur »Inv.[enit] et Fe.[cit] Bal [thasar] Neumann 1713« (erfunden und hergestellt) festhält.

Aus Messing gegossen, ist es mit 270 Gramm nicht ganz leicht und ähnelt entfernt einem verbreiteten Zirkel, dessen Schenkel auf 180 Grad streckbar sind, wobei diese aber nicht spitz, sondern rechteckig wie ein Lineal enden. Vom Scheitelgelenk laufen vier Linien strahlenförmig auseinander und sind mit diversen Markierungen und Beschriftungen versehen. Neumann könnte es sowohl für Berechnungen aller Art, insbesondere der Maßverhältnisse von Säulen, zu deren Skizzierung und für architektonische Entwürfe benutzt haben, selbstverständlich aber auch für sonstige Rechenoperationen. Die Gravuren auf den Zirkelschenkeln verweisen auf die Grundtypen von Säulen – »Toscan(a)«, Dorica«, »Jonica«, »Corint(h)ia« und »Composita« – als eines neuen Kanons der Architektur, den das Zeitalter der Aufklärung programmatisch forderte und vertrat: die Details der Gestaltung von Interieurs so zu normieren, dass sie ebenso Ausdruck rationaler Konstruktionskraft waren wie Symbol vernunftgeleiteter politischer Herrschaft.

Neumanns Baukunst entwickelte sich »vorwissenschaftlich« über Ausbildungen im Handwerk als Geschütz- und Glockengießer, Feuerwerker und Büchsenmacher. Wer damals Baumeister werden wollte, musste zunächst Offizier und Festungsingenieur werden und sich dafür alle notwendigen Kenntnisse seiner Zeit in Mathematik, Geometrie, Messtechnik, Naturwissenschaften etc. aneignen – was Neumann mit Talent, Geschick und dem notwendigen Fleiß und Ehrgeiz tat.

Seit 1714 stand er im Dienst des Würzburger Hochstifts, wurde Adjutant, Feldwebel der Artillerie, 1718 fürstlicher Ingenieur-Kapitän und 1719 vom neuen Fürstbischof Johann Philipp Franz von Schönborn, auf Empfehlung von dessen Onkel, des Mainzer Kurfürsten Lothar Franz von Schönborn, der Neumann schon seit 1715 schätzte, zum Oberingenieur und Baudirektor ernannt. Als solcher war er seit 1720 zuständig für Planung und Neubau der Würzburger Residenz (1720–1744) und unternahm zahlreiche Studienreisen, auf denen er vor allem in Wien und Paris viele Anregungen erhielt. Damit begann Neumanns große Schaffensphase als Haus- und Hofarchitekt der Schönborns mit ingeniösen Zivil- und Sakralbauten zwischen Bonn und Konstanz, Rhein und Donau.

Säulen und Säulenpaare wurden neben Wölbung, Rotunde und Kuppel Leitmotive seiner Baukunst, die auch viel über die Epochendynamik der Frühen Neuzeit offenbart: die Spannungen zwischen Absolutismus und Aufklärung im 18. Jahrhundert einerseits und die aufkommende Verwissenschaftlichung der Baukunst andererseits durch Messung, Berechnung und Geometrisierung. Das Instrumentum Architecturae symbolisiert also auch das für die Epoche der Aufklärung charakteristische Bemühen, die Architektur stärker mathematisch auszurichten bzw. entschiedener als einen Teilbereich der angewandten Mathematik zu begründen, wie es die Renaissance-Architektur bereits um 1700 gefordert hatte. Durch mathematisches Kalkül und »Vernunfft«, so Johann J. Schübler in seinem *Lehrbuch zur Zimmermannskunst* mit Widmung an Balthasar Neumann (1731), soll die »Bau-Kunst« die »Vollkommenheit eines Dinges gewähren« und damit befördern, was »gründlich und vernünfftig schön heissen kan«.

Neumanns Aufstieg vom böhmischen Tuchmachersohn zu einem der Stararchitekten im Europa des 18. Jahrhunderts hat nicht nur mit seinem Talent zu tun. Er ist auch Ausdruck und Folge der ausgeprägten

Bauleidenschaft seiner Epoche, der Repräsentationsinteressen der vielen absolutistischen Fürstentümer. Der ebenso talentierte wie ehrgeizige Neumann erschien also genau zum rechten Zeitpunkt.

Neumann war Architekt und Multitalent. Sein bekanntestes Porträt von Marcus F. Kleinert (1727) zeigt ihn im Zenit seines Schaffens und die enorme Bandbreite seiner Aufgabenbereiche: In modischem Harnisch präsentiert er sich als Ingenieur, indem er mit der Rechten die Rolle eines Festungsplans umgreift; er verweist zugleich auf seinen Rang als Artillerie-Major, weil er sich an eine Kanone lehnt. Er unterstreicht ebenso seine Rolle als Zivilbaumeister und Architekt, indem er mit der Linken auf den Pavillon des Würzburger Residenzbaus zeigt; eine Geste, die gleichzeitig Stolz und Selbstbewusstsein ausdrückt.

Anhaltspunkte dafür, dass Neumann mit seinem Instrumentum auch exakte baustatische Berechnungen durchführte, liegen nicht vor. Zeitgenössisch üblich war das »Berechnen« der Statik gemäß detailliert gezeichneter Baupläne und auf der Grundlage von baukünstlerischer Intuition sowie persönlicher Erfahrungs- und Beobachtungswerte. Umso höher sind Neumanns unkonventionelle Erfindungen auf diesem Gebiet, namentlich seine Kunst des Wölbungsbaus, einzuschätzen. Schließlich waren auch die Eigenschaften der zeitgenössischen Materialien – ein gutes Jahrhundert vor Einführung des Baustoffs Beton in Europa um 1850 – zu berücksichtigen.

Die architektonischen Lösungsideen seiner etablierten Zunftkollegen für den Sakral- wie den Profanbau muss Neumann wie ein Schwamm aufgesogen haben. Seine Baukunst zeigt die Einflüsse der bedeutendsten Architekten seiner Zeit – der Brüder Dientzenhofer aus dem Bayrischen, des Architekten des Pariser Adels Germain Boffrand, der Repräsentanten des Wiener Barock, Johann Lucas von Hildebrandt und Johann Bernhard Fischer von Erlach, und des Architekten von Versailles und Hofbaumeisters unter Ludwig XIV., Robert de Cotte, den Neumann in Paris kennenlernte. Dennoch blieb er als Architekt zeitlebens eigenständig und selbstbewusst, wie beispielhaft seine kühne Konstruktion des monumentalen Treppenhauses der Würzburger Residenz veranschaulicht. Die Haupttreppen der Schlösser versinnbildlichten die Erhöhung und Verherrlichung des absolutistischen Fürsten, der über sie gleichsam wie Gott in den Himmel stieg. Und weil sich ein Treppen-»Abstieg« nicht mit dieser schon aus der Antike rührenden Idee vertrug, wichen Herrscher für den Rückweg auf Nebentreppen aus.

Für geradezu waghalsig hielt Johann Lucas von Hildebrandt, der führende Architekt am Wiener Hof, Neumanns stützenfreie Würzburger Deckenwölbung mit ihrer Grundfläche von 18 mal 30 Metern. Er schwor, sich daran aufknüpfen zu lassen, sollte sie halten. Neumann konterte mit dem Angebot, durch den Donner nah aufgefahrener Kanonengeschütze die Tragfähigkeit seiner Konstruktion zu beweisen. Die »Wetten« blieben Theorie, denn die Bauausführung bestätigte Neumanns Selbstvertrauen in die architektonische Vision und das herausragende ingenieurtechnische Können. Dieses Beispiel demonstriert auch, wie weit Neumann anderen Baumeistern der Zeit mit seinen architektonischen Konzepten voraus war.

Neumanns Bauten, das belegen Hunderte Beispiele ebenso wie seine unvollendeten Baupläne, enthalten zahlreiche Pionierleistungen auf dem Gebiet der architektonischen Konstruktion. Bereits für seinen zweiten großen Auftrag, die Schönborn-Kapelle am Würzburger Dom (ab 1721), entwickelt Neumann erstmals das charakteristische Motiv der zentralen Kuppelrotunde, womit er einen der größten Problemkreise der sakralen Baukunst, die Verbindung des Vierungsbereichs mit einer Kuppelrotunde, künstlerisch neu löste. Für die Treppenhäuser der Würzburger Residenz und von Schloss Augustusburg in Brühl entwarf er überzeugende Doppelsäulenkonstruktionen. Verblüffend flache Bögen prägen den kurvierten Raum der Abteikirche St. Ulrich und Afra von Neresheim. So schuf er im Lauf von Jahrzehnten rastloser Bautätigkeit neuartige, beweglich wirkende Raumgefüge und verwirklichte mit seiner einzigartigen Kunst des Gewölbebaus und der Dachkonstruktion, durch aufgebrochene Zwischenräume und gestaltetes Licht ingenieurtechnische Träume seiner Zeit. Sein Ruhm als Baumeister und Künstler war weit vor seinem Lebensende in Europa verbreitet. Kein anderer deutscher Architekt verstand sich am Höhepunkt des späten Barock so wie Neumann darauf, mit Gespür für das gesamtkunstwerkartige Zusammenspiel von Baukunst und Schönheitssinn solche Interieurs zu schaffen, die offen waren für die künstlerische Einbeziehung von Malerei, Skulptur und von Lichtwirkungen in den architektonischen Gestaltungsraum.

Neumanns Baukunst, die Vollendung des Spätbarock, galt ab der Mitte des 18. Jahrhunderts als überholt: politisch, bautechnisch, ästhetisch. Mit dem Ausklingen des Architekturstils von Spätbarock und Rokoko ab den 1760er-Jahren und der Durchsetzung des Klassizismus rückten Neumanns Monumentalbauten kunst- und architekturgeschichtlich in den Hintergrund. Erst seit den letzten Jahrzehnten des 19. Jahrhunderts fand er umso begeistertere Würdigung. Cornelius Gurlitt (1850–1938) kommt das Verdienst zu, Balthasar Neumann aus der Vergessenheit geholt und neu für die Kunstgeschichte entdeckt zu haben, indem er ihn 1889 vorsichtig als »vielleicht der größte Baumeister seiner Zeit« bezeichnete. Mitte der 1890er-Jahre gab es bereits umfassendere Untersuchungen zu Leben und Werk Neumanns, und dessen »kaum glaubliche Vielseitigkeit« wurde mit »nur den italienischen Hauptvertretern der Renaissance, einem Michelangelo, einem Raffael, einem Leonardo da Vinci« (Keller, 1896) verglichen. Genialen Sinn für einen ganzheitlichen Konstruktionsstil bescheinigt die Architekturgeschichtsschreibung ihm bis heute und feiert ihn als den »deutschen Raffael« (Knapp). Das Zeitalter des Barock, in großen Teilen Deutschlands verbunden mit dem Schaffen und dem Einfluss von Balthasar Neumann, bleibt das bislang letzte Beispiel einer umfassenden und bestimmenden Einheit von Religion und Kultur im westlichen Europa.

Der Begriff »Balthasar Neumann« wird heutzutage oft wie ein Qualitätsetikett verwendet, auch der Preis des Bunds Deutscher Baumeister, Architekten und Ingenieure für herausragende architektonische Leistungen und ästhetische Formensprache trägt diesen Namen. Und Neumanns Proportionalzirkel war neben seinem Porträt gut ein Jahrzehnt lang auf dem 50-DM-Schein der Bundesrepublik vor aller Augen.

Dass niemand Balthasar Neumann künstlerisch zu beerben vermochte, belegt seine schöpferische Einzigartigkeit – die raffinierte Kunst seiner Gewölbesicherung war seine Erfindung und nicht einfach »technisch« weiterzugeben. Seine prunkvollen Raumkunstwerke und Perspektiven waren für die Ewigkeit geschaffen: Seine Treppenhauskonstruktion in der Würzburger Residenz hielt nicht nur Hildebrandts erheblichen Zweifeln stand, sondern 200 Jahre später auch dem Gewicht des beim Bombenangriff am 16. März 1945 herabstürzenden Dachstuhls.

Diese legendäre Tabatière Friedrichs des Großen soll ihm in der Schlacht bei Kunersdorf 1759 das Leben gerettet haben – vielleicht vor dieser Kugel.

37

Die Tabakdose Friedrich des Großen

Das »Mirakel des Hauses Brandenburg«

Diese kleine Tabaksdose ist eine der unauffälligsten und schlichtesten in der exquisiten Sammlung von Prunk-Tabaksdosen Friedrichs des Großen (1712–1786). Sie ist aus Gold, aber Verzierung und Bemalung sind eher einfach: Tulpen, Anemonen und Rosen ranken sich auf ihr und ihrem randlosem Deckel, aber es fehlt jegliche Art von Schmucksteinen. Auch die Blumen, Insekten sowie Ranken sind lediglich emailliert. Die Luxus-Tabatièren Friedrichs sind dagegen mit kostspieligen Schmucksteinen aus Achat, Rubin, Saphir, Opal und Jaspis besetzt und üppig verziert. Sie konnten bis zu 12 000 Taler kosten, während diese den Maßen nach kleine Dose den noch erhaltenen Rechnungen aus der Zeit um 1755 zufolge lediglich rund 250 Taler kostete. Und doch ist diese prunklose Tabatière ungleich wertvoller als alle ihre brillantbesetzten Schwestern. So, wie sie früher des »Großen Königs« Schnupftabak »beherbergte«, ist sie heute noch randvoll gefüllt mit Legende.

Eine elf Millimeter dicke Bleikugel auf dem Deckel der Dose weist darauf hin, und tatsächlich ist der Deckel an dieser Stelle auch deformiert. Der Grund: Diese Tabaksdose soll Friedrich dem Großen 1759 in der Schlacht bei Kunersdorf das Leben gerettet haben, indem sie eine gegnerische Kugel abfing. Wie als zusätzlicher Beweis ist die lebensrettende Schnupftabaksdose neben einem – ob original oder nicht – durchschossenen Uniformrock Friedrichs auf Burg Hohenzollern bei Hechingen ausgestellt.

Die Schlacht war an jenem 12. August 1759 nahe Kunersdorf bei Frankfurt/Oder zwischen den Preußen und den miteinander verbündeten Russen und Österreichern heftig hin und her gewogt. Die Preußen waren mit 50 000 Mann den gegnerischen 80 000 Mann deutlich unterlegen, doch sah es zunächst so aus, als ob das Schlachtenglück Friedrich hold sei. Als jedoch ein Angriff der Preußen auf eine besetzte Höhe stecken blieb, brachten vernichtendes Artilleriefeuer und ein Gegenangriff der österreichischen Reiterei die preußischen Reihen schwer ins Wanken, ließen sie zerbrechen und schließlich panikartig fliehen. Kunersdorf wurde zur verheerendsten und blutigsten Schlacht des Siebenjährigen Kriegs (1756–1763) und zum Sinnbild einer totalen Niederlage.

Vergeblich versuchte Friedrich, seine zurückweichenden Truppen wieder in den Griff zu bekommen. Er positionierte sich mit seinem Stab im Brennpunkt des Geschehens, schonte sich nicht und gab seine Befehle aus der Mitte des Schlachtengetümmels. Viele seiner Begleiter, Stabsoffiziere und Adjutanten waren im Feuer gefallen oder verwundet. Trotzdem gab Friedrich nicht nach, als seine Berater ihn drängten, den Befehlsstand in ungefährlicheres Terrain zu verlegen. Bereits zwei Pferde waren ihm unter dem Sattel erschossen worden. Was dann geschah, beschrieb ein Augenzeuge so:

»Der König setzte sich drauf [auf ein neues Pferd] und machte eine Wendung zur Linken. Indem kam eine kleine Kugel, ging durch die ung[a]rische Decke, welche über dem Sattel lag und im Aufsteigen sich etwas in die Höhe geschoben hatte, fuhr alsdenn durch den zugeknöpften Rock des Königs zwischen der Tasche und Hüfte herein, passierte die Weste, schlug das goldene Etui des Königs in der Tasche zusammen und blieb neben demselben in der Tasche liegen. Der König drehte sich um, und sagte: ich glaube, ich habe eine Contusion [Prellung] von einer Kugel bekommen; blieb aber immer unbeweglich auf dem Platze halten. Unterdessen hatten sich der General Crusemark und mehrere andere wieder bey dem Könige zum Rapport eingefunden, und wir alle baten den König sehr dringend, diesen für seine Person allzugefährlichen Ort zu verlassen. Da sagte er die unvergeßlichen Worte: ›Wir müssen hier alles versuchen um die Bataille zu gewinnen, und ich muß hier, so gut wie ihr, meine Schuldigkeit thun!‹« Anders als andere Monarchen kommandierte Friedrich II. seine Truppen tatsächlich persönlich.

Auch wenn das Schicksal Friedrich den Großen hier in Form einer kleinen Tabaksdose schützte und ihn dann auch noch knapp der Gefangennahme durch eine nachsetzende Kosakenpatrouille entgehen ließ, die Niederlage Preußens war vernichtend: 20 000 preußische Soldaten blieben am Abend des 12. August tot oder verwundet auf dem Schlachtfeld, die Reste des geschlagenen preußischen Heeres zogen sich in heller Auflösung zurück. Russen und Österreicher hatten 15 000 Mann verloren, aber ihnen stand nun der Weg nach Berlin und damit zum endgültigen Sieg offen.

Friedrich war verzweifelt und schrieb unmittelbar nach der Schlacht an seinen Jugendfreund und Minister Karl Wilhelm Finck von Finckenstein einen Brief, der als eines der dramatischsten Dokumente preußischer Geschichte gilt: »Ich habe heute morgen um 11 Uhr den Feind angegriffen. […] Alle meine Truppen sind ins Gefecht gekommen und haben Wunderdinge verrichtet. Aber […] zum Schluß dachte ich selbst gefangen zu werden […]. Mein Rock ist von Schüssen durchlöchert, zwei meiner Pferde sind getötet; mein Unglück ist, dass ich noch lebe.« Er war so verzweifelt, dass er an Selbstmord dachte: »Dies ist ein grausames Missgeschick. Ich werde es nicht überleben […] und, um nicht zu lügen, ich glaube alles ist verloren. Ich werde den Untergang meines Vaterlandes nicht überleben. Adieu für immer!«

Doch der Feind zögerte, erkannte nicht die Gunst der Stunde. Russen und Österreicher waren sich uneinig, den entscheidenden Schlag zu wagen. In den Tagen nach der Schlacht sammelten sich die preußischen Truppen wieder, Friedrich schöpfte neue Hoffnung. Und tatsächlich, Russen und Österreicher rückten ab in Richtung Schlesien. Berlin und Preußen waren gerettet.

Die vernichtende Niederlage blieb für Friedrich ohne die schlimmste von ihm befürchtete Konsequenz. 1762 schied Russland nach einem Thronwechsel von Zarin Elisabeth zu dem Friedrich-Verehrer Peter III. überraschend aus der österreichisch-französisch-russisch-schwedischen Koalition gegen Preußen aus, und Österreich beendete ein Jahr später den Krieg. Der Siebenjährige Krieg, der um die Vorherrschaft in Schlesien geführt worden war, endete im Frieden von Hubertusburg 1763 mit einem Verzicht Österreichs auf diese Provinz. Nach siebenjährigem Kampf hatte Preußen, das in der Zeit nach Kunersdorf nur einen Fußbreit vom Abgrund entfernt stand, scheinbar nur durch Durchhaltewillen, Opferbereitschaft und das Genie Friedrichs des Großen seinen überlegenen Gegnern getrotzt und sich damit als Macht in Europa etabliert. Friedrich selbst bezeichnete die Errettung Preußens in einem Brief an seinen Bruder Heinrich als »Mirakel des Hauses Brandenburg«. Er meinte damit eigentlich den unerwarteten Abzug des Feindes nach der Schlacht bei Kunersdorf. Inzwischen wird der Begriff auch auf das überraschende Auseinanderbrechen der antipreußischen Koalition nach dem Ausscheiden Russlands bezogen, und der Volksmund dehnte das »Mirakel« sowohl auf die legendäre, schicksalhafte Rettung des Königs durch seine Tabaksdose wie auch auf die Errettung vor der Gefangennahme aus.

Der Nimbus Friedrichs des Großen als genialer Feldherr und Staatsmann tat ein Übriges, die Schlacht bei Kunersdorf in den Rang einer deutschen Legende zu erheben. Schon zu Lebzeiten begründete der militärische Erfolg genauso wie die aufgeklärte Regentschaft des Hohenzollern eine Popularität, die weit über die Landesgrenzen Preußens hinausreichte. Friedrich wurde zum »Volkskönig«.

Hunderte von Anekdoten ranken sich um den »Großen König« und begründeten eine volkstümliche Verehrung, in der Dichtung und Wahrheit oft verschwimmen. Den einen galt der nur 1,60 Meter große König als Despot, Leuteschinder und »altes Ekel«, den anderen als der aufgeklärte Reformer mit der Querflöte. Er gehört zu den umstrittensten und zugleich faszinierendsten Persönlichkeiten der deutschen Geschichte. Schon wenige Jahrzehnte nach seinem Tode begeisterten sich die Deutschen so sehr für diesen Herrscher wie für keinen anderen. Tatsächlich hatte er einen Flickenteppich von Territorien übernommen, der von der holländischen Grenze bis nach Memel (heute Klaipeda/Litauen) reichte, der bis 1920 nördlichsten Stadt Deutschlands. Friedrich erweiterte und arrondierte, durch Kriege ebenso wie auf friedlichem Wege (Meliorationen), seine Länder um rund die Hälfte, deren Bevölkerung von 2,2 Millionen zu Beginn seiner Regierungszeit auf 5,5 Millionen Menschen stieg. Daher entwickelte sich um Friedrich II. ein früher Personenkult, den sich auch die nachfolgenden Herrscher des Hohenzollern-Geschlechts zunutze machten. Friedrich, sein Wirken für sein Land unter Einsatz des eigenen Lebens, diente somit zur Legitimation hohenzollernscher Herrschaft bis 1918.

Zum »Mythos Friedrich« gehören auch die in Kunersdorf unter ihm erschossenen Pferde, die Rettung vor den Kosaken durch seine Husaren und eben jene goldene Tabaksdose, die das gegnerische Geschoss abhielt. Wahrheit und Legende sind längst eine Symbiose eingegangen. Handelt es sich bei den Exponaten in der Ausstellung auf der Hohenzollern-Burg bei Hechingen wirklich um die original lebensrettende Tabaksdose und das original Bleiprojektil, das Friedrich nach der Schlacht in seiner lädierten Uniform fand? Dies ist unter Historikern umstritten. Der relativ gute Erhaltungszustand der Dose macht stutzig, aber er könnte mit einer späteren Instandsetzung begründet werden. Doch im Grunde ist das für die Faszination des Objekts nicht entscheidend, hier zählt der Mythos. Und der ist nicht mehr an die Dose hinter Museumsglas gebunden, sondern hat sich längst verselbstständigt.

Die Geschichtsschreibung bis 1945 betrachtete die Schlacht von Kunersdorf weniger als verheerendes militärisches Großereignis als vielmehr als ein Synonym für das mannhafte Meistern einer Niederlage, für das Nichtaufgeben in einer aussichtslos erscheinenden Situation. Auch in jeder noch so aussichtslosen Situation würden Standhaftigkeit und Entschlossenheit helfen, preußische Opferbereitschaft sei der Ausweg aus noch so zermürbender Bedrängnis.

Eine verhängnisvolle Rolle spielte der »Friedrich-Mythos« in der Zeit der nationalsozialistischen Diktatur. Hitler schwärmte selbst vom »Helden von Sanssouci« und sah es gern, wenn seine Anhänger ihn mit den Persönlichkeiten der preußisch-deutschen Geschichte von Friedrich dem Großen bis Bismarck in eine Reihe stellten.

Der letzte Wille des Königs, am Terrassenrand des von ihm erbauten Potsdamer Lustschlosses Sanssouci »ohne Pomp, ohne Prunk und ohne die geringsten Zeremonien« neben seinen Hunden beigesetzt zu werden, konnte erst zwei Jahre nach der Wiedervereinigung verwirklicht werden. Sein Nachfolger hatte diesen Wunsch missachtet und seinen Onkel 1786 in der Potsdamer Garnisonkirche beisetzen lassen, an der Seite des von Friedrich gehassten Vaters. Erst 205 Jahre später wurde sein letzter Wille erfüllt, allerdings in einer Art Staatsbegräbnis: Im August 1991 erfolgte die Umbettung nach Sanssouci – wie die »feierlich inszenierte Heimholung des verlorenen Sohnes« (Kunisch).

Damit endete aber auch sowohl die kriegsbedingte Odyssee der Särge der beiden Hohenzollern-Könige Friedrich des Großen und seines Vaters Friedrich Wilhelm I. als auch das »Nebeneinander« der Toten: Von der Garnisonkirche waren sie 1943 in den nahen Luftwaffenbunker in Eiche/Potsdam, gegen Kriegsende schließlich in ein Salzbergwerk bei Bernterode/Thüringen vor drohenden Kriegsschäden in Sicherheit gebracht worden. Dort fand die US-Armee sie im Frühjahr 1945 und brachte sie in die Marburger Elisabethkirche. 1952 wurden sie – auf ausdrücklichen Wunsch der Hohenzollern – in der Kapelle der Burg Hohenzollern bei Hechingen beigesetzt, wo Friedrichs Tabaksdose noch heute ausgestellt ist.

38

Der Hemmer'sche Fünfspitz – wohl der älteste erhaltene Blitzableiter in Deutschland.

Der Blitzableiter

Erhellende Aufklärung

Dieser Blitzableiter ist ein Hemmer'scher Fünfspitz, benannt nach seiner Form und nach seinem Erfinder, dem kurpfälzischen Geistlichen Rat Johann Jakob Hemmer (1733–1790). Er besteht aus einer Mittelstange und zwei mittig an der Stange befestigten Querarmen, die dazu dienen sollten, auch horizontal attackierende Blitze abzufangen. Den Fuß bildet ein mit Kupferblech ummantelter Eichenpfosten, der ihn gegen das Dach isolierte, auf dem er aufgestellt wurde, und ganz unten befinden sich mehrere Haken, an denen Ketten angebracht waren – sie sollten die elektrische Ladung am Haus entlang in den Boden abführen.

Aufgestellt wurde der Blitzableiter 1781 durch den reichen Kaufmann und Bankier Benedikt Adam Liebert, Edler von Liebenhofen, auf seinem neu erbauten Palais am Augsburger Weinmarkt, das später in den Besitz von Lieberts Schwiegersohn Johann Lorenz Schaezler überging und daher den Namen Schaezlerpalais erhielt. Heute beherbergt das Haus ein Museum, in dem städtische und staatliche Kunstsammlungen gezeigt werden.

Der Hemmer'sche Fünfspitz auf dem Dach des Palais war der erste Blitzableiter in der Reichsstadt Augsburg und einer der frühesten überhaupt in Deutschland – und, soweit erkennbar, der älteste erhaltene in Deutschland. Seit Jahrzehnten hatten sich damals viele Forscher mit elektrischen Phänomenen beschäftigt, Vorführungen mithilfe von Elektrisierapparaten erfreuten sich großer Beliebtheit in den Salons und sogar auf Jahrmärkten, doch blieb es zunächst beim Staunen über die Funken, ohne dass an eine eigentliche Nutzanwendung gedacht wurde. Benjamin Franklin gilt als Erfinder des Blitzableiters, seine Theorie über den Zusammenhang von Elektrizität und Gewitter und die Ableitung von Blitzen motivierte auch in Europa zu vielen Experimenten. Berühmt wurde das Experiment von Marly bei Paris, wo 1752 im Auftrag von König Ludwig XV. von Frankreich über eine 13 Meter hohe Eisenstange Blitzeinschläge aufgefangen und ihre elektrische Ladung nachgewiesen wurde. Viele weitere Versuche auch in anderen Ländern folgten. Während einzelne Forscher und Fantasten schon von einer völligen Beherrschbarkeit der Wetterphänomene träumten, waren die Reaktionen in der Öffentlichkeit zunächst eher ablehnend.

Tief verwurzelt waren die grundsätzlichen Bedenken gegenüber Eingriffen des Menschen in die göttliche Ordnung der Natur. Gewitter galten schon in der Antike als Ausdruck göttlichen Zorns, die Götter Zeus bzw. Jupiter in der griechischen und römischen Mythologie wurden als Schleuderer von Blitzen dargestellt. Auch dem Christentum waren solche Vorstellungen nicht fremd. In der Legende der heiligen Barbara etwa wurde ihr Vater zur Strafe von einem Blitz getroffen, weil er sie hingerichtet hatte, nachdem sie sich geweigert hatte, einen heidnischen Bräutigam zu heiraten. Religiöse Bekehrungen wurden nicht selten auf ein Gewittererlebnis zurückgeführt, beispielsweise Anfang des 12. Jahrhunderts bei Norbert von Xanten, dem Gründer des Prämonstratenserordens, und 300 Jahre später bei Martin Luther, die sich beide nach einem solchen Erlebnis für den Eintritt in den geistlichen Stand entschieden haben sollen. Im Katholizismus dienten geweihte Gewitterglocken zur Abwehr des Blitzschlags, und in allen Konfessionen spielten Bußgebete zum selben Zweck eine wichtige Rolle. Musste es da nicht als menschliche Anmaßung erscheinen, sich dem göttlichen Zorn mit technischen Mitteln entgegenzustellen?

Die Debatte um die Blitzableiter rührte tatsächlich an eine wichtige Komponente des christlich-abendländischen Weltbilds, und dies in einer Zeit, in der dieses Weltbild einen grundlegenden Wandel durchlief. Es ging dabei zwar keineswegs um eine Abkehr von den christlichen Fundamenten, aber doch um eine Neuinterpretation des Verhältnisses zwischen Mensch und Welt. War dem mittelalterlichen Menschen das Erdendasein noch in erster Linie als eine Last erschienen, die auf dem Weg zum ewigen Leben zu bewältigen war, so deutete die idealistische Philosophie des 17. Jahrhunderts die Welt nun als einen Ort, der nach einem göttlichem Plan in der bestmöglichen Weise eingerichtet war. Sich mit wissenschaftlichen Mitteln Einblicke in diesen Plan zu verschaffen war daher keine Anmaßung, sondern ein Schritt zur Erkenntnis des göttlichen Waltens und damit letztlich eine Form von Gottesdienst.

Dazu bedurfte es der Sammlung von immer mehr Wissen, immer mehr Daten, wie es ein einzelner Gelehrter niemals vermocht hätte. Es ist daher kein Zufall, dass sich in der zweiten Hälfte des 17. Jahrhunderts in London, Paris und an anderen Orten zahlreiche Gelehrte zur Gründung von Akademien zusammenfanden, deren Ziel es war, die Befunde der Forscher zu bündeln, zu systematisieren und gemeinsam – etwa durch Experimente – zu erweitern. Weitere Schritte in dieser Richtung waren im 18. Jahrhundert Enzyklopädien, in denen der gesamte Bestand des vorhandenen Wissens aufbereitet und zugänglich gemacht wurde. In Paris entstand zwischen 1751 und 1780 unter der Leitung von Denis Diderot und Jean-Baptiste le Rond d'Alembert die französische 35-bändige *Encyclopédie*, die 72 000 Artikel von weit über 100 Gelehrten zu allen Wissensgebieten umfasste, im deutschen Sprachraum das 68-bändige *Grosse vollständige Universal-Lexicon aller Wissenschafften und Künste,* herausgegeben von dem Leipziger Verleger Johann Heinrich Zedler in den Jahren 1732 bis 1754.

In diesen Werken spiegelt sich der Wissensstand einer ganzen Epoche, aber auch der Zwiespalt zwischen wissenschaftlichem Fortschritt und dem Festhalten an älteren Lehrmeinungen, solange diese nicht gänzlich widerlegt waren. Die Artikel über den Blitz zeugen davon: 1733 schrieb Zedler noch, die Ursache der Entstehung von Blitzen sei nicht erforscht, 24 Jahre später wusste der Autor des entsprechenden Artikels bereits von Franklins Experimenten und erwähnt sie. Er referiert aber auch die seit der Antike vertretene Meinung der Entstehung von Blitzen aus der Entzündung giftiger Dämpfe und versucht zugleich, das Läuten der Gewitterglocken rational zu begründen, indem er behauptet, mithilfe von Glockengeläut oder Kanonenschüssen lasse sich die Atmosphäre beeinflussen und das Gewitter ablenken. Aus diesem Glauben heraus wurden oft Glocken mit der Aufschrift »Fulgura frango« (»Die Blitze breche ich«) geweiht. Es dauerte länger, bis das neue Wissen sich durchsetzte. Und wenn schon die Gelehrten trotz spektakulärer Experimente zögerten, die Erklärung Franklins als die einzig richtige zu akzeptieren, ist es kaum erstaunlich, dass mehrere Jahrzehnte vergingen, bis sie in der breiteren Öffentlichkeit anerkannt wurde und zu praktischen Konsequenzen führte – der Anbringung von Blitzableitern.

Der erste Blitzableiter in Europa wurde 1760, acht Jahre nach Franklins Entdeckung, in England auf einem Leuchtturm installiert. In Deutschland erhielten öffentliche Gebäude seit 1770 allmählich Blitzableiter, wobei die Initiative dazu meist von engagierten Einzelpersonen ausging: in der Pfalz von dem Theologen, Physiker und Meteorologen Johann Jakob Hemmer, dem Erfinder des Fünfspitz; in Hamburg von dem Arzt Johann Albert Reimarus. In Hamburg war 1750 die nur 90 Jahre alte Michaelis-Kirche durch einen Blitzschlag in Schutt und Asche gelegt worden, als 1767 der Blitz auch in den Turm der Jacobikirche einschlug. Dies veranlasste Reimarus zu einem dringenden Plädoyer für die Anbringung eines Blitzableiters, die dann tatsächlich 1770 auf der Jacobikirche als erster überhaupt in Deutschland erfolgte. Freilich tat das Kirchenkollegium sich schwer mit der Entscheidung, beschäftigte sich mehrfach mit der Baumaßnahme und gab sie »des Vorurteils wegen ... für eine Reparatur aus« (Möhring). Die Nicolai-Kirche folgte ein Jahr später, aber der damalige Pastor der Katharinen-Kirche wehrte sich weiter, erst unter seinem Nachfolger konnte dort 1817 ein Blitzableiter installiert werden.

Ganz allgemein waren die Widerstände gegen Blitzableiter – oder wie sie gelegentlich auch genannt wurden »Donnerschirme« – in protestantischen Gebieten anscheinend geringer als in katholischen. Dass selbst Papst Benedikt XIV., ein großer Modernisierer Roms, sich schon kurz nach Franklins Erfindung ausdrücklich für die Einführung von Blitzableitern ausgesprochen hatte, konnte die verbreiteten Zweifel an solcher Art Eingriff in das göttliche Walten nicht ausräumen. Die geringsten Schwierigkeiten in dieser Hinsicht hatten die Anhänger des reformierten Protestantismus, wie er etwa in Württemberg vorherrschend war. Da nach der calvinistischen Prädestinationslehre das Schicksal des Menschen ohnehin vorherbestimmt ist, erschien ihnen ein Eingriff in das göttliche Strafgericht schlichtweg unmöglich; wer sich gegen Gewitter schützte, versicherte sich ihrer Meinung nach zusätzlich der göttlichen Gnade.

Allerdings gab es auch unter den katholischen Reichsfürsten energische Befürworter der Aufklärung wie den Kurfürsten Karl Theodor von der Pfalz (und seit 1777 auch von Bayern), den Dienstherrn Hemmers, der ihn bei seinen Bemühungen um die Verbreitung des Blitzableiters unterstützte. Seinen ersten Blitzableiter installierte Hemmer 1776 auf dem neun Jahre zuvor fertiggestellten Trippstadter Schloss in der Pfalz. In diesem Jahr hatte Kurfürst Theodor angeordnet, dass alle Schlösser und Pulvertürme des Landes entsprechend ausgerüstet werden müssten. Im konfessionell gemischten Augsburg lehnte eine Mehrheit der Bevölkerung diese Neuerung zunächst ab, trotz Zustimmung von Fürstbischof Clemens Wenzeslaus.

Das Umdenken hatte begonnen: Immanuel Kant beispielsweise hatte den Blitzableiter 1756 noch abgelehnt, 1774 hingegen riet er in einem

Gutachten zur Einführung eines ersten Blitzableiters in Königsberg. Georg Christoph Lichtenberg, Mathematiker und Physiker, ließ sich als Erster in Göttingen 1780 einen – wie er ihn als Atheist nannte – »Furcht-Ableiter« installieren und erklärte: »Dass in den Kirchen gepredigt wird, macht deswegen die Blitzableiter auf ihnen nicht unnötig.« Auch der Pantheist Goethe beschäftigte sich – wie die meisten seiner gebildeten Zeitgenossen – mit dem »Wetterableiter« (Goethe). Aber erst eine Einzelstimme hat bisher nahegelegt, sein berühmtes Sturm-und-Drang-Gedicht »Prometheus« (1773/74) auch als »Hymne auf Benjamin Franklin« (Schlaffer) zu lesen: Prometheus' Vergleich eines Gewitters (»Wolkendunst«) mit dem Spiel eines Knaben und die folgenden Zeilen »musst mir meine Erde/doch lassen steh'n,/und meine Hütte« seien auch »als Ausdruck der Vernunft, als Gelassenheit gegenüber den Naturerscheinungen Donner und Blitz zu lesen« (Schlaffer). Solche Kritik des Götterglaubens entsprach dem positiven Technikdenken der Aufklärung. Auch die berühmte Gewitterszene in Goethes *Werther* (1774) passt ebenso zum neuen naturwissenschaftlichen Kenntnisstand wie zu damaligen Rollenzuschreibungen der Geschlechter: Die Mädchen halten das Gewitter noch immer für ein Strafgericht Gottes, die Männer zünden sich – entgegen allen überkommenen Verhaltensregeln – ein Pfeifchen an.

Zum weiteren Umdenken dürfte auch eine besonders ausgeprägte Gewittersaison 1783 beigetragen haben; sie war verursacht – wie wir heute wissen – durch einen Vulkanausbruch auf Island. Die Überzeugung, Blitz und Gewitter nicht länger völlig hilflos ausgesetzt zu sein, führte zu einem neuen Blick auf dieses Naturphänomen, das nun mehr in seiner Ästhetik als Naturschauspiel wahrgenommen wurde. Eine ähnliche Entwicklung vollzog sich etwa zur selben Zeit auch in anderen Bereichen. Hohe Gebirge wie die Alpen, die den Reisenden lange Zeit als Inbegriff einer schrecklichen und bedrohlichen Natur gegolten hatten, stießen plötzlich nicht nur bei Naturforschern auf großes Interesse. Es kam eine Alpenbegeisterung auf, die zu einem – für damalige Verhältnisse – bereits fast touristischen Boom führte. Manche Zeitgenossen und auch spätere Autoren beklagten zwar die Entzauberung der Naturgewalten, doch erwies sich die Macht der aufklärerischen Neugier als zu groß, um ihr noch wirksam entgegentreten zu können.

39

Der Revolutionsskeptiker
Goethe malte an der Mosel
dieses Symbol der Revolution.

Goethes »Freiheitsbaum«

Französische Revolution in Deutschland

Das Aquarell zeigt einen Freiheitsbaum – eines der Wahrzeichen der Französischen Revolution. Eigentlich ist es eher eine aufgepflanzte Stange, die geschmückt ist mit Bändern in den Farben der Trikolore und einer roten Mütze auf ihrer Spitze. Die Trikolore war die Fahne der Französischen Revolution, die phrygische Mütze das Kennzeichen der Jakobiner, der radikalen Anhänger der Revolution um Robespierre. Ihre Mütze sollte an die Tracht freigelassener Sklaven in der Antike erinnern, ein Symbol für das Freiheitsversprechen der Revolution. Der Baum geht zurück auf die amerikanische Revolution. 1765 hatte Großbritannien in den amerikanischen Kolonien eine verbindliche Steuerakte auf Schriftgut aller Art – einschließlich Zeitungen – eingeführt, eine Form der Zensur. Vielerorts kam es danach zu Protesten, so auch in Boston, wo sich im August eine Gruppe von Männern unter dem Namen »Söhne der Freiheit« unter einer großen Ulme versammelte und an deren Äste zwei Strohpuppen hängte, die britische Steuereintreiber symbolisieren sollten. Diese Art Baum wurde in Frankreich zum Symbol der Revolution, nachdem er in Anlehnung an die vielerorts verbreiteten Maibäume verändert und in Paris 1790 erstmals errichtet worden war. Auf diesem Aquarell trägt er zusätzlich eine Plakette mit dem Versprechen »Passans, cette terre est libre« (»Passanten, dieses Land ist frei«), was als Einladung in das französisch besetzte Territorium verstanden werden kann.

Kein Geringerer als Johann Wolfgang von Goethe (1749–1832) malte dieses Bild 1792. Er war von Anfang an skeptisch gegenüber der Revolution und blieb es. Unter der deutschen Intelligenz war er mit dieser Einstellung zunächst ein Einzelgänger. Zeitungen und Zeitschriften berichteten erstaunlich ausführlich und oft revolutionsfreundlich über die Ereignisse im Nachbarland. Die aufgeklärten Eliten waren überwiegend begeistert, viele Studenten pflanzten Revolutionsbäume auf, andere reisten wie »Revolutionspilger« nach Paris, um die Ereignisse mitzuerleben. Einer von ihnen war der Pädagoge Johann Heinrich Campe, der mehrere

Jahre als Erzieher der Brüder von Humboldt gewirkt hatte und nun mit einem seiner ehemaligen Zöglinge, Wilhelm von Humboldt, 1789 die Reise unternahm. Noch im Herbst des Jahres begann er mit der Veröffentlichung seiner *Briefe aus Paris*. Ein anderer war der oldenburgische Kanzleirat Gerhard Anton von Halem, der ein Jahr später nach Paris kam. Als er 1791 seinen Reisebericht publizierte, kämpfte er allerdings bereits mit größeren Schwierigkeiten, weil sich die politischen Verhältnisse in Deutschland inzwischen gewandelt hatten, denn für einen Staatsdiener wie ihn war das Bekenntnis zur Revolution existenzbedrohend. Adolph Freiherr von Knigge, heute zu Unrecht nur noch als »Benimmbuch«-Autor bekannt, hatte am 14. Juli 1790 noch ohne jede Heimlichtuerei in der Nähe von Hamburg an einem Freiheitsfest zum Jahrestag der Erstürmung der Bastille teilgenommen. Zwei Jahre später bekam er, inzwischen Oberamtmann in Bremen, jedoch großen Ärger mit der Obrigkeit, weil er satirische Schriften zugunsten der Revolution veröffentlicht hatte. »Es ist doch wohl kein Land, in welchem so viele den Franzosen lauten Beifall zurufen, als unser zwar unvaterländisches aber desto mehr kosmopolitisches Deutschland«, urteilte der Publizist Friedrich Leopold Graf zu Stolberg-Stolberg in einem Brief vom 12. September 1789 an den Literaten Friedrich Heinrich Jacobi.

Der 1750 geborene Stolberg gehörte zur selben Generation wie der ein Jahr ältere Goethe, beide kannten sich gut und hatten 1775 eine gemeinsame Bildungsreise in die Schweiz unternommen. Die meisten Deutschen, die sich für die Revolution begeisterten, entstammten dieser Generation, doch fanden sich auch ältere Anhänger wie der 1724 geborene Friedrich Gottlieb Klopstock, einer der angesehensten deutschen Literaten dieser Zeit. Er feierte die Revolution voller Begeisterung, dichtete schon 1789 »Frankreich schuf sich frei« und ein Jahr später: »Hätt ich hundert Stimmen, ich feierte Galliens Freiheit …«

Fast überall in Deutschland wuchs seit dem Sturm auf die Bastille am 14. Juli 1789 die Kritik an den Herrschenden, und vielerorts, ausgehend vor allem vom Westen des Reichs, kam es zu mehr Unruhen als sonst: Forderungen nach mehr Mitsprache in den Städten, Verweigerung von Abgaben und Frondiensten. Die Haltung der Fürsten war zwiespältig, manche begrüßten die Ereignisse, weil diese den ungeliebten Nachbarn politisch schwächten, andere verkannten sie als Kopien ihrer eigenen Reformen, frankreichnahe Länder agierten vorsichtig oder paktierten bald. Die entschiedensten Gegner waren die geistlichen Fürsten.

Die europäischen Mächte entschlossen sich schließlich, die Französische Revolution einzudämmen, wenn nicht gar rückgängig zu machen, und zogen auf eine französische Kriegserklärung vom April 1792 in die sogenannten Koalitionskriege. Goethe begleitete seinen Herzog Karl August von Sachsen-Weimar als dessen engster Berater (seit 1776) auf diesem Feldzug. Dabei kam er über Mainz und erlebte auf halbem Wege von der deutschen Grenze nach Paris ab dem 20. September 1792 die mehrtägige Kanonade bei dem kleinen Dorf Valmy in der Champagne. Ihm war das Besondere dieses Ereignisses wohl bewusst, auch wenn er die berühmte Sentenz »von hier und heute geht eine neue Epoche der Weltgeschichte aus, und ihr könnt sagen, ihr seid dabei gewesen« erst 30 Jahre später schrieb. Tatsächlich brachte diese Schlacht eine Wende, weil die preußischen Truppen danach fluchtartig den Rückzug antraten. Über Luxemburg kam Goethe zurück an die Mosel, wo vermutlich auch dieses berühmte Bild des »Freiheitsbaums« entstand, in dessen Hintergrund das kleine Winzerdorf Schengen zu erkennen ist. Über Trier reiste er nach Düsseldorf, wo er sich im November/Dezember einige Wochen in Pempelfort bei seinem Freund, dem erwähnten Jacobi, aufhielt. Ihm schenkte er dieses Aquarell eines der – wie er sie nannte – »munteren Bäume der Freiheit«. Dasselbe Motiv findet sich außerdem in einem Brief, den er im Oktober 1792 aus Luxemburg an den Philosophen Johann Gottfried Herder nach Weimar richtete.

Im folgenden Mai bis August war er – wiederum als Begleiter des Herzogs – bei der Belagerung und Rückeroberung der von französischen Revolutionstruppen besetzten Stadt Mainz zugegen. Dort hatten im Oktober 1792 unter französischem Schutz Professoren, Studenten und Beamte einen Jakobinerclub gegründet und am 18. März 1793 die Mainzer Republik ausgerufen, das erste demokratische Gemeinwesen auf deutschem Boden. Zu den Köpfen der Mainzer Revolution gehörte Georg Forster, der als junger Mann von 1772–1775 mit seinem Vater an der zweiten Weltumseglung von James Cook teilgenommen und sich seither als wissenschaftlicher und Reiseschriftsteller einen Namen gemacht hatte. Goethe hatte ihn noch im August 1792 auf dem Weg nach Frankreich besucht.

Mainz war eine kurzlebige »Tochterrepublik« Frankreichs und wurde nach einer viermonatigen Belagerung am 23. Juli 1793 zurückerobert und die Mainzer Republik beendet; die Berichte darüber lassen erkennen, dass die Sympathien für die Jakobiner in der Bevölkerung sehr begrenzt waren. Nach der Einnahme der Stadt kam es zu Ausschreitungen gegen sie und sogar zu Versuchen, einige von ihnen zu lynchen. Auch an anderen Orten Deutschlands fanden die Jakobinerclubs ein rasches Ende. Goethe ließen diese Erlebnisse lange nicht los. In den westlichen bzw. den marxistischen geschichtswissenschaftlichen Interpretationen wurde die Mainzer Republik übrigens sehr kontrovers bewertet.

Im August 1792 hatte die französische Nationalversammlung 18 Ausländern die Ehrenbürgerschaft verliehen, darunter den Pädagogen Campe und – als einzigem Schweizer – Johann Heinrich Pestalozzi sowie den Dichtern Friedrich Klopstock und Friedrich Schiller. Schillers bereits 1782 uraufgeführtes Drama »Die Räuber«, das einige Passagen enthält, die eine republikanische Gesinnung zum Ausdruck bringen, war eines der meistgespielten Stücke im revolutionären Paris. Durch die Verleihung der Ehrenbürgerwürde der Französischen Republik wurde er für dieses Stück ebenso geehrt wie Klopstock für seine begeisterten Oden. Beide sahen indes die Entwicklungen im Frankreich dieser Zeit und vor allem den wachsenden Einfluss der radikalen Jakobiner inzwischen mit Besorgnis. Zwar dankte Klopstock noch im November 1792 in einem ausführlichen Brief für die ihm erwiesene Ehre, doch veröffentlichte er nur wenig später sein Gedicht »Die Jakobiner«, in dem er diese mit Schlangen verglich, die das freie Frankreich vernichtet hätten. Schiller war in seinen politischen Äußerungen – anders als in seinen Dramen – eher zurückhaltend, aber auch er verrät in Briefen seine Sorge über Forster und hält wenig von dem »Experiment« der Mainzer Republik.

Spätestens der Prozess gegen König Ludwig XVI., der mit seiner Hinrichtung im Januar 1793 endete, führte bei vielen deutschen Intellektuellen zur Abwendung von der Revolution. Der Gedanke an den Königsmord – die Hinrichtung eines Herrschers von Gottes Gnaden – erschien selbst vielen überzeugten Republikanern gar zu ungeheuerlich. Auch die im selben Jahr von den Jakobinern eingerichtete Schreckensherrschaft, bei der politische Gegner in Scharen unter der Guillotine endeten, wurde mit Entsetzen quittiert. Diese Entwicklung zeigt sich etwa bei dem Dichter Christoph Martin Wieland, der die Revolution noch 1790 bejubelt hatte als »größtes und interessantestes aller Dramen, die jemals auf dem Weltschauplatz gespielt wurden«. Drei Jahre später veranlassten ihn die Nachrichten aus Frankreich zu einer »Betrachtung über die gegenwärtige Lage des Vaterlandes«, in der er feststellte, dass die politische Situation in Deutschland doch ungleich besser sei als diejenige, die in Frankreich zur Revolution geführt habe. Den Krieg der Koalition gegen das revolutionäre Frankreich erachtete er für notwendig, um die Franzosen aus der Gewalt der Jakobiner zu befreien. Nur wenige hielten an ihrem Bekenntnis zur Revolution fest, wie der Dichter Gottfried August Bürger, der Bearbeiter der Münchhausen-Geschichten, der die deutschen Fürsten in einem Gedicht als Despoten brandmarkte und die Deutschen aufforderte, sich nicht am Krieg gegen Frankreich zu beteiligen. Ein anderer Dichter, Friedrich Hölderlin, gehörte zwar ebenfalls zu den Kriegsgegnern, was ihn jedoch nicht hinderte, die Erfolge des jungen Generals Napoleon auf dessen Italienfeldzug in den Jahren 1796 bis 1797 in einem Gedicht zu feiern.

Mit dem Auftreten von Napoleon Bonaparte (1769–1821) änderte sich die Situation grundlegend. Die weiteren Ereignisse waren geprägt von seinem Aufstieg: 1799 staatsstreichartig zum ersten Konsul und am 4. Dezember 1804 in einer spektakulären Inszenierung in Notre Dame in Anwesenheit des Papstes zum Kaiser der Franzosen. Unter seiner Führung gelang es der französischen Armee, immer weitere Teile Europas zu erobern. Im Deutschen Reich sorgte Napoleon schon lange vor dessen definitiver Auflösung 1806 für eine territoriale Neuordnung. Die linksrheinischen Territorien wurden Frankreich zugeschlagen, die übrigen in neuen Staatsgebilden wie dem Königreich Westfalen unter Napoleons damals 23-jährigem Bruder Jérôme (ab 1807) und dem Großherzogtum Frankfurt (ab 1810) zusammengefasst. Aus der historischen Rückschau war auch diese Entwicklung nur von kurzer Dauer. Mit der französischen Niederlage im Russlandfeldzug 1812 begann der Niedergang des napoleonischen Herrschaftssystems, das 1813 mit der Völkerschlacht bei Leipzig sein Ende erlebte.

Die folgende Zeit stand im Zeichen der Restauration, der Wiederherstellung der angestammten Herrschaftsverhältnisse, die für das ehemalige Deutsche Reich auf dem Wiener Kongress vorgenommen wurde. Doch blieben manche Veränderungen erhalten, die Zahl der deutschen Kleinstaaten verringerte sich erheblich, und in den linksrheinischen Territorien galt weiterhin der französische Code civil, das unter Napoleon I. 1804 erlassene fortschrittliche Gesetzbuch, das erst unter seinem Neffen Napoleon III. ein rundes halbes Jahrhundert später in »Code Napoléon« umbenannt wurde. Die Symbolik des Freiheitsbaumes lebte in Deutschland erst 1832 und dann vor allem 1848/49 wieder auf.

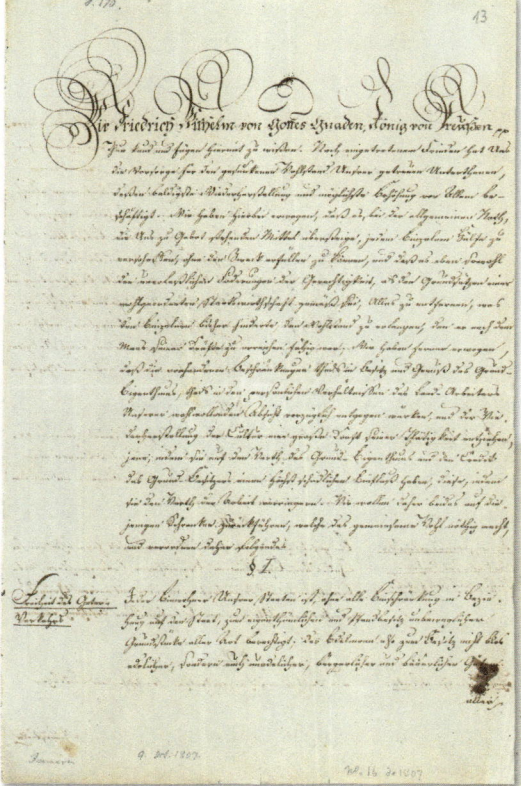

Das Original mit Unterschrift des Königs und Gegenzeichnung seiner Minister – sein Anstoß zur Modernisierung war weitreichender, als damals geahnt.

Das Oktoberedikt

An der Schwelle zur Moderne: Die preußische Reformpolitik

Das erste und berühmteste Gesetzesdokument, mit dem die »preußischen Reformen« einsetzten, das Oktoberedikt, entstand am Tiefpunkt der staatlichen Existenz des Königreichs Preußen. Die Originalausfertigung trägt die Unterschriften des damals 37-jährigen Königs, Friedrich Wilhelm III., und seiner Minister, Karl Wilhelm von Schrötter und dessen älterem Bruder Friedrich Leopold von Schrötter. Dieser wichtige Schritt auf dem Weg zur Einführung von Menschenrechten war mit allen seinen Auswirkungen weitreichender, als die meisten Zeitgenossen ahnten.

Preußen hatte im Oktober 1806 in der Doppelschlacht bei Jena und Auerstedt eine verheerende militärische Niederlage gegen Napoleon erlitten und musste anschließend im Frieden von Tilsit den Verlust von mehr als der Hälfte seines Territoriums hinnehmen – darunter aller linksrheinischen Besitzungen – sowie die Besetzung des Staats durch französische Truppen. Außerdem sollte Preußen riesige, praktisch nicht zu leistende wirtschaftliche Kontributionen zahlen; die Einbeziehung in die Kontinentalsperre brachte zusätzliche wirtschaftliche Nachteile. Altpreußen, das Werk Friedrichs des Großen, schien untergegangen, an seiner Stelle existierte ein ausgebluteter, besetzter Rumpfstaat, der nur durch das gnädige Entgegenkommen Napoleons nicht von der europäischen Landkarte verschwunden war. Eigentlich regierte der preußische König Friedrich Wilhelm III. nur noch den Schatten eines Staats.

An diesem »Nullpunkt« der staatlichen Existenz setzten sich Männer für eine grundlegende Erneuerung und die Befreiung Deutschlands von der französischen Fremdherrschaft ein. Sie erreichten tief greifende Einschnitte, die als der Beginn der preußischen Reformen in die Geschichte eingingen und ein Bündel von Staats-, Verwaltungs-, Wirtschafts-, Militär-, Bildungs- und Sozialreformen der Jahre ab 1807 umfassten. Dabei waren viele der Reformprotagonisten nicht einmal gebürtige Preußen: Karl August Freiherr von Hardenberg war Hannoveraner, ebenso der Militärreformer Gerhard Johann David von Scharnhorst, dessen Mitstreiter August Neidhardt von Gneisenau in Sachsen geboren und in Franken aufgewachsen war. Einer der schöpferischsten Geister der Reform, der Vater des Oktoberedikts von 1807, war nassauischer Reichsfreiherr: Heinrich Friedrich Karl vom und zum Stein; auch die Schrötter-Brüder waren für Reformen.

Ausgerechnet Napoleon machte diesen Freiherrn vom Stein nach dem Frieden von Tilsit zum leitenden preußischen Minister, in der Erwartung, einen willigen Erfüllungsgehilfen für die harten Friedensvertragsbedingungen einzusetzen. Tatsächlich inthronisierte er damit einen seiner größten Widersacher. Bereits zwischen 1804 und Januar 1807 war der Jurist Stein preußischer Wirtschafts- und Finanzminister gewesen, sein allzu großer Reformdrang hatte jedoch dem veränderungsunwilligen König Friedrich Wilhelm III. so sehr missfallen, dass er seinen Minister im Januar 1807 entließ. Nach diesem erzwungenen Rückzug verfasste Stein im Juni mit der sogenannten *Nassauer Denkschrift* praktisch eine Art Grundsatzprogramm für die Erneuerung Preußens.

Wenige Monate später realisierte auch Friedrich Wilhelm III. das Regierungs-»Chaos« und machte am 4. Oktober 1807 Stein auf Drängen Napoleons erneut zum Minister. Stein ging mit einer frappierenden Schnelligkeit ans Werk, als hätte er geahnt, dass ihm nur 14 Monate im Amt blieben. Denn Napoleon ächtete ihn, sobald er erfuhr, dass Stein an Vorbereitungen zur Befreiung von der Franzosenherrschaft beteiligt war. Stein musste im November 1808 emigrieren. Bereits nach Steins ersten fünf Tagen im Amt unterzeichnete der König das Oktoberedikt, und zwar in Memel (das heute litauisch ist), seiner östlichsten und nicht französisch besetzten Residenz; noch am selben Tag wurde es gedruckt.

Das Oktoberedikt wurde bereits von seinen Mitverfassern als »Habeas-Corpus-Akte der Freiheit« gesehen (Theodor von Schön, zit. n. Duchardt) in Anlehnung an das 1679 in England eingeführte Recht, nach dem kein Untertan ohne gerichtliche Untersuchung inhaftiert werden durfte. Dieses Recht ging auch in die amerikanische Verfassung von 1789 ein und zählt heute längst zu den Menschenrechten. Mit dem Oktoberedikt wurde die »Erb-Untertänigkeit, die Sklaverei, diese Schmach« (Schön) abgeschafft und die Idee der Freiheit eingeführt. Das Edikt gilt als »umfassendste jemals in Preussen erlassene Maßregel« (Lehmann) und – allerdings überfälliges – »Fanal« (Clark), wurde als Paukenschlag und »programmatischer Fanfarenstoß« (Vogel) wahrgenommen, war aber doch mehr Absichtserklärung als konkrete Maßnahme. Doch allein die Ankündigung, dass es nach einer kurzen Übergangsphase ab Martini (11. November) 1810 in Preußen »nur freie Leute« geben sollte, war sensationell. Das Oktoberedikt leitete den Wandel vom abhängigen Untertan zum mündigen Staatsbürger ein und war eine Art Ouvertüre der preußischen Reformen. Zugleich war aber auch der »exaltierte Ton« des Edikts ein Novum, ein »Musterbeispiel plebiszitärer Rhetorik« (Clark).

Die Leibeigenschaft der Bauern und damit auch die Frondienste, Abgaben und Erbuntertänigkeit wurden mit dem Oktoberedikt ebenso aufgehoben wie die Beschränkungen des Güterverkehrs und der Berufswahl; der freie Eigentumserwerb wurde erleichtert. Damit war fortan jeder Einwohner Preußens ohne Einschränkungen zur Ausübung jedes Gewerbes und zur freien Verfügung über sein Grundeigentum berechtigt. Bauern konnten in die Städte abwandern und dort ein Gewerbe ausüben, Stadtbewohner konnten Land erwerben und Adlige bürgerliche Berufe ergreifen. Revolutionärer Kern des Edikts war jedoch die Betonung der persönlichen Freiheit jedes Individuums, die vor allem die Bauern zu gleichberechtigten Staatsbürgern machte.

Gleichzeitig ebnete es aber mit den nachfolgenden Gewerbereformen, insbesondere der Aufhebung des Zunftzwangs 1810 in Preußen, in den weiteren Bundesstaaten sukzessive danach auch den Weg zur Industrialisierung Preußens. Die Bildungsreform leitete Wilhelm von Humboldt ein, der 1808 für ein Jahr die Leitung der Kultus- und Unterrichtsabteilung des Innenministeriums übernahm. Preußens Vorreiterrolle bei der Alphabetisierung Ende des 19. Jahrhunderts wird wesentlich Humboldts Reformen zugeschrieben. Es folgten die bürgerliche Gleichstellung der Juden (1812) und die Reorganisation des Militärwesens mit der Einführung der Wehrpflicht (1813/14). Die kommunale Selbstverwaltung, die Neuordnung der Provinzialverwaltung (Regierungsbezirke) und das Berufsbeamtentum wurden Vorbild für andere Länder, ebenso die Trennung von Justiz und Verwaltung. In der obersten Staatsverwaltung wurde die Kabinettsregierung durch verantwortliche Fachministerien modernisiert; die fünf Ressorts (Inneres, Äußeres, Finanzen, Justiz, Krieg) gelten seither als klassische Ressorts. Eine Verfassung und eine Art parlamentarischer Vertretung sollten Abschluss und Krönung des Reformwerks werden, dahingehende Versprechungen von 1808, 1810 und 1815 blieben unerfüllt.

Der Erfolg der Befreiungskriege gegen Napoleon bis 1815 schien die

Richtigkeit der preußischen Reformen zu bestätigen. Gleichwohl wurden bald auch die negativen Begleiterscheinungen der Bauernbefreiung deutlich, unter anderem, weil es an hinreichenden Ausführungsverordnungen fehlte: Dass die Bauern unversehens sozial, wirtschaftlich und politisch auf die eigenen Füße gestellt worden waren, brachte auch Nachteile für sie. Die bisherige Fürsorgepflicht des Gutsherrn im Alter und bei Invalidität fiel weg, Regelungen der von den Bauern an die Gutsherren zu zahlenden Ablösungssummen für Land und Dienste waren lange uneinheitlich oder gar nicht geklärt, deren Abwicklung machte die Hofstellen oft zu klein und unwirtschaftlich. Vielfach verloren Bauern damit ihre Existenzgrundlage, verdingten sich als besitzlose Landarbeiter oder wanderten in die Städte ab, während sich der Großgrundbesitz durch Übernahme dieser aufgegebenen Hofstellen sogar vergrößerte. Immerhin stieg die Produktivität der Landwirtschaft bereits nach wenigen Jahren deutlich, allerdings zogen sich die sogenannten Regulierungen der Besitzverhältnisse durch das ganze 19. Jahrhundert hin. Die mit dem Oktoberedikt eingeleiteten Reformen wurden nur Schritt für Schritt und nach einiger Zeit vollendet, nicht zuletzt wegen der vorzeitigen Entlassung Steins. Stein zielte auf eine echte Erneuerung des Staats und seiner Verfassung, seinem Nach-Nachfolger als Staatskanzler, Hardenberg (1810–22), ging es mehr um eine effektivere Verwaltung.

Als Voraussetzung des preußischen Wiederaufstiegs und damit letztlich auch der deutschen Reichseinigung bekamen das Oktoberedikt und die Reformen ihren festen positiven Platz im deutschen Geschichts- und Nationalbewusstsein. Und mit ihnen Freiherr vom Stein, dem die Historiker auch als Begründer (1819) der *Monumenta Germaniae Historica*, des bedeutendsten Quellenwerks zur mittelalterlichen deutschen Geschichte, Respekt zollen; den Beginn der Editionsarbeiten leitete Stein sogar lange selbst. Ernst Moritz Arndt, zeitweise sein Privatsekretär, gilt als Begründer einer kritiklosen Stein-Verehrung.

Später wurde Stein von den verschiedensten Seiten politisch »vereinnahmt«. Auch von den Nationalsozialisten, die seine Staatskunst aus »ewigen Kräften germanischen Geblüts« (Andreas) herleiteten, ihn als Widersacher Napoleons würdigten und unter Berufung auf ihn Selbstverantwortung durch »Führerprinzip« ersetzten und in ihrer Agrar- und Sozialromantik die negativen Folgen der Bauernbefreiung dramatisierten: von der »Entwurzelung« der ländlichen Bevölkerung über eine

»verhängnisvolle Blutabgabe an die Städte« und die Proletarisierung von etwa 2,5 Millionen Bauern bis hin zur Massenabwanderung nach Übersee.

Ähnlich argumentierte interessanterweise die DDR-Geschichtsschreibung, indem sie die Reformierung der feudalen Gesellschaftsordnung zwar guthieß, dabei aber kritisierte, dass anders als in der Französischen Revolution die ökonomische und politische Macht des Adels nicht gebrochen worden sei. Außerdem hätten die Reformen die Entstehung des Proletariats gefördert, also letztlich dem Kapitalismus gedient. Auch später noch spielten die preußischen Reformen eine wichtige Rolle, als die DDR-Geschichtsschreibung sich seit den 1980er-Jahren mehr mit der preußischen Geschichte zu beschäftigen begann und die Waffenbrüderschaft Preußens mit Russland in den Befreiungskriegen (DDR-)offiziell zu einer Vorwegnahme der »deutsch-sowjetischen Freundschaft« machte. Auf Briefmarken würdigte die DDR den Freiherrn 1953 als »deutschen Patrioten«, 1963 zum 150. Jahrestag der Völkerschlacht von Leipzig als nationalen Befreiungskämpfer. Die Bundesrepublik edierte 1957 zu seinem 200. Geburtstag (ebenso wie das wiedervereinigte Deutschland 2007 zum 250.) eine Briefmarke.

Nach einem »Stein-Boom« in den 1950ern kam Ende der 1960er-Jahre in der Bundesrepublik auch eine kritischere Sicht auf, welche die Modernisierung durch die preußischen Reformen als eine gar nicht intendierte Nebenwirkung der Politik betrachtete. Generell stand aber in der Bundesrepublik die Einordnung der preußischen Reformen in die bürgerliche Emanzipationsgeschichte im Vordergrund, als früher Teil eines vordemokratischen Ringens um Gleichberechtigung, Teilhabe und individuelle Freiheit. In diesem Sinne wurden die preußischen Reformen auch nicht mehr als »deutsche Antwort« auf und damit als Gegenstück zur Französischen Revolution gewertet, sondern eher in eine Reihe gestellt mit den großen Daten der Aufklärung 1776 (amerikanische Unabhängigkeitserklärung) und eben auch 1789 (Beginn der Französischen Revolution), wenngleich es bis zur Etablierung demokratischer Zustände in Deutschland noch ein weiter Weg war.

Das Oktoberedikt war weniger Einleitung einer »Revolution von oben« als Beginn eines Modernisierungsprozesses aufgrund wegbereitender Ideen aus den letzten Jahrzehnten des 18. Jahrhunderts.

41

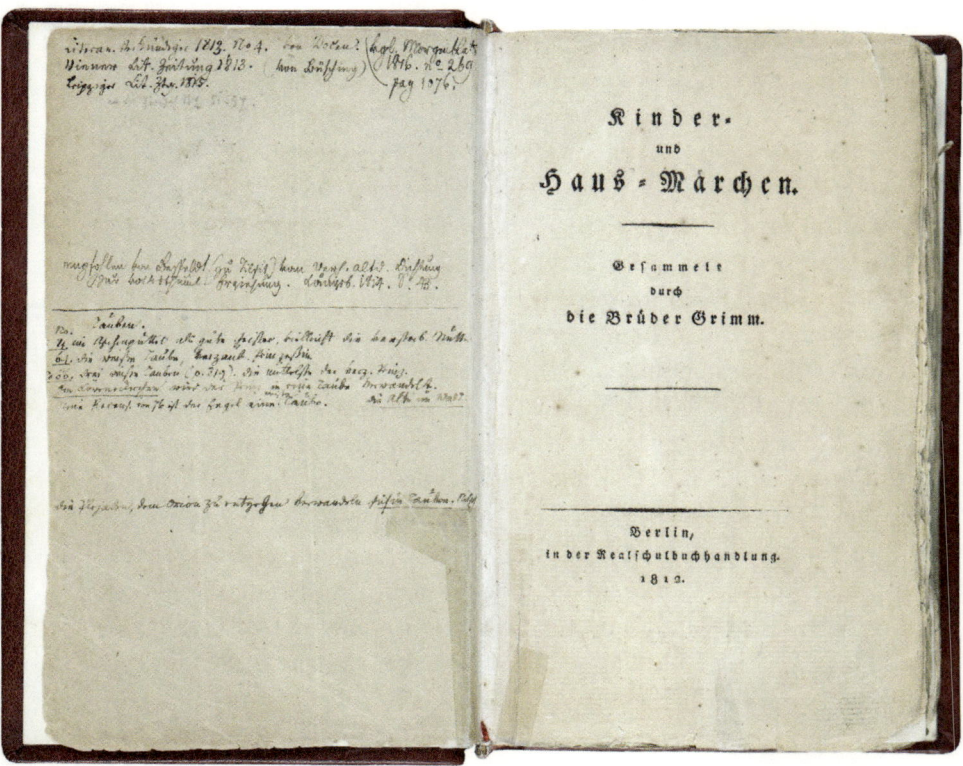

Grimms Handexemplar – mit Fleiß gesammelt und vielfach überarbeitet; die »deutschen« Märchen stammten vielfach auch aus französischen Quellen.

Die Sammlung der *Kinder- und Hausmärchen*
der Brüder Grimm

Altes Volksgut und neue Ideen: Die Romantik

»Es war einmal …« – so beginnt fast die Hälfte aller Grimm'schen Märchen. Diese Redewendung hat die Märchensammlungen der Brüder Jacob (1785–1863) und Wilhelm (1786–1859) Grimm und sie selbst weltberühmt gemacht. So berühmt wie viele ihrer Märchenfiguren, vom Froschkönig über Hänsel und Gretel bis zum Rotkäppchen. Zwar gelten die privat und beruflich lebenslang fast unzertrennlichen Brüder gemeinsam als ihre Urheber, doch war Jacob eher der Wissenschaftler und Wilhelm der eigentliche »Erfinder« dieses romantischen, märchentypischen Tones, der so deutsch wirkt und sich doch in Märchen aus aller Welt findet und von ihnen angeregt wurde – bis hin zu solchen aus der arabischen Welt.

Der erste Band von Grimms *Kinder- und Hausmärchen* erschien wenige Tage vor Weihnachten 1812. Seine Erstauflage von 900 Exemplaren war nach drei Jahren vergriffen, während der zweite Band – 1814 erschienen, aber vordatiert auf 1815 – ein »verlegerischer Flop« wurde. Die beiden persönlichen Handexemplare dieser Bände mit den handschriftlichen Notizen sind heute im Brüder-Grimm-Museum in Kassel ausgestellt. Sie zeigen die akribische Arbeitsweise von Jacob und Wilhelm: Auf eine 24-seitige »Vorrede« (einschließlich je drei Seiten Anmerkungen und Inhaltsverzeichnis) folgen im Band I auf 388 Seiten 86 durchnummerierte Märchen einschließlich einiger Fragmente sowie abschließende 60 Seiten Anmerkungsapparat; ähnlich Band II mit 16 Seiten vorab, dann 70 Märchen auf 298 Seiten und schließlich 70 Seiten Apparat. In diese Druckfassungen notierten die Grimms eine Unmenge von detaillierten handschriftlichen Notizen und Ergänzungen.

Entscheidende Impulse erhielten die Grimms seit 1802/03 während ihres Jurastudiums in Marburg, als ihr Lehrer Friedrich Carl von Savigny sie seinen Kollegen Clemens Brentano und Achim von Arnim als Mitarbeiter für deren Sammlung von Volksliedern empfahl. Diese erschien 1808 unter dem Titel *Des Knaben Wunderhorn* und wurde ein zentrales Werk der deutschen Romantik. In Auseinandersetzung mit dieser volkstümlichen Dichtkunst entdeckten die Grimms ihre Leidenschaft für alte Märchen.

Tatsächlich lag das sagen- und märchenhafte Erzählen am Ende des Aufklärungsjahrhunderts im Trend. Einen Anfang hatte 1782 bis 1786 Johann August Musäus mit seinen fünfbändigen *Volksmährchen der Deutschen* gemacht, 1787 folgte Wilhelm Christoph Günther, 1789 Benedikte Naubert. Außerdem gab es einige anonyme Sammlungen (1799, 1801), auch ein – nicht verwandter – Namensvetter, Albert Ludewig Grimm, hatte für Brentano gesammelt und 1808 einen Band mit *Kindermährchen* veröffentlicht. Entgegen noch heute verbreiteter Meinung wanderten die Brüder Grimm allerdings nicht »märchensammelnd« von Dorf zu Dorf, um sich die Geschichten von »einfachen« Menschen erzählen zu lassen. Sie trugen vielmehr zunächst alles aus ihnen zugänglichen Veröffentlichungen zusammen. Insofern war es ein Glücksfall, dass Jacob seit 1808 Hofbibliothekar am Hofe Jérôme Bonapartes, des Königs von Westfalen, war und die Grimms auch die umfangreiche Privatbibliothek Brentanos nutzen konnten.

Wichtige Anregungen gab der – für die Frühromantik neben Caspar David Friedrich bedeutendste – Maler Philipp Otto Runge, der Brentano als Dank für die Zusendung des *Wunderhorns* zwei von ihm aufgezeichnete Märchen zukommen ließ, »wie sie die Kinderfrauen wohl erzählen«: »Von dem Fischer un syner Frau« und »Von dem Machandelboom«. Sie gelten als »Urmeter« (Rölleke) der Grimm'schen Märchen.

Das Werk der Grimms war – für die heutige Wahrnehmung überraschend – in seiner gesamten Anlage zunächst eher wissenschaftlich konzipiert, als für ein breites Publikum gedacht. Auch eine stark bearbeitete Neuauflage 1819 enttäuschte zunächst kommerziell, aber sie gilt als die wichtigste der Editionsgeschichte, weil die Grimms hier ihren Stil fanden. Sie berücksichtigten die bisherige Kritik, gestalteten die Texte erzählerisch gefälliger, und erstmals schmückte das Bild des Idealtypus einer »Märchenfrau« den Buchumschlag: die vom Malerbruder Ludwig Emil Grimm entworfene »Viehmännin«, eine Bäuerin aus einem Dorf bei Kassel, »noch rüstig und nicht viel über fünfzig«, die den größten Teil der »ächt hessischen Märchen« erzählt habe – wie die Grimms es in der Vorrede zum zweiten Band von 1815 glauben machen wollten. Allerdings war Dorothea Viehmann weder Bäuerin noch wirklich alt und noch nicht einmal hessisch. Sie war die Tochter des Gastwirts der noch heute bestehenden Gastwirtschaft »Knallhütte« in Baunatal, Witwe eines Schneiders, und ihr Geburtsname Pierson deutet auf ihre hugenottische Abstammung hin. Warum verschwiegen die Grimms die französischen Wurzeln ihrer wichtigsten Gewährsperson, der sie fast 40 Texte verdankten?

Tatsächlich hatten die Deutschen sich in den Befreiungskriegen, vor allem in der Völkerschlacht von Leipzig im Oktober 1813, mit Unterstützung einer Koalition aus Preußen, Österreich, Russland, England und Schweden von Napoleon und seiner Herrschaft befreit. Nationale Gedanken und deutsches Selbstbewusstsein hatten sich kräftig entwickelt. Übrigens hatte nicht nur die »Viehmännin« den Grimms Märchen französischen Ursprungs erzählt – meist beim Tee zu Hause bei den Grimms –, sondern auch andere Töchter aus Apotheker-, Pfarrers- oder höheren Beamtenkreisen, die meist hugenottisch waren. Ihre Geschichten stammten von Charles Perrault, der schon mehr als 100 Jahre früher seine *Histoires ou contes du temps passé* (1697) veröffentlicht hatte.

Der Erfolg ließ jedoch weiter auf sich warten. Eine 1823 veröffentlichte Übersetzung einer Auswahl der Grimm'schen Märchen war in England enorm erfolgreich, während der Absatz in Deutschland weiter schleppend verlief. Selbst eine nach diesem Beispiel in Deutschland publizierte illustrierte *Kleine Ausgabe* mit 50 Texten zum Preis von einem Taler erfüllte nicht die Erwartungen. Erst mit der dritten Auflage 1837 trafen die Grimms den »Nerv« der Zeitgenossen und wurden wirklich erfolgreich (weitere Auflagen: 1840, 1843, 1850, 1857). Sie hatten gelernt: Sie optimierten die Texte, ersetzten Fremdworte, fügten volkstümliche Redewendungen ein und machten die Märchen insgesamt kind- und marktgerechter. Sie passten sie aber auch dem Zeitgeschmack an, gestalteten sie romantisch-sentimentaler, biedermeierlicher, auch christlicher und bereinigten erotisch-sexuelle Anspielungen.

So wurden die Märchen der Grimms ein Long- und Bestseller bis in die Gegenwart. Ihr Erfolg ist selbst global nur mit dem der Bibel und mit Shakespeares Dramen vergleichbar, denn alle Ausgaben der Grimm'schen Märchen zusammen wurden wahrscheinlich weltweit in mehr als einer Milliarde Exemplaren verkauft.

Der Erfolg von »Grimms Märchen«, wie sie schon bald im Volksmund genannt wurden, war unaufhaltsam und nahm nach ihrem Tode weiter zu. Nach dem Auslaufen der Verlagsrechte wurden sie ab Ende der 1870er-Jahre sogar »schulreif« gemacht, seit Anfang des 20. Jahrhunderts auch mithilfe von großen Schulwandbildern, welche die Vorstellungswelt folgender Generationen noch lange prägten. Als im letzten Drittel des 19. Jahrhunderts neue Reproduktionstechniken aufkamen, folgten immer mehr illustrierte Ausgaben. Vor allem die von Philipp Grotjohann und Robert Leinweber gestaltete Gesamtausgabe von 1893 trug mit ihren mehr als 300 Abbildungen zum Weltruhm der Grimm'schen Märchen bei.

Der Nationalsozialismus scheute vor einer plumpen ideologischen Vereinnahmung der populären Sammlung nicht zurück: Die in vielen Märchen wiederkehrenden Tugenden wie Aufopferung, Treue und Mut wurden im wichtigsten Genre des nationalsozialistischen Kinderfilms, dem Märchenfilm, propagandistisch instrumentalisiert, Figuren und Dialoge angepasst: Der Märchenkönig glich – volksnah, gerecht, unantastbar – dem »Führer«, das Lob für den »gestiefelten Kater« hieß »Heil dem Kater Murr«; Dornröschen musste blond und germanisch aussehen, der Prinz erweckte sie mit dem Hitlergruß; der das Rotkäppchen rettende »Onkel Jäger« trug eine Uniform mit Hakenkreuz; dem geschwätzigen Bauern wurde zur Strafe ein »gelber Fleck« angedroht.

Nach dem Zweiten Weltkrieg galten »Grimms Märchen« als Verkörperung nationalistischer Ideale. In den westlichen Besatzungszonen waren sie verfemt oder durften nicht gedruckt werden; die Briten verboten sie in der Schule; Zusammenhänge zwischen der Hexenverbrennung in »Hänsel und Gretel« und den Gaskammern von Auschwitz wurden assoziiert. Auch in der Sowjetischen Besatzungszone und später in der DDR wurde nie heftiger als bis Mitte der 1950er-Jahre über Wert und Unwert dieses Märchenerbes gestritten. Es gab vorübergehend keine neuen Editionen, während in der Sowjetunion die Auflagen eine sechsstellige Höhe erreichten. Die Befürworter einer Veröffentlichung konnten sich dort übrigens auf Karl Marx berufen, in dessen Familie man sich »stumm und dumm« (Jenny Marx) an »Grimms Märchen« gelesen hatte. Es dauerte trotz aller Vorbehalte in beiden Teilen Deutschlands nicht lange, bis die Grimm'schen Märchen wieder zur Lieblingslektüre der Kinder zählten.

Doch schon in den 1970er-Jahren galten Märchen als reaktionär, verhaftet in überholten Frauenbildern und autoritären Familienstrukturen. Dass sie zur Lösung von Konflikten auch Gewalt anboten, wurde bei den »68ern« zum Konfliktthema. Iring Fetschers *Wer hat Dornröschen wachgeküsst? Das Märchen Verwirrbuch* (1972) und *Janosch erzählt Grimms Märchen* (1972) zählten zu den ersten und besonders bekannten Versuchen, Grimm'sche Märchen mit einem klaren Gegenwartsbezug und »entmystifiziert« neu zu erzählen. Der amerikanische Psychoanalytiker Bruno Bettelheim arbeitete in *Kinder brauchen Märchen* (deutsche Übersetzung 1977) die Bedeutung von Märchen heraus, die Kinder mit grundlegenden menschlichen Konflikten vertraut machen. In dieser den Märchen so ambivalent gegenüberstehenden Zeit begann auch die systematische wissenschaftlich-kritische Auseinandersetzung mit »Grimms Märchen« und ihrer Entstehung.

Märchen helfen Kindern bei der Bewältigung alltäglicher Konflikte, denn sie vermitteln Zuversicht, weil sie stets mit dem Sieg des Guten über das Böse enden. »Grimms Märchen« haben manches ideologische »Schlachtfeld« überlebt, sie vermögen auch heute noch reizüberflutete Kinder zu sich selbst zu bringen. Schließlich sind sie immer zeitgemäß bis hin zur modernen Patchworkfamilie. Sie kommen dem kindlichen Denken entgegen, weil sie keine Zwischentöne kennen; entsprechen dem Gerechtigkeitsgefühl von Kindern und bieten schließlich und vor allem immer eine Lösung. Denn wenn die Helden nicht gestorben sind, dann leben sie noch heute.

Die Grimms waren aber alles andere als nur »Märchenonkel«. Das zeigen schon ihre umfangreichen Anmerkungen in den Handexemplaren. Sie waren beide immer auch politisch und wissenschaftlich aktiv. Jacob war Staatsrat unter Jérôme Bonaparte im Königreich Westfalen, danach zuständig für die Rückholung der von Napoleon aus Kassel geraubten Kunstschätze, und er vertrat Kurhessen auf dem Wiener Kongress. Wilhelm war seit 1831 Bibliothekar und gehörte mit seinem Bruder zu den berühmten »Göttinger Sieben«, die als Professoren entlassen wurden, weil sie 1837 gegen die Aufhebung der Landesverfassung des Königreichs Hannover protestiert hatten. 1840 berief König Friedrich Wilhelm IV. sie auf Empfehlung Wilhelm von Humboldts unmittelbar nach seinem Amtsantritt an die Universität nach Berlin. 1848 war Jacob Grimm einige Monate Mitglied des ersten deutschen Nationalparlaments in der Frankfurter Paulskirche. Außerdem initiierten sie mit dem *Deutschen Wörterbuch* und der *Deutschen Grammatik* ein erst 100 Jahre nach ihrem Tod abgeschlossenes Mammutunternehmen, das die deutsche Germanistik als Wissenschaft begründen sollte. Auch in den Wirkungen dieser Tätigkeiten leben sie heute weiter.

Spuren des »Gemetzels der Nationen« sind noch heute zu finden, das Terrain »atmet« Geschichte, sein Denkmal verkörpert nationale Begeisterung.

42

Skelett mit Kanonenkugel

Die Völkerschlacht – vom Befreiungskrieg zum Nationalismus

Spuren der Völkerschlacht von Leipzig sind heute noch zu entdecken. Bei Bauarbeiten für einen neuen Autobahnzubringer im Süden Leipzigs fanden sich beispielsweise im Oktober 2005 Pferdeskelette, Hufeisen, Pistolen- und eine Kanonenkugel, die ein Pferd vielleicht wie ein Steckschuss in die Brust getroffen hatte. Die Archäologen identifizierten die Funde rasch als Überreste eines Reitergefechts bei Liebertwolkwitz am 14. Oktober 1813. Im kalkhaltigen Lößboden hatten sie sich relativ gut erhalten. Das Terrain »atmet« dramatische Geschichte.

»Ich schreibe Dir am Morgen einer Schlacht, wie sie in der Weltgeschichte kaum gefochten ist. Wir haben den französischen Kaiser ganz umstellt. Diese Schlacht wird über das Schicksal von Europa entscheiden«, hatte Generalmajor August Neidhardt von Gneisenau am Morgen des 18. Oktober 1813 an seine Frau geschrieben. Er sollte recht behalten, auch wenn das noch nicht die endgültige Entmachtung Napoleons war. Von Samstag, dem 16. Oktober, bis zum Dienstagmittag, dem 19. Oktober, dauerte die »Völkerschlacht«, wie sie bereits gegen Ende der Kampfhandlungen genannt wurde. Erstmals, so Platthaus, »kämpften die Völker gegen einen Fürsten, und der Kampf war somit nicht weniger als eine Art Revolution«. Insgesamt mehr als eine halbe Million (ca. 600 000) Soldaten fast aller Völker Europas standen sich gegenüber: die der Verbündeten (Russland, Österreich, Preußen, Schweden) auf der einen Seite, die Franzosen auf der anderen. Aber auch Polen, Niederländer, Italiener, Spanier, einige Engländer und viele mehr waren beteiligt. Deutsche kämpften auf beiden Seiten, in preußischer und – rund 20 000 Soldaten aus den Rheinbund-Staaten – in französischer Uniform. Gegen den Ring seiner Widersacher hatte der militärisch unterlegene Napoleon in dem weitläufigen Gelände bei Leipzig kein wirksames Mittel, ein Drittel seiner Armee büßte er ein.

Die Entthronung des »Kriegsgotts« Napoleon (Clausewitz) hatte allerdings einen hohen Preis. In vier Tagen verloren etwa 90 000 Soldaten ihr Leben, 54 000 aufseiten des antinapoleonischen Bündnissystems, 38 000 Gefallene auf französischer Seite, und es gab unzählige Verwundete auf beiden Seiten. Der Anblick dieses »Gemetzels der Nationen« muss erschütternd gewesen sein, eine Typhusepidemie im Anschluss an die Schlacht forderte weitere ungezählte Tote. Leipzig war bis 1813 eine blühende Handels- und Messestadt mit etwa 30 000 Einwohnern gewesen, die weite Tiefebene um sie herum eignete sich als Aufmarschgebiet großer Heere. Nach der Völkerschlacht lag die Stadt darnieder, täglich wurden mehr Lazarette in Kirchen und öffentlichen Gebäuden eingerichtet; seit dem 17. Oktober mussten die Leipziger alles an Möbeln und Gegenständen abgeben, was zur Befestigung der alten Stadtmauer dienen konnte. Gegen drohende Epidemien wurden in der ganzen Stadt Misthaufen angezündet, es stank auch durch die Leiber der Toten und Verwundeten »wie in einer Kloake« (Stiftung DHM).

Zu dieser Schlacht war es gekommen, nachdem es Napoleon bis Ende September 1813 nicht gelungen war, die Hauptarmee der Alliierten zu schlagen. Danach plante er, seine Gegner einzeln zu attackieren, während diese die große Entscheidungsschlacht suchten; rund 360 000 Mann auf alliierter standen 200 000 auf Napoleons Seite gegenüber. Die Befreiungskriege, zu deren dramatischem Höhepunkt die Völkerschlacht wurde, hatten mit den Frühjahrsfeldzügen ab April 1813 begonnen und sollten – bis zur Schlacht von Waterloo (18. Juni 1815) – mit dem endgültigen Sturz des in Europa lange Zeit für unbesiegbar gehaltenen Napoleon I. enden.

Die Herrschaft der Franzosen hatte schon länger Widerstand hervorgerufen: Zwangseinquartierungen und Plünderungen, Einschränkungen der Ernährung und Teuerung waren an der Tagesordnung und hatten in der Bevölkerung den Hass auf das napoleonische Joch wachsen lassen. Quer durch alle Stände zeichnete sich das Bild einer allgegenwärtigen sozialen Misere ab.

Freilich hatte es anfänglich auf deutscher Seite Verehrer Napoleons gegeben, so etwa Beethoven, Hegel oder Goethe. Doch sahen auch die kulturellen Eliten ihre Hoffnungen auf eine fortschrittliche Regentschaft durch den Franzosenkaiser bald enttäuscht, seit seiner militärischen Niederlage im Russlandfeldzug 1812 gingen die Sympathien für ihn zurück.

Vereint durch das gemeinsame Feindbild der französischen Fremdherrschaft, schlug die Stunde des deutschen Patriotismus, erwachten die Wünsche nach Freiheit, Unabhängigkeit und nationaler Einheit. Die Mobilisierung von Freiwilligenverbänden, zum Beispiel dem Lützowschen Freikorps, wurde ein Kennzeichen der napoleonischen Epoche, unterstützt von der preußischen Reformpolitik, die 1813/14 die allgemeine Wehrpflicht einführte.

Auch anderweitig wurde mobil gemacht. Der Philosoph Johann Gottlieb Fichte, eine deutsche Identifikationsfigur, rief seit 1807 in seinen Berliner »Reden an die deutsche Nation« dazu auf, die napoleonische Bürde abzuschütteln, die Erziehung zur »Deutschheit« galt ihm als Weg zu diesem Ziel. Der bekannte Theologe Schleiermacher verkündete 1808 von der Kanzel herab, die Auslieferung einer Nation an einen fremden Herrscher sei ein Verstoß gegen die göttliche Ordnung. In gleicher Richtung propagierte aggressiv-nationalistisch »Turnvater« Friedrich Ludwig Jahn den Gedanken einer nationalen Befreiung.

Auch vieles, was damals an Literatur und Kunst entstand, wirkte wie Öl im Feuer der nationalen Selbstbesinnung im Zeichen des Franzosenprotests. Ernst Moritz Arndt, einer der wichtigsten Autoren in der Zeit der Befreiungskriege, machte aus seiner Abneigung gegen Napoleon und ganz allgemein die Franzosen keinen Hehl. Sein Beispiel zeigt, dass sich die »Anfänge des deutschen Nationalismus« (Winkler) für manche Autoren mit offenem Franzosenhass verbanden. Zwar galt dieser nach Friedrich Engels zur Zeit der Freiheitskriege als »Pflicht« aller Deutschen, doch begünstigten die mit ihm verbundenen Feindseligkeiten eine bis weit ins 20. Jahrhundert nachwirkende »hektische Deutschtümelei« (Dahnke). Zahlreiche patriotische Volksdichtungen wurden auch durch Vertonungen populär, wie Körners Gedicht »Lützows wilde, verwegene Jagd« durch Carl Maria von Weber. Auch die nationalpatriotische Publizistik und Flugblattliteratur forderte den Widerstand bis aufs Messer. Selbst der deutsche Klassiker Heinrich von Kleist lieferte mit seinem antinapoleonischen Agitationsdrama *Die Hermannsschlacht* (1808) einen aufwieglerischen Beitrag zum nationalistisch überhöhten Freiheitskampf. So war es im Herbst 1813 Zeit für den Befreiungsschlag gegen den französischen Aggressor und das Finale der napoleonischen Kriege in Europa, die 1792 durch die Französische Revolution ausgelöst worden waren.

Die Orte der Schlacht sind heute Leipziger Stadtteile. An die Völkerschlacht selbst, eine der größten Massenschlachten der Menschheitsgeschichte, erinnert in der Nähe des einstigen Gefechtsstandes von Napoleon eines der gewaltigsten Denkmäler Europas, das Völkerschlachtdenkmal, auf dessen Hauptsims in großen Lettern der 18. Oktober 1813 eingeschrieben ist. Die erste Initiative zur Errichtung eines Denkmals gab schon kurz nach dem blutigen Ereignis Ernst Moritz Arndt. Das erste Jahresfest zur Erinnerung an die Schlacht bei Leipzig fiel mit zahlreichen dezentralen Feierlichkeiten pompös aus und wurde als nationales Politikum inszeniert. Doch ein Denkmalsbau ließ noch lange auf sich warten, war doch kollektives Erinnern an Freiheit und nationale Einheit sowohl in der Restaurationsperiode (ab 1815) wie nach der Revolution von 1848 politisch nicht erwünscht; schließlich hatten die Sachsen auf Napoleons Seite gekämpft. Ernsthaft wurden diese Pläne erst gegen Ende des Jahrhunderts verfolgt. Der 1894 allein zur Errichtung des Denkmals gegründete Deutsche Patriotenbund schrieb 1895/96 Wettbewerbe aus, 1898 erfolgte die Grundsteinlegung, und nach einer 15-jährigen Bauzeit war das Monument zur 100-Jahr-Feier fertiggestellt. Es wurde ein Bauwerk der Superlative, auf einem 5600 Quadratmeter großen Fundament ist es mit seiner Höhe von 91 Metern – damals das höchste Denkmal der Welt – auf einem künstlich aufgerichteten Erdhügel über viele Kilometer sichtbar. Monumentale Treppenanlagen, zwei jeweils 30 Meter breite Steinbilder als Schlachtfeldreliefs und die gigantische Innengestaltung mit 324 plastisch herausgearbeiteten Reiterfiguren in einer 68 Meter hohen Ruhmeshalle bestimmen den überwältigenden Eindruck. Die Entwürfe stammten von dem damals bedeutendsten Denkmalkünstler Bruno Schmitz, dem Architekten des Kyffhäuserdenkmals, und dem Leipziger Architekten Clemens Thieme; Bildhauer waren Christian Behrens und Franz Metzner.

Am 18. Oktober 1913 wurde das Völkerschlachtdenkmal mit großem Pomp in Anwesenheit des Kaisers eingeweiht. Es wurde schon bald ein herausragender »Gegenstand nationaler Mythenbildung und geschichtsphilosophischer Instrumentalisierung« (Thamer). Die Heldengedächtnisfeier des nationalliberalen Jungdeutschen Ordens (1924) zeigt dies ebenso wie der erste Deutsche Reichskriegertag (1925) des rechtskonservativen Bunds der Frontsoldaten »Stahlhelm«. Hier wurde das Völkerschlachtdenkmal als auratischer Wallfahrtsort inszeniert. Im Festkalender der Nationalsozialisten hatte das Denkmal zwar keinen herausragenden Platz, doch schon ab 1933 – Hitler nutzte als Redner wiederholt die Monumentalkulisse – diente es, pseudo-sakral aufgeladen, als Großaufmarschplatz für die Soldaten des »Dritten Reichs«. Im Zweiten Weltkrieg geriet das Denkmal unter Beschuss amerikanischer Bomber, über 300 regimetreue Kämpfer hatten sich in dem von den Alliierten zum Verteidigungsstützpunkt erklärten Denkmal verschanzt.

In der Erinnerungskultur der »alten« Bundesrepublik war Leipzig »weit weg« und wenig präsent. Der SED-Staat propagierte dagegen die welthistorische Schlacht und ihr Leipziger Monument stets als »Sieg des Volkes« (Keller) und damit Ausdruck einer deutschen Volksbewegung, als deren Erbe sich der sozialistische Staat verstand. Zwar ließ sich angesichts der bestehenden Zwei-Staaten-Lage die Symbolik einer gesamtnationalen Erhebung nur gebrochen unter das Volk bringen, umso demonstrativer hoben alljährliche Paraden vor dem Denkmal die historische Verbindung zur »deutsch-sowjetischen Waffenbrüderschaft« hervor – als sozialistische Allianz im Kalten Krieg. Von solch ideologischen Schablonen ist der Roman *Völkerschlachtdenkmal* (1984) des gebürtigen Sachsen und DDR-Oppositionellen Erich Loest weit entfernt, ebenso spielerisch wie fantasievoll und irreal verflocht der Autor 1984 Motive und Personen, dekonstruierte fiktional die Völkerschlacht als epochalen »Flächen-Flohmarkt«. Kurz bevor seine Hauptfigur das Denkmal sprengen will, wird sie verhaftet, aber ihre Feststellung bleibt im Raume stehen: »Meine Stadt […] war ihres Wahrzeichens nicht mehr wert.«

Tatsächlich war die Wirkungsmacht des Nationalmythos der Völkerschlacht nicht erst mit der deutschen Wiedervereinigung entkräftet. Schlacht und Denkmal bleiben narrative und steinerne Erinnerung für die Geburt des deutschen Nationalismus. »Reenactments« wie anlässlich der 200-Jahr-Gedenkfeier die Nachstellung der Schlacht mit Teilnehmern aus 28 Staaten und rund 35 000 Besuchern hinterlassen »gemischte Gefühle«. Der »Mythos von Leipzig ist entzaubert« (Schäfer), die Kriege des 20. Jahrhunderts und die Rolle Deutschlands in diesen Kriegen haben eine andere Verantwortung mit sich gebracht. Die kleinen und großen Spuren sind geblieben.

43

Auszug aus der Originalpartitur von Beethovens »Neunter«. Hier beginnen die Takte »Freude schöner Götterfunken ...«.

Beethovens »Neunte«

Freiheit, Gleichheit, Brüderlichkeit

»Nur« 16 der insgesamt 940 Takte des vierten Satzes sind die bekanntesten: »Freude schöner Götterfunken, Tochter aus Elysium …«; mehrfach wiederholt – im »Allegro assai«, in der Doppelfuge »Allegro energico e sempre ben marcato« und schließlich im »Andante maestoso«. Die Originalpartitur bestand wohl aus mehr als 200 unbeschnittenen, meist 16-zeiligen, querformatigen Notenblättern, zusammengeheftet in mehreren Bündeln. Mit ihren zahlreichen Streichungen, Rasuren, Überschreibungen, Verweisen und Beethovens schwer lesbarer Handschrift musste sie erst von Kopisten in eine Reinschrift übertragen werden, damit die Uraufführung am 7. Mai 1824 im Theater am Kärntnertor in Wien vorbereitet werden konnte.

Beethoven (1770–1827) erlebte vor ausverkauftem Haus einen der größten Erfolge seiner Karriere, 2000 Anwesende feierten ihn ekstatisch. Eine zweite Aufführung blieb allerdings ferienbedingt schon halb leer, die folgenden (1825: London, Frankfurt, Aachen; 1826: Leipzig, Bremen, Berlin) wurden zwiespältig beurteilt. Vor allem der vierte Satz mit – ganz neuartig für Sinfonien – Singstimmen wurde kritisiert. Die Aufführung in London, übrigens mit ins Italienische übersetztem Text, war ein Fiasko, weil allein die Dauer – es sollen 80 Minuten gewesen sein – als »absurd« galt. Übrigens »schaffte« Kurt Masur die kürzeste Version mit unter 53, Sergiu Celibidache die zweitlängste mit fast 79 Minuten.

Die mehr als fragwürdige »Stoppuhrkritik« schwappte auch nach Deutschland hinüber und schadete dem Ruf der »Neunten«, bis ein Jahrzehnt später – wiederum aus London – erste Rehabilitation erkennbar wurde und ein Rezensent dort 1837 fast visionär von der »Neunten« träumte als der »große[n] Freimaurer-Hymne Europas, getragen von tausend Stimmen, unterstützt von einem fünfhundertköpfigen Orchester«. Diese Dimension wird aber auch ein weiteres Jahrzehnt später in Amerika noch nicht erreicht, beim »Festival Concert« zum Fundraising für einen eigenen Konzertsaal, mit großem Programm und 260 Chorstimmen, einer improvisierten, turbulenten Generalprobe und nur zu einem Fünftel verkauften Plätzen in Manhattan (1846) – am selben Tag feiern in der Nähe Zehntausende den Sieg der USA über Mexiko. Die »Ode an die Freude« misslang musikalisch, und die Schwelle zum Massengesang war überschritten.

Die Qualität solcher Aufführungen lässt sich erahnen. In Manhattan waren die Musiker auch vor und nach den Proben an den Aufbauarbeiten beteiligt, und manche machten aus ihren Bedenken wegen des – unbestreitbaren – Schwierigkeitsgrads der »Neunten« keinen Hehl.

Ähnliches gilt für Aufführungen in Deutschland bei manchem in der Zeit des Vormärz populären Musikfest. Ästhetisch umstritten und technisch anspruchsvoll, wurde Beethovens »Neunte« selten in normalen Konzerten aufgeführt. Sie brauchte nicht nur ein großes Orchester und einen großen Chor, sondern auch einen guten Dirigenten und bot sich vor allem für besondere Musikereignisse an. Zudem galt sie als wichtiges Vermächtnis Beethovens, das einen unmittelbaren Zugang zu seiner Persönlichkeit gewährte; auch deswegen wurde 1845 ihre Partitur mit jener der »Missa solemnis« in den Sockel des Beethoven-Denkmals auf dem Bonner Münsterplatz eingemauert. Das Beethovenfest dieses Jahres war – in Anwesenheit des preußischen Königs, dessen Vorgänger Beethoven seine »Neunte« gewidmet hatte – konservativ geprägt. Ob das vormärzliche Hörerpublikum freiheitlich-revolutionäre Ideen auf die »Neunte« projizierte, ist nicht genau auszumachen (Eichhorn). Die damalige Rezeption von Schiller legt dies nahe, er wurde als Freiheitsdichter gefeiert, seine »Ode« hatte während der Befreiungskriege gegen Napoleon patriotische Gefühle entfacht. Beethoven kannte das Gedicht aus seiner Bonner Zeit und hatte lange eine eigene Vertonung dieses in vielen Varianten populär vertonten Gassenhauers vor. Tatsächlich wurde Beethoven dann seit den 1840er-Jahren zunehmend für liberale und radikale Ideen in Anspruch genommen.

Vielleicht auch deswegen war es Richard Wagner, der die »populäre Karriere, die Theatralisierung« (Hildebrandt) der »Neunten« einleitete: Mit 33 dirigierte er sie 1846 in Dresden. Er retuschierte, orchestrierte frei, machte sie geradezu zu seiner »eigenen« Sinfonie, ja, er ging so weit, fast skrupellos zu suggerieren, der Text sei von Goethe statt Schiller. Und er bereitete sich, das Orchester und am meisten den 300-stimmigen Chor so intensiv vor wie wohl kein Dirigent vor oder nach ihm. Wagner wurde zum Experten für Beethoveninterpretationen. Sechs Jahre nach

Wagners erstem Dirigat der »Neunten« wird die Sinfonie in einer musikgeschichtlichen Publikation als »größte That der Geschichte seit der Gründung des Christentums und als das künftige Evangelium der Menschheit« bezeichnet – vielleicht auch, weil Wagner den Chorvortrag im Sinne »singenden Betens« erwartete und die »Neunte« überhaupt religiös verklärte. Wie bedeutend das Werk für ihn war, zeigt schließlich, dass er die »Neunte« 1872 aus Anlass der Grundsteinlegung für das Bayreuther Festspielhaus erklingen ließ.

Im Laufe des 19. Jahrhunderts war die »Neunte« zu einem bürgerlich-repräsentativen Werk geworden, hatte ihr auf die Sympathie Beethovens für die Französische Revolution zurückgehendes und mit Schillers »Ode« konnotiertes subversiv-revolutionäres Potenzial verloren. Aber die bis Mitte des ersten Jahrzehnts des 20. Jahrhunderts erstarkte Arbeiterbewegung knüpfte selbstbewusst an die revolutionäre Tradition der »Neunten« und den Vormärz an: Ein Gedenkkonzert im März 1905 für die Opfer der Revolution von 1848 vor 3000 Arbeitern in einem Berliner Brauereisaal markierte den Auftakt der Rückeroberung. Ideologisch wurde ihr von Kurt Eisner der Weg bereitet, auch wenn er wusste, dass diese Musik in der breiten Arbeiterschaft bei Weitem noch nicht populär war; aber er wollte die »Neunte« zum »Leitideal der proletarischen Bewegungen im Klassenkampf« (Hildebrandt) machen. Das Jahr 1905 war zugleich das Jahr des 100. Todestags Schillers, auf dessen revolutionären Idealismus die Arbeiterbewegung sich ebenfalls bezog.

Schillers völkerverbindende Idee und das Humanitätsideal der »Neunten« standen dann im Widerspruch zu ihrer Vereinnahmung durch die gegnerischen Seiten im Ersten Weltkrieg. Nach Kriegsende diente sie allseits wieder als wichtiger Programmteil von Konzerten sowohl zur Feier des Sieges (zum Beispiel in New York) als auch als »Friedens- und Freiheitsfeier« – so wurde ein vom sozialdemokratischen Arbeiterbildungsinstitut organisiertes Konzert in der Alberthalle des Leipziger Kristallpalastes deklariert, mit dem vor fast 3000 Zuhörern Kriegsende, Novemberrevolution sowie der Sturz der Monarchie gefeiert und die Tradition der Silvesterkonzerte begründet wurde; beginnend übrigens um 23 Uhr, sodass der Beginn des letzten Satzes mit dem Jahreswechsel zusammenfiel.

Die mit der »Neunten« verknüpften internationalen und humanitären Ideen, auch ihre inzwischen in der Arbeiterbewegung gewonnene Popularität machten es der nationalsozialistischen Propaganda schwer, sie in ihre Ideologie zu integrieren. Es gab zwar vereinzelt Hinweise, dass ihre Aufführung nicht erwünscht sei, aber auch immer wieder Versuche, den Verbrüderungsgedanken als Totalitätsanspruch zu interpretieren und Massenaufführungen im Sinne der NS-Ideologie zu organisieren, in den Kriegsjahren auch »anfeuernd«, so 1942 am Vorabend von Hitlers Geburtstag nach einer Goebbelsrede unter dem Dirigat von Furtwängler; letztlich wurde sie im »Dritten Reich« nicht seltener als davor oder danach aufgeführt.

Wen wundert es, dass die »Neunte« auch weiterhin für politische Zwecke instrumentalisiert wurde? In den 40 Jahren der Teilung erhoben beide deutsche Staaten Alleinvertretungsansprüche auf Beethoven und seine »Neunte«: der Osten im Besitz der Autografen, marxistisch-leninistische Ideologie mit Beethovens Sympathie für die Französische Revolution verknüpfend, der Westen mit dem Geburtsort Bonn, sich jedoch vom »Mythos« Beethoven verabschiedend, sogar manchen Gedenktag verschlafend, ein kritisches Beethovenbild entwerfend; was wiederum von der DDR als »Fälschung« angeprangert wurde.

Bis 1952 – das Jahr der Festlegung der Nationalhymne der Bundesrepublik (siehe »Der Erstdruck des »›Deutschlandlieds‹«) – und auch danach blieben Teile aus dem vierten Satz der »Neunten« deutsche Ersatzhymne: Bei den Olympischen Spielen in Oslo und Helsinki 1952 war sie Hymne der allein angetretenen westdeutschen, 1956 bis 1964 der gesamtdeutschen, 1968 der beiden nun getrennten Mannschaften. Aus der deutschen Verlegenheitslösung wurde eine europäische Kompromisslösung: Seit 1972 ist ein Arrangement des Schlusssatzes offizielle Europahymne – freilich gemäß politisch-bürokratischer Tradition ohne Text, verbindlich gesetzt und eingespielt von Herbert von Karajan. Damit wurde auch eine Art Wettbewerb beendet, in dem seit den 1950er-Jahren eine solche länderübergreifende Hymne gesucht wurde.

Dass Leonard Bernstein am ersten Weihnachtsfeiertag 1989 zum »Fall« der Mauer die »Neunte« dirigierte und statt »Freude« »Freiheit schöner Götterfunke« singen ließ, dass Daniel Barenboim am Potsdamer Platz zur »Ode an die Freude« Kräne tanzen ließ und vieles mehr gehört inzwischen zur spektakulären Tradition. Auch dass die »Neunte« seit 1983 in Osaka mit 10 000 Sängern aufgeführt wird. Anrührend, wie 2014 während der Krimkrise Mitglieder des Sinfonieorchesters in Odessa die »Ode an die Freude« im Rahmen eines Flashmobs auf dem Fischmarkt aufführten. Verkitscht oder verkünstelt, trivialisiert oder verherrlicht, verfremdet oder originalgetreu, vergröbert oder verfeinert – die »Neunte« ist bis heute im Musikleben weltweit präsenter als jedes andere sinfonische Werk und hatte übrigens auch gewaltigen Einfluss auf die nachfolgende Sinfonik.

War die Instrumentalisierung der »Neunten« durch Politik und Gesellschaft wichtiger als ihre Instrumentierung? Ihre Überhöhung zum »Evangelium der Kunst«, zur »Marseillaise der Menschheit«, »Kantate des Kosmos« oder »Stimme des Absoluten« ist noch längst nicht zu Ende. Heute gilt sie als »göttlicher Gassenhauer« – und doch bleibt sie gute Musik.

Das Schicksal der Originalpartitur spiegelt deutsche Geschichte auf eigene Weise: Nach Beethovens Tod war sie – bis auf den größeren Teil des Finalsatzes – im Besitz seines langjährigen Sekretärs und späteren Biografen Anton Schindler (1795–1864), der einem Freund Beethovens in London zwei Blätter schenkte (die auf Umwegen 1956 in Bonner Beethovenarchive gelangten) sowie drei Blätter aus dem Schlusssatz an einen unbekannten Empfänger gab (heute in der Bibliothèque Nationale in Paris). 1846 vermachte Schindler seine 137 Blätter gegen eine Leibrente an die Königliche Bibliothek in Berlin. Die bei Schindler fehlenden 67 Blätter des Finalsatzes ersteigerte 1827 aus dem Nachlass Beethovens dessen Wiener Verleger Domenico Artaria, die Nachkommen des Verlegers verkauften sie 1901 an die Königliche Bibliothek, wo alle 204 Blätter bis in den Zweiten Weltkrieg verwahrt wurden. 1941 wurden sie zur Sicherheit ausgelagert: Schindlers inzwischen in rotes Halbleder eingebundener Teil nach Schlesien (Schloss Fürstenstein, dann Kloster Grüssau, seit 1946 Krakau); die Finalteile I bis III nach Altmarrin (Pommern), dann nach Schönebeck an der Elbe (von wo sie 1946 in ihr altes Bibliotheksgebäude Unter den Linden, die spätere Deutsche Staatsbibliothek, zurückkehrten); die Finalteile IV bis V ins Kloster Beuron (von dort 1947 in die Universitätsbibliothek Tübingen, 1967 in die Staatsblibliothek Berlin). Die polnische Regierung gab ihren – lange Jahre angeblich verschollenen – Bestand 1977 an die DDR (Staatsbibliothek Ostberlin). Damit lagerten alle Teile der »Neunten« – bis auf 13 als verloren geltende Takte aus dem vierten Satz – im geteilten Berlin, der »Riss« ging mitten durch die Doppelfuge des Schlusssatzes. Mit der deutschen Wiedervereinigung und der Zusammenführung der beiden Staatsbibliotheken in Berlin (1992) wurde auch das Autograf der »Neunten« wiedervereint.

Globus, Mathematikbuch, Bogenbrücke – alle Zeichen auf diesem Grabstein in Montmartre deuten auf den genialen, in Paris verstorbenen Ingenieur.

Der Grabstein von Johann Gottfried Tulla

Ingenieurskunst auf der Großbaustelle

Ein Grabstein erinnert an ihn auf Montmartre, einem der berühmtesten Friedhöfe von Paris; hier fanden auch Heinrich Heine, Émile Zola, Hector Berlioz und viele andere bedeutende Persönlichkeiten ihre letzte Ruhe. Schulen und Gedenkorte in seiner badischen Heimat tragen seinen Namen. Aber wer den »Vater Rhein« besingt, denkt nicht an Johann Gottfried Tulla (1770–1828), den »Vater« des heutigen Flussverlaufs oder – wie es auf einem Gedenkstein in seiner Geburtsstadt Karlsruhe heißt – »Bändiger des wilden Rheins«.

Eine Reliefkarte auf diesem Grabstein zeigt sowohl den früher mäandernden als auch den – nach der auf diesen Ingenieur zurückgehenden Korrektion – begradigten Rhein. Er plante das Projekt und setzte es in Gang, erlebte seine ersten Erfolge und Probleme, aber der bei Weitem größte Teil der Arbeit stand noch bevor, als er starb; und er konnte nicht einmal sicher sein, dass das ganze Projekt realisiert werden würde. Er litt an Koliken, hatte starke Schmerzen, überlebte die Heilung versprechende Operation wegen Blasensteinen in Paris aber nicht. Der Großherzog von Baden ließ ihm das Grabmal in dem 1825 eröffneten Friedhof errichten, auf ihm erinnern ein in den Stein gemeißeltes, aufgeschlagenes Mathematikbuch mit dem Satz des Pythagoras und eine Bogenbrücke unter dem Globus auch an den genialen Ingenieur und Mathematiker, auf den neben anderen auch die Gründung der Technischen Hochschule in Karlsruhe zurückgeht.

Sein Leben lang hatte er für das gigantische, aufsehenerregende Projekt der Rheinregulierung gekämpft, zahlreiche Gutachten und Denkschriften verfasst. Seit 1809 formulierte er seine 1812 schließlich veröffentlichten *Grundsätze, nach welchen die Rheinbauarbeiten künftig zu führen seyn* möchten. Das Mammutprojekt bedeutete für den gesamten Oberrhein, über 345 Kilometer von der Schweizer Grenze bei Basel bis zur rheinhessischen Grenze bei Worms, eine völlige Neugestaltung. Ganz im physiokratischen Sinne des 18. Jahrhunderts denkend, zugleich allem »Modernen« gegenüber aufgeschlossen – in der Politik ebenso wie in der Technik, bis hin zu neuesten Messinstrumenten, mit denen die Fließgeschwindigkeit des Rheins gemessen werden konnte –, hatte er vor allem die Landesmelioration im Sinn, also die Trockenlegung und Entsumpfung, um die immensen Schäden der jährlich wiederkehrenden Überschwemmungen einzugrenzen und Bevölkerung, Ernten und Böden zu schützen.

Vor Tulla hatte es manche Einzelmaßnahmen gegeben – Durchstiche, Deiche, Uferbefestigungen –, aber mit seinem Masterplan initiierte er das »bis dahin wohl größte und schwierigste Wasserbauvorhaben der deutschen Geschichte« (Radkau). Es währte über ein halbes Jahrhundert, beschäftigte den ganzen Regierungsapparat des Großherzogtums Baden, half, diesen von Napoleons Gnaden neu entstandenen Staat entlang seiner »Hauptschlagader« Rhein zu integrieren, und zog auch die Grenze zu Frankreich neu.

Tullas Gesamtprojekt wurde – nach mehreren vergeblichen Versuchen ab 1812 – letztlich 1817 in Knielingen bei Karlsruhe begonnen und bei Istein 1876 vollendet. Der Rhein wurde um fast ein Viertel seiner Länge auf 273 Kilometer gekürzt und auch in seiner Breite beträchtlich geschmälert, von oft bis zu drei Kilometern auf etwa 250 Meter. Dutzende von Durchstichen begradigten den Fluss. Bei einem Durchstich wurden bis zu 24 Meter breite Gräben für den neuen Rheinverlauf ausgehoben, das Wasser in diese hineingeleitet, sodass die Fließgeschwindigkeit sich erhöhte, weil damit eine Flussschleife ausgespart wurde; zugleich erweiterte und vertiefte die Strömung das neue Flussbett. Schließlich wurden die neuen Uferböschungen mit Faschinen – Reisigbündeln von einigen Metern Länge – befestigt und die früheren Rheinschleifen und -arme so durch Dämme gesichert, dass sie bei normalem Wasserstand vom korrigierten Rhein getrennt waren. Die Anzahl allein der benötigten Faschinen muss sich auf Hunderttausende jährlich belaufen haben, große Waldflächen dienten deren Gewinnung; Hacken, Spaten, Schaufeln, Eimer waren die Werkzeuge, menschliche Muskelkraft wurde ergänzt durch Zug- und Transportvieh.

Die Durchstiche ließen sich je nach Beschaffenheit der Böden unterschiedlich schnell bewerkstelligen, im Schnitt dauerte es wohl fünf Jahre; es gab aber auch solche, die erst nach Jahrzehnten fertig waren. In jeder Phase der Arbeiten waren um die 3000 Arbeiter auf den Baustellen, wo notwendig, auch Hunderte von Soldaten, vor allem wegen des

Widerstands der Bevölkerung manchen betroffenen Rheindorfs – sei es aus Angst vor dem Verlust von Acker- oder Waldflächen, sei es aus Sorge wegen erhöhter Hochwassergefahr. Besonders die Knielinger leisteten so großen Widerstand, dass Infanterie eingesetzt wurde.

Tulla selbst hatte wenig Verständnis für seine Gegner, er war ungeduldig. Preußen hatte seit 1819, als es von dem Großprojekt erfahren hatte und die ersten sechs Durchstiche kurz vor der Fertigstellung standen, bereits vor Überflutungsgefahren für seine Rheinprovinz gewarnt, in den Jahren nach 1825 kulminierte die Debatte um die Umweltfolgen von Tullas Plänen. Ende Juli 1827 musste Tulla selbst sogar einen vorläufigen Baustopp für die Durchstiche rheinaufwärts von Mannheim verhängen. Man ahnt, mit welchen Sorgen nicht nur gesundheitlicher Art Tulla drei Monate später zu seiner Operation nach Paris reiste. Er erlebte nicht mehr, wie ab den 1830er-Jahren nicht nur preußische Skepsis einer vorbehaltlosen Zustimmung wich – einerseits dank der in Tullas Plänen vorgesehenen umfangreichen Uferbefestigungen, andererseits, weil sich auch zunehmend Vorteile für die Schifffahrt zeigten. Das Hochwasser des Jahres 1876 und erst recht die »Jahrhundertflut« 1882/83 ließen in einer neu entstehenden, sich verändernden Medienlandschaft die Kritik an der Korrektion wiederaufleben und führten zu einer Debatte, die »Merkmale moderner Umweltkontroversen« (Bernhardt) aufwies.

Die Begradigung des Rheins nahm den Menschen einerseits die Angst vor der Unberechenbarkeit des Stroms, gab ihnen fruchtbare Ackerlandschaften, verbesserte das Klima und bewirkte, neben medizinischen Fortschritten, dass sich die Gesundheit der Menschen am Oberrheinufer verbesserte; denn hier waren die Sümpfe lange eine Brutstätte für Malaria, Typhus und Ruhr gewesen. Andererseits veränderte sie allmählich Fauna und Flora stärker als – wie Biologen meinen – die 10 000 Jahre seit der letzten Eiszeit. Bestimmte Pflanzen und viele Fischarten verschwanden ganz, so der ebenso verbreitete wie beliebte Lachs, andere dezimierten sich. Seit der Mitte des 19. Jahrhunderts verlor die hauptberufliche Fischerei an Bedeutung, der Beruf wurde zum Nebenerwerb, die Fischerdörfe veränderten sich.

Als Richard Wagner 1851–54 an seiner Oper *Rheingold* arbeitete, auch als sie 1869 in München uraufgeführt wurde, hatte der Mythos eines Schatzes aus Gold, den Naturwesen wie die Rheintöchter in der Tiefe des Flusses hüteten, noch einen realen, wenn auch verblassenden Hintergrund. Die Goldwäscherei war einer der ältesten Berufe am Rhein, seit dem 3. Jahrhundert v. Chr. nachgewiesen und von den Römern beschrieben; im Mittelalter war Gold besonders begehrt wegen seines im Vergleich zu Silber gestiegenen Werts. Dieses Gold kam mit dem Rhein aus den Zentralalpen, in Schotter abgesetzte Partikel, die von Basel bis Mainz mit dem Geschiebe des Flusses immer mehr zerkörnt wurden. Vor Beginn der eigentlichen, intensiven Korrektionsarbeiten stiegen die Goldfunde noch infolge der vorbereitenden Bauarbeiten. Wurden Ende der 1840er-Jahre in Baden sogar offiziell 400 Goldwäscher gezählt und jährlich noch mehrere Kilo Gold an die Staatsmünze abgeliefert, so sank diese Menge in den beiden Jahrzehnten danach auf ein Minimum, die Gewinnung von Gold aus Rheinkies war unmöglich geworden, der Beruf starb aus.

Tulla hatte, anders als seine Kritiker, auch weitere Folgen nicht vorhergesehen: Im Süden zwischen Basel und Karlsruhe sank durch die Bändigung des Flusses und das Ausbleiben der natürlichen Überflutungen der Grundwasserspiegel erheblich, stehende Gewässer trockneten aus, Pflanzen und Bäume verdorrten. Andererseits zeigte sich, dass infolge der höheren Fließgeschwindigkeit an Mittel- und Niederrhein bei Hochwasser schwere Überschwemmungen auftraten, in Koblenz, Bonn, Köln und vielen anderen Städten muss der Hochwasserschutz bis heute angepasst werden.

Zur Verkehrs- und Industrieentwicklung trug Tulla allenfalls unabsichtlich bei. Seit vorrömischer Zeit war der Rhein ein wichtiger Handelsweg, im Mittelalter die wichtigste deutsche Verkehrsstraße, von Speyer stromaufwärts wurde mit Pferden getreidelt. Seit dem 16. Jahrhundert nahmen die vier rheinischen Kurfürsten (Köln, Mainz, Pfalz, Trier) die Aufsicht über den Rhein wahr, nach der Französischen Revolution folgte eine Liberalisierung der Schifffahrt. Völlig freien Personen- und Warenverkehr von Basel bis zum Meer garantierte erstmals die Mainzer Rheinschifffahrtsakte von 1831, sodann die Mannheimer Akte von 1868, die im Wesentlichen bis heute gültig ist.

Die Bedeutung von Tullas Projekt für die Entwicklung von Verkehr und Handel seit dem 19. Jahrhundert ist nicht zu unterschätzen. Der Mannheimer Hafen, wichtigster Warenumschlagplatz für von der Nordsee kommende Güter, lange Endpunkt der Großschifffahrt auf dem Rhein, schien infolge der Rheinregulierung zunächst an Bedeutung zu verlieren; sein Ausbau zum Industriehafen mit der Ansiedlung von Unternehmen zur Weiterverarbeitung der ankommenden Waren ließ ihn wieder aufblühen. Heute benutzt die Rheinschifffahrt zwischen Breisach und Basel den seit 1928 auf elsässischer Seite ausgebauten Rheinseitenkanal, teils im alten Strombett. Der Rhein gehört zu den am stärksten befahrenen Wasserstraßen der Welt.

Das wahrscheinlich »größte Bauvorhaben, das jemals in Deutschland in Angriff genommen wurde« (Blackbourn), macht nachdenklich: Wie konnte ein kleiner Mittelstaat – das Großherzogtum Baden –, kaum gegründet, mit vorindustriellen Mitteln ein »Halbjahrhundertprojekt« beginnen, durchhalten und zu Ende bringen? 200 Jahre nach Tulla lässt sich diese Frage nur mit großem Staunen stellen. Sie zu beantworten fällt schwer, besonders, da heute an vielen Beispielen (Stuttgart 21, Elbphilharmonie, Flughafen Berlin Brandenburg etc.) gezeigt wird, »wie Deutschland seine Zukunft verbaut« (von Gerkan). Architekten und Architekturkritiker blicken aus Deutschland »mitunter begehrlich« auf die Großbauprojekte in autokratischen Staaten, wo vieles schneller, pragmatischer geht, bei kürzeren Entscheidungswegen, weniger bürokratischen Vorgaben, unabhängig von Wahlperioden und gesellschaftlicher Mitsprache. Unter den Bedingungen von heute wäre Tullas Rheinkorrektion vielleicht noch denkbar – aber nicht mehr machbar.

45

Dieses Exemplar des »deutschen Dreifarb« stammt aus der Ausstellung »Hinauf, hinauf zum Schloss« des Hambacher Schlosses und ist eine Leihgabe des Stadtmuseums Neustadt.

Die Hambacher Fahne

Erste Demokratieversuche und ihre Niederschlagung

Am Sonntag, dem 27. Mai 1832, führten viele der 20 000 bis 30 000 Menschen, die am frühen Vormittag mit Musik und Gesang auf die Ruine des Hambacher Schlosses zogen, Fahnen mit sich. Zu den wenigen bis heute überlieferten Fahnen gehört vor allem die heute im Hambacher Schloss ausgestellte »Urfahne«. Johann Philipp Abresch (1804–1861), Landwirt und Kaufmann in Neustadt, hatte sie eigens für diese Versammlung angefertigt. Damit gilt er – allerdings verklärend, da unrealistisch – als der Erste, der eine schwarz-rot-goldene Fahne in dieser Farbreihung von oben nach unten fertigte; außerdem hatte er die Aufschrift »Deutschlands Wiedergeburt« daraufsticken lassen. Abresch trug sie selbst im Demonstrationszug vom Neustädter Marktplatz aufs vier Kilometer entfernte Schloss und hisste sie dort auf dem Turm.

Eigentlich war für den Mai 1832 auf dem Hambacher Schloss ein Volksfest zum Jahrestag der bayerischen Verfassung angesetzt, denn die Pfalz gehörte seit 1816 zum Königreich Bayern. Doch Neustädter Bürger funktionierten diese Veranstaltung um und luden zu einem »Nationalfest der Deutschen« ein. Politische Kundgebungen waren verboten, Feste jedoch nicht. Erst dieser geschickte Schachzug eröffnete die Möglichkeit einer relativ freien Versammlung, und sie wurde tatsächlich die bis dato größte Veranstaltung mit liberalen und demokratischen Forderungen. Ein Versuch der bayerischen Regierung, das Fest doch noch zu verbieten, misslang und erregte eher zusätzliche Aufmerksamkeit. Tatsächlich übertraf die Zahl der Teilnehmer alle Erwartungen der Organisatoren um Johann Georg August Wirth und Philipp Jakob Siebenpfeiffer.

Sonntags ab elf Uhr dann der Höhepunkt: »Hinauf, Patrioten, zum Schloss, zum Schloss«, lautete die erste Zeile eines eigens von Siebenpfeiffer gedichteten Lieds. Wie er waren viele der Organisatoren Journalisten, sie demonstrierten für »ein freies deutsches Vaterland« und gegen »politische Knechtschaft«, forderten die staatliche Einheit Deutschlands und bürgerliche Freiheitsrechte. Vor allem wollten sie

Meinungs-, Rede-, Versammlungs- und Pressefreiheit und Gleichheit vor dem Gesetz; und zwar in einem geeinigten deutschen Nationalstaat mit liberal-demokratischer Verfassung. Tatsächlich waren den Einwohnern der deutschen Staaten nach den Befreiungskriegen gegen die napoleonische Besatzung 1813/15 Reformen und die Einführung (liberalisierter) Verfassungen in Aussicht gestellt worden. Mit der Reetablierung der Fürstenherrschaft nach dem Wiener Kongress 1815 und der zunehmenden Verfolgung der national-liberalen Bewegung nach den Karlsbader Beschlüssen 1819 samt Einschränkung der Pressefreiheit wurden jedoch bald alle Forderungen nach bürgerlichen Freiheitsrechten und einem geeinigten deutschen Nationalstaat gewaltsam unterdrückt. Auch der 1815 als lockerer Staatenbund von 41 souveränen Einzelstaaten und Freien Städten gegründete Deutsche Bund diente eher der Restauration überwunden geglaubter Herrschaftsstrukturen, als dass er Zwischenstation zu einem demokratisch verfassten Nationalstaat gewesen wäre.

Mit dem Hambacher Fest kam zum ersten Mal seit dem Wartburgfest von 1817 wieder Bewegung in die Nationalstaats- und Verfassungsdebatte. Die Ideen von 1813/15 flammten wieder auf, einerseits verstärkt durch neuerliche Erfahrungen der Unterdrückung, andererseits ermutigt durch die Berichte über eine erneute Revolution in Frankreich 1830 und Volksaufstände in Polen. In Hambach waren alle Kreise des Volks vertreten: Bürger, Studenten, Handwerker, Winzer, Kaufleute, Ärzte, Kleinbauern und Journalisten. Alle Strömungen versammelten sich unter den als deutsch anerkannten schwarzen, roten, goldenen Farben. Siebenpfeiffer meinte den deutschen Partikularismus, wenn er in seinen Versen kritisierte: »Was tändelt der Badner mit Gelb und Roth, / Mit Weiß, Blau, Roth Bayer und Hesse? / Die vielen Farben sind Deutschlands Noth, / Vereinigte Kraft nur zeigt Größe. / Drum weg mit der Farben buntem Tand, / Nur e i n e Farb' und e i n Vaterland!«

Als Fahne ebenso wie tausendfach getragen als Kokarde, Armbinde oder Schärpe – Schwarz-Rot-Gold wurde auch mit Hambach zum Symbol des Freiheitswillens. Hier wurden die späteren deutschen Nationalfarben wohl erstmals als politisches Symbol volkstümlich verwendet. Der »Dreifarb« drückte in Anlehnung an die französische Trikolore auch Bewunderung für die Ideale der Französischen Revolution aus. Verbindliche deutsche Nationalfarben existierten damals nicht. Hätte es sie gegeben, so wären sie eher Schwarz und Gelb gewesen, die Farben alter kaiserlicher Symbolik aus der Zeit des Heiligen Römischen Reichs Deutscher Nation mit dem schwarzem Adler als Reichswappen auf gelbgoldenem Untergrund. Den »Durchbruch« von Schwarz-Rot-Gold als »deutsche« Farben bereitete das Lützow'sche Freikorps während der Befreiungskriege gegen Napoleon vor: schwarze Waffenröcke, rote Aufschläge und Paspelierungen, dazu goldene Knöpfe. Mit der Rückkehr der Studenten in die Hörsäle nach den Befreiungskriegen wurden diese Farben zum Erkennungsmerkmal der allgemeinen Burschenschaft; die 1816 gestiftete, heute im Jenaer Stadtmuseum aufbewahrte Fahne der Jenaer Urburschenschaft besteht nicht von ungefähr aus drei gleich breiten rot-schwarz-roten Bahnen, ist mit einem goldenen Eichenzweig in der Mitte bestickt und hat goldene Fransen am Saum.

Anfang des 19. Jahrhunderts war das Erscheinungsbild dieser Farben freilich noch nicht geregelt, bei der Verwendung von Gelb-Gold und noch mehr bei Rot gab es erhebliche Varianten.

Mit Schwarz-Rot-Gold als politischem Symbol begann auch schon die Verfolgung derjenigen, die es öffentlich zeigten. Metternich sprach vom »Hambacher Skandal«. Im Juli 1832, kurz nach dem Hambacher Fest, verbot die Deutsche Bundesversammlung, das oberste Gremium des Deutschen Bunds, die Verwendung dieses Zeichens. Tatsächlich wurden nach dem Fest auch staatsanwaltliche Ermittlungen aufgenommen gegen die Organisatoren und Redner. Gegen 13 von ihnen wurde Anklage erhoben; diese endete zwar mit Freisprüchen, doch wurden die Betreffenden anschließend wegen anderer angeblicher Delikte verurteilt. Abresch, der als Demokrat den Aufruf zu der Veranstaltung unterschrieben und schon vorher als Stadtrat gegen das Versammlungsverbot protestiert hatte, war wie Siebenpfeiffer Mitglied des lokalen »Pressvereins« zur Unterstützung einer unabhängigen Presse und wurde viermal aus politischen Gründen zu Geld- und kurzen Gefängnisstrafen verurteilt; Siebenpfeiffer und andere flüchteten ins Ausland. Die reaktionären Karlsbader Beschlüsse von 1819 wurden drastisch verschärft und eine Zentralbehörde des Deutschen Bunds in Frankfurt am Main errichtet, die in den folgenden Jahren gegen 2000 Verdächtige ermittelte. Die republikanische Bewegung wurde auf diese Weise erstickt, das Biedermeier lebte auf.

Erst 16 Jahre später, als die Auswirkungen der Pariser Februarrevolution auch in Deutschland die alte Ordnung ins Wanken brachten, zeigte sich die Deutsche Bundesversammlung besorgt über die Freiheitsbewegung und erklärte im März 1848 den »deutschen Dreifarb« geradezu überstürzt und in der Hoffnung auf eine den Volkszorn besänftigende Wirkung zu den deutschen Bundesfarben. Gleichwohl wurden diese Farben zum Erkennungszeichen der bürgerlichen 1848er-Revolution. Abresch, erneut Stadtrat in Neustadt, trug seine »Urfahne« im Mai 1848 bei einer Veranstaltung seiner Heimatstadt zur Feier der Revolution 1848; im Juni besuchte eine Delegation der Frankfurter Nationalversammlung unter Führung von Robert Blum Neustadt. Nach Abreschs Tod bewahrte seine Witwe die Fahne auf; ihre Nachkommen hielten sie in der Zeit des Nationalsozialismus wohl versteckt.

Mit dem Scheitern der 1848er-Revolution verschwanden die schwarz-rot-goldenen Farben zunächst wieder aus der Öffentlichkeit, ohne dass sie ihre Bedeutung als Symbole der deutschen Sehnsucht nach Demokratie und Freiheit verloren hätten.

Auch das Andenken des Hambacher Festes blieb noch lange umstritten. Bis 1918 spielte es in der offiziellen staatlichen Gedenk- und Erinnerungspolitik keine maßgebliche Rolle; erst danach begann die Auseinandersetzung der Parteien um das Erbe von 1832. Die Kontroverse, was dieses denn überhaupt sei und welcher Stellenwert den Ereignissen im Kontext staatlicher Erinnerungspolitik zukommen sollte, zog sich von der Weimarer Republik bis in die Bundesrepublik. Hambach wurde »vereinnahmt«: von Sozialdemokraten schon Ende des 19. Jahrhunderts als »republikanisch-demokratisch«, dann von Liberalen »bürgerrechtlich«, von Freiheitlich-Demokratischen entsprechend; von den in den 1980er-Jahren entstandenen Grünen »friedensbewegt«.

Schwarz-Rot-Gold war seit 1919 die Nationalflagge der Weimarer Republik, aber die Handelsflagge war – ein Kompromiss des Verfassungsausschusses – Schwarz-Weiß-Rot geblieben wie im Kaiserreich, allerdings oben mit einer kleinen schwarz-rot-goldenen Ecke. Rechtsextreme beschimpften sie als »Mostrich-Fahne«, und das Hundertjährige des Hambacher Festes 1932 verhöhnte der Nationalsozialist Josef Brückel als »Fest des ersterbenden Systems«.

Die Farben der Bundesrepublik und der DDR (hier zusätzlich mit Hammer und Zirkel im Ährenkranz) übernahmen eine Tradition von Hambach. In der Bundesrepublik wurde das Hambacher Fest seither – ausgehend von Rheinland-Pfalz – im Sinne eines Mythos zu einer der »Wiegen der deutschen Demokratie« stilisiert. Im Dezember 1946 berief sich der erste Ministerpräsident dieses Bundeslandes, Wilhelm Boden, in seiner Regierungserklärung auf Hambach. Als Konrad Adenauer 1952 –

im Jahr des 130. Geburtstags von Hambach – für sein Kanzleramt im Palais Schaumburg eine Hambacher Fahne suchen ließ, wurde zunächst im Westerwald ein Original identifiziert, das jedoch wegen der »falschen« Farbreihung »Schwarz-Gold-Rot« nicht infrage kam. Aber in den Beständen des Stadtmuseums Neustadt lagerten noch zwei weitere Originale:

Das kleinere ging nach Bonn und wurde 1953 im Kabinettssaal aufgehängt, später im Foyer. Von dort kam es auf den Dachboden, weil das Amt sonst das »reine Museum« geworden wäre, da dieser »Präzedenzfall« zu viele Wünsche anderer Regionen nach Ausstellung ihrer Erinnerungsstücke provozierte. Erst im März 1968 kehrte diese Fahne »zerknautscht« in die Pfalz zurück, nachdem auch der Bundestagspräsident keinen Platz an repräsentativer Stelle im Bundestag angeboten hatte.

Das größere stand seit März/April 1953 dem Landtag von Rheinland-Pfalz zur Verfügung, schmückte zunächst das Dienstzimmer seines Direktors und ist seit der Legislaturperiode 1955–59 an der Stirnseite des Landtags zu sehen; damals noch ungeschützt an der Wand hängend, seit 1987 gesichert hinter Glas. Nur zu den Feiern aus Anlass des 125. und 150. Jahrestags des Festes kehrte diese Fahne 1957 und 1982 ins Schloss zurück.

Während das 125. Jubiläum des Hambacher Festes 1957 noch weitgehend im Hintergrund der öffentlichen Wahrnehmung blieb, rückte spätestens seit dem 150. Jahrestag (1982) der Europagedanke immer mehr in den Vordergrund. Schließlich hatten 1832 auch französische und polnische Freiheitskämpfer am Zug auf das Hambacher Schloss teilgenommen und somit eine »europäische« Traditionslinie des Festes begründet. Auf eine andere, eigentlich offensichtliche Parallele zu 1832 wurde hingegen tunlichst nicht verwiesen: Der in Hambach deutlich artikulierte Wunsch nach nationaler Einheit fand in der Zeit des Kalten Kriegs wenig Entsprechung als Wunsch nach der Beendigung der Spaltung Deutschland. Schwarz-rot-goldene Fahnen trugen auch die Demonstranten des Volksaufstands am 17. Juni 1953 in der DDR. Diese Farben waren unumstritten auch die Farben der Wiedervereinigung. Beim 175. Jahrestag von Hambach (2007), 17 Jahre nach der Wiedervereinigung, war Schwarz-Rot-Gold – erst recht nach dem Fußball-»Sommermärchen« des Vorjahrs – schlechthin sowohl Symbol der Freude der Deutschen als auch ihrer nationalen Identität.

Satirische Zeichnung aus den *Fliegenden Blättern* 1848 zu den absurden (Zoll-)Auswirkungen der deutschen Kleinstaaterei.

»Gränzverlegenheiten«
Der Deutsche Zollverein

Was 1848 in der Satirezeitung *Fliegende Blätter* abgebildet wurde, war überzeichnete und absurde Realität: ein mit Handelsgut bepacktes Pferdegespann mit großem Sprossenwagen beim Passieren der schaumburg-lippischen Grenze. Dabei steht der Wagen lediglich mit seinem mittleren Teil auf lippischem Gebiet, während sich sein hinterer Teil noch – und der vordere mit den Zugpferden schon wieder – auf ausländischem Terrain befindet. Auf dem schmalen Territorium von Schaumburg-Lippe erläutert der Frachtbegleiter dem Zöllner: »Sie sehen, Herr Gränzwächter, daß ich nix zu verzolle hab', denn was hinte auf'm Wagen ist, hat die Lippi'sche Gränz noch nit überschritten, in der Mitt' ist nix, und was vorn drauf is, ist schon wieder über die Lippischen Gränze drüben.«

Auf sehr anschauliche Weise wird hier die kleinstaatliche Realität im 1815 gegründeten Deutschen Bund lächerlich gemacht. Dieser lockere Staatenbund setzte sich aus 35 Fürstenstaaten und vier freien Städten zusammen, die alle für sich völlig souverän waren. Die deutschen Territorien bildeten kein einheitliches Wirtschaftsgebiet, sondern einen Flickenteppich von Kleinstaaten, von denen jeder sich gegen den Nachbarstaat auch durch Zoll- und andere Handelshemmnisse abgrenzte; ein uneinheitliches Gewichts-, Maß- und Münzsystem trug zusätzlich zur »Zerstückelung« bei. Ende des 18. Jahrhunderts behinderten wohl 1800 Zollstellen den Warenaustausch zwischen den verschiedensten Territorien mit ihrem bürokratischen Prozedere bei der Erhebung von Zöllen. Dieses eigentlich königliche Privileg war deshalb so aufgesplittert, weil die deutschen Könige das Recht zu seiner Ausübung an die Fürsten und die freien Reichsstädte verliehen hatten.

Die vielen Staaten gaben sich nach und nach einheitliche Zollgesetze und einen zollfreien Binnenmarkt: Bayern bis 1808, Württemberg 1810, Baden 1811. Der 1815 gegründete Deutsche Bund vertagte die weitere Lösung der Wirtschafts- und Zollfragen, weil die souveränen Fürsten nicht auf die einträglichen Einnahmen verzichten wollten. Die Dringlichkeit des Themas war allerdings bekannt: Karl Friedrich Nebenius und Friedrich List waren nur zwei der Vordenker, die eine gesamtdeutsche Lösung forderten. List: »38 Zoll- und Mauthlinien in Deutschland lähmen den Verkehr im Innern [...]. Um von Hamburg nach Österreich, von Berlin in die Schweiz zu handeln, hat man zehn Staaten zu durchschneiden, zehn Zoll- und Mautordnungen zu studieren, zehnmal Durchgangszoll zu bezahlen.«

Preußen beseitigte ab 1816 alle Binnenzölle und führte 1818 ein einheitliches Grenzzollsystem ein, mit mäßigen Schutzzöllen nach außen und hohen Transit- und unterschiedlichen Einfuhrzöllen. Die Transitzölle zwangen kleine Nachbarstaaten, sich Preußen anzuschließen. Seit 1820 führten die süddeutschen Staaten schwierige Verhandlungen über Zollfragen und -zusammenschlüsse, aber erst im Januar 1828 unterzeichneten Bayern und Württemberg einen Vertrag über den Süddeutschen Zollverein. Im Monat darauf schloss Hessen-Darmstadt sich dem preußischen Zollsystem an, Kurhessen folgte 1831. Im März 1833 besiegelten der Preußisch-Hessische Zollverein, Bayern und Württemberg endlich einen Staatsvertrag über den Deutschen Zollverein, dem Sachsen wenige Tage und Thüringen wenige Wochen später beitraten. Was im Rückblick einigermaßen zügig erscheint, war allerdings das Ergebnis unendlich mühsamer Verhandlungen.

Am 1. Januar 1834 traten die Verträge in Kraft, sie wurden zunächst für acht Jahre abgeschlossen und sollten – falls nicht gekündigt – um zwölf Jahre verlängert werden. Baden trat mit Wirkung ab 1835 bei und erlebte, dass die wichtige Schweizer Industrie deswegen viele Fabrikfilialen im Großherzogtum gründete, um ihr nun größer werdendes deutsches Absatzgebiet nicht zu verlieren. Weitere Territorien folgten (Nassau 1835, Frankfurt 1836, Braunschweig 1841, Luxemburg 1842, übrigens bis 1919, Oldenburg 1854) – auch Schaumburg-Lippe 1854.

Das Beispiel dieses winzigen Fürstentums, gelegen auf dem Gebiet des heutigen Niedersachsen zwischen Hannover und der westfälischen Grenze, hatte sich zur Demonstration der Auswüchse der deutschen Kleinstaaterei geradezu angeboten. Obgleich Schaumburg-Lippe in den 1830er-Jahren kaum mehr als 27 000 Einwohner auf lediglich circa 340 Quadratkilometer Staatsgebiet hatte, leistete sich der 1807 durch den Beitritt seines Landes zum Rheinbund in den Fürstenstand erhobene Souverän Georg Wilhelm ein an den großen Mächten orientiertes feudales Staatswesen. Die demonstrative Pflege eines höfischen Lebens in der trotz hoheitlicher Ausgestaltung eher kleinbürgerlichen Residenzstadt Bückeburg war ein Paradebeispiel für die erstarrte absolutistische Form in einem zunehmend dynamischen Umfeld und musste deswegen viel Spott und Hohn ertragen. Dies war nicht nur 1848 so, sondern auch noch ein halbes Jahrhundert später, wie die böse Satire *Duodez* von Hermann Löns (1866–1914) zeigt. Ihn hatte es 1906 als Journalist nach Bückeburg verschlagen, und er leitete den Text mit den Sätzen ein: »Wenn man von Köln nach Berlin fährt, dann erblickt man kurz hinter Minden blau, weiß und rot angestrichene Grenzpfähle, und wenn man seine Reisegefährten fragt: ›Was ist denn das?‹, so erhält man die Antwort: ›Ach, das war eben Schaumburg-Lippe.‹«

Vielleicht hatte Löns sogar vor Augen, was 1848 Carl Stauber (1815 bis 1902) gezeichnet hatte. Stauber war einer der ersten und produktivsten Mitarbeiter der seit 1844 herausgegebenen *Fliegenden Blätter*; von ihm erschienen bis 1893 über 9000 Zeichnungen zu unterschiedlichsten Themen in dieser humoristischen Wochenschrift. Sie bot einen bunten Mix aus Kurzgeschichten, Gedichten und cartoonartigen Illustrationen, die so ziemlich alles aufs Korn nahmen, was deutscher Alltag war. Zwei besonders beliebte Serienfiguren waren die Philister Biedermann und Bummelmaier, die Ludwig von Eichrodt und Victor von Scheffel geschaffen hatten; aus der Verschmelzung der beiden entstanden dann sowohl die Figur des Weiland Gottlieb Biedermaier als auch der für eine ganze kulturhistorische Epoche bezeichnende Begriff, seit 1869 »Biedermeier« geschrieben. Er benennt die Epoche der Restauration zwischen 1815 und 1848, die durch einen Rückzug ins Private geprägt war und mit den Etiketten »hausbacken« und »konservativ« versehen wurde. Für die *Fliegenden Blätter* zeichneten übrigens viele namhafte Künstler, unter ihnen auch Carl Spitzweg und Wilhelm Busch.

Die Ziele der Zollvereinsverträge – Beseitigung der Binnenzollschranken und ein einheitliches Grenzzollsystem mit übereinstimmenden Zollgesetzen und gemeinschaftlichen Einnahmen – wurden mit Inkrafttreten sofort erreicht. Dies war die Grundlage für die Entstehung eines einheitlichen Wirtschaftsraums auf deutschem Boden. Eine Generalkonferenz aller Vereinsstaaten, jeder mit einer Stimme, war das oberste Vereinsorgan; sie tagte einmal jährlich, aber ihre Beschlüsse mussten einstimmig erfolgen und dann auch jeweils eigenständig von den Einzelstaaten in die Tat umgesetzt werden. Dieses Verfahren war so schwerfällig, dass die wichtigsten Entscheidungen oft nur durch die Drohung Preußens, den Zollverein aufzulösen, durchgesetzt werden konnten. Es ist allerdings bemerkenswert, dass der Krieg von 1866, in dem die Heere der Vereinsstaaten sich bekämpften, keinen Einfluss auf die Arbeit der Zollbehörden hatte: Die Abgaben wurden weiter eingenommen, verrechnet und nach Abzug der Verwaltungskosten im vereinbarten Bevölkerungsschlüssel der Mitglieder aufgeteilt.

Mit der Reichsverfassung von 1871 gingen die Funktionen des Zollvereins auf das Kaiserreich über. Hamburg und Bremen blieben bis 1888 außerhalb des Zollgebiets und erhielten dann mit erheblicher finanzieller Unterstützung des Reichs eigene Freihäfen, die weiter Zollausland blieben. Wichtige Begleiterscheinungen des Zollvereins waren die allmähliche Vereinheitlichung von Gewichten und Währungen sowie die Übernahme der preußischen Handelsgesetze, bis 1861 der Deutsche Bund ein Allgemeines Handelsgesetzbuch beschloss, den Vorläufer des 1897 erlassenen HGB, das zusammen mit dem BGB 1900 in Kraft trat.

Die Geschichtsschreibung bis 1945 deutete den Zollverein fast ausschließlich unter nationalpolitischen Gesichtspunkten und wies ihm eine zentrale Rolle bei der wirtschaftlichen und vor allem der politischen Entwicklung Deutschlands von einer »Kulturnation« zur »Staatsnation« im 19. Jahrhundert zu. Die preußisch zentrierte Historiografie des Kaiserreichs hob besonders die preußischen Initiativen bei der Gründung des Zollvereins hervor und interpretierte ihn als Vorstufe und Vorbedingung der Reichseinigung 1871 unter preußischer Führung. Dabei hatten Preußen und die anderen Gründerstaaten des Zollvereins dessen Aufgehen in einem vereinigten deutschen Nationalstaat zunächst überhaupt nicht intendiert, zumal es vielfache Bedenken gegen eine preußische Bevormundung gab. (Schaumburg-Lippe ist auch hierfür ein gutes Beispiel, weil es erst 20 Jahre nach dessen Gründung zum 1. Januar 1854 dem Zollverein beitrat.) In nationalökonomischen Wertungen hingegen wurde die Bedeutung des Zollvereins für die Industrialisierung immer besonders hervorgehoben.

Während des Nationalsozialismus setzte sich die Überhöhung des Zollvereins fort: Er habe nicht nur die Grundlagen der deutschen Wirtschaftsmacht in Europa geschaffen, sondern auch politische Impulse zur deutschen Nationsbildung gegeben. Er wurde sogar – neben der allgemeinen Wehrpflicht – als »größte Schöpfung des preußischen Beamtentums« apostrophiert. Eine differenziertere Betrachtung kam aus dem Ausland, insbesondere durch William O. Hendersons Studien, die auch die Mitwirkung der maßgeblichen preußischen Beamten an der Entstehung des Zollvereins als ihren Beitrag zur Gründung des deutschen Nationalstaats würdigen.

In der Nachkriegszeit war der Zollverein für die DDR-Forschung ökonomisches Zugeständnis staatlicher Wirtschaftspolitik an die Bourgeoisie, in der Bundesrepublik wurde er vor allem in die Traditionslinie der europäischen Entwicklung gestellt, bis hin zur Deutung des Zollvereins als historisches Vorbild der EWG. Auf diese Weise wurde der Zollverein zum Beispiel eines gelungenen politischen und wirtschaftlichen Integrationsprozesses, der sich scheinbar folgerichtig in der (west-)europäischen Wirtschaftszusammenarbeit ab Mitte des 20. Jahrhunderts fortsetzte. Dabei wurde nun die Rolle des Zollvereins eher in der kulturellen als in der politischen Nationsbildung gesehen, weil der Zollverein weniger die innerdeutschen Grenzen als vielmehr die »Wahrnehmungs- und Kommunikationsmuster« der Beteiligten verändert habe. Inzwischen wird das Thema vielschichtiger betrachtet und der Zollverein nur als eine – und nicht die – ausschlaggebende Voraussetzung für die zunehmend rasche industrielle Entwicklung Deutschlands im 19. Jahrhundert und seine Nationsbildung gesehen.

Des 150. Jubiläums der Zollvereinsgründung wurde 1984 feierlich gedacht, sowohl in Ausstellungen als auch mit der Sonderprägung einer Fünf-D-Mark-Münze, die eine durch geöffnete Schranken fahrende Postkutsche zeigt. Sie ist heute mit etwa 13 Euro nicht ganz das Dreifache wert, während die 1827, 1833 und 1835 von Bayern aus Anlass der jeweiligen Zollvereinigungen herausgegebenen Konventionstaler den 50-fachen Wert erreicht haben. Dingliche Erinnerungsrelikte aus der Zeit der Gründung und Entwicklung des Deutschen Zollvereins sind rar – abgesehen von dem 1856 eingeführten Zollpfund sowie weiteren Maßeinheiten. »Gränzverlegenheiten« gehören für den normalen Reisenden oder im Handelsverkehr in einem nahezu grenzenlosen EU-Wirtschaftsraum der Vergangenheit an. Eine lippische Besonderheit hat sich jedoch bis heute erhalten: Die rote Rose in der unteren Spitze des Wappens des Bundeslandes Nordrhein-Westfalen ist die »lippische Rose«.

47

Der Adler, die erste Dampflokomotive auf deutschem Boden, 1835 aus England importiert, 1935 originalgetreu rekonstruiert.

Der Adler

Die Eisenbahn – Deutschlands Aufbruch in die Industrialisierung

Im Stil der Zeit, hymnisch-poetisch und fortschrittsgläubig, wurde am 7. Dezember 1835 die Jungfernfahrt einer Dampflokomotive auf deutschem Boden und zugleich die Eröffnung der ersten deutschen Eisenbahnlinie gefeiert. Ein Zug mit 200 Ehrengästen in neun Wagen fuhr mit 30 bis 40 Stundenkilometern in neun Minuten die rund sechs Kilometer lange Strecke von Nürnberg nach Fürth, also drei- bis viermal so schnell wie eine Postkutsche auf ebener Straße. Was beim Festmahl besungen wurde als »Werk der Kunst […] in adlergleichem Flug«, war dem vermutlich 40 PS starken Adler zu verdanken, einer Dampflok, die aus Newcastle importiert worden war.

    Der Transport der mehr als sieben Tonnen schweren Lok samt Schlepptender dauerte fast zwei Monate. In über 100 Einzelteile zerlegt, in 19 Kisten verpackt, wurde sie am 3. September 1835 per Schiff auf die Reise über den Kanal geschickt. Von Rotterdam ging es auf einem Dampfschleppkahn stromaufwärts nach Emmerich am Niederrhein, von dort wurde die Fracht wegen Niedrigwasser mit Zugpferden getreidelt und kam am 7. Oktober in Köln an. Dann folgte ein mühsamer Schwertransport zu Lande: Die Frachtkisten wurden auf Maultierfuhrwerke umgeladen und erreichten über holperige Chausseen am 26. Oktober die Nürnberger Maschinenfabrik von Johann Wilhelm Spaeth. Dort wurde die Dampflok unter Aufsicht des mitgereisten Ingenieurs und Lokomotivführers William Wilson zusammengebaut. Der blieb, nachdem er zunächst für acht Monate angeworben worden war, dann lebenslang in Nürnberg. Auf der neuen Schienenstrecke wurde der Adler mehrfach mit seinen in Bayern gefertigten Personenwagen erprobt und schließlich an jenem 7. Dezember feierlich eingeweiht. Die Schienen waren nach englischem Vorbild in Neuwied bei Köln hergestellt und auf gleichem Weg wie die Lok nach Nürnberg transportiert worden. Die Spurweite der Bahn (vier englische Fuß und achteinhalb Zoll, also 1435 Millimeter) wurde aus England übernommen. Bis heute ist sie als die sogenannte Normalspur weltweit verbreitet. Nebenbei bemerkt: Hitlers Pläne zum Bau von Strecken mit vier Meter breiter Spur waren reine Gigantomanie und kamen nicht über Planungen hinaus.

Kaum ein Ereignis markierte den Aufbruch Deutschlands in die Industrialisierung so prägnant wie diese Jungfernfahrt. Sie wurde ein Volksfest. Festtagskleidung, Frack und Zylinder waren angesagt. Die aufgeregte Volksmenge jubelte an der Bahnlinie, Pferde scheuten, Kinder schrien, Passanten erstarrten vor Schreck, eine Diskussion über medizinische Gefahren folgte rasch. Aber die meisten Zeitzeugen waren sich der wirtschaftlichen Bedeutung dieser bahnbrechenden technischen Innovation sehr wohl bewusst: Aus ganz Deutschland angereiste Journalisten verbreiteten die sensationelle Nachricht.

Der Massenerfolg der Bahnlinie war eindrucksvoll: Im ersten Betriebsjahr wurden etwa 450 000 Personen befördert. Mehr als 20 Jahre lang verkehrte diese erste deutsche Eisenbahn verlässlich, stündlich und enorm preiswert für sechs Kreuzer pro Person.

Der Adler galt nach diesen 20 Jahren als technisch veraltet und wurde 1857 durch modernere Loks ersetzt. Zum Schrottpreis nach Augsburg verkauft, wurde er dort wahrscheinlich als Dampfmaschine genutzt, aber die Spur verliert sich hier. Nachdem um die Jahrhundertwende erstmals die Frage aufgetaucht war, warum die historische Lokomotive nicht aufbewahrt worden war, wurde ihre Rekonstruktion seit 1925 erwogen und zum 100. Jubiläum 1935 realisiert: ein originalgetreuer rot-grüner Nachbau der historischen Lok und ihrer knallgelben Waggons. Sie fuhr dort auf einer Zwei-Kilometer-Strecke, danach in Stuttgart auf dem Cannstatter Wasen, während der Olympischen Spiele 1936 in Berlin und dann 1938 beim 100-jährigen Jubiläum der ersten preußischen Eisenbahn zwischen Berlin und Potsdam, bevor sie wieder nach Nürnberg ins 1899 erbaute Verkehrsmuseum kam. Bei einem Großbrand (2005) im Depot wurde diese Replik fast völlig zerstört. Bis zu ihrem 175-jährigen Jubiläum (2010) wurde die historische Lok – in Material und Ausführung originalgetreuer als 1935 – für eine runde Million Euro von der DB wieder betriebsfähig hergestellt.

Der Beginn des Eisenbahnwesens in Deutschland ging auf private Initiatoren zurück, unter denen der Reutlinger Friedrich List (1789 bis 1846) herausragt. Er berichtete seit 1828 begeistert aus seinem mehrjährigen Exil in den USA vom dortigen Eisenbahnbau, nannte den Bau eines nationalen Eisenbahnsystems sowie die Aufhebung der kleinstaatlichen, innerdeutschen Zollschranken »siamesische Zwillinge«.

Nürnberg war in dieser Zeit der wichtigste bayerische Verkehrsknotenpunkt und Zentrum des Warengroßhandels in Bayern. Hier trieben vor allem zwei vermögende Kaufleute die Pläne voran: Georg Zacharias Platner, Indigo- und Tabakunternehmer und Abgeordneter der Bayerischen Ständekammer, und der Hopfenhändler Johannes Scharrer. Beide verfolgten über ihre Geschäftsverbindungen nach England den dortigen Eisenbahnbau und sorgten für die Kosten- und Finanzplanung der ersten deutschen Eisenbahngesellschaft, deren Aktien rasch verkauft waren, zumal eine Rendite von 12,5 Prozent versprochen war – die übrigens weit übertroffen wurde. Der Bedarf an Eisenbahnmaterial aller Art nahm mit zunehmendem Ausbau rapide zu und löste einen Gründungsboom aus, der Eisenbahnbau wurde zur Schlüsselbranche der deutschen Investitionsindustrie, also der Eisen- und Stahl-, der Bergbau- und Maschinenbauproduktion in Deutschland. Ab 1839 wurden auch hierzulande funktionsfähige Dampflokomotiven gebaut: Die »SAXONIA« der »Maschinen-Bauanstalt« Übigau in Dresden war die erste.

Die zahlreichen, meist höchst profitablen Eisenbahngesellschaften entstanden durchweg als Aktiengesellschaften. Das führte zum Aufblühen der deutschen Finanzwirtschaft und einem florierenden Börsenhandel. Der Eisenbahnbau und dessen Finanzierung waren primär die »Privatsache« von Unternehmern und Spekulanten. Die Staaten standen anfangs der neuen Verkehrstechnologie abwartend gegenüber. Wo sie den Bau übernahmen, ging der Ausbau schon allein aus finanziellen Gründen deutlich langsamer voran (in Baden und Württemberg mit einer Staatsbahn, in Bayern in einem Mischsystem) als bei Privatinitiativen (im Norden und Westen). Der 1846 gegründete Verein deutscher Eisenbahnverwaltungen war nur ein loser Zusammenschluss der zahlreichen privaten und staatlichen Eisenbahngesellschaften, doch das Funktionieren des Systems verlangte zunehmend mehr länderübergreifende Koordination. Ein Beispiel: Solange der Sonnenstand die Zeit definierte, war zwölf Uhr mittags an der deutschen Ostgrenze über eine Stunde früher als im Westen, in Preußen richteten sich die Bahnfahrpläne darum ab 1848 nach der Berliner Zeit; Bayern orientierte sich an München, sieben Minuten später als Berlin. Am 1. April 1893 wurde schließlich per Reichsgesetz die mitteleuropäische Zeit eingeführt.

Die Bedeutung des Eisenbahnwesens für militärische Zwecke und die Kriegsführung wurde zunächst falsch eingeschätzt. List hatte sogar erwartet, die Bahnen würden Angriffskriege gegen Deutschland unmöglich machen, weil jedem Angriff rasch genug Truppen entgegengestellt werden könnten. Bereits 1839/40 hatte sich die Bahn für Manövertransporte als hilfreich erwiesen. Moltke erkannte seit 1857 die Bedeutung der Bahn, drängte auf mehr Ost-West-Strecken an den Rhein, um für den erwarteten Krieg gegen Frankreich gewappnet zu sein. Der Aufmarsch zur Schlacht bei Königgrätz 1866 gilt als besondere logistische Leistung der Eisenbahn, zeigte aber auch die Abhängigkeit einer geordneten Aufmarschphase von der politischen Entscheidung zur Mobilmachung. Wurden 1866 zwischen Mobilmachung und Operationsbereitschaft der Truppen noch 25 Tage benötigt, waren es 1870 nur noch 20, und 1914 dauerte es bei den deutschen Truppen von der Mobilmachung am 2. August bis zum Beginn der Kämpfe an der Westfront keine zwei Wochen.

Die Gewinne der Bahn, für alle deutschen Länder 1913 noch eine Milliarde Mark, wurden mit dem Ersten Weltkrieg zu Verlusten, die sich bis 1919 schon auf 4,1 Milliarden beliefen. Ein Wiederaufbau auf Länderebene war unmöglich, die Überführung der insgesamt rund 54 000 Streckenkilometer in Reichseigentum 1920 die Folge.

Zu einem »Räderwerk des Todes« (Helmut Schwarz in *Zug der Zeit*) wurde die Reichsbahn bei der »Endlösung« der Judenfrage: Nach ersten Sammeltransporten seit Oktober 1938 rollten von Dezember 1939 bis März 1940 Deportationszüge mit mehreren Hunderttausend Menschen zur Zwangsumsiedlung nach Polen, und ab Oktober 1941 wurden in systematischen Deportationen mehr als die Hälfte aller schließlich ermordeten Juden in die Vernichtungslager gebracht. Adolf Eichmann war der »große Spediteur des Todes«, die Reichsbahn sein »Werkzeug«. In aller Regel fuhren Güterzüge, auch wenn sie als Personen-Sonderzüge behandelt wurden, sogar meist unter Berechnung der Fahrtkosten nach einem reduzierten Personenbeförderungstarif von vier Pfennig pro Person und Schienenkilometer und einem reduzierten Sondertarif für »Gruppenreisen«. Die Züge transportierten anfangs je 1000, später 2000 bis 5000 Opfer, und da die »Passagiere« oft erst am Zielbahnhof gezählt wurden, fuhren Tote »umsonst«. Beamte der Reichsbahn auf allen Ebenen verrichteten die Arbeit dieses grausamen »Räderwerkes«. Bei einem Gesamtaufkommen von 20 000 Zügen pro Tag (1942) waren zehn oder

20 Deportationszüge täglich ein »Randphänomen« in der Routine der Bahn.

Je intensiver der Bombenkrieg wurde, desto mehr waren Fahrpläne obsolet, Kinderlandverschickungen begannen 1941, bald transportierten die Züge Evakuierte und Ausgebombte aufs Land. Im Chaos von Kriegsende und ersten Nachkriegsjahren waren Eisenbahnzüge ein wichtiges Fluchtmittel für Vertriebene und Flüchtlinge. Ende 1944 hatten östlich von Oder und Neiße rund zwölf Millionen Deutsche gelebt, im April 1945 hielten sich dort noch 4,4 Millionen auf, nur zwei Monate später waren es wieder 1,1 Millionen mehr, weil viele Flüchtlinge, die nur bis ins Sudetenland oder in die »Sowjetische Besatzungszone« gelangt waren, in ihre Heimat zurückkehrten. Im Januar 1946 begann die organisierte Vertreibung aus der Tschechoslowakei, täglich trafen etliche Züge im Westen ein. 1946 dürften es mehr als 1000 mit über einer Million Menschen allein in der US-Zone gewesen sein; eine Dreiviertelmillion wurde in die SBZ gebracht, wohin bis Ende 1947 auch eine halbe Million aus Polen Ausgewiesene kamen. 1948/49 erfolgte die Vertreibung der restlichen in Ostpreußen verbliebenen Deutschen. Erst 1950/51 endeten die Transporte aus den Gebieten östlich der Oder und Neiße.

Nach Kriegsende übernahmen die vier Besatzungsmächte für ihre jeweiligen Zonen den Betrieb der Deutschen Reichsbahn, Amerikaner und Briten ab 1946 gemeinsam für die Bizone. Nach Gründung der Bundesrepublik entstand ab September 1949 die Deutsche Bundesbahn. Gleichzeitig mit der Elektrifizierung wurden bis in die 1970er-Jahre Dampf- durch Diesel- und Elektrolokomotiven ersetzt, das Intercity-Netz zur Verbindung wichtiger Wirtschaftszentren startete 1971, der Intercity-Express 1991. Die größte Leistung nach dem Wiederaufbau der im Krieg weitgehend zerstörten Strecken, Bahnhöfe, Waggons und Lokomotiven war nach der Wiedervereinigung die Fusion der Bundesbahn mit der Reichsbahn zur Deutschen Bahn, die 1994 mit der Privatisierung auf Aktienbasis (alle im Besitz des Bundes) einherging. Das Schienennetz wird seit 1998 von der Bahntochter DB Netz AG betrieben, seine insgesamt 33 000 Kilometer (2012) werden so engmaschig befahren, dass der Adler hier nur noch mit Ausnahmegenehmigungen, auf Nebenstrecken und ganz selten »ausfliegen« kann. Die schnellsten ICEs fahren heute – planmäßig – 300 Kilometer pro Stunde, also rund zehnmal so schnell wie die erste Lokomotive.

48

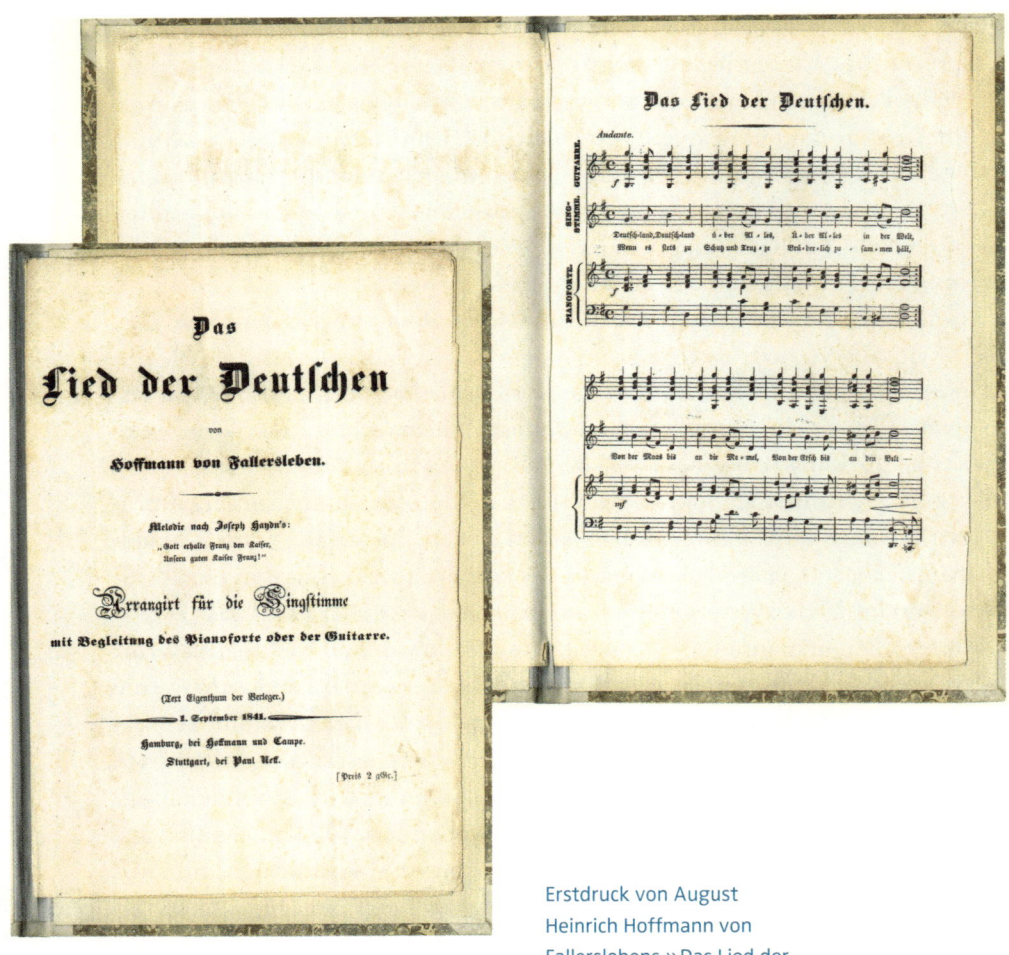

Erstdruck von August Heinrich Hoffmann von Fallerslebens »Das Lied der Deutschen«. Eine Hymne mit vielen »Geburtstagen«.

Der Erstdruck des »Deutschlandlieds«

»Einigkeit und Recht und Freiheit«

August Heinrich Hoffmann (»von Fallersleben«, wie er sich nach seinem Geburtsort nannte) dürfte erfreut gewesen sein, als sein Verleger, noch bevor er zu Ende gesungen hatte, vier Louisdor auf den Tisch legte. Kein schlechtes Honorar für ein Lied, so viel verdiente ein Spinnereivorarbeiter damals in einem Vierteljahr, und er selbst war erst vor Kurzem als Professor entlassen worden.

Hoffmann hatte sich im August 1841 nach Helgoland zurückgezogen, um auszuspannen. Er hatte für die Überwindung des Deutschen Bunds und die politische Einigung Deutschlands agitiert, gedichtet und komponiert. Seinem Poem »Das Lied der Deutschen« hatte er eine Melodie unterlegt, die an Schlichtheit und Würde kaum zu übertreffen war: Joseph Haydn hatte sie 1797 für Franz II., den letzten Kaiser des Heiligen Römischen Reichs Deutscher Nation, komponiert; sein *Kaiserquartett* war durch die Melodie von »Gott erhalte Franz den Kaiser« im zweiten Satz zur instrumentalen Kaiserhymne geworden.

Hoffmanns Lied hatte im Oktober 1841 eine kleine öffentliche Premiere anlässlich eines Fackelzugs für den Juraprofessor Carl Theodor Welcker, den späteren Wortführer der badischen Liberalen in der Revolution von 1848. Weitere Verbreitung blieb ihm versagt – zunächst. Selbst sein Schöpfer nannte es vor seinem Tod enttäuscht »Makulatur«. Auf eine Hymne hätte er nie gewettet, ganz abgesehen davon, dass er wenig Respekt vor Hymnen oder Autoritäten hatte, er parodierte sie lieber.

Das Lied des literarischen »Revoluzzers« gegen deutsche Kleinstaaterei wurde erst 16 Jahre nach seinem Tod, ein halbes Jahrhundert nach der Textdichtung und fast ein Jahrhundert nach Haydns Komposition aus offiziellem staatlichem Anlass gesungen: am 9. August 1890, und zwar auf Helgoland, wo es entstanden war, anlässlich des Anschlusses der bis dahin britischen Insel an das Deutsche Reich.

In Gegenwart des Kaisers erklang es erstmals 1901, und ein Jahrzehnt später gehörte es dann zu den meistgesungenen Liedern der Deutschen. Ihre Herzen bewegte es vor allem während des Ersten Weltkriegs, sowohl weil sie dessen erste Strophe in der Überzeugung sangen, Deutschland überrage »alles in der Welt«, als auch weil es sich seit dem 11. November 1914 in der allgemeinen Euphorie über ein rasches Kriegsende mit dem »Langemarckmythos« verband: Junge Regimenter sollen westlich von Langemarck mit den Zeilen »Deutschland, Deutschland über alles« auf den Lippen an der Front den Heldentod gestorben sein.

Nach Kriegsende und Gründung der Republik waren ganz andere Fragen vorrangig. Erst im August 1922 wurde »Einigkeit und Recht und Freiheit« faktisch zur Nationalhymne erhoben, auch wenn Reichspräsident Ebert diesen Begriff peinlich vermied. Er formulierte sorgfältig: »Wir wollen Recht. Die Verfassung hat uns nach schweren Kämpfen Recht gegeben. [...] Wir wollen Freiheit. Recht soll uns Freiheit bringen. Wir wollen Einigkeit. [...] So soll die Verfassung uns Einigkeit, Recht und Freiheit gewährleisten. Einigkeit und Recht und Freiheit!«

Hitler führte Deutschland in die Diktatur, der Bezug auf »Recht« in der dritten Strophe war unerwünscht, sie wurde schon bald nach seiner Ernennung zum Reichskanzler (30. Januar 1933) gemieden, wenn auch nicht formell verboten. Es kam zu einer Doppelhymne: Die erste Strophe wurde zusammen mit dem SA-Lied »Die Fahne hoch, die Reihen fest geschlossen« gesungen, dabei der Arm zum Hitlergruß erhoben. Zwölf Jahre war dies der Gesang der nationalsozialistischen Bewegung, in Österreich ergänzt durch eine vierte Strophe: »In den Schoß des Mutterlandes kehre Österreich zurück.« Viele Deutsche mochten daher noch Jahre später das »Deutschlandlied« nicht mehr hören. Zudem war das »Deutschlandlied« in den Konzentrations- und Vernichtungslagern von Häftlingen für die SS-Wachmannschaften gespielt worden. Nachvollziehbar, warum der Alliierte Kontrollrat im Juli 1945 nicht nur alle Nazilieder, sondern bei Strafen bis zur Todesstrafe auch das »Deutschlandlied« verbot.

Obwohl die Menschen in dieser »hymnenlosen« Zeit andere Sorgen hatten, artikulierte sich auf unerwartete Weise das Bedürfnis nach einer musikalischen Zustandsbeschreibung des Lebens unter der Besatzung: Karl Berbuers Karnevalsschlager »Wir sind die Eingeborenen von Trizonesien« (1948) wurde so erfolgreich, dass er auch schon mal als Ersatz für die fehlende Hymne herhalten musste: so im April 1949 für den deutschen Sieger eines internationalen Radrennens in Köln.

Während sich das bundesdeutsche Grundgesetz von 1949 über die

Hymnenfrage ausschwieg, vollzog die DDR einen offenen Bruch. Hoffmanns »Deutschlandlied« wurde historisch »entsorgt«, und Wilhelm Pieck gab als Staatspräsident am Tag nach der Gründung der DDR bei Johannes R. Becher, dem damaligen Präsidenten des Kulturbunds, einen neuen Text in Auftrag. Zu »Auferstanden aus Ruinen« komponierte dann Hanns Eisler die Melodie, am 7. November 1949 wurde die DDR-Hymne zur Feier des 32. Jahrestags der Oktoberrevolution uraufgeführt.

Das Publikum applaudierte, wie das *Neue Deutschland* schrieb, »ergriffen und begeistert«. Aber die Worte »Deutschland, einig Vaterland« sollten dem Text später zum Verhängnis werden. Seit Beginn der 70er-Jahre, als dieses Ziel nicht mehr ins politische Kalkül der SED passte und auch die Verfassung der DDR 1974 geändert wurde, durfte die Hymne nur noch rein instrumental gespielt werden.

Peter Kreuder erlebte die Ähnlichkeit seines »Goodbye Johnny« mit der Hymne bei einer DDR-Tournee 1976, als das Publikum sich bei den Anfangstakten des Schlagers feierlich von den Plätzen erhob. Noch andere Quellen wurden ermittelt, darunter der achte Walzer aus der Klavierschule des Musikpädagogen Karl Zuschneid und die Beethoven zugeschriebene Vertonung des Goetheliedes »Freudvoll und leidvoll«.

Über das zwiespältige Verhältnis mancher Deutschen – in West und Ost – zu ihrer eigenen Hymne ist immer wieder räsoniert worden. Johannes R. Becher, der Texter der DDR-Hymne, überliefert in seinem Tagebuch 1950 »verlegene Kaubewegungen« einiger Minister statt Gesang.

In Westdeutschland wurde noch um die künftige Hymne gerungen. Konrad Adenauer gab den letzten Anstoß: Am 18. April 1950 forderte er im Berliner Titania-Palast vor rund 1800 geladenen Gästen nach seiner Rede dazu auf, mit ihm die dritte Strophe des »Deutschlandlieds« anzustimmen. Ein Teil der anwesenden Sozialdemokraten verließ empört den Saal, andere, darunter der Oberbürgermeister Ernst Reuter, standen mit der Mehrheit des Publikums auf und sangen mit. Peinlich berührt blieben die drei westalliierten Stadtkommandanten sitzen; ihre Regierungen protestierten formell gegen diesen – wie Kurt Schumacher es nannte – »Handstreich« des Bundeskanzlers.

Adenauer setzte damit Bundespräsident Theodor Heuss unter Druck, der das Recht zur Entscheidung über die Nationalhymne für sich reklamiert hatte. Heuss war gegen das Hoffmann'sche »Deutschlandlied«, suchte einen Text und wünschte sich von Carl Orff die Melodie. Dieser lehnte ab, und eine Vertonung von Hermann Reutter wurde ein Reinfall. Nach der Uraufführung zur Rundfunkansprache des Bundespräsidenten zur Jahreswende 1950/51 höhnte der Dichter Gottfried Benn, da könne man auch ein »Kaninchenfell als Reichsflagge« nehmen.

Heuss hatte – wie er formulierte – »den Traditionalismus und sein Beharrungsvermögen unterschätzt« und verzichtete auf den symbolischen Neubeginn. In einem formellen Briefwechsel zwischen ihm und Adenauer im April/Mai 1952 wurde das »Deutschlandlied« wieder zur Nationalhymne erklärt – allerdings mit dem ausdrücklichen Hinweis: »Bei staatlichen Veranstaltungen soll die dritte Strophe gesungen werden.«

Wie tief das Lied wurzelte, zeigte sich wenige Monate später beim Aufstand am 17. Juni 1953 in der DDR. In Berlin zogen die Menschen mit dem »Deutschlandlied« durch das Brandenburger Tor. Auch in Leipzig und anderenorts sangen sie das in der DDR verbotene Lied, um ihren Protest gegen die Politik der SED mit einem Bekenntnis zur deutschen Einheit zu verbinden, nicht selten sangen sie die erste Strophe.

Die Hymnenkontroverse ging weiter: Als die bundesdeutsche Mannschaft 1954 in Bern Fußballweltmeister wurde, stimmten begeisterte Deutsche die erste Strophe an. Der schweizerische Rundfunk brach seine Übertragung ab. Erregte Debatten folgten. Bundespräsident Heuss sah seine Befürchtungen bestätigt und ließ im Berliner Olympiastadion anlässlich der Großveranstaltung zu Ehren der WM-Mannschaft am 20. Juli 1954 Zehntausende von Fußballfans demonstrativ die dritte Strophe des »Deutschlandlieds« singen.

Welche Symbolkraft die erste Strophe auch für die Männer hatte, die Schlimmes in der Kriegsgefangenschaft in Sibirien durchgemacht hatten, zeigte sich 1955: Als nach Adenauers Moskaubesuch die letzten deutschen Kriegsgefangenen heimkehren durften, sangen sie bei ihrer Ankunft in Friedland »Deutschland, Deutschland über alles«. Die Aufnahmen der Wochenschauen zeigen tränenüberströmte Gesichter – doch die Worte sind aus den Aufnahmen herausgeschnitten.

Auf der internationalen Bühne, bei Olympischen Spielen und Wettkämpfen, taten sich die Deutschen schwer mit ihrer Hymne. Bei der Europameisterschaft der Leichtathleten in Stockholm 1958 hatten beide Deutschland zwar eine gemeinsame Mannschaft, aber keine offizielle Hymne – doch die deutschen Zuschauer übertönten, nicht nur als Armin Hary für seine Goldmedaille im 100-Meter-Sprint geehrt wurde, mit ihrem Gesang der dritten Strophe des »Deutschlandlieds« das offizielle Trompetensignal. In Rom 1960 und in Tokio 1964 traten die gesamtdeutschen Mannschaften mit Beethovens »An die Freude« als Ersatzhymne an. Ab 1968 war dann die Spaltung Deutschlands auch unüberhörbar.

Große Diskussionen gab es 1978, als Heino bei Ministerpräsident Hans Filbinger in der Villa Reitzenstein für eine Schulklasse alle drei Strophen der Nationalhymne sang und eine Schallplattenaufnahme davon an Schulen verteilt werden sollte. Während die einen für ein »natürliches Verhältnis« auch zur ersten Strophe des Lieds plädierten, hielten andere den Begriff Nation für »hoffentlich endgültig überholt« oder nannten die Haydn-Hoffmann-Hymne ein »nationalistisches Sauflied«. Erst seit 1985 beendet die Hymne im Radio den Tag.

Wie sehr das »Deutschlandlied« mit positiven nationalen Gefühlen verbunden blieb, zeigte sich am 9. November 1989. Als die Bundestagspräsidentin Rita Süssmuth in Bonn die Nachricht vom Fall der Mauer mitteilte, standen die Abgeordneten spontan auf und – ein Novum in der Geschichte des Deutschen Bundestags! – sangen »Einigkeit und Recht und Freiheit«. Knapp ein Jahr später, am Tag der Deutschen Einheit, dem 3. Oktober 1990, erklang die dritte Strophe des »Deutschlandlieds« als nunmehr gesamtdeutsche Hymne. Im Oktober 1991 – formal vergleichbar dem Verfahren 1952 – legten Bundeskanzler Kohl und Bundespräsident von Weizsäcker in einem Briefwechsel die dritte Strophe des »Deutschlandlieds« als Nationalhymne des vereinigten Deutschland fest.

Gelegentlich wurde, so 1998 in Wahlkampfzeiten, das Hymnenthema erneut diskutiert und zum Beispiel ein »Hymnenwechsel« als Beitrag zur inneren Einheit gefordert. Aber vor allem seit dem »Sommermärchen« der Fußballweltmeisterschaft 2006 lässt sich eine deutlich positive Grundeinstellung der Deutschen zu den traditionellen nationalen Symbolen – so auch zum »Deutschlandlied« – feststellen.

Das »Deutschlandlied« weckt heute historische Erinnerungen: vom Heiligen Römischen Reich Deutscher Nation, in dem Haydn 1797 sein *Kaiserquartett* komponierte, über den Traum des Demokraten Hoffmann von Fallersleben am Vorabend der Revolution von 1848, die patriotische Hochstimmung des Ersten Weltkriegs, das Anknüpfen der Weimarer Republik an die Tradition von 1848, den Missbrauch der Hymne nach 1933 bis zur Begründung der Bundesrepublik Deutschland als politisch und wirtschaftlich erfolgreichster demokratischer Staat auf deutschem Boden. In diesem Sinne hat das »Deutschlandlied« viele Geburtstage.

49

Ein symbolischer Dank an den »Bauernkönig« und Reformer Wilhelm I. von Württemberg, einen großen Modernisierer der Landwirtschaft.

Der Goldene Pflug

Landwirtschaft im Wandel

Dieser Pflug in Originalgröße wurde eigens für die Feierlichkeiten zum 25. Jahrestag der Thronbesteigung des württembergischen Königs hergestellt, deren Höhepunkt am Tag nach seinem 60. Geburtstag ein großer Festzug war. Auf einem geschmückten Wagen wurde er am 28. September 1841 in einem Zug von fast 10 000 Teilnehmern, über 600 Reitern sowie mehr als 700 Tieren mitgeführt, es war »eine der größten und glanzvollsten Veranstaltungen« (Sauer), die bis dahin in Stuttgart stattgefunden hatten. Der Pflug war ein symbolischer Dank, dem Anlass entsprechend in Goldfarbe angestrichen, für den angesehenen »Reformer auf dem Thron« (Sauer), auch »Bauernkönig« genannten Wilhelm I., den Modernisierer der württembergischen Landwirtschaft. »Vorsteher, Lehrer und Zöglinge« sowie die »Landbau-Männer« der »Lehranstalt Hohenheim« hatten den Pflug und weitere Ackergeräte dabei, wie das Programm des Festzugs erwähnt, in zeitgenössischen Bildzyklen ist er abgebildet.

Ein Jahr später war der »vergoldete Pflug« – wie ein Zeitgenosse schrieb (Göriz, nach Weisser) – Blickfang und Attraktion am Eingang einer Ausstellung in Hohenheim im Rahmen einer Veranstaltung der Deutschen Land- und Forstwirte. Dort wurden neben einer großen Zahl moderner Landwirtschaftsgeräte auch zahlreiche dreidimensionale technische Modelle präsentiert, die als die »ersten […] fabrikmäßig hergestellten« dieser Art gelten und jahrzehntelang eines der »wichtigsten Instrumente des landwirtschaftlichen Technologietransfers« waren – ein »Schatz der Technikgeschichte« (Weisser). Sie wurden Grundlage der ältesten agrartechnischen Sammlung in Deutschland und verweisen auf die Rolle Hohenheims in den Jahren vor und nach 1840. Um diese Bedeutung plakativ deutlich zu machen, ist Hohenheim in jüngster Zeit mit dem heutigen »Silicon Valley« (Weisser) verglichen worden, auch wenn die Initiativen damals »von oben« kamen.

Wilhelm I. war im Herbst 1816 im Alter von 35 Jahren auf den Thron gelangt, in jenem Jahr, das als »Jahr ohne Sommer« in die europäischen Annalen eingegangen ist und vom Volksmund mit dem Etikett »Achtzehnhundertunderfroren« versehen wurde. Der Grund hierfür war ein

Ausbruch des Vulkans Tambora auf der indonesischen Insel Sumbawa im Vorjahr, was zu einem dramatischen Kälteeinbruch in ganz Europa führte, gefolgt von Ernteausfällen, einer Vervielfachung der Getreidepreise und einer großen Hungersnot, die 1817 ihren Höhepunkt erreichte; sie zog auch Württemberg schwer in Mitleidenschaft. Wilhelm handelte in dieser Situation – engagiert unterstützt von Königin Katharina – entschlossen und rasch, indem er wirksame Maßnahmen zur Förderung der Landwirtschaft traf: Neben Höchstpreisen und Ausfuhrverboten für Lebensmittel sowie Getreidekäufen aus dem Ausland veranlasste er 1817 die Gründung eines Landwirtschaftsvereins mit einer Zentralstelle in Stuttgart. Sie hatte die Aufgabe, die Bauern zu beraten, auch darum wurde ihr eine mechanische Sektion für die Geräte angegliedert. Im November 1818 stiftete der König in Hohenheim mit der »landwirthschaftlichen Unterrichts-, Versuchs- und Musteranstalt« eine Landwirtschaftsschule, die 1847 Akademie, 1904 Landwirtschaftliche Hochschule und 1967 Universität wurde. Er folgte damit dem Beispiel von Albrecht von Thaer, der 1802 in Celle und 1804 auf Gut Möglin bei Berlin landwirtschaftliche Lehranstalten gegründet hatte. Zugleich wurde ein jährliches Fest eingerichtet und erstmals am 28. September 1818, dem Tag nach Wilhelms Geburtstag, gefeiert; daraus wurde das beliebteste Volksfest des Landes, der Cannstatter Wasen. Um das Interesse der Bauern an modernen Agrartechniken zu wecken, wurde das Fest von Anfang an mit Wettbewerben verbunden, für die das Königspaar Preise für neu entwickelte landwirtschaftliche Maschinen auslobte.

Die Landwirtschaft hatte in Deutschland lange Zeit wenig Beachtung gefunden. Während zum Beispiel in England schon früh eine agrarwissenschaftliche Literatur entstand, finden sich hier bis weit in die Frühe Neuzeit hinein nur wenige derartige Ansätze. Dabei zeigt schon ein Blick auf das Mittelalter, welche Bedeutung landwirtschaftliche Innovationen für die gesamtgesellschaftliche Entwicklung besaßen. Nachdem durch den Niedergang des Römischen Reichs und in der Zeit der Völkerwanderung viele agrarische Techniken in Vergessenheit geraten waren, kam es erst seit dem 11. Jahrhundert zu einer gewissen »Renaissance« im Ackerbau. Die Einführung der Dreifelderwirtschaft, bei der im Wechsel ein Drittel der Fläche mit Sommer-, das zweite mit Wintergetreide bebaut und das dritte zur »Erholung« für ein Jahr brachliegen gelassen wurde, führte zu deutlichen Ertragssteigerungen. Der Beetpflug, der den Boden nicht nur oberflächlich ritzte, sondern aufriss und die gelösten Schollen zugleich umwendete, erlaubte ein tieferes und damit effizienteres Pflügen. Der höhere Kraftaufwand, der dazu erforderlich war, wurde mithilfe von Zugpferden geleistet, deren Geschirr durch ein Kummet so gestaltet war, dass es ihnen bei der schweren Arbeit nicht die Luft abdrückte. Diese Innovationen waren eine wichtige Voraussetzung für die Entwicklung des Städtewesens, da erst die Steigerung der Erträge zu Überschüssen führte, die es ermöglichten, eine wachsende Zahl von Menschen zu ernähren, die nicht selbst an der Nahrungsproduktion beteiligt waren.

Nach diesem Entwicklungsschub kam es allerdings Jahrhunderte hindurch kaum noch zu Veränderungen in der Landwirtschaft, was nicht zuletzt auf die starre Agrarverfassung und die daraus resultierende soziale Lage der Bauern zurückzuführen ist. Nur in wenigen Teilen Deutschlands, wie zum Beispiel im Südwesten und an der Nordseeküste, befand sich der Boden ganz oder überwiegend in bäuerlicher Hand. Die meisten Grundbesitzer waren Adelige, die ihr Land entweder an Bauern verpachteten und von den Einkünften lebten oder – vor allem östlich der Elbe – es als Gutsherren bewirtschafteten. Gerade in dieser Region verschlechterte sich die Lage der Bauern im 16. und 17. Jahrhundert und führte in eine wachsende Abhängigkeit, die bis zur Leibeigenschaft reichen konnte. Neben ihren Abgaben mussten sie auf den herrschaftlichen Gütern Frondienste leisten, die in der Erntezeit oft mehrere Tage in der Woche in Anspruch nahmen; Zeit, die ihnen wiederum fehlte bei der Bewirtschaftung des eigenen Pachtlandes.

Westlich der Elbe, wo die Grundherren wenig eigene Landwirtschaft betrieben, waren solche Herrendienste nicht so drückend, doch bestanden auch hier noch Feudalrechte, darunter das Jagdrecht, die für Unmut sorgten, gelegentlich zu Aufständen und 1525 sogar zum Deutschen Bauernkrieg führten. Die persönliche Freiheit der Bauern war hier aber weniger eingeschränkt, und sie besaßen auch ein weitgehendes Eigentumsrecht an ihren Hofstellen, die sie in der Regel frei vererben konnten. Wo bäuerliches Eigentum vorherrschend war, spielte das Erbrecht eine wichtige Rolle. In manchen Gegenden, vor allem in Norddeutschland, galt das Anerbenrecht, bei dem nur ein Sohn – nicht unbedingt der älteste – den Hof erbte, in anderen, wie vor allem im Südwesten, galt die Realteilung, also die Aufteilung des Besitzes unter allen Erben. Dadurch war die Hofgröße und mit ihr die soziale Lage der Bauern regional sehr unterschiedlich.

Im 18. Jahrhundert machte sich die Tendenz bemerkbar, schon fast vergessene Feudalrechte wiederzubeleben, was in Frankreich eine der Ursachen für den Ausbruch der Revolution darstellte. Im Deutschen Reich begannen sich die absolutistischen Fürsten zunehmend für die Landwirtschaft zu interessieren, da sie deren Bedeutung für den Staatshaushalt erkannten, und sie bemühten sich, die Rechte der Bauern gegenüber den Grundherren zu stärken. Im Zuge der Aufklärung geriet dann die elende Lage der Bauern in vielen Teilen des Reichs in die Kritik, wobei besonders die ausufernden Frondienste als Ursache benannt wurden. Erste Reformvorschläge wie die Begrenzung der Fronarbeit während der Erntezeit auf drei Tage – womit den Bauern abzüglich des Sonntags noch drei Tage für die eigene Wirtschaft blieben – verdeutlichen das Ausmaß des Problems. Gegen Ende des 18. Jahrhunderts mehrten sich die Stimmen, die eine Abschaffung der Feudalordnung forderten. Mit dem preußischen Oktoberedikt von 1807 nahm die Bauernbefreiung in Deutschland ihren Anfang, doch vergingen noch Jahrzehnte, bis sie in allen Staaten des Deutschen Bunds durchgeführt war.

Die Gründung der Landwirtschaftsschule und Musteranstalt in Hohenheim fällt damit in eine Zeit, in der ebenso die Lebens- und Arbeitsbedingungen der Bauern wie auch die Rolle der Landwirtschaft insgesamt für das Staatswesen einen wichtigen Platz in der öffentlichen Diskussion einnahmen. Das »Jahr ohne Sommer« und die anschließende Hungersnot fungierten in dieser Situation als Katalysator. Die Anstalt hatte mehrere Aufgaben: Neben die Ausbildung trat die Sammlung landwirtschaftlicher Geräte sowie deren Erprobung und Verbesserung. Zu ihrem ersten Direktor wurde 1818 Johann Nepomuk Hubert von Schwerz (1759–1844) berufen, der sich durch eine dreibändige Studie über die belgische Landwirtschaft (Halle 1807–1811) den Ruf eines Fachmanns auf diesem Gebiet erworben hatte. Aus Belgien, dessen Landwirtschaft zu dieser Zeit als besonders fortschrittlich galt, wurden auch viele der ersten Gerätschaften erworben, die in Hohenheim gesammelt, getestet und weiterentwickelt wurden. Um diese Arbeit leisten zu können, gründete Schwerz 1819 die »Hohenheimer Ackergeräthefabrik«, die als älteste Landmaschinenfabrik Deutschlands gilt. Hier wurden die angekauften Gerätschaften nach ihrer Erprobung verbessert, neue wurden entwickelt und die für gut befundenen in Serie produziert, um sie gezielt zu verbreiten. Immer neue Geräte gelangten durch Ankauf oder als Schenkungen in die Sammlung, weitere brachten Schüler von Auslandspraktika mit, oft zusammen mit neuen Kenntnissen und Erfahrungen.

Die Landwirtschaftsschule und die auf den Hohenheimer Versuchsgütern sowie den zu Musterbetrieben ausgebauten Domänen entwickelten Agrartechniken lieferten Erkenntnisse, die zum »Motor der landwirtschaftlichen Innovation« (Sauer) wurden; dieses Wissen verbreitete sich rasch in Württemberg, in ganz Deutschland und weit darüber hinaus. Die Hohenheimer Landmaschinen, insbesondere die Pflüge, galten lange als »die modernsten ihrer Zeit in Deutschland« (Weisser) und wurden auch auf internationalen Ausstellungen präsentiert. In den Jahren 1819 bis 1838 lieferte die Ackergerätefabrik allein mehr als 1500 Hohenheimer Pflüge ins In- und Ausland. Sie beschäftigte bis zu 20 Mitarbeiter, die je nach Auftragslage jährlich zwischen 300 und 400 Geräte herstellten.

Es ging jedoch nicht nur um den Verkauf von eigenen Produkten; ebenso wichtig war – der Intention der Anstalt entsprechend – die Vermittlung von Wissen auch an diejenigen, die nicht in der Lage waren, sich Hohenheimer Geräte zu leisten. Jahrhundertelang hatten die Bauern ihre einfachen Geräte selbst gebaut oder den örtlichen Schmied oder Wagner damit betraut, sie nach ihren Angaben herzustellen. Seit Anfang des 19. Jahrhunderts erschienen zwar Bücher, in denen neue Geräte beschrieben wurden, doch waren diese längst nicht jedermann zugänglich. In Hohenheim wurde angesichts dieses Problems eine besonders innovative Lösung entwickelt – die Herstellung von Modellen in verkleinertem Maßstab. Diese Modelle waren exakte und funktionstüchtige Nachbauten der Originale im Miniaturformat, wie sie auch reisende Besucher in ihrem Gepäck mitführen konnten, um sie dann später einheimischen Handwerkern als Vorlage für die Fertigung der entsprechenden Geräte vorzulegen. Diese Hohenheimer Modelle fanden großen Anklang und wurden schon bald fast ebenso häufig verkauft wie Geräte in Originalgröße. Sie sind damit ein wichtiges Element des Techniktransfers, der neben anderen Neuerungen – wie dem Fruchtwechsel (der seit der zweiten Hälfte des 18. und vor allem im 19. Jahrhundert an die Stelle der Dreifelderwirtschaft trat), der Verwendung neuer Düngerarten oder der Züchtung produktiverer Fleisch- und Milchviehsorten – die europäische Agrarrevolution des 19. Jahrhunderts ermöglichte und damit eine Grundlage für die Entfaltung der industriellen Revolution war.

50

Die Pickelhaube war lange Zeit Symbol des deutschen Militarismus und deutscher Untertanenmentalität.

Die Pickelhaube

Der deutsche Militarismus

Wie kein anderes Symbol steht die schwarze Pickelhaube mit Metallspitze für den preußisch-deutschen Militarismus im Kaiserreich sowie ganz allgemein für deutsche Disziplin und Obrigkeitshörigkeit. Dieser mehr als 34 Zentimeter hohe Helm mit seiner spitz zulaufenden Form gehört zu den frühesten Exemplaren von 1842, vielleicht ist er sogar ein Musterhelm. Der Garde-Adler mit gespreizten Flügeln war seit 1842 üblicher Zierrat mit einem Stern des schwarzen Adlerordens. Die vergoldeten Beschläge sowie die Kokarde mit silbernem Ring an der Seite weisen auf einen Offiziershelm hin.

Erste Versuche der Kavallerie mit ähnlichen Modellen, allerdings aus Metall, wurden bereits im März 1841 abgeschlossen, der Elberfelder Metallwarenfabrikant Wilhelm Jaeger, ein über gute Beziehungen zum Königshaus verfügender Heereslieferant, bot sie an; spätestens seit 1842 unter dem Namen Pickelhauben. Die Material- und Gefechtstests fielen laut einem Kommandeursgutachten positiv aus, denn der Helm sei »sehr bequem« und sitze »vollkommen fest am Kopfe« und falle »selbst bei Hieben« nicht ab. Vorder- und Hinterschirm boten Schutz für Gesicht und Nacken, ohne den Träger in seiner Beweglichkeit und im Gesichtsfeld zu behindern; außerdem hatten die Helme Belüftungslöcher im Fuß der Metallspitze, die selbst wiederum abgeschraubt und bei Paraden gegen einen hellen oder schwarzen Büschel aus Rosshaar, wie sie bei Mannschaften üblich waren, oder aus Büffelhaar bei Offizieren ausgetauscht werden konnte. Auch die von Christian Harkort, einem Lederfabrikanten aus Haspe, hergestellten Lederhelme bewährten sich; sie waren vor allem für die Infanterie vorgesehen. Sie fanden im großen Königsmanöver 1842 im Rheinland nicht nur die Aufmerksamkeit der Soldaten, sondern auch der Manöverbeobachter; »probeweise« wurden sie von je einem Bataillon in jedem Armeekorps getragen.

Der Erfinder dieser Helmart ist unbekannt; jedenfalls ist weder nachweisbar, dass König Friedrich Wilhelm IV. den Prototypen eines solchen Helms bei einem Besuch 1842 auf dem Schreibtisch von Zar Nikolaus I. sah und nach seiner Rückkehr kopieren ließ, noch dass der

Historienmaler Heinrich Stilke den Auftrag hatte, einen solchen zu entwickeln.

Der »Lederhelm mit Spitze« – wie seine amtliche Bezeichnung lautete – wurde am 23. Oktober 1842 von König Friedrich Wilhelm IV. in der preußischen Armee eingeführt, zunächst bei der Kavallerie und dann auch für Infanterie, Jäger, Schützen und Artillerie. Der Helm aus fest gepresstem Leder mit stabilisierenden Metallbeschlägen löste den Ende des 18. Jahrhunderts aus ungarischen »Husarenmützen«, in Preußen »Schackelhauben« genannt, entwickelten, seit den napoleonischen Kriegen verbreiteten zylinderförmigen Tschako ab. Die glockenähnliche Form der Pickelhaube und ihre Metallspitze sollten im Nahkampf Hiebe mit Blankwaffen und Kolben ablenken; zudem bot ihr Ledermaterial einen besseren Schutz bei Sonne und vor allem bei Regen, denn die Tschakos aus Filz sogen sich voll und wurden schwer. Die Artillerie trug statt der Spitze eine kleine Kugel auf dem Helm, um gegenseitige Verletzungen bei der Bedienung von Geschützen zu vermeiden.

So rasch und erfolgreich die Pickelhaube in Preußen eingeführt wurde, so früh und nachhaltig wurde sie das schlechthin negative Stereotyp für preußischen Militarismus. Heinrich Heine sah auf seiner Reise im Winter 1843/44 aus dem Pariser Exil in Aachen erstmals preußische Soldaten und kommentierte – was diesen Teil seines Gedichts »Deutschland. Ein Wintermärchen« betrifft – noch moderat: »Nicht übel gefiel mir das neue Kostüm/ Der Reuter, das muß ich loben,/ Besonders die Pickelhaube, den Helm/ Mit der stählernen Spitze nach oben.« Drei Strophen weiter lästerte er: »Ja, ja, der Helm gefällt mir, er zeugt/ vom allerhöchsten Witze!/ Ein königlicher Einfall war's!/ Es fehlt nicht die Pointe, die Spitze!// Nur fürcht ich, wenn ein Gewitter entsteht,/ Zieht leicht so eine Spitze/ Herab auf euer romantisches Haupt/ Des Himmels modernste Blitze!« Heine zielte auf den preußischen Militarismus und kritisierte die Militarisierung der preußischen Gesellschaft.

Auch in Karikaturen tauchte die Pickelhaube schon bald nach ihrer Einführung als Symbol für militärischen Drill und willenlosen Gehorsam auf, so auf Zeichnungen in den *Düsseldorfer Monatsheften*: ein marionettenhaft stramm stehender Soldat mit Pickelhaube und der Aufschrift »Automat« (1848) und das »Rundgemälde von Europa im August 1849« (1849), das den preußischen König mit einer Pickelhaube auf dem Kopf in der Mitte einer Europakarte zeigt, wie er die Revolutionäre mit einem Kehrbesen aus Deutschland herausfegt. Verbesserte Reproduktions- und

Vertriebsmöglichkeiten brachten solche Zeichnungen trotz strenger preußischer Zensur schnell an ein größeres Publikum. Die gewaltsame Unterdrückung der Revolution von 1848/49 durch preußische Soldaten hatte das Negativbild der Pickelhaube in den deutschen Staaten als Symbol für die reaktionäre und antidemokratische Haltung der preußischen Monarchie geprägt. Dieses Bild der Militarisierung, seit 1860 auch infolge einer Heeresreform, wurde noch verstärkt dadurch, dass die Pickelhaube in den 1850er-Jahren auch zum Polizeihelm wurde; zunächst in Berlin, spätestens seit der Reichsgründung auch außerhalb Preußens, selbst in Bayern, wo die Polizei sie sogar bis 1936 trug. In allen anderen Bundesstaaten trug die Polizei von 1918 bis in die 1960er-Jahre wieder den Tschako, in West wie Ost.

Mit den Einigungskriegen 1864 (gegen Dänemark) und 1866 (Preußen gegen Österreich) und 1870/71 (gegen Frankreich) übernahmen weitere deutsche Staaten den inzwischen in seiner Höhe seit Ende der 1850er-Jahre fast »halbierten« Helm. Bis zur Reichsgründung 1871 war der »Helm mit Spitze« zur vorherrschenden militärischen Kopfbedeckung geworden, die sich nach Truppengattung und Mannschaftsgrad ebenso unterschied wie nach Landeszugehörigkeit: Das preußische Emblem zeigte den Reichsadler, Sachsen hatte einen Stern mit Wappenschild, Baden einen Greif, die Bayern zwei Löwen mit Wappenschild, nachdem es sich als letzter Bundesstaat schließlich 1886 von seinen traditionellen Raupenhelmen mit Pelz- oder Wollbesatz getrennt hatte.

Als zur Feier der Reichsgründung drei große Siegeszüge durch das Brandenburger Tor inszeniert wurden, dichtete der durchaus zeitkritische Theodor Fontane am 16. Juni 1871 auf den dritten dieser Züge: »Und siehe da, zum dritten Mal/ Ziehen sie ein durch das große Portal,/ [...] Bunt gewürfelt Preußen, Hessen,/ Bayern und Baden nicht zu vergessen,/ Sachsen, Schwaben, Jäger, Schützen,/ Pickelhauben und Helme und Mützen.« Der »Helm mit Spitze« war als »Pickelhaube« längst auch eines der positiv besetzten, identitätsstiftenden militärischen Symbole des Deutschen Reichs. Die jährlichen Sedan-Feiern wurden mit Militärparaden gefeiert und gingen in Verbindung mit Pickelhaube, Uniform und Stechschritt als Gründungsmythen in die kollektive Erinnerung des jungen Kaiserreichs ein. Kaiser Wilhelm I., sein Kanzler Otto von Bismarck und vor allem sein Nachfolger Wilhelm II. zeigten sich bei offiziellen Anlässen in Uniform mit Pickelhaube. Wehrpflichtsystem mit Reservedienst und -offizierslaufbahn, Kadettenausbildung und militärisch geprägter Erziehung in den Schulen sowie die Übernahme ausgeschiedener Militärs auf Posten in der zivilen Verwaltung förderten maßgeblich die militärische Prägung und Durchdringung der Gesellschaft.

Die Außenwirkung der Pickelhaube wurde stark geprägt durch die französische Publizistik in den Jahren nach dem deutsch-französischen Krieg 1870/71. In seinem Werk prägte der elsässische Zeichner Jean-Jaques Waltz, bekannter unter seinem Künstlernamen »Hansi«, wie kaum ein anderer das Bild vom im Stechschritt marschierenden deutschen Soldaten mit Pickelhaube. Er brachte damit die von den Franzosen als Schmach empfundene Niederlage gegen Preußen zum Ausdruck und den schmerzhaften Verlust von Elsass-Lothringen an das Kaiserreich.

»Der Respekt vor Epauletten ist dem Deutschen durch Gesetz und Verwaltung seit Menschengedenken anerzogen worden [...] der Offiziersrock ist eine [...] privilegierte Einrichtung, ganz unabhängig von der Person, die in dem Rocke steckt.« So kommentierte die *Königlich Privilegierte Zeitung* am 19. 10. 1906 die Ereignisse um den falschen Hauptmann von Köpenick. Dem arbeitslosen und vorbestraften Schuster Wilhelm Voigt war es in einer bei Trödlern erstandenen Offiziersuniform gelungen, das Rathaus von Köpenick zu besetzen und die dortigen Verwaltungsbeamten so zu täuschen, dass sie ihm die Rathauskasse aushändigten. Diese Geschichte griff Carl Zuckmayer 1931 für sein Theaterstück auf, als er sah, wie die immer stärker werdenden Nationalsozialisten »die Nation in einen Uniformtaumel versetzten«. Er wollte der Gesellschaft warnend den Spiegel vorhalten und auf die Dominanz militärischen Denkens und Handelns aufmerksam machen, das auch nach Ende des Kaiserreichs 1918 in der Weimarer Republik den Alltag prägte. Den Grabstein des 1922 in Luxemburg verstorbenen falschen Hauptmanns ziert seit 1975 übrigens eine Gedenkplatte mit einer Pickelhaube.

Das ebenso berühmte wie zwiespältige Foto vom »Tag von Potsdam« am 21. 3. 1933 sollte Hitler in eine Reihe mit Friedrich dem Großen, Bismarck und Hindenburg stellen und die preußische Geschichte, ihren Mythos, für den Nationalsozialismus vereinnahmen: Hitler, in bürgerlichem Cut, einen Zylinder in der Hand, verneigt sich und ergreift mit ergebener Geste die Hand des Reichspräsidenten, Paul von Hindenburg, in hochdekorierter Uniform und – für ihn außergewöhnlich – mit Pickelhaube. Die groß inszenierte Veranstaltung in der Garnisonskirche sollte die Nähe Hitlers zu konservativen Führungskreisen der Weimarer Republik demonstrieren und entsprach dem Wunsch der Bevölkerung nach Ruhe, Festigkeit und Ordnung in der unruhigen Zeit der Weimarer Republik, als Straßenkämpfe von Gefolgsleuten der politischen Extreme seit Langem an der Tagesordnung waren. Das Tragen einer Pickelhaube bei passenden öffentlichen Anlässen war inzwischen für ehemalige Militärs ein Zeichen monarchistischer, antirepublikanischer Gesinnung.

Zu dieser Zeit hatte die Pickelhaube beim Militär schon längst »ausgedient«. Die Metallspitzen und die blanken Metallbeschläge hatten sich schon lange vor dem Ersten Weltkrieg als nachteilig erwiesen. Bei Sonnenschein waren sie durch ihre Metallbeschläge von Weitem zu erkennen und verrieten die eigenen Stellungen, sodass die Helme im Feld bereits ab 1849 mit Farbe überstrichen und ab 1892 mit einem Tarnüberzug aus schilfgrünem Stoff ausgestattet wurden. Im Ersten Weltkrieg wurden zwar die Metallspitzen abgenommen, damit sie kein Ziel boten, der Helm war aber auch kein Schutz gegen Granatsplitter, die über 80 Prozent der Kopfverletzungen ausmachten und fürchterliche Gehirnverletzungen mit meist tödlichem Ausgang verursachten. 1916 erhielten die deutschen Soldaten schließlich den neu entwickelten Stahlhelm Modell 1916 (M16) – allerdings später als vergleichbare Entwicklungen der Entente; dieser Helm löste die Pickelhaube in der militärischen Verwendung ab.

Pickelhaube, Stahlhelm und die Zipfelmütze des deutschen Michel gelten international als karikierende Symbole der deutschen Nation: Der »teutsche Michel« taucht schon im 16. Jahrhundert auf, bildlich wird er im Biedermeier populär und bezeichnet den mehr oder weniger naiven Tölpel; der Stahlhelm symbolisiert den Militarismus seit dem 20. Jahrhundert und die Pickelhaube preußisch-deutsch-militärisch-strenge Attitüde. Vor diesem Hintergrund hat es einen »tröstlich-versöhnenden Akzent«, dass der seit 1962 populäre Wachtmeister Alois Dimpfelmoser zwar ein »Staatstölpel« mit Pickelhaube ist, aber zugleich die komischste Figur in Otfried Preußlers inzwischen in über 30 Sprachen übersetztem und in Millionenauflage verbreitetem Buch *Der Räuber Hotzenplotz*.

Auszug vom 26. Februar 1829 (5. Zeile):
»Löb Strauß / lebendig / [Vater:] Hirsch Strauß / Handelsmann / [Wohnort:] Buttenheim / [Haus-Nr.:] 83«.

Geburtsmatrikel von »Löb Strauß«

Armutsflüchtlinge und Auswanderung

Auswanderer haben keine Lobby. Was von ihnen bleibt, sind allenfalls ein Geburtseintrag im Kirchenregister, vielleicht Steuerunterlagen, ein Auswanderungsantrag, manchmal sogar eine Auswanderungsankündigung im Intelligenzblatt der Region. Aber solche Spuren werden auch nur dann akribisch ermittelt, wenn ein Auswanderer es in seiner neuen Heimat tatsächlich zu etwas gebracht hat. So geschehen bei einem, der in seiner neuen Heimat so berühmt wurde, dass weltweit fast jedes Kind seinen Namen kennt. Nicht einmal die 3000 Einwohner des kleinen Buttenheim, 15 Kilometer südöstlich von Bamberg, hatten bis 1984 die geringste Ahnung von ihrem berühmtesten Mitbürger. Dabei hatte er um 1900, zwei Jahre vor seinem Tode, noch eine sehr beträchtliche Spende für die Renovierung des jüdischen Friedhofs in seinem Geburtsort überwiesen, diesen allerdings nie mehr besucht.

137 Jahre nach seiner Auswanderung löste ein Brief aus Milwaukee (USA) in Buttenheim zunächst ungläubiges Staunen, dann intensive Recherchen aus. In Milwaukee wurde aus Anlass der Jubiläumsfeiern zum 300. Jahrestag der Immigration der ersten Deutschen eine Ausstellung über berühmte deutsche Einwanderer vorbereitet. Das Textilunternehmen Levi's hatte mitgeteilt, Buttenheim sei der Geburtsort des Konzerngründers, und die Ausstellungsorganisatorin wandte sich nun an den Bürgermeister. Tatsächlich fand sich bald der Geburtseintrag, wenig später sogar der Auswanderungsantrag und weitere Quellen; selbst das 1667 erbaute Geburtshaus existierte noch. Der Erfinder der Bluejeans war im fränkischen Buttenheim geboren und nicht – wie bisher angenommen – als Sohn eines Uhrmachers im 70 Kilometer entfernten Bad Windsheim. Als Löb Strauß war er am 26. Februar 1829 in der Geburtsmatrikel eingetragen worden. Im Alter von 18 Jahren war er mit seiner Mutter Rebecca und seinen beiden Schwestern Fanny (auch Vögela genannt) und Maila (Mathilde) in die USA ausgewandert und damit seinen beiden Stiefbrüdern aus erster Ehe des Vaters gefolgt, die mit einer ihrer

Schwestern (alle 1813 bis 1817 geboren) bereits ein Jahrzehnt vorher (1836) dort angekommen waren und inzwischen in New York einen kleinen Textilhandel aufgebaut hatten. Auch der älteste Sohn von Hirsch Strauß, ein gelernter Schneider, war ausgewandert, allerdings nach London.

Buttenheim war Anfang des 19. Jahrhunderts eine kleine ländliche Gemeinde. Erbteilung, Flurzersplitterung, Missernten machten das Überleben nicht einfach. Die dortige jüdische Gemeinde war mit einem Fünftel der insgesamt über 900 Einwohner (1824/25) relativ groß, hatte seit 1741 eine Synagoge mit Rabbiner, Religionsschule, Herberge und Ritualbad und ab 1819 einen eigenen, bis heute erhaltenen Friedhof. Juden waren seit 1813 zwar als bayerische Untertanen anerkannt, aber (bis in die 1860er-Jahre) in ihren Rechten eingeschränkt, weil sie weder ihren Wohnort frei wählen noch ohne Erlaubnis heiraten durften; das allein zwang sie oft zur Abwanderung.

Die Emigration der Strauß' hatte aber – wie damals meist – vor allem wirtschaftliche Gründe: Der Familienvater, Hirsch Strauß, betrieb wie viele »Landjuden«, denen Landbesitz, zünftige Gewerbe und viele Handelszweige untersagt waren, einen Hausierhandel mit Tuch- und Kurzwaren, mit dem er seine große Familie mit fünf Kindern aus erster und den beiden jüngsten aus zweiter Ehe kaum ausreichend zu ernähren vermochte. Als Hirsch Strauß 1846 nach längerer Krankheit starb, geriet die Familie in Not. Die Mutter verkaufte ihren kleinen Besitz und stellte 1847 beim Landgericht Bamberg einen Auswanderungsantrag. Dafür musste sie Geburtsurkunden, Leumundszeugnisse, den Nachweis ausreichender Mittel für die Überfahrt einreichen und schließlich eine Art Kaution in der Armenkasse der Heimatgemeinde hinterlegen für den Fall, dass sie mittellos zurückkehren würde. Das Landgericht gab den Antrag am 15. April 1847 im *Bayerischen Intelligenzblatt* bekannt und beraumte die sogenannte Tagfahrt bis 7. Mai an, damit, wer immer Ansprüche hatte, sie bis dahin geltend machen konnte. Die Familie Strauß bekam ihre Erlaubnis am 14. Juni 1847. Die Fahrt nach Bremen – vermutlich per Postkutsche – dauerte etwa zehn Tage, auf welchem Schiff die Überfahrt im Sommer 1847 stattfand, ist nicht mehr ermittelbar. Sie dauerte mit Segelschiffen sechs bis zwölf Wochen, mit Dampfschiffen seit den 1870er-Jahren zwölf, seit 1900 sieben Tage.

Die Auswanderung der Strauß' aus Buttenheim zeigt typische Ursachen: die wirtschaftlichen, sozialen und rechtlichen Einschränkungen in der Heimat ebenso wie die Motivation, erfolgreichen Vorbildern in einer Art »Kettenwanderung« zu folgen. Letztlich verlief sie aber untypisch, weil die wenigsten Auswanderer in der Neuen Welt wirtschaftlich so erfolgreich waren. Löb Strauß wurde fünf Jahre nach seiner Ankunft in New York Amerikaner, nannte sich ab 1853 Levi Strauss und gründete im selben Jahr in San Francisco als 24-Jähriger ein eigenes Handelshaus für Textil- und Kurzwaren, zehn Jahre später dann Levi Strauss & Co. 1867 besaß er bereits ein großes, vierstöckiges Geschäftsgebäude, 1873 ließ er sich in den USA, 1874 in Großbritannien gemeinsam mit Jacob W. Davis ein Patent zur Verstärkung von Hosennähten durch Nieten eintragen. Inzwischen war er im Alter von 45 Jahren bereits Millionär, 1880 machte seine Firma dann einen Umsatz von 2,4 Millionen Dollar. Der Durchbruch der seit den 1920ern sogenannten Bluejeans, die bis in die 1960er noch Texas- und Nietenhosen hießen, zum globalen Mode- und Kultartikel kam nach dem Zweiten Weltkrieg.

Die Auswanderung aus Europa begann im 17. Jahrhundert und setzte sich in Schüben fort, zum Teil aus religiösen Gründen. Bis zum Beginn der Massenauswanderung waren es wenige Hunderttausend Migranten. Zwischen 1815 und 1914 gingen rund 40 Millionen Menschen von Europa nach Amerika, darunter sieben Millionen Deutsche. Schon nach der Hungerkrise 1816/17 wanderten etwa 20 000 Deutsche aus, doch stiegen die Zahlen mit der Bevölkerungszunahme insbesondere in der Phase der Frühindustrialisierung in Deutschland erheblich. Insgesamt werden im 19. Jahrhundert vor allem drei große Auswanderungswellen unterschieden:

Während der Krise 1846 bis 1854 verließen 1,1 Millionen Deutsche, überwiegend Handwerker und Kleinbauern, meist mit ihren Familien vor allem Südwestdeutschland. Nach dem Scheitern der Märzrevolution, 1848 kam es auch zu vielen Fällen politisch motivierter Emigration, Friedrich Hecker und Carl Schurz sind zwei der prominentesten. Während des Amerikanischen Bürgerkriegs (1861–65) ging die Auswanderung deutlich zurück.

Im Jahrzehnt danach nahm sie wieder zu, über eine Million Menschen vor allem aus unterbäuerlichen und bürgerlichen Schichten aus Nordost- und Nordwestdeutschland wanderten aus, der Anteil der Familien war geringer als in der ersten Welle.

Von 1880 bis 1893 schließlich emigrierten mehr als 1,8 Millionen

Menschen, die meisten in der ersten Hälfte der 1880er-Jahre, vor allem aus Nord- und Ostdeutschland, inzwischen auch ein nicht geringer Anteil Industriearbeiter (der nach 1900 mehr als die Hälfte ausmachte); unter ihnen war auch eine kleine Gruppe von Sozialdemokraten, die Bismarcks Sozialistengesetzen (1878–90) aus dem Weg gingen.

Deutschland verlor also während des 19. Jahrhunderts einen erheblichen Teil seines Bevölkerungszuwachses durch Auswanderung, im Gesamtdurchschnitt der Jahre 1841 bis 1910 rund ein Siebtel des Überschusses. Dies bedeutete – unter Einrechnung der Zuwanderung – einen Nettowanderungsverlust von rund fünf Millionen Menschen. Die Rückkehrerquote wird für die Zeit um 1900 auf 15 bis 20 Prozent geschätzt. Trotz der Massenabwanderung verdoppelte sich die Bevölkerungszahl zwischen 1840 und 1910 von rund 32,8 auf 64,9 Millionen.

Neun von zehn Auswanderern gingen in die USA, die meisten über Bremen und ab den 1850er-Jahren über Bremerhaven. Dort wurde von 1850 bis 1864 ein Auswandererhaus betrieben, das zunächst als vorbildliche soziale Einrichtung galt, jedoch bald zu klein wurde. Die sozialen Probleme – von der Behandlung der Auswanderer durch die Agenturen über Unterbringung und Verpflegung bis hin zu den meist sehr schwierigen Bedingungen bei der Überfahrt – waren immens. Zu einem Gesetz »zum Schutz der Auswanderer an Bord der Schiffe, die deutsche Häfen verlassen« kam es aber erst 1897 – nachdem die Auswandererzahlen schon wieder stark gesunken waren und Deutschland in der Hochindustrialisierung bereits »Arbeitskräfteeinfuhrland« (Bade) geworden war.

In den Jahren vor dem Ersten Weltkrieg kamen jährlich 450 000 bis 550 000 Zeit- beziehungsweise Saisonarbeiter, weiterhin etwa 400 000 Polen, die vor allem im Ruhrbergbau arbeiteten, 200 000 Russen, über 100 000 Italiener etc., sodass für die Zeit zwischen 1910 und 1914 jährlich 1,2 bis 1,3 Millionen ausländische Arbeitskräfte im Deutschen Reich geschätzt werden. Nach den USA war es tatsächlich der größte Arbeitskräfteimporteur, allerdings nicht in einem Selbstverständnis als Einwanderungsland, sondern »unter einer Politik rigoroser Ablehnung von Einwanderung« (Hoerder).

Im Ersten Weltkrieg wurde vielen, vermutlich allein einer halben Million der polnischen Arbeiter, die Rückkehr in die Heimat verweigert, im besetzten Belgien wurden Zehntausende zunächst angeworben, dann zwangsrekrutiert. Zusammen mit 1,5 Millionen Kriegsgefangenen verblieben insgesamt 2,5 Millionen, jeder siebte aller Arbeitenden, unfreiwillig in Deutschland. Während der Weimarer Republik emigrierten insgesamt rund 420 000 Deutsche, davon allein über 100 000 während der Hyperinflation 1923; die Zuwanderungspolitik dieser Jahre blieb restriktiv, die Arbeitsmarktpolitik bevorzugte Deutsche und drängte ausländische Arbeitnehmer ab.

Im nationalsozialistischen Deutschland wanderten zwischen 1933 und 1939 120 000 Deutsche in die USA aus, aber über 300 000 früher Ausgewanderte kehrten vor allem aus wirtschaftlichen Gründen zurück. Etwa eine halbe Million Deutsche mussten das Deutsche Reich (ohne Österreich) bis 1939 verlassen, darunter 280 000 Juden, etwa die Hälfte nach den Novemberpogromen 1938. In der Phase der Aufrüstung wurden bis 1938/39 436 000 Fremdarbeiter angeworben. Nach Schätzungen beutete die Diktatur während des Zweiten Weltkriegs 9,5 bis zehn Millionen Zivilarbeiter und Kriegsgefangene in Arbeitslagern aus, weitere 2,5 Millionen in SS-Lagern sowie 1,5 Millionen in Vernichtungslagern; alle zusammen ein Viertel der 1944 in der deutschen Wirtschaft Beschäftigten, von denen viele nicht überlebten, allein von den 5,7 Millionen sowjetischen Kriegsgefangenen weniger als die Hälfte.

Unmittelbar nach dem Weltkrieg herrschte in den Besatzungszonen ein Migrationswirrwarr: Zehn bis zwölf Millionen waren als Überlebende der Zwangslager »Displaced Persons«, Ende 1945 lebten noch 1,7 Millionen von ihnen in Lagern. Zehn Millionen Menschen waren aus den Städten evakuiert worden, die meisten lebten in Notunterkünften. Außerhalb der Besatzungszonen befanden sich die deutschen Kriegsgefangenen und etwa 14 Millionen Volksdeutsche. Die Eingliederung von 12,5 Millionen Flüchtlingen und Vertriebenen in der Bundesrepublik und der DDR war eine der großen Leistungen der Nachkriegszeit; andererseits emigrierten bis 1961 780 000 Deutsche nach Übersee (USA, Kanada, Australien). Mit der systematischen Anwerbung ausländischer Arbeitskräfte als »Gastarbeiter« ab Mitte der 1950er-Jahre wurde die Bundesrepublik »faktisch ein Einwanderungsland«, wie der erste Ausländerbeauftragte 1979 in einem Memorandum feststellte – allerdings bei überwiegend skeptischen Reaktionen von Politik und Öffentlichkeit. In dieser Hinsicht steht die deutsche Geschichte in einer Kontinuität (Hoerder). Bis heute sucht Deutschland seine Einstellung zum Thema »Einwanderungsland«.

Zügig verfasst und rasch veröffentlicht, die »einflussreichste politische Einzelschrift seit der Erklärung der Menschen- und Bürgerrechte«.

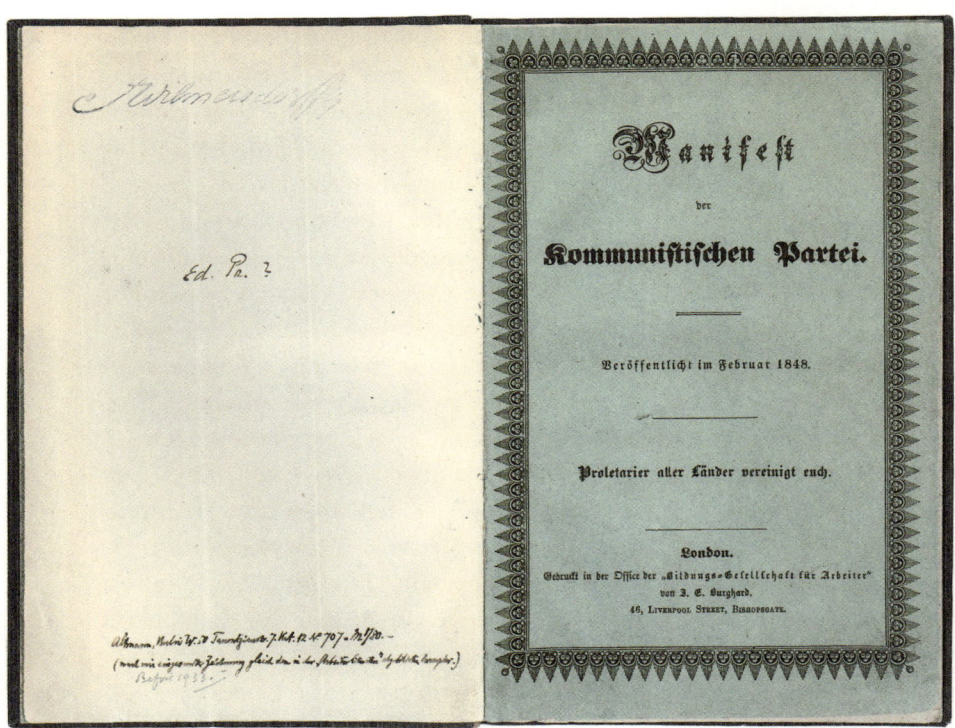

Das Kommunistische Manifest

Das Gespenst einer alternativen Gesellschaftsutopie

»Ein Gespenst geht um in Europa – das Gespenst des Kommunismus.« Wie ein Paukenschlag beginnt das *Kommunistische Manifest* mit diesem berühmt gewordenen Satz. Es erschien am 21. Februar 1848 und damit nur wenige Tage vor der Pariser Februarrevolution in London – auf Deutsch. Verfasst hatten es die beiden Freunde Karl Marx (1818–1883) und Friedrich Engels (1820–1895).

Die Erstausgabe der nur 23-seitigen, auf schlechtem Papier gedruckten Broschüre mit nüchternem, fahlgrünem, bordürengeschmücktem Einband wurde bis Ende Februar 1848 im Vereinslokal des Kommunistischen Arbeiter-Bildungsvereins an der Drury Lane im Londoner Stadtteil High Holborn verkauft. Der Titel lautete damals noch *Manifest der Kommunistischen Partei*, das Titelblatt wies keine Autorennamen aus, stellte aber das Publikationsdatum »veröffentlicht im Februar 1848« heraus und den Aufruf »Proletarier aller Länder vereinigt Euch!«, den letzten Satz dieser programmatischen Schrift, der zum Schlachtruf der internationalen revolutionären Arbeiterbewegung werden sollte.

Die Vorgeschichte des Manifests spiegelt die Dynamik der Nationen übergreifenden revolutionären Umbruchsituation jener Jahre wider – für Deutschland üblicherweise »Vormärz« genannt –, in denen sozialreformerische, sozialistische und proletarische Interessen erstarkten und sich formierten. Zu ihnen gehörte am linken Ende des Spektrums der 1847 entstandene »Bund der Kommunisten«. Er war auf Initiative von Marx und Engels aus dem vormals existierenden »Bund der Gerechten« hervorgegangen, den der nach Frankreich emigrierte erste deutsche Theoretiker des Kommunismus, Wilhelm Weitling, gegründet hatte.

Karl Marx, der gebürtige Trierer, Sohn einer jüdischen Anwaltsfamilie, hatte unter anderem Jura studiert sowie in Philosophie promoviert. Friedrich Engels, Sohn eines erfolgreichen pietistischen Textilfabrikanten aus Barmen im Rheinland, war gelernter Großhandelskaufmann. Beide gehörten seit 1847 auch dem »Bund der Kommunisten«, in dessen

Auftrag sie das Manifest entwarfen, federführend an. Sie hatten sich 1842 in Köln kennengelernt und gehörten mit ihren Ideen zu den führenden radikal sozialreformerischen Intellektuellen ihrer Zeit. Marx war seit jenem Jahr Mitarbeiter der neu gegründeten liberalen *Rheinischen Zeitung* und Mitherausgeber der einflussreichen *Deutsch-Französischen Jahrbücher* gewesen. Gemeinsam verfassten die beiden bereits 1845/46 die Streitschrift *Die deutsche Ideologie* und gründeten Anfang 1846 in Brüssel das Kommunistische Korrespondenz-Komitee, das den internationalen Zusammenschluss der revolutionären Arbeiter und die Bildung einer proletarischen Partei organisieren sollte.

Marx war nach seiner 1845 von der preußischen Regierung verfügten Ausweisung aus Frankreich in Brüssel ansässiger Redakteur revolutionär-politischer Zeitschriften, Wissenschaftler, leidenschaftlicher Polemiker und dabei nach eigener Aussage in »miserabler Geldverlegenheit«. Die ideologische Matrix für das Manifest stammte von Engels. Bereits Ende 1847 hatte er sie in seinem »Entwurf des Kommunistischen Glaubensbekenntnisses« sowie den »Grundsätzen des Kommunismus« abgesteckt. Der Bund der Kommunisten beauftragte Marx und Engels, auf diesen Grundlagen jenes erste kommunistische Grundsatzpapier zu entwickeln; innerhalb einer Woche hätten sie zu liefern, so die schriftlich gesetzte Frist. Marx packte die Chance beim Schopf. Statt in Form eines ursprünglich geplanten »katechismusartigen« Glaubensbekenntnisses holte er mit Unterstützung von Engels zu einer programmatischen Schrift aus. Ende Januar 1848 sandte er das von seiner Frau Jenny redigierte Manuskript von Brüssel nach London, kaum war es im Februar gedruckt, brach in Paris die Revolution aus, der im März in vielen Staaten des Deutschen Bunds revolutionäre Erhebungen folgten.

Das Manifest entwickelte große Teile der später als »Marxismus« bezeichneten Weltanschauung. In einem kurzen, schnell berühmt gewordenen Einleitungskapitel wird die kommunistische Grundidee entfaltet: »Die Geschichte aller bisherigen Gesellschaft ist die Geschichte von Klassenkämpfen.« Die Autoren machen keinen Hehl aus den radikalen Konsequenzen dieses Geschichtsbildes: Der Umsturz müsse gewaltsam herbeigeführt werden, denn die »Proletarier haben nichts [...] zu verlieren als ihre Ketten. Sie haben eine Welt zu gewinnen.« Nur eine »Diktatur des Proletariats« könne zu einer »klassenlosen Gesellschaft« führen.

War das 1848 eine Utopie? Im Schwelfeuer der damaligen revolutionären Entwicklungen zündete die Bombe des Manifests zunächst nicht.

Eine durchschlagende Wirkung verhinderte schon die strenge Zensur. Marx wurde nach Erscheinen des Manifests 1848 erst aus Belgien, dann aus Frankreich ausgewiesen und musste nach London fliehen. Die preußische Staatsbürgerschaft hatte er bereits 1845 aufgegeben, um sich der Einflussnahme Preußens zu entziehen; er war seither staatenlos.

Wie sehr das Manifest »einen eignen Lebenslauf« (Engels im Vorwort zur vierten Auflage, 1890) hatte, zeigen seine turbulente Entstehungs- und Wirkungsgeschichte gleichermaßen. »Niemand« hätte ihm in den 1850er- und 1860er-Jahren eine »außergewöhnliche Zukunft vorausgesagt« (Hobsbawm). Geradezu paradox gestaltete sich schon der Editionsverlauf. Von einem auszugsweisen Nachdruck (April/Mai 1849) in der satirischen Zeitschrift *Die Hornisse* sowie einigen halb- und nichtlegalen Nachdrucken bis in die 1860er-Jahre abgesehen, erschien (im Nachgang zum Kölner Kommunistenprozess von 1852) der erste behördlich geduldete Nachdruck ausgerechnet in einem Polizei-Handbuch über »Die Communisten-Verschwörungen des 19. Jahrhunderts« (Berlin 1853). Ähnlich der zweite legale deutsche Gesamtdruck: Wilhelm Liebknecht veranlasste ihn 1872 als Auszug aus den Prozessakten des gegen ihn und August Bebel geführten Leipziger Hochverratsprozesses. Diese Fassung – nunmehr mit dem Titel *Das Kommunistische Manifest* versehen – avancierte zur Grundlage aller nachfolgenden Neuausgaben; sie enthielt zugleich ein neues Vorwort der beiden Verfasser.

Die Übersetzungen des Manifests in französischer, italienischer, flämischer und dänischer Sprache, wie sie die Einleitung der Autoren schon 1848 selbstbewusst verkündet hatte, ließen – abgesehen von einer schwedischen (1848) und einer englischen (1850) Ausgabe – bis 1873 auf sich warten. Es schien, als sei das *Kommunistische Manifest* in einen »Dornröschenschlaf« (Löw) verfallen, aus dem es erst die revolutionären Erhebungen der Pariser Commune im Kontext des Deutsch-Französischen Kriegs 1870/71 erwecken sollten. In den folgenden 40 Jahren »eroberte es die Welt, mitgerissen vom Aufstieg der neuen (sozialistischen) Arbeiterparteien« (Hobsbawm), von denen sich zwar keine als »kommunistische« Partei bezeichnete, in denen sich aber der marxistische Einfluss im Jahrzehnt von 1880 bis 1890 schnell bemerkbar machte. Engels selbst war es, der den Zusammenhang zwischen dem steigenden Industrialisierungsgrad eines Landes und dem wachsenden Klassenbewusstsein der Arbeiter hervorhob.

Die weitere Rezeptionsgeschichte des *Kommunistischen Manifests* zeigt seine außerordentliche politisch-strategische Anschlussfähigkeit. Der Text blieb in allen Ausgaben unverändert, die stets aktualisierten Vorworte lieferten jeweils Bezüge zu den zeitgenössischen sozialpolitischen Brennpunkten in Europa. Im Vorwort zur Ausgabe von 1872 konstatierten die Autoren gleichwohl: »Wie sehr sich auch die Verhältnisse in den letzten fünfundzwanzig Jahren geändert haben, die in diesem ›Manifest‹ entwickelten allgemeinen Grundsätze behalten im ganzen und großen auch heute noch ihre volle Richtigkeit.«

Wie recht sie hatten, zeigte sich ein Dreivierteljahrhundert später: Nach 1945 avancierte die wichtigste Programmschrift der marxistisch-kommunistischen Bewegung zu einer Art Gründungsurkunde in den sozialistischen Staaten. Während in Westeuropa der Kommunismus als autoritäres System abgelehnt wurde, blieben Wortlaut und Geist des *Manifests* in jenen Staaten und ihren ideologischen Verbündeten über die gesamte zweite Hälfte des 20. Jahrhunderts zentraler ideologischer Fixpunkt. So lebten die Menschen in China und Kuba ebenso wie die in Osteuropa und der Sowjetunion im Geist der – stets staatlich »von oben« verordneten – Marx'schen Lehre. Die Veröffentlichung des *Manifests* und der Gesamtausgaben von Marx und Engels wurde dort mit schier unbegrenzten Mitteln unterstützt. Selbst in manch westlich orientierten Staaten Europas motivierte der »marxistische Messianismus« (Löwith) immer wieder politische Alternativvorschläge zum imperialistischen Status quo, so etwa in Frankreich, Griechenland oder Portugal. Grund dafür waren die beeindruckend zutreffenden Prognosen des nach Engels »weitest verbreitete[n], [...] internationalste[n] Produkts der gesamten sozialistischen Literatur« (Vorrede zur englischen Ausgabe 1888). Diese Qualität erstaunt bis heute Laien, Wissenschaftler und Kritiker des Marxismus gleichermaßen.

In der Bundesrepublik spielte das *Kommunistische Manifest* spätestens seit den Ereignissen vom Mai 1968 eine zentrale Rolle als ideologische Protestalternative zur US-amerikanischen Nachkriegspolitik, als Berufungstext für Kapitalismuskritik und Inspirationsquelle der politischen Linken. In der DDR avancierte auf Betreiben der Besatzungsmacht Sowjetunion der sozioökonomische Denkansatz des Marxismus-Leninismus zur alles beherrschenden politischen Ideologie und weltanschaulichen Grundlage des SED-Regimes. Im ideologischen Selbstverständnis begriff die DDR ihr politisches System als Fortsetzung Marx-Engels'scher Forderungen, als geschichtliche Verwirklichung der klassenlosen Gesellschaft unter der »Diktatur des Proletariats«. Ganze Betriebsschulen, Lehrstühle und Dozenturen für das kurz »ML« (Marxismus-Leninismus) genannte »Fach« waren pädagogischer Grundbestand. Das Motto des *Manifests* zierte alle Parteitage und wurde bildlich in der SED-Fahne umgesetzt. Das von Marx und Engels im *Manifest* erstmals systematisch etablierte Prinzip des Klassenkampfs prägte die Innen- und Außenpolitik des sozialistischen deutschen Staats, dominierte – mit dem Dogma vom »sozialistischen Eigentum an Produktionsmitteln« – die Arbeitswelt, die Gesetzgebung und Rechtsauffassung. Der ostdeutsche Staatssozialismus war in vielem nur scheinbar die Umsetzung der Forderungen des *Kommunistischen Manifests,* in ihm mutierte dieses ideologische Erbe, er stilisierte es politisch oberflächlich und pervertierte die ursprüngliche Idee einer radikal fortschrittlichen Gesellschaftsänderung. Der politischen Vision des *Manifests* von einem kommunistischen Finale der Geschichte konnte der SED-Staat des geteilten Deutschland sich jedenfalls nicht im Ansatz nähern; in der realsozialistischen Umsetzung versiegte die revolutionäre, gestalterische Kraft.

Das *Kommunistische Manifest* ist heute in nahezu alle Sprachen der Welt übersetzt, damit eines der am häufigsten gedruckten Werke der politischen Weltliteratur und »mit Sicherheit die einflussreichste politische Einzelschrift seit der Erklärung der Menschen- und Bürgerrechte der Französischen Revolution« (Hobsbawm). Originalfassungen der Erstausgabe sind aber nur noch in wenigen Exemplaren nachgewiesen, in vielen großen Bibliotheken der Welt sucht man sie vergeblich. Als 2001 ein 25. Exemplar aus süddeutschem Privatbesitz auftauchte, war dies eine Sensation; es war echt, erkennbar an einem Satzfehler auf Seite sechs. Hatte 1976 ein solches Exemplar bei einer Versteigerung umgerechnet noch rund 18 000 Euro erzielt, landete diesmal das Ergebnis nach einem harten Bietergefecht beim Rekordpreis von rund 100 000 Euro – »Na, wenn das kein Sieg der Marktwirtschaft ist«, titelte die Presse (*Die Welt* 2.5.2001).

53

Ebenso respektlos wie hintergründig – Volksvertreter tragen auf einer Bahre die abgelehnte Kaiserkrone, darunter kauern schutzlos Frauen.

Der »Zug der Volksvertreter« von Johannes Grützke

Die Paulskirche: Wiege der deutschen Demokratie

Heute scheint der Zug der schwarz gewandeten Volksvertreter endlos, denn sie gehen von links nach rechts im Kreis um die Wand der von Säulen umstellten, zentralen Wandelhalle der Paulskirche. Das 32 Meter lange, umlaufende, drei Meter hohe Wandbild des 1937 geborenen Berliner Malers Johannes Grützke zeigt auf insgesamt 96 Quadratmetern mehr als 200 Abgeordnete: jeden anders, doch nicht schreitend, sondern gedrängt, schubsend, neugierig, abweisend, erschreckt, gelangweilt. Mit großen, fleischig-hellen und erhitzten Köpfen sehen sie – kritisch, belustigt, mürrisch – auch die Betrachter an. Ihre Mienen wirken lebensecht, als stünden sie unter uns – und doch sind es auch bissige Karikaturen, darunter viele ironisch verfremdete Selbstporträts.

Grützke, der stilistische Außenseiter und inhaltliche Einzelgänger, der wegen seiner figürlichen Malerei fälschlich oft sogar der Kunst der ehemaligen DDR zugerechnet wurde, ein »Dissident im freien Land« (Beaucamp), gewann 1987 die Ausschreibung für das Wandbild in der Paulskirche der Stadt Frankfurt a. M. Er setzte seine künstlerische Idee zwischen April 1989 und Oktober 1990 um. Im April 1991 war schließlich die Eröffnung.

Fast anderthalb Jahrhunderte früher, am Nachmittag des 18. Mai 1848, zogen 384 festlich gekleidete Herren unter Glockengeläut, Kanonendonner und den Hochrufen Tausender jubelnder Bürger feierlich in die Paulskirche der Freien Stadt Frankfurt a. M. ein – zur ersten konstituierenden Nationalversammlung des entstehenden Deutschen Reichs. Die Stimmung war euphorisch und weihevoll, handelte es sich doch um die Zusammenkunft der ersten und einzigen konstituierenden Versammlung eines demokratisch gewählten Parlaments in Europa, das aus einer Revolution hervorgegangen war. Für das Frankfurter Nationalparlament galt es, mit dem Schwung der Märzrevolution die Modernisierung voranzutreiben und einer nationalstaatlichen, gesamtdeutschen Lösung zuzuarbeiten.

Das Ziel, eine Verfassung für das ganze Reich zu entwerfen und mit den Landesregierungen zu vereinbaren, schien nicht unerreichbar, wenn auch ambitioniert, denn die Abgeordneten hatten nicht weniger als 38 einzelne Staaten und etwa 45 Millionen Bürger zu präsentieren, wobei nur ein Bruchteil der insgesamt 850 gewählten Vertreter gekommen war. Im euphorischen Anfang wurde laut der Stenografischen Berichte der Versammlung vom Abgeordneten Karl Giskra der »Genius der deutschen Einheit« beschworen, gegen das autoritäre System Metternich stand der Geist des freien Bürgertums, gegen Krieg und Revolte wurde von Arnold Ruge die »allgemeine europäische Entwaffnung« gefordert. Dass aus Deutschland endlich »ein Großes und Ganzes werden« müsse, war nicht nur eine Forderung des profilierten demokratischen Abgeordneten Robert Blum. »Ganz Europa scheint zu fühlen, dass der Schwerpunkt seiner Zukunft in der Paulskirche liegt«, fasste der Abgeordnete Gustav von Mevissen die Aufbruchsstimmung zusammen.

Die Vorgeschichte der Versammlung fiel in politisch unruhige Zeiten: Im Februar 1848 war in London das *Kommunistische Manifest* erschienen, hatte in Paris in der bürgerlich-demokratischen Februarrevolution der französische König abgedankt und war die Zweite Französische Republik ausgerufen worden. Schon im März war der Funke auf deutschen Boden übergesprungen: Barrikadenkämpfe, Straßenschlachten, Petitionen, Volksversammlungen deutscher Bauern und Bürger gegen den Adel, die Standesherren und den Staat bestimmten das Gesicht der deutschen Revolution. Hunderte Tote gab es allein in Berlin, Unruhen mit nachfolgender Abdankung einstiger Monarchen (wie Ludwig I. in München) waren Revolutionsfanale. Bis in die Provinzstädte erschütterten die Ereignisse der Märzrevolution den alten Obrigkeitsstaat. Die Restauration »brach wie ein Kartenhaus zusammen« (Nipperdey).

Auf den revolutionären Gefechtseifer war noch im März politisches Kalkül gefolgt – die Bildung eines politischen Organs, das Volkswahlen zur Nationalversammlung durchsetzen und die Wahlvorbereitungen für ein in Frankfurt zu etablierendes nationales Parlament treffen sollte – das Frankfurter »Vorparlament«. Zwischen dem 31. März und dem 3. April 1848 beriet das Vorparlament in der Paulskirche. Es bestand weitgehend Übereinstimmung, dass der Deutsche Bund nicht auf Kosten der Revolution reformiert werden dürfe und das Parlament mächtig bleiben solle, auch wenn Deutschland nicht handstreichartig politisch neu zu formieren war. Denn die alten »dualistischen« Gewalten des

Reichs – Österreich und Preußen – betrachteten das Paulskirchen-Parlament misstrauisch. Das zwischenzeitliche Scheitern eines bewaffneten Versuchs, von Baden aus die deutsche Republik direkt zu etablieren (im Heckerzug von Konstanz im April 1848), hatte den radikal-revolutionären Kräften schon Grenzen aufgezeigt.

Mit den nach Wahlrecht (allgemein und gleich für volljährige Männer) erfolgten Wahlen im Mai 1848 wurde der Weg frei für die Nationalversammlung in der Paulskirche, die »Wiege der deutschen Demokratie«, wie John F. Kennedy das Gebäude 1963 in seiner dortigen Rede nannte. So heterogen und ständeübergreifend das Parlament aus heutiger Sicht zusammengesetzt war, den Zeitgenossen erschien es doch eher homogen als »Professoren-« bzw. »Akademikerparlament«. Dabei waren nur fünf Prozent der Parlamentarier Universitätslehrer, doch gut zwei Drittel akademisch gebildet, zehn Prozent gehörten zum Adel. Beamte und Juristen bildeten die Basis des Parlaments, in dem Autoren wie Arnold Ruge, Ludwig Uhland und Friedrich Theodor Vischer neben Pionieren der Nationalbewegung wie Ernst Moritz Arndt und »Turnvater« Friedrich Ludwig Jahn saßen sowie bedeutende Geisteswissenschaftler wie der Germanist Jacob Grimm, die Historiker Johann Gustav Droysen und Georg Gottfried Gervinus. Ein reines Männerparlament also. Obwohl sie auf den Barrikaden der Revolution mitgekämpft hatten, stand Frauen weder Wahl- noch Rederecht zu, sie saßen in den Zuschauerreihen, der »Damengalerie«.

Das Parlament – ohne eigene Macht mit Ausnahme seiner Legitimation durch Wahlen – stand vor vielfachen Herausforderungen: der Gründung eines gesamtdeutschen Staats, der Bildung einer Reichsverfassung und nicht zuletzt der Überzeugungsarbeit gegenüber den bestehenden Regierungen, damit die gefassten Beschlüsse auch umgesetzt würden.

Eine gesamtdeutsche »Verfassung für das Deutsche Reich«, die Paulskirchenverfassung, wurde am 28. März 1849 beschlossen. Tatsächlich gehen die wesentlichen Grundrechte der Bundesrepublik (einschließlich des Begriffs »Grundrechte«) auf die Paulskirche zurück, sie fanden fast wortgleich Aufnahme in die Weimarer Verfassung (1919) sowie in das Grundgesetz (1949); auch der Ausdruck »jeder Deutsche« hat hier seine Wurzeln – das war im staatenzersplitterten Deutschland alles andere als eine selbstverständliche Formel. Die Formulierung der Grundrechte wurde »das wichtigste Erbe der Paulskirche« (Mommsen).

An der Spitze des Grundrechtekatalogs stand der Freiheitsbegriff, ein Erbe der französischen Revolutionslosung. Weitere Säulen waren die Gleichheit aller Deutschen vor dem Gesetz, das keinen Unterschied der Stände akzeptierte und den Adel als Stand für aufgehoben betrachtete (Artikel 2). Artikel 3 schrieb die Freiheit der Person als unverletzlich fest, erklärte die Todesstrafe einschließlich Pranger und körperlicher Züchtigung für abgeschafft, garantierte die Unverletzlichkeit der Wohnung und das persönliche Briefgeheimnis. Freie Meinungsäußerung, Pressefreiheit, Gewissens- und Glaubensfreiheit sollten ebenso unverbrüchliche Rechte jedes Bürgers werden wie Versammlungsfreiheit, Unverletzlichkeit des materiellen und geistigen Eigentums, Freiheit von Wissenschaft und Lehre und freie Berufswahl. Die Trennung von Staat und Kirche wurde verfügt. Schulen sollten fortan nur noch dem Staat, nicht mehr den Kirchen unterstellt sein, der Staat hatte sie zu errichten. Das Recht auf Arbeit und das auf staatlichen Unterhalt wurden diskutiert, jedoch ebenso wenig wie das Frauenwahlrecht durchgesetzt.

Die zweite große Aufgabe, die Einsetzung einer nationalen Regierungsgewalt, gestaltete sich problematischer. Die großdeutsche Lösung, ein deutscher Staat unter Einschluss der deutschsprachigen Teile Österreichs, war ursprünglich das Ziel der Nationalversammlung gewesen. Durchgesetzt wurde schließlich die sogenannte kleindeutsche Lösung: ein »Deutsches Reich« als konstitutionelle Monarchie, also durch Wahlen legitimiert, mit einem demokratisch gewählten Reichstag, unter Führung Preußens und dessen König als »Kaiser der Deutschen«.

Beides blieb Wunschdenken der Paulskirchenversammlung: Weder wurde der Entwurf der Verfassung von den deutschen Fürsten anerkannt, noch wollte der am 18. März 1849 von den Parlamentariern zum »Kaiser der Deutschen« gewählte König von Preußen, Friedrich Wilhelm IV., zur großen Enttäuschung der Nationalversammlung die ihm am 14. April angetragene Kaiserkrone annehmen; den preußischen Vertretern wurden ihre Mandate schlichtweg juristisch entzogen. Das Paulskirchenparlament fiel damit in eine Legitimations- und Existenzkrise. Der fehlende Mut des liberalen Bürgertums, sich mit den sozial schwächeren Schichten zu verbünden, ließ die reaktionären Kräfte des alten Obrigkeitsstaats bald wieder erstarken. Als schließlich das nach Stuttgart geflüchtete hundertköpfige Rumpfparlament von württembergischem Militär gewaltsam aufgelöst wurde, war das Ende besiegelt. Nach mehr als einem Jahr leidenschaftlichen Ringens um den deutschen freiheitlichen Nationalstaat und die Verfassungsvereinbarung mussten sich die Delegierten, so formulierte es der Abgeordnete Wilhelm Jordan, die »traurige Endschaft« des Unternehmens eingestehen. »Gegen die Regierungen nirgends Kraft, überall Ohnmacht, gegen das hierüber unzufriedene Volk die höchste Gewalt und Kraftanstrengung«, lautete Ludwig Simons zeitgenössische Bilanz, »überall ist die Revolution zurückgesunken.« Am 2. September 1850 wurden die schwarz-rot-goldenen Paniere vom Turm der Paulskirche eingeholt.

Die Geschichtsschreibung würdigte die Revolution von 1848/49 lange Zeit »eher verhalten« (Mommsen). Doch als geschichtsträchtiger und symbolischer Ort freiheitlichen Demokratieverständnisses in Deutschland ist die Frankfurter Paulskirche, die als Kirchenbau den Bombenangriffen von 1944 zum Opfer fiel, heute ein wichtiger Ort des nationalen Gedächtnisses. Nach Kriegsende und Neuaufbau erfolgte am 18. Mai 1948 anlässlich der Jahrhundertfeier der Deutschen Nationalversammlung die Einweihung als nationales Denkmal und politische Gedenkstätte – als Ort der Erinnerung an die Frühphase der deutschen Demokratie. In der Bundesrepublik wurden 1848/49 und insbesondere der Ort der ersten Nationalversammlung als wichtige Etappe auf dem Weg zur Nationsbildung gewürdigt. In der DDR standen eher die Ereignisse in Berlin, die Barrikadenkämpfe des 18. März 1848, der Anteil der Arbeiterschaft an ihnen und die Märzgefallenen im Vordergrund des Interesses. Heute steht der »Geist der Paulskirche« für das Streben der deutschen Nation nach demokratischer Freiheit und nationaler Einheit.

Wer wolle, könne das Panorama auch als »Trauerzug« für die Idee der gescheiterten Demokratie sehen, hatte Grützke in seiner Entwurfsbeschreibung versprochen. Tatsächlich ist das Gesamtwerk in 14 Teilen angelegt wie ein Kreuzweg. In einer dieser Stationen wird die Leiche des in Wien im November 1848 erschossenen Revolutionärs und Paulskirchenabgeordneten Robert Blum getragen, in einer anderen die Bahre mit der – von Friedrich Wilhelm IV. abgelehnten – Kaiserkrone. Die größte der Stationen hat das Volk zum Thema, auch Frauen, Kinder – an ihm ziehen die Abgeordneten vorüber. Weder Grützke noch sein Werk erschließen sich einfacher Interpretation, erst recht nicht dieser »Zug der Volksvertreter«. Das Bild ist beunruhigend, es »widersteht«, ärgert – so ist es auch eine Aufforderung, sich immer wieder neu mit der Geschichte unserer Demokratie auseinanderzusetzen.

54

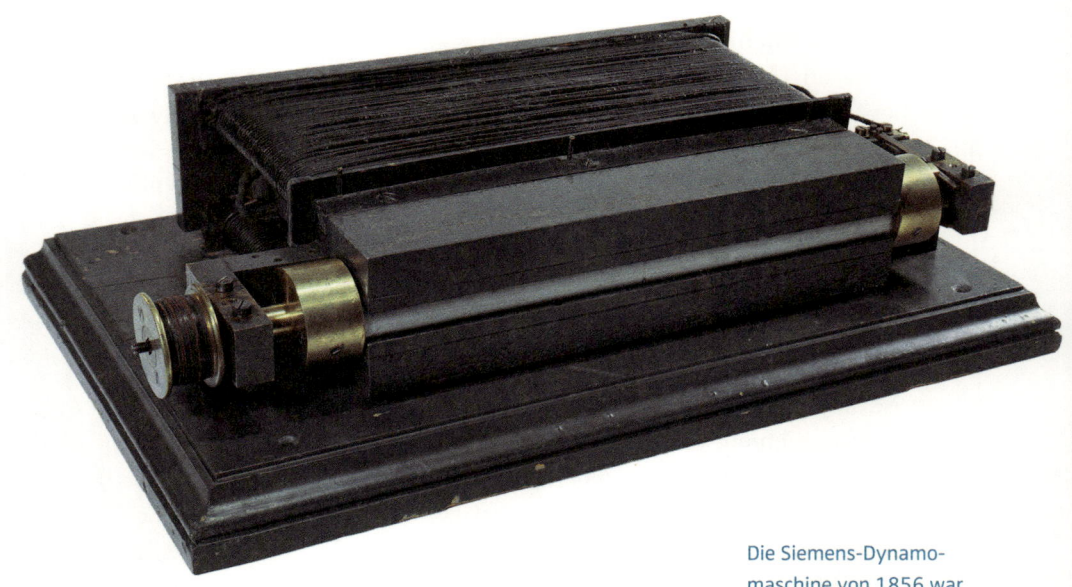

Die Siemens-Dynamo-maschine von 1856 war ein »Meilenstein« auf dem Weg zur Elektrifizierung.

Die Dynamomaschine von Werner von Siemens

Die Elektroindustrie

Wir müssen nicht genau verstehen, wie das elektrodynamische Prinzip funktioniert, aber doch wissen, dass seine Entdeckung und Weiterentwicklung ein Meilenstein auf dem Weg der Elektrifizierung war. Denn erst hiermit wurden die Erzeugung und die Verteilung großer Mengen an Strom möglich und damit die Entwicklung der Starkstromtechnik. Werner Siemens (1816–1892) war sein Entdecker und stellte 1867 die erste Versuchsmaschine auf der Weltausstellung in Paris vor.

Werner (seit 1888 »von«) Siemens wurde einer der »meistgefeierten deutschen Unternehmer und Wissenschaftler« (Kocka), seine Erfindung ist mit anderen »Meisterwerken der Technik« im Deutschen Museum in München zu sehen. Dabei handelt es sich um jene Dynamomaschine aus dem Jahr 1856, die er im Dezember 1866 umbaute, nachdem er bei der Verbesserung eines Minenzündgeräts neue Ideen zur Optimierung entwickelt hatte. Bei dem ursprünglichen bereits umgebauten Kurbelinduktor mit Doppel-T-Anker ersetzte er die Permanentmagnete durch Elektromagnete und ein Weicheisenjoch, sodass der in den Magneten verbleibende Restmagnetismus Induktionsstrom erzeugte und verstärkte. Mit den per Hand und Übersetzungshilfe erreichten 4000 Umdrehungen pro Minute dürften etwa 25 Watt erzeugt worden sein.

Während Siemens im Dezember 1866 noch intensiv an seiner Erfindung arbeitete, schrieb er darüber bereits seinem Bruder nach London und informierte auch seinen ehemaligen Lehrer Heinrich Gustav Magnus, der die Bedeutung der Erfindung erkannte und Siemens unterstützte, indem er im Januar 1867 der Akademie der Wissenschaften in Berlin eine Abhandlung über den Stromgenerator vorlegte. Im Februar 1867 stellte Werners Bruder Wilhelm (der sich seit seiner Übersiedlung William nannte) in London die Entdeckung in der dortigen Royal Society vor. Auch Werner Siemens selbst war die überragende Bedeutung des mit der Erfindung verbundenen Fortschritts bewusst, aber bis zur stürmischen Expansion der Elektroindustrie dauerte es noch bis in die 1870er-Jahre.

Werner Siemens war zum Zeitpunkt seiner bahnbrechenden Erfindung bereits ein geachteter Ingenieur und Wissenschaftler, der zwei erfolgreiche Jahrzehnte unternehmerischer Tätigkeit, inzwischen mit über 160 Beschäftigten, vorzuweisen hatte. Aus einer kinderreichen Familie stammend, hatte er 1834 auf der Artillerie- und Ingenieurschule der preußischen Armee in Berlin eine Ingenieursausbildung erhalten. Nach dem Tod beider Eltern übernahm er die Verantwortung für seine jüngeren Geschwister und suchte seinen bescheidenen Sold durch Erfindungen und deren Vermarktung aufzubessern.

Auf dem Gebiet der Telegrafie verzeichnete er seine ersten großen Erfolge, dabei baute er auf bisherigen Entwicklungen auf. Der Brite Michael Faraday (1791–1867) hatte 1831 die elektromagnetische Induktion entdeckt, die Göttinger Physiker Carl Friedrich Gauß (1777–1855) und Wilhelm Eduard Weber (1804–1891) zwei Jahre später einen Telegrafen entwickelt, mit dem sie zwischen ihren Instituten codierte Nachrichten austauschten. Siemens aber optimierte dieses System 1846 durch einen verbesserten Zeigertelegrafen, der diesen Code in Buchstaben umsetzte. Außerdem erfand er 1847 ein Verfahren zur nahtlosen Isolierung von Kupferdrähten, die ihre unterirdische Verlegung ermöglichte. Er hatte die Aufträge bereits »in der Tasche«, als er im Oktober 1847 in Berlin die »Telegraphen-Bauanstalt von Siemens & Halske« gründete. Deren Aussichten waren bestens, geradezu konkurrenzlos, unter anderem, weil Siemens noch fast zwei Jahre neben seiner Unternehmertätigkeit leitender Telegrafenoffizier war, während sein Partner, der Mechanikermeister Johann Georg Halske (1814–1890), den er abgeworben hatte, sich um alle Konstruktionsfragen kümmerte.

Der ebenso große wie politisch wichtige Auftrag zum Bau einer Telegrafenlinie zwischen Berlin und Frankfurt am Main, wo die Nationalversammlung tagte, wurde im Winter 1848/49 unter Hochdruck erledigt und machte das Unternehmen auf einen Schlag weithin bekannt. Die Nachricht von der Wahl des preußischen Königs Friedrich Wilhelm IV. zum deutschen Erbkaiser am 28. März 1849 konnte innerhalb einer Stunde von der Paulskirche ins Berliner Schloss übermittelt werden, weitere Aufträge für Siemens in den verschiedensten deutschen Staaten ließen nicht auf sich warten. Trotz Rückschlägen baute das Unternehmen seinen Erfolg im Kabelbau aus und erhielt auf der ersten Weltausstellung 1851 in London die höchste Auszeichnung der Ausstellungsjury. Internationale Großaufträge folgten: zum Aufbau des russischen Telegrafennetzes von der Ostsee bis auf die Krim (1853–55) und zum Bau einer 11 000

Kilometer langen indoeuropäischen Telegrafenlinie von London bis Kalkutta auf dem Landweg, die sogar in einer Rekordbauzeit von nur zwei Jahren (1870–72) mit 70 000 Stationen beziehungsweise Telegrafenmasten fertiggestellt wurde – eine Weltsensation, weil das erste Telegramm von Kalkutta nach London nach zwei Tagen ankam, während der Seeweg zwischen beiden Städten 35 Tage dauerte.

Mindestens ebenso spektakulär war das Unterseekabelgeschäft, dem sich der englische Zweig des Siemens-Unternehmens zur gleichen Zeit verstärkt widmete und wofür William eigens einen Verlegedampfer konstruieren ließ. Am 15. September 1875 konnte Carl Siemens, der inzwischen »Siemens Brothers« in London unterstützte, die Eröffnung der Transatlantik-Telegrafenlinie melden. Die schnelle Nachrichtenübermittlung erlaubte große Visionen, die Welt schien »zusammenzurücken«.

Mit den Erfolgen im Schwachstrom- und Kabelgeschäft finanzierte Siemens weitere technische Entwicklungen im Starkstrom- und Dynamogeschäft. Bis 1873 verkaufte er nur etwa 260 kleine Dynamos, perfektionierte diese Erfindung aber weiter, sodass ab 1875 die Fabrikation von leistungsstärkeren Maschinen möglich wurde. Auf der Berliner Gewerbeausstellung 1879 stellte Siemens einem breiten Publikum seine erste elektrische Lokomotive vor, die einen kleinen Zug mit 18 Personen über 300 Meter zog. 90 000 Menschen fuhren damit. Eine von Siemens beabsichtigte Probestrecke in der Berliner Innenstadt wurde nicht genehmigt, aber im Mai 1881 nutzte er eine vorhandene Trasse ab Bahnhof Berlin-Lichterfelde für eine erste elektrische Probebahn, die zehn Minuten für gut zwei Kilometer brauchte. Großräumig ließen elektrische Bahnen sich erst realisieren, nachdem leistungsstarke Elektrizitätswerke und Versorgungsleitungen zur Verfügung standen sowie Schleifbügel zur Stromabnahme – die übrigens von einem Siemens-Ingenieur entwickelt wurden.

Wie rasant die Entwicklung auf dem Gebiet der Elektrizität ablief, zeigte sich auch 1881 auf der Internationalen Elektrizitätsausstellung in Paris, wo Siemens' Elektrobahn zwar auf großes Interesse stieß, aber die Illumination des Geländes der weitaus größere Publikumsmagnet war, nämlich die 1000 künstlichen »Sterne«, wie die Besucher die Glühbirnen des amerikanischen Erfinders Thomas Alva Edison (1847–1931) bewundernd nannten. Nach anfänglichem Zögern verfolgte auch Siemens elektrische Beleuchtungsprojekte, das Russische Zarenreich zählte zu seinen ersten Großkunden: Zum Jahreswechsel 1884/85 erleuchtete Siemens den prachtvollen Petersburger Boulevard Newski-Prospekt, und der dortige Winterpalast erhielt die damals weltweit aufwendigste Innenbeleuchtung. Trotz offensichtlicher Vorteile gegenüber dem Gaslicht waren die Stadtverwaltungen skeptisch gegenüber der neuen Energiequelle, zu unsicher erschienen die Kosten. Erst als der erfolgreiche Probebetrieb in der Leipziger Straße und am Potsdamer Platz in Berlin 1882 auch die Wirtschaftlichkeit der elektrischen Beleuchtung unter Beweis gestellt hatte, stimmte der Berliner Stadtrat der sukzessiven Einführung von Bogenlampen zu. 1888 konnte Siemens die Beleuchtung der Prachtstraße »Unter den Linden« als weiteren Erfolg verzeichnen.

Bis 1875 hatten Siemens & Halske eine Vormachtstellung, ab Ende der 1870er-Jahre löste der Telefonboom und um 1880 die Einführung der elektrischen Beleuchtung Wellen von Neugründungen einschlägiger Werkstätten und Fabriken aus. Stärkster Konkurrent war die Deutsche Edison-Gesellschaft für angewandte Elektricität (DEG), ab 1887 Allgemeine Elektricitäts-Gesellschaft (AEG): Der Berliner Ingenieur und Unternehmer Emil Rathenau (1838–1915) hatte auf der Pariser Ausstellung die Marktchancen der Glühbirne erkannt, von Edison die Vermarktungsrechte für Deutschland erworben und 1883 die DEG gegründet. Nach anfänglicher Kooperation mit Siemens gingen die Interessen auseinander. Unter Federführung der DEG wurden die Berliner Elektrizitätswerke gegründet, und im August 1885 nahm das erste öffentliche Kraftwerk in Berlin seinen Betrieb auf: Sechs Dampfmaschinen erzeugten eine Leistung von 600 Kilowatt. Von 1883 bis 1889 war der Münchner Ingenieur und spätere Gründer des Deutschen Museums in München, Oskar von Miller, Direktor der DEG/AEG, ihm gelang die Entwicklung des Wechselstroms, der mithilfe von Transformatoren erst die Übertragung von Strom über weite Entfernungen ermöglichte; denn der bisher übliche Gleichstrom war nur mit hohen Spannungsverlusten übertragbar. Eine erste spektakuläre Vorführung der neuen Möglichkeiten war die Übertragung von Drehstrom über eine 175 Kilometer lange Fernleitung mit 20 000 Volt von Lauffen nach Frankfurt: Nicht nur das Gelände der dortigen Elektrizitätsausstellung wurde damit spektakulär illuminiert, sondern auch ein künstlicher Wasserfall angetrieben.

Ab jetzt war für den Maschinenantrieb nicht mehr die Energiegewinnung vor Ort mithilfe von Wasserkraft, Kohle, Dampf oder Gas erforderlich, sondern die Stromversorgung aus der Entfernung war möglich geworden. Kannte man bis Mitte der 1870er-Jahre fast nur Dynamos als Starkstrommaschinen, die zudem im Vergleich zu Schwachstromgeräten nur eine unbedeutende Rolle spielten, so stellten um 1890 die neuen Turbinen, Motoren, Beleuchtungen, Kraftwerke (1898 Gründung der RWE), elektrischen Bahnen und Industrieanlagen das Schwachstromgeschäft weit in den Schatten. Die zweite Phase der Industrialisierung, die flächendeckende Elektrifizierung, war eingeleitet, der Elektromotor löste langsam gemeinsam mit dem Dieselmotor die Dampfmaschine ab, der Markt wuchs rasant, von der Versorgung der Fabriken und ganzer Städte bis zu immer neuem Bedarf – wie den ersten Haushaltsgeräten Herd und Bügeleisen (1893 in den USA erstmals präsentiert). Dass sich die Elektrizitätswirtschaft in Deutschland trotzdem vergleichsweise langsam entwickelte, hing mit den sehr langfristigen monopolistischen Verträgen der Gaslieferer zusammen.

Ab 1890 war der Weg für die Starkstromtechnik frei. Der Aufschwung der deutschen Elektroindustrie war so rasant, dass sie vor dem Ersten Weltkrieg bereits Weltgeltung hatte, bei einer einzigartigen Konzentration auf den Standort Berlin, das geradezu als »Elektrozentrale« der Welt bezeichnet werden konnte.

»Andächtig« habe er 1900 im Elektrizitätspalast der Pariser Weltausstellung vor einer Siemens-Dynamomaschine gestanden, berichtete der belgische Architekt und Designer Henry van de Velde (1863–1957), und »in ihr inbrünstig die vollkommene Verkörperung moderner Schönheit bewundert.« Die industrielle Massenproduktion der Elektrogeräte regte die künstlerische Gestaltung an, das Industriedesign begann »Form« anzunehmen. Emil Rathenau beschäftigte ab 1906 den Maler und Grafiker Peter Behrens, nicht nur für die grafische Gestaltung, sondern auch bald als künstlerischen Berater für Formgebungsfragen, von elektrischen Geräten bis zu einer neuen Turbinenhalle. Behrens wurde Wegbereiter einer neuen schnörkellosen, funktionsorientierten Ästhetik und einer standardisierten Konstruktion und gilt als Vorreiter für Markendesign und Corporate Identity. Bis zur flächendeckenden Elektrifizierung der Haushalte sollten noch mehrere Jahrzehnte vergehen, weil erst die nach dem Zweiten Weltkrieg stark ansteigende Kaufkraft, verbunden mit sinkenden Produktpreisen, breiten Bevölkerungsschichten den Luxus der elektrischen »Haushaltshelfer« ermöglichte.

Geschenk des Kaisers zum 70. Geburtstag von Bismarck, die dritte Fassung von Anton von Werners Gemälde (1885).

»Versailles« von Anton von Werner

Die Proklamierung des Kaiserreichs

Wie konnte ein erst 14 Jahre nach dem Ereignis gemaltes Bild zum Schlüsselbild eines der zentralen Ereignisse deutscher Geschichte werden? In nahezu jedem Schulbuch ist heute diese Abbildung zu finden. Die Entstehung des Kaiserreichs wird anhand eines Gemäldes visualisiert, das zwar auch Dokumentation des Ereignisses am 18. Januar 1871 war, doch mehr noch eine Geburtstagsfreundlichkeit darstellte.

Es entstand als drittes und »kleinstes« Gemälde zu diesem Thema als Geschenk des Kaisers für Reichskanzler Otto von Bismarck zu dessen 70. Geburtstag am 1. April 1885. Da keine Zeit mehr für ein neues Gemälde war, erhielt der Kanzler eine intensiv überarbeitete Vorstudie der zweiten Fassung. Der Maler konnte nicht einmal alle Änderungswünsche erfüllen, zumindest aber sollte Bismarck den Orden *Pour le Mérite* tragen, den er erst sieben Monate zuvor erhalten hatte. Albrecht von Roon, mit dem Bismarck nicht nur als Kriegsminister eng und freundschaftlich zusammengearbeitet hatte, wurde noch eingefügt, obwohl er in Versailles nicht zugegen gewesen war. Außerdem nahm der Maler bei einigen der Porträts »Anpassungen« vor, immerhin war Bismarck 14 Jahre älter geworden. Das Gemälde war also weiter entfernt von der Wirklichkeit des 18. Januar 1871 als die beiden früheren Fassungen. Die Öffentlichkeit konnte diese nach Bismarcks Wohnsitz genannte »Friedrichsruher Fassung« bereits im Jahr nach dem Geburtstag in einer Ausstellung der Königlichen Akademie der Künste in Berlin erstmals sehen, und dann 1901 in der Ausstellung zur Feier des 300-jährigen königlich-preußischen Kronjubiläums.

Anton von Werner (1843–1915) war schon seit Ende der 1860er-Jahre als Illustrator und Maler historischer Themen anerkannt. Seit 1862 lebte er in der kulturell lebendigen Residenzstadt Karlsruhe, arbeitete und lernte mit den renommierten Malern der dortigen Kunstakademie, wurde dem badischen Großherzog Friedrich I. (1826–1907), Schwiegersohn Wilhelms I., von dem damals viel gelesenen Schriftsteller Joseph

Victor von Scheffel vorgestellt, dessen Dichtung er auch illustrierte. Von Karlsruhe aus reiste er viel, so auch 1865 und 1867 nach Paris, nahm ein einjähriges Italienstipendium wahr (1868/69) und fuhr 1870 nach Kiel, um den Auftrag zu einem Gemälde mit Moltke vor Paris entgegenzunehmen. Im Oktober 1870 schließlich reiste er ins Hauptquartier der deutschen Armee nach Versailles. Dort blieb er bis Ende des Kriegs und fertigte Skizzen des deutsch-französischen Kriegs an.

Kaum nach Karlsruhe zurückgekehrt, erhielt er am 15. Januar 1871 überraschend ein Telegramm des königlichen Hofes mit der Aufforderung zur schnellen Rückkehr nach Versailles. Am Tage der Proklamation betrat er um elf Uhr den Spiegelsaal und fragte sich, was er wohl im Bild festhalten solle. Die Szenerie war beeindruckend: ein Gewirr von 600 bis 800 Offizieren, Kopf an Kopf, die mehrstufige Estrada, darauf in Reih und Glied gedrängt die Träger von zum Teil zerschossenen Fahnen und Standarten. Anton von Werner erinnerte sich später, wie »in prunkloser Weise und außerordentlicher Kürze das große historische Ereignis vor sich [ging]«.

Werner notierte und skizzierte »in aller Eile das Nötigste«, sah – nach einem Gottesdienst – den König bei seiner Ansprache, hörte Bismarck mit »hölzerner Stimme«, nahm die Worte kaum wahr, bis der Großherzog von Baden neben den König trat und rief: »Seine Majestät, Kaiser Wilhelm der Siegreiche, Er lebe hoch!« In das »dreimalige Donnergetöse unter dem Geklirr der Waffen« stimmte er ein, hörte das »Hurra!« der Truppen vor dem Schloss und wusste: »Der historische Akt war vorbei: Es gab wieder ein Deutsches Reich und einen Deutschen Kaiser!« Anschließend folgte die Gratulationscour.

Auf Vorschlag des badischen Großherzogs, der auch die Kosten übernahm, sollte Wilhelm I. zu seinem 80. Geburtstag das Gemälde der Proklamation als Geschenk aller deutschen Fürsten erhalten. Im Juni 1872 wurde der Vertrag geschlossen, der Künstler erhielt 20 000 Reichstaler und hatte auf jegliche Repliken zu verzichten. Am 22. März 1877 wurde es überreicht, der Hof war begeistert, während der Maler es für »unfertig« hielt und Kritiker ihm »Uniformknopfrealismus« vorwarfen. Die Öffentlichkeit konnte diese erste, sogenannte Schlossfassung des Gemäldes in Kunstausstellungen noch 1877 in Berlin und 1879 in München sehen. Dauerhaft hing es im Weißen Saal des Berliner Schlosses, in dem nicht nur Hofbälle stattfanden, sondern auch die Sitzungsperioden des Reichstags eröffnet wurden. Das Gemälde wurde im Zweiten Weltkrieg zerstört, erhalten sind lediglich Schwarz-Weiß-Reproduktionen von Fotos.

Ein zweites, etwas kleineres Gemälde in Wachsfarben – statt in Öl wie das erste – wurde 1880 für das Berliner Zeughaus im Rahmen von dessen Ausgestaltung als Ruhmeshalle der brandenburgisch-preußischen Armee bestellt. Es war etwas anders komponiert, zeigte weniger Personen, diese aber stärker jubelnd und die Säbel in die Höhe streckend, Bismarck in anderer Uniform, die Porträts altersgemäß angepasst; wer in der Zwischenzeit befördert worden war, rückte weiter in den Vordergrund. Der Maler musste dem Geschmack des Kaisers Rechnung tragen, das Bild der Kaiserproklamation wurde von einem Ereignis der deutschen in eines der preußischen Geschichte umgedeutet. Es war 1882 fertig und wurde seit 1891 in der Herrscherhalle im Zusammenhang mit drei weiteren historischen Wandgemälden viel bestaunt. Die Reichsgründung 1871 war gewissermaßen Höhepunkt und Abschluss dieser Etappe deutscher Nationalgeschichte – unter Führung Preußens und als Ergebnis militärischer Leistungen; das Datum des 170. Jahrestags der Krönung des ersten preußischen Königs (18. Januar 1701) in Königsberg war von Wilhelm I. so gewollt. Es ging in dem Bild weniger um die Darstellung des historischen Ereignisses als um die »Legitimation der Gegenwart mit Hilfe eines vergangenen Geschehens« (Gaethgens). Auch dieses Bild ging im Zweiten Weltkrieg verloren, es existieren noch einige Farbfotografien.

War die Darstellung der Kaiserproklamation in der ersten Fassung noch am ehesten ein Medium der visuellen Dokumentation, so entwickelten sich die weiteren Fassungen immer mehr »vom Ereignisbild zum nationalen Symbolbild« (Bühl-Gramer). Einerseits erfreuten sich Werners und anderer Maler Proklamationsbilder seit den 1890er-Jahren immer größerer Beliebtheit und wurden immer häufiger auch popularisiert abgebildet. Andererseits ließ die Attraktivität des Bildmotivs nach Bismarcks Sturz bzw. Rücktritt deutlich nach. Der Vorschlag des Architekten des Reichstags, Paul Wallot, die Wand hinter den Sitzen des Reichstagspräsidiums mit einem Bild der Kaiserproklamation zu schmücken, wurde abgelehnt. Das Proklamationsmotiv dominierte keinesfalls die Schulbücher des Kaiserreichs und der Weimarer Republik, es ist vielmehr nur *eines* der visuellen Symbole der Reichsgründung neben dem Kaiser, dem Reichskanzler oder einer Reichstagssitzung. In der Weimarer Republik und der Zeit des Nationalsozialismus war »Versailles« einseitig konnotiert mit dem verhassten Friedensvertrag, der am 28. Juni 1919 absichtlich auch noch im Spiegelsaal von den beiden deutschen Vertretern in einer beklemmend-erniedrigenden Zeremonie zu unterschreiben war. Trotzdem war 1871 »noch 1931 [...] *das* geschichtliche Ereignis, an dem die deutsche Demokratie von ihren rechten Gegnern gemessen wurde« (Gerwarth). Auch Hitler bediente sich des Mythos von 1871, doch ab 1933 sollte das »Dritte Reich« das »Zweite« von 1871 nicht nur ideologisch überlagern; allenfalls auf Hindenburgs Anwesenheit in Versailles wurde gern hingewiesen und dass Hitler 1938 mit dem Anschluss Österreichs das Werk Bismarcks vollendet habe.

Nach 1945 war lediglich das Friedrichsruher Gemälde erhalten und wurde nun visuelles Leitmotiv der Epoche des Kaiserreichs. Allerdings hatte es jetzt keinerlei identitätsstiftende Funktion mehr, sondern galt als – mehr oder weniger authentisches – Abbild bzw. Dokumentation einer wichtigen Etappe deutscher Geschichte.

Wie rasch sich Erinnerungspolitik ändern kann, zeigte sich 1965 und 1971. Im Bonner Plenarsaal fand 1965 zu Bismarcks 150. Geburtstag eine Ehrung statt. Dabei erklärte der damalige Bundeskanzler Erhard, »indem wir Bismarck ehren, bekennen wir uns zu unserer Geschichte«. Bismarck könne nicht wie in der Weimarer Republik als »Kronzeuge gegen die deutsche Demokratie« angesehen werden, sagte Erhard, und Hans Rothfels würdigte die Leistung des Reichskanzlers ausführlich und »ohne Beschönigungen und doch voll Wärme« (Conze).

Ganz anders 1971: Nach internen Auseinandersetzungen gab es keine Feier, sondern am Vorabend des 18. Januar eine kurze Fernsehansprache des Bundespräsidenten. Gustav Heinemann saß zwar vor einer Reproduktion von Werners Gemälde der Kaiserproklamation, auf dem Bismarck im Mittelpunkt steht, aber er verzichtete auf jede Würdigung der Reichsgründung und erwähnte den Reichskanzler »fast widerwillig« und »einseitig« (Conze). Der höchste Repräsentant des Staats »nutzte die Gelegenheit, vor einem Millionenpublikum in bisher nie dagewesener Weise mit Reichsgründung, Kaiserreich und Bismarckmythos abzurechnen« (Bühl-Gramer). Bismarck gehöre nicht »in die schwarz-rotgoldene Ahnenreihe derer, die mit der Einheit des Volkes zugleich demokratische Freiheit wollten«, und habe den »kleindeutschen fürstlichen Bundesstaat unter Ausschluss auch der Deutschen in Österreich« erzwungen. Das Bild war nun vor allem Beleg für die »Reichsgründung von oben« und für preußisch-deutschen Militarismus. Sowohl die Entstehungsbedingungen des Kaiserreichs als auch die damalige Welle nationaler Zustimmung sowie die Mehrheit des Reichstags wurden negiert. Heinemann verwies 1871 auf die »Schattenseite« der deutschen Nationalgeschichte und stellte die demokratischen Traditionen ins Licht. Seine Rede war ein »Beispiel für Geschichtspolitik«, die »Inanspruchnahme von Geschichte für Gegenwartszwecke« (Winkler), auch wenn der Begriff damals noch nicht gebräuchlich war.

Dieser Intention entsprach auch die auf Heinemanns Initiative erfolgte und von ihm 1974 eröffnete Einrichtung einer *Erinnerungsstätte für die Freiheitsbewegungen in der Deutschen Geschichte* in Rastatt. Der Bruder des Urgroßvaters des – wie er gern genannt wurde – »Bürgerpräsidenten« hatte übrigens als Barrikadenkämpfer am Maiaufstand 1849 in Elberfeld teilgenommen und war als Gefangener in den Kasematten von Rastatt verstorben, das als Schauplatz der Badischen Revolution und allgemein der Freiheitsbestrebungen von 1848 eine wichtige Rolle spielte.

Im Berliner Reichstag gab es seit März 1971 eine viel besuchte Ausstellung des Deutschen Bundestags, die in ihrer ersten Fassung das 19. Jahrhundert und die politischen Wege zur Reichsgründung in den Mittelpunkt stellte; 1974 wurde sie erweitert bis in die Gegenwart. Damals lautete ihr Titel »Fragen an die deutsche Geschichte«, die heutige Folgeausstellung im Deutschen Dom am Gendarmenmarkt heißt »Wege, Irrwege, Umwege«.

Unverkennbar sind die vielfältigen »Wege« der Geschichtsschreibung und -interpretation: Die Historiker des Kaiserreichs stützten überwiegend die Staatsbildung von 1871, beim demokratisch-republikanischen Neubeginn 1918/19 standen sie hingegen mehrheitlich abseits. Und die heutige Historiografie stützt ohne jeden Zweifel unsere parlamentarisch-demokratische Ordnung. Ihr Feind könnte vielleicht eher das Streben nach »politischer Korrektheit« sein.

Bewahrt, versteckt, in Ehren gehalten über fast 150 Jahre: die 1,70 x 1,85 Meter große Traditionsfahne der deutschen Sozialdemokratie.

Die Traditionsfahne der Sozialdemokratie

Die Anfänge der Arbeiterbewegung

Schlesische Arbeiterfrauen – so heißt es – nähten diese Fahne eigens zur Feier des zehnjährigen Gründungsfestes des Allgemeinen Deutschen Arbeitervereins (ADAV), die 1873 in Breslau stattfand. Auf tiefrotes Fahnentuch stickten sie in der Mitte die Verbrüderungshände im Eichenkranz, darüber »Freiheit, Gleichheit, Brüderlichkeit«, die Forderungen der Französischen Revolution, und darunter den Aufruf »Einigkeit macht stark!«; eine dekorative Schleife im Eichenlaubkranz nennt den 23. Mai 1863 als Datum der Gründung des ADAV und Ferdinand Lassalle (1825 bis 1864) als seinen in Breslau geborenen Gründer. Die Geschichte dieser Fahne verkörpert die Entwicklung von Arbeiterbewegung und Sozialdemokratie in Deutschland: gefertigt zur Zeit der Hochindustrialisierung, versteckt während der Verfolgungen unter den Sozialistengesetzen im Kaiserreich und während des Drittes Reichs, wurde sie 1947 dem SPD-Vorsitzenden Kurt Schumacher übergeben. Die Fahne gilt als das Traditionsbanner der deutschen Sozialdemokratie.

In Deutschland entstanden seit den 1840er-Jahren Arbeiter(bildungs)vereine, oft unter dem Einfluss des liberalen Bürgertums und zum Teil mit demokratischen und frühsozialistischen Orientierungen. Gewerkschaftliche Verbände von Buchdruckern und Zigarrenarbeitern kamen in der Revolution 1848/49 auf. In den Volksaufständen dieser Jahre fand der Protest gleich in mehreren Ländern und Regionen Europas seinen Ausdruck: »Proletarier aller Länder, vereinigt Euch«, formulierten die in London und Manchester lebenden Vordenker des Kommunismus Karl Marx (1818–1883) und Friedrich Engels (1820–1895) im *Kommunistischen Manifest* von 1848, um der Vorherrschaft von Kapitaleignern durch die internationale Vereinigung der Arbeiterschaft entgegenzutreten.

Diese Urforderung zur Vereinigung der Arbeiterschaft enthält auch die Breslauer Fahne mit den Worten »Einigkeit macht stark« und dem Zeichen der »Verbrüderungshände«. Diese Symbolik ist seit urdenklichen Zeiten bekannt, bildlich schon in der Antike auf griechischen Reliefs und auf römischen Münzen nachgewiesen, sowohl als Zeichen der Begrüßung als auch für Vertragsabschlüsse. Symbolisierten sie in der Französischen Revolution die »fraternité« gegen das Feudalsystem, so wurden die Hände während der Industrialisierung zum Symbol der Verbrüderung der Arbeiterschaft. In dieser Traditionslinie sind sie auch auf einer der ersten Mitgliedskarten des »Arbeiter Bildungs- und Unterstützungs-Vereins« in Nürnberg von 1849 abgedruckt. Hier umschließen die Hände zugleich ein Schwert – ein symbolischer Kampfaufruf.

Die Hoffnung auf unabhängige, freie Arbeit als bürgerliches Ideal der Französischen Revolution und auf Wohlstand durch wirtschaftlichen Fortschritt stand in starkem Kontrast zur Realität der Arbeitsbedingungen in den Fabriken: 14-Stunden-Tage, harte körperliche, oft eintönige Arbeit, häufig ohrenbetäubender Lärm und vielerlei gesundheitliche Beeinträchtigungen: Bei den Webern setzten sich Fasern in der Lunge ab, bei den Zechenarbeitern Kohlenstaub, ganz abgesehen von immer möglichen Unglücksfällen. Zusammen mit unsicheren Lohnverhältnissen – Zechenarbeiter erhielten ihren Lohn zum Beispiel nur bei entsprechender Qualität der geförderten Kohle – und der mangelhaften Versorgung bei Krankheit, Unfällen und im Alter sowie den beengten Wohnverhältnissen führte dies zu wachsender Unzufriedenheit.

Die Entwicklung der Arbeiterbewegung ist eng mit der Industrialisierung verknüpft: Auf der Suche nach Lebensunterhalt zogen Tausende Menschen in die Städte und suchten Arbeit – ungelernte Arbeiter, die meist vom Land kamen, aber auch gelernte, die zuvor ein Handwerk ausgeübt hatten, das von der maschinellen Massenproduktion verdrängt worden war. Wohnraum war aufgrund des rapiden Städtewachstums besonders in den neuen industriellen Ballungsräumen, namentlich im Ruhrgebiet und in Oberschlesien, und in den großen Industriestädten knapp und teuer. Viele Familien wohnten in nur einem Raum und waren gezwungen, Betten an »Schlafburschen« zu vermieten.

In der Phase der Restauration nach 1848/49 waren Arbeitervereine verboten, sie formierten sich auf lokaler Ebene öffentlich erst wieder mit der beginnenden Liberalisierung der preußischen Innenpolitik seit 1858. Die Gründung einer ersten überregionalen Organisation gelang am 23. Mai 1863: In Leipzig konstituierten sich die Delegierten aus elf Städten unter der Führung von Ferdinand Lassalle zum ersten Allgemeinen Deutschen Arbeiterverein (ADAV). Als Gegengründung entstand zwei Wochen später in Frankfurt a. M. der Vereinstag Deutscher Arbeitervereine (VDAV, ab 1867 Verband Deutscher Arbeitervereine). 1865 wurde in Leipzig mit dem Allgemeinen Deutschen Cigarrenarbeiter-Verein die erste zentral organisierte Gewerkschaft in Deutschland gegründet, sie wurde Vorbild für viele andere gewerkschaftliche Gründungen. Nach Lassalles frühem Tod mit 39 Jahren in einem Duell stritt die junge Partei in den Jahren nach ihrer Gründung über persönliche und politische Fragen. Als August Bebel (1840–1913) und Wilhelm Liebknecht (1826 bis 1900) 1869 in Eisenach die nach dem ADAV zweite Arbeiterpartei gründeten, schlossen sich dieser Sozialdemokratischen Arbeiterpartei (SDAP) auch viele ehemalige Lassalleaner an. Die »Eisenacher« standen den revolutionären Ideen von Marx und Engels näher als Lassalles Gründung und bildeten eine starke Gegenposition mit den Hauptzielen: Abschaffung der Lohnarbeit, Vergesellschaftung der Produktionsmittel, Stärkung der Gewerkschaften und Streik.

Als 1873 die Traditionsfahne eingeweiht wurde, rangen Lassalleaner und Eisenacher noch heftig um die Vorherrschaft, aber die wirtschaftliche Rezession der Gründerkrise (ab 1873) und die zunehmende Repression machten den Zusammenschluss beider Organisationen immer dringlicher. Er gelang im Mai 1875 auf einem gemeinsamen Parteitag in Gotha mit der Gründung der Sozialistischen Arbeiterpartei Deutschlands (SAP). Sie ist eine – von mehreren – Vorläuferpartei der heutigen SPD, deren Tradition mit dem 23. Mai 1863 beginnt.

Die Sozialdemokraten galten als Staatsfeinde, und zwar nicht erst, seit Bebel und Liebknecht sich der Stimme enthalten hatten, als im Reichstag des Norddeutschen Bunds 1870 über die Kriegskredite für den Deutsch-Französischen Krieg abgestimmt wurde und beide dann auch noch ihre Sympathie für die Pariser Commune bekannten. Ihre führenden Mitglieder wurden verfolgt, Bebel und Liebknecht in einem Hochverratsprozess verurteilt; seither war der Ruf von Sozialdemokraten als »vaterlandslose Gesellen« etabliert und wurde von ihren Gegnern polemisch gepflegt. Zwei Attentate auf Kaiser Wilhelm I. (1797–1888) gaben Bismarck die Argumente an die Hand, um 1878 im Reichstag mit einer Mehrheit aus Konservativen und Nationalliberalen das »Gesetz gegen die gemeingefährlichen Bestrebungen der Sozialdemokratie« verabschieden zu lassen. In den zwölf Jahren seiner Geltung konnte die Polizei nach ihrem Ermessen ohne Gerichtsbeschluss gegen die Partei und ihre Anhänger vorgehen, politische Vereine auflösen und Versammlungen und Publikationen untersagen. Die Partei wurde in die Illegalität gedrängt, ihre Mitglieder konnten sich nur in Einzelkandidaturen um Mandate in den Parlamenten der Länder und für den Reichstag bewerben. Unter diesen Bedingungen zeigten die Wahlergebnisse für den Reichstag besonders deutlich die wachsende Sympathie für die Sozialdemokratie, kamen ihre Vertreter bis 1887 doch auf zehn Prozent der Stimmen und 1890, noch vor Auslaufen der Sozialistengesetze, sogar auf fast 20 Prozent. Wer von der Armenfürsorge lebte, war übrigens vom Wahlrecht für den Reichstag ausgeschlossen.

Die Breslauer hatten die Traditionsfahne so lange versteckt, bis der Verfolgungsdruck so groß war, dass der damalige Breslauer SPD-Reichstagsabgeordnete Julius Kräcker, der selbst mehrfach monatelang inhaftiert war, sie zu Julius Motteler nach Zürich bringen ließ. Von dort nahm dieser sie mit nach London, als er 1888 auf Druck der Reichsregierung aus der Schweiz ausgewiesen wurde, und sandte sie nach Ende des Sozialistengesetzes wieder nach Breslau. Allerdings galt das Zeigen roter Fahnen weiterhin als »staatsgefährdend« und konnte als Verstoß gegen die öffentliche Ordnung geahndet werden. Auf dem Parteitag in Halle im Herbst 1890 änderte die SAP ihren Namen in Sozialdemokratische Partei Deutschlands (SPD) – ihre Traditionsfahne blieb.

Weder Bismarcks Repressions- noch seiner parallel dazu 1881 in einer kaiserlichen Botschaft angekündigten Sozialpolitik (siehe dazu »Die Kaiserliche Botschaft vom 17. November 1881«) gelang es, die Arbeiterschaft der Sozialdemokratie zu entfremden. Wie groß der gesellschaftliche Zwiespalt war, ja geradezu panische Angst vor sozialistischen Vorstellungen herrschte, zeigte sich noch zwei Jahre nach Ende des Sozialistengesetzes, als im März 1892 die Aufführung von Gerhart Hauptmanns Theaterstück »Die Weber« verboten wurde. Die Berliner Polizei fürchtete, die Darstellung der Lebensumstände und des Aufstands der schlesischen Weber von 1844 könnte Unruhen hervorrufen, während Hauptmann beteuerte, er habe keinerlei aufrührerische Absichten. Hauptmann traf mit seinen gesellschaftskritischen Stücken den Nerv der Zeit. Als »Die Weber« im September 1894 nach einem erfolgreichen Gerichtsprozess doch öffentlich aufgeführt werden durften, kündigte Kaiser Wilhelm II. seine Loge.

Arbeiterbewegung und Sozialdemokratie wuchsen und gewannen an Zustimmung. Die sozialdemokratisch orientierten Freien Gewerkschaften steigerten ihre Mitgliederzahl von 300 000 (1890) auf 2,5 Millionen (1913) und waren – weit vor den liberalen und christlichen Arbeiterorganisationen – die stärkste Arbeiterorganisation im Kaiserreich. Die SPD fand – gut ablesbar an den Ergebnissen der Reichstagswahlen – immer mehr Anhänger: 1893 wurde sie von 23, 1903 von über 31 und 1912 von fast 35 Prozent gewählt; sie wurde 1905 zu einer Mitgliederpartei mit bereits über 300 000 und 1914 über einer Million Mitgliedern.

Die Traditionsfahne fand zu ihrem 50-jährigen Festtag besondere Würdigung und hatte bei vielen Kundgebungen in Breslau während der Weimarer Republik einen Ehrenplatz. Niemand ahnte, dass sie schon zehn Jahre später wieder versteckt werden musste, als Sozialdemokraten unter Hitlers nationalsozialistischem Regime brutal verfolgt wurden. Im Juli 1933 wurde sie wohl in einer Wachstuchhülle in einem Breslauer Schrebergarten vergraben; 1942 wurde sie ausgegraben und von da an reihum zu bewährten Genossen gegeben. Ab Januar 1945 überstand sie tief in einem Breslauer Keller alle Luftangriffe. Im Februar 1946 wurde sie auf der Flucht nach Nürnberg »übersiedelt«, im dortigen SPD-Parteibüro abgegeben, kam ins Rathaus und wurde auf dem im Sommer 1947 in Nürnberg stattfindenden Parteitag Kurt Schumacher übergeben; von dort kam sie nach Hannover. Im August 1952 bedeckte sie den Sarg Kurt Schumachers. Anlässlich des 150. Jubiläums der organisierten Sozialdemokratie 2013 erschien eine Sonderbriefmarke mit dem Motiv der Fahne und ein Sonderstempel mit Ferdinand Lassalle.

Seit der Teilung Deutschlands, mit der Geschichte von SBZ und DDR, ist das Symbol der Verbrüderungshände vor allem als Emblem der SED ins Bewusstsein gerückt. Unter dem Druck der sowjetischen Besatzung stimmte die SPD der Vereinigung mit der KPD zu, die auf dem sogenannten Vereinigungsparteitag am 22. April 1946 im Berliner Admiralspalast vollzogen wurde. Das offizielle Mitgliedsabzeichen der neu entstandenen SED zeigte die Verbrüderungshände auf rotem Tuch, ab 1948 dann vor einer wehenden roten Flagge in einem ovalen Ring mit der Inschrift »Sozialistische Einheitspartei Deutschlands«. In der DDR wurde das Zeichen üblich für die Flagge der SED, deren verschiedenste Parteiorganisationen sowie auf allen Mitgliederabzeichen.

Die Demonstranten der friedlichen Revolution 1989 schnitten vielfach das Symbol von Hammer und Zirkel im Ährenkranz aus der DDR-Flagge heraus. Das SED-Zeichen der Verbrüderungshände und die SED-Parteiflaggen ignorierten sie – beide hatten ihre Zukunft hinter sich.

57

Bei seiner Entstehung ein
»Solitär« zwischen Sensation
und Sozialkritik – heute ein
malerisches »Leitmotiv«
der Industrialisierung.

Das »Eisenwalzwerk« von Adolph Menzel

Malerischer Realismus in der Industrialisierung

Nur wenige Meter liegen zwischen den angestammten Ausstellungsorten der beiden Gemälde Adolph Menzels (1815–1905) in der Alten Nationalgalerie in Berlin, nur 23 Jahre zwischen ihrer jeweiligen Fertigstellung. Aber ein ganzes Jahrhundert trennt die Bildmotive, die kaum gegensätzlicher sein könnten. »Das Flötenkonzert Friedrichs des Großen in Sanssouci« zeigt die höfische Gesellschaft Preußens im Kerzenlicht des Rokokosaals Mitte des 18. Jahrhunderts. Dieses Bild ist so großformatig und großartig wie das andere – auch wenn es nicht das erste Porträt einer höfischen Gesellschaft ist, während das »Eisenwalzwerk« die erste größere Industriedarstellung in Deutschland überhaupt ist. Das gut 40 Jahre früher (um 1830) von Carl Blechen gemalte »Walzwerk bei Eberswalde« zeigt lediglich Fabrikgebäude mit rauchendem Schlot in einer vor allem romantischen Landschaft. Menzel aber führt den Betrachter mitten in die industrielle Arbeitswelt der Stahlproduktion in einer Fabrikhalle der 1870er-Jahre. Menzel selbst dazu: »Schauplatz des Bildes ist eine der großen Werkstätten für Eisenbahnschienen […]. Man blickt auf einen langen Walzenstrang, dessen erste Walze das aus einem Schweißofen geholte, weißglühende Eisenstück aufnehmen soll. Die beiden Arbeiter, welche es herangefahren haben, sind beschäftigt, es durch Hochdrängen der Deichsel des Handwagens unter die Walze gleiten zu machen, während ihm drei andere mit Sperrzangen die Richtung zu geben versuchen. Die Arbeiter jenseits der Walze halten sich fertig, es mit Zangen und Hebestangen in Empfang zu nehmen … Links fährt ein Arbeiter einen Eisenblock, dem der Dampfhammer die Form gegeben, zum Verkühlen hinweg … Der Schichtwechsel steht bevor: Während weiter im Mittelgrunde Arbeiter halbnackt beim Waschen sind, wird rechts Mittagbrot verzehrt, das ein junges Mädchen im Korbe gebracht hat.«

    Menzel hatte sich in das für ihn – und für die ganze deutsche Kunst – völlig neue Thema intensiv eingearbeitet. In seiner schlesischen Heimat hatte er 1872 in der schon Ende des 18. Jahrhunderts gegründeten Königshütte, einem der damals größten und ersten mit Dampfkraft betriebenen Hüttenwerke auf dem Kontinent, wochenlang etwa 100 Detailzeichnungen von Arbeitern angefertigt, und zwar im dortigen Walzwerk, in dem Eisenbahnschienen hergestellt wurden. Zusammen mit etlichen Studien von Maschinen und Arbeitsszenen in Berlin bildeten diese Zeichnungen die Grundlage des Gemäldes. Es war eine Auftragsarbeit, aber Menzel hatte sich das Motiv selbst gewählt. Von der Eisen- oder Stahlherstellung über die Erhitzung zur weiß glühenden Luppe bis hin zum Walzen zeigt er die Produktionsschritte der Fertigung einer Eisenbahnschiene. Wer sich in das Bild versenkt, meint die heiße Luft, den Maschinenlärm und die Angestrengtheit der rund 40 Arbeiter in der vollen Fabrikhalle wahrzunehmen. Kein Künstler in Deutschland hatte je zuvor den Industriealltag so realistisch gezeigt. Mit großer Sensibilität für die sozialen Gegebenheiten und Veränderungen stellte Menzel die Fabrikarbeiter als die eigentlichen Akteure und Wertschöpfer der Industrialisierung in den Mittelpunkt.

Die deutsche Stahlindustrie erlebte damals vor allem durch den Ausbau des Eisenbahnnetzes und die damit verbundene enorme Nachfrage nach Schienen, Waggons und Lokomotiven ein sprunghaftes Wachstum und galt als »Motor« der Industrialisierung in Deutschland, die mit steigender Mobilität und erheblichem Städtewachstum einherging. Werke Menzels von 1845 zeigen den Anhalter Bahnhof in der Nähe seiner Wohnung noch in ländlicher Umgebung und die Berlin-Potsdamer-Bahn durch Felder fahrend; von raschem Städtewachstum und Industrialisierung kündet nur die rauchig-graue Stadtkulisse am Horizont. Aus der Residenzstadt wurde eine Industriemetropole. Berlin verzehnfachte innerhalb von 130 Jahren seine Einwohnerzahl; rund eine Million Berliner waren es Ende der 1870er-Jahre, 1905 dann über zwei Millionen, darunter ein stark gewachsener Anteil von Industriearbeitern. Ein Vierteljahrhundert nach der Entstehung des »Eisenwalzwerks« war Deutschland von einer agrarischen Gesellschaft zur modernen Industrienation geworden.

Wie bei kaum einem anderen Künstler lässt sich anhand von Menzels Leben und Schaffen die Entwicklung der Stadt Berlin verfolgen. Die Familie kam mit dem 14-Jährigen von Breslau nach Berlin, hoffte dort auf bessere berufliche Möglichkeiten für den Vater, nach dessen frühem Tod der 16-jährige Adolph die Druckerei fortführen musste, um für den Lebensunterhalt der Familie zu sorgen. Sein außergewöhnliches Zeichentalent – nicht nur, weil er als Linkshänder auch rechts zeichnete –

war seit der Kindheit offensichtlich, er entwickelte es jedoch vor allem autodidaktisch weiter.

Bekannt geworden ist Adolph Menzel durch seine Illustrationen zu Franz Kuglers *Geschichte Friedrichs des Großen* von 1840. Den Holzschnitten folgten sieben große Ölgemälde mit Motiven aus dem Leben Friedrichs II., die Menzels Ruf als preußischer »Hofmaler« untermauerten. Mit dem Thema der Industriearbeit setzte er sich auseinander, als der mit ihm befreundete Carl Justus Heckmann, Inhaber der Metallspezialfabrik, eines Marktführers für Destilliergeräte und kupferne Lokomotiv-Feuerbüchsen, ihn um ein »Gedenkblatt« zu seinem 50-jährigen Firmenjubiläum (1869) bat; eine von Theodor Fontane sehr bewunderte Gouache. Die Metall verarbeitenden Unternehmen in Berlin kannte er, weil sie sich seit Anfang des 19. Jahrhunderts an der stadtauswärts führenden Chausseestraße im Norden Berlins angesiedelt hatten, zumal er zeitweise in ihrer unmittelbaren Nähe wohnte. Das Areal vor dem Oranienburger Tor mit seinen vielen Fabrikschloten wurde »Feuerland« genannt. Hier hatte auch August Borsig, der wie Menzel aus Breslau stammte, 1836/37 eine Eisengießerei aufgebaut, die schon zwei Jahre später Lokomotiven reparierte und ab 1840 selbst baute. Seine »Borsig 1« gewann 1843 sogar ein spektakuläres Rennen gegen eine von George Stephenson gebaute Lokomotive, brach die Dominanz der englischen Importe und legte so den Grundstein für seinen Erfolg – denn 20 Jahre später war Borsig Europas größter Lokomotivhersteller.

Tatsächlich fielen sogar auf der Weltausstellung in London 1862 deutsche Waren als »very good indeed« auf, obwohl sie oft weniger gute Kopien englischer Originale waren, allerdings billiger und darum eine ernste Konkurrenz. Obwohl 1876 selbst der deutsche Preisrichter auf der Weltausstellung in Philadelphia die deutschen Waren als »billig und schlecht« beurteilte, stieg der Gesamtwert der von Deutschland nach England exportierten Waren zwischen 1883 und 1893 um 30 Prozent. Das englische Parlament beschloss schließlich, nachdem Solinger Betriebe ihre Messer dreist mit der Aufschrift »Sheffield made« versahen, 1887 eine Kennzeichnungspflicht für Importwaren: Die ursprünglich als »Schandsiegel« eingeführte Kennzeichnung »Made in Germany« entwickelte sich dann allerdings bis zur Jahrhundertwende aufgrund der zunehmenden Qualitätsarbeit bereits für viele Produkte zum Gütesiegel.

Als Menzel sein »Eisenwalzwerk« vorbereitete und malte, erlebte er auch die Ambivalenz der kapitalistisch-industriellen Entwicklung: Die

Wirtschaft befand sich nach der Reichsgründung 1871 und dem Sieg gegen Frankreich in einem wahren Boom, der durch die französischen Reparationen in Höhe von fünf Milliarden Francs (heute wohl 200 Milliarden Euro) immens befeuert wurde. Es war auch eine Zeit der Spekulation, vor allem in Eisenbahnaktien, und der Korruption, in die allen voran der Eisenbahnunternehmer Bethel Henry Strousberg auch Politiker verwickelt hatte; 1873 war dies Thema heftiger Diskussionen im Reichstag und führte zum Rücktritt des Handelsministers. Es folgte ein »Schwarzer Freitag« am 9. Mai mit zahlreichen Konkursen, auch wenn die Jahre danach, die zwar als »Große Depression« erinnert wurden, im Wesentlichen aber eine vorübergehende Zeit des schwankenden Wirtschaftswachstums waren. Allein die Roheisenerzeugung hatte sich in Deutschland von 1850 bis 1880 auf 2,7 Millionen Tonnen verdreizehnfacht und stieg bis 1913 erneut um mehr als das Sechsfache auf 17 Millionen Tonnen.

Schon Menzels Zeitgenossen reagierten zwiespältig auf das »Eisenwalzwerk«, zu neu waren das Thema und seine Ausführung. Menzel gelang als Erstem eine sensible und mitreißende Darstellung der harten Arbeitsbedingungen. Erschöpfung und Resignation spiegeln sich in Mimik und Gestik vieler durchaus individuell erfasster Arbeiter wider, so vorne links bei den einen schweren Handkarren ziehenden Männern. Andere Walzwerker stellt Menzel in nahezu heroischen Posen dar, in aufrechter Haltung, mit Pfeife oder Zigarre im Mundwinkel. Trotz ihrer Abhängigkeit im maschinellen Produktionsprozess wirken sie selbstbestimmt, fast stolz. Ein »Herr« mit Hut, vielleicht der Werksleiter oder ein Betriebsingenieur, erscheint lediglich im linken Hintergrund, klein und in abgewandter Haltung.

Unabhängig von der Frage, ob Menzel mit diesem Bild tatsächlich Sozialkritik üben wollte, fing er mit unabhängigem Blick das wirtschaftlich und gesellschaftlich Neue der Epoche ein und stellte dabei, ob bewusst oder nicht, die Arbeitsbedingungen kritisch oder zumindest ambivalent dar. Menzel selbst war trotz seiner Benachteiligung durch seine Körpergröße von 1,40 Metern voller Energie, neugierig, vital. Sein »Eisenwalzwerk« ist ein »Solitär innerhalb seines malerischen Gesamtwerkes«, sein »ungewöhnlichstes [Bild], sachlich und künstlerisch eine Sensation« (Wellershoff).

Der Bankier Adolph von Liebermann, Onkel des erst einige Jahre später Anerkennung findenden Malers Max Liebermann, war sein erster

Besitzer – es ist unsicher, ob auch Auftraggeber. Er verkaufte es, obwohl es erst angezahlt war, auch infolge der Krise, 1875 an die Berliner Nationalgalerie. Deren Direktor, seit 1874 Max Jordan, war auf der Suche nach moderner Kunst für den 1876 zu eröffnenden Neubau und erwarb das Bild. Allerdings musste er, um die Zustimmung seiner Kultusbehörde zu erlangen, betonen, es handele sich bei diesem Werk um ein modernes Historiengemälde und »um die ergreifende Schilderung des Heldenmutes der Pflicht«. Zugleich wurde der Titel des Werks dem Zeitgeschmack entsprechend mythologisch überhöht und in Anlehnung an die Bezeichnung der Gehilfen des griechischen Schmiedegottes mit dem Beinamen »Moderne Cyclopen« versehen.

1878 fand das Werk auf der Weltausstellung in Paris große Aufmerksamkeit. In seinen letzten beiden Lebensjahrzehnten langte Menzel national und international auf der Höhe seines Ruhmes an. Zu seinem Tode ordnete der Kaiser ein Staatsbegräbnis an, im Monat danach veranstaltete die Nationalgalerie eine umfassende Retrospektive; sie übernahm auch seinen Nachlass und veröffentlichte einen Werkkatalog. Danach verlor seine Malerei zwar zugunsten seiner Zeichnungen an Aufmerksamkeit, aber sein »Eisenwalzwerk« findet sich bereits seit 1906 in Schulbüchern und ist heute – interessanterweiser ausgehend von französischen Schulbüchern – in die »Spitzengruppe« eines europäischen »Bilderkanons« aufgerückt (Popp).

Menzels Werk wurde zwar immer als außergewöhnlich und vielfältig, aber auch als in sich widersprüchlich apostrophiert, er selbst galt als Außenseiter und Sonderfall der Kunstgeschichte des 19. Jahrhunderts. Die Wiederentdeckung seines insgesamt mehr als 7000 Arbeiten umfassenden Œuvres erfolgte über Einzelwerke, von denen das »Eisenwalzwerk« eines der bedeutendsten ist. Dieses Bild entging auch nicht der ideologischen Vereinnahmung, weder im Nationalsozialismus – in einem von Hitlers Büros sollen mehrere Menzel-Werke gehangen haben – noch in der DDR: Menzel habe in seinem »Eisenwalzwerk« die »historische Rolle der Arbeiterklasse« herausgearbeitet und ihr damit gesagt, »dass *sie* einmal die Sieger sein werden« (Kaiser); stilistisch wurde Menzels Werk dabei dem sozialistischen Realismus zugeordnet. In Wahrheit entzieht sich das Werk bis heute jeder einseitigen Beurteilung, sei es als »reaktionär« oder als »progressiv«, weil es ganz offensichtlich vielschichtiger ist und darum auch vieldeutiger.

Bismarcks Botschaft,
von ihm gegengezeichnet,
vom Kaiser verkündet:
zaghafte Anfänge
staatlicher Sozialpolitik
aus Angst vor Aufruhr.

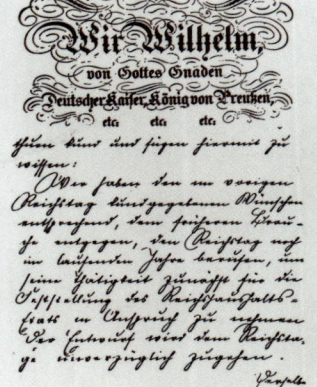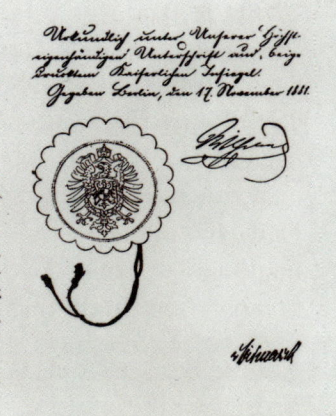

Die Kaiserliche Botschaft vom 17. November 1881

Grundlegung des Sozialstaats – das Zuckerbrot zur Peitsche

Die Kaiserliche Botschaft vom 17. November 1881 gilt als einer der Grundsteine für den Aufbau des deutschen Sozialstaats. Ursprünglich war sie als Thronrede zur feierlichen Eröffnung des Reichstags geplant, doch hatte Kaiser Wilhelm I. am Abend vorher aus gesundheitlichen Gründen Reichskanzler Otto von Bismarck (1815–1898) gebeten, ihn bei der Eröffnung dieser Legislaturperiode zu vertreten und seine Rede als »Allerhöchste Botschaft« zu verlesen. Im Anschluss an einen Gottesdienst in der Schlosskapelle trug Bismarck die Botschaft vor den im Weißen Saal des Berliner Schlosses versammelten Reichstagsabgeordneten und den Bevollmächtigten des Bundesrats vor.

Die Sozialpolitik war einer der zentralen Punkte. Aus der Korrespondenz im Vorfeld geht hervor, dass der Kaiser zwar im Wesentlichen Bismarcks Sozialpolitik folgte, aber eine Abstimmungsniederlage für dessen Vorschläge im neu gewählten Reichstag fürchtete. So verlas Bismarck, was er selbst dem Kaiser aufgeschrieben hatte: »Schon im Februar dieses Jahres haben Wir Unsere Ueberzeugung aussprechen lassen, dass die Heilung der sozialen Schäden nicht ausschließlich im Wege der Repression sozialdemokratischer Ausschreitungen, sondern gleichmäßig auf dem der positiven Förderung des Wohles der Arbeiter zu suchen sein werde.« Neben die Repressionen durch das 1878 verabschiedete Sozialistengesetz traten nun Versicherungen gegen Unfälle, Krankheit und gegen Erwerbsunfähigkeit durch Alter oder Invalidität.

Den Liberalen waren die Eingriffe des Staats zu groß; die Hohenzollern-Prinzen sahen das ähnlich und blieben dieser Kaiserlichen Botschaft demonstrativ fern. Die Sozialdemokraten bezeichneten das Nebeneinander von Sozialistengesetz und Sozialversicherungen als einen durchsichtigen Versuch, mit Zuckerbrot und Peitsche einen Keil zwischen die Arbeiterschaft und ihre politische Führung zu treiben.

Bismarck bewegte sich mit seiner Sozialpolitik in einem Spannungsfeld sehr unterschiedlicher Interessen: zwischen Protest und Forderungen der Arbeiter einerseits sowie der moralischen Verantwortung Besserverdienender gegenüber Hilfsbedürftigen andererseits und schließlich der Angst der Eliten vor Aufruhr und Umsturz.

Mit seiner Botschaft versuchte Bismarck, die neu gewählten Abgeordneten auf seine Sozialpolitik einzuschwören, wobei er die Richtung der geplanten Maßnahmen andeutete: Abschluss der bereits begonnenen, sehr kontroversen Verhandlungen zu einer betrieblichen Unfallversicherung sowie deren Ergänzung um eine Kranken- und eine Alters- und Invaliditätsversicherung. Die Verhandlungen und die Verabschiedung dieser drei Versicherungen in den folgenden Jahren wurden begleitet von heftigen Debatten – über deren Ausgestaltung, ihre Finanzierung, auch über die Notwendigkeit der Staatseingriffe in die Wirtschaft.

Die Lösung der »sozialen Frage« war durch die gesellschaftlichen Spannungen immer dringlicher geworden, um den inneren Frieden herzustellen und weder die wirtschaftliche Entwicklung noch die Fortentwicklung des Nationalstaats zu gefährden. Von den industriellen Erfolgen profitierten in erster Linie die Besitzer und Verwalter von Kapital und Produktionsmitteln, während große Teile der Arbeiterschaft mit verheerenden Lebens- und Arbeitsverhältnissen zu kämpfen hatten. Die mangelnde finanzielle Absicherung bei Krankheit, Unfällen und im Alter war eines der größten Probleme, aber auch die beengten Wohnverhältnisse und die unsicheren Verdienstmöglichkeiten führten zu wachsender Unzufriedenheit in der Arbeiterschicht.

Diese Unzufriedenheit zeigte sich zunehmend in Arbeitsniederlegungen und Streiks. Vor allem während des Gründungsbooms zur Zeit der Reichsgründung mehrten sich diese. Begonnen hatte die Streikwelle 1869, als die Gewerbeordnung des Norddeutschen Bunds das Koalitionsverbot für Arbeiter aufgehoben hatte. In den fünf Jahren bis 1874 kam es zu über 1250 Arbeitskämpfen mit insgesamt rund 200 000 Streikenden. Der erste größere Streik fand im Juni 1872 in Essen statt, wo mehr als 20 000 Bergleute die Arbeit niederlegten; sie forderten den Achtstundentag und Lohnerhöhungen von 25 Prozent. Die streikenden Arbeiter riskierten ihre Entlassung und erhielten – noch ohne gewerkschaftliche Organisationen mit Streikkasse – in der Zeit auch keinen Lohn. Ihre Forderungen blieben ohne Erfolg.

Allein schon wegen der hohen Fluktuation der Arbeiter richteten nicht nur patriarchalisch denkende Großindustrielle wie beispielsweise Borsig und Krupp innerbetriebliche Versorgungskassen ein und sorgten für Wohnraum. Carl Ferdinand Stumm-Halberg, ein führender Industrieller, der im Saarland Hütten- und Stahlwerke betrieb und Abgeordneter der Freikonservativen war, hatte 1867, noch vor Gründung des Kaiserreichs, im Reichstag des Norddeutschen Bunds für eine Lösung der Arbeitskonflikte plädiert und erklärt, »dass die sogenannte soziale Frage ... nur wirklich gelöst werden kann durch das wachsende Gefühl der Zusammengehörigkeit zwischen Kapital und Arbeit«. In Neunkirchen hatte er bereits 1865 eine Knappschaft gegründet, zu deren Vorstand auch ein Arbeitervertreter gehörte; sie zahlte Kranken- und Waisengeld, das zunächst zu zwei Dritteln von den Arbeitnehmern und zu einem Drittel von Arbeitgeberseite finanziert wurde.

Dies war eines der Vorläufermodelle der Bismarck'schen Krankenversicherung, die schließlich im Juni 1883 vom Reichstag verabschiedet wurde. Von nun an erhielten Arbeitnehmer mit einem jährlichen Verdienst bis zu 2000 Reichsmark ärztliche Behandlung, Arzneimittel und vom dritten Tag bis zur 13. Woche der Erkrankung ein Krankengeld in Höhe von 50 Prozent des durchschnittlichen Lohns, jedoch höchstens zwei Mark pro Arbeitstag. Bei einem monatlichen Existenzminimum von etwa 25 Mark für eine vierköpfige Familie bewahrte das Krankengeld zwar nicht vor materieller Not, aber es vermochte immerhin eine ärztliche Behandlung zu gewährleisten. Die neue Pflichtversicherung begründete einen Rechtsanspruch, der – anders als bei Betriebskrankenkassen – auch bei einem Wechsel des Arbeitsplatzes erhalten blieb. Der Anspruch bestand nach einwöchiger Beschäftigung, die Leistungen wurden zu zwei Dritteln von den Arbeitern, zu einem Drittel von den Arbeitgebern aufgebracht. Zusätzlich wurden zu den bestehenden innungsgebundenen neue Ortskrankenkassen eingerichtet, an deren Verwaltung die Arbeiter beteiligt waren.

Ergänzt wurden diese Leistungen im Juli 1884 mit der Verabschiedung des Unfallversicherungsgesetzes, nach dem bei einem Betriebsunfall unabhängig von der Schuldfrage ab der 14. Woche eine Entschädigung in Höhe von zwei Dritteln des Arbeitslohns gezahlt wurde; dies galt auch bei völliger Erwerbsunfähigkeit. Bei einem tödlichen Unfall erhielt die Witwe 20 Prozent des Lohns. Die Kosten dieser Versicherung wurden von den Unternehmern allein getragen, für die Organisation wurden Berufsgenossenschaften gegründet. Diese Versicherung galt zunächst nur für Fabriken, Bergwerke und Steinbrüche, wurde 1886 auf Land- und Forstwirtschaft und 1911 mit der Zusammenfassung aller drei Sozialversicherungen auch auf Angestellte übertragen.

Die Verabschiedung der in der Kaiserlichen Botschaft angekündigten Invaliden- und Altersversicherung verzögerte sich. Sie wurde erst am 24. Mai 1889 unter dem unmittelbaren Eindruck des großen Streiks der Bergarbeiter im Ruhrgebiet verabschiedet. Über 90 000 Menschen, rund 90 Prozent aller Bergarbeiter, hatten seit dem 24. April ausgehend von Bochum über Essen und in fast allen Bergwerken vor allem für eine 15-prozentige Lohnerhöhung, einen achtstündigen Arbeitstag (einschließlich der immer länger werdenden Ein- und Ausfahrten in die Stollen) und gegen Überschichten gekämpft. Die Unternehmer hatten Streikbrecher eingesetzt und Polizei- und Militärschutz angefordert. Es war zu heftigen Auseinandersetzungen und 14 Toten gekommen. Als Sensation wurde empfunden, dass der 30-jährige Kaiser Wilhelm II. knapp ein Jahr nach seiner Thronbesteigung – übrigens entgegen Bismarcks ausdrücklicher Empfehlung – am 14. Mai im Berliner Schloss eine Delegation von Streikführern aus dem Ruhrgebiet empfing. Er kritisierte zwar den Streik, sagte aber doch eine Prüfung der Forderungen zu und veranlasste Verhandlungen mit den Grubenbesitzern. Der Streik wurde erst Anfang Juni beendet, übrigens ohne unmittelbaren Erfolg bezüglich der Forderungen der Bergleute. Jedoch erfuhren die in der Folge gegründeten Gewerkschaften einen raschen Mitgliederzuwachs.

In dieser »heißen« Phase wurde am 24. Mai das Gesetz über die Alters- und Invalidenversicherung vom Reichstag verabschiedet. Arbeitnehmer mit einem Jahreseinkommen unter 2000 Mark hatten nach 30 Beitragsjahren und Vollendung des 70. Lebensjahres einen Anspruch auf ein Drittel ihres Durchschnittslohns als Rente. Als Invalidität galt die Verminderung der Erwerbsfähigkeit um zwei Drittel, sie musste von Vertrauensmännern und den Krankenversicherungen attestiert werden, Anspruch bestand nach fünf Beitragsjahren. Der Staat zahlte zu jeder Rente einen jährlichen Grundbetrag von 50 Mark, der größere Anteil wurde je zur Hälfte von Versicherten und Arbeitgebern aufgebracht. Die Beiträge betrugen durchschnittlich zwei Prozent des Wochenlohns und wurden über das Bekleben einer Karte mit Beitragsmarken erfasst.

Die Regelung trat am 1. Januar 1891 in Kraft und hatte eine wohlwollend angewandte Übergangsfrist, um sie populär zu machen. In der Tat wurde sie im ersten Geltungsjahr von praktisch allen Berechtigten beantragt und rund 133 000 Arbeitern gewährt. Bei einer durchschnittlichen Lebenserwartung von wenig mehr als 45 Jahren erreichte kaum etwa ein Fünftel der Menschen dieses Rentenalter. Diese hohe Berechtigungsgrenze war im Reichstrag zwar umstritten, aber vom Gesetzgeber beabsichtigt, denn die Altersrente sollte »nur für den notdürftigen Lebensunterhalt an billigem Orte« ausreichen (Regierungsdenkschrift 1887). Die Berechtigungsgrenze wurde erst 1916 auf 65 Jahre herabgesetzt. Die durchschnittliche Jahresrente betrug 1891 rund 126 Mark.

Bismarck plante ursprünglich für alle drei Versicherungen eine Staatsfinanzierung durch Steuern, aber gegen solchen »Staatssozialismus« wehrten sich vor allem die Liberalen. Es war ihm jedoch gelungen, staatliche Pflichtversicherungen durchzusetzen. Dass sowohl Arbeiter als auch Arbeitgeber an die Institutionen des Sozialstaats gebunden wurden, stärkte auch die innere Einheit des jungen Kaiserreichs. Im ganzen Reich galten einheitliche Quittungskarten, auf die mit dem Reichsadler versehene Zahlmarken für die Alters- und Invalidenversicherung zu kleben waren. »Geklebt« wurde übrigens bis in die 1960er-Jahre.

Die Verteidigung der Alters- und Invaliditätsversicherung 1889 war Bismarcks letzte Rede im Reichstag. Die Differenzen zwischen dem jungen Kaiser und dem über 40 Jahre älteren Staatsmann eskalierten anlässlich des Bergarbeiterstreiks 1889, zehn Monate später trat er im Alter von fast 75 Jahren nach 19 Amtsjahren als Reichskanzler und rund 28 Amtsjahren als Preußischer Ministerpräsident zurück.

Mit Bismarcks Namen bleibt die Entstehung der Sozialversicherungen verbunden, vor allem auch die Tatsache, dass Deutschland in dieser Hinsicht weltweit Vorreiter war; denn außerhalb Deutschlands wurden entsprechende Versicherungen erst rund 25 Jahre später eingeführt, als im Deutschen Reich bereits mehr als 40 Prozent der Erwerbstätigen sozialversichert waren, der höchste Anteil weltweit. Mit der Kaiserlichen Botschaft sind drei der Säulen unseres Sozialstaats benannt; sie erfuhren ihre Ergänzungen mit der Arbeitslosenversicherung (1927) und der Pflegeversicherung (1995). Im Rückblick sind die Bismarck leitenden Motive unerheblich, viel entscheidender als ihre damaligen Auswirkungen bleibt, dass sie die Grundlagen für eine staatliche Sozialpolitik bis in die Gegenwart legten.

59

Der dreirädrige Benz Patent-Motorwagen Nummer 1 ähnelt einer Fahrradkutsche, der Markterfolg des Autos kam über Frankreich »zurück« nach Deutschland.

Der Benz Patent-Motorwagen Nummer 1

Der Start ins automobile Zeitalter

Als Geburtstag des Automobils kann der 29. Januar 1886 ebenso genannt werden wie der 2. November 1886: An dem einen Tag reichte Carl Benz (1844–1929) den Antrag auf Erteilung eines Patents (Nr. 37435) für das von ihm entwickelte dreirädrige »Fahrzeug mit Gasmotorenbetrieb« beim Kaiserlichen Patentamt in Berlin ein, an dem anderen wurde ihm das Patent, gewissermaßen die Geburtsurkunde des ersten Automobils, ausgestellt. Mitten in der neunmonatigen Wartezeit zwischen den beiden Tagen unternahm Benz am 3. Juli 1886 eine erste öffentliche Probefahrt auf der Mannheimer Ringstraße; dabei lief sein Sohn Eugen mit einer Flasche Benzin neben dem Fahrzeug her, um nachzuschütten, wenn das Antriebsmittel ausging.

Diesen Wagen ließ Benz nach einiger Zeit demontieren, um Einzelteile für andere Zwecke zu verwenden. Dann entwickelte er ein zweites Fahrzeug, das unter anderem für Lenkversuche genutzt, aber ebenfalls wieder zerlegt wurde. Schließlich folgte ein drittes Modell, das im August 1888 vor allem durch die erste und – für die damalige Zeit bemerkenswert – von Benz' Frau Bertha mit ihren 15- und 13-jährigen Söhnen Eugen und Richard unternommene Langstreckenfahrt über mehr als 100 Kilometer von Mannheim nach Pforzheim (und zurück) Aufsehen erregte.

Erst rund 15 Jahre später fanden die Einzelteile des ersten Prototyps von 1886 wieder Aufmerksamkeit: Benz wollte, dass seine Entwicklung als erstes Auto in die Erinnerung eingehe. Darum ließ er die – soweit vorhanden, originalen – Einzelteile wieder zusammenbauen und schenkte 1906 seinen Benz »Patent-Motorwagen Nummer 1« dem Deutschen Museum in München, dessen Initiator und erster Direktor, Oskar von Miller, auf der Suche nach »Meisterwerken der Technik« war für sein dann 1925 eröffnetes Haus.

Benz' erster dreirädriger Motorwagen glich eher einer Fahrradkutsche, und tatsächlich hatte er zahlreiche Konstruktionselemente aus dem

Fahrradbau übernommen: Die beiden großen rückwärtigen Drahtspeichenräder, das kleine Vorderrad mit der Lenkung und der leichte Stahlrohrrahmen, die Kraftübertragung durch Gliederketten, das Differentialgetriebe und die Kugellager sind typisch dafür. Die von dem badischen Forstbeamten Karl Drais etwa 1817 entwickelte Laufmaschine (später »Draisine« genannt) gilt zwar als ältestes lenkbares Fahrrad, wurde aber nicht weiterentwickelt. Hochräder waren unpraktisch und gefährlich, aber Niederräder wurden seit den 1870/80er-Jahren populärer, auch Dreiräder, »Tricycles«, von denen einzelne elektrisch angetriebene seit Anfang der 1880er-Jahre in Frankreich und England gebaut wurden.

Nach seinem Studium an der Polytechnischen Hochschule in Karlsruhe und Arbeitserfahrungen in Maschinenfabriken eröffnete er 1871 in Mannheim eine eigene mechanische Werkstatt, finanziell stark unterstützt von seiner Verlobten Bertha, der Tochter eines Zimmermanns. In der Silvesternacht 1879 lief der von ihm entwickelte leicht laufende, stationäre, gasbetriebene Zweitaktmotor zum ersten Mal zuverlässig über einen längeren Zeitraum. Seine Herstellung wurde zu einem lukrativen Geschäft mit Gewinnen, die es ihm erlaubten, sich auf die Entwicklung eines Motorwagens zu konzentrieren.

Inzwischen hatte Nikolaus August Otto (1832–1891) in Köln einen Verbrennungsmotor mit Viertaktbetrieb und Kompression eines Flüssigtreibstoff-Luft-Gemischs konstruiert und ihn 1877 patentieren lassen. Dieser stationäre Motor wurde zu einem großen Erfolg, zu dem zwischenzeitlich Gottlieb Daimler (1834–1900) sowie Wilhelm Maybach (1846–1929) als leitende Ingenieure der Gasmotoren-Fabrik Deutz AG beigetragen hatten. Der neue Motortyp war kleiner als Dampfmaschinen und eignete sich damit besser für den Antrieb von Fahrzeugen. Zudem war der Verbrennungsmotor mit flüssigem Treibstoff sparsamer, weniger störanfällig, leichter handhabbar als Gasmotoren und schließlich unabhängig von einem stationären Gasanschluss. Seine Vorteile waren somit offensichtlich. Da aber der Otto-Motor zunächst patentgeschützt war, blieb Benz und Daimler, die inzwischen beide in eigenen Unternehmen, nur 100 Kilometer voneinander entfernt, Motoren entwickelten, nichts anderes übrig, als im Geheimen oder mit Alternativlösungen zu arbeiten. Beide sahen in flüssigen Energieträgern den Schlüssel zu motorisierten Straßenfahrzeugen, aber während Daimler die Motorisierung von (vierrädrigen) Kutschen betrieb, entwickelte Benz ein eigenes Fahrzeug.

Wegen älterer Patentansprüche bzw. früherer Erfindungen wurde das »Otto-Patent« 1886 aufgehoben. Damit war der Weg für Benz und Daimler frei für die Entwicklung und den Verkauf der leistungsstärkeren Viertaktmotoren. Allerdings stieß der Motorwagen von Benz in Deutschland zunächst nur auf geringes öffentliches Interesse. Zwar berichteten die Zeitungen über die erste Fahrt von 1886, die von 1888 wird jedoch vor allem von Benz in seinen *Erinnerungen* erwähnt. Und tatsächlich ging Bertha Benz' Fahrt – sei es mit oder ohne Wissen ihres Mannes – weit über eine Test- oder Vorführungsfahrt hinaus. Sie stellte damit auch die Tauglichkeit des Autos gegenüber Pferdekutschen unter Beweis; auch wenn der auf dieser Fahrt benötigte zusätzliche Treibstoff in einer Apotheke in Wiesloch erworben werden musste.

Die Präsentation auf der Kraft- und Arbeitsmaschinen-Ausstellung 1888 in München machte den Benz-Wagen zumindest überregional und einem größeren, interessierten Fachpublikum bekannt. Aber ein wirtschaftlicher Erfolg war damit noch nicht verbunden. Anfangs nahm die Bedienung des knatternden Motors so viel Aufmerksamkeit in Anspruch, dass es schwerfiel, sich gleichzeitig auf das Lenken zu konzentrieren. Bei 16 km/h und mit knapp einem PS war der Wagen fast so schnell wie die allerersten Lokomotiven. Benz widmete sich zwar ständig der technischen Verbesserung, aber ihm fehlten erfolgreiche Vermarktungsstrategien sowie Vorstellungen von den Nutzungsmöglichkeiten und den Wünschen potenzieller Käufer.

Der breite Markterfolg des Automobils mit Verbrennungsmotor kam letztlich erst über Frankreich nach Deutschland zurück. Während Benz selbst zunächst noch die »Velozipedisten« als seine Zielgruppe ansah, erkannten die Franzosen schnell den Wert des Automobils als sportliches Luxus-Konsumgut und richteten ihre Marktstrategien danach aus.

Vor allem öffentliche Autorennen verhalfen dem neuen Fahrzeugtyp zu großer Popularität. Im ersten bedeutenden Distanzrennen am 22. Juli 1894 demonstrierten die Automobile mit Benzinmotor ihre Überlegenheit. Auf der 126 Kilometer langen Strecke von Paris nach Rouen behaupteten sich alle an den Start gegangenen 14 Benzinmotoren. Davon fuhren allerdings 13 Fahrzeuge mit Daimler-Motoren und nur ein Benz-Wagen, der von Benz' französischem Vertriebspartner Émile Roger selbst gelenkt wurde. Die Franzosen produzierten zunächst Motoren und später auch Automobile der deutschen Ingenieure Benz und Daimler in Lizenz.

Carl Benz hatte sich nach der Patentierung seines Motorwagens zunächst auf den Bau von stationären Motoren konzentriert. Dieses wirtschaftliche Standbein erwies sich als so gut, dass sich das Mannheimer Unternehmen nach der Kölner Gasmotorenfabrik-Deutz zum zweitgrößten Motorenhersteller in Deutschland entwickelte. Bereits 1893 lieferte Benz & Co. den tausendsten Motor aus. Der von Benz 1897 konstruierte »Contra-Motor« hatte eine höhere Leistungsfähigkeit und bildet bis heute die Grundlage der Boxermotoren. Neben der Verbesserung der Motoren stellte sich für Benz die Frage der Lenkung, um stabilere Fahrzeuge mit vier Rädern bauen zu können. Er löste das Problem, indem er die Achsschenkellenkung aus dem Kutschenbau weiterentwickelte, patentieren ließ und damit 1893 seinen ersten vierrädrigen Wagen »Victoria« auf den Markt brachte. Schon ab dem folgenden Jahr steigerte das Unternehmen seine Verkaufszahlen mit dem »Benz Velo«, der erstmalig in Serienproduktion hergestellt wurde. Mit der expandierenden Automobilproduktion richtete Benz 1896 eine eigene Abteilung ein, deren Leitung August Horch übernahm, der spätere Gründer der Automobilunternehmen Horch und Audi. Der Erfolg der Benz & Co., ab 1899 der Benz & Cie. AG, erreichte 1900 mit 603 verkauften Fahrzeugen einen ersten Höhepunkt, um dann innerhalb von drei Jahren auf 172 pro Jahr zurückzugehen.

Grund für den Einbruch der Verkaufszahlen war der Markterfolg des Mercedes-Wagens (seit 1900 Produktbezeichnung, 1902 als Markenname eingetragen, benannt nach der Tochter des mit Daimler-Fahrzeugen Rennen fahrenden Geschäftspartners Emil Jellinek; der Mercedes-»Stern« wurde 1909 eingeführt) der Daimler-Motoren-Gesellschaft (DMG) in Cannstatt. Bereits der erste »Mercedes« konnte 1901 drei Siege bei französischen Automobilrennen verzeichnen. Ein wesentlicher Grund für diese Erfolge war eine verbesserte Zündung durch die Bosch-Niederspannungs-Magnet-Abreißzündung, mit der die DMG ihre Wagen ausstattete. Robert Bosch erreichte mit der optimierten Magnet-Hochspannungszündung, die er 1902 patentieren ließ und auf den Markt brachte, noch höhere Drehzahlen bei gleichzeitiger Verkleinerung des Apparats. Die exakte Zündung des Brennstoff-Gas-Gemischs war bis dahin ein Schwachpunkt der Fahrzeuge gewesen, die Bosch-Zündsysteme erlaubten nun den verlässlichen und langfristigen Betrieb der Verbrennungsmotoren mit verstärkter Leistung und erhöhten Drehzahlen.

Benz & Cie. hatten die Entwicklung hin zu schnelleren Wagen zunächst verpasst und gerieten in eine Krise, die erst überwunden wurde, als der Firmengründer sich 1903 aus der aktiven Geschäftsführung zurückzog und ein Team von französischen Ingenieuren im Mannheimer Unternehmen die Weichen für die Entwicklung leistungsstärkerer Wagen stellte. Der »Blitzen-Benz« von 1909 brachte mit seinen 200 PS und 228 km/h schließlich das Renommee im Rennsport, das damals wichtiger für den Erfolg eines Automobilbauers war als heute.

Der Erste Weltkrieg führte zu einem Anstieg der Produktion insbesondere von militärischen Nutzfahrzeugen. Nach Kriegsende brach diese Produktion in Deutschland ein, die Umstellung auf zivile Produkte erwies sich infolge der schlechten Wirtschaftslage und der Export aufgrund des Versailler Vertrags als schwierig. Zudem drängten neue Automobilhersteller auf den Markt. Um sich unter diesen Umständen behaupten zu können, gab es seit 1919 Bestrebungen der Benz & Cie. und der DMG zur Fusion: »Die beiden ältesten und größten Automobilwerke Deutschlands haben sich zusammengeschlossen …«, hieß es in einer Werbeanzeige, mit der die beiden Konkurrenten ihren Zusammenschluss im Juni 1926 zur Daimler-Benz AG der Öffentlichkeit bekannt gaben und dabei übrigens auch die Markenzeichen zusammenfügten, den Lorbeerkranz von Benz und den Stern von DMG.

Angesichts der Entwicklung des Individualverkehrs zum Massenphänomen wird die Bedeutung der Erfindungen von Benz wie auch von Otto, Daimler und Bosch im Rückblick umso deutlicher. Nur wenige Jahrzehnte nach der Patentanmeldung des Benz'schen Motorwagens hatte das Automobil Fußgänger und Kutschen als bisherige Nutzer der öffentlichen Straßen verdrängt und dominierte den Straßenverkehr. Zur Mythisierung und Erinnerung seiner Erfindung hat Carl Benz selbst aktiv beigetragen. Denn seine Entscheidung, seinen ersten Motorwagen wieder zusammenbauen zu lassen und dem Deutschen Museum zu schenken, traf er, um die andauernde Streitfrage zu klären, wer nun tatsächlich der Erfinder des ersten Automobils sei. Erstmals der Öffentlichkeit präsentiert wurde der Wagen wohl 1906 mit den ersten »Meisterwerken« in einer provisorischen Ausstellung im Alten Nationalmuseum in der Münchener Maximilianstraße. 1925 lieh Benz ihn sich noch einmal aus, um an einem Autokorso in München teilzunehmen.

Seine Patentschrift von 1886 ist seit 2011 nicht nur Weltkulturerbe, die Konstruktions- und zugleich Betriebsanleitung wird heute als eine »ganz neue Textform: die technische Dokumentation« eingeordnet und als »vorbildlich verständlich[er]« Text (Hoischen) zu den »Edelsteinen« deutscher Sprache gezählt.

60

Das erste Aspirin wurde in Pulverform angeboten, es wurde »Medikament des Jahrhunderts«, zu seinem Erfinder bleiben Fragen.

Das Aspirin

Die pharmazeutisch-chemische Industrie wird zum Weltmarktführer

Was könnte einen Heldentenor, einen Literaturnobelpreisträger, eine Mondfähre, einen Pfarrer und einen kommunistischen Bürgermeister – und darüber hinaus auch viele von uns – miteinander verbinden? Caruso nahm es gegen quälende Schmerzen bei Witterungswechsel, Thomas Mann mit Punsch, Apollo 11 hatte es bei der ersten Mondlandung 1969 in der Bordapotheke, und Don Camillo empfahl seinem Widersacher gegen Grippe »ein Glas Wein und zwei herrliche Aspirintabletten«. Mehr noch: Ortega y Gasset machte es in seinem berühmten *Aufstand der Massen* (1929) zu einem der Kennzeichen seiner Epoche, und der Wunderheiler Rasputin soll Anfang des 20. Jahrhunderts den Sohn von Zar Nikolaus II. und Thronfolger, Alexei Nikolajewitsch, einen Bluter, »unfreiwillig« geheilt haben, weil er die ihm Aspirin gegen Gelenkschmerzen verabreichenden Ärzte vor die Tür setzte. Franz Kafka korrespondierte darüber mit seiner Freundin, es kommt in den *Abenteuern des braven Soldaten Schwejk* vor, ebenso bei Carl Zuckmayer, Kurt Tucholsky und Graham Greene, findet sich in Kirsts *Null-acht-fünfzehn*, bei Edgar Wallace und Walter Kempowski. Selbst Fernando Pessoa – Alkoholiker, selbstmordgefährdet, depressiv – lässt sein spätes Gedicht (1931) »Ich habe eine schwere Erkältung« nicht gänzlich hoffnungslos enden: »… ich brauche Wahrheit und Aspirin.«

Als Geburtsdatum für das Aspirin gilt das Jahr 1897. »A« für Acetyl, »spir« in Anlehnung an die mit Salicylsäure chemisch identische Spirsäure aus dem Saft der Spirstaude, dem von alters her als Heilpflanze bekannten »Mädesüß«, und der Medikamenten oftmals angehängten Endung »in«.

Seine Vorgeschichte ist jedoch Tausende von Jahren alt. Die Ägypter kannten schon im 2. Jahrtausend v. Chr. die schmerzlindernde Wirkung eines Aufgusses aus getrockneten Myrteblättern. Hippokrates, der Urvater aller Ärzte, verordnete einen aus der Weidenrinde gewonnenen Saft gegen Fieber und Schmerzen; die Römer kannten diese Wirkung, auch viele Naturvölker wie die Indianer. Im Mittelalter geriet die Rezeptur dann weitgehend in Vergessenheit; seit der Entdeckung Amerikas wurde sie teilweise ersetzt durch das aus Chinarinde gewonnene Chinin, zumal das Entrinden von Weiden zum Schutz des aufblühenden Korbmachergewerbes unter Strafe gestellt wurde. Während Napoleons Kontinentalsperre war die Zufuhr von Chinarinde unterbrochen, die Suche nach einem Ersatz für die Wirkstoffe der in Europa weitverbreiteten Weidenrinde begann auf breiter Ebene. 1828 wurde in München Salicin, 1838 in Paris Salicylsäure, 1853 in Straßburg erstmals – allerdings unreine, nicht haltbare – Acetylsalicylsäure (ASS) gewonnen und 1859 von Hermann Kolbe in Marburg chemisch analysiert und in Synthese hergestellt. Dessen Schüler Friedrich von Heyden begann in Radebeul bei Dresden mit der industriellen Produktion und erzielte rasch Erfolge.

Allerdings schmeckte diese Substanz so grässlich, dass die Suche nach einer verträglichen Salicylsäure weiterging – vor allem bei Bayer. Hier gelang es 1897 Dr. Felix Hoffmann (1868–1946) in der von Dr. Arthur Eichengrün (1867–1949) geleiteten Forschungsabteilung, reine Acetylsalicylsäure herzustellen, von herbsäuerlichem Geschmack, schmerzstillend und fiebersenkend; damals galt sie als magenschonend und verträglich. Hoffmann waren – so wird seit 1934 berichtet – möglicherweise durch qualvolle Schmerzen seines Vaters die negativen Wirkungen des diesem gegen Rheuma gegebenen Präparats besonders bekannt. Hoffmanns Laborblatt vom 10. August 1897 gilt als »Geburtsurkunde« des Aspirin.

Es dauerte allerdings noch rund anderthalb Jahre, bis das neue Präparat seinen Namen erhielt (23. Januar 1899), als Warenzeichen in Deutschland angemeldet (1. Februar) und vom Kaiserlichen Patentamt in Berlin unter der Nummer 36 433 in die Warenzeichenrolle eingetragen wurde (6. März). Ein Patent wurde jedoch nicht erteilt, weil die Chemische Fabrik v. Heyden in Radebeul bereits seit 1897 ihre Acetylsalicylsäure – später als Acetylen – vertrieb. In Deutschland erreichte Bayer erst 1921 die Patentierung eines etwas modifizierten Verfahrens. Das in England zunächst gewährte Patent wurde nach einem langwierigen Rechtsstreit mit v. Heyden für ungültig erklärt, während in den USA die Patentierung schon 1900 gelang; 1909 erzielte Bayer dort fast ein Drittel seines weltweiten Aspirin-Umsatzes. Trotz der patentrechtlichen Auseinandersetzungen blieben v. Heyden und Bayer weiterhin Geschäftspartner; v. Heyden lieferte lange Zeit die Rohstoffe, die bei Bayer verarbeitet wurden

Die erwähnte anderthalbjährige Verzögerung war unter kaufmännischen wie wettbewerblichen Gesichtspunkten kaum verantwortbar, zumal Konkurrenten an dem Thema arbeiteten: Zwar hatte Hoffmann in der letzten Zeile seines Laborblatts zuversichtlich geschrieben, die neue Substanz werde nun »auf ihre Verwendbarkeit geprüft«, aber dies dauerte. Zum einen, weil der (seit April 1897) Leiter des Pharmalabors, Heinrich Dreser (1860–1924), deren Marktaussichten falsch einschätzte, aber auch, weil er sie für herzschädlich hielt. Es bedurfte jedenfalls einer tatsächlich heimlich – sei es von Hoffmann oder Eichengrün – in die Wege geleiteten Prüfung des Präparats durch Ärzte in Berlin, möglicherweise auch des – wie er nachträglich behauptete – Selbstversuchs von Eichengrün, vielleicht auch eines Anstoßes durch den Bayer-Generaldirektor Carl Duisberg, bis aus den »Bremsern« in Elberfeld begeisterte Befürworter wurden.

Wie fast alle Arzneimittel wurde Aspirin zunächst in Pulverform hergestellt, aber schon ein Jahr später – und damit als das erste aller wichtigen Medikamente – als Tablette gepresst, die wasserlöslich einzunehmen und seit 1904 mit dem aufgestanzten Bayerkreuz versehen war. Der Erfolg von Aspirin war unaufhaltsam – trotz zahlloser Versuche der Nachahmung (Generika), die durchaus legal waren, da das Präparat nur in den USA, und dort auch nur bis zur Beschlagnahmung des Bayer-Vermögens im Ersten Weltkrieg (1917), patentiert war. Fälschungen waren illegal, aber beliebt und oft gefährlich für die Patienten.

Nach Deutschlands Niederlage im Ersten Weltkrieg verlor Bayer infolge des Versailler Vertrags die Rechte an der Marke in den USA, Großbritannien und Frankreich; erst 1994 konnte der Konzern die 1919 in den USA meistbietend für 5,3 Millionen Dollar verkauften Rechte für eine Milliarde Dollar zurückkaufen; seither wird Aspirin auch dort wieder von Bayer unter eigenem Namen verkauft. Der Begriff »Aspirin« ist allerdings bis heute in den USA, Großbritannien und Frankreich eine freie Gattungsbezeichnung und meint nicht zwingend das Bayer-Produkt.

Wie so oft schwingen auch bei diesem Thema die deutsche Geschichte des 20. Jahrhunderts und ihre Aufarbeitung mit: In diesem Fall geht es um die Frage, ob Bayer die Geschichte der Entdeckung des Aspirins

»arisiert« habe. Eichengrün war nach der Zulassung von Aspirin Leiter der Pharmaabteilung geworden, hatte Bayer 1908 verlassen und wurde selbst ein erfolgreicher Chemieunternehmer. Als Jude wurde er im »Dritten Reich« verfolgt und war seit 1943 im KZ Theresienstadt inhaftiert. Von dort schrieb er in den letzten Kriegstagen an seine ehemalige Firma, er habe erst 1941 in einer Ausstellung im Deutschen Museum in München erfahren, dass Bayer die Erfindung des Aspirins Dreser und Hoffmann zuschreibe und seine Beteiligung unterschlage; dies bekräftigte er 1949 in einer Veröffentlichung. Bis 1999 wurde diese Version der Ereignisse ignoriert, seither stützt nach Auswertung der Quellen des Bayer-Archivs der schottische Medizinhistoriker Walter Sneader diese These. Das Unternehmen nennt allerdings weiter Hoffmann als Erfinder und weist darauf hin, dass eine eindeutige Klärung der Frage letztlich mangels Quellen nicht mehr möglich sei. Arthur Eichengrün verstarb 1949 im Alter von 82 Jahren in Bad Wiessee am Tegernsee.

Felix Hoffmann blieb zeit seines Lebens zurückhaltend und bescheiden. Er stammte aus Ludwigsburg und war nach einer Apothekerlehre, Studium und Promotion im Alter von 26 Jahren zu Bayer gekommen. Mit der Markteinführung des Aspirins, nach Ablauf seines Fünfjahresvertrags als Laboratoriums-Chemiker, wurde ihm am 1. April 1899 die Leitung der Marketingabteilung von Bayer übertragen, deren Aufbau mit seinem Namen verbunden bleibt. 1901 erhielt er in dieser Funktion Prokura. Im Alter von 60 Jahren ließ er sich Ende 1928 pensionieren; er galt als »Original«.

Kein anderes Medikament wurde mehr erforscht, kein anderes ist bekannter – erst recht seitdem der Brite Sir John R. Vane 1971 die bis dahin unerkannten gerinnungsspezifischen Eigenschaften der Acetylsalicylsäure nachwies und dafür 1982 den Nobelpreis erhielt: Aus einem »Allerweltsmedikament« war nicht erst jetzt »das Medikament des Jahrhunderts« (Vane) geworden; dessen Nebenwirkungen aber letztlich auch nicht unterschätzt werden dürfen.

Kein Medikament aus Deutschland ist weltweit bekannter, es ist daher nicht nur Symbol eines Unternehmens, sondern der deutschen chemisch-pharmazeutischen Industrie überhaupt. Ihre Ursprünge liegen meist vor der Mitte des 19. Jahrhunderts, die pharmazeutische Industrie entstand häufig aus Apotheken, so auch das älteste Pharmaunternehmen der Welt, E. Merck-Darmstadt (1668).

Der Aufschwung dieser Industrien begann in den 1860er-Jahren mit der Gründung der Farbwerke Bayer (1861), der späteren Farbwerke Hoechst (1863) und der BASF in Ludwigshafen (1865), wobei die Pharmasparte vor dem Ersten Weltkrieg fast unangefochten die Weltführung übernahm, Deutschlands Anteil am Chemieexport der Welt betrug 1913 28 Prozent, Hoechst mit rund 10 000 Beschäftigten war das größte Chemieunternehmen der Welt und schüttete seit den 1890er-Jahren Dividenden in Höhe von 20 bis 30 Prozent aus. Der weltweit einmalige Aufschwung der deutschen chemischen Industrie entsprach der herausragenden Stellung der deutschen Naturwissenschaften in dieser Zeit und wurde erheblich befördert durch die Bildung von Interessengemeinschaften und Kartellen. Seine Vormachtstellung verlor Deutschland mit den Folgen des Ersten Weltkriegs. 1925 wurden als Zusammenschluss einer Vielzahl deutscher Chemiefirmen die I. G. Farben gebildet, das weltweit größte Chemieunternehmen. Dessen Rolle in Nationalsozialismus, Rüstungswirtschaft und Zwangsarbeiterbeschäftigung führte zur Auflösung des I. G.-Farben-Konzerns und seiner Abwicklung. Die einzelnen Unternehmen der I. G. wurden in alter oder neuen Gesellschaftsformen wieder selbstständig, oft auch in anderer Eigentümerschaft. Inzwischen ist Deutschland weltweit größter Exporteur und drittgrößter Importeur von chemisch-pharmazeutischen Erzeugnissen.

61

Zu seinen Stiften hatte der oft unleidliche, mit sich selbst meist unzufriedene Zeichner ein fast inniges Verhältnis, seine Bilderreime belegen es.

Die Bleistifte des »lachenden Pessimisten« Wilhelm Busch

Von der Bildergeschichte zum modernen Comic

Ohne seine Bleistifte ging für den humoristischen Versedichter, Zeichner und Karikaturisten Wilhelm Busch (1832–1908) nichts, mit ihnen entwarf er, mit der Feder vollendete er, selten kolorierte er. Nur mit ihnen vermochte er, wie er sich ausdrückte, »Situationen in Fluss zu bringen«, und niemand kann heute genau sagen, wie viele er im Laufe seines Lebens »verbrauchte«. Diese vier hier abgebildeten werden sorgfältig aufbewahrt: Stifte unter anderem der Firmen G. W. Sussner aus Schweinau bei Nürnberg oder Trowitzsch & Sohn aus Frankfurt/Oder. Besonders häufig und gern verwendete er Stifte der Firma A. W. Faber, die im fränkischen Stein bei Nürnberg und damit am Ursprungsort der Bleistiftmacher zu Hause war. Die typische Sechskantform stand Busch zwar erst sehr spät zur Verfügung (»Faber-Castell«, ab 1905), doch waren »seine« Faber-Stifte schon mit Grafitminen unterschiedlicher Härtegrade und Strichbreite erhältlich. Seine – fast innige – Beziehung zu diesem »Arbeitsgerät« thematisierte er sogar wiederholt in Bildergeschichten. So im Alter von 28 Jahren in seiner »Ballade« *Schreckliche Folgen eines Bleistifts* (1860), als der ebenso begabte wie selbstverliebte Malschüler Pedrillo von seinem Lehrer gemahnt wird, er sei »auf falschem Wege«, wenn er seinen »Nr. 7 […] spitz' […] an beiden Enden, weil er dieses praktisch fand«. Die Liebe Pedrillos zu einer hübschen spanischen Schneiderstochter, die ihm auch als Modell dient, endet tödlich: »Ach! Ein Bleistift Nro. 7,/Den Pedrillo zugespitzt,/Zugespitzt an beiden Enden,/Hatte dieses Blut verspritzt.« In *Schnurrdiburr oder die Bienen* (1869) wird der Bleistift zu einer Art »Wünschelrute« der bilddichterischen Inspiration: »O Muse! Reiche mir den Stift, den Faber/In Nürnberg fabrizieren muß!«, ermutigt sich der Erzähler und funktioniert den Bleistift gleich darauf fantasievoll zum »Stecken-Pegasus« um, auf dem sich hexenbesenartig ins Land der Fiktion reiten lasse.

Auch in *Balduin Bählamm, der verhinderte Dichter* (1883) lässt sich

Hoffnung schöpfen auf poetische Inspiration aus dem Markenprodukt selbst: Die Dichterstirn umsäuseln »laue Lüfte;/Es zuckt der Geist im Faberstifte«. Selbst die »Klaviatur« der unterschiedlichen Härtegrade seiner Faber-Stifte wusste Busch bildkünstlerisch auszuspielen: So wehrt sich der »kleine Weltphilister« Kuno in *Maler Klecksel* (1884) erfolgreich gegen den Kunstkritiker Dr. Hinterstich, indem er im Handgemenge »den Bleistift Numro 5 von Faber« wie einen Degen »zieht« und der Kritiker am Hosenboden von der gespitzten Waffe »mehrfach peinlich angebohrt« wird. Klecksels hintersinniges Fazit: »Ein rechter Maler, klug und fleißig,/Trägt stets 'nen spitzen Bleistift bei sich.«

Mit dem Zeichenstift erwarb sich der im abgeschiedenen niedersächsischen Wiedensahl geborene Heinrich Christian Wilhelm Busch Weltruhm, hier entstanden auch die meisten seiner Arbeiten. Nach abgebrochenen Studien am Polytechnikum in Hannover (1847–1851) und der Malerei in Düsseldorf (1851), Antwerpen (1852–1853) und München (ab 1854) wurde er dort 1858 freier Mitarbeiter der ersten deutschsprachigen satirisch-humoristischen Wochenschrift *Fliegende Blätter*. Neben eigenen illustrierte er anfangs auch fremde Texte, bis seine »Bilderpossen« gereift und seine »Erstlinge« (ab 1859) veröffentlicht wurden, 1861 erschien seine erste, mit gereimten Zweizeilern versehene Bildergeschichte »Das Rabennest«. Buschs frühe Arbeiten waren zunächst Geschichten von bübischen Kindern, Vorstufen jener meist katastrophenreichen Bildergeschichten mit Menschen und »vermenschlichten« Tieren, deren Stoff er in der Trivialliteratur des 18. und 19. Jahrhunderts fand – vor allem in Märchen, Sagen und Fabeln.

Die auch von Goethe geschätzten »komischen Romane« mit lithografierten Bildern waren Grundlage für eine neue, humoristisch-karikaturistische Erzählform, die Busch – doppelbegabt als Zeichner und Dichter – weiterentwickelte, indem er das Text-Bild-Programm dynamischer gestaltete und Vers- und Zeichenkunst gesamtkünstlerisch enger verknüpfte. Seine treffsicheren wie geschliffenen Reime haben literarische Qualität, wurden rasch geflügelte Worte und sind es bis heute geblieben.

Die Resonanz auf seine ersten Bildergeschichten war bescheiden, aber seine künstlerische Selbstfindung hatte einen Sprung gemacht, und er hatte erstmals Einnahmen statt Schulden. Erst *Max und Moritz – eine Bubengeschichte in sieben Streichen*, entstanden 1863/64, wurde ab der zweiten Auflage (1868) ein wirtschaftlicher Erfolg und erschien 1870 bereits in der fünften Auflage, obwohl es vor allem von Pädagogen als frivol und jugendgefährdend angefeindet wurde. Tatsächlich hatte Busch doppelbödig-ironische Töne, ja Schadenfreude und eine viel »spitzere« Feder an die Stelle jener aufklärerischen Moralpädagogik gesetzt, wie sie schon zwei Jahrzehnte früher Heinrich Hoffmann mit seinen Kindergestalten im *Struwwelpeter* (1845) veröffentlicht hatte. Standen bei Hoffmann kindliche Fehler bzw. Fehlverhalten mit anschließender Strafe im Vordergrund, so waren es bei *Max und Moritz* bösartige Kinderstreiche gegenüber Erwachsenen, Kindern oder Tieren mit anschließender Strafe durch die Rache der Opfer oder durch Dritte (Rühle).

Eine von Busch nicht vorhergesehene Erfolgsgeschichte zur weltweit populärsten Bilderstory begann; der Verleger, dem er das Manuskript zuerst und ohne Honorar angeboten hatte, hatte es tatsächlich abgelehnt; der zweite – Heinrich Richter – erwarb gegen eine einmalige Zahlung von 1000 Gulden sämtliche Rechte und machte damit wohl das Geschäft seines Lebens. Innerhalb von knapp 40 Jahren erschienen 50 Auflagen (bis 1904), 1925 waren insgesamt 1,5 Millionen Exemplare verkauft. Noch zu Lebzeiten erschienen Sammel- und Populärausgaben, die erste Gesamtausgabe seiner *Werke* kam 1943 heraus. Heute gibt es Übersetzungen in an die 300 – teils sogar exotische – Sprachen und Dialekte, in die manch unübersetzbares, lautmalendes »Busch«-Wort wie »schnupdiwupp« als typisch deutsch eingegangen sein dürfte.

Seine »Max- und Moritziaden« wurden kopiert, so von Hulda von Levetzow, die mit *Lies und Lene*, eine wie es im Untertitel hieß »Buschiade für Groß und Klein in sieben Streichen«, 1896 die Schwestern von Max und Moritz erfand; sie wurden plagiiert, so 1896 in England als *Tootle and Bootle*-Geschichten; sie wurden adaptiert, so 1897 in den USA in dem wohl ältesten modernen Comicstrip des Deutschamerikaners Rudolph Dirks *The Katzenjammer Kids*, der in der Sonntagsbeilage des *New York Journal* erschien; sie wurden persifliert, so von Ludwig Thoma mit Illustrationen von Thomas Theodor Heine in deren 1903 erschienenen *Die bösen Buben*, die gegen Klerikalismus und Pickelhauben-Militarismus agitierten und zugleich eine Hommage zu Wilhelm Buschs 70. Geburtstag waren; sie wurden instrumentalisiert, so etwa propagandistisch im Ersten Weltkrieg mit *Max und Moritz im Felde. Eine lustige Soldatengeschichte* (1915), das die einstigen Lausbuben zu Kämpfern »für Deutschlands Ehre/Mit dem tapfern Ruhmesheere« mutieren ließ und die üblichen nationalistischen Feindbilder bediente.

Busch selbst maß seinen – wie er sie nannte – »Schosen« nicht einmal künstlerischen Wert bei, er sah sie »als *Nürnberger Tand*, als *Schnurrpfeifereien*, deren Wert nicht in ihrem künstlerischen Gehalt, sondern in der Nachfrage des Publikums zu suchen ist« (nach Weissweiler). Der als bescheiden und menschenscheu geltende »lachende Pessimist« (Weissweiler) hatte allerdings mit seinen Bilder-Vers-Dichtungen zu einer neuartigen Ausdrucksform nur scheinbar harmlos-humoristischen Ranges gefunden. Seine fantasiereich erdachten Unglücksszenarien, Grausamkeiten, Morde, Leibesverstümmelungen am laufenden Band erweiterten nicht nur das Repertoire der Gattung. Die augenzwinkernd-ironische Doppelmoral seiner Geschichten (Ueding), ihr tiefgründiger, »tendenziell sadistischer Humor« (König) und die Lust an der Störung sozialer Ordnung machten einige von ihnen zur zeitkritischen Satire, auch wenn dies nicht sein Hauptanliegen war. So karikierte er den politischen Wunsch nach einem Deutschen Reich in der Kontinuität des Heiligen Römischen Reichs Deutscher Nation (1864), spießte vor dem Hintergrund des Kulturkampfs das Heiligenbild der katholischen Kirche auf (1870), nachdem der Papst das Unfehlbarkeitsdogma verkündet hatte, kritisierte den Jesuitenorden (1872), bediente antifranzösische Affekte während der Belagerung von Paris (1870) und ironisierte die antipreußische Gesinnung seiner Hannoveraner Landsleute (1873).

So wenig Busch Tabus kannte oder berücksichtigte und bei der Darstellung erotischer Situationen deren Grenzen berührte, so sehr bediente er auch die Klischees seiner Zeit. Auch das des Antisemitismus, selbst wenn seine überzeichneten Figuren von anderen Juden amüsiert zur Kenntnis genommen wurden; zuletzt hat Robert Gernhardt (mit früheren Argumenten Golo Manns) darauf hingewiesen, dass es in Buschs Werk nur wenige jüdische »Zerrgestalten« gebe, allerdings »bediente« Busch hier gesellschaftlich verbreitete Vorurteile. Doch gilt von Buschs Werk insgesamt, dass seine »Tiefenschichten« in einer bildlich treffsicheren »Geheimsprache« aus Symbolen und Metaphern (Pietzcker) verschlüsselt sind. In der Reimform bebildern sie groteske Welt- und Lebensverhältnisse und geben Pfade des Unbewussten frei – einschließlich jenem des sich selbst reflektierenden Künstlers. Dass sein Werk bis heute in allen Mediengattungen bis hin zur Werbung »beerbt« wird, verdankt sich auch seinen psychologischen Qualitäten, auch wenn er selbst eher unleidlich und schwierig war; übrigens soll Sigmund Freud einer seiner großen Bewunderer gewesen sein.

Für die seit den 1960er-Jahren aufkommende Einschätzung, Busch sei mit seinen Bildergeschichten der Erfinder des Comic, gibt es viele Belege: etwa seine frühe Bildergeschichte »Der böse Hundsfänger und das arme Hündlein« (posthum publiziert), in der Busch fast 100 Jahre vor der »Asterix«-Serie (1959) fast filmisch nebeneinandergereihte Bildstreifen erprobt. Auch die Anfänge der Sprechblasengeschichten bzw. Comicstrips zeigen seinen Einfluss. Als eine Art Hausbuch für Kinder wie Erwachsene mit vergleichbarem Beliebtheitswert wie *Grimms Märchen* waren Buschs Bilderbuchgeschichten in Deutschland auch nach 1945 verbreitet, als die amerikanische Comickultur mit ihren ironiefernen Helden wie »Superman« modisch wurde. Die Comicwelten in Ost und West waren »gespalten«. Während in der Bundesrepublik seit den 50er-Jahren *Mecki* und *Nick Knatterton* populär waren und Rolf Kauka mit *Fix und Foxi* dem Micky-Maus-Import aus den USA Paroli bot, wurden in der DDR die Geschichten der *Digedags* und *Abrafaxe* gelesen, die ab 1955 in *Mosaik* und *Atze*, Comic- bzw. Bilderzeitschriften unter SED-Zensur, erschienen. Seit der zweiten Hälfte der 1960er-Jahre gab es im Westen diverse, zum Teil publizistisch-plagiierende Anleihen unter den Formeln *Marx* oder/und *Maoritz*.

Die Adaptionen von Wilhelm Busch, seiner Verse und Zeichnungen, Parodien, Nachahmungen, Kopien, Plagiate und viele mehr sind bis in die Gegenwart zahllos, auch seine Vertonungen, Film- und Bühnenbearbeitungen; manche »Reloaded«-Versionen beweisen allerdings nur, wie unverwüstlich der Stoff ist. Buschs Leben war bestimmt von Selbstzweifeln und Misserfolgen. Er suchte vergeblich Anerkennung als Maler und Lyriker, hatte ein sehr zwiespältiges Verhältnis zu den Moralvorstellungen seiner Zeit, er trank und rauchte viel, seine Beziehungen zu Frauen endeten nie glücklich, er ließ sich von seiner Schwester den Haushalt führen, war für seine Mitmenschen schwer erträglich. Vielfach als »Klassiker des deutschen Humors« bezeichnet, bleibt er in Erinnerung als »einer der größten Meister stilistischer Treffsicherheit« (Albert Einstein). Keiner brachte es liebenswürdiger zu Papier als Joachim Ringelnatz in den letzten Zeilen seines Gedichts zum 100. Geburtstag von »Meister Busch«: »… Hundert Jahre Wilhelm Busch./Mir zumute/Scheint das nahezu ein Husch./Und mehr hab ich nicht zu sagen./Will mich mit gezogenem Hute/Seitwärts in die Büsche schlagen.«

Exotische Motive waren schon länger populär, zum Symbol des Kolonialismus wurde die Figur seit dem Ende des 19. Jahrhunderts.

Der Sarotti-Mohr

Weltmachtpolitik und Kolonialismus

Als das Motiv dreier hintereinander herlaufender »Mohren« mit Tabletts im August 1918 vom Berliner Schokoladehersteller Sarotti als neues Markenzeichen vorgestellt wurde, waren Süßigkeiten für die allermeisten Deutschen längst nur noch ein Genuss aus ihrer Erinnerung. Die Versorgungslage der Bevölkerung wurde nicht erst in den letzten Kriegswochen katastrophal. Seit der kriegsbedingten Seeblockade gegen das Deutsche Reich war die Einfuhr von Rohkakao praktisch unmöglich, und die Sarotti AG hatte bereits 1915 ihre letzten Lagervorräte des begehrten Rohstoffs aufgebraucht; die Produktion wurde umgestellt auf Obstkonserven, Marmeladen und »Kriegskekse«.

Der 1868 von dem Konditor Hugo Hoffmann gegründete Betrieb zur Herstellung »feiner Pralinen, Fondants und Fruchtpasteten«, 1881 erweitert durch die Übernahme der schon 1852 eröffneten »Confiseur-Waaren-Handlung Felix & Sarotti« und in Sarotti umbenannt, wollte seinen 50. Jahrestag 1918 nicht völlig ausfallen lassen. Der »Reklamekünstler« Julius Gipkens wurde beauftragt, ein neues Markenzeichen zu entwickeln, wobei er sich vielleicht auch von der Adresse der ersten Produktionsstätte in der Mohrenstraße inspirieren ließ. Tatsächlich wurde der kleine Mohr mit seinen Kulleraugen, übergroßem Turban, bestickten Pumphosen, wehenden Schößen, goldenen Bordüren und Schnabelschuhen zu einem beliebten deutschen Reklamebild und zum Symbol für die Sehnsucht nach dem bittersüßen exotischen Genussmittel. Im November 1922 wurde der bis heute bekannte Sarotti-Mohr – seither eine einzelne Figur, aber sonst ganz wie 1918 eingeführt – als Markenzeichen eingetragen.

Für Kolonialwaren wurde häufig mit exotischen Motiven geworben, mit Abbildungen von Palmen, Dschunken, Chinesen oder eben auch Afrikanern, oft auf Blechdosen und vor allem in Form von Sammelbildern, die seit den 1870er-Jahren immer beliebter wurden. So legte die Firma Liebig schon seit 1872 ihrem »Fleischextrakt« bunte Bilder mit

Dunkelhäutigen in Dienerpose vor Pyramiden bei, und Gipkens verwendete für Sarotti bereits ab 1911 Stereotypen des Lendenschurz tragenden Schwarzafrikaners. 1912 illustrierte er eine Sammelmarke zum Thema »Vanilleernte für Schokolade« mit dunkelhäutigen Frauen vor Palmen am Meer. Die Figur des Mohren hatte zu dieser Zeit schon eine lange Tradition und war auch in der Literatur beliebt, so zum Beispiel als »Kleiner Muck« in den 1826 erschienenen Märchen von Wilhelm Hauff. Die exotischen Völkerschauen von Unternehmern wie Hagenbeck waren eine Attraktion und zogen manchmal an einem einzigen Tag über 60000 Besucher an.

War der Erste Weltkrieg von deutscher Seite unter anderem auch geführt worden, um die Stellung des Deutschen Reichs als Kolonialmacht in Übersee weiter auszubauen und besseren Zugang zu Rohstoffen zu erlangen, so war das Ergebnis genau das Gegenteil. Das Land wurde von der Versorgung mit überseeischen Produkten weitgehend abgeschnitten, und fast alle deutschen Kolonien waren schon innerhalb des ersten Kriegsjahres von gegnerischen Truppen erobert. 1919 bestätigte der Friedensvertrag von Versailles in Artikel 119 den endgültigen Verlust aller deutschen Kolonien.

Bis dahin war der Sarotti-Mohr längst nicht mehr nur Sinnbild des Verlangens nach dunkel glänzender, wohlschmeckender Kakaomasse, sondern war auch ein Zeichen der Sehnsucht nach dem verlorenen »Platz an der Sonne«, wie der spätere Reichskanzler Bernhard von Bülow das deutsche Kolonialstreben 1897 im Reichstag genannt hatte. Die Außenpolitik des langjährigen Reichskanzlers Otto von Bismarck war im Grunde gegen die Aneignung von Kolonien ausgerichtet gewesen, weil sie ihm zu kostspielig und riskant erschienen war, zumal Konflikte mit anderen Großmächten zu befürchten waren. Besonders seit den 1880er-Jahren wurden jedoch zunehmend Forderungen laut, diese Zurückhaltung aufzugeben. Händler und Abenteurer, Investoren, Missionare und Forscher, alle hatten ihre eigenen Gründe beim Ruf nach deutschen Kolonien. Hinzu kamen eine zunehmend nationalistisch-völkische Ideologie und der Plan, deutsche Auswanderer, die bis dahin vor allem nach Amerika gingen, in eigene deutsche Überseegebiete zur Bildung von Siedlerkolonien zu leiten. Kolonialgesellschaften gründeten sich als Lobbyorganisationen mit dem Ziel, öffentliche Meinung und Regierung zu beeinflussen, und argumentierten, im angeblichen Daseinskampf der Völker sei die koloniale Expansion lebensnotwendig.

Dabei hatten sie vor allem Afrika im Blick, weil dieser Kontinent bis dahin weniger von europäischen Mächten durchdrungen war. Hier hatte das Deutsche Reich als Nachzügler im kolonialen Wettlauf noch Chancen auf Erfolg. Deutsche Kaufleute und Glücksritter, wie Adolf Lüderitz, Adolph Woermann und Carl Peters, schlossen Verträge mit lokalen afrikanischen Machthabern, die im Unwissen über die Bedeutung solcher Abkommen Land an sie abtraten. Die »privaten« Kolonien waren jedoch allein nicht überlebensfähig, und so sah sich die Reichsregierung ab 1884 veranlasst, diese Akquisitionen politisch abzusichern und zu deutschen »Schutzgebieten« zu erklären.

Um bei der Aufteilung Afrikas potenzielle Konflikte und Kriege zwischen den Kolonialmächten zu vermeiden, wurden auf der Berliner Westafrikakonferenz 1884/85, auch »Kongokonferenz« genannt, von den geladenen Vertretern mehrerer europäischer Länder, des Osmanischen Reichs und der USA allgemeine Prinzipien der kolonialen Aneignung afrikanischer Gebiete festgelegt. Diese Vereinbarungen systematisierten und förderten in der Folgezeit einen Prozess, durch den innerhalb weniger Jahre fast der gesamte afrikanische Kontinent unter den Großmächten aufgeteilt wurde. Das Deutsche Reich sicherte sich dabei neben Kamerun und Deutsch-Südwestafrika auch Deutsch-Ostafrika (die heutigen Länder Tansania, Ruanda und Burundi) sowie Togo. Unter Kaiser Wilhelm II. wurde die Kolonialpolitik geradezu schwärmerisch-expansionistisch vorangetrieben und entwickelte sich auch zu einem Faktor der deutschen Innenpolitik.

Der deutsche »Appetit« auf Kolonien blieb nicht auf Afrika beschränkt. Bis zur Jahrhundertwende hatte sich das Reich auch überseeische Besitzungen im Pazifik (Deutsch-Neuguinea, Samoa) und die chinesische Halbinsel Kiautschou mit der Hafenstadt Tsingtau angeeignet. Deutsche Interessen in China wurden 1900 auch zum Ausgangspunkt für die Beteiligung an der Niederschlagung des Boxeraufstands, der sich gegen die ungleichen Verträge und das aggressive Vordringen der ausländischen Mächte im Reich der Mitte gerichtet hatte. Als Vergeltung für die Ermordung des deutschen Gesandten in Peking wurde ein internationales Expeditionskorps zusammengestellt. Kaiser Wilhelm II. gab den deutschen Marinesoldaten bei der Abreise in Wilhelmshafen in seiner sogenannten Hunnenrede noch den Befehl, keine Rücksicht zu nehmen, keine Gefangenen zu machen und, wie ehemals die Hunnen, sich durch Grausamkeit Respekt zu verschaffen. Wie konsequent die Soldaten dies taten, rief selbst bei den Streitkräften anderer Großmächte Bestürzung hervor. Hier wurde eine »Reputation« soldatischer Brutalität der Deutschen (»the Huns«) mitbegründet.

Doch die deutschen Grausamkeiten in Übersee waren mit dem Boxeraufstand keineswegs vorbei. Als 1904 zuerst die Herero und dann die Nama in Deutsch-Südwestafrika gegen Enteignungen und Willkürjustiz protestierten und sich gewaltsam zur Wehr setzten, reagierte die Kolonialmacht ohne Erbarmen. Der deutsche Befehlshaber, Lothar von Trotha, wollte die Herero nicht nur militärisch bekämpfen (Schlacht am Waterberg), sondern das gesamte Volk vernichten: Die Herero wurden von allen Wasserstellen abgeschnitten, auch Frauen und Kinder, viele verdursteten qualvoll. Dieser Genozid wurde auch in Deutschland zu einem öffentlichen Skandal. 1906 verweigerte der Reichstag vor allem durch Gegenstimmen von SPD und Zentrum die Bewilligung weiterer Gelder für den andauernden Krieg gegen die abschätzig als »Hottentotten« bezeichneten Nama. Die nach Auflösung des Reichstags anstehenden Neuwahlen nannte die deutsche Presse polemisch »Hottentottenwahlen«.

Die deutsche Kolonialpolitik hatte vielfältige Facetten: Während in Afrika Enteignungen, Arbeitszwang und Gewalt vorherrschten, gab es im Pazifik gewisse Rücksichtnahmen, aber auch andere Ausbeutungen; zur schweren Arbeit auf den Kokosplantagen wurden beispielsweise chinesische Arbeiter verpflichtet. Auch hatten manche deutsche Kolonisatoren ein Bild von Südseeinsulanern als »paradiesisch« lebenden und von negativen Einflüssen der Moderne verschonten »edlen Wilden«.

Um die Kenntnisse fremder Länder systematisch zu fördern, entstand unter anderem 1908 das Hamburgische Kolonialinstitut. Die wirtschaftliche Bedeutung der Kolonien blieb für Deutschland letztlich aber gering, auch wenn einzelne Unternehmen profitabel an ihrer Ausbeutung beteiligt waren. Viele tropische Rohstoffe wurden weiterhin aus den Kolonien anderer Länder eingeführt, da die deutschen Gebiete den Bedarf nicht decken konnten. Mit Ausnahme Deutsch-Südwestafrikas, des heutigen Namibia, gab es auch keine deutschen Siedlungskolonien. Trotzdem spielten diese Gebiete im Bewusstsein der Deutschen eine überproportionale Rolle, denn Kolonialbesitz galt als Beweis für deutsche Weltmachtgeltung und wurde als ein Missionsauftrag für das »deutsche Wesen« angesehen.

Schon bald nach dem Versailler Vertrag wurden von einzelnen Interessengruppen die deutschen Kolonien zurückgefordert, auch Kolonialvereine blühten wieder auf. Weiter verstärkt wurden solche Bestrebungen in der NS-Zeit. Hitler galt als Garant der Expansionspolitik. Obwohl in dieser Zeit des »Herrenmenschentums« viele Abbildungen von Afrikanern aus dem öffentlichen Raum verbannt wurden, prangte der Sarotti-Mohr weiterhin auf den Firmenfahnen.

Nach dem Zweiten Weltkrieg blieb der Sarotti-Mohr Teil des postkolonialen Gedächtnisses, obwohl die deutsche Kolonialzeit im öffentlichen Bewusstsein jetzt gern ausgeblendet wurde. In den 1950er-Jahren begann hingegen der Siegeszug des im Wesentlichen seit seiner Erfindung gleich gebliebenen Sarotti-Mohren auch in Kino- und TV-Werbespots, mittels derer die Figur sich tief in das Konsumbewusstsein der (west-)deutschen Nachkriegsgeneration eingrub. Die Tatsache, dass der Mohr in seiner äußeren Erscheinung nahezu unverändert geblieben war, ist ein Hinweis auf eine mentalitätsgeschichtliche Kontinuität zwischen kolonialzeitlichen Vorstellungen des »Anderen« und der klischeehaften Repräsentation von Afrikanern in der Nachkriegszeit: Das Bild des Mohren mit Körpermerkmalen wie wulstigen Lippen, einer Verniedlichung zum Kindhaften und in Dienerfunktion hatte schon in den Hochzeiten der europäischen Expansion ein hierarchisches Bild von »Wir« gegenüber den »Anderen« erzeugt.

    Koloniale Klischees auf Reklamebildern waren nicht auf den Sarotti-Mohren begrenzt, aber dieser war eines der langlebigsten Markenzeichen solcher Art. Spätestens ab den 1990er-Jahren wurde zunehmend angeprangert, dass die Figur des Sarotti-Mohren (und das Konzept eines »Mohren« überhaupt) rassistische Stereotypen bediene. 2004 gab die Stollwerck GmbH, die 1998 die Marke Sarotti von Nestlé übernommen hatte, dem Werbemohren einen neuen Look. In Reaktion auf die Kritik wurde er nun zum »Magier der Sinne« – meist mit »aufgehelltem« Gesicht Sternchen jonglierend, aber immer noch traditionell exotisch mit Turban und folkloristischer Kleidung. Wurde also nur ein Stereotyp gegen das andere ausgetauscht? Der schwarze Diener gegen den orientalischen Magier? Statt Kolonialsehnsucht nun abstraktere, eurozentristische Überheblichkeit?

63

Maschinelle Kriegstechnik dominierte den Menschen: Das Maschinengewehr »08/15« wurde sprichwörtlich für Drill, Standardisierung und Eintönigkeit.

Das MG 08/15

Industrialisierter Krieg und Kriegsschuldfrage

»Um glühheiße Gewehrläufe krampfen sich blutleer scheinende abgemagerte Hände, auf deren Rücken dicke Aderstränge liegen. Die Uniform ist zu weit geworden, ist abgeschabt, die Knie hängen heraus; das Feldgrau und das Grün des Rockkragens erhielt in glühheißer Sonne, im strömenden Regen, im Schlamm Flanderns, im Matsch des Artois, alle Schattierungen dieser Mischfarbe. Aber das Gewehr hat ein blitzblankes Schloß, ein blitzsauberes Visier!! Im Kasteninneren des Maschinengewehrs läuft eine gut geölte und sauber blinkende Maschinerie.«

Als Otto Lais diese Erinnerungen an seine Erlebnisse als 19-Jähriger im Ersten Weltkrieg veröffentlichte, war er 38 Jahre alt. Die Nationalsozialisten hatten ihm schon 1933 die Lehrerlaubnis an der Badischen Landeskunstschule entzogen, wo er seit 1926 unterrichtet hatte. Wie er in seinen atmosphärisch dichten Radierungen Randgruppen der Gesellschaft – Arbeiter, Kleinbürger, Frauen – sozialkritisch-mutig skizzierte, so eindringlich, illusionslos und direkt beschrieb er diese Erlebnisse vom ersten Tag der Schlacht an der Somme.

Nach der Angriffswelle die Wartung des MG 08: Aufschrauben der Kastengriffe durch den Richtschützen, Ölen des MG-Schlosses, der Gleitvorrichtung, des Zuführers. Die Munitionskästen waren die »sauberst und sorgfältigst gepackten Handkoffer, die es auf der Welt gibt«. »Ein Gurt nach dem anderen wird durchgejagt! 200 Schuß – 1000 Schuß – 3000 Schuß« – die Reserveläufe müssen eingesetzt werden, denn »der Lauf ist glühheiß, das Kühlwasser kocht – die Hände der am Gewehr arbeitenden Schützen sind bald versengt, verbrüht. – Weiterschießen, drängt der Gewehrführer […] Das Kühlwasser im Gewehrmantel siedet, verdampft bei der rasenden Schießerei.« Selbst das Trinkwasser ist bereits verbraucht. »Ein Schütze greift den Wasserkessel, springt runter in den Trichter […] und schlägt sein Wasser ab. Ein zweiter pißt ebenfalls in den Wasserkessel – schnell auffüllen. […] Den Schützen, den Gewehrführern hängt die Haut in Fetzen von den Fingern, die Hände sind verbrüht! Der linke Daumen wird durch das ständige Durchdrücken der Entsicherung ein geschwollenes, unförmiges Fleischbündel. [...] Achtzehntausend Schuß! Ladehemmung beim andern Gewehr des Zuges. Schütze Schw. fällt durch Kopfschuß und stürzt über den Gurt, den er zuführt. Der Gurt verschiebt sich, bringt die Patronen schräg in den Zuführer, wo sie sich verklemmen! Der nächste Schütze ran! Der Tote wird beiseite gelegt. Schießen, nichts als Schießen, Laufwechsel, Munition holen, Tote und Verwundete auf den Trichtergrund betten, das ist das harte und rasende Tempo des Vormittags des 1. Juli 1916.« – 20 000 Schuss »bis zum letzten Gurt«.

Die Gräuel des Ersten Weltkriegs waren in bis dahin ungeahnter Weise geprägt von der Mechanisierung und Automatisierung – auch der Maschinengewehrtechnik. Der amerikanisch-britische Erfinder Hiram Maxim hatte 1885 die erste serienreife vollautomatische Schusswaffe der Welt vorgestellt, sie nutzte den Rückstoß eines Schusses, um die nächste Patrone zu laden. Laden, Spannen und Schießen, mehrere Handgriffe wurden automatisiert, sodass innerhalb einer Minute 400 bis 600 Schuss abgegeben werden konnten. Die britische Armee übernahm das Maschinengewehr 1889, setzte es 1893 in den Kolonien ein; andere Armeen folgten – obwohl die Generäle seine militärische Bedeutung lange unterschätzten.

In Deutschland wurde es von der Deutschen Waffen- und Munitionsfabriken AG weiterentwickelt vom MG 01 (1901) bis zum MG 08, das von fünf bis sechs Soldaten bedient wurde. Es erwies sich im Ersten Weltkrieg mit seinen insgesamt 78 Kilogramm als zu schwer, seine Weiterentwicklung zum MG 08/15 wog nur noch knapp 18 Kilogramm; es wurde ab Sommer 1917 zunehmend eingesetzt, ohne dass das MG 08 an Bedeutung verlor. Eine arbeitsteilig durchorganisierte, standardisierte und in allen Einzelteilen präzis normierte Massenfertigung wurde ab 1916 aufgebaut und ermöglichte ab 1918 die tägliche Herstellung von 550 bis 600 MG 08 bzw. 08/15 verteilt auf über 100 Fabriken in ganz Deutschland. Dies allein war eine logistische Meisterleistung, ebenso wurde der systematisch-schematische Drill aller »Bediener« eine zwingend notwendige Folge des Einsatzes der Waffe, denn unter Kriegsbedingungen musste jeder Handgriff »sitzen«. Die Schnelligkeit, mit der sich die Waffentechnik entwickelte und »inhuman« wurde, überholte Denken und Fühlen der Menschen hinter ihnen (Habeck). Wie wenn alle »Gefühle weichen müssen, wo die Maschine die Herrschaft gewinnt«, wie Ernst Jünger in seinem auf Tagebuchaufzeichnungen basierenden ersten Buch *In Stahlgewittern* (1920) formulierte.

Das MG 08/15 dürfte die einzige Waffe sein, deren Modellbezeichnung breite umgangssprachliche Verwendung fand: »Nullachtfünfzehn« oder »Nullachtfuffzehn« steht heute für standardisierte, monoton-gedankenlos vollziehbare Routine, für billigen Durchschnitt und schlichtes Mittelmaß, »bar jeglicher Originalität, persönlichen Note, auf ein alltäglich gewordenes Muster festgelegt und deshalb Langeweile oder Überdruss erzeugend« (*Duden*). Das Wort kann wertfrei oder abwertend, aber nie positiv-aufwertend verstanden werden. Die Redewendung ist bis heute so verbreitet, dass ihre historischen Wurzeln im Ersten Weltkrieg vielfach vergessen sind, obwohl eintöniger Drill (bei der damaligen MG-Ausbildung), industrielle Standardisierung (bei der MG-Herstellung) und einfache Qualität (der MG-Massenfertigung) bei ihrem Gebrauch mitschwingen. Später kam noch die Konnotation »veraltete Massenware« hinzu, nachdem ab 1936 bei der Wehrmacht das MG 08/15 von dem moderneren MG 34 abgelöst und die 08-Serie nur noch für die Reserve verwendet wurde. Jedenfalls wurde »08/15« ein in der Sprache geradezu »zirkulierendes Denkmal« (Berz). Es ist sogar eine originärdeutsche Redewendung, die in anderen Sprachen keine wortgleiche Entsprechung hat.

Die Romantrilogie von Hans Hellmut Kirst (*08/15 in der Kaserne* (1954), *08/15 im Krieg* (1954), *08/15 bis zum Ende* (1955)) war ein Bestseller, und seine Verfilmung in drei Teilen (1954/55) mit Joachim Fuchsberger in der Hauptrolle trug zusätzlich zur Popularisierung der Redewendung bei. Der Autor schilderte vor dem Hintergrund seiner eigenen Erfahrungen als Berufsoffizier das Leben und Leiden der Wehrmachtssoldaten im Zweiten Weltkrieg. Kirst war selbst nationalsozialistischer Führungsoffizier gewesen, er kritisiert weniger den Nationalsozialismus als vielmehr den preußischen Militarismus und Krieg allgemein. Sein Buch richtete sich auch gegen die damals in der Öffentlichkeit heftig umstrittene Wiederbewaffnung der Bundesrepublik. Dass Franz Josef Strauß, damals Bundesminister, nach dem Erscheinen des Buchs eine schon 1945/46 im Schongau von ihm begonnene Fehde mit Kirst (Strauß war während des Kriegs an der Flakartillerieschule in Altenstadt Kirsts Vorgänger als Nationalsozialistischer Führungsoffizier gewesen) um dessen Rolle im Dritten Reich »aufwärmte«, auch dass es von vielen Buchhändlern boykottiert wurde, war alles andere als verkaufsschädlich. Die

Bücher und die Filmreihe förderten aber auch die öffentliche Debatte zwischen ehemaligen Soldaten und Wehrmachtsoffizieren – allerdings weniger zum Ersten als zum Zweiten Weltkrieg.

Es ist ein Zufall, dass die im Grunde bereits seit dem August 1914 kontrovers diskutierte Frage nach den Ursachen und Verantwortlichkeiten des Ersten Weltkriegs genau in dem Jahr neue Schubkraft gewann, als das einmillionste Exemplar von Kirsts Trilogie verkauft wurde. Während des Ersten Weltkriegs und auch während der Weimarer Republik hatte Konsens geherrscht, dass Deutschland einen ihm aufgezwungenen »Verteidigungskrieg« führe; ebenso dachten die anderen Staaten. Aber kaum eine Frage bewegte die Deutschen seit Herbst 1918 mehr als die Kriegsschuldfrage, deren politische Brisanz besonders in dem von den Deutschen als Demütigung verstandenen Versailler Vertrag (1919) zum Ausdruck kam, der Deutschland und seinen Verbündeten die alleinige Kriegsschuld gab und für alle Verluste und Schäden verantwortlich erklärte. In den 1930er-Jahren hatte sich der »Allgemeinplatz« etabliert, die Großmächte seien in den Krieg »hineingeschlittert«. Mit dem Erscheinen des Buchs *Der Griff zur Weltmacht* von Fritz Fischer im Jahr 1961 brach nun aber eine Debatte von enormer erinnerungs- und geschichtspolitischer Bedeutung los; nur der Historikerstreit der 1980er-Jahre ist dem vergleichbar. Fischer erschütterte die Historikerzunft, indem er mit den bis dahin geltenden Erkenntnissen brach und den Ersten Weltkrieg und die deutschen Kriegsziele als Fortsetzung der imperialistischen deutschen Weltpolitik vor 1914 interpretierte, als Versuch der »Nachzügler-Nation«, nach der Weltmacht zu greifen. Zugleich stellte er damit eine Kontinuität der deutschen Geschichte vom Ersten bis zum Zweiten Weltkrieg her.

Da 1964 eine Art »Doppeljubiläum« anstand, nämlich im August der 50. Jahrestag des Ausbruchs des Ersten Weltkriegs und im September der 25. Jahrestag des Überfalls auf Polen und damit des Ausbruchs des Zweiten Weltkriegs, fand das Thema verstärkte Aufmerksamkeit in den Medien. Auch Politiker wie Bundeskanzler Ludwig Erhard, Franz Josef Strauß und Bundestagspräsident Eugen Gerstenmaier mischten sich auf der Seite der Gegner Fischers ein. Dabei gab es auf bemerkenswerte Weise »verkehrte« Fronten: Der 73-jährige renommierte Historiker Gerhard Ritter, nationalkonservativ, dem Widerstand im Dritten Reich verbunden, wurde als ultrarechter Kritiker Fischers abgestempelt, während der 20 Jahre Jüngere, ehemaliges Mitglied der SA und der NSDAP, Wortführer der linksliberalen Sichtweise war. Tatsächlich fand diese Debatte auch vor einem besonderen zeithistorischen Hintergrund statt: In Jerusalem stand 1961 Adolf Eichmann vor Gericht, in Frankfurt a. M. begannen 1963 die Auschwitzprozesse. »Fischers Thesen waren ein Schock. […] Allen Deutschen wurde vor Augen geführt, welche schrecklichen Dinge im Dritten Reich passiert waren. Und nun sollten sie auch noch schuld am Ersten Weltkrieg sein« (Jarausch).

Die Forschung hat seitdem die von Fischer und im Rahmen der Debatte gegebenen Impulse aufgegriffen, seine Thesen »modifiziert, relativiert, ergänzt, aber auch bestätigt« (Kocka). Der Erste Weltkrieg galt manchen als »ausgeforscht«, sodass die Fülle der anlässlich des 100. Jahrestags des Kriegsausbruchs erschienenen Bücher überraschte. Zweifellos ragt unter ihnen das des australischen Historikers Christopher Clark heraus, der mit seinem schon vor dem Jahrestag (2012 englisch, 2013 deutsch) erschienenen Werk eine Debatte entfachte, die in dieser Intensität nicht vorhersehbar war. Dass das »lange vorherrschende Muster […] eines geradezu verbrecherisch herbeigeführten Krieges […] korrekturbedürftig« war, hatte sich bereits länger herauskristallisiert, die Forschung war inzwischen multikausaler und mehrdimensionaler (Rose). Aber nun schien es, dass »Fischer-Enkel und -Enkelinnen« gegen Clark »zu Felde« zogen (Blasius, *FAZ*, 10.3.2014), schon wurde sogar von einem »hundertjährigen Krieg um die Kriegsschuld« (Mombauer) gesprochen. Dabei will Clark vor allem die multilaterale Dimension der Vorkriegsgeschichte hervorheben und die – moralisierende – Schuldfrage hinter sich lassen. Er hebt im Fazit besonders hervor, dass der Krieg eine »europäische Tragödie und kein deutsches Verbrechen« war. Manche Kontrahenten erweckten in dieser Debatte aber den Eindruck, als gehe es weniger um »wissenschaftliche Erkenntnisse als vielmehr um die Bewahrung der traditionellen deutschen Nabelschau« (Rose), andere gaben ehrlich zu Protokoll: »›Besessen von der deutschen Kriegsschuld‹, habe man die europäischen Perspektiven aus dem Blick verloren« (*Die Welt*, 25.10.2013). Clark dagegen plädiert dafür, die erstmals 1979 so bezeichnete »Ur-Katastrophe des 20. Jahrhunderts« (Kennan) nicht überwiegend national, sondern vor allem europäisch zu interpretieren. Die Erinnerungen an den Ersten Weltkrieg sind international zwischen den Ländern asymmetrisch, von einem europäischen Gedenken sind wir noch weit entfernt, aber der Weg dahin ist erkannt.

64

Dieses vier Meter breite und 2,60 Meter hohe Gemälde ist eine überwältigende Darstellung des Kriegsgrauens, das Otto Dix selbst erlebt hatte.

»Der Krieg« – das Triptychon von Otto Dix

Die Urkatastrophe des Ersten Weltkriegs

Das Triptychon, ein dreigeteiltes Gemälde, manchmal ergänzt um einen Sockel unter dem Mittelteil (Predella), ist eine außergewöhnliche spätgotische Form für Altar- und Andachtsbilder, das eine Geschichte erzählt. Sein Format wurde von der Kunst des 19. und 20. Jahrhunderts aufgegriffen und mit nichtchristlichen Motiven belegt. Oft wird es bewusst als – seit 1959 sogenannte – »Pathosformel« (Lankheit) benutzt, um Assoziationen an Sakral-Bedeutsames, Verehrungs- oder Bestaunenswertes zu wecken.

»Der Krieg«: Unzählbar viele Soldaten sind im Morgengrauen auf dem »Vormarsch« an die Front, in voller Ausrüstung, mit Helm, bar jeglicher Individualität, ein einziger Soldat blickt mit einem Auge zurück, ein älterer uns entgegen – schreckliche, dumpfe Blicke. Der Mittelteil enthüllt das Ende der Schlacht, Zitate vielfach auch fotografierter, brutal-unmenschlich-schockierender Szenen, Körperteile, Gedärme, Blut und Menschenfetzen in völlig zerschossener Schützengraben- und apokalyptischer Ruinenlandschaft, selbst die Reste der Natur sind tot – lediglich ein Soldat mit Gasmaske und Stahlhelm scheint noch zu leben.

Der moderne, industrialisierte Krieg bedeutet Massensterben. Der rechte Flügel zeigt einen »nächtlichen Rückzug«: In einem verbliebenen Rest von Menschlichkeit der Versuch von Otto Dix – ein Selbstbildnis –, ohne Uniform, qualvoll-entsetzt, zugleich schreckvoll entschlossen, einen Kameraden zu retten: wenn er denn noch zu retten ist. Aufopferung, um einem höllischen Inferno zu entkommen – um welchen Preis auch immer und ohne zu wissen, ob es gelingen wird. Die Predella greift die christliche Ikonografie der Grablegung auf: Schlafende Soldaten, Ratten an den Füßen, wie Tote in einer engen Kiste; zusammen mit dem Bild des rechten Flügels wird Hoffnung auf Auferstehung geweckt, die Auferstehung der Kriegstoten. »Die Soldaten des Ersten Weltkrieges sind vor allem eins: Opfer, und damit jeder Schuld entledigt, von nicht genannten Mächten in eine Hölle gezwungen, aus der sie – falls sie überlebten –

entweder gebrochen oder geläutert wieder hervorgegangen sind« (Schneider, in Dalbajewa).

Dix lässt offen, welcher Zukunft die der Hölle Entstiegenen entgegengehen. »Die Antwort auf diese Frage entscheidet letztlich über die Zuordnung des Werkes zu einer zeitgenössischen Position zum Krieg. Nicht mehr und nicht weniger« (Schneider). Die auferstandenen Kriegstoten werden aber auch Rechenschaft verlangen von den Überlebenden. Wie die nationalsozialistische Ideologie diese Rechenschaft dann auslegte, hat die Geschichte gezeigt – es war der pure Revanchismus.

Otto Dix (1891–1969) nannte sich selbst im Rückblick einen »Wirklichkeitsmenschen« (1963). Er bekannte auch: »Ich hab' Angst gehabt als junger Mensch. Natürlich, wenn man dann vorkommt [...] zur Front, also vorn, da war eine Hölle von Trommelfeuer, na ja [...], da war Scheiße in den Hosen, nicht wahr. Aber je weiter man vorkam, um so weniger hatte man Angst. Ganz vorn [...] hatte man überhaupt keine Angst« (1963).

Dix erhielt während der ersten 13 Monate des Kriegs in Dresden, Spandau und Bautzen eine Ausbildung als Artillerist und dann als MG-Schütze an der beherrschenden Waffe des Kriegs. Er war 23 Jahre alt, als sein Zug im September 1915 zur soeben in der Champagne begonnenen Herbstschlacht abkommandiert wurde, nach der Winterschlacht von Februar/März ein erneuter Durchbruchsversuch der Entente. Die Franzosen verloren dabei fast 145 000, die Deutschen 72 000 Mann. Es ist erstaunlich, wie Dix in den Gefechtspausen und im Lazarett seine Eindrücke verarbeitete, Tagebuch sowie Feldpostkarten aus der »schöne[n] Läuse-Schlampagne« (Juni 1916) schrieb und vor allem zeichnete – insgesamt fast 500 Zeichnungen und 100 Gouachen.

100 Kilometer östlich tobte damals seit Februar 1916 die verheerende Schlacht um Verdun, sie markierte den Beginn der großen Materialschlachten und dauerte bis Dezember; hier wurden etwa 2,5 Millionen deutsche und französische Soldaten eingesetzt, allein auf deutscher Seite wurden 1,35 Millionen Tonnen Granaten verfeuert, Schätzungen zufolge liegen noch heute fünf Kilo Stahlsplitter auf jedem Quadratmeter des Schlachtfelds. Die »Hölle von Verdun« wurde geradezu zum Inbegriff des industrialisierten Kriegs, der Sinnlosigkeit einer zehnmonatigen Schlacht; seit der berühmten Geste der Staatschefs François Mitterrand und Helmut Kohl im September 1984 ist der Ort aber auch zum Symbol deutsch-französischer Versöhnung geworden.

Im Juli 1916 wurde Dix an die Somme verlegt, wo bis November eine andere große Schlacht tobte, mit über einer Million getöteter, verwundeter und vermisster Soldaten die verlustreichste des ganzen Kriegs. Dix war sehr erleichtert, als diese Kämpfe vorüber waren, in einem Feldpostbrief vom 15. August 1916 verwendete er rückblickend viermal das Wort »furchtbar«. Es macht Sinn, dass etwa 60 Kilometer von Dix' Stellung an der Somme, im 1992 eröffneten *Historial de la Grande Guerre* in Peronne, der Zyklus von 50 Radierungen ausgestellt ist, den Dix 1924 unter dem Titel »Der Krieg« publizierte.

Anschließend wurde er im nordfranzösischen Artois eingesetzt, wo er im Spätsommer 1916 zufällig als Kriegskameraden einen ehemaligen Mitstudenten aus seiner Dresdner Hochschulzeit traf, dem er – wohl nicht ohne Stolz – in seinem Unterstand »einen ganzen Stapel« seiner Bilder zeigte. Lazarettaufenthalte, Einsätze erneut an der Somme und dann in der dritten Flandernschlacht im Sommer 1917 wechselten sich ab.

Im November/Dezember 1917 wurde sein Regiment an die Ostfront verlegt, hier war ein Ende der Kampfhandlungen absehbar. Die wirtschaftlichen und sozialen Probleme Russlands hatten zu großen Unruhen geführt, die zur Märzrevolution 1917 mit der Abdankung des Zaren und der Ausrufung der Republik führten. Dass die Regimentskapelle am 5. Dezember, dem ersten Tag der vereinbarten Waffenruhe, tatsächlich »auf dem Grabenrand stehend« […] »vor der Linie« ein Platzkonzert gegeben habe, schrieb auch er nach Hause und nennt einen »historischen Moment reif fürs Kino«, was dann geschah: »Die Russen kamen in Scharen durch unseren Drahtverhau und schüttelten sich mit unseren Landsern die Hände …« Aus der zehntägigen Waffenruhe wurde Mitte Dezember eine längerfristige, der im März 1918 der Friede von Brest-Litowsk folgte; diesen annullierten die Russen nach der deutschen Kapitulation in Compiègne.

So sehr sich die Kriegsführung in Ost und West unterschied, so verschieden war auch deren »Aufarbeitung«: Geschichtsforschung und Kriegsromane haben sich mehr dem Stellungskrieg im Westen gewidmet, und die hohen Verlustraten in der Karpatenschlacht (Dezember 1914 bis März 1915) sind im Vergleich zur Westfront kaum bekannt – die Ostfront galt lange als »vergessen«.

Dix war nach einem Heimaturlaub seit Februar 1918 wieder in Flandern eingesetzt, unter anderem in der verlustreichen »Michael-Offensive«, zeitweise war er verletzt im Lazarett. Seit Monaten versuchte er, seine Abordnung zur Fliegerausbildung zu erreichen, die dann am 6. November nach Westpreußen erfolgte; von dort wurde er kurz vor Weihnachten 1918 in seine Heimatstadt Gera entlassen.

Kaum ein anderer Künstler erlebte diesen Krieg so lange, so intensiv und in so exponierten Situationen, bis er von einem Granatsplitter am Hals verletzt wurde; solche Splitter waren für vier von fünf aller oft tödlichen Verletzungen während des Ersten Weltkriegs verantwortlich. Aber Dix hatte an jenem 8. August 1918 Glück, er wurde nur leicht verletzt; der Tag allerdings blieb als »schwarzer Tag des deutschen Heeres« in Erinnerung, weil General Ludendorff ihn so nannte, hatte die deutsche Armee doch über 30 000 Mann verloren, wobei die Hälfte davon sich widerstandslos ergeben hatte. Diese und viele andere Erlebnisse aus insgesamt rund 38 Monaten Fronteinsatz, oft in vorderster Linie, ließen Dix nicht mehr los. Er konnte mit Recht sagen, dass »kein anderer […] die Realität dieses Krieges so gesehen [habe], die Entbehrungen, die Wunden, das Leid«, und mit Blick auf sein Werk hinzufügen: »Ich habe die wahrhaftige Reportage des Krieges gewählt, ich wollte die zerstörte Erde, die Leichen, die Wunden zeigen« (1966).

Der Krieg hatte unter den Soldaten fast zehn Millionen Todesopfer gefordert, dazu 20 Millionen Verwundete; die Zahl der zivilen Opfer wird auf weitere sieben Millionen geschätzt. Von den etwa 13,25 Millionen Soldaten auf deutscher Seite starben zwei Millionen, 2,7 Millionen überlebten um den Preis physischer und psychischer Verwundungen. Von den 7,8 Millionen auf österreichisch-ungarischer Seite fielen 1,5 Millionen; von den 8,1 Millionen auf französischer Seite überlebten 1,3 Millionen den Krieg nicht; von den 12 Millionen Russen starben 1,85 Millionen; von 7 Millionen Briten starben 850 000; von 5 Millionen Italienern etwa 700 000; hinzu kamen die Opfer der weiteren Länder.

Es war »wie ein Wunder, dass Dix die Hölle des jahrelangen Grabenkrieges – als Maschinengewehrschütze –« überlebte (Schubert), kein Wunder war es hingegen, dass er »jahrelang, mindestens zehn Jahre lang« Albträume hatte. In seiner Wut und seinem Entsetzen über das, was er gesehen hatte, suchte er die Öffentlichkeit: Schon im Herbst 1916 stellte er in einer Dresdner Galerie elf Zeichnungen aus, im Januar 1918 schrieb er wegen einer Ausstellung an seine Heimatstadt. 1920 malte er seine berühmten Kriegskrüppelbilder, stellte sie in Berlin aus und begann ein »Riesenstillleben des Grauens«, seinen »Schützengraben« (1920–23). Es war damals ebenso Sensation wie Skandal und wurde wegen seiner – wie ein Kritiker schrieb – »grässlich verstümmelten Leichen und Menschenfragmente« nur hinter einem Vorhang ausgestellt. Von den Nationalsozialisten wurde das Bild als »kulturbolschewistisch« angeprangert, seit 1933 als »entartet« ausgestellt, seit Kriegsende ist es verschollen.

Ausgehend von diesem Bild entwickelte Dix 1928 bis 1932, in den Jahren der Weltwirtschaftskrise und der immer stärker werdenden nationalsozialistischen Bewegung, in Dresden das Triptychon – nicht nur Höhepunkt seiner Auseinandersetzungen mit seinen Erfahrungen des Weltkriegs, sondern eines der bedeutendsten Kunstwerke des 20. Jahrhunderts (Schubert, Peters). Das Bild erregte ähnliches Aufsehen wie sein »Schützengraben«, wurde vor der Machtergreifung nur einmal ausgestellt (1932), dann von Dix mithilfe des Dresdner Mühlenunternehmers und Kunstsammlers Friedrich Bienert versteckt und so gerettet. Otto Dix lebte seit 1936 in Hemmenhofen am Bodensee, im Februar 1945 wurde er zum Volkssturm eingezogen und kam im Elsass in französische Gefangenschaft, aus der er im Februar 1946 entlassen wurde.

In jenem Jahr war in Dresden die Ausstellung seines Triptychons »das große Ereignis«, ab 1947 wurden die Tafeln in der Moritzburg in Halle gezeigt; bis 1963 aber anstatt der lange verloren geglaubten rechten Tafel mit seinem Gemälde »Grabenkrieg« (1932). 1946 bekundete das Land Sachsen die Absicht, das Werk zu erwerben, DDR-Kunstkritiker interpretierten es als Kapitalismuskritik, während im Westen abstrakte Kunst bevorzugt wurde und Dix hier wegen seiner Themen lange »links liegen gelassen« wurde.

»Im geteilten Deutschland waren [...] das Erbe, die Rezeption und die Wirkungsgeschichte von Dix geteilt« (Schubert). Lange war Dix mit einer Leihgabe an Dresden einverstanden, 1963 begannen Preisverhandlungen, bei denen Dix den Vergleich mit Pablo Picassos berühmtem »Guernica« (1937) nicht scheute. Aber erst 1968/1970 brachte die DDR über lange geheim gehaltene Verkäufe wertvoller Museumsobjekte bei Sotheby's die erforderlichen Devisen auf. Das Werk war bis 1989 im Dresdner Albertinum eine Hauptattraktion. Dabei hatte Dix selbst sich – so in einem Interview 1963/64 – gewünscht, dass es »in einem Bunker unter der Erde aufgehängt [werde]: Als Mahnmal für jedermann, der auf der Straße vorbeigeht.«

Die letzten Überreste des Originalwaggons von 1913, gefunden Jahrzehnte nach dem Zweiten Weltkrieg in Ohrdruf/Thüringen.

65

Der Waffenstillstandswaggon von Compiègne

Frankreichs Triumph und Deutschlands Rache

Dass der Wagen Nr. 2419 D aus der 1913 von der belgischen Compagnie International des Wagon-Lits (CIWL) an die französische Staatsbahn gelieferten Serie von 21 Salon- bzw. Speisewagen einmal Schauplatz der Weltgeschichte werden würde, war seinerzeit nicht absehbar gewesen. Allerdings hatte die CIWL schon 30 Jahre zuvor mit Luxuswagen u. a. für den berühmten Orient-Express Geschichte geschrieben.

Nr. 2419 D fuhr zunächst planmäßig auf der Strecke zwischen Paris und der Bretagne, war nach der Mobilmachung am 1. August 1914 für einige Monate in Clichy abgestellt und wurde 1916 zur Generalüberholung ins Werk geschickt. Wahrscheinlich ist es ein Zufall, dass das französische Kriegsministerium genau diesen Wagen im Oktober 1918 für den Sonderzug von Marschall Foch anforderte, und zwar umgebaut zum Büro- und Besprechungswagen, mit einem großen Konferenztisch anstelle von Esstischen und einem Raum für Sekretärsarbeiten statt der Küche.

Compiègne, etwa 70 Kilometer nordöstlich von Paris, war seit 1917 Sitz des französischen Hauptquartiers, bis März 1918 auch Sitz des Alliierten Oberkommandos. Ein traditionsreicher Ort, auch weil hier 1430 Jeanne d'Arc gefangen genommen und anschließend den Engländern ausgeliefert wurde. Hierher, auf eine Lichtung sechs Kilometer östlich von Compiègne, wird die deutsche Delegation für den 8. November 1918 unter absoluter Geheimhaltung zur Unterzeichnung des Waffenstillstands beordert; dieser Ort wird – auch wenn die Lichtung nicht zum Gemeindegebiet gehört – in der französischen Geschichtsschreibung nach dem nur drei Kilometer entfernten Dorf »Armistice de Rethondes« benannt werden.

Die deutsche Oberste Heeresleitung hatte zwar vier Jahre lang eine quasi diktatorische Verfügungsgewalt ausgeübt, nun aber entzog sie sich der Verantwortung und überließ einer Delegation unter Führung des Zentrumspolitikers und Staatssekretärs Matthias Erzberger die Waffenstillstandsverhandlungen. Aber die Franzosen waren nicht zu Verhandlungen bereit, sie wollten lediglich erst die *Bitte* der Deutschen um Waffenstillstand hören und dann die Bedingungen dafür mitteilen. Die Stimmung war kalt und streng, deutsche Truppen standen zwar noch auf französischem Boden, aber die Truppen der Alliierten waren auf dem Vormarsch, und in Deutschland rumorte es in diesen Tagen gewaltig: Die Matrosen riefen die Revolution aus, das Ende der Monarchie war abzusehen, der Kaiser stand vor der Flucht in die Niederlande. Allerdings hatte die deutsche Delegation nur sehr begrenzte Informationen über diese dramatischen Entwicklungen zu Hause. Für sie gab es praktisch keinen Verhandlungsspielraum, am 11. November um fünf Uhr morgens wurde unterzeichnet, sechs Stunden später, ab elf Uhr, schwiegen die Waffen.

Marschall Foch benutzte den Wagen noch einige Male, u. a. im April 1919 in Spa bei Verhandlungen über die Umsetzung des Waffenstillstandsvertrags. Im September wurde Nr. 2419 D von der CIWL zum Speisewagen zurückgebaut und fuhr wieder im normalen Fahrplan, wurde aber auch bei besonderen Anlässen wie einer Reise des französischen Staatspräsidenten Alexandre Millerand zu den Schlachtfeldern von Verdun eingesetzt. »La Voiture de l'Armistice« hatte es inzwischen zu einiger Berühmtheit gebracht, und Millerand erbat ihn zur Ausstellung im Armeemuseum in Paris (Hotel des Invalides). Seine vermeintlich letzte Fahrt machte der Wagen im Dezember 1920 im Sonderzug Alexandre Millerands, der sich mit Zeitzeugen – darunter Poincaré, Maginot, die Marschälle Foch und Joffre sowie der amerikanische Botschafter – an den historischen Tisch der Unterzeichnung setzte.

Mit der Ankunft morgens um halb vier vor dem Armeemuseum begann seine verunglückte Karriere als Museumsstück: In den Ehrenhof, wo er – umgeben von Kanonen und Mörsern – ausgestellt werden sollte, gelangte er erst nach einer unvorhergesehenen, brachialen Torerweiterung, und nach nur vier Jahren zeigte das viel bestaunte Exponat schon so alarmierende Witterungsschäden, dass sogar die internationale Presse dies 1924 als Skandal thematisierte und die Missachtung dieses historischen Objekts heftig kritisierte. 1927 fand sich schließlich ein amerikanischer Geldgeber für die Werkstattüberholung, aus der »2419 D« nicht mehr in das Armeemuseum zurückkehrte, sondern nach Compiègne, wo am dritten Jahrestag, 1922, der historische Ort als Erinnerungsstätte eröffnet wurde. Im November 1927 wurde hier feierlich vor internationalen Ehrengästen sowie Zeitzeugen ein eigens konzipiertes Museumsgebäude eröffnet, auch mit einem eigenen Tor für den Wagen. Dieser Erinnerungsort wurde zum Symbol der deutsche Niederlage im »Grande Guerre«; dessen Dauer die Franzosen übrigens meist mit fünf Jahren definieren, während die Deutschen von vier Jahren sprechen – nachvollziehbar, da der Krieg vor allem auf französischem Territorium stattfand.

Die von der Obersten Heeresleitung, namentlich Ludendorff und Hindenburg, wider besseres Wissen verbreitete Dolchstoßlegende, die Revolution sei der unbesiegten, tief in Feindesland stehenden Armee in den Rücken gefallen, war nur ein Aspekt, der die Weimarer Republik von Anfang an belastete. Diese Legende lieferte dem Nationalsozialismus wesentliche Argumente und begünstigte Hitlers Aufstieg mitentscheidend. Matthias Erzberger wurde als »Erfüllungspolitiker« geschmäht und fiel im August 1921 einem Attentat Rechtsradikaler zum Opfer.

Nach 13 Jahren kam die Stunde der »Vergeltung« für Hitlerdeutschland. Nach dem am 10. Mai 1940 begonnenen Westfeldzug war Paris schon am 14. Juni besetzt, der sogenannte Blitzkrieg hatte nur sechs Wochen und drei Tage gedauert. Diesen Triumph wollte der damals von Generalfeldmarschall Wilhelm Keitel als »größter Feldherr aller Zeiten« bezeichnete »Führer« auch symbolisch krönen und die »Schmach« von 1918 ausradieren. Er ließ die Gebäude in Compiègne sprengen, den Wagen auf Gleise wie 1918 stellen und die Unterzeichnung des Waffenstillstands von vor fast 22 Jahren unter umgekehrten Vorzeichen inszenieren: Hitler erwartete am 22. Juni 1940 mit Göring, Heß, Ribbentrop, Keitel und Admiral Raeder die übernächtigte französische Delegation unter Führung von General Huntziger, der Hitler gegenüber Platz zu nehmen hatte. Die gesamte »Zeremonie« wurde von der *Wochenschau* gefilmt und von Pressefotografen dokumentiert, während es 1918 lediglich ein offizielles Foto gegeben hatte, und zwar nur von Foch und seiner Begleitung. Hitler wollte die Franzosen demütigen. Er blieb auch nur eine dreiviertel Stunde zur Verlesung der ihm besonders wichtigen, sogar von ihm selbst verfassten Präambel des Vertrags, die ausdrücklich die Wahl des Ortes begründete, »um durch diesen Akt einer wiedergutmachenden Gerechtigkeit – einmal für immer – eine Erinnerung zu löschen, die … vom deutschen Volke … als tiefste Schande aller Zeiten empfunden wurde«. Deutschland wollte nicht verhandeln, sondern diktieren, es ging um die »Quittung für Versailles«, um die Kapitulation Frankreichs, wie sie auch von Goebbels' Presse kommuniziert wurde. Der Waffenstillstand wurde am Samstag, dem 22. Juni, kurz vor 19 Uhr unterzeichnet und trat am 25. Juni in Kraft.

Auf Hitlers persönlichen Befehl wurden nach der Unterzeichnung die Gleise beseitigt und der Waggon innerhalb einer Woche mit einem Spezialfahrzeug nach Berlin transportiert, mitsamt dem gesprengten Gedenkstein mit der Inschrift »Hier zerbrach am 11. November 1918 der verbrecherische Stolz des Deutschen Reiches ...«. Durch das Brandenburger Tor in den Lustgarten gebracht, wurde er unter Hakenkreuzfahnen im Sommer 1940, und erneut 1941 und 1942, vor dem Alten Museum ausgestellt und zog viele Tausende Besucher an. Nachdem die Bombenangriffe auf Berlin immer mehr zunahmen, blieb er im Depot und wurde 1944 in der Nähe von Ohrdruf/Thüringen in Sicherheit gebracht. 1945 wurde er jedoch zerstört, wahrscheinlich von der SS. Den Triumph einer Wiedereroberung wollte Nazideutschland niemandem gönnen.

Compiègne wurde im September 1944 von den Amerikanern befreit, im Oktober fand auf dem Platz der berühmten Lichtung bereits eine erste Feier statt. Es begannen u. a. mit deutschen Kriegsgefangenen die Arbeiten zur Wiederherstellung der historischen Stätte, um dort am 11. November 1944 den 26. Jahrestag von 1918 zu begehen. Charles de Gaulle sprach von einem »Dreißigjährigen Krieg« zwischen Deutschland und Frankreich. Im August 1946 wurden die Einzelteile der 112 Granitblöcke der früheren Inschrift aus Berlin zurückgebracht und danach so montiert, dass die Zerstörungen durch Hitlerdeutschland sichtbar blieben. Bis zum 32. Jahrestag, 1950, hatten Gebäude, Lichtung und Park ihr Aussehen aus der Vorkriegszeit zurückbekommen, der alte Salonwagen wurde ersetzt durch einen (fast) baugleichen Speisewagen aus dem Jahr 1914 (Nr. 2439 D), aber immerhin sogar mit der originalen Inneneinrichtung, darunter vor allem der Schreibtisch der Unterzeichnung 1918. Dieses Interieur hatte seinerzeit vor der deutschen Wehrmacht in Sicherheit gebracht werden können und war bis Kriegsende im Schloss von Compiègne versteckt worden.

Jahrzehnte später fanden Schüler in Ohrdruf sogar noch letzte Überreste des Originalwagens, darunter wohl die »4« der Wagennummer und das »N« des Herstellerunternehmens. Sie wurden 1991 der Gedenkstätte in Rethondes zurückgegeben, als Zeichen der Versöhnung zwischen Deutschen und Franzosen, und dort ausgestellt.

Deutschland und Frankreich haben viele Erinnerungsorte und Objekte, die gemeinsame Aspekte der Geschichte veranschaulichen. Vielleicht ist es eine schicksalhafte Fügung, dass der Waggon doppelter Erniedrigung nicht mehr im Original erhalten ist. Im Schatten des Kalten Kriegs haben die ehemaligen Kriegsgegner sich einander angenähert und zu freundschaftlichen Beziehungen gefunden. Diese Entwicklung kulminierte schließlich im Élysée-Vertrag von 1963, einem im bilateralen Verhältnis beider Länder geradezu als revolutionär empfundenen Freundschaftsvertrag. Auf diesem Fundament wurden die beiden Länder – trotz gelegentlicher Meinungsverschiedenheiten – zu »Motoren« der europäischen Entwicklung.

66

Die Leidenschaft eines
Ton- und eines Autografen-
sammlers führte 14 Monate
nach der Rede zu ihrer
»Reprise« auf Schellack
mit Unterschrift.

Die Scheidemann-Schallplatte

Ausrufung der Republik

Alles, was heute an Wichtigem irgendwo auf der Erde stattfindet, wird medial aufgenommen und entweder live oder kurz danach gesendet. Nicht so jedoch vor 100 Jahren. Die Ausrufung der ersten deutschen Republik am 9. November 1918 war zweifellos ein Ereignis, mit dem eine neue Epoche deutscher Geschichte begann. An diesem Tage hielt kurz nach 14 Uhr vom Westbalkon des Berliner Reichstags aus der 53-jährige Philipp Scheidemann eine Rede, deren entscheidende Sätze kurz waren: »Der Kaiser hat abgedankt! […] Die Monarchie ist zusammengebrochen. Es lebe das Neue, es lebe die deutsche Republik!« Ein Foto bezeugt, wie Tausende seine Worte bejubelten. Scheidemann war seit 1903 Mitglied, seit 1913 einer der beiden Vorsitzenden der SPD-Fraktion des Reichstags, seit Bebels Tod 1913 war er der »bekannteste deutsche Sozialdemokrat« (Braun), blieb aber in seiner Bedeutung lange unterschätzt.

Der 9. November war ein dramatischer Tag. Der Krieg war längst verloren, seit Oktober war das Deutsche Reich praktisch eine parlamentarische Monarchie, weil die Regierungsverantwortung an die Zustimmung des Reichstags gebunden war. Die Meuterei der Matrosen hatte von Kiel aus auf viele Städte übergegriffen, am 7. war schon in Bayern die Republik ausgerufen worden. Der seit Ende Oktober bei der Obersten Heeresleitung im belgischen Spa weilende Kaiser zögerte mit seinem – geforderten – Rücktritt, der in Berlin ungeduldig erwartet wurde und wo für diesen Samstag der Generalstreik ausgerufen war. Gegen zehn Uhr gab es erste Tote, ein Offizier hatte in der Chausseestraße in die Menge der Demonstranten gefeuert, anderswo weigerten sich Soldaten, gegen Demonstranten vorzugehen.

Vor diesem Hintergrund teilte um zwölf Uhr Reichskanzler Max von Baden mit, der Kaiser werde zurücktreten, ohne dies zuvor mit Wilhelm II. abgesprochen zu haben. Sofort danach wollte er dem Vorsitzenden der SPD und Reichstagsabgeordneten Friedrich Ebert sein Amt übergeben und Wahlen für eine verfassunggebende Nationalversammlung vorschlagen. Die Nachricht von der Abdankung verbreitete sich wie ein Lauffeuer. Während gegen 13 Uhr das Gefängnis Moabit gestürmt wurde und Hunderte politische Gefangene befreit wurden, sprachen Ebert und Scheidemann mit dem Reichskanzler, der daraufhin sofort zurücktrat und Ebert die Regierungsgeschäfte übergab.

Während Ebert erste Verhandlungen über seine neue Regierung führte, eilte Scheidemann in den Reichstag, Ebert folgte. Der Reichstag war seit dem frühen Morgen von vielen Menschen umlagert, Scheidemann wurde von vielen gedrängt, zur Menge zu sprechen, er war ein guter Redner, auch populärer als Ebert, entschloss sich jedoch nur zögernd. Ihm war klar, wie er in seinen Erinnerungen schrieb: »Wer jetzt die Massen vom Schloß her ›bolschewistisch‹ oder vom Reichstag zum Schloß hin ›sozialdemokratisch‹ in Bewegung bringt, der hat gesiegt!« Dann hielt er seine kurze Rede und »schier endloser Jubel ertönte« (Scheidemann). Fünf Minuten später erfuhr dies Ebert und »wird vor Zorn dunkelrot im Gesicht«. Er war entsetzt, schlug mit der Faust auf den Tisch und schrie Scheidemann an: »Du hast kein Recht, die Republik auszurufen! Was aus Deutschland wird, ob Republik oder was sonst, entscheidet die Konstituante!«

Scheidemann hatte Karl Liebknecht zuvorkommen wollen, der – wie er erfahren hatte – um 16 Uhr in Anlehnung an das sowjetische Rätemodell die »freie sozialistische Republik« ausrufen wollte. So geschah es, erst vor dem Schloss von einem Lastwagen und anschließend vom Balkon aus. Während am Abend in Berlin Beratungen über die Regierungsbildung begannen, die dann zur Bildung der Provisorischen Regierung der Volksbeauftragten aus je drei Vertretern von SPD und USPD führten, flüchtete Wilhelm II. von Spa nach Holland; bis zu seinem Tode 1941 träumte er jedoch von einer Rückkehr auf den deutschen Kaiserthron.

Erst mehr als ein Jahr später wurde die historische Rede Scheidemanns aufgezeichnet und auf Schallplatte gepresst. Sie ist kurz und knapp, ihr Wortlaut weicht nur marginal ab von dem 1928 in Scheidemanns Memoiren veröffentlichten Text. Ein Redemanuskript ist nicht überliefert, und sie wurde auch nicht offiziell mitstenografiert. Die Schallplattenaufnahme ist Wilhelm Doegen (1877–1967) zu verdanken. Er baute neben seinem Lehrberuf seit 1905 das erste Lautarchiv für Stimmen in Deutschland auf. 1909 erfand er einen Laut- bzw. Sprechapparat und entwickelte auch Unterrichtshefte zum autodidaktischen Erlernen von Fremdsprachen; seine Lautplatten wurden 1912 bereits in etwa 1000 Schulen und an einigen Universitäten verwendet. 1910 erhielt er auf der Weltausstellung in Brüssel für seine Einführung der Schallplatte in Lehre und Forschung eine silberne Medaille.

Technische Voraussetzung für diese Aufnahmen waren zwei Arten von Geräten: zum einen der von Thomas Alva Edison im Jahr 1877 erfundene Phonograph zur akustisch-mechanischen Aufnahme und Wiedergabe. Zum anderen das von dem in Hannover geborenen, 1870 im Alter von 18 Jahren in die USA ausgewanderten Emil Berliner zehn Jahre später entwickelte und 1888 erstmals in Philadelphia vorgestellte Grammofon, ein »Lauf-Schreib-Gerät« mit einer von ihm so genannten »Schallplatte«, seit 1896 aus Schellack. Der Phonograph speicherte den Schall auf Walzen, war unabhängig von Elektrizität, leicht zu bedienen, einfach zu transportieren und lange für die Feldforschung unentbehrlich. Die Grammofontechnik war etwas kostspieliger und ermöglichte eine bessere Klangqualität; zudem ließen sich die Schallplatten viel einfacher als Walzenzylinder vervielfältigen. 1898 gründete Berliner in Hannover die »Deutsche Grammophon-Gesellschaft«, 1906 wurden hier bereits 36 000 Platten täglich gepresst, seit 1903 gab es auch eine Produktion in Berlin; Berliners Firmen waren bis zum Ersten Weltkrieg Weltmarktführer.

Die Chancen und Möglichkeiten der Aufzeichnung von Tönen – Sprache, Musik, Geräusche etc. – wurden von der Wissenschaft unmittelbar erkannt. In den USA wurden bereits 1890 Phonographaufnahmen mit Indianern gemacht, in Europa ab 1892 von ungarischen Volksliedern; das Gerät wurde 1889 Wilhelm II. vorgestellt, dessen siebenjähriger Sohn in den Aufnahmetrichter sang, und Bismarck, der hineinsprach; der Kaiser sprach erstmals 1904 von ihm selbst ausgesuchte Zeilen von Ludwig Ganghofer auf einen Phonographen. 1899 wurde in Wien ein erstes Phonogrammarchiv gegründet, in Deutschland begann Carl Stumpf 1900 im Rahmen seines Berliner Universitätsinstituts für Psychologie mit ersten phonographischen Aufnahmen. Sein Interesse galt vor allem exotischer Musik aus aller Welt, auch in den deutschen Kolonien; seine Sammlung war der Ursprung des Phonogrammarchivs, das schon früh mit dem Museum für Völkerkunde in Dahlem zusammenarbeitete und ihm 1933 angegliedert wurde.

Wilhelm Doegens Traum eines »Stimmen-Museums der Völker« schien seine Chance im Ersten Weltkrieg zu bekommen. Seine Initiative zur Errichtung eines umfassenden Archivs mit Musik, Gesang und Stimmen aller Völker, sämtlichen deutschen Mundarten und den Stimmen großer Persönlichkeiten führte zur Einrichtung einer Phonographischen Kommission, in der Stumpf die musikalischen und Doegen die Stimmeninteressen pflegte. Während des Kriegs wurden in allen deutschen Kriegsgefangenenlagern Lautaufnahmen, Dokumentationen und Fotos gemacht. Diese Studien durften in dieser Zeit allerdings nicht öffentlich erwähnt werden; die entsprechenden Aufnahmen aus dem Zweiten Weltkrieg sind verloren. Doegen fand in dem Chemiker Ludwig Darmstaedter einen Förderer. Dieser besaß bereits eine umfassende Autografensammlung (von ihm der Königlichen Bibliothek/Preußischen Staatsbliothek Berlin übergeben), die er in Zusammenarbeit mit Doegen um Stimmen ergänzen wollte. Darunter befanden sich die Stimmen vieler bekannter Persönlichkeiten: Paul von Hindenburgs »Dank an die Truppen nach dem Sieg von Tannenberg« ebenso wie die Rede von Kaiser Wilhelm II. »An das deutsche Volk«, die am 10. Januar 1918 wohl als erste aufgenommen wurde, dreieinhalb Jahre nach der historischen Situation des Kriegsausbruchs; häufig wird sie in Dokumentarfilmen eingeblendet, fast »nie jedoch wird erwähnt, dass die Originalstimme des Kaisers nicht am Originalschauplatz und nicht zur Originalzeit aufgenommen wurde« (Lange).

Nicht nur Scheidemanns Rede wurde aus dokumentarischen Gründen aufgenommen, auch die Dankesrede von Friedrich Ebert in der Nationalversammlung zu Weimar, nach seiner Vereidigung als Reichspräsident am 21. Mai 1919; sie wurde drei Monate danach aufgezeichnet. Inzwischen hatten am 19. Januar 1919 Wahlen zur Nationalversammlung stattgefunden; diese war am 11. Februar in Weimar zusammengetreten und hatte eine Verfassung erarbeitet und verabschiedet. Ebert war (am 13. Februar) – gegen Scheidemann – zum vorläufigen Reichspräsidenten gewählt worden, Scheidemann dann von Ebert mit der Regierungsbildung beauftragt und Reichsministerpräsident geworden, aber am 20. Juni zurückgetreten, weil er die Unterzeichnung des Versailler Vertrags ablehnte. Scheidemann wusste zwar keine Alternative zur Vertragsunterzeichnung, aber sein Satz »Welche Hand müsste nicht verdorren, die sich und uns diese Fessel legt?« (12. Mai 1919) ist unvergessen.

Als Doegen am 9. Januar 1920 die Tonaufnahme mit Scheidemann machte, war dieser seit wenigen Wochen Oberbürgermeister seiner Heimatstadt Kassel, Reichstagsabgeordneter blieb er bis zu seiner Flucht ins Exil 1933. Der Versailler Vertrag war in Kraft getreten, und die Kriegsgefangenen kehrten zurück, aber die Weimarer Republik blieb weiter äußerst unruhig. In Berlin bahnte sich beispielsweise ein Konflikt an über die Verabschiedung des Betriebsrätegesetzes, der vier Tage nach der Tonaufnahme (13. Januar 1920) zur blutigsten Demonstration in der deutschen Geschichte führte; es gab vor dem Reichstag mehr als 40 Tote.

Doegen presste seine Schellackplatten wahrscheinlich in Zusammenarbeit mit den Berliner Odeon-Werken. Die beiden Platten der Scheidemann-Aufnahme befinden sich heute im Deutschen Historischen Museum, sind einseitig »bespielt«, haben einen Durchmesser von 30 Zentimeter und enthalten zusammen die ganze Rede; in der Plattenmitte sind sie jeweils mit dem Autograf »Ph. Scheidemann« versehen, daneben »WilhDoegen« und der »9.I.20« als Datum der Aufnahme, ferner Inventarnummern.

Die Odyssee der beiden weltweit einzigartigen, Anfang der 1990er-Jahre wiederentdeckten Sammlungen, Laut- und Phonogrammarchiv, würde glücklich enden, wenn sie – wie derzeit geplant – nach dessen Fertigstellung im Berliner Humboldt-Forum auf dem neu bebauten Schlossplatz ausgestellt würden.

Der 9. November 1918 mündete zwar in eine Republik, die jedoch nur von kurzer Dauer war und letztlich scheiterte, weil sie in eine Diktatur überging. Aber dass dieser Tag ein »Mauerblümchendasein« (Gallus) fristet, ist nicht berechtigt, denn immerhin war die erste deutsche Demokratie das Resultat der Novemberrevolution. Allerdings gilt der 9. November aus mehreren Gründen als Schicksalstag der Deutschen. Denn an diesem meist tristem Herbsttag wurde 1848 in Wien Robert Blum erschossen, ein Symbol für das Scheitern der Märzrevolution; am 9. November 1918 wurde in Berlin die Republik ausgerufen; am 9. November 1923 scheiterte der Hitler-Ludendorff-Putsch in München; am 9. November 1938 gab Hitler das Signal zur Reichsprogromnacht, in der und am folgenden 10. November etwa 400 Juden ermordet oder in den Tod getrieben und etwa 30 000 in Konzentrationslager gebracht wurden; und am 9. November wurde die Wiedervereinigung des geteilten Deutschlands eingeleitet mit dem Fall der Mauer in Berlin 1989. Schicksalstage sind nicht immer als nationale Feiertage geeignet.

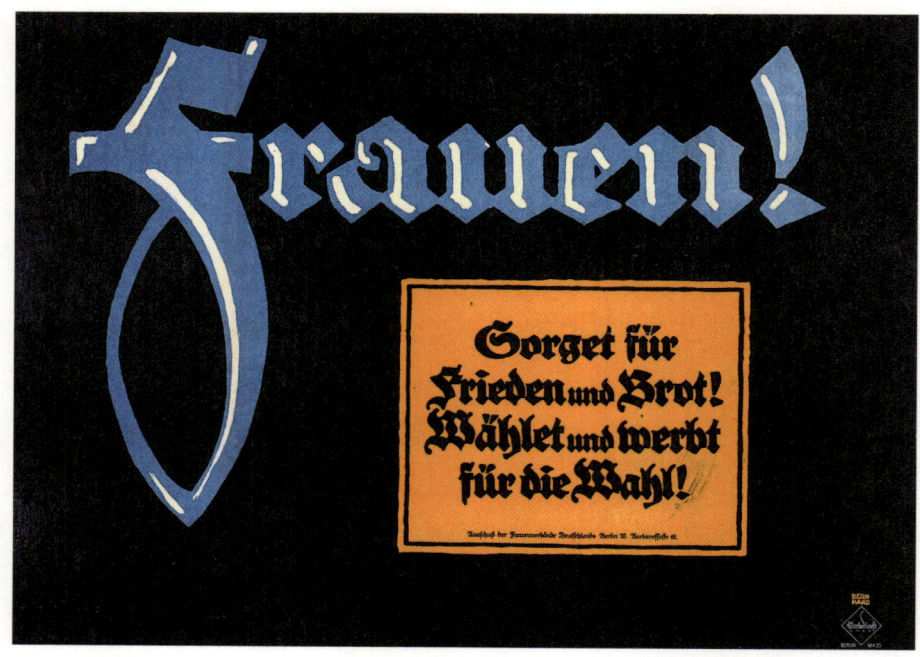

67

Dieses Motiv übezeugte nicht nur die Fachkritik; die 1919 erstmals wahlberechtigten Frauen beteiligten sich an der Wahl viel stärker als erwartet.

»Frauen! – für die Wahl«

Gleichberechtigung und Emanzipation

Mit diesem und vielen anderen Plakaten wurde in den Wochen vor der Wahl zur Nationalversammlung am 19. Januar 1919 in ganz Deutschland geworben, war es doch die erste Wahl, bei der Frauen wahlberechtigt waren. Der »Ausschuss der Frauenverbände« in Berlin wird als Auftraggeber genannt, eine Organisation von Vertreterinnen sämtlicher Parteien mit dem Ziel, Frauen zum Wahlgang zu motivieren. Die von dem renommierten Plakatkünstler und späteren Professor für Reklamekunst, Lucian Bernhard, geleitete Werbedienst GmbH hatte das Plakat gestaltet; das Unternehmen hatte sich schon vor dem Krieg auf kommerzielle Reklame spezialisiert. Statt Bildmotiven wurden damals häufig heute nüchtern wirkende rein grafische Varianten gewählt, nicht selten große, gotische Schriftzeichen. Ihre Wirkung blieb noch lange unbestritten, wie der Kommentar einer Journalistin in der auch international renommierten, von dem bekannten Plakatsammler Hans Sachs herausgegebenen Kunstzeitschrift *Das Plakat* im Februar 1919 zeigt. Kurz nach der Wahl hebt sie in einer Betrachtung der Rolle der »Frau in der politischen Propaganda« hervor, dass »kein Bildplakat [...] über die Linie des mäßigen Kitsches« hinausreiche. Sie nennt ausdrücklich dieses Wahlplakat von Lucian Bernhard »das beste [...], das je geschaffen wurde«, und ist überzeugt, jeder Leser habe es »sicher noch im Gedächtnis«. Ihre Beschreibung klingt geradezu bewundernd: »Es trug auf sammtschwarzem Grund in edler leuchtblauer Fraktur das weithin sichtbare Wort ›Frauen‹, indes in einem orangenfarbenen Kasten der Rhythmus des Hexameters ausklang ›Sorget für Frieden und Brot! Wählet und werbt für die Wahl!‹« Neben diesem »starken, einprägsamen Bernhard-Plakat« seien andere, insbesondere »bildhafte« Plakate einfach »unwirksam«.

Die Wahlbeteiligung war so hoch wie nie mehr in der Weimarer Republik: Von den 17,7 Millionen wahlberechtigten Frauen gaben 82,3 Prozent ihre Stimme ab, sie wählten überwiegend konservative Parteien (Canning); von den 15 Millionen Männern wählten 82,4 Prozent. Als die

Verfassungsgebende Versammlung am 6. Februar 1919 in Weimar eröffnet wurde, waren darin insgesamt 37 Frauen vertreten, die meisten, nämlich 19, für die SPD, die mit 11,5 Prozent die höchste Frauenquote hatte, gefolgt vom Zentrum (6) und der Deutschen Demokratischen Partei (5) sowie der USPD (3). Insgesamt war der Frauenanteil mit 8,7 Prozent so hoch wie übrigens erst wieder 1953 (8,8 Prozent), 1957 (9,2 Prozent) und 1983 (9,8 Prozent), um danach dauerhaft zu klettern bis auf 36,1 Prozent (Stand 12/2014).

Erstmals sprach am 19. Februar 1919 eine weibliche Abgeordnete im Hohen Haus, und die Reaktion auf ihre ersten Worte zeigte bereits, dass man sich dort noch an die neue Situation gewöhnen musste; der Präsident musste zur Glocke greifen, um ihr die notwendige Aufmerksamkeit zu verschaffen. Die SPD-Abgeordnete Maria Juchacz, eine gelernte Näherin, sagte: »Meine Herren und Damen! *(Heiterkeit.)* Es ist das erstemal, daß in Deutschland die Frau als Freie und Gleiche im Parlament zum Volke sprechen darf, und ich möchte hier feststellen, […], daß es die Revolution gewesen ist, die auch in Deutschland die alten Vorurteile überwunden hat […], daß wir deutschen Frauen dieser Regierung nicht etwa in dem althergebrachten Sinne Dank schuldig sind. Was diese Regierung getan hat, das war eine Selbstverständlichkeit: sie hat den Frauen gegeben, was ihnen bis dahin zu Unrecht vorenthalten worden ist. […] Durch die politische Gleichstellung ist nun meinem Geschlecht die Möglichkeit gegeben zur vollen Entfaltung seiner Kräfte. […] Ich möchte hier sagen, daß die Frauenfrage, so wie sie jetzt in Deutschland, in ihrem alten Sinne nicht mehr besteht, daß sie gelöst ist.«

Die »Frauenfrage« wurde damals offenbar vor allem als Partizipation an politischen Entscheidungen verstanden. Die sehr hohe Wahlbeteiligung der Frauen wurde als »sehr merkwürdig« (Mataré) kommentiert, erregte viel Aufmerksamkeit und war »nicht nur eine brennende Frage des Wahlstatistikers, sondern weit mehr des Politikers« (Badisches Statistisches Landesamt, 1922). Darum wurde nach der Reichstagswahl 1920 wohl in einigen Ländern erwogen, verschiedenartige Wahlumschläge für Männer und Frauen einzuführen, um das Wahlverhalten nach Geschlechtern »einwandfrei« festzustellen. Bei der Landtagswahl in Baden im Oktober 1921 wurden jedenfalls die Wahlscheine auch getrennt nach Männern und Frauen ausgezählt, und es wurde mit Überraschung zur Kenntnis genommen, dass nicht nur die Wahlbeteiligung überhaupt, sondern vor allem die der Frauen gegenüber der Nationalversammlung so stark abgenommen hatte, dass von einer »Wahlflauheit« gesprochen werden konnte. Zu den vom Statistischen Landesamt angeregten andersfarbigen Stimmzetteln für Frauen kam es wohl doch nicht – sonst hätte die Gleichberechtigung mit einer Panne begonnen.

Die Forderung nach vollen Bürgerrechten für Frauen hatte in der Französischen Revolution, die Geschichte der deutschen Frauenbewegung um 1848 begonnen. Den ersten sogenannten Allgemeinen Deutschen Frauenverein hatte Luise Otto-Peters 1865 in Leipzig gegründet, die SPD führte 1891 als erste deutsche Partei das Stimmrecht für Frauen ein, seit 1908 durften Frauen Mitglieder von Parteien werden. So hoch das Interesse der Frauen an der ersten Wahl 1919 war, so rasch sank es wieder, ebenso auch die Anzahl der weiblichen Abgeordneten. Die »Emanzipation mit dem Stimmzettel« war erreicht, das Wahlverhalten wurde schon damals untersucht, war nicht ganz leicht zu ermitteln, aber dass sie wie ihre Männer wählten, scheint »zu keinem Zeitpunkt zutreffend« gewesen zu sein (Hoffmann-Göttig).

Gewiss hatte das Bildungsniveau Einfluss auf das Wahlverhalten. An einem Gymnasium in Berlin durften erstmals 1896 sechs Frauen das Abitur ablegen, 1899 wurde dies in ganz Deutschland möglich, formal gleichgestellt einschließlich des Universitätszugangs wurde die Ausbildung von Mädchen und Jungen erst 1908. Als erste Frau, die mit königlichem Ausnahmeprivileg 1754 in Halle promovieren durfte, gilt Dorothea Erxleben. Seit Ende der 1860er-Jahre wurden einzelne Frauen immer mal wieder als Hörerinnen zugelassen, doch immatrikulieren konnten sie sich erst seit der Jahrhundertwende, beginnend in Baden 1900 und in anderen deutschen Staaten bis 1909. Zugang zu den entsprechenden Berufen erhielten sie erst allmählich: Noch 1921 und 1922 votierten Richter- und Anwaltstage nachdrücklich gegen Juristinnen in ihren Berufen, aber 1922 wurden sie doch gesetzlich gleichgestellt; eine erste Anwältin wurde noch Ende dieses Jahres zugelassen, eine Richterin erst 1927 ernannt. Seit 1920 konnten sich Frauen auch habilitieren, zwei erste Professorinnen gab es 1923. In der Zeit des Nationalsozialismus wurden die Frauenrechte generell eingeschränkt, ihnen wurde das passive Wahlrecht genommen, die Anzahl der Studentinnen auf zehn Prozent der Studierenden beschränkt (nach Kriegsbeginn wurde die Quote aufgegeben), ebenso der Zugang zu bestimmten wissenschaftlichen und technischen Berufen eingeschränkt.

Sprach die Verfassung der Weimarer Republik noch davon, dass

Männer und Frauen »die gleichen staatsbürgerlichen Rechte und Pflichten« haben, so formulierte das Grundgesetz 1949 – vor allem auf Initiative von Elisabeth Selbert, einer der vier »Mütter« des Grundgesetzes – »Männer und Frauen sind gleichberechtigt« (Artikel 3, Absatz 2). Die Gleichberechtigung wurde damit ein verfassungsrechtlich verankertes Grundrecht, aber die Schritte seiner Durchsetzung erinnern an »die Echternacher Springprozession« (Gerhard). Was an Rechtsanpassungen bis 1953 zu leisten gewesen wäre, erfolgte tatsächlich erst 1957 mit dem Gleichberechtigungsgesetz, das 1958 in Kraft trat: Es regelte vor allem familienrechtliche Aspekte, beseitigte das bis dahin geltende Recht des Ehemanns zur letzten Entscheidung in Eheangelegenheiten, ließ es dem Vater aber in Erziehungsfragen, legte die Zugewinngemeinschaft als gesetzlichen Güterstand fest, erlaubte Frauen bei Heirat, ihren Geburtsnamen dem Familiennamen hinzuzufügen; Männer durften einen Arbeitsvertrag ihrer Frau nicht mehr kündigen, und Frauen durften erstmals auch ohne Zustimmung des Ehemanns ein eigenes Konto eröffnen und den Führerschein machen.

Erst 1977 wurde mit der Reform des Eherechts erfüllt, was das Grundgesetz versprochen hatte; die in diesem Jahrzehnt aufkommende neue Frauenbewegung forderte »Schluss mit der Bevormundung der Frau! Gleichstellung mit den Männern« und machte bis dahin als privat verstandene Themen öffentlich, so auch den Schwangerschaftsabbruch. Wichtige weitere Schritte folgten, auch wenn Deutschland erneut hinterherhinkte im Vergleich zu der vor allem seit den 1980er-Jahren in Skandinavien praktizierten Gleichstellungspolitik einschließlich der Schaffung entsprechender Infrastrukturen. Ein »Allgemeines Gleichbehandlungsgesetz« wurde erst 2006 auf europäischen Druck verabschiedet, nachdem der Entwurf eines Antidiskriminierungsgesetzes 20 Jahre zuvor im Bundestag gescheitert war. Im Zuge der Wiedervereinigung wurde der Gleichberechtigungsartikel neu formuliert, denn nun hat der Staat aktiv »die tatsächliche Durchsetzung der Gleichberechtigung« zu fördern und »auf die Beseitigung bestehender Nachteile« hinzuwirken.

Was mit Schritten politischer und rechtlicher Gleichstellung begann, auf wirtschaftlichem, gesellschaftlichem und mentalitätskulturellem Gebiet fortgesetzt wurde, ist heute längst mitten in der Gesellschaft angekommen: In einer Allensbacher Repräsentativbefragung (2014) zählten 76 Prozent der Frauen und 62 Prozent der Männer die Gleichberechtigung zu den zehn wichtigsten Grundrechten; nur Menschenwürde (86

Prozent) und Meinungsfreiheit (77 Prozent) wurden noch höher eingeschätzt (*FAZ.NET* 21. 5. 2014).

Trotz »erheblicher Fortschritte« in den letzten Jahren werden weiterhin Mängel konstatiert, vor allem bezüglich eines gemeinsamen Leitbildes und einer »konsistente[n] Gleichstellungspolitik über den Lebensverlauf«. Es besteht kein Zweifel, dass rechtliche und institutionelle Maßnahmen allein nicht die erstrebten Ziele erreichen können. Am wichtigsten ist – wie die Sachverständigenkommission der Bundesregierung in ihrem Gleichstellungsbericht festgestellt hat – das »Umdenken« vor allem in der Arbeitswelt, und sie fügt sogar hinzu, die Kosten der »gegenwärtigen Nicht-Gleichstellung« würden die einer »zukunftsweisenden Gleichstellungspolitik« schnell »bei Weitem« übersteigen.

Tatsächlich hat Deutschland nämlich auch im europäischen Vergleich einige auffallende Defizite, wie das Statistische Bundesamt nachgewiesen hat: Im Jahrzehnt bis 2012 stieg zwar der Anteil von Studienabsolventinnen erneut und jener der Professorinnen sogar um neun Prozentpunkte – er liegt zwischen maximal 35 in den Sprach- und Kultur- und zehn Prozent in den Ingenieurwissenschaften. Aber in Führungspositionen finden sich Frauen hierzulande seltener als in den meisten anderen europäischen Ländern, nämlich fünf Prozentpunkte unter dem europäischen Durchschnitt. Auch bei den Verdiensten liegen Frauen bei vergleichbaren Merkmalen immer noch um sieben Prozent unter den Männern, und im europäischen Vergleich liegt Deutschland »am unteren Ende der Skala« (Statistisches Bundesamt).

Optimistisch stimmt allerdings, dass Mädchen zunehmend häufiger eine höhere Qualifizierung anstreben: 28 Prozent der Mädchen machen Abitur gegenüber nur 22 Prozent der Jungen, und im Jahrzehnt bis 2012 nahm die Zahl der Mädchen mit allgemeiner Hochschulreife um elf Prozent zu. Aber solange zwar jeder zweite Allensbach-befragte Vater antwortet, er würde sich gern die Kindererziehung gleichmäßig mit seiner Partnerin teilen wollen, aber nur jeder fünfte es auch tatsächlich macht, und solange jeder zweite Vater die Gleichberechtigung für »weitgehend verwirklicht« hält, hingegen nur jede vierte Mutter dieser Meinung ist – so lange klaffen Wunsch und Wirklichkeit weit auseinander.

Der Abdruck der Umschlagvorderseite der Erstausgabe von *Mein Kampf* (1925) ist nur mit Sondererlaubnis und zur kritischen Auseinandersetzung gestattet.

Hitlers *Mein Kampf*

Der Nationalsozialismus als Weltanschauung und Ideologie

Kein anderes Buch, das in so kurzer Zeit verfasst wurde, von einem wenig gebildeten Autor, das noch dazu im Gefängnis geschrieben wurde, erlangte je eine größere Bedeutung; keins eine schrecklichere Wirkung, höhere Auflagenzahlen und breitere Bekanntheit. Keines war auch mit mehr Legenden und Mythen verknüpft, länger umstritten und seit 1945 für 70 Jahre in Deutschland verboten. Sein Erscheinen war ursprünglich unter dem sibyllinischen Titel »4 ½ Jahre Kampf gegen Lüge, Dummheit und Feigheit. Eine Abrechnung« für den Juli 1924 angekündigt. Es erschien ein Jahr später, am 18. Juli 1925, in einer Auflage von 10 000 Exemplaren unter dem Titel *Mein Kampf. Eine Abrechnung.*

Es war in Leinen gebunden und relativ teuer. »Zwölf Mark kost' des Büachl!? A bißl teier, Herr Nachber«, lautete entsprechend der Untertitel einer kritischen Zeichnung im *Simplicissimus*, auf der Hitler sein Buch im Bierkeller anbietet. Schon der Schutzumschlag wirkte billig, er zeigte eine riesige, wehende Hakenkreuzfahne, darunter züngelnde Schlangen. Hitler und der NSDAP-eigene Eher-Verlag rechneten vor allem mit Käufern und Lesern aus der Partei sowie deren Sympathisanten. Weil das Buch seit einem Jahr als Biografie angekündigt war, gab es wohl auch schon Vorbestellungen. Obwohl kaum beworben, wurde noch 1925 fast die ganze Erstauflage verkauft und Anfang Dezember die zweite Auflage mit vermutlich erneut 10 000 Exemplaren und dem vordatierten Erscheinungsjahr 1926 auf den Markt gebracht. Deren Ausstattung war noch bescheidener, nur kartoniert, der Schutzumschlag nun schlicht, auch Ratenzahlung war möglich. Seit dem November wurde das Buch nun stärker beworben, auch als das »für jeden Nationalsozialisten […] schönste Weihnachtsgeschenk«. Noch vor der Zweitauflage erschien auch schon eine mit 200 Reichsmark sehr teure, nummerierte »Liebhaberausgabe« in rotem Leder und auf Pergament.

Im Dezember 1926 kam vordatiert auf 1927 der zweite Band heraus, erneut in der Auflage von 10 000 Exemplaren und für zwölf Reichsmark.

Der Schutzumschlag war der zweiten Auflage angepasst, aber es gab auch von diesem Band eine Liebhaberausgabe in rotem Leder für 100 Reichsmark. Der Verlag warb intensiv, weil die Nachfrage nach dem ersten Band nachgelassen hatte: Trotzdem war der Verkauf in den Jahren 1927 und 1928 mit rund 5600 und 3000 Exemplaren eher gering, wobei der erste Band sich deutlich besser verkaufte als der zweite.

Ab dem Frühjahr 1930 stiegen die Verkaufszahlen dann so stark an, dass der Verlag im Mai eine 800-seitige Volksausgabe beider Bände herausbrachte: in einfacherer Ausstattung, kleinerem Format und einem Schutzumschlag mit einer Bildcollage von zwei Massenszenen und Hitler. Mit acht Reichsmark war diese zwar relativ teuer, sie wurde jedoch die Standardausgabe. Zusätzlich steigerte der Wahlerfolg der NSDAP im September dieses Jahres den Verkauf. Die Partei konnte ihr Ergebnis von 1928 von 2,6 Prozent auf nun 18,3 Prozent versiebenfachen. Zwei Jahre später wurde der Verkaufserfolg des Buchs auf über 90 000 Exemplare gesteigert. 1932 erschien dann die bis dahin billigste Ausgabe, zweibändig, kartoniert für 5,70 Reichsmark. Der erste Band allein erreichte 1933 mehr als 30 Auflagen. Waren bis zur »Machtergreifung« insgesamt etwa 241 000 Exemplare verkauft worden, so explodierte die Auflage danach. Allein 1933 wurden rund eine Million Exemplare verkauft, ab 1936 kamen die verschiedensten Geschenkauflagen für Eheschließungen, Schulabschlüsse, Parteiaufnahmen etc. hinzu; seit 1940 die sogenannte Feldausgabe im Dünndruck mit 850 000 Exemplaren. Die letzten Auflagen wurden wohl im Herbst 1944 gedruckt; insgesamt wird die Gesamtzahl gedruckter Exemplare auf 12,45 Millionen geschätzt. Dabei gab es auch noch eine fast unübersehbare Zahl von Sonder-, Pracht-, Jubiläums- und sonstigen Ausgaben bis hin zu solchen in Kurz- und Blindenschrift und 18 Übersetzungen bis 1945. Das Buch war als »Bibel« und »Katechismus« des Nationalsozialismus seit 1933 ein Bestseller, es machte den Verlag reich und Hitler zum Millionär.

Hitler schrieb das Buch im Wesentlichen während seiner knapp neunmonatigen Haft auf der Festung Landsberg, ohne die es nicht entstanden wäre – wie er 1942 bekannte. Landsberg nannte der Realschüler ohne Abschluss später seine »Hochschule auf Staatskosten«, die er der »Dummheit der Regierenden« verdanke. Es war eine »reine Galanterie-Strafe, ein juristisch getünchter Erholungsurlaub«, wie der Journalist Carl von Ossietzky Ende April 1924 schrieb. Die Mitgefangenen hofierten Hitler, der Gefängnisdirektor und die Wärter sympathisierten mit ihm. Als Geschenke seiner Anhängerin und Förderin Helene Bechstein, die ihn häufig im Gefängnis besuchte, erhielt er Schreibpapier – das bessere mit Hakenkreuzemblem – und eine neue Remington-Portable-Reiseschreibmaschine. Auf der tippte er mit zwei Fingern.

Der erste Band von *Mein Kampf* enthält Hitlers stark stilisierte Biografie sowie die Frühgeschichte der NSDAP und ihrer Vorläuferorganisation, der Deutschen Arbeiterpartei (DAP). Den zweiten Band diktierte Hitler seiner Sekretärin größtenteils im Herbst 1926 auf dem Obersalzberg. Er enthält seine politische Programmatik und eine ideologische Fundierung des Nationalsozialismus: »Arier« seien zu Herrenmenschen bestimmt, nur der Starke habe ein Recht auf Leben, Deutschland müsse sich neuen Lebensraum im Osten erobern, und die Juden seien an allem schuld – bis hin zur Syphilis.

Als Hitler am 20. Dezember 1924 die Festung Landsberg verließ, hatte er große Teile des Manuskripts des ersten Bandes abgeschlossen, sein Fahrer Emil Maurice will sie versteckt im Holzgehäuse eines Grammofons nach draußen geschmuggelt haben. Das Schicksal des Originalmanuskripts ist bis heute ungeklärt, vielleicht schenkte Hitler es Helene Bechstein. Hitler war stolz auf sein Buch, vor Landsberg hatte er sich als »Trommler« der Bewegung gesehen, nun war er ihr Märtyrer und Held. Er wusste: »Ich bin jetzt kein Unbekannter mehr.«

Es ist gewiss, dass viele Deutsche bei Kriegsende ihre Exemplare vernichteten, um bei den Alliierten nicht in den Verdacht der Nähe zur NSDAP zu geraten. Lange galt das Buch als eines der zwar meistverbreiteten, aber doch »ungelesenen« Bücher; dabei wurde es von den Deutschen mehr ausgeliehen und gelesen, als sie nach dem Krieg zugaben. Die Urteile waren unterschiedlich: Gerhart Hauptmann nannte es um 1933 positiv beeindruckt »Hitlerbibel«, aber allgemein gilt wohl, was Stefan Zweig über seine Kollegen schrieb: »Die wenigen unter den Schriftstellern, die sich wirklich die Mühe genommen hatten, Hitlers Buch zu lesen, spotteten, anstatt sich mit seinem Programm zu befassen, über die Schwülstigkeit seiner papiernen Prosa.«

Der Eher-Verlag wurde im Oktober 1945 als Organisation der NSDAP verboten, der bayerische Freistaat vergab als Rechtsnachfolger die Druck- und Herstellungsräume an den 1946 gegründeten Axel Springer Verlag. Bis in die 1990er-Jahre ließ der Verlag dort die *Bild*-Zeitung drucken. Die Alliierten verboten den Vertrieb von *Mein Kampf* im Oktober 1945 ausdrücklich, und im Mai 1946 ordnete der Alliierte Kontrollrat die Einziehung sämtlicher nationalsozialistischer und militärischer Literatur an. Eine *Wochenschau* von 1945 zeigte öffentlichkeitswirksam, wie ein GI den Bleisatz des Buchs symbolisch in eine Schmelze gab, aus der im Oktober dann angeblich die ersten Druckplatten der *Süddeutschen Zeitung* gegossen wurden.

Freilich gab es Exemplare in Antiquariaten. In Berlin wurden in den 1960er-Jahren etliche beschlagnahmt; auf Auktionen 2005 und 2009 wurden in London von Hitler signierte Exemplare der Erstausgabe für über 20 000 Pfund versteigert.

Doch schon in den 1950er-Jahren hatte der erste Bundespräsident, Theodor Heuss, vorgeschlagen, eine kommentierte Ausgabe des Buchs herauszugeben, weil es kaum ein »besseres Mittel gegen eine Renaissance Hitlerischer Vorstellungen« gebe. Spätestens seitdem wird darüber diskutiert, ob und welchen Schaden das Pamphlet heute in Deutschland anrichten könnte. Im Internet ist es zugänglich, in anderen Ländern frei verkäuflich, ja in manchen Ländern sogar ein Longseller.

Hierzulande ist die Rechtslage kompliziert. Der Besitz alter Exemplare, auch ihr antiquarischer Verkauf, ist nicht verboten, wohl aber jeder Nachdruck bis Ende 2015. Diese können danach aber nach § 130 Strafgesetzbuch als volksverhetzend verfolgt werden, eine wissenschaftliche Edition kann sich allerdings auf die im Grundgesetz garantierte Wissenschaftsfreiheit berufen. Für seine gestisch und der Intonation nach ironisch an Hitler angelehnte Rezitation aus *Mein Kampf* benötigte Helmut Qualtinger 1973 eine Genehmigung. Die Goebbels- und die Rosenberg-Tagebücher liegen in einer kritischen Edition vor, auch von den meisten Hitlerdokumenten aus der Zeit vor 1933 gibt es kritische Editionen. Aber die Frage einer neuen, wissenschaftlich-kritisch edierten Edition von *Mein Kampf* wird weiterhin kontrovers diskutiert.

Mit Blick auf das Ende der Schutzfrist Ende 2015, 70 Jahre nach Hitlers Tod, haben die Justizminister der Länder sich Mitte 2014 darauf verständigt, dass die – unkommentierte – Verbreitung von *Mein Kampf* auch nach 2015 verboten bleibt. Während der Diskussion um die Zukunft des Buchs nach Ablauf der Schutzfrist zeichneten sich zwei unterschiedliche Ansichten ab. Eine Mehrheit der Historikerzunft, auch der Deutsche Historikerverband, plädiert für eine kritische Edition, bei klaren Gegenstimmen, die eine Edition dieses »Phrasengeschwulsts« für Geldverschwendung halten. Auch Vertreter des Zentralrats der Juden in Deutschland sprachen sich für eine derartige Edition aus, während unter anderem der Präsident des Jüdischen Weltkongresses und dessen deutsche Vizepräsidentin eine Edition ablehnten.

Die Edition von *Mein Kampf* unter der Herausgeberschaft des Instituts für Zeitgeschichte in München (Anfang 2016 im Eigenverlag) ist wissenschaftlich dicht kommentiert. Die Geschichte dieser Edition spiegelt die deutsche Unsicherheit im Umgang mit der Vergangenheit: 2009 begannen die vorbereitenden Arbeiten, im April 2012 wurde die Absicht der bayerischen Staatsregierung bekannt, das Projekt mit 500 000 Euro zu fördern. »Das Buch muss entmystifiziert werden«, hatte der bayerische Finanzminister im Mai 2013 erläutert und für die Nutzung aller Vertriebswege plädiert; einschließlich englischer Ausgabe, E-Book und Hörbuch. Gleichzeitig bereitete die Bayerische Landeszentrale für politische Bildung in Zusammenarbeit mit der Bundeszentrale für politische Bildung einen Sammelband zu totalitaristischen Ideologien vor, der kommentierte Auszüge aus *Mein Kampf* enthalten und als Arbeitsmaterial für Lehrer und Unterricht dienen sollte. Aber im Dezember 2013 ließ der bayerische Ministerpräsident Seehofer unter dem Eindruck einer Reise nach Israel – wo das Buch sogar in hebräischer Sprache erhältlich ist – überraschend mitteilen, das Projekt werde beendet; die Fördermittel wurden jedoch nicht zurückgefordert. Die Landeszentrale musste ihr Projekt aufgeben, während die Bundeszentrale weiter daran festhält.

Ein heikles Thema – auch für die Öffentlichkeit. Als ein TV-Team im Frühjahr 2015 in einer Buchhandlung in Köln eine Art Verkaufstest durchführte und eine ganze Palette von *Mein Kampf*-Dummies mit dem Konterfei des »Führers« auslegte, reagierten die Kunden irritiert und machten einen Bogen um das »Angebot«. Die neue kritische Ausgabe des Instituts für Zeitgeschichte sieht natürlich äußerlich ganz anders aus; sie soll »für den Normalhistoriker erschwinglich« sein – so der Institutsdirektor Andreas Wirsching. Dennoch sehen er und seine Mitherausgeber den Verkauf mit gemischten Gefühlen. Sie wünschen sich nicht einmal, dass es ein Verkaufsschlager wird.

69

Die Seiten dieses in einem jüdischen Verlag erschienenen Buchs von H. M. Winkelmann, *Das Lied der Liebe*, waren eingerissen, damit es besser brenne.

Ein Buch, das den Flammen entging

Terror gegen den Geist: Die Bücherverbrennung

Wie gern würden wir die mehr oder weniger beteiligten und deutlich erkennbaren Zuschauer dieser Inszenierung befragen! Wie viele mehr wären es gewesen, wenn es nicht in Strömen geregnet hätte? Wären Einzelne vielleicht zu identifizieren?

Das sorgfältig vorbereitete Feuer des in mindestens sechs Schichten quadratisch errichteten Scheiterhaufens sollte emporlodern, die für die *Wochenschau* herbeigeschafften Jupiterlampen erhellten zusätzlich die Szenerie für überzeugende Propagandabilder, Rednerpult mit Hakenkreuzfahne, Filmkameras, Mikrofone und Lautsprecher waren aufgestellt. Tatsächlich dürfte mancher Akteur sich Jahre später wiedererkannt, sich vielleicht geschämt haben?

Aber wir wissen nur von einem, der ehrlich darüber berichtete, was er voll Entsetzen erlebte: »Eingekeilt zwischen Studenten in SA-Uniform« war Erich Kästner auf dem Bebelplatz vor der Universität in Berlin Zeuge, als seine Name – als fünfter – aufgerufen und seine Bücher in die Flammen geworfen wurden. »Begräbniswetter hing über der Stadt. Der Kopf einer zerschlagenen Büste Mangus [sic] Hirschfelds stak auf einer langen Stange, die, hoch über der stummen Menschenmenge, hin und her schwankte. Es war widerlich.«

Diese zentrale Bücherverbrennung prägt unsere Erinnerung, auch wenn es weder die erste noch die letzte von über 90 im ganzen Reich war. Drei Möbellastwagen voll Bücher, Hakenkreuzfahnen und Transparenten (»Deutsche Studenten marschieren wider undeutschen Geist«) fuhren um 21 Uhr im Fackelzug der Studenten, darunter eine Formation Sportstudenten in Turnkleidung, Studentenverbindungen in Vollwichs, selbstverständlich mit Fahnen, Professoren in Talar, Verbände von SA, SS, Hitlerjugend, zu den Klängen einer Blaskapelle und eskortiert von berittener Polizei, vor den Augen Tausender Schaulustiger vom Hegelplatz zur Oranienburger Straße, von dort durch die Mitteldurchfahrt des Brandenburger Tors und die »Linden« hinunter zum Opernplatz (heute:

Bebelplatz). Dort wurden die Fackeln ins Feuer geworfen, das trotz Regen loderte, weil die Feuerwehr mit Benzin nachgeholfen hatte.

Die Bücherverbrennung begann gegen 23:30 Uhr: Neun studentische Redner traten nacheinander ans Mikrofon und brüllten jeweils einen von neun »Feuersprüchen«, um anschließend die Bücher der von ihnen genannten Autoren in die Flammen zu werfen. Nach dem ersten Ruf »Gegen Klassenkampf und Marxismus« zu Büchern von Karl Marx und Karl Kautsky hörte Kästner seinen Namen bereits vom zweiten Rufer »Gegen Dekadenz und moralischen Verfall«, nach den Namen von Heinrich Mann und Ernst Glaeser, noch vor Sigmund Freud, Georg Bernhard, Erich Maria Remarque, Alfred Kerr, Kurt Tucholsky und Carl von Ossietzky und all den anderen. Er hörte sich auch noch »die schmalzigen Tiraden des kleinen abgefeimten Lügners [Goebbels] an«, die ebenfalls live im Rundfunk übertragen wurden. Darin fielen die Worte »Ungeist«, »Unflat«, »Unrat«, »Untermenschentum«. »Und die Gesichter der braunen Studentengemeindegarde blickten, den Sturmriemen unterm Kinn, unverändert geradeaus, hinüber zu dem Flammenstoß und zu dem psalmodierenden, gestikulierenden Teufelchen.« Danach, gespielt von einer SS-Kapelle, das Lied »Volk ans Gewehr« und – gemeinsam – das »Horst-Wessel-Lied«. Nachdem die Feuerwehr den Scheiterhaufen gelöscht hatte, sammelten übrigens Passanten verkohlte Bücher aus der Asche, einige sollen als »Andenken« verkauft worden sein. Nur zwei aus solchen Verbrennungen gerettete Bücher sind bis heute bekannt beziehungsweise erhalten: *Casanovas Heimfahrt*, eine Novelle von Arthur Schnitzler (1918), die in Kiel der Verbrennung entging, und das von H. M. Winkelmann herausgegebene *Lied der Liebe – in Sage und Dichtung, Briefen und Tagebüchern* (1922). Nicht wegen seines Inhalts, sondern weil es in einem jüdischen Verlag erschienen war, galt Letzteres als »undeutsche« Schrift. Ein SA-Mann warf es einer damals 22-Jährigen von einem der mit Büchern beladenen, zum Scheiterhaufen fahrenden Wagen fast an den Kopf. Es war mit seinen eingerissenen Seiten schon für die Verbrennung »präpariert«. Er rief etwas von »Souvenir«, sie war entsetzt und bewahrte es bis zu ihrem Tode sorgfältig auf.

Dieser schwarze Tag für die Freiheit des Denkens, ein Tag der »geistigen Enthauptung Deutschlands« (Helge Pross), hatte eine Vor- und Nachgeschichte. Zwar galt Goebbels lange als Initiator, doch war es wahrscheinlich die Deutsche Studentenschaft – der seit 1931 nationalsozialistisch dominierte Dachverband der Studenten –, die sich der »Tradition« von Bücherverbrennungen in Deutschland erinnerte. Wenn auch in anderem historischen Kontext, hatten sowohl bei der Verbrennung der Bulle mit der Bannandrohung gegen Martin Luther 1520 in Wittenberg als auch bei der Bücherverbrennung im Rahmen des Wartburgfestes 1817 Studenten eine zentrale Rolle gespielt. Der »Judenboykott« vom 1. April war nun das Vorbild für die Deutsche Studentenschaft, sie wollte die Übergriffe gegen Juden vom Geschäftsleben auch auf Wissenschaft und Kultur übertragen. Bei Planung und Durchführung halfen Staats- und Parteiinstitutionen mit ihrem nationalsozialistischen Netzwerk. Zwar waren Freiheit der Kunst und Abschaffung der Zensur in der Weimarer Reichsverfassung garantiert, doch gab es de facto wiederholt schon vor der »Machtübernahme« Zensur, Verbote und Übergriffe gegen Theater, Kultur und Literatur.

Eine der Parolen der Deutschen Studentenschaft im April 1933 lautete: »Der Staat ist erobert, die Hochschule noch nicht! Die geistige SA rückt ein!« Seit diesem Monat stellten vielerlei sogenannte Indizierungsausschüsse schwarze Listen zusammen, die immer länger wurden. Die Auswahl erfolgte nach antisemitischen, antimarxistischen, antifeministischen, antipazifistischen, antimodernen, demokratie- und republikfeindlichen Zielrichtungen, war aber nicht verbindlich, die örtlichen Veranstalter der Bücherverbrennungen hatten »jegliche Freiheit«, sodass eine genaue Bezifferung der von den Verbrennungen betroffenen Autoren und Bücher unmöglich ist: Bert Brecht, Alfred Döblin, Ernest Hemingway, Theodor Heuss, Alfred Kerr, Egon Erwin Kisch, Rosa Luxemburg, Thomas, Heinrich und Klaus Mann, Carl von Ossietzky, John Dos Passos, Erich Maria Remarque, Ludwig Quidde, Arthur Schnitzler, Anna Seghers, Otto Suhr, Franz Werfel, Arnold und Stefan Zweig, um nur einige zu nennen.

Der größte Teil der verbrannten Bücher stammte aus den öffentlichen Stadt- und Volksbibliotheken, privaten Leihbüchereien und Buchhandlungen. Vor allem die beiden Letztgenannten wurden von studentischen »Stoßtrupps« in SA-Uniform heimgesucht, in einzelnen Städten sogar von der Polizei begleitet. In Berlin waren seit dem 6. Mai mindestens fünf solcher Trupps mit Lastauto unterwegs. Staats- und Universitätsbibliotheken blieben bis auf wenige Ausnahmen verschont, die Bibliothek des Berliner Instituts für Sexualwissenschaft, einer von Magnus Hirschfeld gegründeten Privateinrichtung, mit über 10 000 Bänden wurde fast vollständig vernichtet.

Die Nachgeschichte: Die internationale Presse berichtete über die Bücherverbrennung – zwar mit viel Protest, doch ohne außenpolitisch nachteilige Folgen für Deutschland. Der Bericht des Berliner Korrespondenten der *New York Times* erschien schon am Tag danach, aber er unterschätzte das Ereignis als »Studentenstreich«. Aufsehen erregte eher der Protest des 39-jährigen Oskar Maria Graf, der zu dieser Zeit auf Vortragsreise in Österreich war. Auf der Titelseite der *Wiener Arbeiter-Zeitung* veröffentliche er am 12. Mai den höhnischen und vielfach nachgedruckten Aufruf »Verbrennt mich! [...] Womit habe ich diese Schmach verdient?«. Seine Bücher dürften »nicht in die blutigen Hände und die verdorbenen Hirne der braunen Mordbande gelangen«. Graf wurde 1934 ausgebürgert und 1957 amerikanischer Staatsbürger. Bert Brecht würdigt seinen Mut in einem 1939 veröffentlichten Gedicht.

Der internationale Schriftstellerverband PEN beschäftigte sich mit der Bücherverbrennung Ende Mai 1933 auf seinem Kongress in Dubrovnik, wo der deutsch-jüdische Dramatiker und Pazifist Ernst Toller vor der Weltöffentlichkeit den politischen Terror des NS-Regimes anprangerte. Die deutsche Delegation hatte den Kongress mangels Courage vorher verlassen. In Paris wurde am ersten Jahrestag der Bücherverbrennung die auf Initiative von Alfred Kantorowicz gegründete »Deutsche Freiheitsbibliothek« als eine Art Gedenkort eröffnet. Diese »Bibliothek der verbrannten Bücher« wurde zum Treffpunkt der dort im Exil lebenden deutschen Schriftsteller. Sie wuchs rasch auf über 11 000 Bände an; beim Einmarsch deutscher Truppen in Paris 1940 wurde sie zerstört. Kantorowicz gab 1947 eine Anthologie *Verboten und verbrannt* heraus, erkannte aber auch, wie schwer es war, angemessen an das Schicksal dieser Autoren zu erinnern. In Berlin wurde erstmals am 10. Mai 1947 von den Kulturvertretern sämtlicher vier Sektoren ein Gedenktag begangen und in der Sowjetischen Besatzungszone und der DDR als »Tag des freien Buchs« weitergeführt; in der Bundesrepublik wird der »Welttag des Buchs« im Rahmen des von der UNESCO international eingerichteten Programms seit 1996 begangen.

Ein breites Echo erzielte 30 Jahre nach der Bücherverbrennung ein Publikumsmagazin, in dem dieses Thema nicht erwartet wurde. Der Herausgeber des *Stern,* Henri Nannen, hatte das Potenzial des Themas erkannt und ließ den Journalisten Jürgen Serke Porträts der »verbrannten Dichter« recherchieren und veröffentlichen. Eine seit 1981 vom Konkret- und dann vom Fischer Verlag herausgegebene *Bibliothek der verbrannten*

Bücher wurde allerdings mangels ausreichenden Interesses nach dem Erscheinen von 31 Titeln eingestellt.

Der 50. und der 60. Jahrestag der Bücherverbrennung 1983/93 boten dann Anlass für eine Fülle von Aktivitäten, Ausstellungen, Tagungen, Publikationen, auch für mehr Initiativen zur Erinnerung im öffentlichen Raum. Ein erstes Denkmal war 1953 in Dresden entstanden, erst 1982 in Hamburg, 1984 in Bremen und 1983 eine Gedenktafel am Rande des Bebelplatzes in Berlin. Ein 1987 im Zusammenhang mit den 750-Jahr-Feiern Berlins von der SED geplantes Denkmal mit einer Barlachskulptur wurde nicht dort, sondern vor der Gethsemanekirche realisiert. Am wichtigsten aber ist inzwischen das 1995 aus einem Wettbewerb hervorgegangene Mahnmal *Bibliothek* des israelischen Künstlers Micha Ullman: Mitten auf dem Bebelplatz, an der Stelle des Scheiterhaufens von 1933, ein unterirdischer, hermetisch abgeschlossener Kubus mit leeren, weißen Betonregalen, in denen wohl 20 000 der verbrannten Bücher Platz hätten, von oben durch ein kleines Glasfenster einsehbar, nachts hell erleuchtet und auf den Platz ausstrahlend; so ist es auch Metapher eines Grabes, das in Erinnerung bleibt – auch wenn, unverständlicherweise, an dieser Stelle Kommerz und Vergnügen zugelassen werden. Öffentliche Diskussion – von Zustimmung bis zu Konflikten mit Behörden – erregt immer wieder die *Spur der Bücher* des Münchner Konzeptkünstlers Wolfram P. Kastner, der seit 1995 an vielen der Schauplätze von 1933 provokativ wirklich einen »Brandfleck« zur Erinnerung herstellt. Eine Auswahl von 120 der verbrannten Bücher wird inzwischen vom Moses Mendelssohn Zentrum in Potsdam ediert, deren erste zehn Bände wurden mit pädagogischem Begleitprogramm im Mai 2008 an über 4000 deutsche Schulen überreicht.

All dies auch deswegen, damit nicht vergessen wird, wie es Erich Kästner 1933 erging: »Es ist ein merkwürdiges Gefühl, ein verbotener Schriftsteller zu sein und seine Bücher nie mehr in den Regalen und Schaufenstern der Buchläden zu sehen. In keiner Stadt des Vaterlands. Nicht einmal in der Heimatstadt. Nicht einmal zu Weihnachten, wenn die Deutschen durch die verschneiten Straßen eilen, um Geschenke zu besorgen. Zwölf Weihnachten lang! Man ist ein lebender Leichnam.«

Nicht die erste Kennzeichnung (religiös) unerwünschter Personengruppen – vom Nationalsozialismus aber pervertiert mit dem Ziel der »Auslöschung« der Juden.

Der »Judenstern«

Antisemitismus, Rassenwahn und Massenmord

Einen solchen handtellergroßen, sechszackigen gelben Stern mussten alle Juden im Deutschen Reich ab dem 19. September 1941 aufgrund der »Polizeiverordnung über die Kennzeichnung der Juden« an ihrer Kleidung tragen, »sichtbar auf der linken Seite des Kleidungsstücks« und »fest angenäht«. Er setzte sich aus zwei schwarz umrandeten Dreiecken, die den Davidstern symbolisieren sollten, zusammen und trug die Aufschrift »Jude« – in anderen besetzten Ländern in der jeweiligen Landessprache – in schwarzen Buchstaben, mit denen zynischerweise auch noch hebräische Schriftzeichen imitiert wurden. Ab dem 16. September wurden die Kennzeichen ausgehändigt, zunächst erhielt jeder eines, dann gab es weitere, sodass durchschnittlich wohl vier »Sterne« auf eine Person entfielen. Den Auftrag über eine Million Sterne auf langen Stoffbahnen führte eine Berliner Fahnenfabrik innerhalb weniger Tage aus; diese mussten von jüdischen Gemeinden zum Preis von drei Reichspfennigen pro Zeichen erworben und für zehn Pfennig pro Stück weitergegeben werden. In bürokratischer Gründlichkeit hatte jeder »Empfänger« auch noch den Erhalt zu quittieren, einschließlich der Verpflichtung, »das Kennzeichen sorgfältig und pfleglich zu behandeln« und beim Aufnähen »hinausragenden Stoffrand umzuschlagen«.

Diese – wie Goebbels sie nannte – »außerordentlich humane« Kennzeichnungsvorschrift war am 1. September 1941 als Polizeiverordnung erlassen worden und verpflichtete Juden nach der Definition der Nürnberger Gesetze, ab dem Alter von sechs Jahren diesen Stern zu tragen. Ausgenommen blieben lediglich Personen, die nach dem Gesetz als »Mischlinge« definiert waren oder in einer sogenannten privilegierten Mischehe lebten. Im besetzten Polen war eine gleichlautende Verordnung bereits zwei Jahre zuvor erlassen worden.

Das Hexagramm, der aus zwei Dreiecken gebildete sechszackige Stern, hatte sich als »Schild Davids« seit dem Mittelalter zu einem der wichtigsten Symbole des Judentums entwickelt. Die Farbe Gelb diente bereits im Mittelalter und darüber hinaus zur Kennzeichnung »unehrlicher« Personengruppen, beispielsweise auch von Prostituierten, und wurde daher von den Nationalsozialisten bewusst gewählt. Die Kennzeichnung bestimmter Minderheiten war also keine Erfindung des Nationalsozialismus, doch war sie bei ihnen Teil eines Konzepts, das von der Stigmatisierung bis hin zur physischen Eliminierung der Juden führte.

Schon in mittelalterlichen Kleiderordnungen hatte es Vorgaben gegeben, Juden zum Beispiel durch farbige »Judenhüte« oder Stoffaufnäher in Stern- oder Ringform kenntlich zu machen. Diese antijudaistische Maßnahme wurde zuerst – in diesem Fall gab es eine ähnliche Kennzeichnungspflicht für Christen – im muslimischen Spanien eingeführt und seit dem 12. Jahrhundert dann auch im christlichen Abendland.

Spätestens seit den Kreuzzügen besaßen die europäischen Juden keinen gleichwertigen Rechtsstatus mehr, sondern galten in der Regel nur als geduldete Fremde – teilweise geschützt durch Privilegien europäischer Herrscher, die zeitweiligen Schutz versprachen. Doch blieb immer ein gewisses Gefühl der Nähe erhalten – bezogen sich doch Christen und Juden teilweise auf dieselben heiligen Schriften, und nur deren Interpretation erschien strittig. Daraus resultierte auf christlicher Seite ein dauerhafter Zwiespalt zwischen Abgrenzung und Bekehrungsversuchen. Auf der einen Seite galten die Juden als »verstockt«, weil sie sich weigerten, die christliche Heilswahrheit zu erkennen, und ihnen wurden daher auch die verschiedensten Verbrechen gegen die Christenheit unterstellt. Auf der anderen Seite meinte man, sie durch geeignete Maßnahmen für die christliche Religion gewinnen zu können.

Anders verhielt es sich im Nationalsozialismus, der antijüdische Ressentiments zwar ausbeutete, aber in seiner Ideologie bei der Nutzung antisemitischer Tendenzen weit über religiöse Fragen hinausging bzw. diese lediglich als Vorwand nutzte. Die Polizeiverordnung von 1941 war nur ein Element einer langen Kette von gesetzlichen und außergesetzlichen Maßnahmen, die alle dem Zweck dienten, die Juden letztlich auszulöschen. Dieser Prozess begann bereits kurze Zeit nach der Machtübernahme durch die Nationalsozialisten am 30. Januar 1933. Schon am 1. April 1933 erfolgte ein Aufruf zum Boykott jüdischer Geschäfte, Anwalts- und Arztpraxen, die durch Plakate gekennzeichnet wurden, auf denen der Davidstern verwendet wurde, um sie als jüdisch zu markieren. Wenige Tage später, am 7. April, folgte mit dem euphemistisch betitelten »Gesetz zur Wiederherstellung des Berufsbeamtentums« eine erste gesetzliche Maßnahme, die die Entlassung von Juden und politisch missliebigen Beamten aus dem Staatsdienst ermöglichte. Für die Einstellung im öffentlichen Dienst war von nun an ein »Ariernachweis« erforderlich, ein Beleg der »arischen« Herkunft von Eltern und Großeltern. Es wurden zwar verschiedene Ausnahmen – etwa für altgediente Beamte, Weltkriegsteilnehmer oder Verwandte von im Krieg gefallenen Soldaten – zugelassen, doch erlaubte das Gesetz neben der Ausgrenzung missliebiger Bevölkerungsgruppen bereits eine weitgehende »Gleichschaltung« der Behörden durch die Neubesetzung vieler Stellen mit parteikonformen Beamten. Ein weiterer entscheidender Schritt zur Entrechtung der jüdischen Mitbürger waren die 1935 erlassenen Nürnberger (Rasse-)Gesetze. Mit ihnen wurde eine juristische Definition geliefert, wer nach nationalsozialistischer Vorstellung als Jude zu gelten hatte; dabei wurden neue Verwandtschafts-»Kategorien« wie »Voll-, Halb- und Vierteljude« in den Sprach- und Rechtsgebrauch eingeführt. Im Zentrum dieser zynischen Ideologie stand das »Gesetz zum Schutz des deutschen Blutes und der deutschen Ehre«, das Ehen und außereheliche Beziehungen zwischen Juden und Ariern verbot. Eheschließungen zwischen »jüdisch versippten« Personen untereinander oder mit Ariern wurden strengen Regeln unterworfen. Das »Reichsbürgergesetz« definierte als solche nur »Staatsangehörige deutschen oder artverwandten Blutes«.

Nachdem Juden bzw. Personen, die als Juden qualifiziert wurden, damit weitgehend der juristischen Willkür ausgesetzt waren, kam bald auch die Forderung auf, sie durch eine Kennzeichnung schon äußerlich auszugrenzen. 1938 wurden zahlreiche andere Schritte unternommen, die darauf abzielten, die deutschen Juden aus dem Erwerbsleben zu verdrängen und sozial zu isolieren. Durch eine Verordnung vom 17. August 1938 wurden sie gezwungen, ihrem Namen – falls nicht vorhanden – einen »typisch jüdischen« Vornamen hinzuzufügen (seit Anfang 1939 obligatorisch Israel bzw. Sara), und im Oktober wurden sie genötigt, ihre Pässe abzugeben oder mit einem roten »J« markieren zu lassen. Kurz darauf folgten die berüchtigten Novemberpogrome, die unter anderem zur Zerstörung zahlloser Synagogen sowie anderer jüdischer Einrichtungen führten und die Bedrohung jüdischer Existenz in Deutschland in ihrem ganzen Umfang deutlich werden ließen.

Weitere diskriminierende Maßnahmen folgten, und spätestens mit dem Angriff auf Polen am 1. September 1939 schwand auch jede noch so geringe Rücksichtnahme auf das deutsche Ansehen im Ausland. Die Polizeiverordnung vom 1. September 1941 stand bereits in unmittelbarem Zusammenhang mit der systematischen Deportation der deutschen Juden in Sammel- und Arbeitslager in den eroberten Gebieten in Osteuropa, die im folgenden Monat begann. Von dort aus wurden diejenigen, die diesen ersten Schritt überlebten, in die Vernichtungslager überführt und größtenteils ermordet. Die entscheidende Wendung von einem auf Ausgrenzung und Abschiebung der deutschen Juden ausgerichteten Ziel hin zur physischen Vernichtung des europäischen Judentums vollzog sich genau zu dieser Zeit. Die wesentlichen Entscheidungen in dieser Hinsicht waren bereits kurz nach dem Überfall auf die Sowjetunion im Juni 1941 durch die Anordnung zum Massenmord an den Juden im Osten Europas getroffen worden. Das im Oktober des Jahres verhängte Verbot der Ausreise für deutsche Juden verdeutlicht, dass auch sie bereits zu diesem Zeitpunkt in den umfassenden Vernichtungsplan des nationalsozialistischen Regimes einbezogen waren. Die Wannseekonferenz vom 20. Januar 1942, die oft als Startsignal für die von den Nationalsozialisten so genannte »Endlösung«, den Holocaust, angesehen worden ist, diente in Wirklichkeit nur noch der technischen Planung ihrer Durchführung.

Der rassische Antisemitismus der Nationalsozialisten hatte seine Grundlage im Wesentlichen im 19. Jahrhundert. Seit der Aufklärung hatte im 18. Jahrhundert die Eingliederung der Juden als gleichberechtigte Staatsbürger begonnen: Mit Judenedikten hatten das Großherzogtum Baden 1807, Preußen 1812, Bayern 1813 mit der schrittweisen Gleichstellung begonnen. Doch stockten diese Reformen, es blieben Berufsverbote bestehen. Baden gewährte 1862 als erster deutscher Staat eine volle Gleichberechtigung, der Norddeutsche Bund – mit Preußen – folgte 1869, und so wurde die formelle Gleichberechtigung im preußisch dominierten Deutschen Kaiserreich 1871 übernommen. Andererseits fanden vor allem seit der Jahrhundertmitte biologistische Lehren zunehmend Anhänger, die beispielsweise aufgrund von Schädelvermessungen die Menschheit in verschiedene Rassen teilten. Schon bald fanden sich auch Interpreten, die qualitative Unterschiede feststellen wollten zwischen höher- und minderwertigen Rassen. Der Engländer Houston Stewart Chamberlain, ein Schwiegersohn Richard Wagners, sah beispielsweise Deutsche als Arier, die hochwertiger seien als die minderwertigen Juden. Auf die Juden wurden nun alle negativen Stereotype übertragen, die sich in der Geschichte der zunächst christlich motivierten Judenfeindschaft im Laufe der Jahrhunderte ausgeprägt hatten.

Mit dem Aufkommen des rassischen Antisemitismus erreichte die Judenfeindschaft eine grundlegend neue Qualität. Jude zu sein war nicht länger eine Frage der Religion, sondern bedeutete die unabänderliche Zugehörigkeit zu einer zugleich als verächtlich und gefährlich angesehenen Rasse. Gefährlich erschien den Rassisten insbesondere die Vermischung von Rassen. Aus solchen Vorstellungen heraus entstand Anfang des 20. Jahrhunderts das Konzept der Rassenhygiene (Eugenik), das darauf abzielte, die eigene Rasse von fremden Einflüssen frei zu halten oder ihre Eigenschaften sogar durch eine gezielte »Zuchtwahl« zu verbessern. Im Nationalsozialismus vermischten sich diese verschiedenen, auf pseudowissenschaftlichen Grundlagen beruhenden Elemente zu einer menschenverachtenden Ideologie, die in letzter Konsequenz zu einem organisierten Massenmord führte. Dieses abstrus-widersprüchliche Denken hatte Hitler auch in seinem Buch *Mein Kampf* übernommen (siehe »Hitlers *Mein Kampf*«).

In den zwölf Jahren seiner Herrschaft setzte der Nationalsozialismus ein rassistisches Vernichtungsprogramm ohnegleichen um. Neben Juden starben zahllose Angehörige anderer »verfemter« Minderheiten, Sinti und Roma, im zeitgenössischen Jargon »Zigeuner« genannt, Homosexuelle, körperlich und geistig Behinderte, Personen, denen nach der zynischen Rassenideologie des Nationalsozialismus der Lebenswert aberkannt wurde. Die meisten starben in Gaskammern, viele durch erbarmungslose Auszehrung, brutale Schikanierung seitens des Wachpersonals oder durch an ihnen vorgenommene medizinische Versuche. Wie viele beim Versuch der Auswanderung, auf der Flucht oder durch Selbstmord ihr Leben verloren, ist nicht mehr ermittelbar. Dem Holocaust bzw. der Shoah (hebräisch) fielen nach Schätzungen europaweit allein etwa sechs Millionen jüdische Männer, Frauen und Kinder zum Opfer, von denen mehr als eine Million im Konzentrationslager Auschwitz ermordet wurde.

Dass einzelne der wenigen in Deutschland überlebenden Juden – wie Inge Deutschkron, der es gelang, sich mit ihrer Mutter zu verstecken und so zu überleben – davon berichten, ihr Judenstern habe ihnen auch einen vereinzelten Gruß, eine verschämt-freundliche Geste und sogar einen schüchternen Versuch der Anteilnahme oder Unterstützung eingebracht, bleibt absolute Ausnahme in einer grausamen Realität.

Der Volksempfänger VE 301 aus der ersten Baureihe 1933, mit dem die Naziregierung ihre Propaganda unters Volk brachte.

71

Der Volksempfänger

Rundfunk im Dienst der Propaganda

Die Idee eines »Volksempfängers« war längst in der Welt, bevor die Nationalsozialisten sie sich zu eigen machten. Auf der Großen Deutschen Funkausstellung 1926 hatte die Firma Loewe bereits ein »Volksempfangsgerät« präsentiert, von dem bis 1932 etwa eine Million verkauft wurden; Philips bot 1929/30 einen »Volksempfänger« zum Selbstbau an, verwarf die Pläne aber nach Testverkäufen. In Deutschland besaß 1933 nur etwa jede zehnte Arbeiterfamilie und jeder vierte aller Haushalte einen Rundfunkapparat.

Das Potenzial des Rundfunks als Massenmedium hatten die Nationalsozialisten bereits 1930 erkannt, Hitler machte darum im Sommer 1932 seine Tolerierung des Präsidialkabinetts Franz von Papens ausdrücklich auch vom Zugang seiner Partei zum Rundfunk abhängig. Und 1933, nach der für die Nationalsozialisten enttäuschenden Märzwahl, sagte Joseph Goebbels als designierter Reichspropagandaminister, der Rundfunk müsse »der Regierung die fehlenden 48 Prozent zusammentrommeln, und haben wir sie dann, [...] die 100 Prozent halten, [...] verteidigen, [...], daß niemand mehr ausbrechen kann«.

Diese Ziele waren nur erreichbar, wenn die Verbreitung des Radios mit einem möglichst billigen Empfangsgerät forciert wurde. Die Initiative dazu kam im März 1933, kurz nach der Gründung des Propagandaministeriums; sie wurde seinerzeit Goebbels zugeschrieben, doch ist dies nicht nachweisbar. Die Geräte sollten robust sein und den Empfang des jeweiligen Bezirkssenders sowie des von Königs Wusterhausen bei Berlin ausstrahlenden Deutschlandsenders gewährleisten; schließlich und vor allem durften sie nicht mehr als 70 bis 80 Reichsmark kosten. Auf die Ausschreibung, in der ein Kompromiss zwischen hoher Leistung und niedrigem Preis gesucht wurde, gingen nur drei Vorschläge ein, unter denen der des gern in Uniform auftretenden SA-Manns Otto Griessing, Chefkonstrukteur der Berliner Firma Georg Seibt, ausgewählt wurde. Das Design des Bakelitgehäuses hatte der Industriedesigner Walter

Maria Kersting bereits 1928 entworfen. Wo das Firmensignet eingesetzt werden sollte, hatte er einen Adlerkopf mit weit geöffnetem Schnabel in mehreren »Schallwellenkreisen« vorgesehen; übrigens ließ Goebbels hier erst 1938 das Hakenkreuz einfügen.

Im Juni 1933 wurde der Preis endgültig auf 76 Reichsmark festgelegt – jedoch erst nach hartem Ringen und nachdem Telefunken seinen Röhrenpreis halbiert, auf einen Großteil der Lizenzgebühren verzichtet, der staatliche Rundfunk die Werbung für das neue Gerät übernommen und die Händler ihre Verdienstspannen gesenkt hatten. Die Produktion wurde in Quoten auf die Hersteller verteilt und die Präsentation des neuen Geräts mit großem propagandistischem Aufwand für die Funkausstellung im August 1933 in Berlin vorbereitet. Dort stand der neue »VE 301« – so genannt in Erinnerung an die »Machtergreifung« am 30. Januar – im Vordergrund, Hitler besuchte ihn bei seinem Ausstellungsrundgang, und Goebbels sprach – in Anlehnung an Napoleon, der die Presse als siebte Großmacht bezeichnet hatte – bei seiner Eröffnungsrede mit Blick auf diesen neuen Volksempfänger vom Rundfunk als der »achten Großmacht« und seinem Ziel, »die deutsche Hörerschaft zu verdoppeln«.

Tatsächlich wurde der VE 301 als eine ganze Gerätefamilie angeboten: für Wechsel- und Gleichstrom (je nach Region) und für Batteriebetrieb (83 Reichsmark), da etwa ein Drittel der Bevölkerung noch keine Stromversorgung hatte; eine kleine Auflage wurde mit Eichengehäuse hergestellt, die größere in Bakelit, dem ersten industriell produzierten Kunststoff auf der Basis von Phenolharz. Das Gerät war ein schwarzer, kubischer Kasten mit gerundeten Kanten, in den Maßen eines größeren aufrecht stehenden Schuhkartons. Im oberen Teil dominierte ein kreisrunder mit Stoff bespannter Lautsprecher, darunter, in der Biegung eines auf dem Kopf stehenden bandartigen »U«, fand sich eine segmentförmige Skala, und in einer waagerechten Reihe ganz unten gab es drei runde Drehregler. Über dem mittleren waren das erwähnte Emblem und die Typenbezeichnung VE 301 platziert.

Unbemerkt von der Öffentlichkeit gab es einen massiven Dissens über die Produktionsmengen: Während der Politik eine halbe bis eine Million Geräte vorschwebte, fürchtete die Industrie den Ruin des Absatzes von Markengeräten und setzte zunächst 100 000er-Serien durch, musste dann aber politischem Druck nachgeben und 1935 der Produktion von einer Million Geräten zustimmen. Tatsächlich war der Erfolg zunächst »gigantisch« (Sarkowicz): An den ersten beiden Ausstellungstagen 1933 wurden Tausende von Geräten abgesetzt, bis Februar 1934 insgesamt 600 000 und bis August 1935 etwa 1,5 Millionen Geräte.

Der preiswerte Apparat hatte einen großen Bedarf abgeschöpft und war vorübergehend in das Segment der Markengeräte eingedrungen, aber für größere Teile der Bevölkerung, insbesondere Arbeiter, blieb er unerschwinglich, weil er etwa einen halben Durchschnittsmonatslohn kostete. Nur ein Zehntel der Rundfunkteilnehmer war aus sozialen Gründen von den Gebühren befreit. So hieß es ehrlicherweise in einer ministeriumsinternen Stellungnahme: »Die große Masse der Wochenlohnempfänger erreichen wir jedoch nicht« (König). Der Verkauf über Ratenzahlungen bekam zwar seit Frühjahr 1934 »richtigen Schwung«, aber bei einer Anzahlung von 7,25 Reichsmark und 18 Monatsraten von 4,40 Reichsmark blieb der Rundfunk »im Großen und Ganzen […] Sache des Mittelstands« (König) – trotz massiver von Goebbels' Ministerium gesteuerter Werbemaßnahmen.

Ende 1936 war im *Völkischen Beobachter* bereits die Forderung nach einem Gerät unter 50 Reichsmark zu lesen, zur Funkausstellung 1937 wurde der Preis des Standardmodells von 75 auf 59 Reichsmark gesenkt, aber ein »Durchbruch« wurde erst von einem nach dieser Ausstellung in Auftrag gegebenen neuen, verbesserten und mit 30 bis 35 Reichsmark noch billigeren Modell erwartet. Dieser kleine Volksempfänger wurde von Goebbels »Deutscher Kleinempfänger« getauft, mit dem Zusatz des Baujahres »DKE 38«, der Volksmund nannte ihn bald »Goebbels-Schnauze«. Es war ein Allstromgerät mit verbessertem Lautsprecher und beleuchteter Stationsskala und wurde ein großer Erfolg. Bis 1939 wurden 900 000 Geräte verkauft, bis zur Einstellung der Produktion 1943 insgesamt 2,8 Millionen. 90 Prozent der Käufer erwarben mit einem DKE 38 ihr erstes Gerät, sie wurden damit auch Rundfunkgebührenzahler; deren Zahl stieg aber noch stärker, nämlich von 4,2 (1932) auf 12 (1939) und über 16 Millionen (1943). Ein willkommener Nebeneffekt für Goebbels, weil der Haushalt des Propagandaministeriums sich aus den monatlich zwei Reichsmark pro Empfänger finanzierte, einem nicht geringen Betrag.

Zwischen 1933 und 1939 wurden jährlich auch etwa eine Million Markengeräte verkauft (König), deren Preise unter großem Konkurrenzdruck bei wachsender Qualität sanken, obwohl eine große Typenvielfalt auf dem Markt war. Auf dem internationalen Markt spielten deutsche Geräte keine besondere Rolle, hier dominierten die USA, wo die Rundfunkdichte zwischen 80 und 90 Prozent lag (1940/41) und viele Haushalte bereits über Zweitgeräte verfügten. In Deutschland war der Anteil der Haushalte mit Radios von 1933 bis 1941 immerhin von 25 auf 65 Prozent gestiegen, doch blieb es damit hinter anderen europäischen Ländern zurück: Nach Rundfunkteilnehmern lag Deutschland 1941/42 in Europa hinter Schweden und Dänemark an dritter Stelle, vor Großbritannien und der Schweiz. Da kein anderes Land so immense propagandistische Bemühungen für die Ausbreitung des Rundfunks unternommen hatte, waren auch »die Nationalsozialisten selbst […] von den Ergebnissen ihrer Anstrengungen enttäuscht« (König).

Neben den VE-301- und DKE-Kampagnen wurde für den Gemeinschaftsempfang in Betrieben und bei Veranstaltungen ab 1935 ein eigener »Arbeitsfront-Empfänger« entwickelt; dieser DAF 1011 wurde nach dem Tag der ersten Ansprache Hitlers vor den Arbeitern des Siemens-Werkes Berlin am 10. November 1933 benannt. Außerdem sollte ein Netz von 6000 Lautsprechersäulen in Städten über 12 000 Einwohner für die Übertragung wichtiger Nachrichten sorgen, sie waren in der Art von Werbesäulen mit und ohne Uhren geplant, doch gelangte die Realisierung nicht über die ersten 100 in Breslau anlässlich des dortigen Deutschen Turn- und Sportfestes hinaus. Die Infrastruktur für den Einsatz von Goebbels' »achter Großmacht« war also in Arbeit, als der Krieg begann und die Radioproduktion ihre Priorität verlor.

Der »Uniformierung der Geräte entsprach die Uniformierung des Programms« (König) so sehr, dass selbst der Propagandaminister die übergroße Politiklastigkeit des Jahres 1933 mit der Übertragung von Dutzenden von Hitlerreden und nationalsozialistischen Feiern zurückfuhr. Die Rundfunksender waren längst verstaatlicht, ihre wichtigsten Mitarbeiter ausgetauscht oder auf »NS-Kurs« gebracht, sodass als »Hauptaufgabe« des Rundfunks beispielsweise 1934 vom Reichssender Köln beschrieben wurde, »den deutschen Menschen in Empfangsbereitschaft zu halten für die Stunde, da der Führer vor das Volk tritt, um zu ihm zu sprechen« (nach Sarkowicz). Die tägliche Sendezeit wurde von 14 (1933) auf fast 20 Stunden (1938) verlängert, Unterhaltungsmusik prägte das Programm, und mehr oder weniger propagandistisch geprägte Wortsendungen wurden »eingebettet«. »Bunte Abende« waren besonders beliebt, ein Großereignis wie die Olympischen Spiele 1936 war ein Highlight und wurde mit 20 Übertragungswagen und Hunderten von Ingenieuren in fast 3000 Berichten in alle Welt gesendet.

Für das, was die Nazis unter »Nigger-Jazz« verstanden, galt seit Oktober 1935 ein Verbot, das jedoch nicht konsequent umgesetzt wurde, sodass einzelne Jazzstücke unter anderen Titeln als Tanzmusik auch in Deutschland weiterlebten. Zur bei Weitem beliebtesten Sendung der NS-Zeit wurde das seit einem Monat nach Kriegsbeginn wöchentlich ausgestrahlte *Wunschkonzert für die Wehrmacht*; es wurde im Mai 1941 eingestellt.

Es ist eine hartnäckige Legende, dass alle Volksempfängermodelle so konstruiert gewesen seien, dass der Empfang von Auslandssendern nicht möglich war. Allerdings war dieser streng verboten. Wie viele Deutsche die im Krieg eingerichteten speziellen Programme der Auslandssender hörten, namentlich BBC, ist nur zu schätzen – gewiss viel weniger, als die Deutschen nach dem Krieg angaben, nämlich für die Vorkriegszeit 20, für die Kriegszeit 50 Prozent, aber »wahrscheinlich« doch Millionen (Hensle). Thomas Mann ließ die Deutschen in einer seiner Ansprachen über BBC im August 1941 wissen, das »Lauschen« am Radio sei »ein Akt geistigen Widerstands gegen den Hitler-Terror«. Freilich war ihr »Nachrichtenhunger« wohl das Hauptmotiv der meisten dieser Hörer (Hensle).

Einen Volksempfänger der ersten Generation besaßen auch die Eltern von Heinrich Böll. Nach den Erinnerungen von Heinrichs Bruder Alfred hatte der älteste der Söhne, Alois, das Gerät 1934/35 erworben.

Heinrich Böll war damals 15 oder 16 Jahre alt, ein guter Gymnasiast, dessen Wunsch, Schriftsteller zu werden, wohl schon reifte. Das in seinem Nachlass gefundene *N.S. Credo* von 1938, dem Jahr, als Böll zum Arbeitsdienst eingezogen wurde, zeigt seine politische Einstellung. Es ist ebenso frivol wie sarkastisch und bezieht »in bitterster Weise auch die Masse der Betenden und Bekennenden in seine Aggression ein« (Vormweg): »Ich glaube an den einen Führer, den allmächtigen Vater der Deutschen, Schöpfer des Dritten Reiches, welches ewig ist.« Es folgen die Anrufung von Göring, Goebbels und der Partei, mit dem Schluss: »Ich denke nicht an die Auferstehung der Toten und an kein Leben in einer zukünftigen Welt.« Auch wenn nicht sicher ist, ob Böll diesen Text allein verfasste, ein größerer Gegensatz als dieser zwischen den Verlautbarungen aus dem VE 301 und Bölls nationalsozialistischem »Glaubensbekenntnis« ist kaum denkbar.

In seiner Werkstatt in Königsbronn begann Georg Elser über ein Jahr vor dem Attentat in akribisch-genauer Arbeit, die »Höllen-maschine« zu basteln.

72

Die Werkbank von Georg Elser

Widerstand gegen den Nationalsozialismus

An dieser Werk- und Hobelbank begann Georg Elser (1903–1945) zu Hause mit den Vorbereitungen auf sein Attentat. Seit dem Herbst 1938 war er entschlossen, »Hitler in die Luft zu jagen«. Alle Vorbereitungen geschahen völlig im Verborgenen, und auf Fragen erzählte er etwas von einer »Erfindung«. Nur einmal, im August 1939, soll er etwas konkreter geworden sein, indem er in seinem schwäbischen Dialekt äußerte: »Mir kriegad in Deutschland koi bessra Zeit, hend koi bessere Zukunft, bevor dui Regierung et end Luft gschprengt ischd. Ond i sags dir, i mach des no, i dus.« Dies berichtete später Eugen Rau, mit dem Elser schon seit Kindeszeiten befreundet war. Und zum Abschied habe er noch hinzugefügt: »Gell, schwätzted fei nex!«

Georg Elser stammte aus einfachen Verhältnissen, als ältester Sohn eines Landwirts und Holzhändlers in Hermaringen geboren, besuchte er die Volksschule in Königsbronn bei Heidenheim, lernte kurze Zeit Eisendreher, dann Schreiner, arbeitete in verschiedenen Betrieben am Bodensee und in der Schweiz und zog im Frühjahr 1937 wieder zu seinen Eltern nach Königsbronn. Schon sein erstes, selbst verdientes Geld investierte der leidenschaftliche Bastler in Werkzeuge und in eine kleine Werkstatt daheim, zu der selbstverständlich auch eine Werkbank gehören musste. Als Beruf gab er selbst Kunsttischler an. Er wird als ruhiger, etwas verschlossener, manchmal schwieriger Einzelgänger beschrieben. Aber er beobachtete klug, hörte zu, machte sich seine Gedanken und zog seine Schlüsse daraus: So entging ihm nicht, wie sich im Zuge der Aufrüstungspolitik des NS-Staats die Situation der Arbeiter verschlechterte, wie etwa ein selbstbestimmter Wechsel des Arbeitsplatzes schwieriger wurde, wie der Staat Einfluss auf die Kindererziehung nahm oder wie die Religionsfreiheit eingeschränkt wurde. Dass er kein Anhänger des Nationalsozialismus war, blieb in seiner Umgebung nicht unbemerkt: Er habe das Zimmer bei Rundfunkübertragungen von »Führer«-Reden verlassen und den Hitlergruß vermieden, wurde später berichtet.

Elser war vor 1933 Gewerkschaftsmitglied, weil es sich, wie er fand, für einen Arbeiter so gehörte, wählte die KPD, weil er sie als seine Interessenvertretung ansah, und trat im Alter von Mitte 20 in den kommunistischen Roten Frontkämpferbund ein. Allerdings engagierte er sich in keiner Organisation stärker, außer dort, wo er auf der Zither oder anderen Instrumenten musizieren konnte. Für Politik schien er sich nicht sonderlich zu interessieren, hörte zwar gelegentlich deutsche Sendungen von Radio Moskau, las aber nicht regelmäßig Zeitungen.

»Den Entschluß zu meiner Tat faßte ich im Herbst 1938«, gab er bei seinen Vernehmungen zu Protokoll. Die militärische Expansion der NS-Diktatur hatte begonnen, ein neuerlicher Krieg in Europa schon zu diesem Zeitpunkt war durch das Münchner Abkommen nur mühsam verhindert worden. Elser erwartete, »dass Deutschland [...] sich andere Länder einverleiben [werde] und deshalb ein Krieg unvermeidlich« sei. Als er dies im November 1939 seinen Vernehmern sagte, war längst eingetreten, was er befürchtet hatte: Am 1. September begann der Überfall auf Polen, und seit dem 3. September befand sich Deutschland im Kriegszustand mit Frankreich und Großbritannien.

Seit seinem Entschluss stellte Elser sein gesamtes Leben auf dieses eine Ziel ein. Am 8. November 1938 inspizierte er den Bürgerbräukeller in München, wo die Jahrestreffen der »alten Kämpfer« der NSDAP in Erinnerung an den Putschversuch vom November 1923 stattfanden und Hitler immer die Hauptrede hielt. Dort wollte Elser in die Säule hinter dem Rednerpodium seine Bombe einbauen, um »Hitler mit seiner Führung der NSDAP« in die Luft zu sprengen. Noch in diesem Spätherbst vergewisserte er sich auch über einen Fluchtweg, den er nach der Tat in die Schweiz nehmen wollte. Er nahm heimlich aus seiner Firma Schießpulver mit, besuchte im April 1939 nochmals München, um sich mit mehr Details vertraut zu machen, und wechselte als Hilfsarbeiter in einen Steinbruch, um Erfahrungen in der Sprengtechnik zu sammeln und sich Sprengkapseln zu beschaffen. Er bastelte Zeitzünder und führte in einem abgelegenen Garten seiner Eltern Versuchssprengungen durch. Er verkaufte einige Habseligkeiten, sodass er über etwa 350 bis 400 Reichsmark an Ersparnissen verfügte, als er sich im August auf den Weg nach München machte, um seine Pläne umzusetzen.

In München wohnte er im August und September bei zwei verschiedenen Wirtsfamilien und ging Abend für Abend als scheinbar normaler Gast in den Bürgerbräukeller. Dort versteckte er sich, ließ sich einschließen und arbeitete 30 bis 35 Nächte – nur beim Licht einer abgeblendeten Taschenlampe – mit großer Zähigkeit und viel Ausdauer an der Aushöhlung der Säule, einer Holzverkleidung mit Verschluss und immer auch an der Vollendung seiner »Höllenmaschine«, die so exakt geplant war, dass die Ermittler ihm erst glaubten, dass er sie wirklich allein konstruiert habe, nachdem er sie in Gefangenschaft nachgebaut hatte. Sein Wettlauf gegen die Zeit und manche Widrigkeiten war am 5. November erfolgreich beendet, in dieser Nacht stellte er den Zündungsmechanismus auf den 8. November, 21:20 Uhr, ein. Als er am Tag darauf mit wund geriebenen Knien München verließ, waren seine Ersparnisse fast aufgebraucht, in Stuttgart lieh er sich von seiner Schwester 30 Reichsmark, kehrte – akribisch, wie er war – nochmals am 7. zurück, um alles zu überprüfen, bevor er am 8. November nach Konstanz reiste.

35 Minuten vor der Explosion wurde er von zwei Zollbeamten, die Hitlers Rede im Radio hörten, kontrolliert und nur wegen seiner für den »kleinen Grenzverkehr« abgelaufenen Ausweiskarte festgenommen, eine Unachtsamkeit des technischen Perfektionisten. Die Zöllner ahnten nicht, dass der Aufschlagzünder, den sie bei Elser fanden, dem Mann gehörte, der die Explosion verursacht hatte, die um Mitternacht über Fernschreiber gemeldet wurde. Sie war gewaltig: Die Säule oberhalb des Rednerpults stürzte samt Teilen der Decke ein, von den anwesenden etwa 200 Menschen wurden acht getötet, auch eine Kellnerin, 63 verletzt, 17 davon schwer. Die Weltgeschichte hätte einen anderen Verlauf genommen, wenn Hitler – anders als sonst – seine Rede nicht schon um 21:07 Uhr beendet hätte, um seinen Sonderzug nach Berlin zu erreichen; die Wetterlage hatte einen Rückflug nicht erlaubt. Bei einem Zwischenhalt in Nürnberg erfuhr Hitler von dem, wie Goebbels in sein Tagebuch schrieb, »zweifellos in London erdacht[en]« Attentat. Sonderkommissionen wurden eingesetzt, Belohnungen von einer halben Million Reichsmark ausgesetzt und am 11. November in allen deutschen Zeitungen ein »angeblicher Handwerker [...], 1,65 bis 1,70 Zentimeter groß, 30 bis 35 Jahre alt, normale Figur, dunkles ungescheiteltes Haar ...« etc. steckbrieflich gesucht. Elser legte nach zunächst hartnäckigem Leugnen am 14. November ein volles Geständnis ab. Am 21. November wurde die Öffentlichkeit über Einzelheiten informiert, Schlagzeilen lauteten »Der Attentäter heißt England« und »Die wunderbare Errettung des Führers«, die Bevölkerung war »ergriffen«, in Schulen wurden Dankchoräle angestimmt.

Hitler und Goebbels glaubten bis zum Schluss an den englischen Geheimdienst als Drahtzieher, Elser wurde tagelang verhört und gefoltert, damit er seine Hintermänner preisgebe. Schließlich kam er als sogenannter Sonderhäftling in Einzelhaft unter ständiger Aufsicht ins KZ Sachsenhausen, ab Frühjahr 1945 ins KZ Dachau; zugestanden wurden ihm eine Zither und eine kleine Werkstatt mit Hobelbank. Nach dem Krieg war ein Schauprozess gegen ihn geplant. Nur 20 Tage vor der Befreiung des Dachauer Lagers durch US-Truppen wurde er auf Befehl von »höchster Stelle« – vermutlich Hitler selbst – am 9. April 1945 ermordet. Sein Grab ist nicht bekannt.

Ende November 1939 endete die Berichterstattung über das Attentat. Damit hatte eine Diffamierung Elsers begonnen, welche »die NS-Zeit noch um Jahrzehnte überdauern sollte« (Steinbach/Tuchel 2010). Seine Familie kam über Monate in »Sippenhaft«, der Neffe durfte keine weiterbildende Schule besuchen, unter den Einwohnern von »Attentatshausen« wurden Unterstützer und Mitwisser gesucht.

Elsers Anschlagsversuch war eine spektakuläre Einzeltat. Kaum ein anderer Attentatsplan auf Hitler war so nahe am Erfolg, außer dem der Verschwörer um Oberst Graf Stauffenberg beim Umsturzversuch vom 20. Juli 1944. Es gab kleinere und größere, politisch und religiös oder anders geprägte Widerstandsgruppen, doch hatten die wenigsten Kontakt untereinander und fanden erst recht nicht zu einer koordinierten Aktion zusammen. Kommunisten, Sozialdemokraten und Gewerkschafter arbeiteten im Untergrund, Konservative, Liberale, auch manche Wissenschaftler trafen sich heimlich, einzelne Geistliche predigten mutig gegen den nationalsozialistischen Machtmissbrauch, junge Menschen verteilten Flugblätter, auch gab es mehr oder weniger demonstrative Formen der Verweigerung. Freilich war all dies die Ausnahme, die große Mehrheit jubelte Hitler zu und bewunderte ihn lange Zeit. Dass er Attentaten entging, wurde als Zeichen der »Vorsehung« missdeutet.

Georg Elser war einer der konsequentesten Gegner der NS-Diktatur. »Den wenigen, die Widerstand gegen die NS-Diktatur geleistet hatten, haftete lange das Odium des ›Verrats‹ an. Dies galt selbst für die Tat des 20. Juli 1944« (Steinbach/Tuchel 2010). Auch wenn die wissenschaftliche Auseinandersetzung mit dem Widerstand bald nach dem Krieg begann, dauerte es lange, bis die breite Öffentlichkeit – Menschen, die meinten, »Hitler mit gutem Glauben gedient« zu haben (nach Steinbach/Tuchel 1994) – seine Bedeutung anerkannte. In den späten 1950er-Jahren wurde der Widerstand des 20. Juli immerhin in der Rechtsprechung akzeptiert, aber längst noch nicht in der Breite der Bevölkerung. Um wie viel schwieriger war die Tat eines Einzelnen zu beurteilen, der sich keiner Gruppe zuordnen ließ. Erst recht, da ein prominenter Mithäftling, Pastor Martin Niemöller, behauptete, Elser sei ein Handlanger der Nazis und SS-Mann gewesen und habe das Attentat in deren Auftrag ausgeführt. Elsers Mutter wehrte sich seit 1946 gegen solche Behauptungen, erst habe die NS-Propaganda und dann solche »Kolportage von Lagerklatsch« ihrem Sohn seine Tat »gestohlen« (Steinbach/Tuchel 2010).

Elsers Verhalten »war eine Herausforderung – nicht nur für seine Heimatregion, sondern auch für die deutsche Öffentlichkeit, [denn seine Tat] beschämte viele Deutsche« (Ortner), weil sie sich einredeten, sie selbst hätten ja nichts tun können gegen die Übermacht des Staats. Im Zweiten Weltkrieg soll man sich, wenn die Rede auf das Attentat im Bürgerbräukeller kam, zugeflüstert haben, es habe dort neben den Toten und Verletzten »60 Millionen Verkohlte« gegeben. Nach dem Krieg überwog die Meinung, Elser sei ein »Werkzeug« der Nazis gewesen. Erst seit der Entdeckung (1964), der Auswertung (Hoch 1969) und der Veröffentlichung der Verhörprotokolle (Gruchmann 1970) ist die Wahrheit bekannt, aber es dauerte doch noch länger, bis diese wissenschaftlichen Erkenntnisse sich durchsetzten. Elser wurde zwar 1978 als »wahrer Antagonist Hitlers« (Joseph P. Stern) und 1989/90 als »einsamer Attentäter« (Peter Steinbach) anerkannt und gewürdigt, aber als »wirklichen Durchbruch« in der Öffentlichkeit bezeichnet Gruchmann die Gedenkrede von Helmut Kohl 1994.

Und doch wurde noch 1999, im Jahr der 50. Wiederkehr des Anschlags, behauptet, Elser habe weder den Unrechtscharakter des NS-Regimes noch die Unvermeidlichkeit des Kriegs absehen können und durch die Inkaufnahme des Todes Unschuldiger unmoralisch gehandelt (Fritze). Dieser Einzelmeinung ist mit Recht deutlich widersprochen worden: Eine solche Argumentation rückte Elser – auch wenn dies nicht intendiert war – in die Nähe von Terroristen, »entlastet« nicht nur Mitläufer und alle, die keinen Widerstand wagten, sie »delegitimiert zugleich jene, die den Widerstand wagten« (Steinbach/Tuchel, 2010).

73

Guillotine, die 1854 im Rahmen einer Justizreform als »Bayrische Fallschwertmaschine« eingeführt wurde und bis 1945 in der Münchner Justizvollzugsanstalt Stadelheim im Einsatz war.

Nicht einfach »eine« Guillotine

Staatliche Willkür und Anmaßung

»Die Todesstrafe ist abgeschafft«, lautet die einfache wie eindeutige Formulierung in Artikel 102 des Grundgesetzes der Bundesrepublik Deutschland seit 1949. Die DDR verkündete im Juli 1987 die Abschaffung. Die Todesstrafe geht zurück auf den archaischen Gedanken der Vergeltung von Gleichem mit Gleichem und den mosaischen Ausspruch »Auge um Auge, Zahn um Zahn«. Praktiziert wurde sie im Lauf der Geschichte auf unterschiedlichste Weise, je nachdem, in welchem Maß damit Entehrung und Schmerzen verbunden sein sollten. Die *Peinliche Gerichtsordnung* Karls V. aus dem Jahr 1532, die als das erste allgemeine deutsche Strafgesetzbuch gilt, nannte im Wesentlichen acht verschiedene Arten der Vollstreckung, erst zwei Jahrhunderte später, mit der Aufklärung, wurde ihre Anwendung von Friedrich dem Großen eingeschränkt (1743); wiederum zwei Jahrzehnte später, 1764, erschien in Italien, kurz danach auf Deutsch in verschiedenen Ausgaben, das Buch des Marquis Cesare de Beccaria *Von Verbrechen und Strafen*, mit dem die Forderung nach einer Humanisierung des Strafrechts und einer fast völligen Abschaffung der Todesstrafe laut wurde. Es galt als eine Art von »Manifest« der Gegner der Todesstrafe, stieß aber bei den Obrigkeiten auf Ablehnung. Wenn diese die Todesstrafe dann doch in andere Strafmaßnahmen umwandelten, hieß das noch lange nicht, dass die Sträflinge mit dem Leben davonkamen. So wurden sie beispielsweise in Österreich 1787 zum Schiffziehen vor allem entlang der Donau eingesetzt – eine Arbeit, bei der die Sträflinge meist nach kurzer Zeit umkamen. Gegen Beccaria und für die Todesstrafe sprach sich ausdrücklich Immanuel Kant aus, allerdings müsse eine Hinrichtung ohne »Misshandlung« erfolgen.

In Deutschland wurden in der zweiten Hälfte des 18. Jahrhunderts die zum Tode Verurteilten noch ohne bestimmtes Prozedere getötet. Ab dem 19. Jahrhundert verlangten die deutschen Strafgesetzbücher die »Enthauptung« für die Vollstreckung der Todesstrafe, die Einzelheiten wurden in den Ländern unterschiedlich geregelt. Die Paulskirchen-Verfassung von 1849 sah in Paragraf 139 die Abschaffung der Todesstrafe vor, galt jedoch nur kurze Zeit. Lediglich Bremen, Oldenburg und Sachsen beließen es bei der Abschaffung. Der Reichstag beschloss im März 1870 mit großer Mehrheit die Abschaffung, musste aber im Mai nachgeben, weil der Bundesrat und die meisten der hinter ihm stehenden Fürsten für die Todesstrafe waren. Sie galt im Deutschen Reich ab 1. Januar 1871 für Mord und schwere Militärstraftaten; die Vollstreckung erfolgte im ersten Fall gemäß Landesgesetzen, im zweiten durch Erschießen. Wilhelm I. von Preußen unterzeichnete von 1868 bis 1878 keinen einzigen Hinrichtungsbefehl, in Bayern wurden 1868 bis 1880 sieben Exekutionen vollzogen. Laut der ab 1882 geführten Reichskriminalstatistik gab es bis Ende des Ersten Weltkriegs jährlich etwa 34 bis 76 Todesurteile, von denen 15 bis 25 vollstreckt wurden, in der Weimarer Republik dann jährlich 39 bis 149 Todesurteile und eine bis 36 Vollstreckungen, wobei ab 1925 die Zahlen deutlich zurückgingen.

Dies änderte sich mit der Machtergreifung durch die Nationalsozialisten, »niemals sind in so kurzer Zeit so viele Todesurteile erlassen worden« (Wesel). Meist wurden sie auch vollstreckt. Zudem wurden die Statistiken über die Hinrichtungen immer unzuverlässiger; nach einer Umfrage bei den Generalstaatsanwälten von 1952 wurden 1940 bis 1945 3069 Todesurteile vollstreckt, nach Schätzungen des Bundesjustizministeriums 1989 hingegen wurden unter dem Nationalsozialismus 16 000 Todesurteile verhängt und davon mehr als drei Viertel vollstreckt; außerdem gab es mindestens 25 000 Todesurteile durch Kriegsgerichte.

In den westlichen Besatzungszonen ließen die Alliierten etwa 750 Personen wegen Verbrechen unter dem Nationalsozialismus hinrichten, deutsche Gerichte sprachen bis 1949 125 Todesurteile aus, von denen wohl 23 vollstreckt wurden (Dachs, Düsing) – soweit die Zahlen ermittelbar sind. Die letzten Vollstreckungen betrafen Raubmörder und fanden am 18. Februar 1949 in Tübingen und am 11. Mai 1949 im Gefängnis Berlin, Lehrter Straße, statt. Da in Berlin das Grundgesetz infolge des Viermächtestatus der Stadt nur bedingt galt, wurde die Todesstrafe hier erst am 14. März 1989 abgeschafft; theoretisch hätten bis dahin die Westalliierten noch Todesurteile aussprechen können.

Die Zahl der in der Sowjetischen Besatzungszone beziehungsweise in der DDR Hingerichteten ist nicht genau bekannt, aber wahrscheinlich wesentlich höher als in den Westzonen; bis 1987 wurden etwa 200 Todesstrafen verhängt und etwa 130 vollstreckt. Die letzte Exekution fand am 26. Juni 1981 in der Vollzugsanstalt Leipzig statt. Sie wurde an Werner Teske vollzogen, einem Hauptmann des Ministeriums für Staatssicherheit, der wegen angeblich vorbereiteter und »vollendeter« Spionage und versuchter Fahnenflucht zum Tode verurteilt worden war. In der DDR war 1968 die Guillotine abgeschafft worden, der Verurteilte wurde seitdem nach Betreten des Vollstreckungsraums und den Worten »Das Gnadengesuch ist abgelehnt, Ihre Hinrichtung steht unmittelbar bevor« von hinten durch eine Pistole mit aufgesetztem Schalldämpfer erschossen. Das Urteil an Teske war rechtswidrig und wurde 1993 annulliert. Der DDR-Militärrichter und der Staatsanwalt wurden 1998 als Mitverantwortliche wegen Totschlags und Rechtsbeugung beziehungsweise Beihilfe zu vier Jahren Haft verurteilt.

Es gibt wohl kein Museumsobjekt, das mit mehr Schauder betrachtet wird als eine Guillotine. Das erwähnte Berliner Exemplar kam ins Deutsche Historische Museum, wird aber dort nicht ausgestellt, die Tübinger Guillotine befindet sich im Strafvollzugsmuseum Ludwigsburg. Beide wurden nach 1937 in der Justizvollzugsanstalt Berlin-Tegel gebaut. Die jüngste in Deutschland hergestellte Guillotine wurde nie »benutzt«: Da es in der französischen Zone keine solche Hinrichtungsmaschine gab, musste sie zur Hinrichtung einer 1947 verurteilten doppelten Kindesmörderin eigens angefertigt werden. Sie kam jedoch nicht mehr zum Einsatz, weil das Grundgesetz verabschiedet wurde, als sie fertiggestellt war; diese Todesstrafe wurde in »lebenslänglich« umgewandelt und die Verurteilte 1970 mit 80 Jahren begnadigt.

Wann immer eine Guillotine neu entdeckt wird, erregt das großes Aufsehen und schauderndes Entsetzen. Umso mehr, wenn es sich um jene handelt, von der angenommen wurde, sie sei im April 1945 mit 45 Todeskandidaten kurz vor dem Einmarsch der Amerikaner in München aus dem Gefängnis München-Stadelheim nach Straubing verbracht, das Fallbeil aber von den Justizvollzugsanstaltsmitarbeitern auf dem Weg in der Donau versenkt worden; die spätere Suche danach, auch durch Taucher, war ergebnislos geblieben. Die Guillotine gelangte 1974 in die Sammlung des Bayerischen Nationalmuseums, ohne dass ihre Geschichte erforscht wurde, und blieb anschließend unbeachtet.

Es war im Januar 2014 eine Sensation, als die Medien berichteten: »Das in Vergessenheit geratene Fallbeil, mit dem 1943 die Geschwister Scholl hingerichtet wurden, ist wieder aufgetaucht. Es befand sich seit bereits 40 Jahren im Depot des Bayerischen Nationalmuseums« (Agence

France Presse). Nach intensiven Untersuchungen hatten sich Gerüchte bestätigt: Es handelt sich mit an Sicherheit grenzender Wahrscheinlichkeit nicht nur um die Guillotine, mit der die Geschwister Scholl hingerichtet wurden, sondern wohl um die älteste erhaltene und eine der von der deutschen Justiz am meisten eingesetzten Guillotinen überhaupt.

Nach Sachsen, Württemberg und Hessen-Darmstadt hatte 1854 auch der bayerische König angeordnet, die Todesstrafe nicht mehr durch das Schwert, sondern mittels Fallbeil zu vollstrecken. Kurz zuvor war die Hinrichtung eines 19-jährigen Mörders erst nach mehreren Hieben »gelungen«. Zugleich wurden Exekutionen jetzt in den frühen Morgenstunden vollzogen, um die Anzahl der Schaulustigen zu verringern, ab 1861 wurden sie aus dem öffentlichen Raum in die Gefängnisse verlegt. Bayern lieh die Hinrichtungsmaschine zunächst aus Württemberg aus und ließ dann eine eigene »Fallschwertmaschine« konstruieren. Der Auftrag ging an Johann Mannhardt, den Inhaber einer vor allem auf Turmuhren spezialisierten Werkzeug- und Maschinenfabrik in München; auch die Uhren der Münchner Frauenkirche und des Berliner Rathauses stammen von Mannhardt. Nach den Vorgaben der bayerischen Bauinspektion wurden bei dem sogenannten Mannhardt-Fallbeil nicht nur Schwert und Schlitten, sondern auch der Rahmen aus massivem Eisen hergestellt, außerdem erhielt es aus Transportgründen eine geringere Fallhöhe.

Bis zum Ersten Weltkrieg verhängten die bayerischen Schwurgerichte nur wenige Todesurteile, von denen die meisten auf dem Gnadenweg in Freiheitsstrafen umgewandelt wurden. Mit der Machtergreifung der Nationalsozialisten änderte sich dies: Waren bis dahin insgesamt wohl an die 100 Hinrichtungen mit diesem Fallbeil durchgeführt worden, so vervielfachte sich in den zwölf Jahren der Hitlerdiktatur die Zahl auf – allein in Stadelheim – geschätzte 1500.

Für die Urteilssprüche zuständig waren seit jeher Richter und Schwurgerichte, für ihren Vollzug sogenannte Nachrichter – Henker. Im *Sachsenspiegel* (siehe »*Der Sachsenspiegel*«) aus der ersten Hälfte des 13. Jahrhunderts war für dieses Amt einer der Richter vorgesehen, meist der jüngste, oder der Ankläger, im Augsburger Stadtrecht wurde 1276 erstmals ein Scharfrichter erwähnt. Mit der Zeit bildeten sich regelrechte Scharfrichterdynastien heraus: Der Beruf galt als »unehrlich«, wurde gemieden, sein Inhaber hatte meist einen gesonderten Platz in der Kirche ebenso wie im Wirtshaus, die Söhne wurden nicht in Zünfte aufgenommen, andere Berufswege standen praktisch nicht offen.

Das »Mannhardt-Fallbeil« wurde fast ausschließlich von einer der bayerischen »Scharfrichterdynastien« seit dem 18. Jahrhundert bedient: Franz Xaver Reichhart übernahm das Amt 1894 von einem seiner Verwandten, nachdem er zwölf Jahre lang dessen Gehilfe gewesen war; in seinem penibel geführten Tagebuch berichtet er von 58 Hinrichtungen. 1924 schlug er seinen Neffen Johann als Nachfolger vor, einen gelernten Metzger, zuweilen auch Gastwirt und erfolgloser Fuhrunternehmer. Hatte sein Onkel noch rund dreieinhalb Minuten für eine Hinrichtung mit der Guillotine gebraucht, so rühmte sich sein Neffe bald, der »schnellste Scharfrichter Bayerns« (Dachs) zu sein. Johann Reichhart dürfte mehr Menschen als jeder andere exekutiert haben, schätzungsweise über 3000, denn er war außer in München-Stadelheim noch in mehreren anderen der »Zentralen Hinrichtungsstätten« des NS-Staats im »Einsatz«. Er erfand neue Metallfesseln, die später allgemein verwendeten »doppelten Kriminalpatentzangen«, und ließ das bis dahin übliche Kippbrett, auf dem Delinquenten angeschnallt worden waren, durch eine unbewegliche Bank ersetzen, sodass das Anschnallen entfiel. Das »Mannhardt-Fallbeil« im Bayerischen Nationalmuseum weist diese Merkmale auf, die es eindeutig identifizierbar machen.

Trauriger Höhepunkt der Karriere dieser Hinrichtungsmaschine war zweifellos der 22. Februar 1943, als Sophie und Hans Scholl mit Christoph Probst für ihr mutiges Eintreten gegen die Diktatur des »Dritten Reichs« hingerichtet wurden. Die Geschwister waren schon 1937 mit dem Regime in Konflikt geraten und einige Wochen inhaftiert. In ihrer Widerstandsgruppe Weiße Rose verteilten sie zuletzt gemeinsam mit ihren Freunden Alexander Schmorell, Christoph Probst, Willi Graf und anderen antinationalsozialistische Flugblätter in der Münchner Universität und wurden deswegen vom dortigen Hausmeister am 18. Februar denunziert, von der Gestapo verhaftet und drei Tage lang verhört. Am 22. Februar wurden die beiden Geschwister und Christoph Probst vom Volksgerichtshof unter Leitung des eilends aus Berlin angereisten Roland Freisler nach einer zweistündigen »Verhandlung« abgeurteilt. Noch am selben Tag wurde das Urteil im Gefängnis München-Stadelheim vollstreckt. Der Henker der drei – ebenso wie übrigens auch der später abgeurteilten Freunde aus der Gruppe – war Johann Reichhart, der später berichtete, er habe noch nie jemanden so sterben sehen; Hans Scholl habe laut gerufen: »Es lebe die Freiheit!«

Das inzenierte Foto wurde durch Stalins persönliche Entscheidung zu einem der meistreproduzierten des Jahrhunderts und zum Symbol des Weltkriegsendes.

74

Die sowjetische Fahne auf dem Reichstag

Der 8. Mai 1945 – Niederlage und Befreiung

Jewgeni Chaldej (1917–1997) ahnte nicht einmal in seinen kühnsten Träumen, dass dieses Foto zu einem der am häufigsten reproduzierten des 20. Jahrhunderts werden würde. Am Tag nach der Eroberung des schwer umkämpften Reichstags betrat er mit anderen Militärfotografen am Morgen des 2. Mai 1945 gegen sieben Uhr das Gebäude, das eben erst für Fotografen freigegeben worden war, während in den Kellerräumen noch bis in die Mittagsstunden gekämpft wurde. Hitler hatte zwei Tage zuvor wenige Hundert Meter von hier Selbstmord begangen. Chaldej war Leutnant der Marine und hatte den Auftrag, ein Bild mit der sowjetischen Fahne auf dem Dach des Reichstags zu machen. Mit einem jungen russischen Soldaten kletterte er so hoch er konnte in dem noch brennenden Gebäude. »Überall war schrecklicher Lärm: Russen, Deutsche, alle schrien durcheinander«, berichtete er später. Er suchte lange nach dem besten Motiv und flog dann in der Nacht zum 3. Mai nach Moskau zurück. Bei der Nachrichtenagentur TASS entwickelte er seine Negative und »kratzte« mit einer Nadel eine der beiden Uhren eines der Rotarmisten aus dem Negativ; er hatte dieses »Beutezeichen« übersehen.

Chaldej besaß mit einer von ihm noch vor dem Krieg in Moskau erworbenen, gebrauchten Leica III die damals beste Kleinbildkamera, dazu ein hochwertiges Elmar-Objektiv und gutes Filmmaterial. Sein Foto hatte eine technisch und kompositorisch größere Qualität, besaß mehr Tiefenschärfe als andere, und er hatte es zusätzlich retuschiert, um ihm besondere Dynamik zu geben; in dieser Variante des Fotos vor allem durch das Einkopieren von Rauchschwaden aus einem anderen Kleinbildnegativ, in anderen durch eine vom Wind gebauschte rote Fahne. So erweckt das Foto zwar den Eindruck, als sei es während des Kampfs entstanden, allerdings tragen die Rotarmisten Mützen statt Stahlhelmen, und auf den Straßen sind keinerlei Kämpfe mehr zu bemerken, nur einzelne Panzer, LKWs, Schutthalden, wenige Menschen. Von einem hohen Standpunkt an den östlichen Dachaufbauten des Reichstagsgebäudes geht der Blick nach Süden in Richtung Brandenburger Tor. Über allem weht wie ein Zeichen des totalen Siegs die sowjetische Fahne.

Die »umfassendste Manipulation« (Wobring) an dem Foto nahm nicht der Fotograf vor, sondern Stalin persönlich. Er bestimmte, dass nicht die tatsächlichen Akteure auf dem Foto benannt wurden, sondern drei Rotarmisten, die zwar an der Erstürmung des Reichstags beteiligt waren, aber nichts mit dem Foto zu tun hatten: Sie wurden als Helden der Sowjetunion ausgezeichnet, bei Gedenktagen und Militärparaden öffentlich geehrt, auf Plakaten abgebildet, erhielten lebenslange Renten und letztlich einen herausragenden Platz in der sowjetischen Erinnerungskultur. Die Namen der drei tatsächlichen Akteure wurden erst in der zweiten Hälfte der 1990er-Jahre publik.

Auch der Name des Fotografen blieb bis Mitte der 1990er-Jahre ungenannt, Chaldej hielt sich an seine schriftlich gegebene Verpflichtung zur absoluten Geheimhaltung. Er stammte aus der Ukraine, hatte seine Mutter im Alter von einem Jahr bei Judenpogromen verloren, als Zwölfjähriger mit einer selbst gebastelten Kamera experimentiert, sich autodidaktisch weitergebildet und war mit 19 Jahren TASS-Fotograf in Moskau geworden. Kurz nach Kriegsbeginn 1941 begannen seine Einsätze an vielen Kriegsorten bei der Nordmeerflotte, am Schwarzen Meer, in Budapest, Wien, Berlin, bei der Potsdamer Konferenz und beim Nürnberger Prozess. Er sah unglaubliche Grausamkeiten, führte auch eine Zeit lang ein geheimes Kriegstagebuch. 1948 wurde er wegen seiner jüdischen Herkunft von TASS entlassen, nach dem Parteitag der »Entstalinisierung« (1956) von der Parteizeitung *Prawda* 1957 eingestellt, 1972 wieder entlassen und lebte arm und vergessen, während sein berühmtes Foto im Kult um den Sieg im »Großen vaterländischen Krieg« eine geradezu »identitätsstiftende Rolle« (Wobring) bekam. In der DDR wurde es 1970 und 1975 anlässlich der Jahrestage der »Befreiung vom Faschismus« auf 10- und 50-Pfennig-Briefmarken stilisiert abgebildet. Sein Foto vom 2. Mai 1945 wurde weltweit zum Symbol für den Sieg der Roten Armee über das nationalsozialistische Deutschland. Dass der Fotograf dahinter schließlich doch noch bekannt wurde, als er bereits 77 Jahre alt war, ist nach dem Fall des Eisernen Vorhangs westlichen Medien zu verdanken.

Als Chaldej sein Foto machte, agierte Admiral Dönitz als Hitlers Nachfolger. Er versuchte, den Kampf gegen die Rote Armee fortzusetzen, um möglichst vielen Menschen die Flucht nach Westen zu ermöglichen, und verfolgte eine Taktik der Teilkapitulationen gegenüber den

Westalliierten; die letzte fand am 4. Mai gegenüber den Briten statt. Die bedingungslose Gesamtkapitulation unterzeichnete am frühen Morgen des 7. Mai um 2:39 Uhr Generaloberst Jodl im Alliierten Hauptquartier in Reims, sie trat am Tag darauf, Freitag, 8. Mai, um 23:01 Uhr in Kraft. Am 9. Mai um 0:15 Uhr, also mehr als eine Stunde nach Inkrafttreten, unterzeichnete Generalfeldmarschall Keitel gegenüber der Sowjetunion in Berlin-Karlshorst eine weitere Kapitulationsurkunde. An der Gültigkeit der ersten Kapitulation für alle Fronten herrschte kein Zweifel, was in Karlshorst stattfand, war eine Propagandainszenierung für die Rote Armee. Am 9. Mai verkündete Stalin das Kriegsende, seither wird an diesem Tag in Russland gefeiert.

Das seit Langem herbeigesehnte Kriegsende war freilich in Deutschland an ganz unterschiedlichen Tagen gekommen: Die deutsche Reichsgrenze im Westen überschritten amerikanische Truppen am 11. September 1944 nordwestlich von Trier; im Osten erreichte die Rote Armee die Grenze in Ostpreußen am 10. Oktober 1944. Als erste Großstadt wurde Aachen am 21. Oktober 1944, Köln am 4. März 1945 eingenommen, am 22. überschritten die Amerikaner den Rhein bei Oppenheim. Am 19. April war nach der verlustreichen Schlacht auf den Seelower Höhen der Weg nach Berlin praktisch frei. An der Elbe, 30 Kilometer flussaufwärts von Torgau, war es am 25. April 1945 zu einem ersten Kontakt der sowjetischen und amerikanischen Truppen gekommen, der am 26. als »Elbe Day« auf der zerstörten Elbebrücke für die Kameras in Szene gesetzt wurde. Die Briten nahmen Bremen am 26. April, Hamburg am 3. Mai ein. Die französische Armee überquerte im Süden im April den Rhein.

Das Kriegsende war ebenso Tag der Niederlage wie der Befreiung. Die meisten Menschen erlebten den Tag zwiespältig, einerseits als die erwartete militärische Niederlage und einen moralischen Zusammenbruch, andererseits keimte Hoffnung auf einen Neuanfang auf. Alles war überlagert von vielfältigsten gemischten Gefühlen, vor allem der Sorge ums schlichte Überleben.

Was sich international als »VE-Day« (Victory in Europe Day) und in Deutschland als »Tag des Kriegsendes« einbürgerte, wird in den verschiedenen Staaten unterschiedlich begangen. In der Sowjetunion bzw. in Russland ist der 9. Mai der »Tag des Sieges«, in den Niederlanden wird am 5. Mai der »Bevridingsdag« gefeiert. Für die Westalliierten, vor allem für Frankreich, spielen auch die Gedenkfeiern des »D-Day«, des Tages der Invasion an der Küste der Normandie in der Nacht vom 5./6. Juni

1944, eine wichtige Rolle; seit 2004 nehmen auch die deutschen Bundeskanzler daran teil.

Wahrnehmung und erinnerungspolitische Bewertung des 8. Mai haben sich in Deutschland über die Jahre erheblich verändert. Die Fiktion von der »Stunde Null« wurde immer wieder bemüht, obwohl solche »Etiketten« mehr verdecken, als sie offenbaren. Denn der Transformationsprozess vom »Dritten Reich« in die Bundesrepublik und in die DDR dauerte auf den verschiedenen gesellschaftlichen und wirtschaftlichen Gebieten unterschiedlich lang. In der DDR wurde der 8. Mai auf Beschluss der Volkskammer 1950 zum gesetzlichen Feiertag und als »Tag der Befreiung des deutschen Volkes vom Hitlerfaschismus« begangen, wobei die Rolle der Roten Armee dabei immer besonders gewürdigt wurde. Seit 2002 haben im östlichen Teil Deutschlands das Land Mecklenburg-Vorpommern und seit 2015 Brandenburg am 8. Mai einen offiziellen Gedenktag, 2005 wurde in Berlin aus Anlass der 60. Wiederkehr ein »Tag der Demokratie« begangen.

Gegenüber den »angeordneten« Feierlichkeiten in der DDR entwickelte sich das Gedenken an den 8. Mai in der Bundesrepublik langsam. Der Parlamentarische Rat verabschiedete bewusst am vierten Jahrestag der Kapitulation das Grundgesetz, kurz vor Mitternacht wurde es angenommen. Es war insbesondere ein Wunsch Adenauers, diesen Tag neu und positiv zu besetzen, und er legte Wert darauf, dass später Faksimileausgaben des Grundgesetzes mit dem Hinweis »Zur Erinnerung an die Verabschiedung des Grundgesetzes am 8. Mai 1949« versandt wurden. An diesem Tag sprach der im folgenden September zum Bundespräsidenten gewählte Theodor Heuss die berühmt gewordenen Worte über den 8. Mai als »die tragischste und fragwürdigste Paradoxie der Geschichte für jeden von uns. [...] Weil wir erlöst und vernichtet in einem gewesen sind.«

Für die »Kinder« des Wirtschaftswunders war 20 Jahre später das Kriegsende weit entfernt. Bundeskanzler Ludwig Erhard erinnerte in einer Ansprache in Fernsehen und Rundfunk zum 20. Jahrestag der Kapitulation daran, wie Deutschland »geschlagen und gedemütigt am Boden lag«, und forderte, den 8. Mai als »Gedenktag der Befreiung« zu feiern. 1970 fand erstmals eine Gedenkveranstaltung im Deutschen Bundestag statt, bei der Bundeskanzler Willy Brandt, der den 8. Mai 1945 in Stockholm erlebt hatte, und Richard von Weizsäcker sprachen. Den 30. Jahrestag 1975 nahm Bundespräsident Walter Scheel zum Anlass, ausführlicher über den Nationalsozialismus zu sprechen. Er wurde damit »stilbildend für seine Nachfolger« und nahm »manches von dem vorweg, was Weizsäcker ein Jahrzehnt später vertiefte und popularisierte« (Blasius); beide hatten denselben Redenschreiber.

Richard von Weizsäckers berühmte Rede zum 40. Jahrestag am 8. Mai 1985 ist mittlerweile Maßstab und Messlatte aller Reden zu diesem Anlass, mit der damals als sensationell empfundenen Formel vom »Tag der Befreiung« war sie ein »Konsensangebot« (Wirsching) für alle gesellschaftlichen und politischen Gruppen. Helmut Kohl nannte sie einerseits »Anbiederungsrede« und »Bilderbuchrede fürs deutsche Schulbuch« (2001), andererseits beansprucht er in seinen *Erinnerungen* ausdrücklich »quasi die Urheberschaft« (Blasius), indem er an eigene Reden mit dieser Konsensformel im Februar 1985 im Bundestag und im April in Bergen-Belsen erinnerte. Zum 50. Jahrestag 1995 erklärte Bundespräsident Roman Herzog den Streit über die Frage, ob der 8. Mai Tag der Niederlage oder der Befreiung sei, für beendet, weil seine Vorgänger Heuss und Weizsäcker – Scheel erwähnte er nicht – »dazu schon Richtungsweisendes, ja Abschließendes« gesagt hätten. Mit diesem Tag sei »ein Tor in die Zukunft« aufgestoßen worden. In der Rede von Bundespräsident Horst Köhler zum 60. Jahrestag 2005 hielten sich in der Betrachtung der deutschen Vergangenheit »Scham über die Vergangenheit und Stolz über den Neuanfang die Waage«.

Umso wichtiger ist, was Heinrich August Winkler den Deutschen zum 70. Jahrestag 2015 aus der Sicht des Historikers ins Stammbuch schrieb: »Jede Generation wird ihren eigenen Zugang zum Verständnis einer so widerspruchsvollen Geschichte wie der deutschen suchen.« Auch diese Gedenkstunde fand im Deutschen Bundestag statt, dem Reichstagsgebäude, auf dem jenes berühmte Foto entstand. Einem Gebäude, in dem – eine Besonderheit dieses Parlamentsgebäudes in jedem internationalen Vergleich – jene kyrillischen Graffiti sorgfältig bewahrt wurden, die Chaldejs Kameraden damals auf die Wände schrieben. Chaldejs Foto, seine Geschichte und die der Erinnerung an die Kapitulation erinnern daran, dass tatsächlich jede Generation ihren Zugang zur Geschichte neu suchen muss.

Unendlich viele Karteikarten – Millionen Schicksale, viel Verzweiflung und manches Glück: die Suchdienst-Kartei des Roten Kreuzes.

Die Suchdienst-Kartei

Flucht und Vertreibung

Kein anderes Objekt vermittelt eindrücklicher, dass Flucht und Vertreibung aus den historischen deutschen Ost- und Siedlungsgebieten als Folge des Zweiten Weltkriegs die wohl größte Massenzuwanderung aller Zeiten bedingten. Die abgebildeten Regale mit 20 Kästen und jeweils Hunderten von handschriftlich ausgefüllten Karteikarten »Suchender« und »Gesuchter« sind nur ein Bruchteil der gesamten Suchdienst-Kartei. Sie umfasste etwa 35 000 Kästen in 587 Regalen mit rund 60 Millionen Karten – aneinandergereiht eine Strecke von 9000 Kilometern. Jede einzelne Karte, hier von »Lanhammer« bis »Lenge«, mit Namen, Vornamen, Geburtsdatum, Anschrift, oft nur dürftigen Angaben über die Verschollenen ist für sich genommen unscheinbar, hat aber im Hintergrund eine Verbindung mit unvorstellbaren Schicksalen und ist zugleich auch Zeugnis eines gigantischen bürokratischen Apparats.

Bei Kriegsende 1945 kannten die Menschen noch nicht die weltweit schreckliche Bilanz des Kriegs mit insgesamt über 60 Millionen Toten, unter ihnen 20 Millionen aus der Sowjetunion, fast fünf Millionen Polen, mehr als eine halbe Million Franzosen, fast eine halbe Million Jugoslawen, fast 400 000 Briten und über 300 000 Amerikaner. Die Deutschen konnten auch noch nicht die Gesamtzahl ihrer 7,35 Millionen toten Landsleute kennen, ebenso wenig die Zahl der insgesamt elf bis zwölf Millionen Deutschen in Kriegsgefangenschaft. Viele hofften noch auf die Rückkehr längst gefallener und verstorbener Angehöriger. Die meisten Kriegsgefangenen, vor allem die in britischem und amerikanischem Gewahrsam, kehrten innerhalb des ersten Nachkriegsjahres zurück, die letzten aus der Sowjetunion erst nach zehn Jahren. Über eine Million, etwa ein Drittel der Wehrmachtssoldaten, die in sowjetische Gefangenschaft geraten waren, überlebte diese nicht. In deutscher Kriegsgefangenschaft waren über 60 Prozent der sowjetischen Gefangenen – 3,3 Millionen Angehörige der Roten Armee – umgekommen.

Ein endloser Treck von zwölf bis 14 Millionen Flüchtlingen und Vertriebenen strömte seit 1944/45 aus den ehemaligen deutschen Ost- und Siedlungsgebieten in ein zerstörtes Land, das kaum seine eigene, vor allem in den Großstädten ausgebombte und oft evakuierte Bevölkerung angemessen unterbringen, geschweige denn ausreichend ernähren konnte. Jeder Vierte suchte Angehörige oder Freunde oder wurde gesucht; nie zuvor waren zu gleicher Zeit so viele Menschen unter so desolaten Verkehrs-, Kommunikations-, überhaupt Infrastrukturverhältnissen unterwegs gewesen. Viele schrieben Hinweise auf Mauern und Trümmer, brachten Fotos und Zettel an zerstörten Häusern und Wohnungen an, klebten sie an Laternen und Säulen.

Diese Einzelaktionen wurden auf lokaler Ebene allmählich organisiert, Pfarrer teilten von der Kanzel mit, wer wen suchte, die Gemeindeämter waren Anlaufstellen, und das Rote Kreuz begann im Oktober 1945 mit der Zentralisierung der Suche; viele halfen ehrenamtlich, sammelten Daten, befragten Heimkehrer und druckten Anzeigen. Seit September 1945 wurde der Suchdienst für die Britische Besatzungszone in Hamburg koordiniert, für die amerikanische etwa gleichzeitig in München, im Januar 1946 begann eine Koordination der Suche zwischen beiden Zonen. Im August 1946 entstand eine Anlaufstelle für die sowjetische und im Dezember die für die französische Zone in Rastatt. Es waren schwierige Einzelschritte, weil die deutschen Beteiligten nur jeweils auf ihre Zonen begrenzt agieren durften und manche unlautere Initiative die Not schamlos ausnutzte. Über den Rundfunk wurde seit Dezember 1945 gesucht, bald auch im Kino und hier vor allem nach kleinen, oft namenlosen Kindern. Der Pinguin mit der Glocke in der Hand wurde zu einer Art »Maskottchen« für die Suche; Erich Kästner, zeitweiliger Herausgeber der Jugendzeitschrift *Pinguin,* machte die Suche zu einem der Anliegen des Blatts und schrieb: »Da zu helfen macht große Freude.« Anfang 1946 waren rund 300 000 »Fälle« von Kindern registriert, die Hälfte unter sechs Jahren, das »größte humanitäre Detektivinstitut der Welt«. Bis Ende 1948 waren 5,5 Millionen Angehörige zusammengeführt worden, aber noch etwa 3,4 Millionen Suchanfragen ungeklärt, darunter solche nach 1,8 Millionen Wehrmachtsangehörigen, 1,6 Millionen Zivilpersonen und 28 000 elternlosen Kindern (*Die Zeit,* November 1948, nach Kalczyk/Westholt). Es war in Deutschland »die größte Suchaktion der Geschichte« (*Solferino*), bis 1950 wurden auf 14 Millionen Anfragen allein vom Suchdienst des DRK fast neun Millionen Auskünfte erteilt, und noch über ein halbes Jahrhundert später werden »jährlich mehr als zehntausend Anfragen nach ungeklärten Schicksalen aus dem Zweiten Weltkrieg« bearbeitet (Stand 2015, nach *Solferino*).

Das 20. Jahrhundert ist als *das* Jahrhundert der Vertreibungen und der Flüchtlinge in die Geschichte eingegangen. Schon vor 1914 hatte es vor allem auf dem Balkan Vertreibungen von Millionen von Muslimen gegeben, aber erst der Erste und noch mehr der Zweite Weltkrieg brachten Zwangsmigrationen von bislang nicht gekanntem Ausmaß mit sich.

In den ersten Wochen nach Kriegsausbruch 1914 flüchteten 1,4 Millionen Belgier vor den deutschen Truppen, eine halbe Million Ostpreußen vor den Russen, der spätere Vormarsch der Mittelmächte nach Osten machte bis 1916 etwa fünf Millionen Menschen zu Flüchtlingen und Vertriebenen. Nach dem Ersten Weltkrieg lebten 1,35 Millionen Menschen im Deutschen Reich, die dort vor 1914 noch nicht gelebt hatten. An die Stelle des Vielvölkerreichs Österreich-Ungarn traten Nationalstaaten, in denen bisherige Minderheiten zu Mehrheiten wurden und deren nationale Homogenisierungspolitik zu Zwangsmigrationen führte. Die »konkrete Umsetzung der wahnwitzigen Idee der Entmischung der Bevölkerungen in dieser Phase bildete ein Modell, auf das sich nachfolgende Politiker beriefen, um ihre Vertreibungspolitik zu rechtfertigen« (Franzen, in *Flucht, Vertreibung, Integration*). Das Rote Kreuz kümmerte sich in dieser Phase vor allem um die Rückführung der Kriegsgefangenen: In Russland waren mindestens 2,3 Millionen meist österreichisch-ungarische Soldaten, in Deutschland etwa 2,5 Millionen Angehörige feindlicher Streitkräfte interniert. Rund 100 000 deutsche Soldaten und Zivilisten blieben vermisst, Hunderttausende Flüchtlinge strömten aus den durch den Versailler Vertrag verlorenen Ostgebieten, aus dem wieder an Frankreich fallenden Elsass-Lothringen und den ehemaligen Kolonien nach Deutschland zurück. Weil die Politik einer Anpassung der Grenzen an die Nationalitäten nach dem Ersten Weltkrieg gescheitert war, wurden nach dem Zweiten Weltkrieg die »Nationalitäten an die neuen Grenzen angepasst« (Beer, in *Flucht, Vertreibung, Integration*).

Zu den in der letzten Phase des Zweiten Weltkriegs, etwa seit Ende 1944, vor der Roten Armee Flüchtenden kamen im Frühjahr und Sommer 1945 Hunderttausende Opfer von »wilden« Vertreibungen aus dem wiedererrichteten polnischen Staat zugeschlagenen Gebieten sowie aus der 1938/39 vom NS-Regime zerschlagenen, ebenfalls wiedergegründeten Tschechoslowakei. Ende 1945 begannen die organisierten Vertriebenentransporte für mehrere Millionen Menschen, die aufgrund der Beschlüsse der Potsdamer Konferenz der Hauptsiegermächte (Juli/August 1945) aus den bisherigen deutschen Ostgebieten, aus Polen, der Sowjetunion, der Tschechoslowakei und Ungarn ausgewiesen worden waren. Die meisten von ihnen waren Deutsche – insgesamt eine schreckliche Völkerwanderung mit tödlichem Risiko, denn Schätzungen zufolge kamen mehr als zwei Millionen ums Leben, die meisten im Winter und auf der Flucht (Naimark, nach Faulenbach in *Flucht, Vertreibung, Integration*).

Bei der Verteilung der ankommenden Menschen auf die verschiedenen Besatzungszonen war der Anteil für die sowjetische Zone schon aus geografischen Gründen erheblich höher als für die westlichen Zonen, und die französische Zone verweigerte die Aufnahme zunächst. Gemäß Kontrollratsgesetz wurden die Neuankömmlinge oft gegen den Willen von Bewohnern oder Eigentümern zwangsweise verteilt. Ämter und Landkreise, erst recht die Einheimischen, wehrten sich vergeblich, und das Aufnahmesoll von zunächst zehn Prozent des Bevölkerungsstands von 1939 war rasch überschritten. In der SBZ/DDR betrug der Anteil von Flüchtlingen und Vertriebenen 1949 sogar 24,1 Prozent, mit regionalen Ballungen bis zur Hälfte der Bevölkerung wie in Mecklenburg-Vorpommern. In der SBZ und später der DDR wurden Flüchtlinge und Vertriebene seit 1945 grundsätzlich als »Umsiedler« bezeichnet, seit 1950 sogar als »ehemalige Umsiedler«, denn die Politik des sozialistischen Deutschland zielte auf schnellste Integration sowie Assimilation: Den Betroffenen blieb jede eigenständige politische Organisation verwehrt, ihr Schicksal hatte auch in der Erinnerungspolitik der DDR keinen Platz.

Der erzwungenen Integration im Osten stand im Westen ein Integrationsprozess gegenüber, den 1946 Zeitgenossen wie der Politologe Theodor Eschenburg, zuständig für Flüchtlingswesen im damaligen Land Württemberg-Hohenzollern, als »großes Experiment« mit ungewissem Ausgang sahen. Lange hofften viele der Neuankömmlinge auf eine Heimkehr, denn sie erfuhren nicht nur Ablehnung, sondern hatten auch größere Schwierigkeiten bei der Arbeitssuche: Bei einem Anteil von rund 16 Prozent (acht Millionen, April 1949) an der Bevölkerung in den Westzonen machten sie unter den Arbeitslosen 40 Prozent aus. 1948 wünschten sich noch 90 Prozent eine Rückkehr in die Herkunftsgebiete, selbst 1961 dachte noch über die Hälfte so. Westdeutschland blieb für viele Vertriebene lange eine »kalte Heimat« (Kossert). Genährt wurde die Illusion auf Rückkehr durch die offizielle Politik der Bundesregierungen, die eine förmliche Anerkennung der Gebietsverluste von 1945 lange Zeit verweigerten.

Obwohl »das Flüchtlingsproblem [...] wie eine Zeitbombe im Gebälk« der jungen Bundesrepublik »ticke« (Schwarz), wurde die Integration eine Erfolgsgeschichte. Die Neubürger wurden zu »Bausteinen« statt Dynamit, wie es der langjährige Vertriebenenminister Oberländer formulierte. Ihr Anteil am Wiederaufbau und am Wirtschaftswunder ist nicht zu unterschätzen, auch durch eine Vielzahl von Unternehmensgründungen, die nicht zuletzt Traditionsgewerbe in den Westen »importierten«. Freilich wurde das Bild eines »Integrationswunders« auch glorifiziert und zu einem Mythos, denn die Integration gelang weder geräusch- noch reibungslos. So gehörte der 1952 gesetzlich fixierte »Lastenausgleich« mit staatlichen Unterstützungsleistungen für den Neustart von Flüchtlingen, Vertriebenen und anderen Kriegsgeschädigten zu den umstrittensten Themen in der jungen Bundesrepublik.

Dass Flucht, Vertreibung und Integration bis heute zu jenen Themen deutscher Geschichte gehören, bei denen es noch »qualmt« (Barbara Tuchman), beweist auch die Auseinandersetzung über die Entstehung eines »Zentrums gegen Vertreibungen« in Berlin. 1999 wurde es vom Bund der Vertriebenen gefordert, 2005 die Schaffung eines »sichtbaren Zeichens« zu diesem Thema vereinbart und schließlich 2008 die »Stiftung Flucht, Vertreibung, Versöhnung« per Bundesgesetz gegründet. Diese hat die Aufgabe, in Berlin eine Dauerausstellung sowie ein Dokumentations- und Informationszentrum zu schaffen. Während das Bonner Haus der Geschichte 2005/2006 eine Wechselausstellung zu diesem Thema realisierte, die weithin anerkannt und auch in Warschau erfolgreich präsentiert wurde, kommt das Berliner Projekt nur langsam aus den Geburtswehen heraus. Obwohl ein Dutzend Museen und ähnliche Einrichtungen, die sich seit mehreren Jahrzehnten an verschiedensten Orten diesen Themen widmen, Erfolge vorweisen können und die Auseinandersetzung mit den Themen in Literatur und Film sehr breit ist, vertreten Verbandsvertreter nach wie vor die Ansicht, »das Leid der Vertriebenen [sei] nie angemessen aufgearbeitet worden« (*Spiegel*, 29.8.2015). Sobald das Thema nationale Repräsentanz beansprucht, stößt es auf besondere Sensibilität bei den östlichen Nachbarn und kann deswegen nur in enger europäischer Kooperation bearbeitet werden.

Zwei der vier Bänke, auf denen die Angeklagten saßen – stumme »Zeugen« eines großen Prozesses mit Signalwirkung für die Zukunft.

76

Die Anklagebank

Die Nürnberger Prozesse – das erste internationale Strafgericht

Eine Anklagebank ist nie bequem. Aber für die Verantwortlichen der Verbrechen des »Dritten Reichs« wünschten sich die Menschen nach Kriegsende gewiss die härtesten aller Bänke. Dennoch ist es ein Gerücht, dass der zuständige US-Ingenieur diese 2,15 Meter langen Anklagebänke für den Nürnberger Prozess so konstruiert habe, dass die Angeklagten nur »sehr unbequem darauf sitzen konnten«.

Bis die US-Administration den Schwurgerichtssaal 600 am 30. Juni 1961 offiziell an die bayerischen Justizbehörden zurückgab, war er weitgehend im Zustand von 1945/46 geblieben. Erst dann wurde er umgebaut, die Um- und Einbauten der Amerikaner wurden rückgängig gemacht, und der Saal wurde komplett neu möbliert.

Zwei Teile der Nürnberger Anklagebank blieben im Keller des Schwurgerichts zurück. Auf der vorderen waren (von links nach rechts) die Plätze von Hermann Göring, Rudolf Heß, Joachim von Ribbentrop und Wilhelm Keitel. An der Rückseite der Lehnen dieser Bank befinden sich Haken, an denen die Angeklagten auf der zweiten Bankreihe ihre Kopfhörer aufhängen konnten, mit denen sie die Simultanübersetzung verfolgen konnten. Auf der hinteren Bank hatten Karl Dönitz, Erich Raeder, Baldur von Schirach und Fritz Sauckel gesessen. Die weiteren Bänke rechts für (vorne) Alfred Rosenberg, Hans Frank, Wilhelm Frick, Julius Streicher, Walter Funk, Hjalmar Schacht und (hinten) Franz von Papen, Arthur Seyß-Inquart, Albert Speer, Konstantin von Neurath und Hans Fritzsche sind nicht erhalten geblieben. Es war tatsächlich eng auf diesen Holzbänken, zwischen den beiden Bänken vorne wurde noch ein Einlegebrett als Sitz für Ernst Kaltenbrunner angebracht.

Die vier Alliierten stimmten darin überein, dass sie die Verantwortlichen der NS-Herrschaft und des Weltkriegs zur Verantwortung ziehen wollten, aber sie lagen lange darüber im Streit, wie das geschehen solle.

Entgegen dem unter anderem von Finanzminister Morgenthau gemachten Vorschlag, die Kriegsverbrecher summarisch zu liquidieren, verständigten die Alliierten sich im August 1945 in London auf ein angelsächsisches Gerichtsverfahren und die Anklagepunkte Verschwörung zum Angriffskrieg, Verbrechen gegen den Frieden, Kriegsverbrechen und Verbrechen gegen die Menschlichkeit. Jeder der vier Alliierten stellte einen der Richter und Stellvertreter, jeder auch einen der Ankläger mit Stellvertreter. Amerikaner und Sowjets, die den Prozess jeweils in ihrer eigenen Zone durchführen wollten, einigten sich schließlich darauf, den neuen Internationalen Militärgerichtshof in Berlin zu installieren, aber dort wurde am 18. Oktober 1945 lediglich das Verfahren eröffnet, durchgeführt wurde es dann in Nürnberg. Es blieb das einzige Militärtribunal, an dem die vier Alliierten gemeinsam beteiligt waren.

Die Altstadt von Nürnberg war »zu 99 Prozent ›tot‹« (William L. Shirer, nach Radlmaier), doch es gab einen Flugplatz, und vor allem war der Justizpalast fast unzerstört. Er bot mit 580 Büros und 80 Verhandlungssälen genug Platz und sollte doch, wie einer der Vernehmungsoffiziere sich erinnerte, bald so »überfüllt [sein] wie ein Kaninchenstall« (Radlmaier). Das Gefängnis grenzte an den Justizpalast und war durch einen unterirdischen Gang mit ihm verbunden; ein Aufzug führte von dort direkt zum Verhandlungssaal. So kam es, dass der Saal 600 des Nürnberger Justizgebäudes vom 20. November 1945 bis zum 1. Oktober 1946 zu einem Ort der Weltgeschichte wurde. Zur Unterbringung der vielen militärischen und zivilen Mitarbeiter wurden Häuser und Villen in den Außenbezirken und in Fürth beschlagnahmt. Angeklagt waren außer den Erwähnten noch Robert Ley, der einen Monat vor Prozessbeginn Selbstmord beging, Martin Bormann, der seit Mai verschollen war (sein Tod im Jahr 1945 wurde offiziell erst 1972 festgestellt), sowie der 85-jährige Gustav Krupp von Bohlen und Halbach (gegen den das Verfahren ausgesetzt und das gegen seinen Sohn Alfried nachgeholt wurde). Außerdem waren als verbrecherische Organisationen angeklagt das Führerkorps der NSDAP, die Gestapo, SD, SS und SA, die Reichsregierung und das Oberkommando der Wehrmacht (OKW). Hitler, Goebbels und Himmler hatten gegen Kriegsende Selbstmord begangen. Alle Angeklagten plädierten »in den verschiedensten Tonarten, von hohnvoll über empört bis mißbilligend [...] auf nicht schuldig« (John Dos Passos, nach Radlmaier).

Der Prozess war ein »internationales Medienspektakel allerersten Ranges« (Radlmaier): 250 Journalisten und Rundfunkberichterstatter, elf Fotografen und Filmproduzenten aus allen Teilen der Welt berichteten; für 100 Amerikaner, 50 Briten, 40 bis 50 Franzosen, 25 bis 30 Russen und sieben Deutsche waren Plätze reserviert, fünf der ihnen zustehenden trat die sowjetische Delegation an ostdeutsche Medien ab. Als der Prozess am Dienstag, dem 20. November 1945, begann, reichten auf der Pressetribüne die insgesamt 235 Plätze nicht aus, auf denen sich unter anderem Willy Brandt, Alfred Döblin, Ilja Ehrenburg, Ernest Hemingway, Robert Jungk, Erich Kästner, Alfred Kerr, Erika Mann, John Dos Passos, Gregor von Rezzori, John Steinbeck und Markus Wolf einfanden.

Tonnen von Dokumenten waren gesammelt, gesichtet und überprüft, etwa 4000 Belege als Beweismaterial ausgewählt, registriert, fotografiert, in vier Sprachen übersetzt worden, darunter Fotos und Filme über die Verbrechen in den Konzentrationslagern. Die internationale Öffentlichkeit erfuhr auf diese Weise erstmals umfassend, sogar von Betroffenen und Verantwortlichen, die unvorstellbare Dimension der Verbrechen des »Dritten Reichs«. Insgesamt wurden mehr als 280 Zeugen befragt, 139 angehört, auch die anwesenden Angeklagten. Vor deren Bänken saßen an drei Tischreihen die Verteidiger. Der gesamte Prozess wurde auf 37 000 Meter Tonband mitgeschnitten und – das erste Mal überhaupt bei Gericht – simultan übersetzt; allein zum Sprachendienst gehörten rund 350 Mitarbeiter. Filme waren erstmals als Beweismaterial zugelassen, deren Dokumentation der Schrecken so realistisch war, dass »die Feder [sich] sträubt, über den Film zu berichten« (Wilhelm Süßkind am 4.12.1945, nach Radlmaier). Am 1. Oktober vormittags verlasen die Richter die Urteile, nachmittags die Strafmaße: zwölfmal Tod durch den Strang (Göring, von Ribbentrop, Keitel, Kaltenbrunner, Rosenberg, Frank, Frick, Streicher, Sauckel, Jodl, Seyß-Inquart, Bormann in Abwesenheit); drei lebenslänglich (Heß, der bis zu seinem Selbstmord 1987 im Spandauer Gefängnis von den Alliierten im monatlichen Turnus bewacht wurde, Funk und Raeder, die wenige Jahre vor ihrem Tod 1960 krank entlassen wurden); vier langjährige Freiheitsstrafen (Dönitz 10, von Schirach 20, Speer 20 Jahre, die ihre Haft vollständig verbüßten; von Neurath 15 Jahre, der zwei Jahre vor seinem Tod 1956 krank entlassen wurde); drei Angeklagte wurden freigesprochen (Schacht, von Papen, Fritzsche; sie wurden wenig später von der deutschen Polizei festgenommen, in Entnazifizierungsverfahren zu mehrjährigen Strafen in Arbeitslagern verurteilt und 1949/50 vorzeitig entlassen).

Die Todesurteile wurden am frühen Morgen des 16. Oktober 1946 vollstreckt, Gnadengesuche ebenso abgelehnt wie Anträge auf Umwandlung der Strafe in Vollstreckung durch Erschießen. Wie Göring trotz strenger Bewachung an Zyankali kam, um sich am Vorabend umzubringen, bleibt ungeklärt. Die Leichen wurden eingeäschert, die Asche verstreut. Es folgten in Nürnberg vom Dezember 1946 bis April 1949 zwölf weitere von den Amerikanern geführte, große Prozesse gegen insgesamt 185 Angehörige des Auswärtigen Amtes, Industrielle, Generäle, Ärzte, Juristen und höhere SS-Offiziere.

Bis in die Gegenwart sind die deutschen Gerichte mit der Ahndung von nationalsozialistischen Straftaten beschäftigt, nachdem der Strafverfolgungseifer der bundesdeutschen Justiz in den 50er-Jahren doch merklich zurückgegangen war. So begann in Lüneburg noch 2015 ein Strafprozess gegen einen 93-Jährigen.

Die Deutschen hatten 1945/46 ganz andere Sorgen, die meisten kämpften um ihr Überleben. Doch immerhin verfolgten sie – so amerikanische Meinungsforscher – den Prozess mehrheitlich mit »starkem und anhaltendem Interesse«, 65 Prozent bekannten, sie hätten »etwas gelernt« (Dezember 1945), 85 Prozent, sie seien »bekehrt« (Januar 1946, nach Radlmaier). Allerdings blieben viele auch desinteressiert oder wunderten sich über die lange Dauer des »Tribunals der Sieger«. Aber der Prozess legte nicht den Keim eines neuen deutschen Revanchismus, wie Churchill in Erinnerung an den Versailler Vertrag befürchtete. Und erst recht nicht erfüllte sich die irrsinnige Prophezeiung Görings, er werde »spätestens 1995 als Volksheld gefeiert« werden (nach Radlmaier).

Gegen die Nürnberger Prozesse wurde unter anderem argumentiert, es seien »nur wenige der Großen gehängt, die meisten von ihnen laufen und das große Heer der Kleinen unbehelligt gelassen« worden, aber »sie haben stattgefunden, und darin liegt ihre Bedeutung« (Reemtsma). Es ist allerdings eine – mit der Studentenbewegung aufgekommene und von ihr ebenso wie teilweise in der DDR gepflegte – Legende, dass die Auseinandersetzung mit der nationalsozialistischen Diktatur erst in den 1960er-Jahren eingesetzt habe. Die Nürnberger Richter verhängten 806 Todesurteile, von denen 486 vollstreckt wurden; insgesamt wurden zwischen 1945 und 1949 durch alliierte und deutsche Gerichte in den Westzonen über 5000 Urteile gegen NS-Täter gefällt, neben Todesstrafen gab es zahlreiche Freiheitsstrafen, darunter auch lebenslängliche. Allein in diesen Jahren sind »in Deutschland mehr Verbrecher des Nazi-Regimes in rechtsstaatlichen Verfahren zur Rechenschaft gezogen worden als in jeder anderen postdiktatorischen Gesellschaft« (Möller). Allerdings gibt es Berufsgruppen wie vor allem Richter und Wehrmachtsrichter, »gegen die aufgrund des Rückwirkungsverbotes ›nulla poena sine lege‹ nicht in wünschenswertem Maß ermittelt wurde« (Möller).

Mit dem Eichmann-Prozess in Jerusalem 1961/62 und dem Auschwitz-Prozess in Frankfurt seit 1963 wurden die Schuld- und die Verjährungsfrage erneut aktuell. Zwar plädierten Teile der Bevölkerung für einen »Schlussstrich«, aber der Deutsche Bundestag verlängerte die Fristen. 1969 wurde die Verjährungsfrist für Verbrechen des Völkermords um zehn auf 30 Jahre verlängert, und seit 1979 ist Verjährung bei Mord und Völkermord ausgeschlossen.

Der Nürnberger Prozess war nicht nur das erste internationale Strafgericht in der Geschichte der Menschheit, er hatte auch »Signalwirkung für die Zukunft« (Wesel), begann mit ihm doch die Entwicklung des Völkerstrafrechts. Im Dezember 1946 anerkannte die UNO-Vollversammlung ausdrücklich die Nürnberger Prinzipien als Grundlage eines künftigen Völkerstrafrechts und berief im Jahr darauf eine Kommission für den Entwurf eines Gesetzbuchs, der 1954 vorgelegt wurde, aber während des Kalten Kriegs liegen blieb. Der Fall des Eisernen Vorhangs und der damit einhergehende Zusammenbruch des Ostblocks beschleunigten dann die Entwicklung: 1993 installierte der UNO-Sicherheitsrat in Den Haag das Jugoslawien-Tribunal, 1994 das Ruanda-Tribunal in Arusha/Tansania.

1995, also 50 Jahre nach Nürnberg, beschloss die UNO, mit der Vorbereitung zur Errichtung eines ständigen Internationalen Strafgerichtshofs zu beginnen; 1998 wurde dieser Gerichtshof mit einer Mehrheit von 120 von 159 Staaten beschlossen. 123 Staaten sind inzwischen den Statuten beigetreten, die USA allerdings haben dem Generalsekretär der UNO mitgeteilt, dass sie nicht ratifizieren werden. Der US-Chefankläger Jackson hatte 1945 noch ausgeführt: »Nach dem gleichen Maß, mit dem wir die Angeklagten heute messen, werden auch wir morgen von der Geschichte gemessen.« Aber heute »wollen [die USA] nicht mehr, was Robert Jackson und Präsident Truman wollten« (Wesel). Und ohne ihre – und einiger weiterer Staaten, darunter Russland – Mitwirkung ist das Gericht und damit das Völkerstrafrecht bislang doch erheblich eingeschränkt.

77

Eines der zahllosen Carepakete, die ab Mitte 1946 der hungernden und darbenden Bevölkerung Deutschlands halfen.

Carepaket und Westpäckchen

Hilfe in großer Not: Mythos und Realität

Das Wort »Carepaket« ist mit einem verbreiteten Irrtum, großen Emotionen und vielen Geschichten verbunden.

Der Irrtum: Wer heute »Care« hört, meint, das Wort habe mit Fürsorge, Hilfe, Sorgfalt oder Pflege zu tun. Tatsächlich sind es aber die Anfangsbuchstaben der im November 1945 gegründeten privaten Hilfsorganisation Cooperative for American Remittances to Europe, abgekürzt CARE.

Die Emotionen: Die rund zehn Millionen aus den USA ins Nachkriegsdeutschland gesandten Carepakete lösten unendlich große Dankbarkeit aus, Millionen Dankesbriefe mit und ohne Kinderzeichnungen, mit und ohne besondere Wünsche für das nächste Paket, mit und ohne Schilderungen persönlicher Notsituationen. In ihnen ist die Rede von »unbeschreiblicher Freude«, von »allerherzlichstem Dank« oder davon, dass nur die »Liebe Jesu diese Welt retten und erlösen« könne. Manche Sendung hatte lebenslange, glückliche Folgen wie etwa für die im Februar 1945 in Berlin mit ihrer Mutter ausgebombte, nach Hohenschwangau im Allgäu evakuierte 17-jährige Helga: Sie hatte dort Leo kennengelernt, der GI wurde ihr Brieffreund und sandte aus den USA Carepakete, deren Aufkleber Helga bis an ihr Lebensende bewahrte; im August 1947 heirateten sie.

Auch Intellektuelle wie Hermann Broch und Egon Vietta erwähnten Carepakete in ihrer Korrespondenz zwischen Princeton und Karlsruhe. Freilich eher am Rande – die konkrete Bitte um die Übersendung von »Care Nr. 11« (Babyausstattungspaket) überließ Egon Vietta seiner Frau, die später übrigens die Geliebte von Martin Heidegger wurde. Egon Vietta, aus beruflichen Gründen zwar NSDAP-Mitglied, hatte dem Hamburger Widerstandskreis der Weißen Rose nahegestanden. Der 17 Jahre ältere Hermann Broch war als »verbotener Autor« nach dem »Anschluss« Österreichs im März 1938 von der Gestapo inhaftiert worden, wenige Monate später gelang ihm die Emigration in die USA mithilfe von

James Joyce, Albert Einstein und Thomas Mann, der 1947 ebenfalls Carepakete nach Deutschland sandte (*Spiegel* 28. 7. 1949).

Die Geschichten: Seit 1939 boomte in den USA die Gründung privater Hilfsorganisationen für Europa im Krieg, im Dezember 1941 traten die USA in den Krieg ein, und seit diesem Jahr kontrollierte und koordinierte die Regierung die Vielzahl von Hilfsbemühungen. CARE entstand im November 1945 als Zusammenschluss von zwei Dutzend verschiedenen Hilfsorganisationen mit einem Startkapital von über drei Millionen Mark, um unter anderem 2,8 Millionen Rationspakete aufzukaufen, die im Pazifikkrieg nach der Kapitulation Japans am 2. September 1945 nicht mehr benötigt wurden, aber in Europa große Not lindern konnten.

In diesen »Ten-in-One-Paketen« befanden sich jeweils zehn Verpflegungsrationen zu je 4000 Kalorien pro Mann und Tag. Bevor im Mai 1946 eine erste Schiffsladung im Hafen von Le Havre ankam, waren in bilateralen Kooperationsverträgen mit den einzelnen europäischen Ländern noch viele Formalitäten zu klären, denn die Pakete sollten als Geschenke nicht nur kosten-, steuer- und zollfrei transportiert werden, sondern auch unabhängig von staatlicher Einflussnahme und ohne Anrechnung auf staatliche Rationierungen über Wohlfahrtsverbände verteilt werden. In Deutschland mussten die entsprechenden Verträge mit allen Besatzungszonen vereinbart und unterzeichnet werden, für die amerikanische und britische im Juni, die französische im November. CARE hatte auch der sowjetischen Besatzungsbehörde einen Vertrag angeboten, den diese zwar nicht annahm, aber immerhin gestattete der russische Stadtkommandant von Berlin, dass Bewohner seines Sektors Pakete im Westteil der Stadt abholten.

Über Bremerhaven brachte am 15. Juni 1946 die »American Ranger« die erste Schiffsladung mit 35 700 Paketen nach Deutschland, es folgten Monat für Monat zwischen 80 000 und 90 000 Pakete. Bis 1. März 1947 waren es ausschließlich Ten-in-One-Pakete, dann wurde das Paketangebot breiter. Die ersten CARE-eigenen Lebensmittelpakete wogen zehn Kilo und enthielten Konserven (unter anderem mit Rindfleisch, Speck, Honig, eingemachten Früchten, Margarine), Mehl, Kaffee, Trockenmilch, Reis, Zucker, Rosinen, Schokolade, Trockenei und Seife; bald gab es auch Pakete für bestimmte Zielgruppen, für Babys und Kinder, für Strickwollinteressenten (Typ 87), auf deutschen Geschmack abgestimmte »German-Food-Pakete« (Typ 36) bis hin zum Angebot von »Kosher Food« (Typ 37). Mit beginnender wirtschaftlicher Normalisierung in der Bundesrepublik, mehr noch seit dem Koreakrieg 1950, wurde das Inhaltsangebot immer breiter, es gab eine Werkzeug-Erstausstattung (»Tool Kits«) für Tischler, Schreiner und Gärtner, es gab Nähmaschinen für angehende Schneiderinnen und als wohl größtes Paket überhaupt – einmalig im Winter 1951/52 – ein sechs Zentner schweres Braunkohlenbrikett-Paket; 1952 folgte das »Neusiedler«-Paket mit Schaufel, Säge, Hacke, Axt, Hammer und Zange, gedacht als Hilfe zur Selbsthilfe für Menschen in provisorischen Unterkünften, also vor allem für Flüchtlinge und Vertriebene. Mit der Aufwärtsentwicklung der europäischen Wirtschaft einerseits und der Erweiterung des Paketversands in andere Brennpunkte der Welt andererseits wurde 1952 die Umbenennung des E in CARE von »Europe« in »Everywhere« sinnvoll und schließlich 1955 der »Person-to-Person«-Geschenkpaketeservice für Deutschland eingestellt.

Bis heute wirkt das Wort »Care« wie ein Mythos, die Pakete haben fast »Fetischcharakter« (Ilgen), die gesamte alliierte Auslandshilfe für Deutschland wird manchmal auf dieses Wort reduziert und die Jahre zwischen 1945 und 1949 als die »Zeit der Carepakete« etikettiert. Zu CARE und Marshallplanhilfe kamen Wiederaufbauhilfe, »Reeducation for Democracy«, Amerikahäuser etc. hinzu. Das unverwechselbare Design der hellbraunen, stabilen, mit schwarzen Riemchen umwickelten Pappkartons und der kräftigen schwarzen Aufschrift »C.A.R.E. U.S.A.« (anfangs mit Punkten, später ohne) sowie den ungewohnten Abkürzungen zu Gewicht und Typ blieb in Erinnerung – obwohl die CARE-Sendungen von den Lieferungen des CRALOG (Council of Relief Agencies Licensed to Operate in Germany), der anderen großen privaten Hilfsgüterorganisation, »nicht nur mengenmäßig [...] um Längen« übertroffen wurden (Ilgen). Hinter CRALOG standen unter anderem das Rote Kreuz und die Quäker, deren Schulspeisung (Rosinenbrötchen, Kakao, Haferbrei) nach dem Zweiten Weltkrieg – wie schon nach dem Ersten – vielen Zeitgenossen unvergessen bleibt. »Deutschland dankt CRALOG und CARE«, hieß es auf der 1963 von der Bundespost herausgegebenen 20-Pfennig-Sonderbriefmarke.

Dieser Erfolg von CARE hängt auch damit zusammen, dass die Arbeit der Organisation von Beginn an von einer eigenen aufwendigen Werbeabteilung begleitet wurde. Ihre Arbeit, auch der Einsatz von Prominenten wie dem langjährigen Boxweltmeister Joe Louis und so beliebten Filmstars wie Marlene Dietrich und Joseph Cotten, sowie der offizielle

Segen von Papst Pius XII. für das Hilfswerk halfen bei der Werbung um Spenden und machten CARE noch bekannter. Viele Einzelaktionen wurden PR-wirksam genutzt: Die den Paketen stets beigelegte Bitte um Dankesbriefe an die Absender führte zu einer Flut oft von Kinderhand gemalter und geschriebener Briefe in die USA; Großaktionen wie der Transport von rund 250 000 Paketen mit eigens gecharterten Flugzeugen während der Luftbrücke bei der Berlinblockade mehrten die Publicity.

Die Idee von Geschenken an Menschen in Schwierigkeiten und Not kam nicht erst im Zweiten Weltkrieg auf, auch wenn sie hier eine völlig neue, bis dahin ungeahnte quantitative Dimension erhielt. Schon im Zeitalter der Befreiungskriege gegen Napoleon zwischen 1813 und 1815 hatten bürgerliche Frauenorganisationen auch Geld- und Gabensammlungen für die Soldaten organisiert. Im Deutsch-Französischen Krieg 1870/71 half der Versand von »Liebesgaben« an die Front wesentlich, eklatante Mängel der Truppenversorgung auszugleichen. Was dann bei Ausbruch des Ersten Weltkriegs noch in der rasch verfliegenden Euphorie über einen baldigen Sieg mit aufmunternden Geschenken begonnen hatte, wurde – je länger und brutaler der Krieg wurde – umso wichtiger für die Soldaten. Die Lebensmittelversorgung wurde damals in Deutschland schnell schwierig, weil die Einfuhr aus dem Ausland fehlte. Was die Menschen zu Hause sich vom Munde absparten, half als »Überlebensmittel« auch an der Front. Im Zweiten Weltkrieg war die Situation anders: Die eroberten Länder wurden systematisch ausgebeutet, um die Versorgung an der Front und in der Heimat zu sichern, Geschenkpäckchen zur Truppe waren wieder eher »Liebesgaben« für Söhne und Männer, während diese aus eroberten Ländern wie Frankreich Parfum, modische Kleider und Alkoholika zu senden vermochten.

Heute ist weitgehend vergessen, dass nach dem Zweiten Weltkrieg zahllose CRALOG- sowie fast 90 000 Carepakete auch in die Sowjetische Besatzungszone und in die DDR gelangten und drei Jahre lang einigermaßen störungsfrei ausgeliefert wurden – wenn auch misstrauisch von den Behörden beobachtet. 1950 wurde die Einfuhr kirchlicher, 1952 die aller Geschenksendungen untersagt. CARE hatte noch 1951 in den USA versucht, für ein Paket in die DDR Spenden einzuwerben, musste aber im Dezember 1952 den Versand einstellen.

Damit begann die »eigentliche Geschichte der Westpakete« (Ilgen). Mit Unterstützung der Bundesregierung, über Presse und Rundfunk wurde seit 1953 intensiv für »Dein Päckchen nach drüben« geworben; die Post legte Merkblätter über die Einfuhrbestimmungen, Inhaltsbeschränkungen und steuerbefreiende Wirkung der Kosten aus. Nach dem Mauerbau 1961 verdoppelten die Hilfswerke ihre Anstrengungen, und ab 1978 wurden jährlich 25 bis 26 Millionen Pakete und Päckchen aus dem Westen in die DDR geschickt, im Wert von (für 1966) geschätzten 1,2 Milliarden DM. Sie enthielten Kaffee, Tee, Kakao, Pralinen, Schokolade, Kekse, Pudding, Backpulver, Gewürze, Kaugummi, Kosmetika, Strumpfhosen etc. Diese Pakete wurden neben dem Briefwechsel zur wichtigsten »Brücke« zwischen Freunden und Verwandten in West und Ost. Denn die Beschenkten bedankten sich (nach Untersuchungen für den Zeitraum ab 1978) mit etwa neun bis elf Millionen Päckchen, in die sie vor allem Kunstgewerbliches, Selbstgebasteltes oder -gebackenes einpackten (Stollen, Weihnachtsschmuck aus dem Erzgebirge, Bücher etc.). Tatsächlich war die DDR »von Beginn an« (Lindner in Härtel/Kabus) sogar volkswirtschaftlich auf die Päckchen aus dem Westen angewiesen, um eigene Versorgungsdefizite zu beheben. Der Gesamtwert der Einfuhrsendungen belief sich nach damals geheim gehaltenen Studien der DDR seit 1978 auf rund vier Prozent des Einzelhandelsumsatzes der DDR und war im Einzelnen sogar noch höher: Bei Genussmitteln betrug er über fünf und bei Textilien 24 Prozent des Einzelhandelsumsatzes. Gleichzeitig gab es wechselnde gesetzliche Beschränkungen für Inhalt und Gewicht der Pakete, die auch in rigide durchgeführten Stichproben kontrolliert wurden. Die Verlustrate war darum zehnmal so hoch wie international üblich; allein von 1984 bis 1989 sollen die zuständigen Mitarbeiter der Staatssicherheit den Päckchen insgesamt rund 32 Millionen Mark an Bargeld und Konsumgüter im Wert von zehn Millionen Mark entnommen haben. Die Geschichte des Westpäckchens war über die 40 Jahre der deutschen Teilung im Osten ebenso mit freudiger Erwartung wie mit Enttäuschung verbunden; auch mit gemischten Gefühlen der Beschenkten darüber, dass der Warenwert mit 40 DM pauschal von der Steuer abgesetzt werden konnte.

Wenn heute Pakete an deutsche Soldaten in Afghanistan gesandt werden, so nennen nicht nur Schüler sie »Carepakete«. Deren Geschichte in der Nachkriegszeit als Symbol positiver amerikanisch-deutscher Verbundenheit ist kaum noch gegenwärtig – der Mythos des Begriffs aber ist ungebrochen.

Die originalgetreu von
Zuse selbst rekonstruierte
Rechenmaschine Z3,
bei der die Dateneingabe
in dezimalen Zahlen erfolgt.

Zuse-Rechenmaschine Z3

Die Erfindung des Computers – aus Rechenfaulheit

Im Wohnzimmer der Methfesselstraße 10 in Berlin-Kreuzberg stand 1938 der erste programmierbare digitale Rechner, der allerdings rein mechanisch arbeitete. Zwei Jahre hatte der junge Berliner Ingenieur Konrad Zuse (1910–1995) daran gearbeitet. Wie heutige Computer arbeitete die Maschine binär in Zahlensystem und Schalttechnik, auch der Aufbau mit Speicher, Rechenwerk, Leitwerk sowie Ein- und Ausgabegerät entsprach grundsätzlich der »Architektur«, auf der Computer bis heute basieren. Die Leistung war mit einem Hertz und einer Speicherkapazität von 64 Zahlen winzig im Vergleich zu den heutigen Rechnern. Aber Zuse hatte Vorstellungen, die »weit über das bloße Zahlenrechnen« hinausgingen. Damals sprach er schon davon, »dass seine Maschine einst den Schachweltmeister schlagen werde« (so einer seiner Studienkollegen, nach Mons). 60 Jahre später erfüllte sich diese Vision, als am 11. Mai 1997 der IBM-Computer »Deep Blue« den damaligen Schach-Weltmeister Garri Kasparow schlug.

Als Kind war Zuse kein überdurchschnittlicher Schüler gewesen, hatte als Neunjähriger sogar einmal ein »mangelhaft« in »Rechnen«, auch war ihm später »Aufmerksamkeit: nur in Mathematik gut, sonst oft abgelenkt« testiert worden. Er bastelte leidenschaftlich gern, erhielt mit 15 und 18 Jahren gut dotierte Preise, mal für das Modell eines »Löffelbaggers«, mal für einen »Kohlenverladekran«. Er schwankte zwischen dem Künstler- und dem Ingenieurberuf, begann sein Studium in Maschinenbau, wechselte zur Architektur, unterbrach es, um sich als Reklamezeichner zu versuchen, und schloss als Bauingenieur an der Technischen Hochschule in Berlin-Charlottenburg ab. Zwischendurch konstruierte er einen Geldwechselautomaten, entwickelte einen Stadtgrundriss mit idealtypischem Verkehrsraster sowie ein dreidimensionales Kino.

Weil er »zu faul zum Rechnen« war, habe er den Computer erfunden, kokettierte er später. Auch wenn das sicher eine verkürzte Feststellung war, gibt sie doch eine Motivation Zuses wieder. Denn er hatte eine »ausgesprochene Abneigung« gegen eintönige, vielfach zu wiederholende statische Berechnungen. Seine erste Stelle als Statiker und »Rechenknecht« bei den Henschel Flugzeug-Werken AG in Berlin-Schönefeld gab er bald auf, um einen Rechner zu entwickeln, der Verknüpfungen von Rechenvorgängen erlaubte, die über das damals Denkbare hinausgingen. Der 26-Jährige war in dieser Hinsicht ein Querdenker, ließ sich nicht beirren von Experten, die sein Vorhaben für unmöglich hielten, und bekam die Unterstützung seiner Eltern, deren Wohnzimmer seine Werkstatt wurde. Es wurde ein Meisterwerk der Feinmechanik mit einfachsten Mitteln: Studienfreunde halfen, 30 000 Weichbleche nach seinen exakten Vorgaben mit der Laubsäge in kleine Platten zu schneiden, die sich mithilfe von Stiften zwischen »0« und »1« verschieben ließen. Ein Staubsaugermotor sorgte für den elektrischen Antrieb, und die Programmbefehle hatte Zuse mit dem Handlocher auf einen Kinofilmstreifen gestanzt. »War die Maschine einmal fertig, arbeitete sie unter heillosem Gerassel und gab exakte Lösungen für komplizierte Aufgaben. Sie nahm fast das ganze Wohnzimmer ein«, kommentierte einer der beteiligten Studienfreunde (Grohmann, nach Czauderna). Die Z1 konnte Zahlen einlesen, sie addieren, subtrahieren, multiplizieren, dividieren und die Ergebnisse ausgeben; dafür verwandelte sie automatisch Dezimal- in Binärzahlen und umgekehrt.

Da sich die dünnen Blechplatten der Z1 bei ihren Vor- und Rückwärtsbewegungen leicht verhakten, kombinierte Zuse bei der Z2 mechanische Schalter mit elektrischen Relais, doch die aus Materialnot verwendeten gebrauchten Telefonrelais erwiesen sich als unzuverlässig. Trotzdem war der technische Leiter der Deutschen Versuchsanstalt für Luftfahrt (DVL) in Berlin-Adlerhorst so beeindruckt, dass er Zuse eine finanzielle Unterstützung für den Bau einer Z3 zusagte, weil er selbst nach rechnergestützten Lösungen für die Stabilisierung von Flugzeugtragflächen suchte. Bei Ausbruch des Zweiten Weltkriegs ruhten Zuses Arbeiten zunächst, weil er eingezogen wurde. Schon bald aber wurde er in eine Forschungsabteilung der Henschel-Werke geholt, in der ferngesteuerte Torpedos entwickelt wurden. Hier berechnete Zuse Flügelprofile für Gleitbomben und konstruierte ein Spezialgerät zur Flügelvermessung, das die analogen Ergebnisse von Messuhren in digitale Werte umwandelte und voll automatisch berechnete.

Für die Arbeit an der Z3 blieben Zuse nur die Abende und Wochenenden; diesmal setzte er ganz auf elektromagnetische Relaistechnik und konnte am 19. September 1941 den ersten – nun im Vergleich zur Z1 tatsächlich voll funktionsfähigen – progammgesteuerten Digitalrechner einer kleinen Expertengruppe der DVL vorstellen. Er verfügte über 2600 Relais und 64 Speicherplätze mit jeweils 22 Bits und multiplizierte innerhalb von drei Sekunden. 1941 gründete er – neben seiner Arbeit bei Henschel – die Firma »Zuse – Ingenieurbüro und Apparatebau«, die erste Computerfirma der Welt, die sich bis 1944 zu einem Unternehmen mit 20 Mitarbeitern entwickelte, kriegswichtig war und auch weiter finanzielle Unterstützung von der DVL erhielt. Zuse war nicht Mitglied der NSDAP, und erst die vollständige Auswertung seines Nachlasses wird Auskunft darüber geben können, ob er »immer wieder nah an nationalsozialistischen Ideologien« argumentierte (Füßl) oder als Entwickler alle in jener Zeit denkbaren Anwendungen im Auge hatte.

Unter der Nr. Z26476 beantragte er (als sechste seiner verschiedenen Patentanmeldungen seit 1936, die er zum Teil wieder zurückgezogen hatte) am 16. 7. 1941 die Patentierung seiner »Rechenvorrichtung«, die er als »Kombination zum größten Teil bekannter Einzelvorrichtungen zu einem Aggregat« beschrieb, das es ermöglicht, »häufig wiederkehrende Rechnungen beliebiger Länge und beliebigen Aufbaus, die sich aus elementaren Rechenoperationen zusammensetzen, mit Hilfe von Rechenmaschinen selbsttätig durchzuführen«.

Zuses Werkstatt, mittlerweile in einer Fabriketage, und die Wohnungen mit den Z1 und Z3 wurden kurz vor Weihnachten 1943 bei Bombenangriffen zerstört. Gegen Kriegsende transportierte er seine fast fertige Z4 in 20 Kisten per Bahn und Lastwagen ins Allgäu – trickreich umbenannt in V4, um durch die Namensähnlichkeit zu V-Raketen leichter an notwendige Genehmigungen zu kommen. Im Allgäu traf Zuse auf Wernher von Braun, der mit seinem Mitarbeiterstab dorthin evakuiert worden war und im September 1945 mit anderen an den V-Waffen arbeitenden Wissenschaftlern in die USA ging, um dort maßgeblich am Aufbau des US-amerikanischen Raketenprogramms mitzuwirken.

Nach dem Krieg brachte Zuse im Allgäu zunächst wohl seine Arbeit an der weltweit ersten universellen Programmiersprache Plankalkül zu Ende, die als Vorläufer höherer Programmiersprachen gilt. Um seinen Unterhalt zu verdienen malte er, und im Spätsommer 1947 könnte es auch eine Begegnung mit dem führenden britischen Informatiker Alan

Turing gegeben haben, die – wie vermutet wird – aber wohl eher den Charakter eines Verhörs hatte (Bruderer).

1948 nahm der Züricher Mathematiker Eduard Stiefel, Gründer des Instituts für angewandte Mathematik an der ETH Zürich, mit ihm Kontakt auf, um über den Einsatz der damals im Keller des Mehllagers einer Bäckerei in Hopferau bei Füssen lagernden Z4 zu verhandeln. Sie soll wie eine »Großstadttelefonzentrale nach einem Erdbeben« (*Spiegel* 7. 7. 1949) ausgesehen haben, und im Juli 1949 suchte Zuse mit seinen damals sechs Mitarbeitern noch 20 000 DM, um sie instand zu setzen. Mit der ETH unterschrieb er im September 1949 einen Mietvertrag, und die Maschine arbeitete von Juli 1950 bis April 1955 in deren Hauptgebäude an unterschiedlichsten Rechenaufgaben: zur Statik von Talsperren, zur Flugbahn von Geschossen, zur Hochfrequenztechnik, Optik, Lokomotivbau und vielem mehr. Dies brachte der ETH – nach mehrmonatigen Anlaufschwierigkeiten – einen Wettbewerbsvorteil für Aufträge der Industrie und gegenüber anderen Universitäten einen Vorsprung.

Wer genau zuhörte und sich auskannte, konnte übrigens hören, ob die Maschine gerade addierte, multiplizierte oder dividierte. Die Z4 war tatsächlich – noch einige Monate vor der amerikanischen UNIVAC – weltweit der erste kommerziell gehandelte und der einzige in Europa funktionierende Computer. Der Mieterlös von 30 000 Schweizer Franken und ein Folgeauftrag der Schweizer Remington Rand zur Entwicklung eines Rechenlochers M9 waren die wirtschaftliche Grundlage für sein 1949 in Neukirchen im Kreis Hünfeld/Hessen als Zuse KG gegründetes Unternehmen. Zuse begann mit der Serienproduktion von neuen Rechnern, 1962 hatte er bereits 1000 Mitarbeiter, bis Ende der 1960er-Jahre wurden 251 Geräte hergestellt; Zuse, der 1957 seinen Firmensitz nach Bad Hersfeld verlegte, entwickelte auch einen ersten Plotter. Die Z4 verkaufte er 1955 an ein französisches Rüstungsforschungsinstitut in St. Louis bei Basel, kaufte sie 1959 zurück und schenkte sie 1960 dem Deutschen Museum in München. Seit 1962 ist dort auch eine rekonstruierte Z3 zu sehen, während ein Nachbau der Z1 im Deutschen Technikmuseum Berlin steht; beide Rekonstruktionen stammen von Zuse selbst.

Das schnelle Wachstum der Branche, die internationale, insbesondere US-amerikanische Konkurrenz sowie Zuses Kapitalmangel, da die Banken bei der Kreditvergabe sehr zurückhaltend waren, überforderten das Unternehmen: 1964 wurde es von BBC Mannheim übernommen, drei Jahre später gingen 70 Prozent der Anteile an die Siemens AG, 1971 der Rest, am 1. April dieses Jahres wurde dann der Firmenname Zuse KG gelöscht.

Seit November 1951 hatte Zuse, nun unter dem Aktenzeichen Z391, die Neuaufnahme seiner Patentanmeldung von 1941 betrieben, doch war er in arger Beweisnot. Während die Z3 im Krieg zerstört worden war, hatte Howard Aiken die von ihm in Zusammenarbeit mit der Harvard University und IBM entwickelte Mark I ab 1944 vorführen können; sie galt lange als erster funktionsfähiger Computer der Welt. Zuses Konkurrenten Triumph und IBM legten Widerspruch ein gegen seine Patentanträge, und nach einem insgesamt 26-jährigen Rechtsstreit lehnte das Bundespatentgericht 1967 endgültig die Patentansprüche Zuses mangels »Erfindungshöhe« ab.

Die 1960er-Jahre waren für Zuse eine bittere Zeit, er verlor sein Unternehmen und kämpfte zäh, aber vergeblich um seine Anerkennung als »Erfinder des Computers«. Tatsächlich kann die »Argumentation der Vertreter des Patentrechts außerhalb des juristischen Kontexts kaum nachvollzogen werden« (Petzold, in Rojas). Wahrscheinlich war Zuse juristisch schlecht beraten, aber es gab auch Missverständnisse aufseiten des Patentamtes. Die Erteilung eines Patents macht finanzielle Ansprüche auf dessen Nutzung durchsetzbar, der Titel »Erfinder« hingegen ist nicht geschützt. Schließlich wurden ihm zahlreiche Anerkennungen zuteil, darunter acht Ehrendoktortitel und zwei Ehrenprofessuren. Drei Jahre nach seinem Tod sprach ihm 1998 ein Expertengremium auf der International Conference on the History of Computing in Paderborn »die Erfindung des Computers« zu. Schließlich besaßen seine Maschinen bereits alle wesentlichen Bestandteile heutiger Computer.

Zuse selbst soll zeitlebens aber keinen PC benutzt haben. Seine Konstruktionsleidenschaft blieb ihm bis zuletzt, so gelang ihm in seinen letzten Lebensjahren der Entwurf des »Helixturms« für Windkraftanlagen, dessen Höhe sich den Witterungsbedingungen automatisch anpasst. Daneben griff er gern zu Pinsel, Stift und Feder, seine »späte Liebe« gehörte dem »Öl auf Leinen« (Pauli). Auch dafür hatte er Talent. Weniger »Händchen« hatte er hingegen als »Vermarkter«: So gestand er beispielsweise bei einem Treffen auf der Computermesse Cebit 1995 in Hannover Bill Gates, dass er seinerzeit den Markt für Software verkannt und Programme den Nutzern seiner Geräte kostenlos mitgeliefert habe.

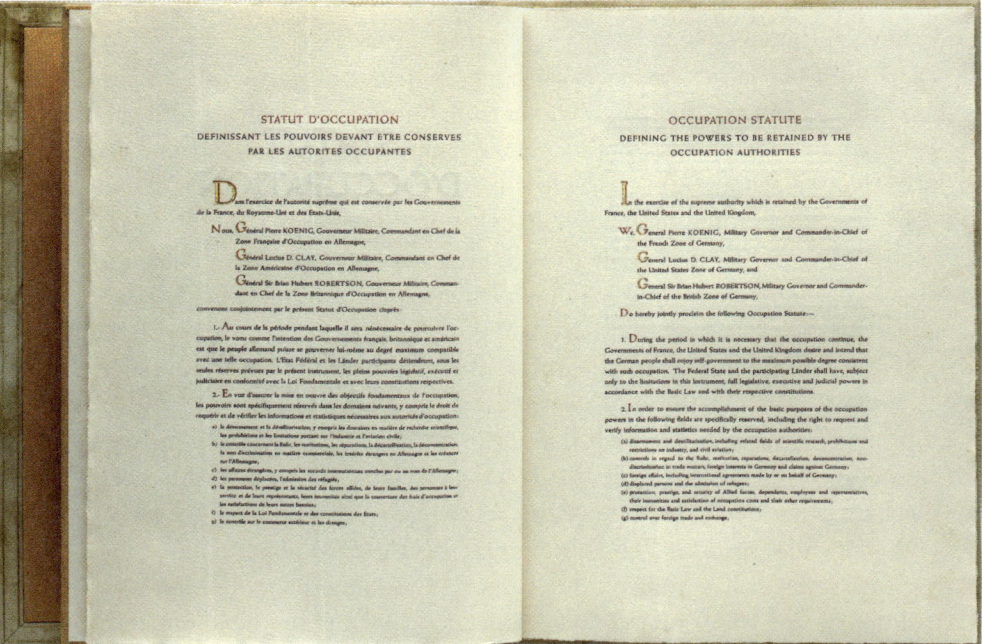

Die beiden Innenblätter des Besatzungsstatuts vom 21. September 1949 – 50 Jahre spurlos verschwunden, zu seinem 50. »Geburtstag« wieder aufgetaucht.

Das Besatzungsstatut

Staatsgründung mit eingeschränkter Souveränität

»Soll das Dokument weiter im BKA [Bundeskanzleramt] verwahrt oder an das AA [Auswärtige Amt] weitergeleitet werden?« Diese Frage beschäftigte einzelne Mitarbeiter der Bundeskanzler von Adenauer bis Helmut Kohl insgeheim fast ein halbes Jahrhundert. Bis einer von ihnen, schon im Ruhestand, dem Museumsdirektor das Dokument auf den Tisch legte. Einzige Bedingung: Sein Name sollte nie genannt werden. Die Bedingung bleibt erfüllt, das Dokument wurde Monate später, am 21. September 1999, erstmals der Öffentlichkeit vorgestellt, genau an dem Ort, an dem Bundeskanzler Konrad Adenauer es exakt 50 Jahre zuvor entgegennehmen sollte.

Bis zu diesem 21. September 1949 war seit Kriegsende in dem in vier Sektoren aufgeteilten Deutschland politisch schon viel geschehen: Der Aufbau von Parteien hatte rasch begonnen, in den Westzonen hatte die Militärverwaltung 1946/47 freie Wahlen zur Bildung von Ländern erlaubt, und Länderverfassungen waren durch Volksentscheide in Kraft gesetzt worden, in der SBZ durch die Länderparlamente. Seit Anfang 1947 waren die britische und die amerikanische Zone zu einem einheitlichen Wirtschaftsgebiet zusammengeschlossen (»Bizone«). Der Alliierte Kontrollrat stellte im März 1948 seine Arbeit ein. Vier Tage nach der Währungsreform im Westen (20. Juni 1948) hatte die Berlin-Blockade begonnen, die von den westlichen Alliierten erfolgreich mit einer Luftbrücke beantwortet wurde, bis die Sowjetunion sie am 12. Mai 1949 schließlich beendete. Die Westmächte beauftragten im Juli 1948 die westdeutschen Ministerpräsidenten, eine Verfassungsgebende Versammlung einzuberufen. Aus Sorge, damit die Spaltung Deutschlands zu verfestigen, wollten diese aber keine Verfassung, sondern ein Grundgesetz, ein Provisorium »für eine Übergangszeit« bis zur erhofften Wiedervereinigung. Die Experten arbeiteten in den folgenden Monaten eine Arbeitsgrundlage für den Parlamentarischen Rat aus, der am 1. September 1948 in Bonn zusammentrat und aus 65 von den Länderparlamenten gewählten Mitgliedern (sowie fünf nicht stimmberechtigten Berliner Abgeordneten) bestand; dieser beschloss das Grundgesetz am 8. Mai 1949, und die Westalliierten genehmigten es. Ebenso alle westdeutschen Länderparlamente – mit Ausnahme von Bayern, aber die mehr als Zweidrittelmehrheit der Länder reichte aus. Am 23. Mai wurde es feierlich von allen Mitgliedern des Parlamentarischen Rats, den Ministerpräsidenten und den Präsidenten der Landtage unterzeichnet und verkündet.

Am 14. August fanden Bundestagswahlen statt, am 7. September konstituierten sich Bundestag und Bundesrat. Am 12. September wählte die Bundesversammlung Theodor Heuss zum Bundespräsidenten, am 15. wurde Konrad Adenauer zum Bundeskanzler gewählt – »selbstverständlich«, wie er selbst sagte, mit seiner eigenen Stimme, die ausschlaggebend für die denkbar knappste Mehrheit war. Am 20. vormittags wurde das Bundeskabinett aus CDU/CSU, FDP und DP vereidigt, um 14 Uhr desselben Tages gab Adenauer seine erste Regierungserklärung ab.

Tags darauf sollte der Bundeskanzler das Besatzungsstatut entgegennehmen, er war zu der seit einem Monat auf dem Petersberg residierenden Alliierten Hohen Kommission einbestellt. Den Weg dorthin auf den »Hochsitz der Gewaltigen« hasste er; fünf Minister sowie Herbert Blankenhorn begleiteten ihn, der weit mehr war als ein persönlicher Referent. Vor allem sollte es nicht wie ein »Befehlsempfang« aussehen. Der schließlich vereinbarte protokollarische Rahmen sah vor, dass die Hohen Kommissare »auf einem Teppich stünden, während ich« – wie Adenauer 1965 in seinen *Erinnerungen* schrieb – »vor diesem stehen sollte. Ihr Vorsitzender sollte […] das Inkrafttreten des Besatzungsstatuts verkünden. Alsdann sollte ich den Teppich betreten.« Als François-Poncet aber in einer »Geste spontaner Herzlichkeit« (Weymar) »einen Schritt nach vorn [machte], um mich zu begrüßen […] machte ich mir diese Gelegenheit zunutze, ging ihm entgegen und stand somit gleichfalls auf dem Teppich«. Adenauer mahnte bereits zu diesem Zeitpunkt nachdrücklich die Revision des Statuts an, indem er auf die wirtschaftlichen Probleme und die Millionen Flüchtlinge verwies.

Ob der »Schritt auf den Teppich« nun Legende ist oder nicht, Adenauer war »auf Augenhöhe«, er musste das Statut auch nicht unterschreiben. Er hatte es geschafft, dass dieser Staatsakt keinen »demütigenden Charakter« für die Bundesregierung hatte, und die meisten Historiker folgen dieser Schilderung. Tatsächlich kannte Adenauer natürlich längst den Inhalt des Statuts, es war ihm in seiner Eigenschaft als

Präsident des Parlamentarischen Rats am 10. April 1949 übergeben worden. Mit der Genehmigung des Grundgesetzes durch die Militärgouverneure am 12. Mai 1949, dem Tag des Endes der Berlin-Blockade, wurde es verkündet und trat mit der Konstituierung der Bundesorgane am 21. September, also am Tag seiner Übergabe auf dem Petersberg, in Kraft.

Was Adenauer lieber als einen »Antrittsbesuch« interpretierte, war für die Alliierten ein äußerst wichtiger formaler Akt. Aber Adenauer nahm das eigens gefertigte kunstvolle, in Pergament gebundene, handvergoldete Unikat nicht selbst entgegen, es wurde in Packpapier eingewickelt und soll von einem französischen Beamten der Hohen Kommission eher beiläufig mit den Worten »N'en parlons plus!« (»Reden wir nicht mehr davon!«) (Weymar) an Blankenhorn übergeben worden sein, als Adenauer und er ihre Mäntel entgegennahmen; Blankenhorn legte seinen Mantel über den Arm und verdeckte auf diese Weise das ungeliebte Paket. Im Auto auf der Rückfahrt packte er es aus, aber Adenauer nahm es nicht, sondern überließ es seinem Mitarbeiter. 13 Jahre später erkundigte Adenauer sich wohl mal nach der Urkunde im Auswärtigen Amt, aber von dort kam die Antwort, es sei noch bei Blankenhorn, der inzwischen seit 1960 Botschafter in Paris war. Es kam aber nun immer noch nicht »zu den Akten«. Dafür landete es über zwei Jahrzehnte danach im Museum. Inzwischen hatte die Frage nach dem Verbleib dieses immerhin doch feierlich-förmlich überreichten Exemplars Archivare und Historiker intensiv beschäftigt, in wissenschaftlichen Anmerkungen wurde über seinen Verbleib gerätselt.

Ob das Besatzungsstatut, weil ihm die Unterschriften fehlen, nun tatsächlich staatsrechtlich wertlos und nur eine »rechtlich irrelevante Prunkausfertigung« ist – wie nach seinem Auftauchen behauptet wurde (Werner) –, sei dahingestellt. Archivtechnisch wird es als »originelles Aktenstück« gesehen, aber in der nicht nur rechtlich zu sehenden Wirklichkeit bleibt es ein »Original«.

Es ist inzwischen weitgehend vergessen, dass Bonner Grundgesetz und Besatzungsstatut ein Junktim in der Entstehungsgeschichte der Bundesrepublik waren. Dieses Statut schränkte die Befugnisse der Bundesrepublik erheblich ein: Zwar ging die militärische Besatzungsherrschaft auf eine zivile über, aber deren oberste Regierungsgewalt blieb bestehen, denn Außen- und Sicherheitspolitik, Devisenfragen, Außenhandel, Demontagen, Entmilitarisierung etc. lagen weiter in den Händen der Hohen Kommissare, die auch die zivile Verantwortung für die eigene Besatzungszone hatten. Das Statut enthielt auch den Vorbehalt, die »Ausübung der gesamten Gewalt ganz oder teilweise wieder zu übernehmen«. Die Alliierte Hohe Kommission war ein historisches und völkerrechtliches »Unikum«, sowohl mit Regierungsaufgaben betraut als auch zugleich internationale Organisation und trilaterale diplomatische Vertretung.

Der Bundeskanzler drängte weiter auf Revisionen, zumal die Unruhe in der Bevölkerung über die Demontagen wuchs und die Arbeitslosigkeit neun Prozent betrug. Nach zähen Verhandlungen gelang ein erster Schritt: Adenauer unterzeichnete am 22. November 1949 das »Petersberger Abkommen«, das die Rechte der Bundesregierung erweiterte. Die Bundesregierung musste zwar die von ihr als diskriminierend angesehene Ruhrkontrolle akzeptieren, dafür wurde jedoch die Demontage zahlreicher Betriebe beendet. Auch die Aufnahme konsularischer Beziehungen mit dem Ausland wurde erlaubt und der Beitritt zu internationalen Organisationen angekündigt.

Zwei Tage später kam es im Bundestag zu einer der heftigsten Parlamentsdebatten in der Geschichte der Bundesrepublik: Als Adenauer die Betriebe aufzählte, bei denen »in diesem Augenblick« die Befehle zur Einstellung der Demontage herausgingen, was Zehntausende von Arbeitsplätzen rettete, und zudem noch genüsslich eine zustimmende Presseerklärung des Deutschen Gewerkschaftsbunds verlas, warf ihm die SPD-Fraktion Verfassungsbruch und Missachtung des Parlaments vor, weil er das Abkommen ohne Hinzuziehung des Parlaments abgeschlossen hatte. Kurt Schumacher, der SPD-Oppositionsführer, ließ sich zu dem Zwischenruf »Bundeskanzler der Alliierten« hinreißen – die Debatte endete am 25. November nachts um 3:21 Uhr in einem Tumult; Schumacher wurde anschließend für 20 Sitzungstage ausgeschlossen. Erst nach drei persönlichen Treffen mit dem Kanzler war der Konflikt beigelegt. Der pragmatische Rheinländer bevorzugte die Politik der kleinen Schritte in Zusammenarbeit mit den Alliierten, der leidenschaftliche Preuße, der deutsche Interessen unabhängiger gewahrt wissen wollte, war als starrköpfig hingestellt. Damit war eine Rollenverteilung begründet, die in der Bonner Politik noch länger gelten sollte.

Das Statut wurde planmäßig nach 18 Monaten einer »kleinen Revision« unterzogen (März 1951), wobei hier vor allem die deutsche Anerkennung aller Vorkriegsschulden eine wichtige Voraussetzung war. Nach weiteren 15 Monaten sollten im Mai 1952 freiwillige Abmachungen an die Stelle besatzungsrechtlicher Verpflichtungen treten, die Frankreich aber erst mit zwei Jahren Verzögerung ratifizierte. Die Souveränität der Bundesrepublik wurde erst 1955 über den NATO-Beitritt erreicht. Mit den im Mai 1955 in Kraft tretenden »Pariser Verträgen« wurde die Bundesrepublik souverän, und die besatzungsrechtlichen Zuständigkeiten der Alliierten wurden aufgehoben.

Damit wurde eine Neubildung des Auswärtigen Amtes möglich: Der Bundestag hatte im September 1949 zwar bereits einen Ausschuss mit Zuständigkeit für das Besatzungsstatut und auswärtige Angelegenheiten eingesetzt, aber es gab seit dem Juni 1950 nur eine Dienststelle für auswärtige Angelegenheiten im Bundeskanzleramt, seit März 1951 ein Auswärtiges Amt, aber erst seit dem Juni 1955 einen eigenen Außenminister.

Die vier Hauptsiegermächte des Zweiten Weltkriegs behielten Sonderrechte »in Bezug auf Berlin und Deutschland als Ganzes«. Obwohl das Besatzungsstatut seit 1955 nicht mehr gegolten hatte und beide deutsche Staaten 1973 Mitglieder der Vereinten Nationen wurden, war die Wiedervereinigung 1990 keinesfalls allein Sache der Deutschen. Bundesrepublik und DDR mussten mit den USA, der Sowjetunion, Großbritannien und Frankreich verhandeln, bis der »Zwei-plus-vier-Vertrag« unter Dach und Fach war, der die Vereinigung und den Verlust der Ostgebiete besiegelte, die Obergrenze der Streitkräfte festlegte und den Verzicht des wiedervereinigten Deutschlands auf atomare, biologische und chemische Waffen bekräftigte. Allerdings bleibt Deutschland, das ja immerhin einen Sitz im Sicherheitsrat anstrebt und drittgrößter Beitragszahler der UN ist, weiterhin (mit Österreich, weiteren europäischen Staaten sowie Japan) zumindest formal »diskriminiert«, weil – obwohl dieser Passus längst obsolet ist – die 1945 formulierte sogenannte UN-Feindstaatenklausel unverändert gilt. Danach dürfen Zwangsmaßnahmen einschließlich solcher militärischer Art nicht ohne Ermächtigung des UNO-Sicherheitsrats ergriffen werden – außer gegen einen Feindstaat des Zweiten Weltkriegs, darunter unter anderem Deutschland. Der Grund: Der Aufwand einer entsprechenden Änderung wäre gewaltig und vermutlich erst mit einer grundlegenden Reform der UN zu leisten.

80

Mit diesem Ball schoss
Helmut Rahn Deutschland
1954 zum Fußballwelt-
meister, Sepp Herberger
bewahrte ihn bis zum Ende
seines Lebens zu Hause auf.

Der WM-Ball 1954

Das Wunder von Bern

Der Ball, mit dem Helmut Rahn das entscheidende Tor im Finale von Bern am 4. Juli 1954 erzielte, trug die offizielle Bezeichnung »Swiss World Cup Match Ball«. Die Schweiz stellte als Gastgeber den Ball, der in Größe (Umfang 67 Zentimeter) und Gewicht (ca. 410 Gramm) einer von der FIFA vorgegebenen Norm (Ballgröße 5) entsprechen musste, um einen Streit wie bei der Weltmeisterschaft 1930 zu vermeiden; damals hatte es für das Endspiel zwischen Argentinien und Uruguay einen »Zwei-Bälle-Kompromiss« gegeben: Die gastgebenden »Urus« waren Weltmeister geworden, nachdem sie in der zweiten Halbzeit die Partie mit »ihrem« Ball »drehen« konnten.

Seit der WM 1986 bestehen die Bälle aus Kunststoff, damals war der Ball aus Rindsleder; seine auffällige gelbliche Färbung erhielt er durch ein neues Herstellungsverfahren, bei dem die einzelnen Lederstücke lohgegerbt statt eingefettet wurden. Nach dem Schlusspfiff im Wankdorfstadion in Bern nahm Bundestrainer Sepp Herberger (1897–1977) ihn mit den Unterschriften der elf Spieler als sein persönliches Erinnerungsstück mit in sein Haus in Hohensachsen bei Weinheim. Nach Herbergers Tod wurde er viele Jahre im Archiv des Deutschen Fußball-Bunds in Frankfurt am Main aufbewahrt, selten öffentlich präsentiert, einer breiteren Öffentlichkeit vor allem 2000 anlässlich des 100. Jahrestags der Gründung des DFB in einer Ausstellung im Oberhausener Gasometer. Er ist seit Sommer 2015 dauerhaft im Deutschen Fußballmuseum in Dortmund ausgestellt.

Für die Fußballweltmeisterschaft 1954 hatten sich 16 Mannschaften qualifiziert, darunter Deutschland nach eher mühevollen Spielen gegen Norwegen und das – bis Ende 1956 noch (teil-)autonome – Saarland, dessen Nationalmannschaft übrigens von Helmut Schön betreut wurde, Herbergers Nachfolger als Bundestrainer. Die WM wurde nach einem neuen, damals umstrittenen, aber bis heute gültigen Modus ausgetragen.

Sepp Herberger bereitete die Mannschaft akribisch vor: Nach einem 14-tägigen Trainingslager in Grünwald bei München bezogen die 22 Spieler mit Trainerstab, Masseur Erich Deuser und dem Schuhfachmann Adi Dassler als Zeugwart Quartier im kleinen Spiez am Thuner See. Die Türkei, Südkorea und das mit seiner seit 1950 ungeschlagenen »Goldenen Elf« hoch favorisierte Ungarn waren die Gruppengegner; der 4:1-Sieg gegen die Türkei am 17. Juni war »Pflicht«, aber drei Tage später gegen Ungarn ließ Herberger zum Entsetzen der mitgereisten Fans eine Ersatzmannschaft antreten und haushoch, aber »planmäßig« mit 8:3 verlieren; Deutschland musste zum Entscheidungsspiel nochmals gegen die Türkei antreten und gewann leicht mit 7:2. Was dann folgte – Viertelfinale mit 2:0 in Kontertaktik gegen Jugoslawien, Halbfinale mit einem auch spielerisch überzeugenden 6:1 gegen Österreich –, wurde als »eine Zeit der Wunder« (Heinrich) beschrieben. Spätestens seit dem Halbfinale zog die Weltmeisterschaft immer mehr Menschen in ihren Bann, bestimmte die Gespräche in Deutschland, lockte Tausende zu den Spielen in die Schweiz und Millionen vor Radio- und Fernsehgeräte, deren Verkauf enorm zunahm.

Beim Endspiel im – eigens zur WM für rund 65 000 Zuschauer erweiterten – Wankdorfstadion zu Bern war der Gegner erneut die ungarische Elf, der Topfavorit. Bei Spielanpfiff um 17 Uhr schienen die Städte in Deutschland wie ausgestorben, nur vor Elektrogeschäften mit Fernseher im Schaufenster stauten sich die Menschen, Gaststätten schlossen wegen Überfüllung. Nach wenigen Minuten (6. und 8.) führten die Ungarn mit 2:0, die erwartete Blamage, wie schon in der Gruppenphase, schien sich anzubahnen. Doch die deutsche Elf erzielte (11. und 18. Minute) den Ausgleich. Sie war von Herberger taktisch, körperlich und mental hervorragend eingestellt und soll von Adi Dassler in der Halbzeit wegen des Regenwetters mit neuen Schraubstollen versehen worden sein, während die Ungarn doppelt so schwere Schuhe mit genagelten Lederstollen trugen. Und schließlich, in der 84. Minute, sechs Minuten vor Spielende, rief der Reporter Herbert Zimmermann über das Radio die legendär gewordenen Worte: »Aus dem Hintergrund müsste Rahn schießen, Rahn schießt … Tooor! Tooor! Tooor! Tooor!« Und Deutschland gewann mit 3:2. Der Außenseiter hatte die ungarische Jahrhundertmannschaft besiegt und wurde zum ersten Mal Weltmeister. Als der englische Schiedsrichter das Spiel abpfiff, gab es für die deutschen Anhänger im Wankdorfstadion kein Halten mehr, und in der Bundesrepublik jubelten Millionen. Das »Wunder von Bern« war geboren.

Die Rückkehr der Mannschaft nach Deutschland im roten Sondertriebwagen mit der Aufschrift »Fußball-Weltmeister 1954« wurde zum

Triumphzug. Abertausende, wenn nicht Millionen Menschen säumten die Strecke, in Singen drängten sich über 6000 Menschen allein auf dem Bahnsteig, reichten Präsente in den Zug, erhielten Autogramme, jubelten den »Helden von Bern« zu. In München erreichte der Jubel mit der offiziellen Feier des DFB seinen vorläufigen Höhepunkt.

Aber es gab auch einen Tiefpunkt, denn die Sprache des damaligen DFB-Präsidenten Dr. Peco Bauwens bei der offiziellen Feier im Löwenbräukeller in München war so national-gestrig, dass der Bayerische Rundfunk seine Liveübertragung abbrach. Dies und ein Vorfall während der Siegerehrung in Bern waren die Ursachen für viele kritische Stimmen: Während Fritz Walter als Mannschaftskapitän den Coupe Jules Rimet entgegennahm, erklang im Wankdorfstadion die deutsche Nationalhymne, und viele der etwa 25 000 deutschen Anhänger sangen mit, jedoch die erste anstatt der dritten Strophe – das Radio schaltete die Übertragung ab. Das Ausland war entsetzt, zog Parallelen zu den Olympischen Spielen in Berlin 1936, englische, italienische und französische Zeitungen titelten sogar in deutscher Sprache »Deutschland über alles« (*Daily Express, Guerin Sportivo*) und »Achtung« (*Le Monde*), ein Kopenhagener Blatt schrieb: »Nur die ›Sieg Heil‹-Rufe fehlten« (*Information*).

Politiker der Bundesrepublik waren spätestens nach dem Eklat im Löwenbräukeller alarmiert. Schon zum Turnier in der Schweiz hatten sie Abstand gehalten, kein führender Politiker besuchte das Endspiel. Die Vermischung von Sport und Politik galt als ein Instrument totalitärer Staaten. Der Bundeskanzler gratulierte nach dem Titelgewinn eher knapp. Als Bundespräsident Theodor Heuss die Mannschaft um Fritz Walter im Berliner Olympiastadion auszeichnete, verwies er erneut darauf, dass der Sport außerhalb der Politik stehe, und sorgte dafür, dass nicht die erste Strophe des »Deutschlandlieds« gesungen wurde.

Allerdings unterschied sich der Jubel von 1954 deutlich von dem von 1936 und den inszenierten Feiern des Nationalsozialismus, er war Ausdruck eines neuen, nicht »verordneten« Gemeinschaftsgefühls und ein identitätsstiftender Faktor. Von der Politik wollten die meisten Deutschen zu dieser Zeit nichts wissen, der Sport jedoch schien unbelastet zu sein. Dabei ergänzte der sportliche Erfolg den wirtschaftlichen Aufstieg und gab den Menschen das Gefühl, die Schatten der Kriegs- und Nachkriegszeit hinter sich lassen zu können. Im friedlichen sportlichen Wettstreit der Nationen und sogar als Außenseiter zu bestehen brachte ein Gefühl der Erleichterung mit sich.

Kontinuitäten zum »Dritten Reich« spielten dabei keine Rolle, auch nicht, dass Sepp Herberger am 1. Mai 1933 in die NSDAP eingetreten, 1938 zum Reichstrainer avanciert war und sich stets mit dem nationalsozialistischem System arrangiert hatte. Im Entnazifizierungsverfahren 1946 als »Mitläufer« eingestuft und mit einer »Sühne«-Zahlung von 500 Reichsmark (sowie 350 RM Verfahrenskosten) belegt, wurde er 1950, nach Wiedergründung des DFB, Bundestrainer. Mit seinem fußballerischen Können als Trainer, seinem psychologischen Geschick als »Vater« seiner Mannschaft, auch durch den von ihm geförderten »Geist von Spiez« verkörperte er nach dem errungenen Weltmeistertitel gewissermaßen das Idealbild des »guten Deutschen«. Seine Tugenden und Charaktereigenschaften wurden »wie bei Millionen anderer Deutscher als Rechtfertigungsmuster für den eigenen Opportunismus im NS-Staat« (Mikos in Pfeiffer/Schulze-Marmeling) gesehen.

Sepp Herberger hatte für seine Nationalspieler im »Dritten Reich« Privilegien durchgesetzt, auch wenn Fritz Walter 1940 zur Infanterie eingezogen wurde. Für Sepp Herberger war das Finale von 1954 Höhepunkt seiner Karriere, Fritz Walter nannte ein Fußballspiel in sowjetischer Kriegsgefangenschaft als »Spiel seines Lebens«. Er hatte in verschiedenen Soldatenmannschaften in Frankreich, Sardinien, auf Korsika und Elba gespielt, geriet nach Kriegsende in der Ukraine in sowjetische Gefangenschaft und kam in ein Lager in Rumänien. Dort beteiligte er sich – obwohl geschwächt von Malaria – an einem Fußballspiel mit Wachsoldaten und wurde dabei erkannt. Angeblich bewahrte der dortige Lagerkommandant ihn und seinen jüngeren Bruder Ludwig vor dem Gulag in Sibirien, im Oktober 1945 durften beide heimkehren.

Das »Wunder von Bern« war eine vorläufige Krönung für die Mühen des Wiederaufbaus, und neun Jahre nach dem Krieg schien es so, als sei die Bundesrepublik bereit für die Rückkehr in die Welt. In beiden Teilen Deutschlands wurde der Sieg gefeiert, auch wenn die politische Führung der DDR einen Sieg des sozialistischen »Bruderlandes« Ungarn lieber gesehen hätte. Der DDR-Fußballverband war erst 1952 in die FIFA aufgenommen worden und hatte deswegen noch nicht an der Qualifikation für die WM teilgenommen.

So groß der Freudentaumel in Deutschland war, so heftig war die Enttäuschung in Ungarn. In Budapest gingen Hunderttausende nach dem Endspiel auf die Straße, zerstörten Schaufenster mit Bildern der

Mannschaft, stürzten sogar Straßenbahnen um und verwüsteten die Wohnung des Nationaltrainers. Aus der Randale aus Enttäuschung über das verlorene Endspiel wurde – zwei Jahre vor dem von den Sowjets blutig niedergeschlagenen Ungarischen Volksaufstand 1956 – die erste politische Demonstration nach Kriegsende. Nach ihrer Heimkehr wurden die ungarischen Nationalspieler als Verantwortliche der »nationalen Schande« gebrandmarkt, der Torwart wegen Landesverrats angeklagt und in die Provinz verbannt, andere Spieler konnten auswandern. Der ungarische Fußball erreichte nie mehr die Qualität jener Jahre.

Die sportlichen Siege und der Jubel um sie wurden in Verbindung mit dem beginnenden wirtschaftlichen Aufschwung Westdeutschlands als Zeichen eines neuen deutschen Nationalismus gedeutet. Herbert Zimmermann, der im Zweiten Weltkrieg als Panzerkommandant gedient hatte und im Februar 1945 mit dem Ritterkreuz ausgezeichnet worden war, wurde eine militaristische Reportagesprache vorgeworfen. Aber als er in einem der letzten Sätze seiner Abmoderation sagte: »Wir wollen auch in diesem Augenblick nicht vergessen, dass es ein Spiel ist«, begriff in Deutschland kein Mensch mehr dieses Spiel als Spiel. Es war eine »ungeheure Erlösung« (Pogarell) von der Schmach der militärischen und moralischen Niederlage, die Deutschen hatten wieder einen Grund, als Volk glücklich und stolz zu sein. Friedrich Christian Delius (Jahrgang 1943) hat dies in seiner autobiografischen Erzählung *Der Sonntag, an dem ich Weltmeister wurde* (1994) in Worte gefasst. Der Journalist und Historiker Joachim Fest benannte die dreifache »Gründung« der Bundesrepublik und ihre drei »Gründungsväter«: politisch Konrad Adenauer, wirtschaftlich Ludwig Erhard, mental Fritz Walter.

Auch wenn der DFB das Verbot des Frauenfußballs erst 1970 aufhob, nahm der Fußball in Deutschland einen enormen Aufschwung, für die Männer mit drei Siegen in Europameisterschaften (1972, 1980, 1996) und nach 1954 drei weiteren Weltmeisterschaften (1974, 1990, 2014), für die Frauen mit acht Europa- und zwei Weltmeisterschaftstiteln (2003, 2007). Neben solchen Erfolgen, neben dem »Wunder von Bern« bleibt vor allem das »Sommermärchen« des Jahres 2006 in Erinnerung, bei dem Deutschland zwar »nur« Dritter wurde, die wiedervereinigte Nation sich aber in einem neuen, positiven, fröhlichen Selbstbewusstsein und als guter Gastgeber präsentierte, »die Welt zu Gast bei Freunden« hatte.

Ein harmonischer Kompromiss und eine nicht völlig geklärte Urheberschaft – 1955 für den Europarat geschaffen, 1986 von der Gemeinschaft übernommen.

81

Die Europaflagge

Ein geeinter Kontinent – Idee und Realität

Welches ist die Symbolik Europas? Woran denken die Bürger der Staatengemeinschaft, was fühlen sie, wenn sie an Europa denken? Musikalische Menschen mögen an Beethovens »Ode an die Freude« denken, die seit 1986 offizielle Europahymne ist. Andere vielleicht an die Europaflagge mit ihren zwölf Sternen.

Geschaffen wurde die Flagge – nach etwa fünfjähriger Diskussion – 1955 für den Europarat, der damals 15 Mitglieder zählte. Die Einigung auf die Farbe war einfach, denn Afrika galt als der schwarze, Asien als der gelbe, Amerika als der rote und Australien als der grüne Kontinent – blau konnte die Farbe der Europäer werden. Jedes Mitglied sollte einen Stern bekommen, so lautete ein Beschluss der Beratenden Versammlung von 1953. Über die Urheberschaft des Flaggendesigns stritten lebenslang Arsène Heitz, ein Mitarbeiter des Postdienstes des Europarats, und Paul M. G. Lévy, damaliger Pressechef, über dessen Tisch alle eingehenden Vorschläge gingen. Letztlich blieb die Urheberschaft ungeklärt.

In der damaligen Diskussion über die Entwürfe lehnte Deutschland den mit 15 Sternen ab, weil einer der Sterne dann das Saarland repräsentiert hätte; dieses hatte damals eine Sonderstellung und wurde Deutschland erst nach der Volksabstimmung im Oktober 1955 politisch (1957) und wirtschaftlich (1959) eingegliedert – die sogenannte kleine Wiedervereinigung. Frankreich lehnte die Zahl 14 mit dem Gegenargument ab, das Saarland dürfe nicht symbolisch ausgeklammert werden. Die »13« kam nicht infrage. Also einigte man sich auf die Zahl Zwölf, den kleinsten gemeinsamen Nenner – ein wahrhaft europäischer Kompromiss.

Die offizielle Interpretation des Europaemblems verweist heute nicht auf diese Entstehungsgeschichte, sondern darauf, dass die europäische Flagge nicht nur Symbol der Europäischen Union (EU) als internationale Staatengemeinschaft sei, sondern »für die Einheit und in einem weiteren Sinne für die Identität Europas« stehe. Der Kreis der goldenen Sterne stehe »für die Solidarität und Harmonie zwischen den europäischen Völkern«, und die Zahl Zwölf sei das traditionelle »Symbol der Vollkommenheit, Vollständigkeit und Einheit«.

Die Erfahrungen des Ersten Weltkriegs als der »Urkatastrophe des 20. Jahrhunderts« (George F. Kennan) veranlassten Politiker und Intellektuelle zu einer verstärkten Suche nach europäischen Lösungen, die im Gegensatz zu dem vorherrschenden Bestreben der Staaten nach Protektionismus und Autarkie standen. Die bekannteste Initiative ging von dem österreichischen Diplomaten Richard Nikolaus Graf Coudenhove-Kalergi unter dem Schlagwort »Paneuropa« aus und fand rasch zahlreiche Anhänger in allen europäischen Staaten. Im Gefolge des Vertrags von Locarno (1925) – mit dem Deutschland Mitglied des 1920 gegründeten Völkerbunds wurde – entwickelte der französische Politiker Aristide Briand einen Europaplan. Aber die Zwischenkriegszeit war in Europa durch politisch und wirtschaftlich schwache, instabile Systeme in den meisten Staaten gekennzeichnet, die den Aufstieg von Diktaturen nicht verhindern konnten. Erst die Erfahrungen des Zweiten Weltkriegs sowie die Bedrohungslagen des Kalten Kriegs führten nachhaltig zu der Erkenntnis, dass eine Einigung Europas zwingend notwendig sei. So entstanden nach dem Krieg in allen europäischen Ländern politische Bewegungen, die eine europäische Einigung anstrebten. Über 1000 großteils prominente Europabefürworter unterschiedlicher politischer Richtungen trafen sich 1948 auf dem Haager Kongress. Aus dieser Initiative ging 1949 die Gründung des Europarats hervor mit damals zehn, heute 47 Staaten. Deutschland ist seit 1951 Mitglied. Der Europarat ist die älteste originär politische Organisation europäischer Staaten und hat so prominente und bedeutende Institutionen wie den Europäischen Gerichtshof für Menschenrechte in Straßburg hervorgebracht.

Im Kalten Krieg standen sich Westeuropa unter amerikanischem Einfluss und Osteuropa unter sowjetischer Kontrolle gegenüber. Erste Anstöße für eine engere wirtschaftliche Zusammenarbeit in Europa gingen von der 1948 aufgelegten amerikanischen Marshallplan-Hilfe (European Recovery Program, ERP) aus, die mit rund 13 Milliarden Dollar (damalige Ziffern, heute an die 130 Milliarden Dollar) den Wiederaufbau der europäischen Volkswirtschaften förderte. Deutschland erhielt nach Großbritannien, Frankreich und Italien am viertmeisten, nämlich rund 1,4 Milliarden Dollar, von denen heute immer noch ein Sondervermögen in Höhe von zwölf Milliarden Euro von der 1948 gegründeten Kreditanstalt für Wiederaufbau verwaltet wird.

Die Marshallplan-Hilfe wurde über die 1948 gegründete Organisation für Europäische Wirtschaftliche Zusammenarbeit geleistet (OEEC, seit 1961 OECD), die zunächst 17 europäische Mitgliedsstaaten hatte sowie die USA, Kanada und die Türkei. Grundstein für die europäische Einigung war der Schuman-Plan, der 1952 zur Gründung der Europäischen Gemeinschaft für Kohle und Stahl führte (EGKS oder Montanunion). Er griff damit eine Idee von Jean Monnet auf, der ein großes Modernisierungsprogramm für die französische Wirtschaft mit einem gewaltigen Ausbau der französischen Stahlproduktion plante und dabei die Idee zum Zusammenschluss der westeuropäischen Montanindustrie entwickelte. Tatsächlich war die mit – für damalige Verhältnisse weitgehenden – originär nationalstaatlichen Kompetenzen ausgestattete EGKS eine zu diesem Zeitpunkt international beispiellose Organisation und damit eine wichtige Etappe auf dem Weg der europäischen Einigung. Der entscheidende Meilenstein wurde dann mit den Römischen Verträgen von 1957 gesetzt: Die sechs EGKS-Länder gründeten die Europäische Wirtschafts- und die Europäische Atomgemeinschaft. Über die wirtschaftliche Einigung hinaus wurde nun erstmals auch deren politische Einigung angestrebt.

Diese Zusammenarbeit übte starke Anziehungskraft aus. Rasch wuchs die Sechsergemeinschaft in bisher fünf Etappen: der Norderweiterung 1973 (Großbritannien, Dänemark, Irland), der Süderweiterung (1981: Griechenland; 1986: Portugal, Spanien), dann 1995 (Österreich, Schweden, Finnland, Norwegen), der Ost- und bislang größten Erweiterung 2004 (Polen, Tschechien, Slowakei, Ungarn, Estland, Litauen, Slowenien, Malta, Republik Zypern) sowie 2007 (Bulgarien, Rumänien) und 2012 (Kroatien). Die Aufnahme von Beitrittsverhandlungen mit Serbien ist beschlossen, bis 2020 sollen sie abgeschlossen sein. Mitte 2014 hat Deutschland den westlichen Balkanstaaten – Demokratie und Reformen vorausgesetzt – die Aufnahme in die EU versprochen; die heutige Zahl von 28 Mitgliedern wird weiter wachsen. Die seit Jahrzehnten geführte Debatte über die Grenzen der Erweiterung hat aber bislang ebenso wenig eine grundsätzliche Antwort gefunden wie jene um deren Vertiefung und das letztliche Ziel des europäischen Einigungsprozesses.

Die Einigungsbestrebungen durchlebten aufgrund unterschiedlicher politischer und wirtschaftlicher Europavorstellungen der Politiker immer wieder Krisenzeiten. Dennoch schritt die Einigung Europas voran. Mehr Bürgerbeteiligung brachte die erste Direktwahl zum europäischen Parlament 1979. Der 1993 in Kraft getretene Maastrichter Vertrag fixierte das Ziel einer umfassenden, politisch vertieften Union sowie die Basis einer Wirtschafts- und Währungsunion. Das Schengener Abkommen von 1995 führte zu einem weitgehenden Grenzabbau innerhalb Europas.

1999 wurde der Euro – zunächst als Buchgeld, seit 2002 als Währung – eingeführt, er gilt als ein wichtiges Symbol der Einheit Europas. Die Banknoten verweisen auf gemeinsame Epochen europäischer Kulturgeschichte, die Münzen stellen die Vielfalt der nationalen Symbole dar. Zu den elf sogenannten Erstländern, welche die Beitrittskriterien erfüllten (Belgien, Deutschland, Finnland, Frankreich, Irland, Italien, Luxemburg, Niederlande, Österreich, Portugal, Spanien), kamen Griechenland (2001) und weitere sieben Staaten (2007: Slowenien; 2008: Malta, Zypern; 2009: Slowakei; 2011: Estland; 2014: Lettland; 2015: Litauen), sodass heute 19 EU-Länder zur Eurozone zählen. Von den übrigen neun sind sieben zur Einführung verpflichtet, sobald sie die Eurokriterien erfüllen (u. a. Inflationsrate höchstens 1,5 Prozent, Schuldenstand maximal 60 Prozent, Haushaltsdefizit maximal drei Prozent des Bruttoinlandsprodukts); Dänemark und Großbritannien können, müssen den Euro aber nicht einführen.

Am 24. Oktober 2004 unterzeichneten die europäischen Staats- und Regierungschefs in Rom den Verfassungsvertrag. Er ist bei den Bürgern umstritten. Franzosen und Niederländer sprachen sich in Volksabstimmungen gegen die europäische Verfassung aus. Deren wichtigste Elemente wurden aber in den 2007 ratifizierten Vertrag von Lissabon (in Kraft seit 2009) übernommen.

Die Türkei, seit 1952 Mitglied im Europarat, bemühte sich seit den 1960er-Jahren um eine Aufnahme in die EU. 1963 schloss sie ein Assoziierungsabkommen mit der EWG ab, seit 1999 war sie offiziell Beitrittskandidat. Im Oktober 2005 nahm die EU Beitrittsverhandlungen mit der Türkei auf und löste damit erneut Debatten über die geografische und kulturelle Identität Europas aus.

Auch vor dem Hintergrund der seit mehreren Jahren anhaltenden Krise in der Eurozone ist die Bilanz zum jetzigen Zeitpunkt ambivalent: Einerseits stellt eine Mehrheit der Bürger die Mitgliedschaft nicht grundsätzlich infrage, wünscht sich aber eine Rückverlagerung europäischer Kompetenzen auf die nationale Ebene. Das Vertrauensdefizit ist chronisch und zugleich alarmierend: Offensichtlich nehmen die »Ohnmachtsgefühle« (Köcher) gegenüber der Politik von der lokalen Ebene (14 Prozent) über die Länder (32), die Bundespolitik (50) bis nach Europa (75) drastisch zu. Während bis in die 1980/90er-Jahre hinein die europäische Einigung vor allem und fast selbstverständlich als Friedensgarantie gesehen wurde, geht es inzwischen immer mehr um die Frage, inwieweit sie wirtschaftliche Vor- oder Nachteile bringt. Die Krisensituationen in finanzieller Hinsicht (Griechenland) und die Flüchtlingsfrage (Mittelmeer) zeigen, dass einerseits die Errungenschaften der europäischen Einigung als Selbstverständlichkeit akzeptiert werden. Die mit den Verträgen eingegangenen Verpflichtungen werden andererseits dagegen allzu gern als lästig empfunden und zur Disposition gestellt. Das Ringen um eine gemeinsame europäische Kultur bleibt in jeder Hinsicht ein permanenter Prozess.

Die EU umfasst inzwischen über 500 Millionen Menschen, und die Globalisierung der Probleme verlangt immer mehr supranationale Entscheidungsstrukturen. So hat sich die EU tatsächlich inzwischen zu einem »Macht-Magneten« (Weidenfeld) entwickelt, der in fast alle Themenfelder eingreift. Das »ganz große Fragezeichen der Zukunft« (Weidenfeld) bleibt aber die Legitimation der EU-Entscheidungen.

Die EU hat eine Art »Zwei-Kammer-System«: Gesetzeskraft erlangt nur, was Ministerrat und Parlament beschließen. Damit kleinere Staaten sich bei Gründung der EWG 1958 nicht von den größeren an den Rand gedrängt fühlten, erhielten sie im Ministerrat überproportional viele Stimmen. Erst mit dem Vertrag von Lissabon gelang es, diese Stimmengewichtung abzuschaffen. Ab 2017 bedarf es für eine qualifizierte Mehrheit 55 Prozent der Mitgliedsstaaten und 65 Prozent der EU-Bevölkerung.

Die Kompetenzen des seit 1979 direkt gewählten EU-Parlaments wurden zwar sukzessive erweitert, doch hat auch hier nicht jede Stimme dasselbe Gewicht. So wählen in Malta 68 000 Bürger einen Abgeordneten, in Deutschland sind es 852 000. Was »degressiv proportionale Repräsentation« genannt wird, kann auch als »schwerer Verstoß gegen das Grundprinzip der Demokratie« (Weidenfeld) gesehen werden. Die damit verbundene »Legitimationskrise des Systems«, das Missverhältnis der Sitzverteilung im Parlament, ist bislang ungelöst. So bleibt Europa eine gute und richtige Idee, ein Projekt, das Frieden und Wohlstand sichert, sowie ein Instrument, das national unlösbare Probleme der immer komplexeren Welt zu überwinden und zu lösen vermag. Kein Wunder, dass es Geduld braucht für ein solches Europa – Geduld, die sich lohnen sollte.

82

Nicht zu verwechseln: Die Soldaten von Bundeswehr und NVA sollten sich von Anfang an bereits in den Helmen unterscheiden.

Helme von Bundeswehr und NVA

Von zwei Armeen im Kalten Krieg zu einer im Einsatz

Die Helme der Bundeswehr und der Nationalen Volksarmee waren ebenso unterschiedlich wie ihre ersten »Auftritte«, wie die dahinterstehenden politischen Systeme – und wie überhaupt ihre Geschichte.

Der Helm der Streitkräfte der Bundesrepublik sollte auf keinen Fall wie jener der Wehrmacht aussehen, weshalb die Entscheidung für die Form des »M1«-Helms der US-Armee gleichzeitig so etwas wie ein visuelles Bekenntnis zur NATO war. Der erste »Auftritt« der Bundeswehr verlief – wie die *Frankfurter Rundschau* titelte – »erfreulich zivil«: Als die ersten 101 Freiwilligen in der Bonner Ermekeilkaserne von Verteidigungsminister Theodor Blank ihre Ernennungsurkunden erhielten, trug nur etwa ein Dutzend von ihnen am 12. November 1955 Uniformen, die meisten hingegen Straßenanzüge. Mit Helm traten erstmals am 20. Januar 1956 in Andernach, dem ersten Heeres-Standort, 1000 Freiwillige vor Bundeskanzler Adenauer zum Appell an.

Auch die ersten Uniformen orientierten sich am amerikanischen Stil ohne Kragenspiegel und mit Dienstgradabzeichen als Balken oder Winkel am Ärmel. Die zweireihige kurze Uniformjacke und die weit geschnittenen Hosen des Dienstanzugs wirkten allerdings so zivil, dass ihre Träger noch spöttisch mit »Liftboys und Stewards« verglichen wurden (*Spiegel*, 27. 7. 1955). Zwei Jahre später wurden wieder Kragenspiegel getragen, und der Schnitt wurde in eine einreihige Jacke mit eher militärischer Anmutung und schmaleren Hosen geändert. Auch das Tragen militärischer Auszeichnungen war wieder zugelassen.

Der erste öffentliche Auftritt der Nationalen Volksarmee verlief ganz anders, nämlich 1956 in Ostberlin im Rahmen der nach sowjetischem Vorbild groß inszenierten Parade zum 1. Mai. Auffallend waren ihr Stechschritt, ein Anfang des 19. Jahrhunderts eingeführter preußischer Paradeschritt, und die Uniformen im Stil der Wehrmacht. Der Helm »M56« entsprach einer noch 1943 für die Wehrmacht entwickelten Form, die aber im Zweiten Weltkrieg nicht mehr eingesetzt worden war und darum nicht als »Wehrmachtshelm« diskreditiert werden konnte. Die markante Form des »M56« prägte das Erscheinungsbild der NVA bis zu ihrer Auflösung 1990.

Zehn Jahre waren seit Kriegsende vergangen, als Bundesrepublik und DDR ihre eigenen Streitkräfte aufstellten. Auf der Potsdamer Konferenz im Juli 1945 hatten die Alliierten noch die vollständige Entmilitarisierung Deutschlands vereinbart. Der von Hitlerdeutschland begonnene Weltkrieg hatte weltweit über 60 Millionen Tote gefordert – undenkbar also, dass es je wieder deutsche Soldaten geben würde. Allerdings hatten sich die Interessen der gegen Hitlerdeutschland verbündeten Alliierten so auseinanderentwickelt, dass Sowjetunion und Westmächte sich an der innerdeutschen Grenze nun als feindliche Blöcke gegenüberstanden.

In der Sowjetischen Besatzungszone (SBZ) waren schon 1946 auf Befehl der Sowjetischen Militäradministration SMAD eine bewaffnete Grenzpolizei und 1948 »Kasernierte Bereitschaften« aufgestellt worden, die 1952 in »Kasernierte Volkspolizei« (KVP) umbenannt wurden. In Ausrüstung und Bewaffnung, einschließlich Panzern, entsprach sie einer Armee, ihre Aufgabe war die Sicherung der Grenzen, aber auch die Machtsicherung der SED im Inneren – so auch bei der Niederschlagung des Volksaufstands am 17. Juni 1953. Als die Volkskammer am 18. Januar 1956 die Aufstellung der NVA zum 1. März 1956 beschloss, bildeten die 110 000 Mann der KVP deren Grundstock. In Abgrenzung zur KVP, die Uniformen im sowjetischen Stil getragen und Helme der Sowjetarmee mit aufgemaltem schwarz-rot-goldenem Emblem verwendet hatte, sollte die NVA nun auf Geheiß der Sowjetunion optisch eindeutig der DDR zuzuordnen sein. Darum knüpfte die NVA bei ihrer Gründung an die preußisch-deutsche Tradition an und kaschierte so auch die Abhängigkeit von der Roten Armee. Auch zwei der höchsten Auszeichnungen wurden nach großen preußischen Militärs benannt: die höchste militärische Auszeichnung der DDR nach Scharnhorst und die höchste Tapferkeitsauszeichnung im Kriegsfall nach Blücher; deren Existenz blieb allerdings bis zur Auflösung der DDR geheim – ein Kampforden für den Kriegsfall hätte nicht zur immer propagierten defensiven Ausrichtung der NVA gepasst.

Militärisch stand die NVA unter der Kontrolle der Sowjetunion, unter deren Führung die Staaten des Ostblocks im Warschauer Pakt organisiert waren. Auch die innere Ausrichtung der NVA entsprach ganz dem marxistisch-leninistischen Weltbild. Dementsprechend konstruierte die Parteiführung Traditionen zu Vorbildern des Kommunismus, wie beispielsweise 1959 die Benennung der Militärakademie der NVA in Dresden nach Friedrich Engels erkennen lässt, sowie seit den 1960er-Jahren die Vergabe von Traditionsnamen an Truppenteile und Garnisonen, am häufigsten die von kommunistischen Widerstandskämpfern.

Die Wiederbewaffnung war eine der umstrittensten Fragen in der frühen Bundesrepublik. Spätestens seit dem Koreakrieg 1950 forderten die USA und Großbritannien einen Verteidigungsbeitrag der Bundesrepublik. Nach dem Scheitern der Idee einer Europäischen Verteidigungsgemeinschaft trat die Bundesrepublik am 9. Mai 1955 der NATO bei. Seit 1950 arbeitete im Bundeskanzleramt Theodor Blank mit wenigen Experten an der Frage der Wiederbewaffnung, von Anfang an war ein Bruch mit der deutschen militärischen Tradition ins Auge gefasst, um »ohne Anlehnung an die [...] Wehrmacht heute grundlegend Neues zu schaffen« (Himmeroder Denkschrift von 1950). Ganz neue Wege verfolgte die Bundeswehr mit dem Konzept der »Inneren Führung«, des verantwortungsvoll mitdenkenden »Staatsbürgers in Uniform«. So eindeutig der Bruch mit der deutschen Militärtradition bei der Gründung der Bundeswehr intendiert war, so schwierig war manche Umsetzung in der Praxis. Die Traditionserlasse aus den Jahren 1965 und 1982 betonen auch darum die Einbindung der Armee in den demokratischen Staat, ihre Verpflichtung »ausschließlich auf die Verteidigung« und enthalten ein »kritisches Bekenntnis zur deutschen Geschichte«. Die Männer des militärischen Widerstands vom 20. Juli 1944 wurden 1959 in einem Tagesbefehl vom Generalinspekteur der Bundeswehr, General Adolf Heusinger, als Vorbilder hervorgehoben, seit 1961 sind Bundeswehrkasernen nach Graf Stauffenberg, von Tresckow und Leber benannt.

Zum Konzept der Inneren Führung gehörten von Anfang an auch die parlamentarische Kontrolle der Bundeswehr sowie ein Wehrbeauftragter des Bundestags und zu ihrer Verankerung in der Gesellschaft die Wehrpflicht. Zu den freiheitlich-demokratischen Grundwerten gehörte auch die bereits 1949 ins Grundgesetz (Artikel 4) aufgenommene Möglichkeit der Verweigerung des Kriegsdienstes mit der Waffe; 1961 wurde der Zivildienst für Kriegsdienstverweigerer eingeführt, die anfangs noch eine Minderheit waren, deren sozialer Beitrag zur Gesellschaft aber zunehmend hohe Anerkennung gewann.

Die NVA führte die Wehrpflicht erst nach dem Mauerbau ein, im Januar 1962. Es gab keine Möglichkeit, die Wehrpflicht zu umgehen: Wer den »Dienst an der Waffe« verweigerte, wurde mit Haft bestraft oder ab 1964 zu den »Baueinheiten« eingezogen, die ebenfalls Übungen mit Stahlhelm absolvieren mussten, aber ohne Waffe bei Bauvorhaben eingesetzt wurden. Ihnen wurde jede höhere Ausbildung oder ein Studium verwehrt, sodass die meisten Wehrpflichtigen den normalen 18-monatigen Wehrdienst in Kauf nahmen. Formal war die NVA zwar eine »Volksarmee«, praktisch stand sie aber unter dem »Auftrag der Partei« (Beschluss des Politbüros 1958) und war ein Pfeiler sozialistischer, auf alle Bevölkerungs- und Altersgruppen zielender Wehrerziehung. Während ihrer Ausbildung waren die Rekruten fast vollständig kaserniert, um die von der SED-Führung geforderte »ständige Gefechtsbereitschaft« zu garantieren. In »erhöhte Gefechtsbereitschaft« versetzt war die NVA beim Mauerbau im Sommer 1961, als sie mit 7300 Soldaten die Sektorengrenzen nach Westberlin zu sichern hatte, sowie während des »Prager Frühlings«, als im Sommer 1968 zwei NVA-Divisionen an der südlichen Grenze bereitstanden, um die Truppen des Warschauer Pakts bei der Unterdrückung der Reformversuche in der Tschechoslowakei zu unterstützen.

Auch beim letzten großen Auftritt der NVA, der imposant geplanten Militärparade aus Anlass der Feiern zum 40. Jahrestag der DDR am 7. Oktober 1989, war »erhöhte Gefechtsbereitschaft« befohlen, denn die Parteiführung fürchtete Proteste aus der Bevölkerung. Aber die friedliche Revolution war längst im Gange und unaufhaltsam. Nur ein Jahr später, am 2. Oktober 1990 um Mitternacht, hörte die DDR und mit ihr auch die NVA auf zu existieren, sie wurde mit dem Beitritt aufgelöst. Noch unter der DDR-Übergangsregierung war die Mitgliedschaft im Warschauer Vertrag am 24. September 1990 gekündigt worden. Die letzte öffentliche Amtshandlung von Soldaten in NVA-Uniform war das Einrollen der Truppenfahnen. Insgesamt rund 90 000 Soldaten und 47 000 zivile Angehörige der NVA wurden zunächst in die Bundeswehr übernommen – die Auflösung der NVA mit Abbau und Verkauf von Ausrüstung und Liegenschaften war 1995 abgeschlossen.

Die Armee der Einheit stand nach Ende des Ost-West-Konflikts vor neuen und vor allem globalen sicherheitspolitischen Aufgaben. Ihren ersten internationalen Einsatz in einem bewaffneten Konflikt absolvierten Bundeswehrsoldaten unter blauem UN-Barett ab November 1991 mit sechs Sanitätsoffizieren für UN-Kommissare in Kambodscha, ab April 1992 mit 130 Soldaten für den Aufbau eines Krankenhauses. Im gleichen Jahr flog die Bundeswehr im Rahmen der UN-Luftbrücke Hilfsgüter in die von bosnisch-serbischen Truppen eingeschlossene Stadt Sarajewo und lieferte Medikamente und Hilfsgüter in das Bürgerkriegsland Somalia. Beide Einsätze waren innenpolitisch umstritten, da es sich nicht eindeutig um Einsätze zur Verteidigung der Bundesrepublik handelte. Die Bundeswehr hatte seit ihrer Gründung immer wieder Katastrophenhilfe geleistet, ihr Einsatz in der großen Hamburger Sturmflut 1962 ist in besonderer Erinnerung. Auch hatte sie außereuropäische humanitäre Einsätze wie im Erdbebengebiet in Marokko 1960 oder in den Hungergebieten der Sahelzone 1985. Auf dem Balkan handelte es sich aber um Einsätze in Kriegsgebieten außerhalb des Gebiets der NATO-Vertragspartner (*out-of-area*). Ein Urteil des Bundesverfassungsgerichts vom 12. Juli 1994 brachte Klarheit: Deutsche Soldaten dürfen im Rahmen der internationalen Organisationen auch an militärischen Einsätzen außerhalb des NATO-Gebiets teilnehmen. Voraussetzung dafür müsse aber die Zustimmung des Bundestags sein. Für diese neue Aufgabenstellung wurde eine Umstrukturierung der Bundeswehr für erforderlich gehalten. Es folgten später die Aussetzung der Wehrpflicht 2011 sowie die Umwandlung in eine Berufsarmee mit (Stand August 2015) rund 185 000 aktiven Soldaten, darunter 19 000 Soldatinnen, denen seit 2001 alle militärischen Laufbahnen offenstehen; seit 1975 waren Soldatinnen lediglich im Sanitäts- und Militärmusikdienst zugelassen gewesen.

Der NVA-Helm hatte 1990 »ausgedient«. Die Bundeswehr des vereinigten Deutschland tauschte 1992 ihren längst veralteten Gefechtshelm aus Stahl gegen den Helm »M92« aus der Kunststofffaser Aramid ein. Er bot doppelt sicheren Schutz bei verringertem Gewicht und ließ integrierte Funkgeräte und Infrarotkameras zu. Inzwischen verfügen die Soldaten der Bundeswehr teilweise über noch weitere, neuere Hightech-Helme.

Die Helme der 1950er-Jahre sind heute eine Erinnerung an die Anfänge. Zu den Bildern der Armee im Einsatz gehören allerdings auch solche, auf denen inzwischen seit 1992 104 – davon 37 durch Feindeinwirkung – gefallene Soldaten zu Grabe getragen werden. Ihr Sarg ist mit der Bundesdienstflagge bedeckt, und darauf liegt meist ein Helm.

Erste Packungen des fast gleichen Medikaments: Im Westen als »Nebenwirkung« deklariert, im Osten als Mittel der Geburtenpolitik eingesetzt.

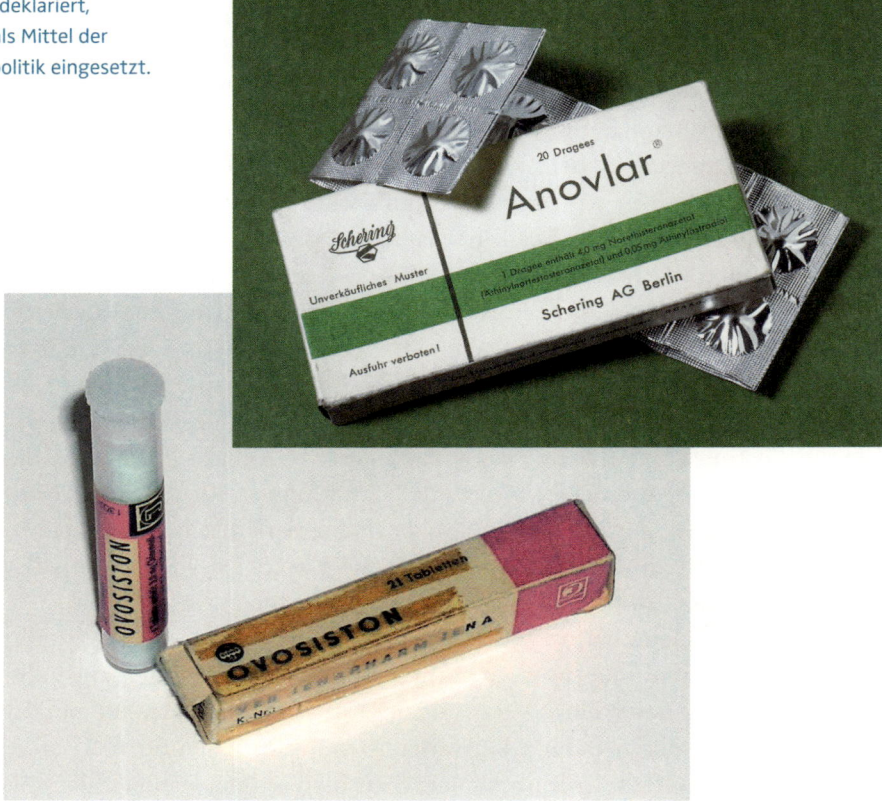

Anovlar und Ovosiston

Antibabypille versus Wunschkindpille

Im Westen Deutschlands wurde sie am 1. Juni 1961 unter dem Namen Anovlar (»kein Eisprung«) von Schering für 8,50 DM auf den Markt gebracht. Die Packung enthielt ein Aluminium-Blister mit zunächst 20, nach drei Jahren 21 Pillen, anfangs grünlich gefärbt. Im Osten wurde sie auf der Leipziger Frühjahrsmesse 1965 als Ovosiston (»Ei-Stopp«) vorgestellt und nach ihrer Zulassung im November für 3,50 Mark vom VEB Jenapharm eingeführt; bis Ende des Jahres als Tabletten noch in einer Behelfsverpackung von Röhrchen (weil erforderliche Maschinen fehlten) und dann auch im Westformat mit 21 hellgrünen Dragees.

Die pharmakologische Zusammensetzung beider Präparate war im Grundsatz ähnlich, und beide waren rezeptpflichtig, aber die landläufigen Bezeichnungen höchst unterschiedlich: Sie verweisen auf die gesellschaftlichen, moralischen und bevölkerungspolitischen Differenzen zwischen den beiden Staaten. Trotz Kritik von politischer und medizinethischer Seite setzte sich in der Bundesrepublik früh die offizielle Bezeichnung »Antibabypille« durch, während die DDR staatlicherseits – in absichtlicher Gegensätzlichkeit zum Westen – den Terminus »Wunschkindpille« zu etablieren versuchte. In beiden Teilen Deutschlands sprachen Mann und Frau allerdings stets dieselbe Sprache, ihnen ging es einfach um »die Pille«. Was nüchtern Modernisierungsschub im Sexualleben und Beginn einer neuen Epoche der Schwangerschaftskontrolle genannt werden konnte, feierten die einen als »historischen Tag« und »gewaltigen Schritt vorwärts« (Stern Nr. 26/1961) und verteufelten die anderen als Beginn eines Zeitalters der Sittenlosigkeit.

Das Präparat der Westberliner Schering AG war 1960 erstmals zugelassen worden und das erste seiner Art in Europa, es enthielt das Sechsfache an Wirkstoffen heutiger Präparate, jedoch nur halb so viele wie das amerikanische Schwesterpräparat, das erstmals 1957 als Enovid gegen Menstruationsbeschwerden angeboten und nach der Zulassung im Juni 1960 im August als Verhütungsmittel vermarktet wurde. Wissenschaftliche Grundlage der Pille war die Hormonforschung, in deren Zentrum zunächst nicht die Empfängnisverhütung gestanden hatte, sondern die Erforschung weiblicher Unfruchtbarkeit und Menstruationsstörungen. Dass die Eierstöcke in regelmäßigen Abständen spontan eine Eizelle freigeben, war bereits Mitte des 19. Jahrhunderts von deutschen und französischen Wissenschaftlern entdeckt worden. 1919 hatte dann der Innsbrucker Physiologe Ludwig Haberlandt aufgrund seiner Forschungen spekuliert, ob ein Extrakt aus den Eierstöcken trächtiger Säugetiere geeignet wäre, auch beim Menschen die Empfängnis zu verhüten; seine Überlegungen gerieten allerdings in Vergessenheit.

Mit Förderung aus dem McCormick-Vermögen gelang dem Pharmakologen Gregory Pincus – in Zusammenarbeit mit dem Chemiker Carl Djerassi und dem Gynäkologen John Rock – 1953 schließlich die Nachahmung des weiblichen Zyklus, und so wurde 1957 in den USA der Pillen-Prototyp Enovid (»Pincus-Pille«) gegen Menstruations- und Fertilitätsstörungen zugelassen. Als »Vater« der Pille gilt vor allem Pincus; Djerassi nannte sich »Mutter« der Pille und hob seinerseits die Leistung Haberlandts als »Vater der Antibabypille« hervor.

Die Leistung von Schering bestand in der Entwicklung einer im Vergleich zu Enovid deutlich zuverlässigeren Variante mit weniger Nebenwirkungen. Schering hatte 1938 erstmals das Hormon Östrogen künstlich herstellen können und bot seit den 50er-Jahren Hormonpräparate gegen Menstruations- und Klimakteriumsbeschwerden an, sein Primolut N war der unmittelbare Vorläufer der deutschen Verhütungspille. Das Unternehmen griff also bei der Einführung von Anovlar in Europa auf amerikanische ebenso wie auf eigene Erfahrungen zurück. Die Art und Weise, wie Schering 1961 sein neues Produkt einführte, ist so bemerkenswert, dass diese zeittypischen Formulierungen inzwischen als »Edelstein« deutscher Sprache schillern. Denn unter der Überschrift »Hauptsache; Nebenwirkung« wurde auf dem Beipackzettel »eher nebenbei, zwischen den Zeilen [...] eine der größten Revolutionen der menschlichen Sozialgeschichte« erläutert, ein »kurioser Text« (Schneider/Krämer). Der entscheidende Satz hatte nur neun Worte: »Während der künstlichen anovulatorischen Zyklen tritt keine Konzeption ein.« Dieser Textbaustein kaschierte eine der »größten sozialen Umwälzungen aller Zeiten« (Schneider/Krämer). Die »Ovulationsruhe«, die empfängnisverhütende Wirkung, wurde als Nebenwirkung deklariert.

Aufklärung über medizinische Fragen mit einem Feigenblatt der

Scham? Tatsächlich war die Zahl der Kritiker groß, die Pille zur Verhütung galt als ein »heißes Eisen«. Wer öffentlich für sie eintrat, traf auf moralische und medizinische Bedenken, denn es herrschte große Unsicherheit über ihre Nebenwirkungen und Langzeiteffekte. Ihre positiven Begleiteffekte als wirksame Therapie beispielsweise gegen Zyklusstörungen, Regelschmerzen u. a. traten dagegen weit in den Hintergrund. Die Skepsis hielt sich anfangs auch bei den Befürwortern der Pille, denn ihre langfristig möglicherweise gesundheitsschädlichen Nebenwirkungen waren noch nicht hinreichend untersucht; und zwar sowohl im Hinblick auf Thrombose oder krebsfördernde Wirkungen als auch auf Fruchtbarkeit und generelle Gebärfähigkeit nach dem Absetzen der Pille. Der schreckliche Contergan-Skandal, just im Jahr der Pilleneinführung 1961 aufgedeckt, hatte überdeutlich vor Augen geführt, welche unabsehbaren Risiken innovative Medikamente bergen konnten. Eine wahre Flut von Untersuchungen und medizinischer Fachliteratur über erwünschte und unerwünschte Nebenwirkungen war die Folge. Tatsächlich wurde die Pille bald zum bestuntersuchten pharmazeutischen Produkt überhaupt.

Eine Meinungsumfrage in Westdeutschland ergab 1963, zwei Jahre nachdem die Pille auf den Markt gekommen war, eine knappe Mehrheit gegen sie (45 Prozent dagegen, 44 Prozent dafür). Im Westen war es in der Frühphase der Pille vor allem für unverheiratete Frauen und Mädchen (ab 16 Jahren) schwierig, die Pille verordnet zu bekommen, denn viele Ärzte reservierten sie ausschließlich für Ehepaare. Etwa 1967 begann ein Umschwung; die Pille wurde freier verschrieben, und 1969 nahmen sie etwa 16 Prozent aller Frauen und Mädchen zwischen 15 und 44 Jahren, fünf Jahre später bereits fast doppelt so viele (30 Prozent).

Der VEB Jenapharm arbeitete seit 1961 vorgeblich unabhängig von Patenten des »kapitalistischen Auslands« an der Entwicklung des Präparats, kopierte diese vermutlich gleichwohl und verbreitete die Pille schließlich im gesamten Ostblock. Der Sozialhygieniker Karl-Heinz Mehlan und Richard Hüttenrauch, der im VEB verantwortliche Leiter, sind hier vor allem als wichtige Antriebskräfte zu nennen. Bis 1968 wurde die Wunschkindpille restriktiv verschrieben, danach von allen Frauenärzten ohne besondere Auflagen zum Beispiel an einen »Paarstatus« und seit 1972 unentgeltlich. Sie stand seitdem als »sozialistisches Grundrecht« von Staats wegen allen Frauen und Mädchen ab 16 Jahren zur Verfügung. Ende 1968 nahmen fast zehn Prozent der verheirateten Frauen die Pille, 1972 bereits 33 Prozent.

Die Diskussion über dieses und vergleichbare Themen wurde hier »pragmatisch-materialistisch« geführt: Familienfürsorge sowie die Vereinbarkeit von Familien- und Berufsleben für die gleichberechtigte Frau standen im Vordergrund. »Familienplanung, Antikonzeption und Abortbekämpfung« wurden aus medizinischer und bevölkerungspolitischer Sicht als Einheit gesehen (Mehlan). Die Schwangerschaftsverhütung durch die Pille, so hieß es bei Medizinern wie Politikern offiziell und ausdrücklich, diene »nicht zur Geburtenbeschränkung, sondern gerade zur Förderung der Ehe, Familie und Mutterschaft« im sozialistischen Staat (Schnabl). Tatsächlich war die Pille auch eines von mehreren Instrumenten planwirtschaftlich orientierter Geburtenpolitik, mit denen Frauen im arbeitsfähigen Alter länger im Produktionsprozess gehalten werden konnten (Leo/König).

Die Akzeptanz der Pille war in Europa anfangs geringer als in den USA. Im »Ulmer Manifest« warnten noch 1964 Ärzte und Professoren vor der Werbung für die Pille und der »ungehemmten öffentlichen und privaten Sexualisierung«. Höchst umstritten war 1967 der vom Bundesgesundheitsministerium initiierte Aufklärungsfilm *Helga – Vom Werden des menschlichen Lebens*: Einerseits sahen ihn innerhalb eines Jahres fünf Millionen allein in Deutschland, andererseits wurde er von der Presse ebenso gelobt wie als »Schund« kritisiert.

Der Notwendigkeit seriöser Aufklärung sollte die Einführung von Sexualkundeunterricht Rechnung tragen, für die die Kultusminister 1968 Empfehlungen aussprachen. Als das Bundesgesundheitsministerium 1969 einen *Sexualkunde-Atlas* herausgab, war dieser so umstritten wie noch nie ein Schulbuch zuvor. Aber das Buch entpuppte sich – wie *Helga* – als »Senkrechtstarter« (*Spiegel* 40/1969), war wie der Film ein geschäftlicher Erfolg und wurde bis 1974 flächendeckend in den Bundesländern eingesetzt. In der DDR war Sexualkunde als »Fortpflanzung« schon länger ein Bestandteil des Biologieunterrichts, aber für das Sonderthema Pille war hier regulär nicht wirklich Platz.

Nach wie vor umstritten ist, in welchem Grad die Verhütungspille zur viel zitierten sexuellen Revolution der »68er« unmittelbar beitrug oder sie sogar erst ermöglichte. Fest steht jedoch, dass in beiden Teilen Deutschlands mit der Akzeptanz der Pille auch die Freizügigkeit wuchs, in den öffentlichen Medien von Liebe und Sexualität deutlicher und offener zu sprechen. Während im Osten Jugendzeitschriften wie *Das*

Magazin, Neues Leben und der Aufklärungsbestseller *Mann und Frau intim* (Schnabl) die Sexualaufklärung voranbrachten und versachlichten, trugen im Westen Jugendzeitschriften wie *Bravo* zur Enttabuisierung des Themas bei. Einen wichtigen Etappensieg lieferte dann Oswalt Kolle, der mit seinem Buch *Das Wunder Liebe* (1968) und seinen folgenden Filmen eine neuartige Offenheit in dieses den Zeitgeist bewegende Thema brachte; weltweit sahen sie wohl über 140 Millionen. Das »Sexualmonopol« der Ehe war, auch mithilfe der Pille, endgültig angegriffen, der Fortschritt in den Geschlechterbeziehungen jedoch nicht immer einsichtig.

Die Frauenbewegung der 1970er- und 1980er-Jahre nannte die Pille noch ein neuerliches patriarchalisches Instrument der Unterdrückung, eine »mechanistische Männererfindung zur Instrumentalisierung der Frau« (Alice Schwarzer). Bis die *Emma*-Herausgeberin erkannte, dass die Pille »einer der Zündfunken war, die das Feuer der Forderung nach gleichen Rechten für Frauen mit angefacht« hatten, und sie – provozierend – »Geschenk Gottes« nannte. Der Aufstieg dieses Kontrazeptivums zur vorherrschenden Verhütungsmethode war unaufhaltsam, seine Auswirkungen auf die Veränderung der Beziehungen der Geschlechter zueinander, für ein emanzipatorischeres Rollenverständnis und die Beeinflussung der Nachwuchs- und Familienplanung sind unbestreitbar.

Ein Rückgang der Geburten zeichnete sich in beiden Teilen Deutschlands bereits ab, bevor die Pille kam. Aber da er nach der Babyboomer-Phase (bis 1965) mit der Einführung der Pille zusammenfiel, wurde er darauf zurückgeführt (»Pillenknick«). Doch ist diese monokausale Erklärung inzwischen umstritten. Die moralisch und religiös begründeten Vorbehalte gegen die Pille kamen im Westen Deutschlands vor allem von der katholischen Kirche; deren päpstliche Enzyklika »Humanae vitae« (1968) war eine relativ späte, dafür umso kategorischere Reaktion auf die Pille. Die evangelische Kirche akzeptierte sie ab 1971 zumindest vorbehaltlich ärztlicher Beratung. Inzwischen verhütet über die Hälfte der 20- bis 44-jährigen Frauen in Deutschland (Bundeszentrale für gesundheitliche Aufklärung) mit »der Pille«, die es längst in vielen Varianten von zahlreichen Herstellern gibt. Seit 2015 wird die »Pille danach« rezeptfrei abgegeben – die medizin-ethischen, politisch-demografischen, soziologischen und religiösen Debatten um diese Themen bleiben allerdings nach wie vor bestehen.

84

Das älteste von drei heute noch existierenden Exemplaren der legendären Vorserie des KdF-Wagens aus dem Jahr 1938.

Der Volkswagen

Vom KdF-Automobil zum Wirtschaftswunder-Käfer

Als der Erste seiner Art vorgestellt wurde, war dies ein riesiger »Hype«: Die Internationale Automobil-Ausstellung im Februar/März 1939 endete mit einem Besucherrekord – 825 000 Gäste wurden gezählt. Und der VW war das Hauptgesprächsthema in allen Schichten der Bevölkerung. Nur ein halbes Jahr später begann mit dem Überfall auf Polen der Zweite Weltkrieg.

Nach verschiedenen, bei Daimler-Benz in Sindelfingen und im Karosseriewerk Reutter in Stuttgart hergestellten Prototypen und Millionen Testkilometern hatte der Typ 60, Baujahr 1938, seine »vorläufig endgültige Form« (Schütz) gefunden: mit Vierganggetriebe, 985 Kubikzentimetern Hubraum, 24 PS, 100 Stundenkilometern Höchstgeschwindigkeit, luftgekühltem Vierzylinder-Boxermotor im Heck, Einzelradaufhängung, bündig in die Kotflügel eingelassenen Scheinwerfern, beidseits zwei an der Mittelsäule schließenden Türen – und im Heck dem »Brezelfenster«, das den Wagen so charakteristisch machte, bis 1953 die Serienfertigung gewölbter Scheiben möglich wurde. Das Beste: Er sollte unter 1000 Reichsmark kosten, in graublauer Farbe 990 Reichsmark, etwa so viel wie ein Motorrad der Mittelklasse, ansparbar mit mindestens fünf Reichsmark wöchentlich, zuzüglich Transport und Versicherung. Als Cabrio mit Faltdach würde es ihn gegen 60 Reichsmark Aufpreis geben. Seine Produktion sollte 1940 anlaufen, er wäre also bald lieferbar.

Die Prototypen waren nach Ferdinand Porsches Vorgaben entwickelt worden, der damals in Stuttgart ein eigenes Konstruktionsbüro betrieb und 1934 auf der Grundlage seines »Exposés betreffend den Bau eines deutschen Volkswagens« beauftragt worden war. Das Projekt lief in seinem Büro unter der Entwicklungsnummer 60. Die politische Vorgabe zielte auf einen vierrädrigen Viersitzer, den Porsche auch selbst konzipieren wollte, aber er benötigte doppelt so lang wie erwartet für die Konstruktion, die Erprobung und alle Feinarbeiten. Er arbeitete gründlich und aufwendig. Außerdem liefen die Kosten aus dem Ruder, und seine und aller anderen Fachleute Preisvorstellungen übertrafen mit 1500 Reichsmark die seit 1934 geltende politische Vorgabe um 50 Prozent. Porsche war nicht bereit, sich einer Zeit- und Kostenkontrolle zu unterwerfen. Übrigens hatte er sich bei seiner Arbeit auch an Entwürfen des Tatra V 570 von Béla Barényi orientiert, dessen Urheberrolle Mitte der 1950er-Jahre gerichtlich anerkannt wurde. Auch der Autohersteller Tatra in der ČSSR erhielt 1961 eine Entschädigung von Volkswagen.

Der Start dieses Renommierprojekts des bekennenden »Autonarren« Hitler lief also alles andere als glatt. Im Februar 1933, wenige Tage nach der »Machtergreifung«, hatte Hitler auf einem seiner ersten großen öffentlichen Auftritte als Reichskanzler bei der Automobil-Ausstellung ein großes nationalsozialistisches Motorisierungsprogramm angekündigt. In seiner Rede verwendete Hitler 1933 das Wort »Volkswagen« nicht, aber der Ruf nach einem preiswerten »Volksautomobil« war unter diesem oder anderen Begriffen schon vor dem Ersten Weltkrieg laut geworden. Die zunehmenden Engagements amerikanischer Automobilfirmen in Deutschland, vor allem die Übernahme von Opel durch General Motors 1929 und der Baubeginn eines Werks von Ford in Köln 1929/30, hatten dann dem Thema neue Nahrung gegeben, und bald warben viele Firmen nicht mehr nur für dreirädrige Kleinstfahrzeuge.

Der große Erfolg der Ankündigung und Präsentation des Volksempfängers im Sommer 1933 heizte die Diskussion um das »Volkskraftfahrzeug« erneut an, bei Daimler-Benz liefen sogar Entwicklungsarbeiten an einem 1,3-Liter-Modell unter dem Namen »Volkswagen«. Hitlers Rede bei der Eröffnung der nächsten Automobil-Ausstellung im Jahr 1934 wurde – auch wenn er das Wort wieder nicht verwendete – mit der Schlagzeile kommentiert: »Der billige Volkswagen für Millionen kommt« (nach König). Allerdings waren – anders als bei der Ankündigung des Volksempfängers – entscheidende Fragen noch gänzlich ungeklärt. Die Erwartungen der Öffentlichkeit waren so groß, dass Goebbels mit seinem Propagandaministerium ihnen seit Anfang 1935 entgegenzuwirken und den Begriff »Volkswagen« zu verbannen versuchte – letztlich vergeblich. Andererseits sollte »als Schöpfer des deutschen Volkswagens in späterer Zeit nur Adolf Hitler genannt werden« dürfen.

Als das ganze Projekt kurz darauf, im Sommer 1936, zu scheitern drohte, wurde es dem darüber wohl erleichterten Reichsverband der Automobilindustrie (RAD) aus den Händen genommen und Anfang 1937 der Deutschen Arbeitsfront (DAF) übertragen. Deren Leiter Robert Ley verstand es als »Krönung« der sozialpolitischen Bestrebungen der »Kraft durch Freude (KdF)«-Bewegung, einer Unterorganisation der DAF, die unter anderem größter Reiseveranstalter im »Dritten Reich« war, und gründete im Mai 1937 die »Gesellschaft zur Vorbereitung des deutschen Volkswagens« (abgekürzt Gezuvor, 1938 in Volkswagenwerk G.m.b.H. umbenannt). Nun nahm das Projekt Tempo auf: Nahe dem verkehrsgünstig gelegenen Fallersleben sollte das »größte Kraftwagenwerk der Erde«, das »modernste Werk der Welt« entstehen, als Vorbild diente das damals technologisch fortschrittlichste Ford-Werk in Dearborn. Unverzüglich und noch vor Klärung aller Finanzierungsfragen begannen die Bauarbeiten. Die Grundsteinlegung wurde aus Propagandagründen nachgeholt. Hier gab Hitler bekannt, dass das neue Automobil »KdF-Wagen« heißen sollte. Porsche, mit dem dies nicht abgesprochen war, war entsetzt, sah er in diesem Namen doch ein Exporthindernis. Für die Fabrik blieb es beim Namen »Volkswagenwerk«. Die Wortmarke »Volkswagen« hatte sich bereits der Reichsarbeitsdienst (RAD) juristisch schützen lassen; es sollten wohl alle denkbaren Vermarktungsmöglichkeiten offengehalten werden. Der rasch entstehende Fabrikort hieß bis Kriegsende »Stadt des KdF-Wagens bei Fallersleben« und entging so zumindest dem Schicksal, »Adolf-Hitler-Stadt« getauft zu werden, wie Robert Ley es dem Führer angetragen hatte. Am 15. Juli 1945 wurde er nach dem dortigen Schloss in Wolfsburg umbenannt, inzwischen lebten hier 17 000 Menschen.

Während die Werbung auf »vollen Touren« lief und bis Kriegsbeginn schon über eine Viertelmillion Deutsche als KdF-Sparer unterschrieben hatten, litt der Baufortschritt kriegsbedingt unter dem Mangel an Arbeitskräften und Rohstoffen. Zwar wurde weitergefertigt, aber auf Kriegsbedarf umgestellt: Bis Kriegsende wurden – auch unter Einsatz von etwa 20 000 Zwangsarbeitern – über 52 000 Kübel- und 14 000 Schwimmwagen, aber nur noch wenige »KdF-Wagen« produziert. Der zunächst für den Militärbedarf entwickelte Kübelsitzwagen Typ 60 unterschied sich in Motor und Getriebe kaum von der zivilen Limousine; Antrieb, Bereifung, Spurweite und Bodenhöhe mussten jedoch angepasst werden. Das Heer forderte weitere Anpassungen, und die neuen Typen 82 und 87 wurden die meistgebauten Fahrzeuge des Volkswagenwerks während des Zweiten Weltkriegs.

Bei Kriegsende war das Volkswagenwerk stark zerstört, eignete sich dann aber für Amerikaner und Briten unter dem Namen »Wolfsburg

Motor Works« als Reparaturbetrieb für ihre Militärfahrzeuge. Außerdem wurden aus noch vorhandenen Einzelteilen Kübelwagen für die Besatzungsarmee montiert, die in Anbetracht des gegebenen immensen Transportbedarfs schon Ende August die Lieferung von Zehntausenden – nun so genannten – Volkswagen beauftragte; da sie auf Kübelwagenchassis montiert wurden, sahen die ersten Nachkriegsmodelle sehr »hochbeinig« aus. Tatsächlich wurden bis Ende 1945 mindestens 55 Volkswagen-Limousinen nach dem ursprünglichen Porsche-Konzept hergestellt. Ab Januar 1946 wurden unter britischer Regie monatlich etwa 1000 Volkswagen ausgeliefert, die meisten an die Alliierten, etwa jeder 14. an deutsche Dienststellen, vor allem die Reichspost; der chronische Mangel insbesondere an Rohstoffzulieferungen erlaubte nicht mehr. Der Fortbestand des Werks blieb lange unsicher: Nach Einschätzung britischer Experten hatte seine Produktion keine Zukunft, außerdem war das Werk so groß dimensioniert. Auch der Alliierte Kontrollrat ging als oberste Instanz der Besatzungsmächte davon aus, das Werk werde nach einer Übergangsphase zu Reparationsleistungen herangezogen oder demontiert.

Schließlich durfte das Werk ab Sommer 1947 monatlich 2500 Fahrzeuge herstellen, davon 1000 für den Export, aber erst die Berufung des erfahrenen früheren Leiters des Opel-Lkw-Werks in Brandenburg an der Havel, Heinrich Nordhoff, zum Generalmanager im November 1947 erlaubte den Rückzug der britischen Kontrolloffiziere. Der eigentliche Aufstieg des Unternehmens begann mit der Währungsreform am 20. Juni 1948, sieben Jahre später, am 5. August 1955, lief der millionste Volkswagen vom Band. Wie kein zweites Produkt symbolisierte er inzwischen das Wirtschaftswunder der Nachkriegszeit. Der Absatz florierte im Schutze der Besatzungsmächte und unter Beibehaltung starrer Modellpolitik mit einer Art Monopol bei der Belieferung bestimmter Behörden, aber auch im Windschatten des Interesses der amerikanischen Konkurrenz Ford und General Motors. Heute ist unvorstellbar, dass Ford in mehreren Gesprächen mit Nordhoff im Laufe des Jahres 1948 nicht das geringste Interesse an einer Übernahme zeigte. Die Nähe des Werks zum »Eisernen Vorhang« war ein Grund dafür, ein anderer die negative Einschätzung der Absatzmöglichkeiten in Europa; außerdem waren die Amerikaner nicht zu größeren Investitionen bereit.

1949 übertrugen die Briten dem Land Niedersachsen und der Bundesrepublik Deutschland das Eigentum am Werk. 1960 beschloss der Bundestag dessen Privatisierung und seine Umwandlung in eine Aktiengesellschaft. Sie erfolgte durch den Verkauf von 60 Prozent des Aktienkapitals als Volksaktien, der ersten in Deutschland. Mit der aus dem Aktienverkauf erlösten Milliarde DM (inzwischen auch aus dem Verkauf der weiteren Bundesaktien) sowie dem Anspruch auf den Gegenwert der jährlichen Gewinne der öffentlichen Hand wurde 1961 die gemeinnützige VolkswagenStiftung gegründet; ihr Hauptzweck ist die Förderung der Wissenschaft in Forschung und Lehre.

Die Erfolgsgeschichte des »Käfers«, der wohl erstmals von der *New York Times* 1938 so genannt wurde, hing gewiss auch mit dem schon früh nach dem Krieg auf Initiative der Kontrollratskommission begonnenen Auf- und Ausbau des Kundendienstes zusammen, der gigantische Exporterfolg vor allem mit der sich als genial herausstellenden Werbekampagne der seit 1959 beauftragten New Yorker Agentur Doyle, Dane & Bernbach (DDB). Während der Wagen sich in Deutschland fast wie von selbst verkaufte und hier kaum Werbung gemacht werden musste, entwickelte DDB Slogans, die rasch in aller Munde waren. Am bekanntesten wurde sicherlich: »Er läuft und läuft und läuft …« Es ist bemerkenswert und fast paradox, dass mit DDB eine Agentur den Werbeerfolg des nationalsozialistisch vorbelasteten, ja eng mit Hitler zusammenhängenden »Käfers« vorantrieb, die als »jüdisch in Stil und Haltung« (Schütz) beschrieben wurde. Heute ist die Volkswagen AG der größte europäische Automobilhersteller und nach Toyota der zweitgrößte weltweit.

Volkswagen, der »Käfer«, das Werk, beider Entstehungs-, Schicksals- und Erfolgsgeschichte sind nicht ohne die deutsche Geschichte in ihren Brüchen und Kontinuitäten zu verstehen. Der »Käfer« war mit insgesamt 21,5 Millionen das meistverkaufte Fahrzeug der Welt; er beflügelte wie kein anderes die Kreativität seiner Besitzer bei der Ausgestaltung des Fahrzeugs wie auch vieler Künstler in den verschiedensten Genres. Sein Absatzerfolg wurde nur von seinem Nachfolgemodell übertroffen, dem seit 1974 in über 30 Millionen Exemplaren produzierten Golf. Der »Käfer« war das Symbol des deutschen Wirtschaftswunders schlechthin, des Tourismus der 1950er- und 1960er-Jahre sowie der Nachkriegsgeneration überhaupt. Nach den darauffolgenden beiden Jahrzehnten mit ihrer Abkehr von materialistischen und Hinwendung zu postmaterialistischen Werten wurde der Golf dann zum Namensgeber einer Generation, die einen weiteren Wertewandel vollzog, getreu dem Motto: »Wenn jeder an sich denkt, ist an alle gedacht« (Illies).

85

Die Zündapp Sport Combinette, die Armando Rodrigues de Sá als einmillionster »Gastarbeiter« 1964 geschenkt bekam, wurde eine »Ikone« für das Thema.

Das »Gastarbeiter«-Moped

Einwanderung ins Wirtschaftswunder

Wenn ein Museumsobjekt zum Kultobjekt wird, zur Ikone, wenn es diskutiert wird und auch, wenn es umstritten ist – dann hat es sein »Lebensziel« erreicht. Das Bild von dem »Mann mit Moped und Hut« ist eine solche Ikone. Der dazugehörige Gegenstand ist jenes Moped, das am 10. September 1964 dem millionsten »Gastarbeiter« bei seiner Ankunft aus Portugal am Bahnhof in Köln-Deutz geschenkt wurde.

Armando Rodrigues de Sá aus einem kleinen Dorf 250 Kilometer südöstlich von Porto wusste nicht, wie ihm geschah, als sein Name bei der Ankunft im Bahnhof Köln-Deutz ausgerufen wurde. Durch Zufall wurde gerade er zum berühmtesten »Gastarbeiter« Deutschlands, nachdem jemand »blind« auf seinen Namen in der langen Liste der Ankömmlinge getippt hatte. Er fürchtete, die Polizei suche ihn und werde ihn nach Portugal zurückschicken, wenn etwas mit seinen Papieren nicht in Ordnung war. Zwei Dutzend der über 1000 Männer in den beiden Sonderzügen war es an der Grenze so gegangen. Nur zögernd gab er zu, der Gesuchte zu sein. Auch die deutschen Organisatoren waren erleichtert, dass es keine Probleme gab, ansonsten wäre nämlich ein anderer, vorsorglich bereits auserkorener Portugiese berühmt geworden. Jedenfalls dauerte es eine Weile, bis Rodrigues' Schreck wich, seine Überraschung, Verlegenheit vermochte er nicht zu verbergen – unrasiert, übernächtigt nach langer Fahrt und verunsichert in der Fremde und ohne Deutschkenntnisse nahm er vor einem riesigen Medienaufgebot und den Klängen einer Werkskapelle Nelken und Moped entgegen.

Kaum jemand nahm damals Anstoß an der Widersprüchlichkeit des Begriffs »Gastarbeiter«. Im Gegenteil:

Das *Handelsblatt* wandte sich tags darauf in einem Kommentar recht persönlich an Rodrigues, meinte dabei aber nicht nur ihn: »Daß man zu Ihrer Begrüßung ›Auf in den Kampf, Torero‹ gespielt hat, hat durchaus symbolischen Charakter. Jetzt geht es an die Arbeit.« Ein anderer Gegensatz fiel ebenfalls nicht auf, der zwischen dem geschenkten Moped und etwa einem VW-Käfer, dem Symbol der damals in vollem Gang befindlichen Motorisierung und Traum jeden Arbeiters in dieser Wirtschaftswunderzeit.

Zur Ikone wurde das Begrüßungsfoto erst zwei Jahrzehnte später in Presseartikeln, die eine veränderte Einstellung der Deutschen zu ihren »Gastarbeitern« herausarbeiteten: Nun war es Reminiszenz geworden, Idylle aus der Wirtschaftswunderzeit und Kontrast zur Fremdenfeindlichkeit der 1980er-Jahre. Arbeitsmigration wurde auch nicht mehr mit der Erwartung von Rückkehr nach dem sogenannten Rotationsprinzip verknüpft, sondern die Begrenzung der Zuwanderung diskutiert. Seitdem wird das Foto sehr häufig publiziert. Der Medienstar von 1964 stand für ein Thema. Der Mensch darauf fand erst nach seinem Tod Interesse.

Mit 38 Jahren war er nach Deutschland gekommen, hatte in Blaubeuren, Sindelfingen, Mainz und Wiesbaden meist auf dem Bau gearbeitet, dabei sehr bescheiden gelebt, seiner Frau, die – obwohl er sie ursprünglich nachholen wollte – mit den beiden Kindern in Portugal geblieben war, regelmäßig so viel Geld überwiesen, wie er nur konnte. Er blieb ihnen und seiner Heimat verbunden, schrieb oft nach Hause und nutzte die Wintermonate, in denen er nicht arbeitete, für Besuche bei der Familie.

Auf einem dieser Urlaube sechs Jahre nach seiner Emigration quälten ihn Magenschmerzen, und als der Arzt ihm riet, nicht nach Deutschland zurückzukehren, kündigte er seine Stelle und blieb in Portugal. Neun Jahre später, 1979, verstarb er im Alter von nur 53 Jahren an Magenkrebs. Fast alle Ersparnisse, selbst seine ausgezahlte Rente, waren in die Behandlung seiner Krankheit geflossen; lediglich ein Häuschen blieb der Familie. Wäre er in Deutschland zum Arzt gegangen, hätte er vielleicht gerettet werden können, ganz abgesehen von der Kostenübernahme durch die Krankenkasse. Dieses tragische Einzelschicksal war symptomatisch dafür, wie ungenügend angeworbene Arbeitskräfte aufgeklärt wurden, wie wenig Beratung sie in ganz existenziellen Fragen erhielten. »Man hat Arbeitskräfte gerufen, und es kommen Menschen«, sagte Max Frisch schon 1965. Doch wer hörte das?

Die Ersten, die sich für den Menschen auf dem Begrüßungsfoto, sein Schicksal und die Familie hinter ihm interessierten, waren die Mitarbeiter einer Deutsch-Ausländischen Arbeitsgemeinschaft, die – mehr als sechs Jahre nach seinem Tod und von der Öffentlichkeit kaum wahrgenommen – mit der Familie 1985 Kontakt aufnahmen, um die Situation portugiesischer Rückkehrerfamilien zu untersuchen.

Wie wurde das Moped zur Ikone? Die »Zündapp Sport Combinette« stammte von einer renommierten Firma und war, als sie Rodrigues wie ein Staatsgeschenk überreicht wurde, schon seit Jahren das meistgekaufte Mokick – ein solides, wirtschaftliches und steuerfreies sportliches Kleinkraftrad mit Fußschalter und Kickstarter. Es war Rodrigues' ganzer Stolz, vielleicht nahm er es auch deswegen schon bei seinem ersten Weihnachtsurlaub 1964 mit nach Hause.

Das Begrüßungsbild von Rodrigues mit Mokick war gewiss eines jener Bilder, die auch die Marke Zündapp – außerhalb der Werbung – am häufigsten in die mediale Öffentlichkeit brachten. Kein Wunder, dass genau dieses Mokick Wunschexponat für eine Ausstellung anlässlich des 75. Jahrestags der Unternehmensgründung war, zu diesem Zweck von der Familie ausgeliehen und 1993 für wenige Wochen in Berlin ausgestellt wurde. Im Deutschen Technikmuseum Berlin war es mindestens so sehr technisches Exponat wie historisches »Relikt«. Einige Jahre später wurde es in der Ausstellung »Einigkeit und Recht und Freiheit« über das 50-jährige Bestehen der Bundesrepublik zum viel beachteten Leitobjekt für das Thema »Fremd in Deutschland«.

Es kam zum »Rückkauf« der Zündapp. In den damals in Portugal mit der Familie geführten Gesprächen schien es manchmal, als ob »über den Ankauf der britischen Kronjuwelen verhandelt wurde«. Gemessen daran war der Preis geradezu billig: 10 000 DM, von deren letzter Rate die Witwe Rodrigues' sich übrigens einen elektrischen Rollstuhl kaufen konnte.

Seit dem Jahr 2000 steht das Moped in der Dauerausstellung des Hauses der Geschichte in Bonn, das es nur einmal verließ: Auf Bitte der IG Metall wurde es zur Weltausstellung nach Hannover ausgeliehen und erinnerte im Sommer 2000 mehrere Wochen im Expo-Pavillon zum Thema Arbeit an Arbeitsmigration in der Wirtschaftswunderzeit. Millionen Besucher sahen es dort, weitere Millionen bis heute im Haus der Geschichte.

Prominente Ikonen bleiben selten unumstritten: Das Begrüßungsfoto wurde wie auch das Geschenk zum Inbild verfehlter Ausländerpolitik der Bundesregierung. Schon als es zur Ikone zu werden schien, 1982, dichtete ein portugiesischer Landsmann – Manuel Campos – verbittert: »Ich habe vor mir das Bild des – Betrogenen – millionster Gastarbeiter. / In Köln ein ängstlicher Mann neben vielen lächelnden Deutschen. / Er bekam damals: einen Blumenstrauß und ein Motorrad. / Erst jetzt bemerke ich, dass schon damals die Weichen / der heutigen Ausländerpolitik gestellt wurden: / – Blumen waren die Bezahlung für unsere Arbeit. / – Das Motorrad war die Rückkehrprämie für den ermüdeten Gastarbeiter. / Wir sollten mobil bleiben und stets geschmückt. / Sag mir, wo die Blumen sind!«

Um eine Art künstlerische Bilderstürmerei ging es Ende der 1990er-Jahre, als eine Göttinger Geschichtswerkstatt bei Veranstaltungen zum Thema »Angeworben – Eingewandert – Abgeschoben« eine Glasplatte über das Begrüßungsfoto legte und diese zertrümmerte – Zerstörung des »falschen« Bildes der Arbeitsmigration. Welches wäre ein »richtiges« Bild? Die Forderung nach einem Migrationsmuseum ist bis heute unerfüllt. Aber selbst wenn dort die – bislang – »museal stilisierte Erinnerungsikone Rodrigues de Sá« sei es mehr kontextualisiert, sei es das ganze Thema umfassender ausgestellt würde: Die Einstellung der Menschen zum Problem selbst wäre noch nicht verändert. Es gibt viele Beispiele, wie langsam und zäh die öffentliche Meinung sich – nicht nur – bei diesem Thema verändert. Die Bronzeskulptur von Guido Messer ist ein anderes anschauliches Beispiel: In einer Fußgängerzone in Süddeutschland durfte sie – obwohl Wettbewerbssieger – noch 1982 nicht als »Der Ausländer« aufgestellt werden. Seine künstlerisch realistisch gestaltete Statue war ein südländisch aussehender Mann mit Hut, hochgeschlagenem Kragen, gesenktem Blick, Zigarette im Mund, an ein Geländer gelehnt mit nur einem Koffer, in dem er sein gesamtes Hab und Gut hatte. Er war schlechthin das Symbol der ersten Generation von »Gastarbeitern«. Erst sieben Jahre später fand die Statue am Bahnhof Obertürkheim einen permanenten Aufstellungsplatz – allerdings »entpolitisiert« unter dem Titel »Der Reisende«. Im Haus der Geschichte symbolisiert sie seit 1994 den einsamen »Gastarbeiter«, heimatlos-sehnsüchtig unter ihrem ursprünglichen Namen. Inzwischen darf auch die Obertürkheimer Figur ihren ursprünglichen Namen tragen.

Warum fällt es hierzulande so schwer, anzuerkennen, dass die Bundesrepublik ein Einwanderungsland ist? Die DDR hatte vor der Wiedervereinigung weniger als 100 000 Vertragsarbeitnehmer aus dem Ausland, hauptsächlich Vietnamesen. Rund ein Fünftel der heutigen Bevölkerung Deutschlands hat einen Herkunftsort außerhalb von Deutschland. Es sind Menschen aus fast 200 Ländern, über sechs Millionen (über acht Prozent) haben nicht die deutsche Staatsangehörigkeit, 1,6 Millionen sind türkische Staatsangehörige. Das erste Anwerbeabkommen wurde 1955 mit Italien abgeschlossen, weitere folgten mit Griechenland und Spanien (1960), mit der Türkei (1961), mit Marokko und Südkorea (1963), Portugal (1964), Tunesien (1965) und Jugoslawien (1968). Bis Ende der 1960er-Jahre waren die Italiener (bereits 1960 über 100 000) die größte Gruppe, seit den 1970er-Jahren sind es die Türken. Anfang der 1970er erreichte die »Gastarbeiterquote« über zehn Prozent insgesamt, mit Angehörigen wurde die Vier-Millionen-Grenze überschritten.

Doch schon im 16./17. Jahrhundert wanderten konfessionell verfolgte und angeworbene Hugenotten ein, im 19. Jahrhundert polnische Arbeitskräfte in großer Zahl, bereits im Jahrzehnt vor dem Ersten Weltkrieg viele Italiener. Carl Zuckmayer prägte die schöne Metapher »Von der großen Völkermühle. Von der Kelter Europas!«, die er zwar auf das Rheintal als Durchzugsgebiet und Handelsroute bezog, die sich aber im heutigen zusammenwachsenden Europa, vor allem mit Deutschlands Mittellage, auf unser Land als Ganzes ausweiten lässt. Zuckmayers Figur General Harras denkt sogar ans gesamte Abendland und erinnert daran, dass die Wasser hier wie überall aus vielen Quellen, Bächen und Flüssen »zu einem großen, lebendigen Strom zusammenrinnen«.

Dieser Revolver spielte eine wichtige Rolle beim Einsatz der GSG 9 in Mogadischu, dem entscheidenden Tag der Niederlage der RAF-Terroristen.

Magnum-Revolver

Die RAF und der Deutsche Herbst

Mit diesem Revolver in der Hand, der Magnum von Smith & Wesson mit sechs Schuss, und auf sein Kommando »Springtime Magic Fire!« stürmte am 18. Oktober 1977 um 2:03 Uhr somalischer, 0:03 Uhr mitteleuropäischer Zeit der Kommandeur der GSG 9, Ulrich Wegener, mit seinen Männern in Mogadischu bei der Operation »Magic Fire« (Feuerzauber) die Lufthansa-Boeing »Landshut«. Er selbst drang durch die hintere rechte Tür ein. Es war der wichtigste Einsatz seines Lebens, auch für seine Einheit, und entscheidend dafür, ob die Bundesregierung zurücktreten würde – denn das Land befand sich in einer Art »nicht-erklärtem Ausnahmezustand« (Kraushaar).

»Der Angriff war für die zweite Nachthälfte vorgesehen. Um null Uhr bekam ich vom Staatsminister Wischnewski [der ebenfalls vor Ort war und mit Bundeskanzler Schmidt Telefonverbindung hatte] den Einsatzbefehl. Wir drangen in die Maschine ein. [...] Die gesamte Aktion war nach sieben Minuten praktisch beendet, einschließlich Evakuierung. Und dann bin ich raus zu den Passagieren und hab mit denen gesprochen. Und dann wurde mir so langsam klar, dass das ohne Opfer abgegangen war« (Wegener); lediglich ein GSG-Mann und eine Stewardess waren verletzt.

Sodann erinnerte er an ein Opfer zwei Tage vorher, an Jürgen Schumann, den 37-jährigen Kapitän und »wahren Helden der ›Landshut‹« (*FAZ*). Er hatte aus der Maschine Informationen nach draußen gegeben, die verrieten, dass es sich bei den Entführern um zwei Männer und zwei Frauen handelte, indem er vier Stangen Zigaretten orderte, »zwei von der einen, zwei von der anderen Sorte«. Am 16. Oktober war er bei einer Notlandung der Maschine in Aden mit Erlaubnis der Terroristen ausgestiegen, um das Fahrwerk zu inspizieren; vergeblich hatte er versucht, die dortigen Verantwortlichen zu überreden, auf die Forderungen der Entführer einzugehen. Kaum war er zurück in der Maschine, brüllte der Anführer der Terroristen ihn an und erschoss ihn sofort.

Von der Entführung im französischen Luftraum an hatte die »Landshut« bis Mogadischu mit 82 Passagieren und fünf Besatzungsmitgliedern einen »Irrflug« von fünf Tage und fünf Nächten hinter sich: nach Rom, wo Behörden sich dem deutschen Regierungsvorschlag verweigerten, die Reifen der Maschine zu durchschießen, um den Weiterflug unmöglich zu machen; nach Larnaka/Zypern, dann nach Dubai, wo die Maschine bei ausgefallener Klimaanlage drei Tage in der prallen Sonne stand, nach Aden, wo nächtens wegen akutem Treibstoffmangel neben der blockierten Landebahn auf einem Sandstreifen notgelandet werden musste. Hier wurde Schumann erschossen. Und schließlich nach Mogadischu, wo die Passagiere gefesselt, mit Alkohol übergossen und und die Sprengung der Maschine angedroht wurde, aber die Ultimaten mehrfach verlängert werden konnten – bis schließlich eine Stunde und 27 Minuten vor Ablauf der letzten Frist der Zugriff stattfand.

Dies war ein wichtiger Akt in einem der großen Dramen der deutschen Nachkriegsgeschichte. Der andere spielte sich in Stuttgart-Stammheim ab, wo am Morgen des 18. Oktober die inhaftierten RAF-Mitglieder Jan-Carl Raspe, Gudrun Ensslin und Andreas Baader tot in ihren Gefängniszellen aufgefunden wurden. Eine vierte Inhaftierte, Irmgard Möller, überlebte ihren Selbstmordversuch. Um 0:38 Uhr hatte der Deutschlandfunk seine Sendung unterbrochen und die Nachricht von der Befreiung der Geiseln in Mogadischu gebracht. Am nächsten Morgen wurden die Häftlinge gefunden. Bis heute sind die Indizien nicht widerlegt, dass die Gefangenen nicht nur während der Entführung Schleyers abgehört wurden, und es ist nicht genau geklärt, wie – wahrscheinlich – ihre Rechtsanwälte zwei der Gefangenen Selbstmordwaffen zuschmuggeln konnten. Dass diese Selbstmorde »unter den Augen des Staats geschehen konnten«, war, wie 2007 der damalige BKA-Chef sagte, »eine Schande«; ganz abgesehen davon, dass daraus auch Legenden zur Heroisierung der RAF entstanden.

Ein dritter Akt endete am 19. Oktober mit der Ermordung von Hanns Martin Schleyer und dem Fund seiner Leiche im Kofferraum eines in Mulhouse/Elsass abgestellten PKW. Der Präsident des Bundesverbands der deutschen Industrie und langjährige Arbeitgeberpräsident war am 5. September von der RAF auf brutalste Weise entführt, sein Fahrer und drei seiner Personenschützer dabei ermordet worden. Die RAF forderte die Freilassung von elf ihrer inhaftierten Mitglieder. Die Bundesregierung lehnte dies konsequent ab, auch nachdem am 13. Oktober vier arabische Terroristen die »Landshut« auf ihrem Flug von Palma de Mallorca nach Frankfurt entführt hatten. Die Forderungen der Entführer lauteten: Freilassung der elf RAF-Inhaftierten und zusätzlich zweier Gesinnungsgenossen aus türkischer Haft sowie die Aushändigung von 15 Millionen US-Dollar.

Die lange Vorgeschichte dieses Dramas begann ein Jahrzehnt zuvor während der Studentenunruhen. Vor dem Hintergrund der Großen Koalition im Bundestag (seit 1966), beflügelt vom Generationenkonflikt und in außenpolitischer Protesthaltung gegen den Vietnamkrieg entstand eine außerparlamentarische Opposition; bei Demonstrationen kam es zu ersten gewalttätigen Auseinandersetzungen. Im Juni 1967 wurde der Student Benno Ohnesorg in Berlin von einem Westberliner Polizisten erschossen, der – wie erst 2009 bekannt wurde – Inoffizieller Mitarbeiter der DDR-Stasi war. Mitte April 1968, Ostern, erlebte die Bundesrepublik die bis dahin schwersten Zusammenstöße zwischen Demonstranten und Polizei. Am 2. dieses »heißen« Monats hatten u. a. Gudrun Ensslin und Andreas Baader in Frankfurt nachts zwei Kaufhäuser in Brand gesetzt, um gegen die Gleichgültigkeit der Deutschen gegenüber dem Vietnamkrieg zu protestieren; am 11. war der Studentenführer Rudi Dutschke von einem Attentäter niedergeschossen und schwer verletzt worden.

Die Kaufhausbrandstifter wurden verurteilt, Baader und Ensslin tauchten allerdings vor Strafantritt unter, Baader wurde erneut verhaftet, dann mit Waffengewalt befreit, wobei ein Mensch schwer verletzt wurde. Diese Tat am 14. Mai 1970 gilt als Geburtsstunde der RAF, die seitdem auch ausdrücklich den Einsatz von Gewalt zu legitimieren versuchte. Über dieser Frage spaltete sich die Studentenbewegung in eine Mehrheit, die den von Dutschke empfohlenen »Weg durch die Institutionen« gehen wollte, und eine kleine Minderheit im terroristischen Untergrund mit einer unbekannten Zahl von Sympathisanten; die RAF war das »illegitime Kind der 68er-Bewegung« (Kraushaar). Drei Polizistenmorde sowie Brand- und Sprengstoffattentate auf die US-Streitkräfte, bei denen über 60 Personen verletzt und vier getötet wurden, beunruhigten 1971/72 die Menschen. Nach intensiver Fahndung wurden die führenden RAF-Mitglieder gefasst: Baader, Ensslin, Ulrike Meinhof, Holger Meins und Jan-Carl Raspe.

Im Sommer 1972 standen die als »heiter« geplanten Olympischen Spiele in München im Mittelpunkt des öffentlichen Interesses, aber sie wurden am 5. September 1972 mit dem Überfall einer Gruppe von Palästinensern auf das Quartier der israelischen Mannschaft im olympischen Dorf zum Albtraum: Die Terroristen ermordeten zwei Sportler, nahmen neun als Geiseln und verlangten die Freilassung von 232 Palästinensern aus israelischen Gefängnissen, aber auch die von Baader und Ensslin. Der Befreiungsversuch der völlig überforderten Polizei auf dem Militärflugplatz von Fürstenfeldbruck wurde in jeder Hinsicht zu einem Fiasko, wobei alle Geiseln, fünf Attentäter und ein Polizist ums Leben kamen.

Eine Konsequenz dieses Debakels war der Auftrag von Bundesinnenminister Hans-Dietrich Genscher an den damals 33-jährigen Ulrich Wegener, der in seinem Stab Verbindungsoffizier zum Bundesgrenzschutz war, eine Spezialeinheit zur Terrorismusbekämpfung aufzubauen. Wegener nutzte dabei die Erfahrungen der entsprechenden israelischen, britischen und amerikanischen Einrichtungen. Bis zum ersten Einsatz der GSG 9 in Mogadischu hatte es in Stockholm zwei und in Deutschland weitere fünf Tote durch RAF-Anschläge gegeben, darunter den Generalbundesanwalt Siegfried Buback und den Vorstandssprecher der Dresdner Bank, Jürgen Ponto, sowie die mörderische Entführung von Schleyer in Köln-Braunsfeld. Die Fahnder benötigten noch Jahre, um die Täter zu verhaften.

Die zweite RAF-Generation scheiterte mit ihrem Vorhaben, die inhaftierten Gesinnungsgenossen freizupressen. Zu den Opfern der dritten RAF-Generation zählten namentlich der Vorstandssprecher der Deutschen Bank, Alfred Herrhausen (1989), und der Treuhand-Chef Detlev Rohwedder (1991). Im April 1998 kam überraschend die Erklärung, das »Projekt« einer »Stadtguerilla in Form der RAF« sei aufgelöst – unter Hinzufügung eigener Rechtfertigung und sogar einer Art Gedenkliste ihrer »Opfer«, doch ohne jede Erwähnung aller anderen 34 Toten.

Der »Mythos RAF« löste sich über die Jahre hinweg in Etappen auf; es begann mit den Verhaftungen bis 1977, dann mit dem Erfolg von Mogadischu, der letztlich der »Tag der Niederlage« der RAF war; und schließlich im Juni 1990 mit der Verhaftung der in der DDR mit Stasi-Hilfe untergetauchten RAF-Mitglieder. Gerade dies kam einem so »kompromittierenden Gesichtsverlust« (Kraushaar) gleich, dass danach nicht mehr viel von einem »Mythos« übrig war, sondern die RAF einfach »nur« noch als verbrecherische Organisation wahrgenommen wurde.

Seit dem Dokumentarfilm *Deutschland im Herbst* (1978), in dem sich elf Regisseure des »Neuen deutschen Films« aus unterschiedlich kritischen

Blickwinkeln mit der Reaktion des Staats auf den Terrorismus auseinandersetzten, wird die Zeit des September/Oktober 1977 und ihre politische Atmosphäre als »Deutscher Herbst« bezeichnet. Den Hintergründen der RAF, dem Leben der Terroristen, ihrer Haftentlassung und anderen Fragen widmeten sich Literatur, Theater und vor allem der Film so intensiv wie wenigen anderen Themen der deutschen Geschichte.

Unter den verschiedensten Versuchen einer künstlerischen Verarbeitung des Themas bleiben nur wenige überzeugende in den verschiedenen Sparten. Gerhard Richters 15 Grisaille-Bilder des Zyklus »18. Oktober 1977« entstanden 1988 und brachten ihm den Kommentar ein, er mache die Täter zu »Ikonen« (Aust) – kein Mitgefühl für die Opfer? Unter den weit mehr als einem Dutzend belletristischer Werke bleiben in Erinnerung die Werke von Friedrich Christian Delius. Heinrich Bölls Auseinandersetzung mit dem Thema ist unter allen literarischen am intensivsten: Nach seinem *Spiegel*-Artikel »Will Ulrike Gnade oder freies Geleit?« (1972) wurde er nicht nur im Bundestag als »Sympathisant und intellektueller Helfershelfer« sowie »geistiger Bombenleger« beschimpft, hatte er es doch gewagt, auf die Hetze der Springer-Presse hinzuweisen; sein Haus wurde mehrfach durchsucht. *Die verlorene Ehre der Katharina Blum oder Wie Gewalt entstehen und wohin sie führen kann* (1974) wurde sein bekanntestes Werk – aber häufig missverstanden als Rechtfertigung terroristischer Gewalt. Volker Schlöndorffs und Margarethe von Trottas (1975) Verfilmung wurde ein Erfolg. Rainer Werner Fassbinders *Die dritte Generation* (1979) wurde im Ausland sehr gelobt, im Inland meist heftig kritisiert, und Margarethe von Trottas *Die bleierne Zeit* (1981) mehrfach ausgezeichnet. An die Bedeutung dieser künstlerischen Auseinandersetzungen kommen alle jüngeren nicht heran; als Dokumentarfilm fand Andres Veiels *Black Box BRD* (2001) viel Anerkennung.

Die Mythen um die RAF und den »Deutschen Herbst« bleiben nicht selten stärker als die Realität. Das RAF-Emblem hatte quer über seinem fünfzackigen Stern eine MP 5 von Heckler & Koch, die Maschinenpistole der deutschen Polizei: Auch dies war der Versuch einer symbolischen Überhöhung der RAF-»Bewegung«. Ulrich Wegeners Magnum von Smith & Wesson bleibt aber das nachhaltigere Leitobjekt für die Überwindung des Linksterrorismus und der damit verbundenen größten Herausforderung in der Geschichte der Bundesrepublik.

Das Plakat wurde erst lange nach der Fernsehausstrahlung entworfen, die Hauptdarsteller waren vor der Ausstrahlung der Serie meist unbekannt.

Bilder einer Familiengeschichte

Holocaust – eine TV-Serie: Die Vergangenheit holt die Deutschen ein

»Über keinen anderen Film ist in der ganzen Welt so viel geredet und geschrieben worden wie über die amerikanische Fernsehserie ›Holocaust‹« (Ahren). Unmittelbar nach der Sendung war klar: »Eine amerikanische Fernsehserie von trivialer Machart schaffte, was Hunderten von Büchern, Theaterstücken, Filmen und TV-Sendungen, Tausenden von Dokumenten und allen KZ-Prozessen in drei Jahrzenten Nachkriegsgeschichte nicht gelungen war: Die Deutschen über die in ihrem Namen begangenen Verbrechen an den Juden so ins Bild zu setzen, daß Millionen erschüttert wurden« (*Spiegel*, 29. 1. 1979).

Nach dem Riesenerfolg von *Roots*, der Geschichte einer Sklavenfamilie, mit über 100 Millionen Zuschauern in den USA (1977) suchte der Produzent Herbert Brodkin einen Stoff »von ähnlicher Sprengkraft«. Brodkin war selbst Jude, am Thema interessiert und engagierte als Regisseur Marvin J. Chomsky, der schon *Roots* gedreht hatte. Die Ausstrahlung von *Holocaust. The story of man's inhumanity to man* in den USA im April 1978 wurde ein Erfolg; es gab 15 Emmy-Nominierungen und acht Emmy Awards, auch wenn die Zuschauerquote mit 49 Prozent unter der von *Roots* (66 Prozent) blieb.

In Deutschland beschäftigte sich die ARD eine Woche nach der Ausstrahlung in den USA erstmals mit der Frage nach einer Übernahme der Serie. Die Entscheidung fiel eher »halbherzig« (Sollors) in einer ARD-Programmkonferenz Ende Juni: Mit der hauchdünnen Mehrheit von einer Stimme bei einer Enthaltung wurde die Serie in die Programmplanung aufgenommen, allerdings nur der Dritten Programme. Von nun an stieg das Medieninteresse in Deutschland von Tag zu Tag, wenn auch eher eine skeptische Erwartungshaltung dominierte. Die Ablehnung in Teilen der Bevölkerung reichte allerdings bis zu massiven Versuchen von Anhängern der rechtsradikalen NPD, Fernsehsendemasten im Hunsrück und im Münsterland zu sprengen, um die Ausstrahlung zu verhindern.

Die Rezeption der Serie übertraf schließlich alle Erwartungen: Die Einschaltquoten von *Holocaust – Die Geschichte der Familie Weiss* am 22., 23., 25. und 26. Januar 1979 stiegen von Sendung zu Sendung von 32 bis auf 41 Prozent, von 11,5 auf 15 Millionen Zuschauer pro Folge. An den einstündigen Diskussionsrunden im WDR nach den Sendungen beteiligten sich mehr als 25 000 Zuschauer. Darüber hinaus konnten die Menschen an Sendetagen rund um die Uhr alle ARD-Stationen anrufen, es waren rund 7000 Anrufer täglich. »Eine solche Woche hat es im bundesdeutschen Fernsehen noch nicht gegeben«, kommentierte Marion Gräfin Dönhoff (*Die Zeit*, 2. 2. 1979). Es war, als habe es in der Bundesrepublik »bisher überhaupt noch keine nachhaltige Auseinandersetzung mit der NS-Vergangenheit gegeben« (Schoeps), es schien »ein Damm gebrochen« (Ahren).

Nach der Sendung gab es nur noch ein Thema: Es war wie ein »Erschrecken nach dreißig Jahren«, beschrieb es Marion Gräfin Dönhoff. »Das Volk [war] aufgewühlt, betroffen und plötzlich von großem Wissensdurst erfüllt« (*Die Zeit*, 2. 2. 1979). Keine der bisherigen Auseinandersetzungen mit dem »Dritten Reich« fand die gleiche Resonanz wie der »Holocaust«-Film. Es sah, schrieb Heinrich Böll, so aus, »als würde es in Zukunft ein ›Vor-Holocaust‹ und ›Nach-Holocaust‹ geben, wenn sich jemand – gleich auf welcher Ebene – mit Endlösung und Antisemitismus beschäftigen wird« (*FAZ*, 17. 2. 1979).

Hatten sich die Deutschen tatsächlich bis dahin nicht mit den Verbrechen der Nationalsozialisten befasst? Hitler war legal an die Macht gekommen, die meisten Deutschen waren ihm lange begeistert gefolgt. Ihr Verhalten hatte von aktiver Mittäterschaft über stillschweigendes Dulden, manchmal widerständiges Verhalten bis – bei sehr wenigen – zu aktivem Widerstand gereicht. Nach Kriegsende hatte die »Aufklärung« begonnen – auch für alle, die von den Verbrechen nicht wussten, nicht wissen konnten oder wissen wollten. 1945 hatte die amerikanische Militärverwaltung Plakate mit Fotos von Leichenbergen und Massengräbern aufgehängt und anklagend hinzugefügt: »Diese Schandtaten: Eure Schuld!« Mancherorts wurden die Deutschen nach der Befreiung der Konzentrationslager direkt mit den Verbrechen konfrontiert: Auch wenn es ihnen nicht gefiel, mussten beispielsweise die Dachauer und Weimarer die Leichenberge in den KZs »besichtigen«. Die erste Konfrontation mit den Verbrechen ging von den Alliierten aus, wurde von ihnen vorgegeben.

Erste deutsche Versuche, das Unbeschreibliche zu verbalisieren, folgten rasch: Eugen Kogon, der selbst von 1939 bis 1945 im KZ Buchenwald eingesperrt gewesen war, hatte im Frühjahr 1946 unter dem Titel *Der SS-Staat* die erste umfassende Darstellung zum »System Konzentrationslager« veröffentlicht, sie war in 35 000 Exemplaren in allen westlichen Besatzungszonen erschienen. Er hatte das Buch im Auftrag der Amerikaner begonnen und bemerkte schon im Vorwort der Erstauflage: »Die Erkenntnis ist erschreckend, daß so viele Deutsche jetzt, da sie die Möglichkeit haben, die Tatsachen aus den Konzentrationslagern zu kennen, sie nicht anerkennen wollen, nur weil sie fürchten, ihr früheres Nichtwissen könne durch diese Aufklärung schuldhaft gemacht werden.« Im folgenden Jahr wurden weitere 100 000 Exemplare gedruckt. »Wie entsetzlich«, dass das Erscheinen des Buchs »notwendiger geworden ist denn je«, fügte Kogon hinzu. Bis Ende der Vierzigerjahre gab es mehrere Neuauflagen mit wenigstens 200 000 Exemplaren, denen Dutzende folgten – die Publikation ist trotz vieler neuerer Bücher ein »Klassiker« geblieben.

In den ersten Nachkriegsjahren war auch eine »Flut« von Veröffentlichungen ehemaliger Häftlinge erschienen, die ab 1949 aber zunächst deutlich abebbte. Keine von ihnen erreichte die Breitenwirkung des 1950 erstmals auf Deutsch publizierten *Tagebuchs der Anne Frank*, das in einer Erstauflage von 40 000 Exemplaren erschien, bis 1958 700 000 Mal verkauft und seit 1956 als Theaterstück inszeniert wurde. Die US-amerikanische Filmfassung (1959) löste bereits erste Debatten über eine »Amerikanisierung« des Themas der Judenvernichtung aus. Die Familiengeschichte des jungen Mädchens schien den »vorläufigen Abschluss einer ersten Phase der Annäherung an die Geschichte des Holocaust« zu bilden (Loewy, in Wende).

Vielleicht noch authentischer und emotionaler wirkte die filmische »Aufarbeitung« der Verbrechen, auch sie wurde von den Alliierten initiiert: *Die Todesmühlen* (1945), ein englisch-amerikanischer Dokumentarfilm von 22 Minuten, an dem übrigens auch Alfred Hitchcock und Billy Wilder mitgearbeitet hatten, stand am Beginn. Die Deutschen sahen ihn ab Januar 1946 im Kino, meist freiwillig, aber mancherorts erhielten sie ihre Lebensmittelkarten erst nach dem Filmbesuch. Nach amerikanischen Erhebungen (Februar/März 1946) sahen zum Beispiel in Berlin überhaupt nur 16 Prozent der Bevölkerung den Film, von denen wiederum mehr als zwei Drittel jegliche Mitverantwortung für die dargestellten Gräuel ablehnten: Hitler, die NSDAP, die SS, »der Staat« seien verantwortlich gewesen. An dieser Einschätzung änderten Spielfilme wenig – soweit sie die Frage der Verantwortlichkeit überhaupt aufgriffen. Dabei waren es eher Filme der ostdeutschen DEFA wie *Die Mörder sind unter uns* (1946) als westdeutsche Produktionen wie *Lang ist der Weg* (1947/48), die dies ansprachen.

Keiner dieser Filme wurde so sehr zum Gesprächsthema wie *Holocaust*. Das personalisierte Format der Geschichte der Familie Weiss ermöglichte eine Identifikation des Publikums mit den Charakteren und berührte die Herzen der Zuschauer. Kein anderes Medium hatte das in dieser Form bisher erreicht. Auch für die Generation der 68er, die ein Jahrzehnt zuvor die Schuldfrage aufgeworfen und »Aufarbeitung« angemahnt hatte, brachte der Film einen neuen Schub. Manche Ältere begannen nun, Fragen Jüngerer zu beantworten, während diese die Defizite ihrer Geschichtskenntnisse erkannten. Das Ende des »Beschweigens« der deutschen Verstrickungen in den Holocaust – in den Familien, zwischen den Generationen und im Schulunterricht – war eine der wichtigsten und nachhaltigsten Wirkungen der Serie.

Nicht minder bedeutsam war die Einführung des bis dahin ungebräuchlichen Begriffs »Holocaust« für den Massenmord an den Juden. Was zuvor meist »Judenvernichtung«, in NS-Terminologie manchmal sogar leichtsinnig »Endlösung« genannt wurde, erhielt jetzt einen Begriff, der die Singularität der Verbrechen herausstellte.

Die Entscheidung des Deutschen Bundestags über die Aufhebung der Verjährung von Mord, also auch für solche Verbrechen während der NS-Zeit, fand vier Monate später statt, der »Holocaust«-Film war bei der Abstimmung unvergessen, auch wenn er keinen unmittelbaren Einfluss auf das Ergebnis hatte.

Dass der Film vom DDR-Fernsehen nicht gesendet wurde, machte Bundeskanzler Schmidt zu einem Politikum, als er nach der zweiten Sendung in einer Rede im Bundestag forderte, »auch die Menschen dort haben ein Recht, Anlass und Stoff zu bekommen, über unsere gemeinsame deutsche Geschichte erneut nachzudenken«. Aber die DDR basierte ideologisch auf einem »antifaschistischen« Grundkonsens, einer rhetorischen Trennung zwischen »guten« Deutschen in der DDR und »bösen« in der Bundesrepublik. Die Gedenkkultur der DDR würdigte insgesamt die »Opfer des Faschismus« und hob den proletarisch-kommunistischen Widerstand gegen den Nationalsozialismus hervor, während die Juden nicht als eigenständige Opfergruppe gesehen wurden. Die DEFA-Verfilmung des 1958 erschienenen Romans *Nackt unter Wölfen* (1963) zeigt beispielsweise, wie tapfere kommunistische Häftlinge im KZ ein dreijähriges jüdisches Kind retten, aber der Holocaust wird mit keinem Wort erwähnt. Erst Ende der 1980er-Jahre begann die DDR so massiv an die Reichsprogromnacht und an die Verbrechen der NS-Zeit gegen die jüdische Bevölkerung zu erinnern, dass die Frage gestellt wurde, ob die DDR jetzt die Juden »entdeckt« habe (*Berliner Zeitung*, 18./19. Februar 1989).

Die Debatte um die Schuld der Deutschen am Emporkommen des Nationalsozialismus, um die Frage, warum sie Hitler verehrt und warum die wenigsten widerständiges Verhalten gezeigt hatten, was sie wussten oder wissen konnten und vielleicht nicht einmal wissen wollten über die Verbrechen in den Konzentrationslagern, fand bald eine weitere Ebene. 1987 stellte Ralph Giordano, selbst ein Verfolgter des Nationalsozialismus, neben die Schuld der Deutschen am Nationalsozialismus eine »zweite Schuld«: Sein Buch *Die zweite Schuld. Oder von der Last, Deutscher zu sein* ist eine vehemente Anklage der Verdrängung der Diskussion über die Verbrechen seit 1945. Seinen Überlegungen widersprach Manfred Kittel mit der These von der »Legende der ›Zweiten Schuld‹«. Diese Diskussion beschäftigt(e) die Deutschen weiter. Inzwischen sind die Fragen, die »den Generationen der Mitläufer und Täter jahrzehntelang nur um den Preis zu stellen waren, daß diese sie als Schuldbezichtigungen verstanden […] kaum mehr ein Problem« (Frei). Aber das »Ich weiß nicht, wie ich mich verhalten hätte« befreit nicht von der weiteren Reflektion.

Die Frage nach der Aufarbeitung ist für viele Deutsche eine »Gewissensfrage«, sie ist objektiv letztlich unbeantwortbar. Trotz aller Defizite hat es aber wohl »noch in keinem anderen Land eine intensivere Auseinandersetzung mit der [eigenen] Vergangenheit gegeben« (Kittel). Kurt Dorf, einer der Protagonisten in *Holocaust*, hat seine Antwort gefunden. Er, der sich gegenüber der Familie seines Neffen, des SS-Offiziers Dorf, im Film offenbart, scheint für viele zu sprechen: »Ich habe mit angesehen und nichts getan. Wir müssen erkennen, dass wir uns alle schuldig gemacht haben.« Und er fügt – gleichsam wie eine Botschaft an alle Zuschauer – hinzu: »Ich werde nicht schweigen.«

88

Mit dieser in einem Buch versteckten Kamera fotografierte Richard Perlia heimlich die dramatischen Ereignisse am 17. Juni 1953 in Ostberlin.

Die Geheimkamera

Der Volksaufstand am 17. Juni 1953

Lange wollte er seinen Namen als Fotograf dieser dramatischen Bilder nicht preisgeben, auch wenn er sonst gern – und am 17. Juni 1953 nicht das erste Mal – Kopf und Kragen riskierte. »XYZ« arbeitete damals als freiberuflicher Bildreporter in Westberlin, einer seiner wichtigsten Auftraggeber war der im Wedding erscheinende *Kurier*, dessen Chefredakteur der spätere Bundesminister für gesamtdeutsche Fragen Ernst Lemmer war. Dessen Anruf ehielt »XYZ« am 16. Juni, tags darauf wurden Streiks in Ostberlin erwartet, die Redaktion wünschte sich eine unabhängige Bildberichterstattung, denn die DDR-Presse würde eine solche nicht liefern, Streiks entsprachen nicht dem Selbstverständnis der sozialistischen Arbeiterrepublik.

Auf diesen Fall ist »XYZ« vorbereitet: Seine »Robot Junior« von der Firma Otto Berning & Co., Düsseldorf, kaum größer als eine Zigarettenschachtel, nur 7,5 Zentimeter hoch, elf Zentimeter breit und vier Zentimeter tief, hat ein zeitgemäß gutes Objektiv von Schneider Kreuznach, ein Radionar 1:3,5/38 Millimeter mit großer Tiefenschärfe, sodass die Einstellung der Blende nicht bei jedem Foto neu erforderlich ist, eine Automatik mit Federwerk für 24 Aufnahmen, die den Film nach dem Auslösen weitertransportiert, einen Rotorverschluss von ½ bis ¹⁄₂₀₀ Sekunde, zudem auswechselbare Objektive. Sie braucht nicht viele Handgriffe, und vor allem lässt sie sich gut verstecken: in einem »Handbuch für das deutsche Haus« mit dem wenig Verdacht erregenden Haupttitel *Der unerschöpfliche Ratgeber* (Ullstein Verlag, Berlin 1934), das mit seinem Format (22 × 14 × 6 Zentimeter) noch gut zu verstauen ist. Die 490 Seiten des Buchs sind für die Kamera passgenau ausgehöhlt, die Linse blickt kaum erkennbar auf der Höhe des Titels anstelle der Buchstaben »pflich« durch den Buchdeckel. Der Auslöser: ein rund zehn Zentimeter langes, dünnes Kabel, das durch den Buchrücken geführt ist. Mit einer Hand lässt sich das Buch hochhalten, die Handfläche auf dem Vorderdeckel, die Finger immer bereit, die Linse freizugeben und den Auslöser zu betätigen.

Seit Monaten gärte es in der DDR, und seit Wochen und Tagen zeichnete sich ab, dass die Unruhen eskalieren würden. Im Mai 1952 waren die Zonengrenze zur Staatsgrenze erklärt, der Reiseverkehr nach Westdeutschland eingeschränkt und das Telefon- und Straßennetz in Berlin unterbrochen worden. Im Juli hatte die SED den »planmäßigen Aufbau des Sozialismus« angekündigt und mit der »Sowjetisierung« der Gesellschaft per Verwaltungsreformen und Drangsalierung der Mittelschicht begonnen. Der Staatshaushalt war angespannt, unter anderem durch die Schaffung der kasernierten Volkspolizei, der Vorläuferin der Nationalen Volksarmee; die Wirtschaftspolitik hatte Investitionen vor allem in die Schwerindustrie gelenkt. Bald fehlte Geld für die Versorgung der Menschen, sodass die Engpässe immer drückender, Fehler der Planwirtschaft immer offensichtlicher wurden. Der Lebensstandard sank deutlich, die »Abstimmung mit den Füßen« erreichte im März 1953 einen vorläufigen Höhepunkt mit fast 60 000 Menschen, die in den Westen flohen. Die Führung der evangelischen Kirche machte in einem mutigen Brief auf die Probleme aufmerksam, der Staat reagierte weiterhin repressiv – schon Mitte 1952 saßen 60 000 Häftlinge in den Gefängnissen der DDR.

Zu einem Bumerang wurde die über zehnprozentige Erhöhung der Arbeitsnormen, Moskau intervenierte und zwang die DDR-Führung zum Einlenken, sodass die erstaunten Leser des *Neuen Deutschland* am 11. Juni 1953 erfuhren, ein »neuer Kurs« werde vielerlei verbessern. Die erhöhten Arbeitsnormen blieben allerdings. Die Reaktion auf das Eingeständnis von Fehlern der Partei überraschte die Menschen. Angesichts der Schwäche der Regierung glaubten viele schon an ein Ende des Regimes, Landwirte diskutierten bereits die Aufhebung des Herrschaftssystems, und Berichte der SED meldeten provozierend-systemkritische Äußerungen wie: »Das gesamte Dorf [...] trinkt auf das Wohl von Adenauer.«

Die Industrie- und Bauarbeiter sahen sich bestraft durch die Beibehaltung der Normenerhöhung und protestierten. Am 15. Juni formulierten Arbeiter der Baustelle Friedrichshain ihre Forderungen schriftlich, tags darauf fanden sich schon 10 000 zu einem Protestzug zusammen. Man verlangte freie Wahlen, und für den folgenden Tag wurde zum Generalstreik aufgerufen.

Deswegen sollte »XYZ« nach Hennigsdorf fahren. Dort erlebte er hautnah die Ereignisse, machte dramatische Fotos und kurze Notizen zu den emotionsgeladenen Demonstrationen, dem Aufstand an unterschiedlichen Orten:

(Um 5.00 Uhr aus Hennigsdorf) Tausende von Stahlwerkern sind versammelt. Die Arbeiter beschließen, nach Berlin zu marschieren. Auf ihrem Weg in das Zentrum müssen sie durch den französischen Sektor. Ich laufe in der ersten Reihe mit.

(um 8.15 Uhr aus der Wilhelmstraße) Die Leute rufen »Der Spitzbart soll abtreten!«

(um 11.15 vom Pariser Platz am Brandenburger Tor) Sowjetische Panzerspähwagen fahren auf. Die Soldaten sehen zu, wie Jugendliche auf das Tor klettern und die Rote Fahne herunterholen. Die Fahne wird von der Menge zerrissen. Auf dem Brandenburger Tor weht jetzt »Schwarz-Rot-Gold«.

(um 12.00 Uhr von der Leipziger Straße) Die ersten Schüsse fallen. Zwei T-34 Panzer nähern sich mit lautem Dröhnen. Im Schutz der Panzer gehen Vopos in Schützenkette gegen die Menge vor. Weitere Panzer fahren auf.

(um 13.00 Unter den Linden) Vor dem Zeughaus wird ein Berliner von einem sowjetischen Panzer überrollt. Schnell wird ein Mahnkreuz errichtet. Propagandagerüste und Fahnen gehen in Flammen auf. Russen im Lastwagen drohen in deutscher Sprache mit Vergeltung.

(um 14.00 Uhr vom Potsdamer Platz) Über ein Dutzend Menschen sind verletzt.

(um 18.00 Uhr vom Potsdamer Platz) Man erzählt mir, dass ein neunjähriger Junge in der Bernauer Straße erschossen worden ist, der seine Mutter verloren hatte.

(am 18. Juni um 9 Uhr) Immer wieder höre ich vom Potsdamer Platz her Gewehrschüsse.

(um 21.00 Uhr) Wieder in West-Berlin, höre ich im Rundfunk, dass es innerhalb der letzten 48 Stunden auch an zahlreichen anderen Orten in der DDR zu Streiks gekommen ist.

Was die SED-Propaganda als vom Westen vorbereiteten und von dort gesteuerten »faschistischen Putschversuch« interpretieren wollte, war tatsächlich ein Flächenbrand in der ganzen DDR, ein Volksaufstand Hunderttausender streikender Arbeiter und anderer Demonstranten, der nur mit brutaler militärischer Gewalt niedergeschlagen werden konnte. Ohne die sowjetischen Panzer hätte damals schon die Wiedervereinigung folgen können. Tausende wurden verhaftet, zahlreiche hohe Haftstrafen sowie über 55 nachgewiesene Todesurteile vollzogen; schließlich wurden auch Partei und Volkspolizei »gesäubert«, die Staatssicherheit reorganisiert. Zu den Enttäuschungen der Aufständischen gehörte, dass der Westen sie zwar zum Widerstand gegen den Kommunismus ermutigt, im entscheidenden Augenblick aber im Stich gelassen hatte.

Die nachhaltige historische Bedeutung des Aufstands war nicht zu leugnen: Er entzog dem Regime der DDR die politisch-moralische Legitimation, denn es hatte sich gezeigt, dass das System der DDR gegen den Willen der Bevölkerung errichtet worden war. Der Ungarische Aufstand 1956 und der Prager Frühling 1968 und beider Niederschlagung bestätigten dies und erinnerten erneut daran. Doch der 17. Juni war das erste von weiten Bevölkerungskreisen getragene Aufbegehren im kommunistischen Machtbereich, und er blieb trotz aller Maßnahmen zur Sicherung der Macht ein traumatisches Erlebnis für die Führung der DDR. Ein Sargnagel im System. Bezeichnenderweise fragte im Herbst 1989 der Minister für Staatssicherheit, Erich Mielke: »Ist es so, dass morgen der 17. Juni ausbricht?«

Der spontane Volksaufstand des 17. Juni wurde zum Symbol: für den Freiheitswillen der Menschen in der DDR einerseits, für die Abhängigkeit der Länder des Ostblocks von der Sowjetunion andererseits, zugleich auch für die Bereitschaft ihrer Regierungen, das Machtgefüge mit Gewalt und Unterdrückung zusammenzuhalten.

Nicht nur in der Bundesrepublik waren die Menschen bestürzt. Die Beisetzung der Opfer fand am 23. Juni in Anwesenheit von Bundeskanzler Adenauer und Oberbürgermeister Ernst Reuter unter großer Anteilnahme der Bevölkerung in Westberlin statt. Zwei Wochen danach wurde der 17. Juni in der Bundesrepublik als »Tag der Deutschen Einheit« zum Feiertag erklärt, zehn Jahre später auch zum »Nationalen Gedenktag des deutschen Volkes« – als Symbol für den fortbestehenden Wunsch nach Wiedervereinigung. Er blieb es, bis 1990 der 3. Oktober nach vollzogener Vereinigung zum »Tag der Deutschen Einheit« wurde.

Da diesem ein emotional-symbolischer Ereignischarakter weitgehend fehlt, wird immer wieder um beide Jahrestage herum gefragt, welcher wohl der besser geeignete Tag für einen deutschen Nationalfeiertag sei.

Der 17. Juni 1953 steht in einer Reihe mit den großen revolutionären Geschehnissen in Deutschland: der Märzrevolution von 1848, der Novemberrevolution 1918/19 und dem Sturz des SED-Regimes 1989. Umso erstaunlicher, dass der Tag noch nicht seinen herausragenden Erinnerungsort gefunden hat, auch noch nicht in einem populären Spielfilm inszeniert worden ist, es bisher vor allem bei literarischem Gedenken geblieben ist; dazu gehört auch der berühmte Satz von – dem ansonsten bei diesem Thema sehr zwiespältigen – Bert Brecht in seinem Gedicht »Die Lösung«: »Wäre es da / nicht doch einfacher, die Regierung / löste das Volk auf und / wählte ein anderes?«

Lange bevor »XYZ« einen eigenen biografischen Eintrag bei Wikipedia erhielt, erlaubte er dann doch die Nennung seines Namens in der Ausstellung mit seiner Kamera: Richard Perlia (1905–2012), ein beeindruckender Mann mit einer abenteuerlichen Lebensgeschichte, der die Hälfte seines Lebens der leidenschaftlichen Fliegerei widmete, für Firmen und Unternehmen wie den Circus Krone Luftakrobatik und manches »Husarenstück« wagte, bis er ab 1935 Testpilot wurde; im Alter von 81 Jahren bewarb er sich sogar noch für die deutsche Spacelab-Mission 12, die 1990/91 um die Erde führen sollte. Nach dem Krieg war er Fotograf geworden und hatte ab 1955 als Redakteur für Fachzeitschriften zur Fliegerei gearbeitet, bis er infolge seiner kritischen Berichte über den Starfighter diese Anstellung verlor.

Die Geheimkamera steht auch für seinen Mut – bei Gefahr für Leib und Leben, wie ihn am 17. Juni 1953 aber vor allem die Aufständischen bewiesen haben.

Anrüchiger Verfolgungs-
eifer der »Stasi-Krake« –
eine der 1990 entdeckten
geheimen »Konserven«
der Stasi für den »Geruchsdifferenzierungshund«.

89

Die Geruchsproben der Stasi

Überwachung und »Vorratsdatenspeicherung« in der Diktatur

Als am 15. Januar 1990 Bürgerkomitees die ehemalige Stasizentrale in der Normannen-/Gotlindenstraße in Berlin-Lichtenberg erstürmten, entdeckten sie mit ungläubigem Staunen, was als streng gehütetes DDR-Staatsgeheimnis wohl nur wenigen Eingeweihten bis dahin bekannt war – sogenannte Körpergeruchsproben von bespitzelten Bürgern: dunkelgelbe, handelsübliche Staubtücher in ebenso handelsüblichen Einmachgläsern, regalweise und zu Hunderten in Reih und Glied gehortet. Sie gehörten zum festen Bestandteil des Spionageapparats der DDR. Wie reguläre Konserven mit Gummiring und metallenem Bügelverschluss über dem Deckel, waren sie luftdicht verschlossen, »haltbar« gemacht auf unbestimmte Zeit. In akribisch-bürokratischer Sorgfalt war jeweils ein Etikett angebracht mit handschriftlichen Angaben zu Parametern wie Name, Personenkennzahl, Erstellungsdatum, Spurenträger, »Zeit der Aktivierung«, »Tatort« und »Delikt«, dazu auch die »Tagebuch-Nr.« des für die Abnahme zuständigen Reviers und Mitarbeiters.

Es gab klare Durchführungsbestimmungen für die unterschiedlichen Methoden der Abnahme solcher Spuren: Entweder wurde das »Staubtuch« auf einem speziell entwickelten Stuhl fixiert, auf dem der Verdächtige mindestens zehn Minuten sitzen musste; danach wurde der Stuhl mit mindestens 50 Grad Celsius heißem Wasser gereinigt. Oder das Tuch wurde »zwischen Hemd und Unterhemd und in der Leistengegend« angebracht. Oder es musste etwa 20 Minuten unter der Achsel getragen werden. Waren die Geruchsträger, beispielsweise Kleidungsstücke, bei Hausdurchsuchungen in observierten Wohnungen gefunden worden, in Fahrzeugen, auf manipulierten Sitzplätzen am Arbeitsplatz und nicht zuletzt in der Postkontrolle des MfS gewonnen, so musste dieser Geruchsträger mindestens 30 Minuten eng mit dem »Stofftuch« verbunden werden.

Der Fahndungseifer des Staats kannte keine Grenzen in der Missachtung der Privatsphäre seiner Bürger. Die Geruchsproben nahmen entweder Mitarbeiter der Stasi oder der örtlichen Volkspolizei-Kreisämter ab, die Grenzen zwischen beiden Staatsorganen waren ohnehin fließend, und ihr »fein abgestimmtes, arbeitsteiliges Ineinander« (Engelmann) half, Verdächtige systematisch in die Mangel zu nehmen. Eine der perfidesten Geheimdienstmaschen bestand darin, bei Treffen von DDR-Oppositionellen (zum Beispiel in Kirchenkreisen) zunächst Informelle Mitarbeiter (IM) in Rotkreuz-Helfer-Uniformen Geruchsproben nehmen zu lassen, um im Anschluss der Stasi das gezielte Nachspionieren mit Fährtensuchhunden zu überlassen. Wichtig war, dass die »Abnehmer« dabei Gummihandschuhe trugen, mit Zange oder Pinzette arbeiteten und die Probe sogleich in der Glaskonserve verschlossen. Jede derartige Probe konnte dann bei Bedarf dem »Geruchsdifferenzierungshund« (Suckut) vorgehalten werden, um Witterung und Fährte aufzunehmen. Das gesamte Verfahren zur Gewinnung der »Geruchs-DNA« war zwar aufwendig, aber es funktionierte auf einfache Weise und war wenig störanfällig. »Das ist die Perversion von Staat«, äußerte der damalige Bundeskanzler Gerhard Schröder, nachdem er Mitte Januar 2000 die »Einweckgläser« in der Stasi-Unterlagen-Behörde besichtigt hatte.

Auch wenn sich in den Stasihinterlassenschaften kein Bestandsverzeichnis aller Geruchsproben finden ließ, steht fest: Mehrere Tausend individuelle Geruchsproben wurden vom DDR-Geheimdienst zwischen den frühen 1980er-Jahren und dem Zusammenbruch des Regimes im Herbst 1989 abgenommen und »konserviert« – ein Körpergeruchsarchiv von Staats wegen »Verdächtigter«. Wer den Sicherheitsbehörden auffiel, konnte schnell Geruchsproben-»Kandidat« werden, dazu musste man nicht erst als System-Oppositioneller durch »subversives« Engagement in Menschenrechts- oder Friedensgruppen auffällig werden oder die Ausreise in den »Westen«, die »Republikflucht«, anstreben. Es genügte, einzeln oder in Gruppen organisiert den Staat und seine Organe offen zu kritisieren oder Unzufriedenheit zu äußern über die Lebensbedingungen im Arbeiter- und Bauernstaat. Dann setzte die Geheimdienstmaschinerie der DDR den »Operativen Vorgang« (OV) in Gang, wie diese »Vorgangsbearbeitung« (Suckut) bezeichnet wurde. An dessen Anfang stand der staatliche Auftrag, »mit maximaler Kraft am Feind zu arbeiten« (Erich Mielke, zit. n. Suckut) und somit »zuverlässiger Schild und scharfes Schwert« der SED-Staatspartei (Mielke, zit. nach Goll) zu sein. An dessen Ende standen in jedem einzelnen Fall Repression, Unterdrückungs- und Zermürbungsmaßnahmen angeblich politisch-freiheitlich gesinnter Bürger.

Die Methode der »Geruchsdifferenzierung«, wie sie in der DDR-Kriminalistik genannt wurde, gehörte zu den standardmäßigen erkennungsdienstlichen Maßnahmen der ostdeutschen Staatssicherheitsbehörden. Im Verlauf eines insgesamt 40-jährigen Agierens der »Stasi-Krake« MfS (Biermann) waren ihre Taktiken mit den Jahrzehnten zunehmend subtiler – und konspirativer – geworden. Freilich hatte nicht erst die DDR diese Fahndungsmethode entdeckt, der natürliche Spürsinn wurde von alters her und auch für die Menschensuche eingesetzt; schon vor dem Ersten Weltkrieg gab es Publikationen zum Einsatz von Polizeihunden gegen Verbrecher, ebenfalls schon damals den Vorschlag zur Speicherung von Geruchsbeweisen in Glasbehältern. Hunde wurden in Deutschland also schon »jahrzehntelang für die Verfolgung von Verdächtigen eingesetzt, aber erst im Kalten Krieg [begann ihr Einsatz] zur Identifizierung von Menschen« (Macrakis).

Die Odorologie, die Lehre vom Geruch, ein Zweig der Kriminalistik, entwickelte sich Mitte der 1960er-Jahre in der Sowjetunion. In der DDR fand die wissenschaftliche Auseinandersetzung mit dem Thema an der 1951 gegründeten »Hochschule des MfS« in Eiche-Golm (ab 1965 offiziell »Juristische Hochschule Potsdam«) statt, und am MfS-eigenen Lehrstuhl Kriminalistik wurde angehendes »Schnüffelpersonal« fachgerecht in der »operativen Nutzung naturwissenschaftlich-technischer Mittel und Methoden bei der Bekämpfung des Feindes« (Henke) unterrichtet – die Geruchsdifferenzierungsmethode war einschlägiger Lehrgegenstand. Das Training der Hunde fand in der Hundeschule in Pretzsch an der Elbe statt und war verbunden mit staatlichen Forschungsaufträgen, die auch die Konservierungspraxis weiterentwickelten. Ab Anfang der 1970er-Jahre nahm die Polizei zunächst vor allem Kriminelle ins Visier, deren Geruchsproben bis zu fünf Jahre nach der Entlassung aus dem Gefängnis aufbewahrt wurden. Noch in diesem Jahrzehnt setzte das MfS Hunde auch gegen Spione und andere »Staatsfeinde« ein, ab 1975 auch in der Personenüberwachung (Macrakis) und nachweislich seit 1981 zur Identifizierung auch von aus politischen Gründen Inhaftierten oder Verfolgten. Für die hielt das MfS Sonderhaftanstalten bereit, etwa die berühmt-berüchtigte »Zentrale MfS-Untersuchungshaftanstalt Hohenschönhausen« oder das »Loch von Bautzen« (Biermann), wo Regimekritiker, Gefangene aus Westdeutschland, Spione oder prominente Kriminelle inhaftiert waren und auch gefoltert wurden. Neben Untersuchungsgefängnissen waren Volkspolizeiinspektionen Orte, wo die Methode zum Einsatz kam. Tausendfach praktiziert, diente die Geruchsdifferenzierung hier neben dem Fingerabdruck, der Körpergrößenmessung und der Fotografie vor allem der erkennungsdienstlichen Behandlung – mit dem Unterschied, dass die Geruchsprobe überwiegend heimlich genommen wurde. Das machte sie zu einer – auch nach DDR-Recht – illegalen Methode der Personenverfolgung.

Wie sehr die Abnahme von Geruchsproben bei Dissidenten zur geradezu selbstverständlichen Praxis geworden war, zeigt der Fall der 20-jährigen Susanne Boeden, die am 7. Oktober 1989 mit ihrer zwölfjährigen Schwester festgenommen wurde, nachdem sie einige selbst geschriebene Zettel mit dem Text »Werdet aktiv!« als Aufruf zum Widerstand verteilt hatte. Sie wurde intensiv verhört und musste sich »dieses Tuch in der Leistengegend auf die nackte Haut pressen«; wegen »öffentlicher Herabwürdigung der DDR« wurde sie zu drei Monaten Haft verurteilt. Auf einer Veranstaltung in der Erlöserkirche Ende Oktober des Jahres berichtete sie öffentlich darüber, *Spiegel TV* dokumentierte dies in einem ausführlichen Film (»Geruchs-Stasi. ›Such!‹ den Staatsfeind«, 1990). All dies veranschaulicht bedrückend, zu welch ungeheuerlichen Formen sich die »kämpferische Intoleranz gegenüber politisch Andersdenkenden« (Suckut) vonseiten des DDR-Geheimdienstes bis zum Untergang des sozialistischen Regimes 1989 ausgewachsen hatte. Viele drastische Fälle von privater Ausspionierung bis ins Ehe- und Intimleben hinein belegen nur einen kleinen Teil der konspirativen Umtriebe des MfS. Für viele, nicht nur Regimekritiker, sind sie lebensbelastend geblieben – bis hin zur Zerstörung von Berufs- und Familienleben, Flucht in die BRD, Krankheit oder Selbsttötung. »Zersetzung« nannte die Stasi diesen von ihr strategisch und operativ unterstützten Vorgang, der Tausende Opfer forderte. Florian von Donnersmarcks Oscar-prämierter Stasi-Thriller *Das Leben der Anderen* (2006) hat die Geruchsprobenpraxis in einer Szene unvergesslich gemacht, als ganz nebenbei ein Stasioffizier den Kissenbezug eines Stuhls abnimmt, auf dem ein Verhörter saß.

Für die immer wieder heftig und meist streitig diskutierte Frage, ob die DDR ein »Unrechtsstaat« war, scheinen die Geruchskonserven handgreifliche Indizien zu liefern. Der Begriff wird in Wahlkampfzeiten gern bemüht, die Bundeskanzlerin sagte im November 2014, »natürlich war die DDR ein Unrechtsstaat« (*Tagesspiegel*, 4.11.2014), aber die Frage ist selbst unter Juristen umstritten. Kein Zweifel besteht daran, dass sie eindeutig kein Rechtsstaat war, sie war »im Kern ein Unrechtsstaat«, wie Horst Sendler, der ehemalige Präsident des Bundesverwaltungsgerichts, immer wieder formulierte. Andererseits weist Ernst-Wolfgang Böckenförde, einer der namhaftesten deutschen Juristen und ehemaliger Bundesverfassungsrichter, darauf hin, dass »die globale Kennzeichnung der DDR als Unrechtsstaat […] nicht nur falsch [ist], sie kränkt auch die Bürger und Bürgerinnen der ehemaligen DDR« (*FAZ*, 13.5.2015).

Mit dem Zusammenbruch der DDR war die Idee, Geruchsproben in der Kriminalistik einzusetzen, keineswegs erledigt. Das Thema wurde in Deutschland wieder heftig diskutiert, als im Jahr 2007 die oberste deutsche Strafverfolgungsbehörde, die Generalbundesanwaltschaft in Karlsruhe, im Zuge der Proteste zum G8-Gipfel in Heiligendamm Geruchsproben bei Globalisierungskritikern in Hamburg nahm. Verdächtige Demonstranten hatten einige Minuten lang Metallröhrchen in die Hand zu nehmen; diese konservierten ihren Geruch und wurden in Glasbehältern gesichert. So waren sie identifizierbar, ein – wie der damals verantwortliche Bundesinnenminister Wolfgang Schäuble es nannte – »probates Mittel, um mögliche Tatverdächtige zu identifizieren«. In erster Linie wurde darin eine Wiederaufnahme erkennungsdienstlicher Instrumente aus DDR-Zeiten erkannt, die Empörung war groß, sowohl unter Politikern aller Parteien als auch in der Öffentlichkeit. »Bedrohlich« nannte diese Entwicklung der Schriftsteller Christoph Hein, und der ebenfalls im Osten Deutschlands sozialisierte Schriftsteller Jens Sparschuh wusste ironisch zu kontern: »Es war eben doch nicht alles schlecht in der DDR.«

Mit Blick auf das gewachsene Arsenal geheimdienstlicher Methoden seit dem elektronischen Zeitalter bleiben freilich auch noch andere Perspektiven der Interpretation. »Gegen die Datensammelwut von Konzernen und Behörden heute wirken die Stasi-Einweckgläser mit Geruchsproben wie lächerliche Briefmarkenalben« (Witzel). Einerseits geben die Menschen inzwischen in den sozialen Netzwerken so viel und so ungemein Persönliches preis, andererseits hat die Wahrung von Sicherheitsinteressen zur Abwehr von Kriminalität und Terror eine so hohe Priorität, dass niemand mehr überschaut, inwieweit seine Privat- und Intimsphäre noch so privat ist wie gewünscht.

90

Kontrolle von Kopf bis Fuß, danach ging die Tür schnarrend auf; das einzige erhaltene Original ist seit 2011 wieder an (fast) alter Stelle zu besichtigen.

Abfertigungskabine im Tränenpalast

Grenze im geteilten Deutschland

Wer je durch diesen Trakt ging, vergisst nicht die bedrückende Atmosphäre der Kontrollabfertigung im Bahnhof Friedrichstraße zwischen 1961 und 1989, zwischen Mauerbau und Mauerfall: das quietschende Geräusch der Eingangstür, die Unsicherheit beim Betreten des schmalen Ganges, die Schritte in den Kontrolltrakt, wo im Dunkel hinter der Glasscheibe ein Grenzbeamter saß, dessen unwirsche Aufforderung, Ausweispapiere vorzulegen. Das Erlebnis der Kontrolle selbst bleibt ebenso unvergesslich wie das Labyrinth der Wege durch lange Gänge, treppauf, treppab, die fensterlosen Räume, dürftige Beschilderungen und die unnahbaren Uniformierten – bis hin zum Geruch, einer »Mischung aus Kohle, Diesel der Lokomotiven und Putzmittel«. Alles in allem ein »geplantes System zur Schikane der Reisenden« (Springer).

Die Kontrollkabinen wurden in den 1970er-Jahren von einem »Kollektiv« aus einem Dutzend ehemaliger Handwerker unter den Passkontrolleuren am Bahnhof Friedrichstraße entworfen und gebaut. Die erforderlichen Platten aus Sprelacart, dem DDR-Äquivalent zum Resopal, wurden aus Tangermünde geholt, wo der Schichtstoff für den Westexport produziert und für diesen Eigenbedarf damals offenbar nur Ausschuss zur Verfügung gestellt wurde. Stahl kam aus Eisenhüttenstadt, und Schrauben und Trapezbleche wurden über »Beziehungen« besorgt. Dafür, dass viele Millionen Menschen ihre Gefühle und Gedanken bei der Abfertigung bis heute nicht vergessen haben, sind erstaunlich wenige dieser Objekte erhalten.

Der Bahnhof Friedrichstraße war der ungewöhnlichste Grenzübergang in Berlin und überhaupt in ganz Deutschland. Er lag gut anderthalb Kilometer von der Sektorengrenze entfernt, zentral in Ostberlin, war von Ost und West gleichermaßen gut erreichbar. Am 13. August 1961 hielt hier um 0:20 Uhr die letzte S-Bahn Richtung Wannsee. Noch in derselben Nacht wurde hier und anderswo mit dem Abbau von Gleisanlagen und Stromschienen begonnen. Es sollte 38 Jahre dauern, bis es wieder eine durchgehende S-Bahn-Verbindung von Ost nach West gab. Bis dahin endeten die S-Bahnen aus dem Westen auf Bahnsteig B und die aus dem Osten auf Bahnsteig C. Die im Nord-Süd-Tunnel fahrenden S- und U-Bahnen sollten nur noch am Bahnhof Friedrichstraße halten, während die anderen Stationen im Osten der Stadt zu Geisterbahnhöfen wurden.

Von September 1949 bis August 1961 waren – auch über den Bahnhof Friedrichstraße, wo dies vergleichsweise gefahrlos möglich war – Jahr für Jahr Hunderttausende, insgesamt 2,7 Millionen Menschen geflüchtet, zuletzt 1500 bis 2000 pro Tag, vom 1. bis zum 13. August 1961 sogar insgesamt rund 47 000. Diese Fluchtbewegung hatte immense Auswirkungen auf Wirtschaft und Versorgung in der DDR, zumal vor allem Jüngere und Qualifizierte flohen. Die Zonengrenze war bereits auf ihrer ganzen Länge von 1378 Kilometern mit Stacheldraht und Minensperren gesichert, nur Berlin bot noch Schlupflöcher. Als Walter Ulbricht in einer Pressekonferenz am 15. Juni 1961 die Öffentlichkeit noch mit den Worten belog, niemand habe die Absicht, eine Mauer zu errichten, wurde der Mauerbau, die vollständige Abschottung Ostberlins, längst vorbereitet – zunächst durch Stacheldrahtverhaue, dann wurde eine zwei Meter hohe Mauer errichtet, und die Grenzposten hatten Schießbefehl. Die Situation konnte kaum dramatischer sein, Beobachter befürchteten schon den Dritten Weltkrieg. Nicht nur am Brandenburger Tor, auch am Bahnhof Friedrichstraße versammelten sich um 5:45 Uhr neben den von der Abriegelung überraschten Reisenden Menschen zum vergeblichen Protest.

Der innerstädtische Bahnhof wurde zum Grenzbahnhof, es ging nicht mehr nur um das Umsteigen von täglich Zehntausenden Fahrgästen, sondern um die »ordnungsgemäße Abwicklung üblicher Grenzkontrollen«. Knapp einen Monat nach dem Mauerbau, am 9. September 1961, kam die Genehmigung für die Errichtung eines neuen »Zollabfertigungsgebäudes«, mit dessen Bau nach einem hastigen Entwurf des DDR-Reichsbahnarchitekten Horst Lüderitz umgehend begonnen wurde. Kostengünstig und modern sollte es sein und den Reisenden zudem »Kraft und Autorität« der DDR signalisieren, die »siegreichen Ideen und die Überlegenheit des Sozialismus gegenüber anderen Gesellschaftsordnungen«. Was Lüderitz vorschlug, war dann aber doch zu transparent, die auf drei Seiten zur Stadt hin einladend wirkenden, riesigen Fensterfronten durften erst drei Meter über dem Boden beginnen. Im Juli 1962 wurde der Betrieb aufgenommen. Kommentare aus dem Westen beklagten die weitere »Zementierung« der Teilung durch den »Pavillon«, den sie als »neue Helligkeit an der Mauer« verhöhnten: »aparte Holztäfelungen, hübsche Tische [...], schmucke Barrieren, elegante Stempeltheken. Ist es nicht geradezu eine Lust, sich in diesem Foyer des Sozialismus kontrollieren zu lassen?« (*FAZ*, 14.7.1962)

Furcht und Abscheu überwogen, denn bei den Kontrollen waren Diskriminierungen und Zurückweisungen an der Tagesordnung: Helmut Kohl, damals CDU-Vorsitzender und CDU/CSU-Fraktionsführer, wurde 1978 zurückgewiesen, auch die Grünen-Bundestagsabgeordneten Petra Kelly und Gert Bastian 1984, Punks, Verdächtige jeder Art, mit und ohne benannten Grund. Interventionen wie die von Bastian: »Schade, dass wir nicht einreisen können. Wir sind keine Feinde« wurden zwar sorgfältig protokolliert, blieben aber ebenso folgenlos wie Kellys nachträglicher Beschwerdebrief an den Staatsratsvorsitzenden Honecker, in dem sie eine Begründung forderte, warum »gerade denjenigen die Einreise [verweigert werde], die sich für ein atomfreies Europa ohne Militärblöcke einsetzten«.

Die Mauer öffnete sich – zeitlich begrenzt – erst zwei Jahre und vier Monate nach ihrem Bau wieder für Westberliner. In langwierigen Verhandlungen zwischen Vertretern des Senats und der DDR war es gelungen, vier Passierscheinabkommen zu vereinbaren: Das »Dezemberabkommen« von 1963 nutzten 700 000 Westberliner über Weihnachten (19.12.–5.1.) für 1,2 Millionen Besuche bei ihren Ostberliner Verwandten. Die folgenden Abkommen ermöglichten Besuche für je zwei Wochen im Oktober/November 1964 und über Weihnachten und Neujahr 1964/65 (600 000 bzw. 821 000 Passierscheine), dann zum Jahreswechsel 1965/66 (820 000 Passierscheine), schließlich für Ostern und Pfingsten 1966. Die weiteren Verhandlungen scheiterten, sodass es bis 1972 keine Besuchsmöglichkeiten mehr gab; Ausnahmen wurden bei familiären Härtefällen gemacht, während für Geschäftsreisen, Besuche der Leipziger Messe sowie auf Einladung amtlicher DDR-Stellen kein Passierschein erforderlich war.

Inzwischen entfaltete die »Neue Ostpolitik« der sozialliberalen Regierung ihre Wirkung. 1970 Verhandlungen mit Moskau, Treffen von Bundeskanzler Willy Brandt mit Ministerpräsident Willi Stoph im März in Erfurt, im Mai in Kassel, im August die Unterzeichnung des Moskauer, im Dezember des Warschauer Vertrags, das Bild von Willy Brandts Kniefall vor dem Ehrenmal der Helden des Warschauer Gettos waren wichtige Etappen. Im September 1971 wurde das Viermächteabkommen über Berlin unterzeichnet. Im Oktober erhielt Willy Brandt den Friedensnobelpreis. Im Juni 1972 ratifizierte der Bundestag die »Ostverträge«. Im Dezember nahmen die Bundesrepublik und die DDR offizielle Beziehungen auf, ein Schritt zur Normalisierung der deutsch-deutschen Beziehungen, auch wenn die DDR nicht offiziell anerkannt wurde. Das Transitabkommen zwischen DDR und BRD erleichterte vor allem Reisen zwischen der BRD und Westberlin, außerdem konnten Westberliner mit einem an den Grenzkontrollstellen ausgestellten »Berechtigungsschein« wieder Reisen nach Ostberlin und in die DDR unternehmen.

Damit »explodierte« (Springer) die Zahl der Reisenden und entsprechend auch die Frequenz in den Abfertigungskabinen, und deren Zahl wurde allein in der Ausreisehalle von fünf auf zehn erhöht. Reisten 1972 insgesamt 4,3 Millionen über den Bahnhof Friedrichstraße, so waren es 1979 schon 8,1 Millionen. Bislang mussten die Reisenden bis zum Aufruf ihrer Abfertigungsnummer überwiegend in Warteräumen bleiben und wurden dann weitergeschleust. Nun erfolgte die »restlose Umstellung vom Warteraum- auf das Traktverfahren« (Springer), damit wurden die Kontrollen »effizienter«, Personal gespart, die Abfertigungen »flüssiger«, und auch die Wartezeiten sollten kürzer werden. 1987 wurden 9,4 und 1988 10,3 Millionen Reisende gezählt; im ersten Halbjahr 1989 waren es sogar fast 20 Prozent mehr als im gleichen Zeitraum des Vorjahres.

Das Bild des belebten Bahnhofs war von Rentnern geprägt. Denn seit November 1964 durften Rentner aus der DDR einmal jährlich für vier Wochen Verwandte im Westen besuchen. Nach Schätzungen waren sechs von zehn Einreisenden DDR-Bürger, die meisten eben Rentner auf der Rückreise, ein bis zwei Westberliner, einer Westdeutscher und der Rest Ausländer beziehungsweise internationale Transitreisende. Der Bahnhof blieb die zentrale und wichtigste Grenzübergangsstation, 60 bis 65 Prozent aller Reisenden zwischen Ost- und Westberlin passierten ihn.

Die Situation des Bahnhofs als Kreuzungspunkt vieler Reisender mit Versorgungsbedarf einerseits und der chronische Devisenmangel der DDR andererseits waren Hintergrund für die Einrichtung von Verkaufsstellen. Ab April 1962 gab es zunächst zwei Läden, hauptsächlich für Zigaretten, bald auch für Alkohol. Da zu wesentlich günstigeren Preisen als im Westen verkauft wurde, war der Umsatz überraschend hoch – 1962 lag er bereits bei über einer Million D-Mark. Zunächst fand dies unter der Regie der Ostberliner MITROPA AG statt, einer der wenigen Aktiengesellschaften in der DDR, dann kam die im Dezember 1962 gegründete DDR-Handelsorganisation Intershop. 1963 betrug der Umsatz 4,7 Millionen Mark, bei einem Wareneinkaufswert von 1,2 Millionen, und 1964 gab es bereits sieben Verkaufsstellen im Bahnhof. 1977 lag der Umsatz aller Verkaufseinrichtungen im Westteil des Bahnhofs bei fast 80 Millionen Mark. Die Hälfte des Gewinns kam dem Staat zugute.

Bald konnte der Bahnhof Friedrichstraße ein »optisch nicht gerade attraktives dreistöckiges Kaufhaus« genannt werden (*Tagesspiegel* 1987, nach Springer). Nicht nur Reisende deckten hier ihren Bedarf, Westprodukte waren bei allen DDR-Bürgern begehrt, seit 1974 durften sie auch Valuta (Westgeld) besitzen und offiziell dort einkaufen. Aber vor allem Westberliner versorgten sich mit billigen Zigaretten, manche Kneipenbesitzer mit preiswerten Spirituosen, und wer noch »Zwangsumtausch« übrig hatte, kaufte sich Bücher; die Marx-Engels-Klassiker kamen auf diesem Weg in viele westliche Studentenregale. Eine »Goldgrube« war auch die Gaststätte, hier »lungerten Stasi-Spitzel, Devisenhändler und Zuhälter in seltener Eintracht herum«, die Atmosphäre war »schmierig« und das Personal noch arroganter als sonst in Gaststätten der DDR, weil »westtrinkgeldverwöhnt« (Wolle).

Mit dem Fall der Mauer und der Wiedervereinigung wurde die Abfertigungshalle zu einem Erinnerungsort. Seit den 1980er-Jahren wurde sie als »Tränenbunker«, »Tränenpavillon« und »Tränenpalast« bezeichnet, aber erst seit ihrer Nutzung für Kulturveranstaltungen ab Dezember 1990 unter der Marke »tRÄNENpALAST« dominiert dieser Begriff. Dessen Betreiber ist auch die Initiative (1991) zu verdanken, dass er 1995 unter Denkmalschutz gestellt wurde.

Nicht zu Unrecht bezeichnete ihn der in Ostberlin aufgewachsene Schriftsteller Jens Sparschuh als den »absurdesten Bahnhof Berlins«. In Erinnerung muss auch bleiben, dass Markus Wolf, damals Chef der DDR-Auslandsspionage, den Bahnhof Friedrichstraße 1971 »unseren Ho-Chi-Minh-Pfad« nannte, weil er die wichtigste Agentenschleuse war; auch im Westen steckbrieflich gesuchte RAF-Angehörige durften 1976 und 1978 über diesen Weg in der DDR untertauchen.

Die Eröffnung einer Dauerausstellung zur Geschichte des Alltags der deutschen Teilung war die ebenso logische wie sinnvolle Konsequenz der Geschichte, seit September 2011 ist sie zu besichtigen.

Den zwischendeutschen »Wettlauf« ins All gewann Sigmund Jähn (1978) in diesem Raumanzug für die DDR, fünf Jahre vor Ulf Merbold.

Der Raumanzug von Sigmund Jähn

Der erste Deutsche im All – ein Bürger der DDR

Der Raumanzug und der Helm wurden für den ersten deutschen Kosmonauten, Sigmund Jähn (geb. 1937), nach Maß angefertigt. Zur Wärmeregulierung und Druckerhaltung besteht der Anzug aus mehreren Lagen Stoff beziehungsweise Kunststoff mit eingearbeiteten Stahlseilen, der Helm hat eine Sichtscheibe mit Sonnenschutz. Unübersehbar: der Name auf der linken Brust und die Staatsflagge auf dem Ärmel des »Skaphander«, wie die Russen ihre Raumanzüge nannten, eine Wortschöpfung aus den griechischen Begriffen für »skaphe« (Boot) und »andros« (Mann), die auf die Erfindung einer Art Schwimmanzug durch einen Franzosen Mitte des 18. Jahrhunderts zurückgeht. »Unbequem, aber lebensnotwendig« nannte Jähn seinen zehn Kilogramm schweren Anzug, den er bei Start-, Lande- und Ankoppelungsmanövern trug, weil er ihm im Falle einer Havarie bei fehlendem Luftdruck das Leben retten sollte.

Am 26. August 1978, einem Samstag, wurden auf der Startrampe im sowjetischen Baikonur, mitten in der Kasachischen Steppe, die Triebwerke der dreistufigen Weltraumrakete »Sojus 31« gezündet, die Jähn zusammen mit dem Russen Waleri Bykowski als seinem Kommandanten ins All und zur sowjetischen Raumstation »Saljut 6« katapultierte. Dort koppelten sie ihre Rakete an, umkreisten die Erde in sieben Tagen, 20 Stunden, 49 Minuten 124-mal und führten dabei zahlreiche interdisziplinäre Experimente durch. Unter anderem nutzten sie dabei die Multispektralkamera MKF 6M, ein Produkt der DDR-Hochtechnologie und Grundlageninstrument für die noch junge Erderkundung aus der Ferne. Es war ein Spitzenprodukt aus dem Vorzeige-VEB Carl Zeiss Jena.

Auf diesen ersten gemeinsamen deutsch-russischen Weltraumflug hatte Jähn sich intensiv vorbereitet. Der gelernte Buchdrucker aus Sachsen hatte seinen Militärdienst bei den Luftstreitkräften der DDR absolviert, als Offizier und Jagdflieger gedient und war 1976 aus vier Kandidaten für die Kosmonautenkarriere ausgewählt worden. Eine theoretische und praktische Spezialausbildung an der renommierten Kosmonautenschule im »Sternenstädtchen« (Swjosdny Gorodok) bei Moskau folgte: Jähn wurde auf Extremsituationen, Raumkrankheit und Schwerelosigkeit vorbereitet.

Es war eine Sensation: »Der erste Deutsche im All – ein Bürger der DDR«, lauteten die Schlagzeilen in der DDR; dass die Russen im März und im Juni dieses Jahres erst einen Tschechen, dann einen Polen mit ins All genommen hatten, war nachrangig. Westdeutscher Neid und böse Häme dokumentieren den Grad der politischen Spaltung der deutschen Staaten, wurde Jähn in westdeutschen Medien doch »Genosse Kolumbus aus Sachsen« genannt oder »Mitesser in der Russenrakete«.

Im Rahmen des 1967 aufgelegten Interkosmos-Raumfahrtprogramms der sozialistischen Länder wurden in Kooperation mit den Sowjets Kosmonauten mehrerer sozialistischer »Bruderländer« als Botschafter ins All geschickt, selbst Kuba war 1980 dabei. Der DDR bot sich Mitte der 70er-Jahre die willkommene Möglichkeit, im Schulterschluss mit der Sowjetunion die technologische Leistungsfähigkeit des »Arbeiter-und-Bauernstaats« gegenüber dem westlichen Staatenbündnis zu demonstrieren. Nicht nur die DDR-Öffentlichkeit nahm über sämtliche Medien an dem Ereignis teil. Auch zehn Jahre nachdem der erste Mensch den Mond betreten hatte (1969), befand sich zum Zeitpunkt von Jähns Weltraumflug die bemannte Raumfahrt durchaus noch in ihrer Gründerzeit, jeder Start bewegte die Menschen und war ein Politikum. Die Menschen verfolgten diese Ereignisse aufmerksam, sie galten stets als »historisch«.

Jähns Weltraumfahrt von 1978 gehört somit in die aufgeheizte Frühphase des Raumfahrtzeitalters. Was im 19. und frühen 20. Jahrhundert mit den ersten Luftschiffen Zeppelins (1900) und den Motorflugzeugen der Brüder Wright (1903) begonnen hatte und längst Fantasiewelten beflügelte – etwa Jules Vernes Roman *Von der Erde zum Mond* (1865) oder Fritz Langs visionärer Erfolgsfilm *Frau im Mond* (1929) –, hatte sich im Sog der Interessen von Militär und Industrie nach dem Zweiten Weltkrieg zu großen Raumfahrtplänen der Supermächte entwickelt. Deutsche Raumfahrt- und Raketenforscher spielten dabei als Pioniere vor und nach dem Zweiten Weltkrieg eine wichtige Rolle: Hermann Oberth gilt durch seine Schrift *Die Rakete zu den Planetenräumen* (1923) als »Vater der deutschen Raumfahrt«, in dessen Fußstapfen Wernher von Braun und Helmut Gröttrup mit der Entwicklung der V2-Raketen für das NS-Regime maßgebliche Grundlagenarbeit leisteten. Als 1942 von der berühmt-berüchtigten Heeresversuchsanstalt und Waffenschmiede Peenemünde aus erfolgreich eine Großrakete gestartet worden war, feierte Nazideutschland dies als »Beginn der Raumschifffahrt«.

Im Wettlauf der Großmächte um den Orbit ging es ebenso um Prestige wie um Sicherheits- und Militärpolitik einschließlich der Überwachung durch Satelliten, sodass die moderne Raumfahrt im historischen Rückblick auch ein »Kind des Kalten Krieges« (Trischler) war. Wer in dem »Ferngefecht« der Kontrahenten aus Kosmonauten (Sowjets) und Astronauten (USA) würde zuerst das All erobern, den Mond, vielleicht sogar den Mars?

Die erste Runde ging an die Sowjetunion, der es am 4. Oktober 1957 sensationell gelang, mit »Sputnik 1« den ersten künstlichen Erdsatelliten auf eine Umlaufbahn zu schicken. Mit diesem Überraschungscoup war der westliche Anspruch technologischer Überlegenheit massiv infrage gestellt, ein erbitterter Konkurrenzkampf zwischen den Supermächten begann. Beide bereiteten sich auf die bemannte Raumfahrt vor, indem sie die Weltraumtauglichkeit von Lebewesen testeten, die UdSSR mit Hunden, die Amerikaner mit einem Menschenaffen. Dem »Sputnik«-Schock, der in der Selbstwahrnehmung der ganzen westlichen Welt am meisten in den USA eine Krise auslöste, folgte keine vier Jahre später die zweite Sensation, als am 12. April 1961 Juri Gagarin als erster Mensch mit »Wostok 1« in 106 Minuten einmal die Erde umrundete.

Hatte nach dem »Sputnik«-Erfolg Präsident Eisenhower ein milliardenschweres Bildungsprogramm aufgelegt, so erklärte Präsident John F. Kennedy schon sechs Wochen (Mai 1961) nach dem zweiten Überraschungserfolg der Sowjets die bemannte Mondlandung zum nationalen Ziel der USA, etwa 25 Milliarden Dollar wurden dafür investiert. Im Abstand weniger Jahre folgten die stets propagandistisch hoch gehandelten Weltraumflüge weiterer Besatzungen: Den ersten »Weltraumspaziergang« – eher ein minutenlanger Ausstieg aus dem Raumschiff an einer mehrere Meter langen Versorgungsleine – unternahm der Russe Alexei Leonow im März 1965; er wäre fast dramatisch misslungen. Im Juni zogen die Amerikaner nach – ihnen gelang es ohne Zwischenfall. Als Neil Armstrong am 21. Juli 1969 von »Apollo 11« über eine Raumfähre als erster Mensch den Mond betrat, schien die Pionierphase der bemannten Raumfahrt ihren ersten Höhepunkt erreicht zu haben; 600 Millionen Menschen verfolgten weltweit die Fernsehübertragung. Bei der »Apollo 11«-Mission kam übrigens auch eine jener »Saturn«-Raketen zum Einsatz, die unter anderem von deutschstämmigen Wissenschaftlern unter der Leitung von Wernher von Braun entwickelt wurden.

Erst allmählich wurde in den 1970er-Jahren die Frage gestellt, ob der erste Deutsche im All aus der DDR oder aus der Bundesrepublik kommen werde. Jähns Weltraumflug wurde bis zum letzten Tag streng geheim gehalten, danach allerdings überschlug der SED-Staat sich in geradezu »pathetischem Propagandarummel« (Hoffmann). Denn kaum war Jähns Kapsel am 3. September 1978 um 14:40 Uhr gelandet – er schrieb auf die »Sojus 29«-Landekapsel seinen Namen und »Herzlichen Dank« –, begann für den als bescheiden und bodenständig geltenden Kosmonauten aus dem Vogtland der Aufstieg zum Volkshelden. Dass er sich bei dieser Landung an der Wirbelsäule verletzt hatte, verschwieg die SED-Propaganda. Seinen Namen und seine Leistung kannte jeder und jede in der DDR ebenso wie die Namen von Juri Gagarin und Täve Schur, dem erfolgreichen Radrennfahrer und nationalen Sportidol, seit 1958 übrigens auch SED-Volkskammerabgeordneter. Jähn verkörperte geradezu mustergültig die (sozialistische) Aufbruchsstimmung quer durch die Generationen; auch das Gemeinschaftsgefühl, denn er war »Einer von uns!«, wie ein zeitgenössisches DDR-Plakat titelte. Die Partei- und Staatsführung überhäufte ihn mit Ehrungen, Honecker und Breschnew persönlich ehrten ihn mit dem singulären Titel »Fliegerkosmonaut der Deutschen Demokratischen Republik« sowie als »Held der DDR« beziehungsweise mit der höchsten sowjetischen Auszeichnung »Held der Sowjetunion«; er wurde Ehrenbürger von Berlin, Neuhardenberg und Strausberg, selbstverständlich wurden auch Sonderbriefmarken und Gedenkmünzen aufgelegt, Straßen und Schulen nach ihm benannt, Ausstellungen organisiert.

Jähns Weltraumflug war für die DDR von immenser innen- und außenpolitischer Bedeutung. Er hatte als großer Prestigegewinn des Sozialismus im Reich der Schwerelosigkeit unvergleichliches Gewicht. Ein Zeichen, das im Westen wie eine Kampfansage mit hoher Beweiskraft ankam: Wer im Kampf ums All mitmischte, konnte nicht zu den Systemverlierern gehören. Dabei gab sich das Honecker-Regime betont pazifistisch, der Flug ins All wurde demonstrativ als Zeichen des »Verantwortungsbewusstseins für einen friedlichen Kosmos« dargestellt, »damit der Weltraum nicht zu einer Sphäre militärischer Aktivitäten wird« (Stache). Heimatbezogenheit, Nationalstolz, Friedensmissionsgedanke und sozialistisches Ideologiebewusstsein kamen auf ostdeutscher Seite im Weltraumeifer zusammen. »Durchstreift die Fernen! Kein Sturm hält uns zurück. Im Flug zu den Sternen bau'n wir unsrer Heimat Glück«, hieß der Refrain im DDR-weit bekannten »Lied von der unruhevollen Jugend«. Kosmoserkundung war sozialistische Aufbauarbeit und Sigmund Jähn ihr »Aushängeschild«. Die von der SED überstrapazierte Formel der »Freundschaft mit der Sowjetunion« erfüllte sich nirgendwo augenfälliger und für die Bevölkerung glaubhafter als im gemeinsamen Weltraumprojekt der beiden Bruderstaaten.

Gegen Ende der DDR war Jähn Generalmajor und wurde im Alter von 53 Jahren entlassen; nach 1990 war er noch beratend tätig für das russische Ausbildungszentrum von Kosmonauten, das Deutsche Zentrum für Luft- und Raumfahrt (DLR) sowie die European Space Agency (ESA). Im Westen blieb er der breiten Öffentlichkeit eher unbekannt. Hier wurde Ulf Merbold populär, der gut fünf Jahre nach Jähn 1983 an Bord der »Columbia« ins All flog, als erster Nichtamerikaner in einer US-Raumfähre, als einziger Deutscher mit drei Raumflügen (weitere 1985 und 1992), sowie Reinhard Furrer und Ernst Messerschmid, die 1985 an Bord der Challenger folgten.

Der mit weit über sechs Millionen Zuschauern wahrscheinlich erfolgreichste Film dieser Art, der warmherzig-tragikomische, vielfach ausgezeichnete Nachwende-Kinoschlager *Good Bye, Lenin!* (2003), sorgte dafür, dass Sigmund Jähn nochmals ins Blickfeld der breiten Öffentlichkeit rückte: Der Film beginnt nämlich mit der Übertragung von Jähns Weltraumflug und endet mit einer Schlüsselszene, in welcher der DDR-Kosmonaut, Kindheitsidol des Taxifahrers im Film, die Öffnung der Mauer verkündet – und dass der Westen nun endlich auch an den Segnungen des Sozialismus teilhaben könne. Der Regisseur hatte Jähn selbst für diese komische Rolle im Film gewinnen wollen, aber der lehnte ab und sah im Kino, wie am Ende des Films sein Doppelgänger Honecker als Staatsratsvorsitzenden ablöst. Sein Interesse an der Raumfahrt ist geblieben, aber relativiert: »Wir sollten lieber die Erde bewohnbar halten für kommende Generationen«, als nach alternativen Planeten für die Menschheit Ausschau zu halten, forderte er anlässlich seines 75. Geburtstags.

92

Als Skulptur – 1959 ein Geschenk der Sowjetunion an die UNO. Als Zitat und Ärmelaufnäher – seit den 1970er-Jahren ein Protestsymbol und verboten.

»Schwerter zu Pflugscharen«

Die Friedensbewegung in der DDR

»Sie werden ihre Schwerter zu Pflugscharen und ihre Spieße zu Sicheln machen. Es wird kein Volk wider das andere das Schwert erheben, und sie werden hinfort nicht mehr lernen, Krieg zu machen.« Dieses Bibelwort des Propheten Micha, das sich ähnlich auch bei Jesaja findet, wurde zum Motiv einer sozialistisch-realistischen Bronzeskulptur des russischen Bildhauers Jewgeni Wutschetitsch, die seit 1959 vor dem Gebäude der UNO in New York steht. Als Geschenk des sowjetischen Staats- und Parteichefs Nikita Chruschtschow sollte es die russische Bereitschaft zur friedlichen Koexistenz der Weltmächte symbolisieren.

Die »Karriere« des Zitats begann. 1967 verwendete es Martin Luther King in einer Predigt gegen den Vietnamkrieg. 1971 ließ der Pfarrer von Gramzow bei Prenzlau in der Uckermark, Curt-Jürgen Heinemann-Grüder (1920–2010), an den Gräbern von Kriegstoten einen Gedenkstein mit der Inschrift »Schwerter zu Pflugscharen« und den Jahreszahlen 1933 und 1938 aufstellen, Erinnerungsdaten an die Inhaftierung von Kommunisten und Sozialdemokraten und an den Beginn der systematischen Judenvernichtung. Dies gilt als die erste öffentliche Darstellung des Bibelzitats in der DDR.

Als Volksbildungsministerin Margot Honecker 1978 für Jungen und Mädchen der neunten und zehnten Klassen das Pflichtfach »Sozialistische Wehrerziehung« mit Waffenausbildung in den DDR-Schulen einführte, protestierten Eltern und Schüler, und die evangelische Kirche forderte stattdessen Erziehung zum Frieden. Sie beschloss, an den letzten zehn Tagen des Kirchenjahrs eine »Friedensdekade« mit täglichen Friedensandachten abzuhalten. Für die Einladung zu deren Abschlussgottesdienst am Buß- und Bettag 1980 wählte der sächsische Landesjugendpfarrer Harald Bretschneider das Motiv der sowjetischen Figur vor der UNO aus und ergänzte es um die Worte »Schwerter zu Pflugscharen« und »Micha 4«. Die Einladung wurde – listig – als »Lesezeichen« auf Vliesstoff gedruckt, weil für »Textiloberflächenveredlung«

keine staatliche Druckgenehmigung erforderlich war, die Auflage war mit über 100 000 Exemplaren sehr hoch.

Es war eine heiße Phase im Kalten Krieg: Obwohl die KSZE-Konferenz in Helsinki mit der Schlussakte von 1975 Hoffnungen auf eine Annäherung der feindlichen Blöcke geweckt hatte, setzte Mitte der 1970er-Jahre eine neue Phase des Wettrüstens ein. Die UdSSR installierte ab 1977 ihre neuen Mittelstreckenraketen SS-20, mit mobilen Abschussrampen und atomaren Sprengköpfen, der Westen reagierte im Dezember 1979 mit dem NATO-Doppelbeschluss. Nachdem Verhandlungen gescheitert waren, wurden Cruise Missiles und Pershing-II-Raketen stationiert, wenige Tage später marschierten sowjetische Truppen in Afghanistan ein. Statt Hoffnungen auf Entspannung erneutes Wettrüsten und Angst vor einer atomaren Katastrophe.

Im Herbst 1981 hatten die Friedensbewegungen in West und Ost – weitgehend unabhängig voneinander – ihre Höhepunkte erreicht: In der Bundesrepublik protestierten im Oktober auf der Bonner Hofgartenwiese 300 000 Menschen gegen den NATO-Doppelbeschluss, Auftakt für weitere Großdemonstrationen bis 1983. Die zweite »Friedensdekade« in der DDR fand im November 1981 statt, sie wurde gleichzeitig auch von der westdeutschen EKD durchgeführt. Das Vliesstoff-Emblem – diesmal als runder Aufnäher – ging wieder in eine Auflage von 100 000 Stück. Im November kam sein Verbot, vergeblich hatten die Kirchenbehörden darauf verwiesen, dass doch nicht verboten werden könne, was im DDR-Geschichtsbuch für sechste Klassen abgebildet war. Der Aufnäher war inzwischen zu einem Zeichen allgemeiner, oft auch undifferenzierter jugendlicher Protesthaltung geworden, so populär, dass viele Jugendliche ihn weiter trugen oder das Verbot mit einem weißen Fleck auf dem Ärmel beantworteten – oder mit der Inschrift »Hier war ein Schmied«. Schikanen waren die Folge: Abitur-, Lehrstellen- oder Studienablehnung, sodass auch die Repräsentanten der Kirche inzwischen vom Tragen des Emblems abrieten, es zugleich aber weiter als christliches Friedenszeugnis verteidigten. Die dritte »Friedensdekade« 1982 verwendete das Bibelwort sogar mit staatlicher Erlaubnis zwar erneut als Wortmarke, aber auf die Herstellung neuer Aufnäher verzichtete die Kirchenleitung nach langen Verhandlungen.

Die ostdeutschen Friedensinitiativen waren bis März 1983 nicht landesweit vernetzt, aber jede einzelne war ein »Stachel« gegen die offizielle Politik. Rainer Eppelmann, damals Pastor in Berlin, rief mit seinem

»Berliner Appell« vom Januar 1982 zum Abzug aller Atomwaffen aus Mitteleuropa auf. Er wurde von prominenten DDR-Dissidenten wie Stefan Heym und Robert Havemann unterstützt und verknüpfte die Friedenssicherung mit der deutschen Frage: Er forderte das Selbstbestimmungsrecht der Deutschen. Die Gedenkfeier »Forum Frieden« wurde in Dresden aus Anlass des 37. Jahrestags der Bombardierung der Stadt im Februar 1982 von staatskritischen Jugendlichen organisiert. 5000 Besucher nahmen teil, von denen nicht wenige die »Schwerter statt Pflugscharen«-Embleme trugen. Bei der Schweigedemonstration im November 1982 auf dem Platz der Kosmonauten in Jena zeigten die etwa 80 Menschen Transparente mit der Losung; wenige Wochen später wurde diese Gruppe in Jena von der Polizei an einer Wiederholung ihrer Demonstration gehindert.

Im März 1983 gelang eine erneute Demonstration aus Anlass des 38. Jahrestags der Bombardierung Jenas, bis sie von der Polizei brutal unterdrückt wurde; im selben Monat trafen sich, von der Stasi argwöhnisch belauert, die Vertreter von 32 Friedenskreisen und vereinbarten jährliche Koordinierungstreffen. Im Mai 1983 wiederholen die Mitglieder der Jenaer Friedensgemeinschaft ihre öffentlichkeitswirksame Demonstration. Fotos belegen wiederholt das zentrale Motto der Aktionen: »Schwerter zu Pflugscharen.« Es war die »größte oppositionelle Massenbewegung zwischen 1953 und dem Ende der DDR« (Neubert).

Einen »Stachel« ganz anderer Art, provozierend gegen die DDR- wie die BRD-Regierung, verkörperten im Mai 1983 fünf seit knapp drei Monaten erstmals in den Bundestag gewählte Abgeordnete der Grünen, an ihrer Spitze Petra Kelly und Gert Bastian. Sie entrollten gemeinsam mit DDR-Oppositionellen auf dem Alexanderplatz ein Transparent mit der Aufschrift »Die Grünen – Schwerter zu Pflugscharen«. Nach wenigen Minuten wurden sie festgenommen – und rasch wieder freigelassen, nachdem die Volkspolizisten festgestellt hatten, dass hier prominente Westdeutsche gegen die Aufrüstung im Westen protestierten. Ende Oktober 1983 empfing Erich Honecker eine Delegation dieser Westgrünen zu einem Gespräch, Petra Kelly trug demonstrativ einen Pullover mit dem verbotenen »Schwerter zu Pflugscharen«-Logo. Ein Foto der Szene schaffte es sogar auf die Titelseite des SED-Zentralorgans *Neues Deutschland*. Kelly forderte die Freilassung aller Verhafteten der DDR-Friedensbewegung, außerdem fragte sie Honecker, warum er in der DDR verbiete, was er im Westen unterstütze. Anschließend trafen die Grünen sich mit der bekannten DDR-Dissidentin Bärbel Bohley. Das war zu viel für die DDR-Führung, ein einjähriges Einreiseverbot für die Gruppe war die Folge.

Die westlichen Medien hatten bis Anfang der 1980er-Jahre kaum Notiz genommen von der Existenz einer DDR-Opposition. Nun begannen sie sich zu interessieren, wobei hier eher Einzelaktionen der westdeutschen Grünen im Vordergrund standen. Deren Unterstützung der DDR-Oppositionellen war in dieser Phase allerdings substanziell, moralisch ebenso wie materiell, unter anderem durch die von ihnen in die DDR geschmuggelte Drucktechnik.

Das Jahr 1983 war als Jahr des 500. Geburtstags des Reformators Martin Luther Anlass für einen besonderen Evangelischen Kirchentag, der im September in Wittenberg stattfand, Schauplatz des Thesenanschlags von 1517. Prominentes Publikum wurde erwartet, viel Presse, viele Kameras. Die Teilnahme Richard von Weizsäckers – er war sowohl Mitglied des Rats der Evangelischen Kirche Deutschlands als auch Regierender Bürgermeister von Berlin – zeigte zudem die Verbundenheit der Christen und vieler Deutscher in beiden Teilen des Landes. Seine Rede auf dem Marktplatz von Wittenberg vor Tausenden von Zuhörern war sorgfältig vorbereitet. Die SED beobachtete misstrauisch den Freiraum, den die Kirchen oppositionellen Gruppen gewährten, auch wenn die Meinungsverschiedenheiten über mehr Ausgleich oder mehr Opposition gegenüber dem Staat quer durch die Kirche gingen.

Der vom Wittenberger Schlosskirchen-Pfarrer Friedrich Schorlemmer schon 1980 gegründete Friedenskreis veranstaltete am 24. September 1983 einen besonderen »Abend der Begegnung«, der den Hunderten, die dabei waren, unvergesslich bleibt und dessen Bilder berühmt wurden. Während eine Westband spielte, Lieder gesungen wurden und Schorlemmer Bibeltexte vortrug, trat ein Kunstschmied an Hammer und Amboss: Stefan Nau schmiedete vor aller Augen ein Schwert in eine Pflugschar um; anschließend wurde diese durch die Menge getragen. »Das machte Mut, viel Mut«, so Schorlemmer später. Aus einem der Fenster sah Richard von Weizsäcker zu; vermutlich deswegen sowie wegen der Anwesenheit weiterer westlicher Gäste und Presse griff die Stasi nicht ein.

Die Symbolik von »Schwerter zu Pflugscharen« war inzwischen auch im Westen angekommen, die Aufnäher wurden spätestens seit 1982 in größeren Auflagen auch in der Bundesrepublik gedruckt. Spektakulär wurde die Absage eines BAP-Konzerts 1984 in Ostberlin: Wolfgang Niedecken hatte für dieses Konzert das Lied »Deshalv spill mer he« geschrieben, in dem er begründete, warum er mit seiner Band auch in der DDR spielen wollte, und in dem auch »Schwerter zu Pflugscharen« eine Rolle spielte. »… Un nochnet, falls et nit schon ohnehin bekannt,/ dat ahn die Klique, die sich ›Volksvertreter‹ nennt:/ Uns kritt ihr vüür kein offizielle Kahr jespannt,/ …/ denn mir hann Frönde he, die hann kein weiße Duuv op blauem Grund,/ die hann ne Schmied, da mäht e Schwert jraad zo nem Plooch,/ …« Am Vorabend des Konzerts kam es zum Eklat, BAP lehnte die Forderung ab, dieses Lied von der Programmliste zu nehmen, der Auftritt im Palast der Republik, wo Udo Lindenberg wenige Monate vorher aufgetreten war, fand nicht statt.

Ein handgemaltes Plakat mit dem Motiv »Schwerter zu Pflugscharen« war von Anfang an auch bei den Leipziger Friedensgebeten dabei, die seit November 1982 montags stattfanden; heute erinnert es in der Nikolaikirche an diese Anfänge mit wenigen, bei den ersten Gebeten nur sieben bis 13 Teilnehmern. Ein Jahr später demonstrierten bereits 50 Jugendliche nach dem Gebet, sieben von ihnen wurden zu Haftstrafen verurteilt. Im Februar 1988 waren es 700, im September 1989 8000, am 2. Oktober 20 000 und am 9. Oktober 70 000, das Montagsgebet wurde in fünf Kirchen gleichzeitig durchgeführt. Das Logo der Friedensbewegung wurde langsam ergänzt und zum Teil abgelöst durch andere Transparente und Losungen.

Als Motiv für die Nationalflagge des vereinigten Deutschland hatte es allerdings wohl nie eine echte Chance: Die Arbeitsgruppe »Neue Verfassung der DDR« des im Dezember 1989 gebildeten Zentralen Runden Tischs übernahm »Schwerter zu Pflugscharen« zwar in ihren Verfassungsentwurf, und laut dessen Artikel 43 sollte es das Wappen der DDR mit Hammer und Zirkel im Ährenkranz ersetzen. Im April 1990 wurde dieser Verfassungsentwurf der Öffentlichkeit übergeben, doch die im März 1990 erstmals frei gewählte Volkskammer behandelte ihn nicht einmal. Mit dem Beitritt der DDR zum Geltungsbereich des Grundgesetzes war die Flaggenfrage geregelt.

»Fahrplan« Schabowskis zur legendären Pressekonferenz am 9. November 1989. Erst 2015 ist das lange verschollene Original wieder aufgetaucht.

Schabowskis Zettel
Die Öffnung der Mauer

Pressekonferenzen können sich einen legendären Ruf erwerben und unsterbliche Zitate hervorbringen wie das »You won't have Nixon to kick around anymore« (der spätere US-Präsident Richard M. Nixon 1962 nach seiner Niederlage bei der Gouverneurswahl in Kalifornien in seiner Beschimpfung der Journalisten) oder Giovanni Trapattonis Wutrede »Ich habe fertig« (1998 als Trainer des FC Bayern München), aber keine »schrieb« mehr Weltgeschichte als Günter Schabowskis »Das tritt nach meiner Kenntnis ... ist das sofort, unverzüglich« (9. November 1989).

Pressekonferenzen wollen gut vorbereitet sein – das lehrt jedes Handbuch der Pressearbeit. Günter Schabowskis handschriftliche Notizen für diese Pressekonferenz sind nicht umfangreich, haben fünf klar durchnummerierte Punkte, enthalten noch etliche, offensichtlich nachgetragene Punkte und werden am Ende immer unübersichtlicher, auch unleserlicher. Schabowski war 60 Jahre alt und hatte genug Lebens- sowie politische Erfahrung, um eine Pressekonferenz durchzuführen; auch hatte er Journalismus studiert. Aber an diesem Tag lief alles für ihn schief – für die deutsche Geschichte aber sensationell. Seit drei Tagen war er in der neu geschaffenen Funktion eines Sekretärs des ZK der SED für Informationswesen eine Art Regierungssprecher der DDR. Dies war seine zweite Pressekonferenz, und überhaupt war diese Art von Öffentlichkeitarbeit in der Geschichte der DDR ebenso ein Novum wie die Tatsache, dass das Staatsfernsehen diese Pressekonferenz ab 18 Uhr live aus dem Internationalen Pressezentrum in der Berliner Mohrenstraße übertrug.

Bis kurz vor 19 Uhr verlief alles völlig unspektakulär, sogar eher langweilig. Die Pressekonferenz sollte auch nicht länger als bis 19 Uhr dauern, jedenfalls hatte sich Schabowski dies so notiert und vorgenommen. Aber um 18.53 Uhr stellte der italienische Agenturjournalist Riccardo Ehrmann (ANSA) die Frage nach dem neuen Reisegesetz. Sie bewegte die DDR-Bürger damals am meisten, sie war *das* Thema.

Am 6. November hatte die SED-Führung nämlich den Entwurf eines Reisegesetzes vorgelegt, der – so der Plan – vier Wochen von der Bevölkerung diskutiert – auch dies ein Novum – und noch vor Weihnachten von der Volkskammer beschlossen werden sollte. Aber was die Regierung als Transparenzoffensive und offeneren Kurs zu verkaufen gedachte, empfanden die Menschen als unzureichend, zu bürokratisch und nicht konkret genug. Egon Krenz, Honeckers Nachfolger, wollte eine raschere Regelung in Form einer Verordnung und ließ eine Arbeitsgruppe damit beauftragen. Diese legte ihren Vorschlag am Mittag des 9. November vor, der von den zuständigen Ministern im Umlaufverfahren abgezeichnet wurde und den Krenz am Rande einer gleichzeitig stattfindenden ZK-Tagung kurz mit den Anwesenden besprach. Zwei kleine, wichtige Veränderungen wurden vereinbart: Die Verordnung sollte ausdrücklich als »Übergangsregelung« bis zum Inkrafttreten des geplanten Volkskammergesetzes bezeichnet werden und auch nur »zeitweilig« gültig sein. Schabowski war bei dieser Erörterung nicht im ZK. Er erhielt das vierseitige Papier mit wenigen handschriftlichen, aber gut leserlichen Korrekturen 45 Minuten vor seiner Pressekonferenz von Krenz mit dem Hinweis, es – neben den ohnehin geplanten Informationen über die ZK-Tagung – dort mitzuteilen. Der entscheidende Fehler: Das Papier trug keinen Sperrvermerk, obwohl die Regelungen der Reiseverordnung erst am 10. November bekannt gegeben werden sollten. Hätte Schabowski diese Verordnung vor seiner Pressekonferenz genauer gelesen, wäre ihm aufgefallen, dass der letzte Punkt der Verordnung einen Hinweis auf »zeitweilige Übergangsregelungen« enthielt, die mit einer »beigefügten Pressemitteilung am 10. November 1989 zu veröffentlichen« waren. Die Pressemitteilung lag aber weder bei, noch hatte Schabowski die Zeit zum Nachdenken; schlimmer noch, er meinte sogar, die Mitteilung sei schon im Besitz der Presse.

Fast wäre trotzdem alles »glatt« gegangen, denn Schabowski hätte – obwohl er auf seinem Fahrplan für die Pressekonferenz notiert hatte »Verlesen Text Reiseregelung EXTRA« – das Thema wohl vergessen, wenn nicht sieben Minuten vor Ende der Pressekonferenz die Frage des Italieners gekommen wäre. Wer die Übertragung live sah, erlebte mit, wie Schabowski mitteilte: »Privatreisen nach dem Ausland können ohne Vorliegen von Voraussetzungen (Reiseanlässe und Verwandtschaftsverhältnisse) beantragt werden.« Er zögerte selbst bei seinem Vortrag, wurde aber bereits mit der nächsten Frage konfrontiert, ob dies auch für Westberlin gelte. Seine Antwort: »Also, doch, doch«, und auf das »Ab wann?« die oben zitierten historischen Worte. Die Agenturen »überschlugen«

sich mit ihren Meldungen, Reuters als erste, ADN um 19.04 Uhr, gleichzeitig dpa, AP um 19.05 Uhr, das ZDF in *heute* um 19.17 Uhr, ANSA um 19.31 Uhr. Wer die DDR-Nachrichten sah, erfuhr um 19.34 Uhr aus der *Aktuellen Kamera*, der Ministerrat habe beschlossen, »Privatreisen nach dem Ausland [können] ab sofort ohne besondere Anlässe beantragt werden«. Die ARD-*Tagesschau* meldete um 20 Uhr: »Die Grenze ist offen«, und in den *Tagesthemen* formulierte Hanns Joachim Friedrichs um 22.42 Uhr: »Die DDR hat mitgeteilt, dass ihre Grenzen ab sofort für jedermann geöffnet sind, die Tore der Mauer stehen weit offen.« Ein trüber Herbstdonnerstag wurde für jeden Menschen, der ihn bewusst erlebte, unvergesslich. Das »folgenreichste Versehen der deutschen Fernsehgeschichte« (*SpiegelOnline*) nahm seinen Lauf.

Längst waren Ost- und Westberliner an die Mauer geströmt, ab 20:30 Uhr warten sie am Grenzübergang Bornholmer Straße, ab 21 Uhr fordern sie ungeduldig »Tor auf! Tor auf!«, um 23:30 Uhr öffnet der diensthabende Offizier Oberstleutnant Harald Jäger – ohne eine diesbezügliche Weisung seiner Vorgesetzten, mutig genug! – den Übergang für alle; die weiteren Übergangsstellen folgen, bis um 0:02 Uhr alle in Berlin geöffnet sind. Die Mauer ist gefallen, die Grenze geöffnet, und Zehntausende nutzen es. Die Bilder der Freudentänze sind weltbekannt. Die letzten Worte Schabowskis in der Pressekonferenz sollten eine Antwort geben auf ein Problem, das die Berliner dreieinhalb Stunden später selbst gelöst hatten. Schabowskis Stammeln kennzeichnet die Unsicherheit eines ganzen Systems im Untergang: »(Äh) Was wird mit der Berliner Mauer? Es sind dazu schon Auskünfte gegeben worden im Zusammenhang mit der Reisetätigkeit. (Äh) Die Frage des Reisens, (äh) die Durchlässigkeit also der Mauer von unserer Seite, beantwortet noch nicht und ausschließlich die Frage nach dem Sinn, also dieser, ich sag's mal so, befestigten Staatsgrenze der DDR. (Äh) Wir haben immer gesagt, dass dafür noch einige andere Faktoren (äh) mit in Betracht gezogen werden müssen …« Beim Verlassen des Pressesaals sagte Schabowski noch in eine Rias-Kamera, er »hoffe nicht«, dass es zu einer Fluchtwelle komme, gab noch ein NBC-Interview und fuhr »völlig übermüdet« nach Hause, in Gedanken »damit beschäftigt, die neue Politik zu begreifen« (Tom Brokaw). Jedenfalls erwartete er keineswegs, dass seine in mancher Hinsicht irrigen bzw. unvollständigen Informationen die unmittelbare Öffnung der Mauer zur Folge hätten; er wähnte hinter allem eine einschließlich ihrer Grenzübergangsstellen (noch) funktionierende DDR-Bürokratie.

Wer sich auf den Straßen in den Armen lag, nannte »Wahnsinn«, was in dieser Nacht passiert war. Im Politbüro herrschte am nächsten Vormittag dementsprechend Katerstimmung. »Wer hat uns das bloß eingebrockt?«, fragte Egon Krenz ratlos, bis er – wie auch Schabowski – sich später selbst der Entscheidung zur Öffnung rühmte. Die welthistorische Situation vor dem Hintergrund von Irrtum, Zufall und Verknüpfung irrealer Umstände lud ein zu vielerlei ernsten oder auch weniger ernsten Spekulationen: von einer Art »Opus Magnum« des MfS als Drahtzieher über eine geheime Anweisung Gorbatschows bis hin zu einer letzten »Rache« der SED, die damit die Bürgerbewegung um ihre Revolution zu betrügen gedacht habe.

Und noch ein weiterer Fehler: Die Schabowski von Krenz übergebene Vorlage betraf – jedenfalls der Überschrift nach – eigentlich nur »die Veränderung der Situation der ständigen Ausreise von DDR-Bürgern nach der BRD über die CSSR«; im Inhalt war allerdings dann immer vom Ausland die Rede. Ein weiterer Beleg dafür, wie kopflos die DDR-Führung und ihre Bürokratie zu dieser Zeit nur noch agieren konnten. Schabowski hätte allerdings auch dies bei einer besseren Vorbereitung auffallen müssen. Vielleicht war es auch sein Fehler, statt an der Sitzung des ZK teilzunehmen, in der die Reiseregelung besprochen wurde, vor dem Gebäude zu diskutieren – sei es mit Bauarbeitern (so Krenz), sei es mit Journalisten, wie Schabowski sich später erinnerte.

Tatsächlich benötigte die CSSR als das »Schlupfloch« für Flüchtlinge die besondere Aufmerksamkeit der DDR-Führung: Die große Flucht über die Prager Botschaft der Bundesrepublik mit Genschers berühmtem Auftritt am 30. September war noch in frischer Erinnerung, im Oktober galt wieder Visumpflicht für Reisen von der DDR in die CSSR. Am 1. November war diese wieder aufgehoben worden, und prompt waren am 3. November wieder mehr als 5000 Flüchtlinge auf dem Botschaftsgelände, denen an diesem Abend die Ausreise in die Bundesrepublik mitgeteilt wurde. Tatsächlich stiegen in der DDR täglich Tausende in Züge Richtung Prag. Was die Arbeitsgruppe noch unter der Überschrift »CSSR« begonnen hatte, war längst zu einer generellen Regelung für das gesamte Ausland geworden.

Schabowskis Karriere endete schon wenige Wochen später: Als Erster Sekretär der SED-Bezirksleitung Berlin sollte er sich politisch verantworten wegen des brutalen Vorgehens der Sicherheitskräfte gegen Demonstranten am 6./7. Oktober 1989, auch wegen Amtsmissbrauch,

Korruption und persönlicher Bereicherung. Juristisch wurde er in den langwierigen sogenannten Politbüroprozessen ab 1992 belangt und gemeinsam mit u. a. Egon Krenz für den Schießbefehl an der Mauer angeklagt und 1997 wegen Totschlags zu drei Jahren Gefängnis verurteilt. Anders als Krenz erkannte er seine moralische Mitschuld an den Todesschüssen an der Grenze an und saß ein, bis er im Jahr 2000 aus Anlass des zehnten Jahrestags des Mauerfalls vom Regierenden Bürgermeister begnadigt wurde. Immerhin ist Schabowski einer der wenigen SED-»Größen«, die sich zu ihrer Mitverantwortung für die Diktatur der DDR bekannten. Von 1961 bis 1989 wurden – soweit bislang ermittelt – an der Berliner Mauer mindestens 136 Menschen getötet oder kamen im Zusammenhang mit dem DDR-Grenzregime ums Leben: 98 DDR-Flüchtlinge beim Versuch, die Grenze zu überwinden, 30 Menschen aus Ost und West ohne Fluchtabsichten, acht im Dienst getötete Grenzsoldaten. Darüber hinaus gab es zahlreiche Todesfälle, vor allem Herzinfarkte, überwiegend älterer Reisender im Zusammenhang mit Kontrollen an den Grenzübergängen.

Der Prototyp eines ersten mobilen Abspielgeräts – hier mit Speicherkarten – wurde in Deutschland hergestellt, ein wichtiger Schritt zur Musik als Massenprodukt.

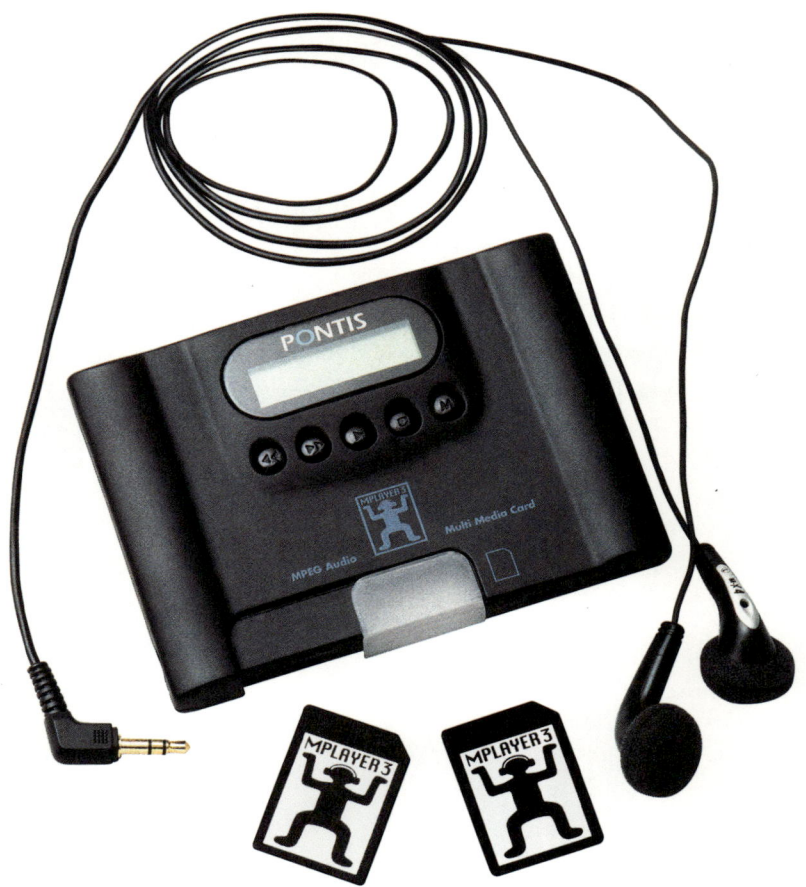

94

MPlayer3 (Pontis)

Die Immer-und-überall-Kultur

»mp3 hat die Art, wie wir Musik kaufen und hören, verändert«, fasst Heinz Gerhäuser, einer der Väter/Entwickler des mp3-Formats am Fraunhofer-Institut in Erlangen, im Rückblick die Wirkung dieser längst zum weltweiten Standard avancierten Audiotechnik zusammen. Mp3-Player haben wesentlich zu ihrer Verbreitung beigetragen. »Klein, leicht und lautstark«, »Zauberkästchen« oder »MP3 – Rock im Web« betitelten Computerzeitschriften ihre Testberichte über die ersten mobilen Abspielgeräte im Winter 1999. Gut ein Jahr nach dem Erscheinen der ersten Geräte auf dem Markt ließ sich bereits ihr Erfolg erahnen, da sie Musik in hoher Qualität in allen Lebenslagen und über den Anschluss an einen Computer auch in großen Mengen verfügbar machten.

Auf der Computermesse CeBIT in Hannover wurde im März 1997 ein erster Prototyp vorgestellt, der »MPlayer 3«, den die Oberpfälzer Firma Pontis entwickelt hatte. Das 90 Gramm leichte, handliche Gerät vereinte zwei technologische Neuerungen: die von Siemens entwickelte Multi Media Card als wiederbeschreibbare Speicherkarte, von der beim Pontis Player zwei Karten mit Platz für acht Megabyte Daten im Lieferumfang enthalten waren, und das vom Fraunhofer-Institut entwickelte digitale Audioformat »mp3«. Mehrere weitere, einzeln patentierte Schritte gehören zur Entwicklung dieser inzwischen weltweit bekannten und als Standard genutzten Technologie zur Audiokompression.

An der Komprimierung von Musik bzw. Daten arbeiteten – noch vor dem 1993 beginnenden Internetboom – in einem internationalen Wettlauf mehrere Teams, seit 1987 auch in Erlangen. Ursprünglich gedacht für den Versand von Audiodateien über Breitband-Telefonleitungen, gelang dort die Komprimierung u. a. durch das Herausfiltern von Signalen, die das menschliche Ohr nicht wahrnimmt. Das Institut für Integrierte Schaltungen der Fraunhofer-Gesellschaft und dessen Erlanger Team hatten tatsächlich den größten Anteil an der Entwicklung dieser neuen Technologie, die 1989 von der internationalen Standardisierungsorganisation »Moving Picture Experts Group MPEG« gegen andere Vorschläge anerkannt wurde. Zum Erfolg trugen allerdings auch Experten der Universität Hannover und der Unternehmen AT&T und Thomson bei. 1991 war die Technologie fertiggestellt, und im Jahr darauf wurde sie als ISO-Standardnorm anerkannt. Dabei reduzierte ein Kompressions- und Dekompressions-Algorithmus die digitalen Musikdateien auf ein Zehntel, speicherte und decodierte zum Abhören. Bei scheinbar gleicher Tonqualität konnte also ein Vielfaches gespeichert werden – ein immenser, ja, seinerzeit als »revolutionär« kommentierter Erfolg angesichts der damals geringeren Speichervolumina. Den Kurznamen »mp3« gaben ihm die Erlanger Mitarbeiter in einer institutsinternen Abstimmung aus einer Dateiendung, und unter diesem Namen trat es seinen weltweiten Erfolg an und »revolutionierte« sowohl das Hörverhalten als auch die Musikindustrie. Stellvertretend für das gesamte Forscherteam des Fraunhofer-Instituts wurden im Jahr 2000 Karlheinz Brandenburg, Bernhard Grill und Harald Popp mit dem »Deutschen Zukunftspreis«, dem Preis für Technik und Innovation des Bundespräsidenten, ausgezeichnet.

Bei Pontis hatte Erich Böhm, ein an der Münchener TU diplomierter Elektroingenieur und Musikliebhaber, den ersten Player auf Basis dieser Technologie entwickelt. Mit seinem damals trendigen Cyber-Dancer mit Kopfhörern als Logo berechtigte er zu schönsten Hoffnungen und war tatsächlich ein kurzfristiger Erfolg. Doch konnte das kleine 20-Mann-Unternehmen aus Schwarzenfeld sich auf dem hart umkämpften internationalen Markt nicht durchsetzen. Zu hoch waren die Investitionen in die Produktentwicklung und zu aufwendig wäre der Aufbau internationaler Vertriebswege gewesen. Noch bevor Pontis im Dezember 1998 eine serienreife Version für 430 DM auf den Markt brachte, kam das koreanische Unternehmen Saehan mit seinem MPMan F10 Pontis zuvor und präsentierte seine verkaufsfertige Entwicklung auf der CeBIT 1998, also neun Monate bevor Pontis marktreif war. Sein Vorteil war ein 64 MB großer Speicher, der über eine Stunde Musik bot, während auf die Speicherkarten der Deutschen nur jeweils eine Viertelstunde passte. International gilt dieses Gerät als der erste MP3-Player und wurde in den USA, in Großbritannien, dann auch in Deutschland erfolgreich verkauft.

Aber auch das Gerät der Koreaner blieb nur wenige Jahre erfolgreich am Markt. Ab 2001 wurde der von Apple lancierte iPod *der* MP3-Player schlechthin. Mit seinem fünf Gigabyte-Speicher und Platz für 1000 Titel war er konkurrenzlos und bot außerdem mit dem Apple-iTunes-Programm die damals einfachste Verwaltung, Bearbeitung und sogar den Kauf von Titeln; zunächst nur auf Apple-, ab 2003 auch auf Windows-basierten Geräten. Mit allein in den ersten sieben Jahren über 100 Millionen verkauften Geräten wurde Apple zum weltweit größten Hersteller von MP3-Playern.

Seit der Etablierung des Internets verwendet die rasant ansteigende Zahl der User das mp3-Format, um Musikdateien schnell und unkompliziert zu verschicken oder auf allgemein zugänglichen Servern zum Download bereitzustellen. Der illegale, gegen Urheberrechte verstoßende Tauschhandel im Internet, den das mp3-Format technisch ermöglicht hatte, war vor allem durch die 1998 gegründete kostenlose Tauschbörse Napster gefördert worden. Die von US-amerikanischen Studenten entwickelte Software ermöglichte ihren Teilnehmern, sich nach dem Peer-to-Peer-Prinzip automatisiert anhand der gespeicherten Musiktitel miteinander zu vernetzen und Musikdateien auszutauschen. Nach kürzester Zeit sah sich Napster einem Ansturm von Urheberrechtsklagen großer Plattenfirmen gegenüber, die, angeführt von dem Verband der amerikanischen Plattenindustrie (RIAA), massiv gegen die »MP3-Piraterie« vorgingen. Seit der Einführung des mp3-Formats 1995 befürchtete die Plattenindustrie zu Recht die Verdrängung ihrer Tonträger Platte und CD, und tatsächlich verpasste sie die Anpassung an die neuen Geschäftsfelder. Was Napster betraf, klagte die Tonträgerindustrie mit Erfolg: Das Portal wurde 2001 abgeschaltet. Aber weltweit schossen Anbieter ähnlicher Software aus dem Boden, sodass nach wie vor Millionen von Menschen auf der ganzen Welt weiterhin Musikdateien austauschen – legal, aber eben auch illegal.

Musik war längst zum Massenprodukt geworden. Den Grundstein dazu hatte 1887 der 1851 in Hannover geborene, im Alter von 19 Jahren in die USA ausgewanderte Emile Berliner mit der Erfindung des Grammofons und der Schallplatte gelegt; die ersten Schallplatten hatten eine Spieldauer von wenigen Minuten. Die Konservierbarkeit von Musik durch die Erfindung von Tonaufzeichnung und -wiedergabe machte den Musikgenuss für ein größeres Publikum erreichbar. Das Hören von Musik war nicht mehr auf den Besuch eines Konzerts begrenzt, was im 19. Jahrhundert bei vor allem klassischer Musik meist nur einem hörergestellten Publikum möglich war. Eine Weile konkurrierte das Grammofon noch mit dem Phonograph von Thomas Alva Edison, bei dem eine Wachswalze der Tonträger war.

Die Schallplatte setzte sich durch, weil sie sich weniger schnell abnutzte und sich in größerer Stückzahl produzieren ließ. 1902 trat das gesetzliche Urheberrecht für literarische und musikalische Werke in Kraft, 1903 eine erste Verwertungsgesellschaft, eine Vorläuferin der heutigen GEMA. Die Musikindustrie wuchs in unvorgesehenem Ausmaß und war 1925 bereits eine wichtige Branche. Seit 1919 wurden in Deutschland jährlich über eine Million Schallplatten produziert, 1925 fast 200000 Grammofone verkauft, 1927 mehr als doppelt so viele, bei einer Produktion von 25 Millionen Platten. Wurde vor dem Ersten Weltkrieg überwiegend »ernste« Musik gepresst, so dominierte 1930 bereits die Unterhaltungsmusik mit Schlagern; seit der Weltwirtschaftskrise sank der Plattenabsatz.

Mit dem Wirtschaftswunder der Nachkriegszeit begann ein enormer konjunktureller Aufschwung für die Musikindustrie, 1954 wurden wieder 25 Millionen Platten produziert, 1970 waren es 105 Millionen. Das kontinuierliche Wachsen der deutschen Plattenindustrie endete 1979 abrupt mit einem über zehnprozentigen Umsatzrückgang. Die Musikkassette war in den 1970er-Jahren populär geworden und überholte seit Anfang der 1980er-Jahre die Schallplatte – weil sie billiger war als die seit Ende der 1950er-Jahre massenhaft aus Vinyl hergestellten »Scheiben«. Die Kassette wiederum erreichte ihren Absatzhöhepunkt 1991 mit 109 Millionen verkauften Exemplaren; inzwischen ist sie praktisch vom Markt verschwunden. Sie wurde von der 1981 auf der Internationalen Funkausstellung (IFA) erstmals vorgestellten CD abgelöst, dem ersten digitalen Tonträger, der wiederum seine Absatzspitze 1999 erreichte mit über 150 Millionen Alben allein in Deutschland.

Die Entwicklung zeigt, wie die einzelnen Tonträger sich gegenseitig ablösten und nun seit Anfang des 21. Jahrhunderts der Musikkonsum über das Internet immer mehr zunimmt. Dabei unterscheidet sich die Entwicklung in Deutschland insofern von der internationalen Situation, dass die CD-Verkäufe zwar sukzessive zurückgehen, aber noch mit knapp über zwei Drittel aller Musikumsätze dominieren. Das sogenannte physische Geschäft geht hierzulande langsamer zurück als in anderen Ländern (außer Japan). Das der CD immer wieder vorhergesagte Ende ist in Deutschland noch lange nicht in Sicht. Der deutsche Markt ist – im Gegensatz zu anderen Ländern – noch weit entfernt von den Prognosen, der physische Markt werde bald auf ein Zehntel schmelzen; im Gegenteil sagen Untersuchungen (2014) auch für 2019 noch einen Marktanteil von 61 Prozent voraus.

Allerdings sind Musikkonsum und Musikindustrie in einem »gigantischen Transformationsprozess« (Musikindustrie 2014). Umso wichtiger ist die Anpassung des Urheberrechts an das digitale Zeitalter geworden. Die mp3-Technologie ist in dieser Hinsicht umstritten, ebenso bezüglich ihrer akustischen Qualität. Der Musikkonsum hat insgesamt rasant zugenommen, die Konsumenten einerseits informieren sich zunehmend via Internet, und den Musikern eröffnen sich andererseits vielseitigere Möglichkeiten, ihre Titel preisgünstig aufzunehmen und ohne große »Plattenbosse« zu vertreiben, allerdings auch ohne deren Werbeetats.

»Lieder im mp3-Format spielen immer und überall«, bringt Gerhäuser die veränderten Konsumgewohnheiten auf den Punkt. Fast vergessen ist vor dem Hintergrund dieser raschen Veränderungen der Grundstein für die individuelle, omnipräsente Verfügbarkeit von Musik: der Walkman, den Sony 1979 zum Abspielen von Musikkassetten auf den Markt brachte und der das Zeitalter des mobilen Musikkonsums per Kopfhörer einleitete. In dieser Hinsicht bildet der MP3-Player lediglich eine technologische Optimierung. Als Einzelgerät wird er nun allerdings seit wenigen Jahren vor allem vom Smartphone abgelöst, das Telefonieren, MP3-Playing und Instant Messaging, die Einbindung in soziale Netzwerke und vieles mehr in einem Gerät ermöglicht. Die Zahl der Smartphone-Nutzer stieg 2015 in Deutschland auf über 45 Millionen. Das Smartphone als Symbol der Immer-und-Überall-Kultur (Weber) gilt – noch mehr als seine tragbaren Vorgängergeräte – als Ikone von Mobilität und Freiheit.

95

Unterschiedlich entstanden und motiviert, für Millionen Menschen Identifikation auf Demonstrationen – die bekanntesten Logos von Protestbewegungen.

Sprechende Logos

Protestbewegungen in der Bundesrepublik

Vier charakteristisch angeordnete Striche in einem Kreis – das »CND«-Symbol; ein schlichter gelber Aufkleber mit orangefarbener, lächelnder Sonne, umrahmt von schwarzer Schrift – »ATOMKRAFT? – NEIN DANKE«; ein durchgestrichenes Stadtschild mit einer Zahl – »Stuttgart 21«; die Maske eines kalt-abweisenden Gesichts – »Anonymous«. Das sind die bekanntesten Symbole von Protestbewegungen in Deutschland. Sie alle sind, jedes auf seine Weise, zu markanten Logos des Widerstands geworden und – im besten Sinne – längst museumsreif.

Das CND-Zeichen steht für die »Campaign for Nuclear Disarmament«, die Kampagne für nukleare Abrüstung. Der britische Künstler Gerald Holtom entwarf es 1958 für den weltweit ersten Ostermarsch von London zum Kernwaffenforschungszentrum in Aldermaston, ließ sich dabei vom Winkeralphabet inspirieren und kombinierte ein »N« (für »nuclear«), bei dem beide Arme mit der Winkerfahne schräg nach unten zeigen, mit dem Zeichen »D« (für »disarmament«), bei dem der rechte Arm mit der Winkfahne senkrecht nach oben weist. Ein weiteres Friedenszeichen, die weiße Taube auf dunklem, meist blauem Grund, wurde erst in den 1980er-Jahren populär. Es geht zurück auf einen Entwurf von Pablo Picasso für den Pariser Weltfriedenskongress 1949.

Die Proteste gegen die Wiederbewaffnung hatten in der Bundesrepublik Mitte der 1950er-Jahre begonnen, der Bundestagswahlkampf 1957 war geprägt von dieser Auseinandersetzung, in der angesehene Göttinger Atomphysiker – unter ihnen die Nobelpreisträger Otto Hahn, Max Born und Werner Heisenberg – das »Göttinger Manifest« (April 1957) veröffentlichten und einen Verzicht der Bundesrepublik auf den Besitz von Atomwaffen jeglicher Art forderten. Die Kampagne »Kampf dem Atomtod« und mehr noch die Ostermarschierer seit Anfang der 1960er-Jahre nutzten das CND-Symbol und machten es hier bekannt. Die massiven öffentlichen Proteste gegen die Stationierung von Atomwaffen hatten ihren Höhepunkt in der »Prominenten-Blockade« von Mutlangen

Beim Depot der Pershing-II-Atomraketen blockierten vom 1. bis zum 3. September 1983 Hunderte von Menschen die Zufahrt, unter ihnen Persönlichkeiten wie die Schriftsteller Heinrich Böll und Günter Grass, der Theologe Helmut Gollwitzer, der Kabarettist Dieter Hildebrandt und Professor Walter Jens. Mutlangen wurde zum Symbol für massenhaften, gewaltfreien Ungehorsam. Im Oktober des Jahres sollen an einer Aktionswoche während der Bundestagsdebatte über die Raketenstationierung in Westdeutschland rund drei Millionen Menschen teilgenommen haben. Erst im Frühjahr 1987, zweieinhalb Jahre vor dem Fall des Eisernen Vorhangs, endeten diese Proteste nach den Verhandlungen zwischen den USA und der UdSSR über den Mittelstreckenraketen-Abzug aus Europa. In der DDR war neben dem »CND« vor allem »Schwerter zu Pflugscharen« das Symbol der Friedensbewegung (siehe »Schwerter zu Pflugscharen«).

Die Idee zu der lächelnden Sonne stammt von der damals 21-jährigen dänischen Ökonomiestudentin Anne Lund. Für eine Kundgebung zum 1. Mai 1975 in *Aarhus* hatte sie das Bild skizziert und dazu auf Dänisch »Atomkraft? Nej tak« geschrieben Die Farben Gelb und Schwarz waren von den Warnschildern gegen Atomstrahlen inspiriert, Orange entsprach der Farbästhetik der Zeit. Ein einziger Begriff, ein »Angebot«, wird als Frage in den Raum gestellt und mit »Nein danke!« abgelehnt. Die ersten 200 »Sonnen« waren noch selbst gedruckt, dann wurde sie als Sticker, Abziehbild, Aufkleber etc. millionenfach nachgedruckt, verbreitete sich in Windeseile und wurde weltweit zum Symbol gegen Atomkraft und für die Nutzung von Sonnenenergie. Nur zwei Jahre später waren eine Million Buttons in 16 Ländern und fast ebenso vielen Sprachen verkauft; heute sind es wenigstens 45 Sprachen und weit mehr als 20 Millionen. Die »Sonnenmarke« gilt als das bekannteste Symbol aller Protestbewegungen.

Kernenergie galt lange als sicher, umweltfreundlich und wirtschaftlich. Nach der Ölkrise 1973/74 förderte die Bundesregierung zur Sicherung der Energieversorgung verstärkt den Bau von Atomkraftwerken. Als im südbadischen Wyhl ein neues AKW entstehen sollte, schlossen sich Bauern und Winzer in Bürgerinitiativen zusammen und besetzen nach vergeblichen Einsprüchen gegen die abgeschlossenen Genehmigungsverfahren über Monate den Bauplatz; sie wurden von wohl an die 30 000 Demonstranten unterstützt. »Wyhl« wurde 1974/1975 ebenso zum Inbegriff für gewaltsame Proteste wie für die erste erfolgreiche Verhinderung eines AKWs. Ein Jahr später wurde Brokdorf an der Unterelbe zum Schauplatz bürgerkriegsähnlicher Auseinandersetzungen zwischen Demonstranten und Polizei. Auch bei weiteren, letztlich erfolglosen Großdemonstrationen gegen den Bau der AKW Brokdorf und Grohnde kam es zwischen 1976 und 1981 zu gewalttätigen Protesten. Danach richteten sie sich vor allem gegen eine Wiederaufbereitungsanlage in Wackersdorf, gegen Zwischen- und Endlager in Gorleben und gegen die Atommülllager »Schacht Konrad« und »Asse«. Die oft militanten Proteste gegen Castor-Transporte ins Wendland wurden immer massiver. Die Ablehnung der Menschen gegen die friedliche Nutzung der Atomenergie verstärkte sich mit jeder der nuklearen Großkatastrophen, angefangen von Three Mile Island (1979) über Tschernobyl (1986) bis hin zu Fukushima (2011). Nachdem der Deutsche Bundestag noch im Oktober 2010 eine Verlängerung der Laufzeiten für deutsche Atomkraftwerke um durchschnittlich zwölf Jahre beschlossen hatte, begann im März unter dem Eindruck der Fukushima-Katastrophe die Wende der Atom- bzw. Energiepolitik: Am 6. Juni 2011 verkündete die Bundeskanzlerin das Betriebsende für acht und den stufenweisen »Ausstieg« aus der Kernenergie für die übrigen Werke bis 2022.

In seiner ersten Fassung vielleicht spontan entstanden, genial einfach, fast »sparsam« ist das Logo gegen »Stuttgart 21«. Der Urheber des inzwischen international bekannten Protestzeichens ist unbekannt – typisch vielleicht auch für diese spontan entstandene Protestbewegung. Sie richtete sich vor allem gegen den Umbau des oberirdischen Kopfbahnhofs in einen unterirdischen Durchgangsbahnhof und damit auch gegen die Neubaustrecke Stuttgart–Ulm.

Das Projekt »Stuttgart 21« hat eine lange Vorgeschichte. Sie beginnt 1970 mit ersten Vorplanungen, gefolgt von einer Denkschrift (1988), von Machbarkeitsstudien (1994/95), Raumordnungsverfahren (1996/97), Umweltverträglichkeitsprüfung, Planfeststellungsverfahren und Architektenwettbewerb. 1999 erfolgte die Einstellung, weil es »zu groß und zu teuer« sei, aber auf Drängen der Bundesländer Baden-Württemberg und Bayern wurde das Projekt 1999 wieder aufgenommen. 2006 wurde es mit 115 gegen 15 Stimmen (der Grünen) vom Landtag, 2009 von der Bahn beschlossen, im Februar 2010 der symbolische Baubeginn gefeiert.

Nach 2008 kam es zu Großdemonstrationen mit mehreren Tausend Teilnehmern. Die Stuttgarter Kommunalwahl war von dieser Auseinandersetzung nachhaltig geprägt: CDU und SPD erlitten massive Stimmenverluste, und die Grünen wurden zur stärksten Ratsfraktion. Seit Herbst 2010 gab es regelmäßige Montagsdemonstrationen und seit Baubeginn sowie während der Abrissarbeiten unter Polizeischutz zunehmend massivere Auseinandersetzungen. Sie erreichten ihren traurigen Höhepunkt am 30. September 2010, als es beim Einsatz von Wasserwerfern, Pfefferspray und Schlagstöcken auf beiden Seiten zahlreiche Verletzte gab. Am Tag darauf protestierten rund 100 000 Stuttgart-21-Gegner gegen diese Staatsgewalt. Insgesamt verfehlte die Widerstandsbewegung ihr Protestziel, trotz Schlichtungsgesprächen und neuer grün-roter Regierung: Eine Volksabstimmung brachte eine klare Mehrheit für den Weiterbau.

Das vierte Protestsymbol ist eine charakteristische Grinsemaske, die nach Guy Fawkes benannt ist, einem ehemals britischen Offizier, der 1605 ein großes Sprengstoffattentat auf den englischen König und das Parlament von Westminster plante. Er wollte damit als Katholik gegen die Verfolgung seiner Glaubensgenossen protestieren. Ein Mitverschwörer verriet das Vorhaben, sie wurden gefasst, gefoltert und hingerichtet. In Großbritannien wird die Verhinderung des Attentats jährlich in der sogenannten Bonfire Night mit Fackelzügen, Feuerwerken und dem Verbrennen von Guy-Fawkes-Puppen gefeiert. Die Erinnerung an die historische Figur ist auch durch den ersten Vers eines populären Kinderlieds lebendig geblieben: »Remember, remember the Fifth of November ...« Die Figur mit Maske wurde nach 1982 populär durch eine Comicserie unter dem Titel V *wie Vendetta* (Autor: Alan Moore/Zeichner: David Lloyd); 2005 wurde das Thema verfilmt: »V« kämpft dabei als Anarchist und Terrorist im Alleingang gegen die Mächtigen. Das Symbol der grinsenden Maske mit geschlossenem Mund, Spitzbart, langem Schnurrbart, schmalen Augenschlitzen, hochgezogenen schwarzen Augenbrauen und leicht geröteten Bäckchen bei ansonsten blassfahler Haut wurde zum internationalen Symbol vieler Protestbewegungen. Dabei veränderte die Figur ihre Rolle und wurde vom Terroristen zu einem für beliebige politische Zwecke einsetzbaren anonymen Freiheitskämpfer. Die »Anonymous«-Hacker-Aktivisten kämpften u. a. 2008 gegen Scientology und vielfach gemeinsam mit der Occupy-Bewegung gegen Großkonzerne, Banken, Regierungen und Organisationen, die Informations-, Netz- und Redefreiheit einschränken. Occupy und Anonymous greifen – unvorhersehbar – aktuelle weltpolitische Ereignisse auf: von der Banken-, Finanz- und Euro-Schuldenkrise über den »arabischen Frühling«, die politische Situation in Mittelmeer- und Nahost-Staaten und in der Ukraine bis hin zur europäischen Austeritätspolitik und ihren Folgen beispielsweise für die Jugendarbeitslosigkeit in Griechenland und Spanien. Gemeinsames Kennzeichen dieser »Bewegungen« ist – symbolisiert durch die Maske – ihre gesichtslose Anonymität: Sie sind unorganisiert, anarchistisch, hierarchielos, antikapitalistisch-revolutionär und via Internet international. Doch so verunsichernd-bedrohlich die Maske auch wirken mag, so austauschbar und beliebig sind die Themen dahinter: selbst im Karneval und – so im Juli 2015 gemeldet – in der nordchinesischen Stadt Handan im Rahmen eines »No-Face-Day«, an dem Mitarbeitern erlaubt wurde, ihr Gesicht hinter solchen Masken zu verstecken – um sich vom ansonsten gegenüber Kunden erwarteten »Dauerlächeln« zu erholen.

Dem russischen Revolutionär Wladimir Iljitsch Lenin wird der Spruch nachgesagt: »Wenn diese Deutschen einen Bahnhof stürmen wollen, kaufen die sich erst eine Bahnsteigkarte.« Tatsächlich waren hierzulande die »gewalttätigsten Zeiten« jedoch jene, »in denen keinerlei Unruhe geduldet wurde« (Prantl). Dies habe für die antiautoritäre Bewegung von 1968 ebenso gegolten wie für die frühen Proteste gegen Wiederbewaffnung, gegen Notstandsverfassung und den Widerstand gegen die Aufrüstung der Bundeswehr mit Atomwaffen. Nicht ganz gewaltfrei waren auch die Protestbewegungen gegen Atomenergie, weitgehend gewaltlos hingegen der Widerstand gegen die Startbahn West in Frankfurt und gegen den Ausbau des Münchner Flughafens, gegen »Stuttgart 21« und gegen die für »alternativlos« erklärten Finanzhilfen.

Das Entstehen dieser Protestbewegungen wird soziologisch erklärt mit dem »misstrauischen Blick aufgeklärter und aufmerksamer Bürger«, ohne den sich »politische und ökonomische Macht verselbständigen und korrumpieren« würde (Walter). In unserer »Misstrauensgesellschaft« seien solche Protestbewegungen notwendig als »Seismographen« gegen die Deformationen der Demokratie (Walter). Dies gelte für lokale, regionale, nationale, internationale und globale Bewegungen gleichermaßen. Die sozialen Netzwerke haben die Protestszene jung und flüchtig werden lassen, die Veränderung wird zur eigentlichen Konstante solcher Bewegungen. Sie lassen sich immer weniger definieren und sind weder an Organisationen noch an Führungspersönlichkeiten, Sprechern und nicht einmal an einzelnen Widerstandsthemen festzumachen.

96

Eine Einladung zum Gelddrucken? – Die letzte Urpatrize der Deutschen Mark, der immer noch viele Menschen nachtrauern.

Die DM-Urpatrize

Geld – Währung – Inflation

Eine solche Urpatrize für Münzen ist buchstäblich »unbezahlbar«, denn mit ihr kann Bargeld hergestellt werden. Der Herstellungsprozess für Prägestempel umfasst mehrere Arbeitsschritte: Mithilfe eines modernen Pantografen (früher »Storchenschnabel« genannt) überträgt der Graveur die Struktur des Gipsentwurfs einer Münze auf einen Stahlkörper. Diese Urpatrize zeigt das Münzenrelief erhaben, wird nachbearbeitet, gehärtet und mit 250 Tonnen Druck als Negativbild in Stahl gepresst. Diese Matrize wird gehärtet, poliert und galvanisch hartverchromt, aus ihr wird wiederum der Prägestempel hergestellt. Die erste Urpatrize der D-Mark hielt von 1948 bis 1970 und wurde dann durch diese neue ersetzt; die Kupfer/Nickel-Legierung im Verhältnis 75:25 blieb gleich.

Diese letzten Prägestempel für die D-Mark waren schnell »museumsreif«: 1999 wurde die Einführung des Euro beschlossen, am 1. Januar 2002 wurde er eingeführt, bis zum 28. Februar konnte noch parallel mit D-Mark bezahlt werden. Am Vortag übergab der Bundesfinanzminister dem Museumsdirektor in Berlin die letzten Prägewerkzeuge für die D-Mark, diese Urpatrize und die letzten fünf Prägestempel. Mit einem solchen Stempel ließen sich mehr als eine Million Münzen prägen.

Nach zunächst mehrheitlicher Ablehnung sahen die meisten Deutschen im Jahr 2001 der Euro-Einführung im Februar optimistisch entgegen, aber 37 Prozent waren immer noch skeptisch. Persönliche Erinnerungen an die letzte Währungsreform hatten zwar nur noch die wenigsten, aber sie war doch so sehr in ihrem kollektiven Gedächtnis verhaftet, dass die Medien damals vielfach an den 20. Juni 1948 erinnerten, obwohl dieser »Tag X« mit dem der Euro-Einführung kaum vergleichbar war und auch völlig anders ablief. Die Euro-Einführung war langfristig vorbereitet und transparent vor den Augen der Öffentlichkeit geplant worden. Wann im Gegensatz dazu 1948 der »Tag X« sein würde, wie die Geldscheine aussehen und wie die Umtauschverhältnisse sich gestalten würden, war in absoluter Geheimhaltung vonstattengegangen.

Wann der »Währungsschnitt« kommen und was er bringen würde, fragten sich die Menschen seit dem Januar 1948 immer häufiger. Mit einiger Gewissheit ließ sich spekulieren, dass dies noch vor dem Beginn der Ernte sein würde. Die Gerüchteküche brodelte, aber niemand ahnte, dass die neuen Geldscheine schon seit Oktober 1947 in New York und Washington gedruckt und ab November nach Deutschland transportiert worden waren. Aus Frankfurt wurden sie dann im Juni unter strenger Geheimhaltung per Lkw zu den elf Landeszentralbanken der Westzonen transportiert. In den Wochen und Monaten zuvor nahmen die Spekulationen zu: Wer Reichsmark besaß, bezahlte seine Rechnungen noch rasch, versuchte vor der Umstellung möglichst wertige Waren zu erwerben und Dienstleistungen in Anspruch zu nehmen. Wer Güter besaß, wurde immer zurückhaltender, sie anzubieten, weil er auf »härteres« Geld hoffte. Der ansonsten boomende Schwarzmarkt ging zurück, sogar die seit Kriegsende dominierende Leitwährung »Ami-Zigaretten« sackte ab. Es gab »kreative« Spekulationen beispielsweise in Reichsbahnfahrkarten bis zu ihrem Verfallstag, und selbst Friseure interpretierten den Andrang ihrer Kunden als »Flucht« in die Sachleistungen.

Die Entscheidung über das Datum des »Tages X« fiel wohl Dienstag/Mittwoch-Nacht (15./16. Juni), und nun jagte ein Gerücht das andere, auch dass die Ministerpräsidenten der Länder auf den Termin drängten, weil sie sich Sorgen um die ordnungsgemäße Abwicklung machten. Einzelne Zeitungen spekulierten am 15. auf einen Tag um den 25./26./27. herum. Mit Sperrfrist 20 Uhr wurde am 18. bekannt gegeben, das »Währungsgesetz« trete am 20. Juni in Kraft, ausschließlich die neue »Deutsche Mark« werde ab Montag, dem 21., gültig sein – mit Ausnahme von Kleingeld bis zu einer Mark, das aber nur noch ein Zehntel seines vorherigen Werts haben werde.

Am »Tag X« selbst war es vielerorts regnerisch, die Menschen standen in langen Schlangen an, um ihr »Kopfgeld« entgegenzunehmen: Eltern erhielten es auch für ihre Kinder, am 20. gab es 40 DM, weitere 20 DM einen Monat später, gegen Zahlung von 40 bzw. 20 RM, also 1:1. Sparguthaben wurden letztlich etwa im Verhältnis von 10:1 umgetauscht. Den Sonntag der Währungsreform vergaß niemand, der ihn erlebte, und ebenso wenig, was er sich vom ersten Geld kaufte.

In Westberlin fand die Währungsumstellung drei Tage später statt, die Scheine hatten hier den Aufdruck »B«. Die Sowjetische Militäradministration hatte in der Nacht von Samstag auf Sonntag mit einer sofortigen Schließung der Grenze auf die Reform reagiert. Ab dem 4. August war der Blockadering völlig geschlossen, die alliierte Luftbrücke begann und sollte bis Mai 1949 dauern. Die Sowjets reagierten in ihrer Zone ebenfalls am 23. Juni mit einer eigenen Währungsreform, 70 Mark wurden sofort ausbezahlt, aber da das neue Geld noch nicht gedruckt war, wurden die alten Reichsmark-Scheine abgestempelt oder mit Marken überklebt. Die Zwangsbewirtschaftung wurde beibehalten, der Lebensstandard verbesserte sich daher nicht merklich.

»Otto Normalverbraucher« betrachtete die neuen 20-DM-Scheine mit Stolz, und oft war zu hören: »Die sind ja Dollars.« Der Krieg schien nun endgültig zu Ende, zumal sich die Schaufenster fast »schlagartig« wieder mit den zurückgehaltenen Waren füllten. Anders ging es dem Mann, der die Figur des »Otto Normalverbrauchers« in dem 1948 gedrehten Film zur Symbolfigur der Zeit gemacht hat: Der damals 35-jährige Gert Fröbe hatte sich Ende Mai einen Vorschuss von 3000 RM auf seine Filmgage auszahlen lassen, um seine Mutter in Zwickau zu besuchen. Als er nach Berlin zurückkehrte, wurde sein Vertrag für ihn überraschend 1:1 umgestellt, damit war er um 3000 harte DM ärmer und entsprechend »stocksauer«.

Eine wichtige Rolle spielte die noch am Tag der Währungsreform von Ludwig Erhard im Rundfunk verkündete Aufhebung von Bewirtschaftungsmaßnahmen und der Preisbindungen – übrigens ohne Abstimmung mit den Alliierten. Sie begann am Tag danach mit ersten Schritten, und im Gesamtkontext auch der Marshallplan-Hilfe wurden diese Maßnahmen der Startschuss für ein bis dahin nicht absehbares Wirtschaftswunder. Die Währungsreform wurde – allerdings nicht ganz korrekt – auf lange Zeit als Initialzündung des wirtschaftlichen Aufschwungs im Westen gesehen. Die »psychologische Wirkung des ›Schaufenstereffekts‹ war jedoch beträchtlich« (Abelshauser), und deswegen wurde der »Tag X« mehr als jeder andere zum symbolischen Datum des Neubeginns in Staat und Wirtschaft; weder die Verkündung des Grundgesetzes am 23. Mai 1949 noch die Konstituierung des Bundestags am 7. September 1949 wurden so wahrgenommen. Dabei wird die »Radikalität des Geldschnitts« (Buchheim) oft vergessen, denn als eine Woche nach der Währungsrefom den Menschen die Umstellungssätze ihrer Einlagen mitgeteilt wurden, war »die Masse der Sparer schockiert«, und »außer der Vernichtung kleinerer Ersparnisse gab es noch andere Härten« (Buchheim); Besitzern von Sachwerten ging es allerdings besser. Die nun aufkommende breite Kritik an der Marktwirtschaft schlug ab 1949 so rasch in wachsende Zustimmung um, dass die CDU die Frage

»Markt- oder Planwirtschaft« zum Hauptthema des Bundestagswahlkampfs machte und damit siegte.

Die Inflation nach dem Zweiten Weltkrieg unterscheidet sich grundsätzlich von jener der Zwanzigerjahre, denn sie war »verdeckt«, weil die Geldwertverschlechterung nicht offen erkennbar war. Sie hatte allerdings viele Ursachen: von der Aufweichung der Gelddeckungsvorschriften der Reichsbank ab 1933 über die ungeheure Vermehrung der Geldmenge in den zwölf Jahren der Diktatur bis hin vor allem zur Finanzierung des Kriegs und danach dem Zufluss von Besatzungsgeld. All dies endete in den unmittelbaren Nachkriegsjahren in einer zunehmenden Hortung von Waren sowie Flucht in die Tauschwirtschaft und Schwarzmärkte.

Die »große« Inflation der Zwanzigerjahre hingegen war eine »offene« gewesen, denn die Verschlechterung des Geldwerts war sowohl in Preis- als auch in Lohnsteigerungen offensichtlich, und das Missverhältnis zwischen Waren- und Geldwert entwickelte sich seit Kriegsbeginn 1914 »schleichend«, ab 1919/20 »trabend« und schließlich im Jahr 1923 »galoppierend« – wie die Geschwindigkeiten der Geldwertverschlechterung gern benannt werden. Sie begann mit der Aussetzung der Golddeckung im August 1914 (Abschaffung Ende 1918), mit der die Bindung der umlaufenden Geldmenge an ein Drittel der Goldreserven der Reichsbank gelöst wurde. Sodann wurden die Kosten des Kriegs über Kredite und Kriegsanleihen finanziert – in der allzu lange gehegten Erwartung, diese Kosten und mehr würden bei einem »Siegfrieden« von den Feinden getragen werden; die hohen, von Frankreich nach dem Krieg 1870/71 gezahlten Reparationen waren noch in Erinnerung.

Aber mit der Niederlage blieben die Schulden bei den deutschen Verursachern, und zusätzlich waren die mit dem Versailler Vertrag auferlegten riesigen Reparationslasten zu tragen. Diese mussten zwar neben den Sachleistungen in Fremdwährungen oder in Goldmark gezahlt werden, aber das dafür erforderliche Geld verschaffte sich die Regierung ebenfalls durch Geldvermehrung mit der Notenpresse; der Ruin der eigenen Währung wurde geradezu provoziert, auch um zu zeigen, dass die Lasten von Versailles untragbar seien. Betrug der Gegenwert eines Dollars im Juli 1914 noch 4,20 Mark, so war er fünfeinhalb Jahre später auf das Zehnfache dieses Werts gestiegen (Januar 1920: 42 Mark), bis Mitte 1922 auf das Hundertfache (Juli 1922: 420 Mark), drei Monate später auf das Tausendfache, weitere drei Monate später auf das Zehntausendfache. Die Entwertung beschleunigte sich rasend: Wer im Spätsommer 1923 eine Tasse Kaffee bestellte, die mit 5000 Mark ausgezeichnet war, soll tatsächlich 8000 Mark bezahlt haben. Die Fotos von großen Taschen und ganzen Wagen voll Papiergeld sind schreckliche Wahrheit, am 20. November 1923 kostete ein Dollar fiktiv eine Billion Mark.

Inzwischen waren Wirtschaft und Banken zusammengebrochen, die Regierung stellte die Notenpresse im September 1923 ab. Seit dem 15. November wurde die Papiermark von der Rentenmark als Zwischenwährung abgelöst; der Kurs betrug eins zu einer Million, der Gegenwert zum Dollar wieder 4,20 wie vor dem Krieg; die alten Scheine blieben noch bis Anfang 1925 als Notgeld in Umlauf. Das Münzgesetz vom 30. August 1924 schuf dann die neue Währung »Reichsmark«, und die Umlaufmenge des Geldes war wieder an die Goldbestände gebunden. In dieser Hinsicht knüpfte sie an die seit 1876 geltende Mark des Deutschen Reichs an. Was als das »Wunder der Rentenmark« bezeichnet wurde, der schlagartige Stopp der Inflation, war nichts anderes als ein »psychologischer Kunstgriff« (Walter): Die Rentenmark blieb deswegen stabil, weil ihre Menge beschränkt blieb.

Nirgendwo allerdings hinterließ die Hyperinflation jener Jahre »tiefere Narben als in Deutschland« (*Spiegel* 3.2.2014). Die ersten Weimarer Jahre waren wirtschaftlich überschattet von den Problemen der Inflation, ab 1929 von der schweren Weltwirtschaftskrise. Die junge Republik hatte fast keine Chance zu einer wirtschaftlichen Konsolidierung, auch darum »scheiterte« Weimar.

Die Angst der Deutschen vor einer Inflation ist bis heute groß: Dass »ihr Geld immer weniger wird« ist nach den altersbedingten Problemen und der Angst vor lebensbedrohlichen Krankheiten wie Krebs ihre größte Sorge (*Sicherheitsreport 2014* und *2015*). Das Trauma der Geldentwertung gilt als eine der »Konstanten« in der deutschen Geschichte. Nach einer Umfrage aus dem Jahr 2015 sind die Deutschen mehrheitlich Euro-Skeptiker, 47 Prozent glauben, die Einführung des Euro habe mehr Nach- als Vorteile gebracht. Jeder Fünfte hat kein Vertrauen in die Gemeinschaftswährung, und ebenso viele wünschen sich eine Rückkehr zur D-Mark. Besonders erstaunlich: Selbst 2015 rechnen immer noch 47 Prozent der Deutschen Kaufpreise in D-Mark um, bei den 60- bis 69-Jährigen 60 Prozent, bei den 18- bis 29-Jährigen immerhin noch 20 Prozent (*Deutsche Wirtschafts Nachrichten* 4.5.2015). Mit einem erneuten Einsatz der Urpatrize rechnet allerdings niemand.

97

Benedikt XVI. – der erste deutsche Papst seit vielen Jahrhunderten saß bei der Jugendandacht anlässlich seines Deutschland-Besuchs auf diesem Sessel.

Der Stuhl Benedikts XVI.

»Wir sind Papst«

Auf diesem Stuhl – wenn nicht eher Sessel – saß Papst Benedikt XVI., als er am 24. September 2011 in Freiburg mit mehr als 20 000 Jugendlichen auf dem Messegelände eine abendliche Jugendandacht feierte. Das erzbischöfliche Bauamt in Freiburg hatte diesen Stuhl eigens für diese Veranstaltung entworfen. Sein Holz ist kantig, die Kissen wenig weich, der einzige Schmuck ist das päpstliche Wappen, hoch oben und gut sichtbar an der Rückenlehne. Dessen Schild zeigt links den »Freisinger Mohr« aus dem Wappen des Erzbistums München-Freising, rechts den Bär des heiligen Korbinian, eines »Lastträgers Gottes« und Schutzpatron dieses Bistums.

Joseph Kardinal Ratzinger (geb. 1927) war seit Mai 1977 Erzbischof von München-Freising, einen Monat später wurde er Kardinal. Die Jakobsmuschel (unten im Wappenschild) ist das Symbol der Pilger und bezieht sich sowohl auf eine Legende über den Kirchenvater Augustinus, den Lieblingstheologen Ratzingers, als auch auf das ehemalige Schottenkloster St. Jakob in Regensburg, wo Ratzinger unter anderem lehrte. Hinter dem Wappenschild stehen obligatorisch die gekreuzten Schlüssel des Petrus für den Papst als Stellvertreter Gottes auf Erden. Unter ihm – erstmals – das Pallium, eine Art Stola, wie sie über dem Messgewand getragen wird, die den Papst als Erzbischof und Metropolit von Rom ausweist. Gekrönt wird das Wappen nicht von einer päpstlichen Tiara, sondern einer bischöflichen Mitra. Benedikt setzte als erster Papst der Neuzeit dieses Zeichen, um die Kollegialität der Bischöfe mehr zu betonen als die übergeordnete Rolle des Papstes; sein Nachfolger übernahm diese Neuerung. Die drei goldenen Bänder in der Mitra stehen für die drei Gewalten des Kirchenoberhaupts – Weihe, Rechtsprechung, Lehre – und sind vertikal-mittig verbunden, was andeutet, dass der Papst über alle drei verfügt. Die Farben haben symbolische Bedeutung: Rot symbolisiert Blut, Leben und Liebe; Gelb das Sonnenlicht, es ist Sinnbild für den Himmel und die Ewigkeit; Weiß steht für die Heiligen im Himmel, es ist dem Papst vorbehalten.

Das schlichte helle Birkenholz und das Weiß der Bezüge des Sessels passten zum Motto der Andacht und der Papstansprache »Ich bin das Licht der Welt – Ihr seid das Licht der Welt!« mit der Ermutigung an die Lichter tragenden 20 000 Jugendlichen: »Ja, ihr seid das Licht der Welt, weil Jesus euer Licht ist.« Allerdings war der Hintergrund der Veranstaltung nicht so harmonisch-rein, wie Farben und Lichter es suggerierten. Das offizielle Vorprogramm der Vigil beschäftigte die Jugendlichen nämlich mit Abstimmungen unter anderem darüber, ob Homosexualität Sünde sei, ob Frauen zum Priesteramt zugelassen werden sollten und schließlich, ob vom Papst Veränderungen für die Kirche zu erwarten seien. »Die Jugend [wählte] viel Rot für Benedikt, kaum Grün« (*Spiegel*, 25. 9. 2011), und konservative Katholiken fragten sich anschließend, ob der Erzbischof von Freiburg als Verantwortlicher für die Veranstaltung seine Kirche »nicht im Griff« habe, zumal allein durch die Abstimmungen suggeriert werde, der Papst sei nach Mehrheitsmeinungen zu beurteilen; sie sahen die Abstimmungen als »Paradebeispiel einer massenpsychologischen Manipulation« (Ockenfels). Die Auseinandersetzung führte mitten in den Dissens der Amtskirche mit vielen Laien und Jugendlichen, die ihrerseits plakativ unter dem Motto »demokratie.amen.de« nachdrücklich »Mehr Demokratie in unserer Kirche!« forderten.

Sechs Jahre zuvor war Benedikt XVI. Papst geworden. Die Augurenweisheit, wer ins Konklave als Papst hineingehe, komme als Kardinal heraus, hatte sich bei seiner Wahl nicht bestätigt. Er war drei Tage vorher schon 78 Jahre alt geworden und damit älter als jeder andere Papst seit 275 Jahren. Außerdem leitete er in seiner Funktion als Dekan des Kardinalskollegiums das Konklave, war seit 28 Jahren Kardinal und der engste Vertraute des am 2. April 2005 im Alter von 84 Jahren nach 26 Jahren im Pontifikat verstorbenen Papstes Johannes Paul II.; manche Medien nannten ihn den »Papstmacher«. Aber es war doch eine riesige Sensation, als am Dienstag, dem 19. April, um 18:47 Uhr vom Balkon auf den Petersplatz verkündet wurde: »Annuntio vobis gaudium magnum; habemus papam ...« und wenige Worte später der Name fiel »... Sanctae Romanae Ecclesiae Cardinalem Ratzinger ...«

Wer dies in Deutschland nicht »live« verfolgt hatte, erfuhr es am Tag darauf vor allem durch die Schlagzeile »Wir sind Papst«. Diese drei Worte seien ihm so »rausgerutscht«, bekannte der damalige Politikchef der *Bild*-Zeitung, Georg Streiter. Sie wurden »Kult«, vielfach gedruckt, kopiert, umgemünzt, plagiiert, in Kunst und Werbung verwertet; konterkarierend-satirisch wurde sogar gemutmaßt, ob *Bild* wohl aus gegebenem

Anlass »Wir sind tot« titeln werde. Andere deutsche Zeitungen nannten *Bild* in einer Art »zweitschönster Form von Anerkennung« einen »Osservatore Tedesco«. Nicht zu Unrecht unterstellte die Schlagzeile aber auch eine besondere Identifikation der Deutschen mit »ihrem« Papst, denn tatsächlich war es der erste seit dem 11. Jahrhundert, der aus dem Gebiet des heutigen Deutschland stammte.

Was als Schlagzeile mit Medienpreisen überhäuft wurde, fand nicht jedermanns Billigung. Kardinal Lehmann, der Vorsitzende der Deutschen Bischofskonferenz, bekannte, er habe sich »geärgert«, als er in Rom davon erfuhr, und sich gefragt: »Wenn jetzt ein Deutscher Papst geworden ist, muss man da gleich so auftreten?« Der neue Papst reagierte, indem er bei seinen ersten öffentlichen Auftritten nicht Deutsch sprach. Die internationale Presse hatte ihn nämlich auch »Großinquisitor« und »Panzergeneral« genannt oder getitelt »From Hitler Youth ... to Papa Ratzi« (*The Sun*).

Ein Deutscher an der Spitze der katholischen Weltkirche hat eine globale Aufgabe, das im buchstäblichen Sinne »das Ganze Betreffende« (»katholikòs«) muss ihm am Herzen liegen. Wer beim Heiligen Stuhl dient, erhält – funktionsbezogen – die vatikanische Staatsbürgerschaft und besitzt eine auch in Deutschland anerkannte doppelte Staatsbürgerschaft; von seinen ihm regelmäßig übersandten Briefwahlunterlagen macht der Papst allerdings keinen Gebrauch, weil »ein Papst nicht wählt« – so wurde gemeldet (*Spiegel*, 4.11.2005). Soweit auch nichtkatholische Deutsche sich über die Wahl eines Deutschen freuten, führte das doch nicht dazu, dass eine Zunahme von Kircheneintritten zu melden war: Es gab 2005 16 000 Eintritte bzw. Wiederaufnahmen, aber 90 000 Austritte; das war allerdings die niedrigste Zahl seit 1988, in anderen Jahren traten 150 000 bis 218 000 (2014) Menschen aus.

Wie das Wappen des Papstes, so ist auch sein Name Programm: Kardinal Ratzinger wählte den Namen Benedikt in Anlehnung an zwei andere Träger dieses Namens: zum einen an den »Friedenspapst« Benedikt XV. (1914–1922), der durch Interventionen versucht hatte, den Ersten Weltkrieg zu verhindern, und sich international für Gerechtigkeit und Versöhnung einsetzte; zum anderen an den Gründervater des abendländischen Mönchtums im 5./6. Jahrhundert, Benedikt von Nursia, der in seinen Regeln festgelegt hatte, dass »dem Gottesdienst nichts vorzuziehen sei« (Kapitel 43).

Der Kölner Kardinal Meisner nannte die Wahl Ratzingers ein »Wunder«, bei dem auch sein Vorgänger Johannes Paul II. mitgeholfen habe. Mit 23 Jahren Vatikanerfahrung brachte er »ideale Voraussetzungen« (Lehmann) mit. Hoch renommiert als hervorragender Theologe, begleiteten ihn viele Hoffnungen ins Amt, auch solche auf einen »bitter nötigen« Aufbruch (Lehmann); dass er liberaler agieren werde als sein Vorgänger, wurde freilich nicht erwartet. Immerhin hatte Ratzinger aber als Berater und Redenschreiber des Kölner Kardinals Frings das Zweite Vatikanische Konzil (1962–1965) selbst miterlebt, dort eine reformfreudige Auffassung vertreten und in dieser Hinsicht einiges mitgestaltet.

So verheißungsvoll sein Pontifikat vor allem mit dem großen XX. Weltjugendtag im August 2005 in Köln begann, so rasch holten ihn die Realitäten der Kirchenpolitik ein. Seine Regensburger Vorlesung über Glaube und Vernunft (2006) provozierte heftige Reaktionen in der arabischen Welt, weil er sie mit einem spätmittelalterlichen Zitat eingeleitet hatte, das dem Islam ein ungeklärtes Verhältnis zur Gewalt unterstellte; sie wurde böswillig als »Hasspredigt« kritisiert. Erst viel Diplomatie und seine Türkeireise gegen Jahresende glätteten die Wogen. 2007 wirkte es für alle Reformanhänger verstörend, als er die traditionell bis 1962 geltende sogenannte tridentinische Messe wieder zuließ. Dabei wollte er nur korrigieren, was ihn schockiert hatte, dass nämlich Paul VI. damals die neue Messform mit dem Verbot der alten verbunden hatte. Benedikt XVI. wollte nicht, dass jemand »wie ein Aussätziger« behandelt wird, der die alte Liturgie bevorzugt. Ein »mediales Desaster« (Tück) war dann 2009 die Aufhebung der Exkommunikation der vier traditionalistischen konservativen Bischöfe der Piusbruderschaft: Die Kurie hatte schlicht übersehen, dass einer von ihnen ein notorischer Holocaust-Leugner war, eine gut gemeinte Versöhnungsgeste misslang völlig. Seitdem liegt ein »Schatten über dem Pontifikat« (Tück), den die wichtigen Reden Benedikts in Berlin und Freiburg wenig aufhellen konnten.

Es war ein Novum, dass ein Papst im Deutschen Bundestag (22.9.2011) sprach, der Bundestagspräsident hatte ihn eingeladen, aber es gab auch Widerspruch und einen Boykott etwa jedes sechsten Parlamentariers. Der Papst sprach über die Grundlagen des Rechtsstaats und mahnte vor dem Hintergrund zunehmender Biopolitik eine »Ökologie des Menschen« an. Zum Abschluss dieser Deutschlandreise, am Tag nach der Vigil mit den Jugendlichen, hielt er am 25. September eine Rede, die nach der zukünftigen strategischen Ausrichtung der Kirche fragte, aber die Gläubigen einerseits ratlos, andererseits mit einer Denkaufgabe hinterließ, die bis heute ungelöst ist. Wie in vielen seiner Reden fragte er, wie die Kirche sich ändern muss, um die Menschen von heute zu erreichen. Zugleich hob er hervor, dass Säkularisierungen in der Geschichte insofern auch Vorteile gehabt hätten, als sie »das missionarische Zeugnis der entweltlichten Kirche [...] klarer zutage treten« ließen, und forderte schließlich, »die Weltlichkeit der Kirche beherzt abzulegen«. Kurz vor seiner Abreise gab es »Gerüchte« über einen Rücktritt, die vom Vatikan als »grober Unfug« (*Spiegel*, 25.9.2011) kommentiert wurden.

Keiner seiner Zuhörer hätte damit gerechnet, dass Benedikt XVI. kaum anderthalb Jahre später sein Pontifikat mit einem in der Geschichte (fast) nie da gewesenen Paukenschlag beenden würde: Am 11. Februar 2013 teilte er mit, er werde am 28. Februar um 20 Uhr zurücktreten. Ein Tabubruch ebenso wie ein singuläres Ereignis: Nur einmal erst war dies geschehen, als Papst Coelestin V. 1294 nach wenig mehr als fünf Amtsmonaten zurücktrat. Dessen Reliquienschrein in den Abruzzen hatte Benedikt übrigens zweimal besucht, 2009 nach einem schweren Erdbeben in der Region und 2010. Beim ersten Mal hatte er zur Verwunderung vieler Katholiken sein Pallium aufs Grab gelegt, beim zweiten Mal hatte er Coelestin als Vorbild für die Kirche gerühmt. Inzwischen wird auch daran erinnert, dass Joseph Ratzinger sich schon 1969 mit dem Gedanken einer Befristung der Amtszeit residierender Bischöfe auf acht Jahre beschäftigte, die Idee wurde für das Papstamt nur »angetippt«, alles andere »wäre damals einem Sakrileg gleichgekommen« (Seckler, in Tück). Das Pontifikat Benedikts XVI. dauerte sieben Jahre, zehn Monate und neun Tage.

Unabhängig davon, ob auch die Skandale seines Pontifikats (»Vatileaks«-Affäre, dubiose Finanzpraktiken der Vatikanbank, Probleme mit der Piusbruderschaft, Missbrauchsfälle) oder vielleicht das aus nächster Nähe erlebte, lange »Ableben« seines Vorgängers ihn in seiner Entscheidung beeinflussten: Diese Entscheidung aus freien Stücken war ein »bahnbrechender Schritt, der die Wahrnehmung des Papstamtes im dritten Jahrtausend verändern wird« (Tück). Auch auf diese Weise hat der deutsche Papst Geschichte geschrieben: »Wir sind zurückgetreten.«

98

Auch deutsche Hochtechnologie wird von den amerikanischen »Freunden« geknackt: das Siemens S 55 der Bundeskanzlerin.

Merkels Handy

Ausspähen unter Freunden

Die Welt der mobilen Kommunikation war noch in Ordnung, als die Bundeskanzlerin am 9. Juni 2006 dem Haus der Geschichte (Bonn) ihr Mobiltelefon schenkte. Ihr S 55 und all seine Vorgängermodelle waren schon vor ihrem Amtsantritt als Bundeskanzlerin am 22. November 2005 zu einem ihrer nicht mehr wegzudenkenden Attribute geworden – neben der »Raute«, ihrer so typischen Handhaltung, sowie neben den immer ähnlichen Knöpfen ihrer Blazer. Mit ihrem S 55 am Ohr stand sie symbolisch für eine neue Art der Kommunikation in der Politik. Helmut Kohl und Gerhard Schröder ließen telefonieren oder telefonierten selbst – aber Letzteres (fast) nie in der Öffentlichkeit. Merkel telefoniert selbst, und häufig auch in der Öffentlichkeit.

Das S 55 war ein Telefon der »Oberklasse«, kostete in der – verbreitetsten – Variante artic blue 368 Euro, die Kanzlerin aber wohl nichts, weil es ihr Diensthandy war und tatsächlich – wie Insider schreiben – »nicht auf Spaß, sondern auf Alltag ausgelegt« und ein »praktischer Begleiter in allen Lebenslagen«. Es lag mit 85 Gramm und kleinen Maßen leicht in der Hand und hatte mehr Funktionen, als die Kanzlerin nutzte: Die 760 Zeichen für SMS dürften ihr gereicht haben – andere Funktionen brauchte sie wohl kaum, nur die Kontaktliste wurde zweifellos von Tag zu Tag umfangreicher.

Sieben Jahre später war die Welt der mobilen Kommunikation alles andere als in Ordnung. Im Oktober 2013 wurde gemeldet, das »Merkelphone«, wie es je nach Perspektive bewundernd oder auch spöttisch genannt wurde, werde bereits seit zehn Jahren abgehört; ihre Nummer stand auf einer geheimen Liste mit Aufklärungszielen der NSA. Mit dieser – weltweit verbreiteten – Nachricht im Fernsehen konfrontiert, sagte Merkel ebenso spontan wie arglos: »Mir selbst ist nichts bekannt, wo ich abgehört wurde.«

Ein Skandal: Weil sie es nicht wusste, sich nicht einmal vorstellen konnte – es nicht wahrhaben wollte? Ein doppelter Skandal: Wie viel mehr als jemand, der in der Demokratie aufgewachsen war, musste ein Mensch erschüttert sein, der bis zu seinem 35. Lebensjahr unter den Bedingungen einer seine Bewohner systematisch ausspionierenden Überwachungsdiktatur gelebt hatte? Ein dreifacher Skandal: Weil zwar bereits längst bekannt war, dass die National Security Agency (NSA) der USA in Deutschland Telefongespräche abhörte, aber die Bundeskanzlerin erst jetzt Betroffenheit zeigte; ja, erst jetzt beleidigt äußerte: »Ausspähen unter Freunden, das geht gar nicht.«

Bespitzelung ist immer empörend, aber erst der individuelle Einzelfall macht wirklich betroffen. Edward Snowden selbst verriet, dass sein früherer Arbeitgeber mindestens 35 der führenden Politiker in aller Welt bespitzele. Wieso sollte die – zum fünften Mal in Folge – »mächtigste Frau der Welt« (*Forbes*-Liste) nicht darunter sein? Nach *Spiegel*-Informationen stand sie bereits seit 2002 auf der Liste der »NSA-Aufklärungsziele«. Mit dem Lauschangriff auf das Handy der Kanzlerin war die Überwachungsaffäre jedenfalls endgültig in Deutschland angekommen. Die Deutschen wollen »keine digitale Besatzungsmacht USA in Deutschland haben« (Hans-Peter Uhl), aber sie ahnen, dass sie schon immer mit allen dafür geeigneten Techniken bespitzelt wurden, und sie wissen jetzt, dass weder Geheimdienste noch die »Googles« dieser Welt sich kontrollieren lassen. Und wer spioniert, will sich einen Vorteil verschaffen – auch daran besteht kein Zweifel.

Der Generalbundesanwalt leitete im Juni 2014 nach monatelangen Vorprüfungen ein Ermittlungsverfahren ein, nach einem Jahr wurde es wieder eingestellt: »weil sich der Vorwurf mit den Mitteln des Strafprozessrechts nicht gerichtsfest beweisen lässt«, hieß es in der entsprechenden Pressemitteilung. Zwischen diesen Zeilen hörte nicht nur der *Spiegel* (*Spiegel*-Online 12. 6. 2015) »fast eine Erleichterung«. Inzwischen sind allerdings weitere Dokumente aufgetaucht, die darauf hindeuten, dass die NSA interne Gespräche der Bundeskanzlerin abhörte, ebenso wie Bundesminister und hohe Beamte; interne Überlegungen im Vorfeld politischer Entscheidungen wurden so im Nachhinein bekannt. Mancher Minister mag insgeheim Sigmar Gabriel zugestimmt haben, der Ende Juni 2015 im *ZDF-Morgenmagazin* meinte, man bekomme »ein ironisches Verhältnis [zu den Abhörthemen], wir machen nichts in Ministerien per Telefon, was man abhören müsste«, und zugleich dabei von dem Vertrauensbruch unter Regierungen ablenkte, indem er darauf hinwies, er mache sich als Wirtschaftsminister viel mehr Sorgen darüber, ob die NSA auch die deutsche Wirtschaft ausgespäht habe. Inzwischen wird auch dieser Verdacht immer häufiger geäußert bis hin zu der Frage, inwieweit der Bundesnachrichtendienst – im Rahmen seiner traditionell engen Zusammenarbeit mit den amerikanischen Geheimdiensten – dabei Unterstützung geleistet habe.

Während in Deutschland die Empörung über die amerikanische Spionage groß ist, wird das in Amerika ganz anders gesehen: Der bekannte US-Jounalist James Kirchick hat es geradezu provozierend formuliert: »Warum wir die Deutschen ausspionieren müssen« (*FAZ* 11.7.2015). Er sieht sowohl die wirtschaftliche Verflechtung zwischen Russland und Deutschland, das ein Drittel seines Erdöls und Erdgases von dort bezieht, als auch Sympathie einer seines Erachtens Mehrheit der Deutschen für Putin und dessen Annektierung der Krim und konstatiert: »Berlin wurde zu einem weniger vertrauenswürdigen Partner«, die deutsche Wut über die amerikanische Spionage sei »heuchlerisch«. Es ist nicht schwer zu raten, wie viele Amerikaner seiner Meinung zustimmen. Dem amerikanischen Präsidenten muss man glauben, dass er nicht wusste, dass sein Geheimdienst ausländische Staatschefs abzuhören versucht, und er wird es auch im Einzelnen nicht gewusst haben wollen. Und dass die Vereinigten Staaten mit keinem Land der Welt ein »No-Spy«-Abkommen abschließen werden, hat auch Hillary Clinton deutlich genug bekundet (*Spiegel*-Online 7.7.2014).

Offensichtlich hat das Persönlichkeitsrecht seine Grenzen, ganz sicher international, aber auch national. Entwickelt wurde das juristische Konzept der »Privatheit« von amerikanischen Juristen im letzten Jahrzehnt des 19. Jahrhunderts (Bull). In Deutschland wird der Schutz der Privatsphäre aus dem allgemeinen Persönlichkeitsrecht abgeleitet, »jeder hat das Recht auf die freie Entfaltung seiner Persönlichkeit«, wie in Artikel 2, Absatz 1 des Grundgesetzes festgeschrieben ist; ihre Grenzen findet diese Garantie in den »Rechten anderer«. Daneben garantiert das Grundgesetz auch das Post- und Fernmeldegeheimnis (Art. 10) sowie die Unverletzlichkeit der Wohnung (Art. 13). Ein ganzes System von Rechtspositionen konkretisiert unter anderem das Recht auf das *eigene Bild,* an der *eigenen Stimme* bzw. am *gesprochenen Wort* sowie an den *eigenen Daten* (Bull). Dass wir uns einem »Ende der Privatheit« nähern, ist den wenigsten Menschen bewusst; der frühere Bundesverfassungsrichter Jürgen Kühling hat bereits in dem sich als alternativer Verfassungsschutzbericht verstehenden *Grundrechte-Report 2003* diagnostiziert, das Fernmeldegeheimnis sei »als Totalverlust ab[zu]schreiben«. Das Szenario ist deprimierender, als offiziell zugegeben wird.

Tatsächlich scheint sich eine »schleichende Tendenz zum Antiamerikanismus« zu entwickeln; das deutsch-amerikanische Verhältnis hat nach Allensbach-Befragungen »erheblichen Schaden« genommen und das Amerika-Bild der Deutschen ist »illusionsloser« (Petersen) geworden. Die Reaktionen der deutschen und der europäischen Politik wirken hilflos, wurden gar als »Absurditätenkabinett« (Schinwald) gebrandmarkt. »Prism«, das Überwachungsprogramm der NSA, arbeitet seit 2005 top secret und ermöglicht eine weltweite Überwachung. Acht Jahre nach dessen Start spielte Snowden im Juni 2013 sein Material Zeitungen zu. *The Guardian* veröffentlichte Teile davon und musste auf Geheiß der britischen Regierung in Anwesenheit britischer Geheimdienstbeamter Festplatten mit den entsprechenden Daten vernichten. Snowden wird seitdem mit Haftbefehl der US-Staatsanwaltschaft wegen Spionage verfolgt. Der Umgang mit Snowdens Enthüllungen ist nach wie vor umstritten, weder seitens der Verleger noch regierungsamtlich ist offizieller Dank vorgesehen, obwohl es ihm zu verdanken ist, dass dieser »größte Datenschutz- und Geheimdienstskandal aller Zeiten« überhaupt aufgedeckt wurde. Allerdings lobte inzwischen sogar der Präsident des Bundesamtes für Verfassungsschutz Snowden: Spionageabwehr sei allzu lange als überflüssig belächelt worden (*FAZ.NET* 21. 7. 2015).

Das Internet verändert die Kommunikation und das Sozialverhalten der Menschen nachhaltiger und tief greifender als wohl jede andere technische Neuerung der Geschichte. Es bietet großen Komfort und Entlastung durch Vernetzung, Wissenstransfer, Speichermöglichkeiten und vieles mehr, auch individuelle und soziale Interaktion oder Betreuung. Es bietet all dies für die »Community« ebenso wie für jeden Individualisten. Dass es zur »Nabelschnur« vieler Menschen nach draußen werde, war vor wenigen Jahren eine Voraussage von Zukunftsforschern (Opaschowski) – inzwischen ist dies (fast) Realität. Eine Schreckensvision? Die »Social Media« sind nicht der Anfang und schon gar nicht das Ende persönlicher Preisgabe, aber sie ermöglichen und offenbaren einen Quantensprung menschlicher Entgrenzung.

Was für ein Wandel seit wenig mehr als einer Generation! Die letzte Volkszählung fand in der Bundesrepublik 1987 statt. Für 1981 war sie geplant, verzögerte sich und musste aufgrund des Urteils des Bundesverfassungsgerichts vom Dezember 1983 teilweise neu konzipiert werden. Das Grundrecht auf informationelle Selbstbestimmung, abgeleitet aus den verfassungsrechtlich verbürgten Garantien der Menschenwürde und des Rechts auf freie Entfaltung der Persönlichkeit, verlangte die Trennung der Personendaten von den Fragebögen, damit die Anonymität der Befragten gewährleistet war. Die Zählung konnte erst 1987 durchgeführt werden und blieb die letzte ihrer Art. Die zwangsweise Erhebung von Daten war damals öffentlich höchst umstritten und führte zu massenhaften Protesten. Mittlerweile geben die Menschen mehr Daten freiwillig von sich preis, als je vorstellbar. Instrumente dieser Preisgabe sind Computer, Mobiltelefone und vor allem Smartphones; ein solches besitzen bereits 40 Millionen Menschen in Deutschland (Stand Februar 2014).

So ist das Handy der »SMS-Kanzlerin« auch Symbol für die Durchdringung unseres Lebens mit Informationen, unabhängig davon, ob wir diese immer brauchen oder wünschen. Zwar sind 79 Prozent der Deutschen online (Eimeren/Frees, März/April 2014), bis 2018 werden es wohl 85 Prozent sein, und sie sind täglich durchschnittlich zweidreiviertel Stunden im Netz; bei den sozialen Netzwerken allerdings wollen nur 30 Prozent mitmachen.

Dass auch Politik und Politikstil sich durch mobile Kommunikation weiter verändern werden, ist gewiss. Wie genau, ist freilich noch nicht absehbar. Die Streuverluste der Politikkampagnen dürften geringer werden, aber sie fallen auch weniger ins Gewicht. Wenn das Internet durch permanente Stimmungsbilder Wahlen vorwegnimmt, scheinen bereits postdemokratische Verhältnisse eingetreten zu sein.

Im Juni 2014 kam die Nachricht, Merkel habe nun ein mit spezieller Verschlüsselungstechnik ausgestattetes, abhörsicheres Kryptotelefon. Nur wenige Tage später folgte die Meldung, auch dieses Handy sei bereits »geknackt«. Wen wundert's? Die Gegenwart ist weiter, als es in *1984* vorstellbar war. Die moderne Informationsgesellschaft ist ein »wahrer Überwachungskosmos, in dem es auf vielfältigen digitalen Wegen heimlich still und leise zugeht« (Gössner). Was heute noch »transparent« wirkt, wird bald der kleinste »Meilenstein in Sachen Gläsernheit« (Dave Eggers) genannt werden. Wie wird die Zukunft?

Auf 400 Quadratmetern sind in einem 5,60 Meter hohen Gebäude über zwei Etagen 25600 Akkuzellen in 1600 Regal-»Trays« vollautomatisiert untergebracht.

Großspeicherbatterien

Die Energiewende

Windräder auf hoher See, mit Sonnenkollektoren bedeckte Dächer, gigantische neue Stromtrassen – die Assoziationen zum Begriff »Energiewende« sind vielfältig. Den wenigsten kommen Batterien in den Sinn, obwohl sie wie kein anderer Gegenstand für die Speicherung von Energie geeignet sind.

Den größten kommerziell genutzten Batteriespeicher in Europa betreibt der Energieversorger WEMAG seit 2014 in Schwerin. Der turnhallengroße Fünf-Megawatt-Lithium-Ionen-Speicher wurde von dem Berliner Netz- und Speicherspezialisten Younicos konzipiert: Erstmals in Europa stabilisiert damit eine vollautomatische Batterieanlage eigenständig kurzfristige Schwankungen der Netzfrequenz und soll dafür sorgen, dass Wind- und Sonnenstrom sicher in das bestehende Netz integriert werden. Die 25 600 von der südkoreanischen Samsung SDI gelieferten Zellen speichern den Strom in Millisekunden und haben eine Garantie von 20 Jahren. Die Kosten in Höhe von 1,3 Millionen Euro kamen als Anschubfinanzierung vom Bundesumweltministerium; nach Angaben der WEMAG rentiert sich der Großspeicher von Beginn an, die Erlöse liegen über den Erwartungen der Wirtschaftlichkeitsberechnungen.

Ähnliche Projekte wurden 2014 unter anderem in Magdeburg eingerichtet, hier ist der Speicher so groß wie ein Eisenbahnwaggon und mobil; er vermag mit seiner Leistung von einem Megawatt beispielsweise das Gebäude des diesen Großspeicher testenden Fraunhofer-Instituts mit allen 150 Mitarbeitern fünf Stunden lang autark mit Strom zu versorgen. Solche Stromspeicher werden bei Überproduktion von regenerativer Energie aufgeladen und wieder entladen, wenn Strom zur Stabilisierung des Netzes benötigt wird. Den weltweit größten Batteriespeicher betreibt die chinesische Firma BYD seit 2014 in Shenzhen (China), er hat eine Kapazität von 40 Megawattstunden (MWh), geplant ist dort bereits ein 200 Megawattstunden-Werk.

In der Forschung zur Batterietechnologie ist die Konkurrenz groß: Eines der führenden Unternehmen weltweit ist das 2003 gegründete kalifornische Unternehmen Tesla, das sich auf die Herstellung von Autobatterien konzentriert. Dessen Chef, Elon Musk, träumt von im ganzen Land aufgestellten Speicherbatterien, sein Ziel ist es, »grundlegend die Art und Weise zu verändern, wie die Welt Energie nutzt«.

Deutschland hat seine frühere führende Rolle in der Batterietechnologie verloren. Der Mainzer Arzt Carl Gassner hatte 1886/1887 Patente erhalten für seine Entwicklung einer ersten Trockenbatterie, die beispielsweise für Türklingeln verwendet wurden. Paul Schmidt gilt als eigentlicher Erfinder der Trockenbatterie und der Taschenlampe, für die er 1896 und 1906 Patente erhielt. 1903 begann er in Berlin mit der Serienherstellung, seit 1913 von Batterien und Taschenlampen für den Weltmarkt unter dem Markennamen Daimon. Das Unternehmen wurde 1983 von dem amerikanischen Unternehmen Duracell übernommen. Auch die Entwicklung von Akkumulatoren hatte hier Tradition, denn die 1887 in Hagen gegründete Firma Varta war einer der ersten Hersteller von Akkumulatoren; diese wurden zunehmend in der sich rapide entwickelnden Automobilindustrie, in Telegrafen- und Signalapparaten und schon vor dem Ersten Weltkrieg in U-Booten genutzt.

Bis zur Entwicklung der Batteriespeicherkraftwerke seit den 1980er-Jahren waren Pumpspeicherkraftwerke die einzige und technisch am besten erprobte Möglichkeit, Schwankungen und Spitzen im Stromverbrauch auszugleichen. Ihre Funktionsweise klingt einfach, denn in Zeiten geringen Energiebedarfs wird überschüssige Elektrizität genutzt, um Wasser aus einem niedrigen Becken in ein höheres zu pumpen. Bei Bedarf fließt das nach oben gepumpte Wasser in das untere Becken ab und treibt dabei Turbinen an, die Strom erzeugen. Der Wirkungsgrad von Pumpspeicherkraftwerken liegt mit 75 bis 80 Prozent recht hoch. Die ersten dieser Werke wurden in der Zeit des Ersten Weltkriegs in Baden in Betrieb genommen. Inzwischen gibt es hierzulande zwar 31 dieser Werke, die zusammen eine Kapazität von 40 Gigawattstunden (GWh) haben, was einem Landesstrombedarf von ca. 30 Minuten entspricht. Weitere geografisch geeignete Standorte sind schwer zu finden, außerdem sind die Investitionskosten hoch.

Eine Alternative sind Druckluftspeicherwerke, in denen Luft komprimiert und in künstlich geschaffenen unterirdischen Räumen aus Salzgestein gespeichert wird. Bei Bedarf wird sie durch Turbinen abgelassen und dabei Strom erzeugt. Weltweit existieren allerdings lediglich zwei Kraftwerke dieser Art. Weil solche Werke bislang nur einen Wirkungsgrad von maximal 55 Prozent erzielen, ist es nicht verwunderlich, dass ein in Staßfurt/Sachsen-Anhalt geplantes Werk dieser Art mangels Marktperspektive aufgegeben wurde; sie sind teuer und von geologisch passenden Standorten abhängig.

Tatsächlich ist die Lösung der Speicherfrage eines der Kernprobleme der Energiewende, denn es fehlt nach wie vor an ausreichend leistungsfähigen kurz- und langfristigen Speichermöglichkeiten. Die Politik hat die Weichen in Richtung einer »grünen Revolution« gestellt, im traditionellen Land der Stein- und Braunkohle soll Energie künftig statt aus »schmutziger« Kohle und »gefährlichem« Atomstrom aus sauberen Energiequellen wie Sonne und Wind gewonnen werden. In Politik und Gesellschaft herrscht eine sonst seltene Einmütigkeit über das Doppelziel des Atomausstiegs bei gleichzeitiger Ablösung von aus Kohle gewonnener Energie. Es geht um nicht weniger als um die vollständige Transformation des gesamten Energiesystems. Die Ziele sind dabei enorm ambitioniert: Bis 2035 sollen 55 bis 60 Prozent und bis 2050 mindestens 80 Prozent des Stroms aus erneuerbaren Energien kommen, was tatsächlich einer Umkehrung der Verhältnisse innerhalb von 20 bzw. 35 Jahren gleichkommt, wurden doch im Jahr 2012 lediglich 22 Prozent aus erneuerbaren (darunter: Wind 7,3, Biomasse/Müll 6,6, Fotovoltaik 4,6, Wasserkraft 3,3 Prozent), aber 72 Prozent aus Kohle (Braunkohle 25,6, Steinkohle 19,1), Erdgas (11,3) und Kernenergie (16,0) gewonnen.

Erste Forderungen nach einer »Energiewende« liegen Jahrzehnte zurück. Schon 1980 mahnte das deutsche Öko-Institut eine vollständige Abkehr von Atomkraft und fossilen Energieträgern an. Zeitgleich wuchsen Umweltgruppen und deren politischer Einfluss; mit den Grünen seit 1983 auch im Bundestag. Vier Monate nach dem Reaktorunfall von Tschernobyl (26. April 1986) beschloss die SPD einen Atomausstieg bis Mitte der 1990er-Jahre, und selbst in der christlich-liberalen Regierungskoalition begann ein Umdenken, auch wenn hier ein Atomausstieg nicht zur Debatte stand. So legte die schwarz-gelbe Regierung unter Helmut Kohl 1991 das Stromeinspeisungsgesetz (StrEG) vor, das eine priorisierte Einspeisung von erneuerbaren Energiequellen vorsah und das die nachfolgende rot-grüne Bundesregierung unter Bundeskanzler Gerhard Schröder mit dem Erneuerbare-Energien-Gesetz (EEG) von 2000 fortsetzte. Ergänzt wurde das EEG vom faktischen Atomausstieg bis 2022, dem »Atomkonsens«, der zwischen der Bundesregierung und Energieversorgungsunternehmen im Juni 2000 vereinbart wurde. Das Ende des Atomzeitalters war damit politisch beschlossen.

Am politischen Grundsatz einer Energiewende und dem damit verbundenen Atomausstieg wird bis heute festgehalten. Selbst der Regierungswechsel zur schwarz-gelben Bundesregierung unter Angela Merkel änderte daran nur graduell etwas. Die Reaktorlaufzeiten wurden im Oktober 2010 im Durchschnitt um zwölf Jahre verlängert und die Energieunternehmen verpflichtet, die dadurch zu erwartenden Gewinne in einen Fonds einzuzahlen, der den Ausbau erneuerbarer Energien mitfinanzieren sollte. Dies wurde in den Medien zwar oft als »Ausstieg aus dem Ausstieg« bezeichnet, doch die Reaktorkatastrophe von Fukushima 2011 änderte alles, indem sie in einer »wahlpolitischen Schrecksekunde« (Michael Stürmer) zu einem »Ausstieg aus dem Ausstieg aus dem Ausstieg« (*Die Zeit*) führte. Die Energiewende war parteiübergreifend beschlossen.

Weltweit ist das deutsche Vorgehen in dieser Form einzigartig. Keine andere Industrienation hat ähnlich ambitionierte energie- und umweltpolitische Ziele. Was von vielen als vorbildlich angesehen wird, birgt aber auch noch ungelöste Aufgaben bzw. Herausforderungen:

Erstens die steigenden Strompreise besonders infolge der EEG-Umlage, die den Betreibern von Wind- und Solaranlagen einen stabilen Preis garantieren soll; Wirtschaft und Verbraucher leiden aber unter der verstärkten finanziellen Belastung. Große Unternehmen, die im Jahr mehr als 1 000 000 Kilowattstunden (1 GWh) verbrauchen, wurden zwar von der EEG-Umlage befreit bzw. begünstigt. Privatverbraucher müssen die EEG-Umlage (2015: 6,17 Cent pro Kilowattstunde) jedoch in voller Höhe zahlen und monieren jährlich steigende Strompreise. Es bleibt abzuwarten, ob die Energiewende unter diesen Bedingungen auch auf lange Sicht von der Bevölkerung als notwendig angesehen und unterstützt wird.

Zweitens ist der Begriff Energiewende abstrakt, von der großen Mehrheit der Bevölkerung wird er grundsätzlich positiv verstanden. Die Zustimmung schwindet allerdings, wenn die Energiewende mit notwendigen Infrastrukturmaßnahmen konkret wird. Je näher vor der Haustür der Ausbau von Stromtrassen, Windparks, Speicherkraftwerken etc. stattfinden soll, desto geringer wird die Zustimmung – der NIMBY-Effekt (Not In My Back Yard). Um den im windreicheren Norddeutschland produzierten Strom ins industriereichere Süddeutschland zu transportieren, müssten spätestens bis zum Jahr 2030 noch Stromnetze auf einer Länge von etwa 60 000 bis 70 000 Kilometer mit Investitionen in Höhe von 28 bis 43 Milliarden Euro aus- oder umgebaut werden.

Und drittens »hakt« es an dem neuralgischen Punkt fehlender Speichermöglichkeiten. Selbst wenn Deutschland im Jahr 2023 vom Atomstrom unabhängig wäre und genug »sauberen« Strom produzierte, bliebe das Problem der Unberechenbarkeit von Wind und Sonne. An sehr windigen und sonnigen Tagen produziert Deutschland schon heute mehr Strom, als benötigt. Dieser Strom fließt zur Entlastung der eigenen Netze in Nachbarländer wie Polen und Tschechien – sehr zu deren Ärger, weil dies dort die Netzstabilität gefährdet. Ausreichende Stromspeicher könnten dieses Problem lösen und zur Netzstabilität beitragen. Aber das Grundproblem des Ausgleichs zwischen dem nach Uhrzeiten und Tagen schwankenden Bedarf und der relativ steten, wenn auch von Sonne und Wind abhängigen Energieproduktion ist damit noch nicht gelöst. Großbatterien haben je nach Batterietyp (Lithium-Ionen-Akkus) mit 95 Prozent einen extrem hohen Wirkungsgrad und könnten je nach Bedarf und auch in kleineren Leistungsklassen installiert werden; es wird verbrauchernah Stunden-, Tages- und Saisonspeicher geben müssen. Aber man ahnt, wie viel auf diesem Gebiet noch zu leisten bleibt, wenn man sich die bislang erst installierten Kapazitäten vergegenwärtigt.

Die Energiewende verlangt tatsächlich einen revolutionären Umbau des Stromsystems hin zu mehr Dezentralität, Flexibilität und Dynamik. Der deutsche Weg wird von den Nachbarn in einer Mischung aus Skepsis und Hoffnung beobachtet. Die »europäischen Weichen« sind erst noch zu stellen: Kritiker fragen, warum von den vier größten in Betrieb befindlichen Solarwerken Europas drei mit zusammen 248 Megawatt Leistung in Brandenburg gebaut wurden, aber keines auf Sizilien und nur eines in Spanien (150 Megawatt). Sie vergleichen auch deren Leistung mit der eines modernen Atom- (1000 bis 1400 MW) oder Steinkohlekraftwerks (700 bis 1000 MW). Auch Befürworter der Energiewende fordern eine in ganz Europa »stärker abgestimmte Energiepolitik« und eine »Europäische Gemeinschaft für erneuerbare Energien« (Fücks), die auch die Potenziale der Wasserkraft in Skandinavien mit denen des sonnenreichen Südens synergetisch nutzt.

Was heute politisch akzeptiert erscheint, bleibt ein Problem der nächsten Generation und ist als Aufgabe noch längst nicht gelöst. Das Objekt eines aktuellen Batteriespeicherkraftwerks ist darum auch ein Symbol eines historisch-politisch entstandenen Problems, das seine Lösung in der Zukunft noch sucht.

100

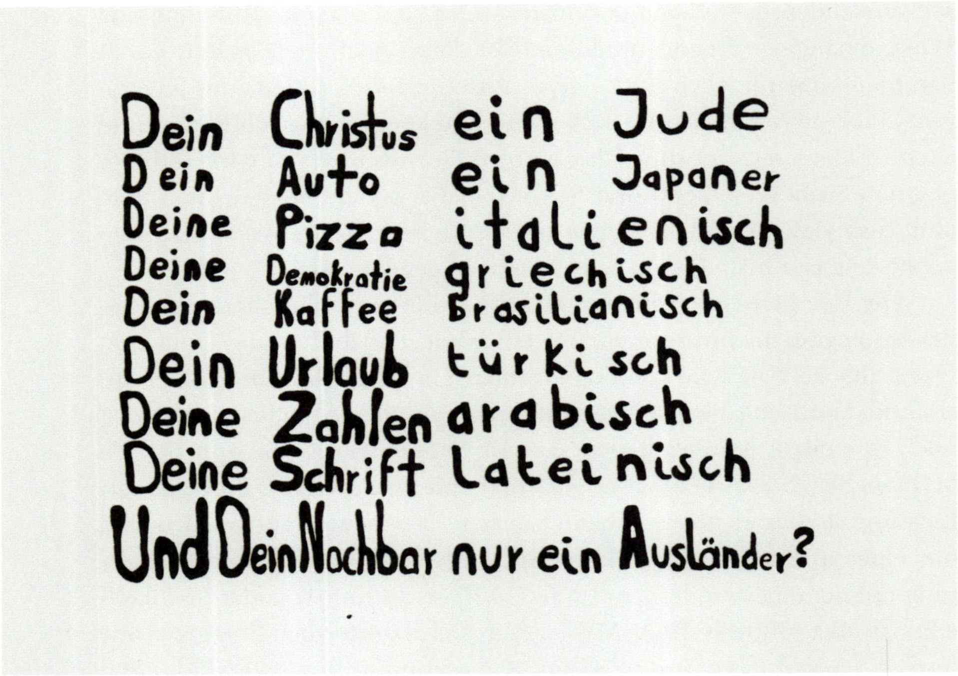

Dein Christus ein Jude
Dein Auto ein Japaner
Deine Pizza italienisch
Deine Demokratie griechisch
Dein Kaffee brasilianisch
Dein Urlaub türkisch
Deine Zahlen arabisch
Deine Schrift lateinisch
Und Dein Nachbar nur ein Ausländer?

Ein Plakat von 1993 in kindlich wirkender Handschrift, doch von großer Wirkung – und heute aktueller denn je.

Das Plakat »Dein Christus – ein Jude«

Jeder ist ein Fremder – fast überall

Wer auch immer Urheber dieser Zeilen war, die wenigen Worte sprechen in ihrer fast kindlichen Handschrift jeden an. Diese Wahrheiten, die 1993 in allen Städten Deutschlands auf Großflächen plakatiert und zehn Jahre später Leitmotiv einer dreijährigen europäischen Wanderausstellung waren, sind inzwischen noch weiter in unsere Realität vorgedrungen:

- 61 Prozent der deutschen Bevölkerung gehören einer christlichen Kirche an, jeweils etwa zur Hälfte der evangelischen und katholischen, ein Drittel ist konfessionslos, etwa fünf Prozent sind Muslime.
- Von den über 44 Millionen hier 2015 zugelassenen Personenkraftwagen sind die meisten aus heimischer Produktion. Unter den ausländischen Fabrikaten führen japanische (4,7 Millionen), gefolgt von französischen (4 Millionen) und tschechischen (1,6 Millionen).
- Der Einfluss der »ausländischen« Küche in Deutschland ist weder in Quantität noch in Qualität schätzbar: Exotische Gewürze sind seit Jahrhunderten beliebt, waren lange teuer und sind heute weithin erschwinglich. Die erste Pizzeria wurde vermutlich 1952 in Würzburg eröffnet, seither ist die Zahl »ausländischer« Restaurants ins Unübersehbare gewachsen.
- Der meiste Rohkaffee kommt tatsächlich aus Brasilien. Nach den Skandinaviern, Österreichern und Schweizern trinken die Deutschen am meisten Kaffee in Europa, täglich fast einen halben Liter pro Person (2013: 0,40 l) und damit sogar mehr als Wasser (0,38 l).
- Ihren Urlaub verbringen die meisten Deutschen schon seit Langem am liebsten in Spanien (2014: 13,5 Prozent), in der Beliebtheitsskala folgen Italien (7,8 Prozent) und die Türkei (7 Prozent).
- Den wenigsten Menschen dürfte der Unterschied zwischen arabischen und anderen Zahlensystemen bekannt sein. Das lateinische Rechensystem hat Buchstaben, das arabische Zahlen.

- Bekannt ist, dass wir mit lateinischen Buchstaben schreiben, es ist die global meistverbreitete Schrift.
- Und letztlich ist auch unser Staatssystem ein »Importartikel«: Auch wenn die heutige Demokratie mit jener der griechischen Antike schwer vergleichbar ist, so stammt der Begriff doch daher.

Wahrscheinlich gibt es kein Land, das mehr Untersuchungen zu der Frage »Was ist typisch deutsch?« in »Selbst-Auftrag« gegeben hat, es »kennzeichnet« die Deutschen geradezu – wie schon Friedrich Nietzsche sagte –, dass bei ihnen dieses Thema »niemals ausstirbt«. Sich selbst halten sie für zuverlässig, fleißig, aber humorlos (nach GfK Nürnberg 2007), während die europäischen Nachbarn sie als gut organisiert, akkurat und leicht pedantisch einschätzen. Die Deutschen machen sich viele Gedanken über sich selbst, sehen ihre Schwächen eher als die Stärken. Dass sie vor allem pessimistisch seien und viel jammern, halten sieben Prozent der Deutschen für »typisch deutsch«; international ist die »German Angst« ein geflügeltes Wort.

Gegen dieses Selbstmitleid, gegen den auch von Goethe empfundenen Charakter der Deutschen, »dass sie über allem schwer werden, dass alles über ihnen schwer wird«, und gegen die bei der Hälfte der Bevölkerung verbreitete Zukunftsangst werden dann – vielleicht typisch deutsche, aber gut gemeinte – Kampagnen ins Leben gerufen, die gegen die Selbstzweifler, Nörgler und Schlechtredner angehen. Dies war auch das Ziel von »Du bist Deutschland«, einer 2004 erdachten, ab September 2005 umgesetzten, von den 25 größten deutschen Medienunternehmen getragenen Initiative, die »das kleine Du und das große Deutschland zusammenbringen« wollte, wie es Oliver Voss formulierte (FAZ, 21.11.2005), der »Erfinder« des Slogans.

Geschätzte 30 Millionen Euro ließen die Träger sich ihren Versuch kosten, die »Stimmung im Lande zu verbessern« und »die Komplexe, das Nörgeln, die Gleichgültigkeit [zu] überwinden« (Voss). Es war die bislang größte Social-Marketing-Kampagne in der Geschichte der Bundesrepublik, ihr Bekanntheitsgrad soll bei über 50 Prozent liegen. Aber leider sagen Milliarden »Werbekontakte« nichts aus über qualitative Erfolge, und naturgemäß wurde auch genörgelt: am vertraulichen »Du«, am »verschwiemelten Ton, der Kitsch und Malocherpathos ruckrhetorisch unter einen Hut« bringe (FAZ, 3.1.2006), am »flachen Optimismus« der »Gute-Laune«-Orientierung und schließlich auch an der zufälligen Übereinstimmung mit einer 1935 auf Hitler zielenden Parole »Denn Du bist Deutschland«, was zu besonders unerfreulichen Reaktionen bis hin zur Plagiierung des Logos von rechtsradikaler Seite führte.

In Deutschland leben 82 Millionen Menschen, von denen 7,4 Millionen ausländische Staatsangehörige sind. 16,3 Millionen haben einen Migrationshintergrund, also jede fünfte Person (2012), bei 18 Prozent ist er türkisch, bei neun Prozent polnisch. Die meisten »MMM« – wie das unschöne Wort »Menschen mit Migrationshintergrund« gelegentlich abgekürzt wird – leben in den alten Bundesländern, über 80 Prozent sind schon länger als neun Jahre, die Hälfte länger als zwei und 14 Prozent sogar über vier Jahrzehnte hier. Diese Bevölkerungsgruppe ist mit durchschnittlich 36 Jahren rund zehn Jahre jünger als die sonstige Bevölkerung. Ihre soziale Lage ist – unabhängig von der Schulbildung (!) – in allen Altersgruppen deutlich schlechter, auch die Arbeitslosenquote ist bei ihnen mehr als doppelt so hoch wie bei Deutschen, ihre schulischen und beruflichen Qualifikationen sind geringer, und schätzungsweise 20 Prozent der Migranten/innen fehlt es an den erforderlichen Deutschkenntnissen zum Verständnis notwendiger Informationen, beispielsweise im Gesundheitswesen.

Die deutsche Wirtschaft sucht – in einem alternden Land – junge Einwanderer. Die Nettozuwanderung hat in den letzten Jahren aus unterschiedlichsten Gründen zugenommen und belief sich in den letzten Jahren auf jährlich 400 000 bis 500 000 Personen. Hinzu kommen über 200 000 Asylsuchende jährlich (2014), deren Zahl sich 2015 aufgrund der massiv angestiegenen Flüchtlingsströme (vor allem aus Syrien, vom Balkan, aus dem Irak und aus Afghanistan) sprunghaft auf das Vierfache vergrößert hat. Die Asylanträge werden nach jüngsten Feststellungen inzwischen etwa zur Hälfte anerkannt, so viele wie seit Jahren nicht (*Spiegel*, 22.5.2015). Die wenigsten der rechtskräftig abgelehnten Asylsuchenden verlassen Deutschland, 2014 waren es wahrscheinlich »kaum 15 Prozent« – sie reisten trotz Aufforderung nicht aus und wurden auch nicht abgeschoben (*FAS*, 23.8.2015); drei Viertel der Antragsteller besitzen – so heißt es – keine Pässe bzw. Urkunden, und wenn unbekannt ist, woher jemand kommt, kann keine Abschiebung stattfinden. Der Bund, zuständig für die Bearbeitung der Asylanträge, ist überlastet und kommt nicht nach, die Unterkünfte sind überfüllt; Abschiebungen liegen in der Zuständigkeit der Landesbehörden; Integrationsaufgaben liegen bei Ländern und Kommunen. Die organisatorischen Verantwortlichkeiten sind politisch und »amtlich« gewissermaßen weitergereicht worden. Aber es geht um Menschen: Die Zeichen einer aufkeimenden Willkommenskultur sind eine dringende Aufforderung an die nationalen Regierungen im europäischen Kontext, nachhaltige Lösungen zu finden. Aber in Deutschland streitet die Politik über die Notwendigkeit eines Einwanderungsgesetzes, europäische Lösungen scheinen noch komplizierter.

Die Aufgabe, immer mehr Menschen nichtdeutscher Herkunft aufzunehmen und zu integrieren, ist offensichtlich. In der deutschen Gesellschaft wird andererseits ein »wachsendes Bedürfnis [...] nach Selbstvergewisserung« konstatiert (Deutsch-Sein); über die Hälfte der Deutschen vermisst »positive Identitätsbilder«, insbesondere in Schule, Politik und Medien. Die Hälfte, wenn nicht sogar zwei Drittel der Deutschen geben an, sich »unwohl« zu fühlen angesichts der Migrationsbewegung. Auch die Zunahme fremdenfeindlicher Straftaten seit 2011 um jährlich über zehn Prozent verunsichert sie. Allerdings hat ein Drittel der Deutschen keine Probleme mit der Zuwanderung, gar 20 Prozent halten »Nationalgefühle« angesichts der Globalisierung und Europäisierung für nicht mehr zeitgemäß. Je höher der Bildungsstand, desto weniger Sorgen haben die Menschen wegen der Zuwanderung, und jedem zweiten Deutschen ist die »Heimatregion ohnehin wichtiger als das Vaterland«.

Als der Satz »... und Dein Nachbar – nur ein Ausländer« 1993 großflächig plakatiert wurde, waren die schrecklichen ausländerfeindlichen Angriffe in Hoyerswerda (1991), in Rostock-Lichtenhagen und Mölln (1992), in Solingen (1993) noch in lebhafter Erinnerung. Fast 25 Jahre später sieht sich Deutschland mit einer Häufung neuer gewaltsamer Übergriffe und Hetze gegen Ausländer konfrontiert. Grund dafür ist ein neuerlicher Ansturm von Kriegsflüchtlingen, aber auch sogenannter Wirtschaftsflüchtlinge. 2015 wird das Jahr der höchsten Einwanderung seit 1992, und alle bisherigen Erfahrungen werden weit übertroffen werden. Viele der Zuwanderer von damals gehören inzwischen zur deutschen Gesellschaft, sie sind sogar »zu einem größeren Teil auf dem Weg, Deutsche zu werden« (Bausinger). Die Deutschen selbst haben diese Entwicklung »lange nicht sehen wollen, zum Teil auch nicht sehen können« (Bausinger), weil ihnen immer wieder eingeredet wurde, Deutschland sei eben kein Einwanderungsland, und demensprechend erst recht versäumt wurde, hierzulande eine Willkommenskultur zu entwickeln und zu fördern. Zwischen einem selbst verursachten »Scherbenhaufen von

Asylpolitik« (Jasper von Altenbockum, *FAZ*, 26. 8. 2015), einer großen, aufkommenden Welle von Hilfsbereitschaft und unsäglichen Ablehnungsreaktionen ist eine Bestandsaufnahme des multikulturellen Zusammenlebens nicht leicht.

Bemerkenswert ist der Anstieg der Ehen zwischen Deutschen und Ausländern: Anfang der 1980er-Jahre lebten sechs Prozent der verheirateten ausländischen Bürger (BRD einschl. Westberlin) mit einem deutschen Ehepartner zusammen, eine Generation später (2008) waren es in ganz Deutschland etwa viermal so viele. Ende 2008 waren fast die Hälfte (ca. 47 Prozent) der Männer und Frauen ausländischer Nationalität verheiratet, davon jeder Vierte mit einem deutschen Ehepartner. Dabei haben häufiger Ausländerinnen (28 Prozent) einen Deutschen zum Mann als umgekehrt (22 Prozent); am häufigsten heiraten deutsche Frauen Türken, am zweithäufigsten Italiener. Noch bemerkenswerter ist der Blick in die Zukunft: Über 30 Prozent der heute unter 15-Jährigen haben einen Migrationshintergrund, die meisten von ihnen werden wohl in zehn Jahren verheiratet sein – dieser Trend wird sich fortsetzen.

Die meisten der Zugewanderten sind tatsächlich »partiell Deutsche geworden – unbemerkt von den meisten Deutschen, die eben auch auf ihre kulturelle Identität pochen und für die ihr ›Deutsch-Sein‹ eine unteilbare Qualität darstellt« (Bausinger). Freilich lässt sich auch nicht eindeutig definieren, was »typisch deutsch« ist: Die Deutschen selbst meinen, »der typische Deutsche« sei pünktlich, pflichtbewusst, fleißig und ordnungsliebend (Drösser). Tatsächlich attestieren sie sich auch selbst vorrangig diese vier Eigenschaften. Doch danach ändern sich die Einschätzungen: Spießig, obrigkeitshörig und humorlos seien typisch deutsche Eigenschaften, meinen viele (19, 15 bzw. 9 Prozent), aber »Ich doch nicht« sagen dieselben Befragten von sich selbst (3, 2 bzw. 1 Prozent).

Umso ungläubiger wird hierzulande die BBC-Meldung zur Kenntnis genommen, Deutschland sei »das beliebteste Land der Welt« – und das schon zum wiederholten Mal. Typisch deutsch wird gefragt: »Was ist nur passiert, dass die Menschen hierzulande plötzlich so beliebt sind?« Und geschlossen: »Immerhin: Ein bisschen Liebe von außen kann sicher nicht schaden« (SZ, 2. 1. 2015).

Das in seiner Aussage weise, in der Wirkung nachhaltige Plakat öffnet die Augen, rückt abwertende und feindliche Einstellungen zurecht. Auf die Frage »… Und Dein Nachbar, nur ein Ausländer?« kann es nur eine Antwort geben: Jeder ist ein Fremder – fast überall.

Dank

Ein Buch wie dieses schreibt sich nicht in kurzer Zeit – und auch nicht allein am Schreibtisch. Gewiss habe ich als Historiker und Museumsmann in vielen Ausstellungen und Publikationen immer wieder bewusst den Fokus auf das einzelne konkrete Objekt gelegt und die sich darum rankende Geschichte erzählt. Aber es ist doch eine ungleich größere Herausforderung, die deutsche Geschichte auf 100 Objekte zu reduzieren und anhand dieser Beispiele zu erzählen. Ich habe vielen Menschen zu danken, und ich bedanke mich sehr gern.

Dass ich die Idee dazu umsetzte, verdanke ich dem Impuls von Dr. Peter Wille. Während meine Liste von Objekten reifte, gaben Freunde und Kollegen Kommentare, Hinweise und viel hilfreiche Motivation. Namentlich danke ich dafür Dr. Gerhard Bauer, Henry Bren d'Amour, Prof. Dr. Bernhard Graf, Prof. Dr. Winfrid Halder, Dieter Hanitzsch, Roswitha Hentschel, Dr. Detlef Herbner, Dr. Thomas Herzig, Prof. Dr. Holger Höge, Prof. Dr. Volkhard Huth, Dr. Kristiane Janeke, Prof. Dr. Gisbert Knopp, Michaele Link, Dr. Roland Löffler, Dr. Hans-Georg Merz, Dr. Karl Borromäus Murr, Hans-Jürgen Steffen; nicht vergessen ist manche fesselnde Führung in Museen und Ausstellungen.

Im Laufe eines Berufslebens wächst die Liste der Menschen, denen man sich in Dankbarkeit verbunden fühlt, stetig, erst recht aber während der Arbeit an einem solchen Projekt: Manche Freunde »mussten«, andere wollten bei unseren Treffen von diesem Projekt erzählt bekommen. Sie alle nahmen überaus freundlich Anteil und motivierten mich durch ihr Interesse und ihre Nachfragen. Ihnen danke ich für ihr Mitdenken und Daumendrücken sehr herzlich. Unvergessen bleiben die freundschaftlichen Hinweise und die Unterstützung des leider viel zu früh verstorbenen Stephan Vogel, die er und seine Frau Jutta mir über viele Jahre schenkten. Manches Objekt kam erst durch ihn und mit ihm ins Museum und damit zu mir. Zwei davon sind in diesem Buch vertreten.

Meine Arbeit an einzelnen Objekten und Themen unterstützten viele, ohne deren Hilfe dieses Buch nicht hätte abgeschlossen werden können: Thobias Bergmann, Jörn Borchert, Helmut K. Dörfler, Marie-

Gabriele von Glasenapp, Dr. Stefan Kiekel, Kevin Medau, Dr. Tania Rusca, Dr. Ernst Stöckmann, Dr. Wolfgang Treue danke ich ganz besonders herzlich für ihre Hilfe über kürzere oder längere Zeit. Ebenso danke ich Dr. Katja Schlenker, die mich mit Teilnehmern ihrer Lehrveranstaltung »Kuratorische Praxis« zusammenbrachte, von denen Christina Klein, Korinna Lutz, Martin Schabsky und Florian Weegen mich unterstützten. Nina Schnutz nahm mir freundlich viele Aufgaben ab und sorgte auf diese Weise für Entlastung.

Einzelne Entwürfe lasen und kommentierten Dr. Gerhard Bauer, Werner Deller, Dr. Ralf Dornhaus, Prof. Dr. Winfrid Halder, Dieter Hanitzsch, Dr. Detlef Herbner, Dr. Thomas Herzig, Dr. Volker Hilberg, Prof. Dr. Volkhard Huth, Prof. Dr. Max Kerner, Dr. Dr. Wolfgang Knabe, Prof. Dr. Gisbert Knopp, Julia und Christoph Kokew, Dr. Hans-Georg Merz, Dr. Heiner Möllers, Burkhard Mohr, Dr. Sebastian Moll, Dr. Gregor Schäfer, Dr. Patrick Schäfer, Dr. Alexander Schmidt, Jürgen Schmitt, Ulrich Schiers, Prof. Dr. Walter Schug, Dr. Sybe Wartena, Ulrich K. Wegener, Prof. Dr. Stefan Weinfurter, Andreas Winnen, Dr. Martin Wörner. Besonders danke ich Dr. Heike Wolter für ihre überaus hilfreichen und fundierten Vorschläge; sie las und kommentierte mehr als ein Dutzend Texte.

Für einzelne, aber wichtige Hinweise zu unterschiedlichen Fragen danke ich Dr. Veit Didzuneit, Dr. York Fanger, Dr. Raimund Ferdinand, Ulrich Heiß, Dr. Michael Kahle, Michaele Link, Markus Möhring, Dr. Maximilian Moll, Dr. Andrea Niehaus, Prof. Dr. Hugo Ott, Dr. Karl Willi Schäfer, Michael Schleiner mit Fritz Klieber, Dr. Philipp Springer, Dr. Rainer Thelen, Ilka Thom, Prof. Dr. Werner Treß. Ebenso danke ich den Mitarbeitern und Mitarbeiterinnen der vielen Museen, Archive und Bibliotheken, aus denen die Objekte stammen, stellvertretend und namentlich Dr. Thomas Brehm mit Dr. Gesa Büchert, Dr. Peter Exner, Prof. Dr. Eva Hanebutt-Benz mit Dr. Cornelia Schneider, Prof. Dr. Alexander Koch mit Carola Jüllig, Dr. Thomas Kosche, Klaas-Peter Krabbenhöft, Dr. Diana Kuhrau, Prof. Dr. Paula Lutum-Lenger mit Dr. Christopher Dowe, Dr. Dietmar Preißler mit Volker Thiel, Dr. Tanja Roppelt mit Dr. Hans Schaub, Dr. Bärbel Schulte, Dr. Gisela Vetter-Liebenow mit Ruth Brunngraber-Malottke M.A., Dr. Martina Weinland, Dr. Jürgen Weisser.

Den Mitarbeiterinnen und Mitarbeitern des Piper Verlags bin ich zu besonderem Dank verpflichtet, namentlich dem Verleger Marcel Hartges und dem früheren Programmleiter des Sachbuchlektorats Ulrich Wank, der von meinem Projekt von Anfang begeistert war und fest daran geglaubt hat. Vielmals und sehr herzlich danke ich Kristin Rotter, die meine Arbeit freundlich, motivierend und sachkundig begleitet hat, gern auch immer wieder wichtige Hinweise zu Objekten und inhaltlichen Schwerpunkten gab. Sie koordinierte die Herstellung des Buches mit großer Umsicht und versuchte, dem Autor die Zwänge der »Produktionsmaschinerie« zwischen Verlag, Bayerischem Rundfunk und Hörbuchverlag zu erleichtern. Ebenso danke ich Wolfgang Gartmann, Christine Mrowietz und Dunja Reulein für ihr sprachliches Einfühlungsvermögen und die überaus sorgfältige Bearbeitung meiner Texte. Marie Trakies unterstützte Kristin Rotter vor allem in der Schlussphase mit großem Engagement und viel diplomatischem Geschick; ihr gelang es, auch die schwierigsten Bildrechte zu verhandeln und noch das letzte Bildmotiv rechtzeitig zu besorgen. Keines der hier abgebildeten 100 Objekte könnte jedoch seine einzigartige Wirkung auf den Betrachter entfalten, wenn nicht Janine Erdmann das Projekt als Herstellerin betreut und mit all ihrer Erfahrung den Satz, die Bildbearbeitung und die Termine bis zur Drucklegung sachkundig und engagiert gesteuert hätte.

Dafür, dass aus »Lesbarem« auch »Hörbares« werden konnte, danke ich Thomas Morawetz und Klaus Uhrig vom Bayerischen Rundfunk. Beide haben mich auf viele wichtige Aspekte aufmerksam gemacht, Themen angeregt und motivierend unterstützt. Ebenso danke ich der Redaktionsleiterin Susanne Poelchau und Tina Jürgens, der Leiterin Zweitverwertung und Publikationen beim BR, die mich mit großem Interesse und Hinweisen zur Objektauswahl begleiteten. Der Leiter des BR2-Programms »Kultur und Gesellschaft«, Wolfgang Aigner, war vom ersten Tag an von diesem Projekt begeistert, und ich danke ihm und seinem Stellvertreter Dr. Dieter Heß herzlich für ihr Vertrauen. Die Stimmen von Katja Bürkle, Stefan Wilkening und Carsten Fabian sind einfühlsame »Brücken« in das Ohr des Zuhörers, Martin Trauner führte einfühlsam und kreativ Regie der inszenierten Lesungen. Ihnen allen und vielen weiteren für mancherlei unterschiedliche und oft komplizierte Technik- und Managementabläufe Zuständigen im Hintergrund eines so umfangreichen Projekts danke ich gern.

Den Kontakt zum Piper Verlag und zum BR stellte Dirk Rumberg her, und ihm, auch seiner Frau und ihrer gemeinsamen Literaturagentur, in deren Rahmen ich mich immer vorzüglich betreut fühle, danke ich nicht nur dafür ganz besonders. Er begleitete meine Arbeitsliste von Anfang an, war der erste Leser jedes einzelnen Textes, gab die meisten und immer hilfreichen Hinweise, dabei freundlich die richtigen Fragen stellend, jederzeit ansprechbar und stets motivierend.

Bei jedem einzelnen der hier ausgewählten 100 Objekte hat sich der Autor gewiss an die hundert Mal gefragt, ob es nicht ein »besseres«, überzeugenderes, wichtigeres gäbe. Leser und Leserinnen werden sich gewiss ähnliche Fragen stellen. Wenn solche Fragen sie dann am Ende auch motivieren könnte, weiter über Qualität und Hintergrund, Herkunft und Aussagekraft von Objekten nachzudenken, würde es mich freuen. Den Dank für dieses Weiterdenken gebe ich im Voraus gern an jeden aufgeschlossenen Leser und jede Leserin weiter.

Zuletzt und doch an erster Stelle danke ich meiner Familie, namentlich Hortense, für ihre unendliche Geduld, ihr Verständnis und ihre Anteilnahme an dieser Arbeit.

Hermann Schäfer

Literatur

Nr. 1 »Die Speere von Schöningen«

Hartmut Thieme/Reinhard Maier, Archäologische Ausgrabungen im Braunkohletagebau Schöningen, Landkreis Helmstedt, Hannover 1995.
Friedemann Schrenk/Stephanie Müller, Die Neandertaler, München 2005.
Hansjürgen Müller-Beck, Die Steinzeit. Der Weg der Menschen in die Geschichte, München 1998.
Horst Güntheroth/Peter Pursche, Deutschland in der Urzeit. Saurier, Neandertaler und Germanen, Augsburg 2006.
Thomas Junker, Die Evolution des Menschen, München 2006.
Hartmut Thieme (Hrsg.), Die Schöninger Speere – Mensch und Jagd vor 400 000 Jahren, Stuttgart 2007.
Monika Bernatzky, Fenster in die Archäologie. 300 000 Jahre Geschichte im Braunschweiger Land rund um den Elm, Braunschweig 2013.
Paläon. Grabung und Architektur. Exacavation and Architecture, hgg. vom Niedersächsischen Landesamt für Denkmalpflege durch Henning Haßmann, Hannover 2013.

Nr. 2 »Die Himmelsscheibe von Nebra«

Die Macht der Sterne. Himmelsscheibe von Nebra, hgg. vom Förderverein Schulbiologiezentrum Hamburg e. V. (FSH), Hamburg 1/2011.
Rahlf Hansen, »Sonne oder Mond? Wie der Mensch der Bronzezeit mit Hilfe der Himmelsscheibe Sonnen- und Mondkalender ausgleichen konnte«, in: Archäologie in Sachsen-Anhalt 4/2006 (2007), S. 289–304.
Regine Maraszek, Die Himmelsscheibe von Nebra, hgg. von Harald Meller, Halle 2010.
Harald Meller (Hrsg.), Der geschmiedete Himmel. Die weite Welt im Herzen Europas vor 3600 Jahren. Landesamt für Denkmalpflege und Archäologie Sachsen-Anhalt, Stuttgart 2008.
Peter R. Sahm/Hinrich Rahmann u. a. (Hrsg.), Homo spaciens. Der Mensch im Kosmos. Ein interdisziplinärer Ausblick auf Ursprung und Zukunft des Menschen im All, Hamburg 2005.
Wolfhard Schlosser, »Die Himmelsscheibe von Nebra – Astronomische Untersuchungen«, in: Harald Meller, Der geschmiedete Himmel. Die weite Welt im Herzen Europas vor 3600 Jahren. Landesamt für Denkmalpflege und Archäologie Sachsen-Anhalt, Stuttgart 2008, S. 44–47.

Nr. 3 »Eine römische Gesichtsmaske«

Boris Dreyer, Arminius und der Untergang des Varus. Warum die Germanen keine Römer wurden, Stuttgart 2009.
Ralf-Peter Märtin, Die Varusschlacht. Rom und die Germanen, Frankfurt 2008.
Dieter Timpe, »Die ›Varusschlacht‹ in ihren Kontexten. Eine kritische Nachlese zum Bimillennium 2009«, in: Historische Zeitschrift, Bd. 294 (2012), S. 593–652.
Rainer Wiegels (Hrsg.), Die Varusschlacht. Wendepunkt der Geschichte?, 2. Aufl., Stuttgart 2009.

Nr. 4 »Das Neumagener Weinschiff«

Ronald Bockius, »Römische Kriegsschiffe auf der Mosel? Schiffsarchäologisch-historische Betrachtungen zum ›Neumagener Weinschiff‹«, in: Funde und Ausgrabungen im Bezirk Trier, 40/2008, S. 37–49.
Hans Georg Eiben (Hrsg.), Das Neumagener Weinschiff. Eine Erfolgsgeschichte, Trier 2009.

Wilhelm von Massow, »Die Grabmäler von Neumagen«, in: Römische Grabmäler des Mosellandes und der angrenzenden Gebiete, Bd. 2, Berlin 1932.
Georg Schreiber, Deutsche Weingeschichte. Der Wein in Volksleben, Kult und Wirtschaft, Köln 1980.
Fritz Schumann, »Die Geschichte des Weines«, in: Der deutsche Wein, hgg. v. Hans Abrosi/Helmut Becker, München 1978, S. 15–22.
Monika K. N. Weidner, »Matrizen und Patrizen aus dem römischen Trier. Untersuchungen zu einteiligen keramischen Werkstattformen«, in: Trierer Zeitschrift, Beiheft 32, hgg. v. Rheinischen Landesmuseum Trier, Trier 2009, S. 109 f.

Nr. 5 »Haithabu 1«

Gareth Williams u. a. (Hrsg.), Die Wikinger, Berlin 2014.
Johannes Fried, Die Formierung Europas 840–1046, München 2008.
Torsten Capelle, Kultur und Kunstgeschichte der Wikinger, Darmstadt 1986.
Sven Kalmring, »Der Hafen von Haithabu«, in: Die Ausgrabungen in Haithabu, Bd. 14, Neumünster 2010.
Martin Kaufhold, Europas Norden im Mittelalter – die Integration Skandinaviens in das christliche Europa (9.–13. Jahrhundert), Darmstadt 2001.
Alheydis Plassmann, Die Normannen – Erobern, Herrschen, Integrieren, Stuttgart 2008.
Else Roesdahl (Hrsg.), Wikinger, Waräger, Normannen – Die Skandinavier und Europa 800–1200, Mainz 1992.
Birgit Sawyer, Die Welt der Wikinger, Berlin 2002.
Kurt Schietzel, Spurensuche Haithabu, Neumünster/Hamburg 2014.

Nr. 6 »Der Saufang«

Kurt Kramer, Die Glocke: eine Kulturgeschichte, Kevelaer 2012.
Jörg Poettgen, 700 Jahre Glockenguß in Köln. Meister und Werkstätten zwischen 1100 und 1800 (Arbeitsheft der rheinischen Denkmalpflege 61), Worms 2005.
Werner Schäfke/Marcus Trier (Hrsg.), Mittelalter in Köln. Eine Auswahl aus den Beständen des Kölnischen Stadtmuseums, Köln 2010.

Nr. 7 »Der Karlsthron in Aachen«

Johannes Fried, Karl der Große. Gewalt und Glaube. Eine Biographie, München 2013.
Werner Georgi, »Sedes Karoli – Herrschersitz oder Reliquienthron? Ein historischer Versuch zum ›Karlsthron‹ der Aachener Marienkirche«, in: Max Kerner (Hrsg.), Der Aachener Dom als Ort geschichtlicher Erinnerung. Werkbuch der Studierenden des Historisches Instituts der RWTH Aachen, Köln 2004, S. 107 ff.
Max Kerner, Karl der Große. Entschleierung eines Mythos, Köln/Weimar/Wien 2000.
Mario Kramp (Hrsg.), Krönungen. Könige in Aachen – Geschichte und Mythos. Katalog der Ausstellung, 2 Bde., Mainz 2000.
Felix Kreusch, »Über Pfalzkapelle und Atrium zur Zeit Karls des Großen«, in: Dom zu Aachen. Beiträge zur Baugeschichte IV, Aachen 1958.
Harald Müller/Clemens M. M. Bayer/Max Kerner (Hrsg.), »Die Aachener Marienkirche. Aspekte ihrer Archäologie und frühen Geschichte«, in: Der Aachener Dom in seiner Geschichte. Quellen und Forschungen, Bd. 1, Regensburg 2014.
Matthias Pape, »Der Karlskult an Wendepunkten der neueren deutschen Geschichte«, in: Historisches Jahrbuch 120 (2000), S. 138 ff.

Nr. 8 »Das Trierer Marktkreuz«

Hans Hubert Anton/Alfred Haverkamp (Hrsg.), »Trier im Mittelalter«, in: 2000 Jahre Trier, Bd. 2, Trier 1996.
Hans Eichler/Richard Laufner, »Hauptmarkt und Marktkreuz zu Trier. Eine kunst-, rechts- und wirtschaftsgeschichtliche Untersuchung«, in: Veröffentlichungen der Gesellschaft für nützliche Forschungen zu Trier, Trier 1958.
Rüdiger Fuchs, »Die Inschriften der Stadt Trier I (bis 1500)«, in: Die Deutschen Inschriften, Bd. 70, Wiesbaden 2006.

Eberhard Isenmann, Die deutsche Stadt im Mittelalter 1150–1550. Stadtgestalt, Recht, Verfassung, Stadtregiment, Kirche, Gesellschaft, Wirtschaft, Wien/Köln/Weimar 2012.
Richard Laufner, »2000 Jahre Gewerbe und Handel in Trier«, in: Trier – Wirtschaftszentrum mit Tradition und Zukunft. 2000 Jahre Trierer Wirtschaft, hgg. v. d. Industrie- und Handelskammer Trier o. J. [1984].

Nr. 9 »Die Reichskrone«

Christian Kohler, Ein ruhiges Fortbestehen? Das Germanische Nationalmuseum im »Dritten Reich«, Berlin 2011.
Mario Kramp (Hrsg.), Krönungen. Könige in Aachen – Geschichte und Mythos. Katalog der Ausstellung in zwei Bänden, Mainz 2000.
Mechthild Schulze-Dörrlam, Die Kaiserkrone Konrads II. (1024–1039). Eine archäologische Untersuchung zu Alter und Herkunft der Reichskrone, Sigmaringen 1991.
Bernd Schneidmüller/Stefan Weinfurter, Heilig – Römisch – Deutsch. Das Reich im mittelalterlichen Europa, Dresden 2006.
Reinhart Staats, Die Reichskrone. Geschichte und Bedeutung eines europäischen Symbols, Göttingen 1991.
Joachim Whaley, Das Heilige Römische Reich deutscher Nation, 2 Bde., Darmstadt 2014.

Nr. 10 »Christussäule und Bernwardtür«

Heinz Josef Adamski, Die Christussäule im Dom zu Hildesheim, Hildesheim 1979.
Gerd Althoff, »Otto III.«, in: Gestalten des Mittelalters und der Renaissance, Darmstadt 1997.
Arnold Angenendt, Grundformen der Frömmigkeit im Mittelalter, München 2003.
Michael Brandt/Arne Eggebrecht (Hrsg.), Bernward von Hildesheim und das Zeitalter der Ottonen. Katalog der Ausstellung Hildesheim 1993, 2 Bde., Hildesheim 1993.
Bernhard Gallistl u. a. (Hrsg.), Die Bernwardsäule und die Michaeliskirche zu Hildesheim, Hildesheim 1993.
Knut Görich, »Otto III. Romanus Saxonius et Italicus. Kaiserliche Rompolitik und sächsische Historiographie«, in: Historische Forschungen Bd. 18, 2. Auflage, Sigmaringen 1995.
Dieter von Nahmer, Der Heilige und sein Tod. Sterben im Mittelalter, Darmstadt 2013.
Klaus Schreiner (Hrsg.), »Laienfrömmigkeit im späten Mittelalter. Formen, Funktionen, politisch-soziale Zusammenhänge«, in: Schriften des Historischen Kollegs, Kolloquien 20, München 1992.
Klaus Schreiner (Hrsg.), Frömmigkeit im Mittelalter. Politisch-soziale Kontexte, visuelle Praxis, körperliche Ausdrucksformen, München 2002.
Johannes Sommer, St. Michael zu Hildesheim, Königstein 1978.

Nr. 11 »Das Nibelungenlied«

Badisches Landesmuseum/Badische Landesbibliothek (Hrsg.), ›Uns ist in alten Mären … das Nibelungenlied und seine Welt, Darmstadt, 2003.
Rolf Bräuer (Hrsg.), Geschichte der deutschen Literatur. Mitte des 12. bis Mitte des 13. Jahrhunderts, 2. Bd., Berlin 1990.
Helmut Brackert, Das Nibelungenlied. Mittelhochdeutscher Text und Übertragung, 27. Aufl., Frankfurt a.M. 2005.
Otfrid-Reinald Ehrismann, Nibelungenlied. Epoche, Werk, Wirkung, München 2002.
Joachim Heinzle, Die Nibelungen. Lied und Sage, Darmstadt 2005.
Joachim Heinzle (Hrsg.), Mythos Nibelungen, Stuttgart 2013.
Joachim Heinzle/Anneliese Waldschmidt (Hrsg.), Die Nibelungen. Ein deutscher Wahn, ein deutscher Alptraum. Studien und Dokumente zur Rezeption des Nibelungenstoffs im 19. und 20. Jahrhundert, Frankfurt a. M. 1991.
Joachim Heinzle/Klaus Klein/Ute Obhof (Hrsg.), Die Nibelungen. Sage, Epos, Mythos, Wiesbaden 2003.
Ute Obhof, »Die ›Nibelungenlied‹-Handschrift C, Codex Donaueschingen 63/Badische Landesbibliothek Karlsruhe«, hgg. v. d. Kulturstiftung der Länder, in: Patrimonia 289.
Matthias Schulz: Die Spur des Drachen. Spiegel-online vom 14.5.2005, http://www.spiegel.de/spiegel/print/d-40382973.html.

Nr. 12 »Der Bamberger Reiter«

Arno Borst (Hrsg.), Das Rittertum im Mittelalter, Darmstadt 1976.
Oscar Doering, Der Bamberger Dom, München 1923.
Joachim Ehlers, Die Ritter. Geschichte und Kultur, München 2006.
Hans-Christian Feldmann, Bamberg und Reims. Die Skulpturen 1220–1250, Hamburg 1992.
Joseph Fleckenstein, Rittertum und ritterliche Welt, unter Mitwirkung von Thomas Zotz, Berlin 2002.
Heinz Gockel, Der Bamberger Reiter. Seine Deutungen und seine Deutung, 2. Aufl., Berlin 2007.
Walter Hege (Fotografien)/Wilhelm Pinder (Text), Der Bamberger Dom und seine Bildwerke, 4. Aufl., Berlin 1938.
Berthold Hinz, »Der ›Bamberger Reiter‹«, in: Martin Warnke (Hrsg.), Das Kunstwerk zwischen Wissenschaft und Weltanschauung, Gütersloh 1970, S. 26–44.
Hans Jantzen, Deutsche Bildhauer des dreizehnten Jahrhunderts, Leipzig 1925.
Hans Jantzen, Der Bamberger Reiter, Stuttgart 1964.
Norbert Jung/Wolfgang F. Redding (Hrsg.), Dem Himmel entgegen. 1000 Jahre Kaiserdom Bamberg 1012–2012, Petersberg 2012.
Gerhard C. Krischker, Irdisches und Himmlisches, Bamberg 1990.
Hannes Möhring, König der Könige. Der Bamberger Reiter in neuer Interpretation, Königstein im Taunus 2004.
Lothar Schreyer, Der Bamberger Reiter, Oldenburg 1932.
Wolfgang Ullrich, »Der Bamberger Reiter und Uta von Naumburg«, in: Étienne François/Hagen Schulze: Deutsche Erinnerungsorte, Bd. 1, München 2001, S. 322–334.
Die Bildwerke des Bamberger Doms. Geleitwort von Karl Gröber, Insel-Bücherei Nr. 140, Leipzig 1938.

Nr. 13 »*Der Sachsenspiegel*«

Rolf Bräuer (Hrsg.), Geschichte der deutschen Literatur. Mitte des 12. bis Mitte des 13. Jahrhunderts, 2. Bde., Berlin 1990, S. 738 ff.
Joachim Bumke, Geschichte der deutschen Literatur im hohen Mittelalter, München 2000.
Rolf Lieberwirth, Eike von Repchow und sein Sachsenspiegel. Entstehung, Inhalt, Bedeutung, Köthen 1980.
Heiner Lück, Über den Sachsenspiegel. Entstehung, Inhalt und Wirkung des Rechtsbuches. 3. Aufl., Wettin-Löbejün 2013.
Heiner Lück, »Inszenierung unter dem Hakenkreuz. Die Eike-von-Repgow-Feier auf Burg Falkenstein am 29. Oktober 1933«, in: Jahrbuch der Juristischen Zeitgeschichte 8 (2006/07), S. 377–394.
Heinz Mohnhaupt (Hrsg.), Rechtsgeschichte in den beiden deutschen Staaten. 1988–1990. Beispiele, Parallelen, Positionen, Frankfurt a. M. 1991.
Markus Schröder, »Gott hat die Sachsen wohl bedacht. Der Sachsenspiegel (Spiegel der Sassen). Eike von Repgow, 1221–1227/28«, in: Max Behland/Walter Krämer/Reiner Pogarell (Hrsg.), Edelsteine. 107 Sternstunden deutscher Sprache vom Nibelungenlied bis Einstein, von Mozart bis Loriot, Paderborn 2014, S. 78 ff.
Hans-Peter Schneider, Daz ein Recht mac vromen. Der Sachsenspiegel – ein Rechtsbuch von europäischem Rang, Wolfenbüttel 1994.
Klaus-Peter Schroeder, Vom Sachsenspiegel zum Grundgesetz, München 2001.
Digitalisate aller vier Bilderhandschriften durch ein Editionsprojekt der Herzog August Bibliothek Wolfenbüttel und der Fachhochschule Braunschweig/Wolfenbüttel online verfügbar: http://www.sachsenspiegel-online.de.

Nr. 14 »Kabäuschen im Lübecker Heiligen-Geist-Hospital«

Hartmut Boockmann, Die Stadt im späten Mittelalter, München 1986.
Neithard Bulst (Hrsg.), Sozialgeschichte mittelalterlicher Hospitäler, Ostfildern 2007.
Georg Wilhelm Dittmer, Das Heil. Geist Hospital und der St. Clemens Kaland zu Lübeck, Lübeck 1838.
Dieter Jetter, Das europäische Hospital. Von der Spätantike bis 1800, Köln 1986.

Michael Matheus (Hrsg.), Funktions- und Strukturwandel spätmittelalterlicher Hospitäler im europäischen Vergleich, Stuttgart 2005.
Werner Moritz, Das Hospital im späten Mittelalter. Ausstellung des Hessischen Staatsarchivs Marburg, Marburg 1983.
Marie-Luise Windemuth, Das Hospital als Träger der Armenfürsorge im Mittelalter, Stuttgart 1995.

Nr. 15 »Das Tennenbacher Güterbuch«

Konrad Krimm, »Bild und Kontext. Zu den Eingangsminiaturen des Tennenbacher Güterbuchs«, in: Zeitschrift für die Geschichte des Oberrheins (ZGO), Bd. 155 (2007), S. 215ff.
Werner Rösener/Heinz Krieg/Hans-Jürgen Günther (Hrsg.), 850 Jahre Zisterzienserkloster Tennenbach: Aspekte seiner Geschichte von der Gründung (1161) bis zur Säkularisation (1806), Reihe Forschungen zur oberrheinischen Landesgeschichte, Bd. 59, Freiburg i. Br./München 2014.
Christian Stadelmaier, Zwischen Gebet und Pflug. Das Grangienwesen des Zisterzienserklosters Tennenbach, Reihe Forschungen zur oberrheinischen Landesgeschichte, Bd. 58, Freiburg i. Br./München 2014.
Max Weber/Günther Haselier/Alfons Schäfer/Hans Georg Zier/Paul Zinsmaier (Bearb.), Das Tennenbacher Güterbuch (1317–1341), Stuttgart 1969.

Nr. 16 »Die Schmiedefenster im Freiburger Münster«

Evamaria Engel, Die deutsche Stadt des Mittelalters, München 1993.
Heiko Haumann/Hans Schadek (Hrsg.), Geschichte der Stadt Freiburg im Breisgau, 3 Bde., Stuttgart 1992–1996.
Wolfgang Hug, Das Freiburger Münster. Kunst – Geschichte – Glaubenswelt, March-Buchheim 1995.
Konrad Kunze, Himmel in Stein. Das Freiburger Münster. Vom Sinn mittelalterlicher Kirchenbauten, 14. Aufl., Freiburg 2014.
Heike Mittmann, Die Glasfenster des Freiburger Münsters, Regensburg 2005.
Schulz, Knut, Handwerk, Zünfte und Gewerbe. Mittelalter und Renaissance, Darmstadt 2010.
Wissell, Rudolf, Des alten Handwerks Recht und Gewohnheit (1929), 6 Bde., Berlin 1971 bis 1988.

Nr. 17 »Die Goldene Bulle«

Michael Borgolte, »Die Goldene Bulle als europäisches Gundgesetz«, in: Tillmann Lohse/Benjamin Scheller (Hrsg.), Mittelalter in der größeren Welt. Essays zur Geschichtsschreibung und Beiträge zur Forschung, Berlin 2014, S. 193ff.
Evelyn Brockhoff/Jan Gerchow/Raphael Gross/August Heuser (Hrsg.), Die Kaisermacher. Frankfurt a. M. und die Goldene Bulle. 1356–1806 (Katalog), Frankfurt 2006.
Evelyn Brockhoff/Michael Matthäus (Hrsg.), Die Kaisermacher. Frankfurt a. M. und die Goldene Bulle. 1356–1806 (Aufsätze), Frankfurt 2006.
Georg Schmidt, Geschichte des alten Reiches. Staat und Nation in der Frühen Neuzeit 1495–1806, München 1999.

Nr. 18 »Die Bremer Kogge«

Jörgen Bracker/Volker Henn/Rainer Postel (Hrsg.), Die Hanse – Lebenswirklichkeit und Mythos. Katalog der Ausstellung des Museums für Hamburgische Geschichte in Hamburg 1989, 2 Bde., Hamburg 1989.
Thomas Förster, Schiffe der Hanse, Rostock 2009.
Gisela Graichen/Rolf Hammel-Kiesow, Die deutsche Hanse. Eine heimliche Supermacht, Reinbek 2011.
Rolf Hammel-Kiesow, Hanse, 3. Aufl., München 2004.
Gabriele Hoffmann/Uwe Schnall (Hrsg.), Die Kogge. Sternstunde der deutschen Schiffsarchäologie, Hamburg 2003.
Klaus-Peter Kiedel/Uwe Schnall (Hrsg.), Die Hanse-Kogge von 1380, Bremerhaven 1989.
Dieter Zimmerling, Die Hanse. Handelsmacht im Zeichen der Kogge, Düsseldorf/Wien 1976.
Carsten Jahnke, Die Hanse, Stuttgart 2014.

Nr. 19 »Der Plattenrock«

Reinhard Baumann, Landsknechte. Ihre Geschichte und Kultur vom späten Mittelalter bis zum Dreißigjährigen Krieg, München 1994.
Lothar Höbelt, »Vom militärischen saisonnier zum miles perpetuus«, in: Thomas Kolnberger u. a. (Hrsg.), Krieg in der europäischen Neuzeit, Wien 2010, S. 64.
Jan Willem Huntebrinker, »Fromme Knechte« und »Garteteufel«. Söldner als soziale Gruppe im 16. und 17. Jahrhundert, Reihe Konflikte und Kultur – Historische Perspektiven, Bd. 22, Konstanz 2010.
Bernhard R. Kroener, Kriegswesen, Herrschaft und Gesellschaft 1300–1800, München 2013.
Hans-Michael Möller, Das Regiment der Landsknechte. Untersuchungen zu Verfassung, Recht und Selbstverständnis in deutschen Söldnerheeren des 16. Jahrhunderts, Reihe Frankfurter historische Abhandlungen, Bd. 12, Wiesbaden 1976.
Tobias Schönauer, »Plattenrock um 1350«, in: Peter Wolf/Evamaria Brockhoff/Elisabeth Handle-Schubert/Andreas Th. Jell/Barbara Six (Hrsg.), Ludwig der Bayer. Wir sind Kaiser! Katalog zur Bayerischen Landesausstellung 2014, Regensburg 2014, S. 115 ff.

Nr. 20 »Das Große Siegel der Universität Heidelberg«

Peter Classen/Eike Wolgast, Kleine Geschichte der Universität Heidelberg, Berlin/Heidelberg/New York 1983.
Wilhelm Doerr (Hrsg.), SEMPER APERTUS. 600 Jahre Ruprecht-Karls Universität Heidelberg 1386–1986, Festschrift in sechs Bänden, Berlin/Heidelberg/New York 1985 (darin vor allem die Beiträge von Eike Wolgast in den Bänden 1–3).
Notker Hammerstein, »Universitäten und Kriege im 20. Jahrhundert«, in: Walter Rüegg (Hrsg.), Geschichte der Universität in Europa, Bd. 3: Vom 19. Jahrhundert zum Zweiten Weltkrieg (1800–1945), München 2004, S. 535 ff.
Gabriel Meyer/Matthias Nuding/Markus Raquet/Roland Schewe, »Als Replikat erkannt. Der Siegelstempel der Universität Heidelberg von 1386 im Germanischen Nationalmuseum«, in: Anzeiger des Germanischen Nationalmuseums, Nürnberg 2013, S. 127 ff.
Universität Heidelberg. Geschichte und Gegenwart 1386–1961, Katalog zur gleichnamigen Ausstellung im Ottheinrichsbau des Heidelberger Schlosses, hgg. v. Georg Poensgen/Klaus Mugdan, Karlsruhe 1961.
600 Jahre Ruprecht-Karls-Universität Heidelberg 1386–1986. Geschichte, Forschung und Lehre, hgg. v. Rektor der Universität Heidelberg, München 1986.

Nr. 21 »Das Parlerzeichen auf der Parlerin«

Günther Binding, Als die Kathedralen in den Himmel wuchsen. Bauen im Mittelalter, Darmstadt 2006.
Georges Duby, Die Zeit der Kathedralen. Kunst und Gesellschaft 980–1420, Frankfurt a. M. 1984.
Anton Legner (Hrsg.), Die Parler und der schöne Stil 1350–1400. Europäische Kunst unter den Luxemburgern. Ein Handbuch zur Ausstellung des Schnütgen Museums in der Kunsthalle Köln, 3 Bde., Köln 1978.
Hans Sedlmayr, Die Entstehung der Kathedrale, Wiesbaden 2001.

Nr. 22 »Gutenbergs bewegliche Lettern«

Elisabeth I. Eisenstein, Die Druckerpresse. Kulturrevolutionen im frühen modernen Europa, Wien/New York 1997.
Monika Estermann/Eva Hanebutt-Benz, »O werthe Druckerkunst / Du Mutter aller Kunst.« Gutenberg im Laufe der Jahrhunderte, Mainz 1999.
Lucien Febvre/Henri-Jean Martin, L'apparition du livre, Paris 1971.
Chiara Frugoni, Das Mittelalter auf der Nase. Brillen, Bücher, Bankgeschäfte und andere Erfindungen des Mittelalters, 2. Aufl., München 2004.
Stephan Füssel, Gutenberg und seine Wirkung, Frankfurt/Leipzig 1999.
Stephan Füssel, Johannes Gutenberg, Hamburg (1999), 5. überarbeitete und aktualisierte Auflage 2013.

Gutenberg. aventur und kunst: vom Geheimunternehmen zur ersten Medienrevolution, Katalog zur Ausstellung anlässlich des 600. Geburtstags von Johannes Gutenberg, Mainz 2000.
Eva Maria Hanebutt-Benz, »Gutenberg und Mainz«, in: http://www.gutenberg.de/zeitgum.htm.
Albert Kapr, Johannes Gutenberg. Persönlichkeit und Leistung, Frankfurt a. M. u. a. 1986.
Michael Matheus (Hrsg.), Lebenswelten Johannes Gutenbergs, Stuttgart 2005.
Paul Raabe (Hrsg.), Gutenberg. 550 Jahre Buchdruck in Europa, Katalog zur Ausstellung der Herzog-August-Bibliothek Wolfenbüttel 1990, Weinheim 1990.
Christoph Reske, »Hat Johannes Gutenberg das Gießinstrument erfunden? Mikroskopischer Typenvergleich an frühen Drucken«, in: Gutenberg Jahrbuch 90 (2015), S. 44 ff.
Horst Wenzel, Mediengeschichte vor und nach Gutenberg, Darmstadt 2008.

Nr. 23 »Martin Behaims Erdapfel«

Gerhard Bott (Hrsg.), »Focus Behaim Globus, Teil 1: Aufsätze, Teil 2: Katalog«, in: Ausstellungskataloge des Germanischen Nationalmuseums, Ausstellung vom 2. Dezember 1992 bis 28. Februar 1993, Verlag des Germanisches Nationalmuseums, Nürnberg 1992 (vor allem die Beiträge von Peter J. Bräunlein und Johannes Willers).
Hermann Kellenbenz, »Gewerbe und Handel am Ausgang des Mittelalters«, in: Georg Pfeiffer (Hrsg.), Nürnberg – Geschichte einer europäischen Stadt, München 1982, S. 183 ff.
Ulrich Knefelkamp, »Der Behaim-Globus – Geschichtsbild und Geschichtsdeutung«, in: Dagmar Unverhau (Hrsg.), Geschichtsdeutung auf alten Karten. Archäologie und Geschichte, in: Wolfenbütteler Forschungen, Bd. 101, Wiesbaden 2003, S. 111–128.
Norica. Berichte und Themen aus dem Stadtarchiv Nürnberg, Schwerpunktthema. Martin Behaim (1459–1507). Nürnberg im Zeitalter der Entdeckungen, Nürnberg 2007 (vor allem die Beiträge von Günther Görz, Reinhard Jakob, Ursula Timann).

Nr. 24 »›Das Frauenbad‹ von Albrecht Dürer«

Anne-Marie Bonnet, Albrecht Dürer – Die Erfindung des Aktes, München 2014.
Dies., »Akt« bei Dürer, Köln 2001.
Edith Ennen, Frauen im Mittelalter, 5., überarbeitete und erweiterte Aufl., München 1994.
Anne Röver-Kann, »Kunsthalle Bremen: Rückkehr verschollener Kunstwerke – Das Ende einer Odyssee: Dürers ›Frauenbad‹ zurück«, in: AsKI-Kulturberichte 1/2004.
Anne Röver-Kann (Bearb.)/Der Kunstverein Bremen (Hrsg.), Albrecht Dürer. Das Frauenbad von 1496, Bremen 2001.
Anne Röver-Kann (Bearb.)/Der Kunstverein Bremen (Hrsg.), Dürer-Zeit. Die Geschichte der Dürer-Sammlung in der Kunsthalle Bremen, München 2012.
Rainer Berthold Schossig/Der Kunstverein Bremen (Hrsg.), Viktor Baldin. Der Mann mit dem Koffer. Die Odyssee der 1945 nach Moskau verbrachten Blätter der Kunsthalle Bremen, Bremen 2007.
Friedrich Winkler, Albrecht Dürer. Leben und Werk, Berlin 1957.

Nr. 25 »Die ›Markgrafentafel‹ von Hans Baldung Grien«

Baden! 900 Jahre. Geschichte eines Landes, Katalog zur Großen Landesausstellung im Badischen Landesmuseum Karlsruhe 2012, Stuttgart 2012.
Klaus Graf, »Lehren aus dem Karlsruher Kulturdebakel 2006«, in: Kunstchronik 60 (2007), S. 57–61.
Konrad Krimm, »Markgraf Christoph I. und die badische Teilung. Zur Deutung der Karlsruher Votivtafel von Hans Baldung Grien«, in: Zeitschrift für die Geschichte des Oberrheins 138, N. F. 99 (1990), S. 199–215.
Dieter Mertens, »Der Baldung-Grien-Code. Wer will denn ein Bild kaufen, das ihm schon gehört? Günther Oettinger haut acht Millionen auf den Kopf«, in: FAZ vom 2. 11. 2006, Nr. 255, S. 39–41.
Gert von der Osten, Hans Baldung Grien. Gemälde und Dokumente, Berlin 1983.
Wilfried Rogasch (Hrsg.), Schatzhäuser Deutschlands. Kunst in adligem Privatbesitz, Katalog zur Ausstellung im Haus der Kunst, München 2004–2005, München 2004.

Nr. 26 »Das Reinheitsgebot«

Monika Ruth Franz, »Die Landesordnung von 1516/1520. Landesherrliche Gesetzgebung im Herzogtum Bayern in der ersten Hälfte des 16. Jahrhunderts«, in: Bayerische Rechtsquellen, Bd. 5, München 2003.
Karin Hackel-Stehr, Das Brauwesen in Bayern vom 14. bis 16. Jahrhundert, insbesondere die Entstehung und Entwicklung des Reinheitsgebotes (1516), Berlin 1987.
Christian Rätsch, Bier. Jenseits von Hopfen und Malz. Von den Zaubergetränken der Götter zu den psychedelischen Bieren der Zukunft, Luzern 1996.
Ernst Schubert, Essen und Trinken im Mittelalter, Darmstadt 2006.
Birgit Speckle, »Streit ums Bier in Bayern. Wertvorstellungen um Reinheit, Gemeinschaft und Tradition«, in: Münchener Universitätschriften/Münchner Beiträge zur Volkskunde, Bd. 27, Münster/New York/München/Berlin 2001.

Nr. 27 »In der ›Goldenen Schreibstube‹«

Philippe Braunstein (Hrsg.), Un banquier mis à nu. Autobiographie de Matthäus Schwarz, bourgeois d'Augsbourg, Paris 1992.
August Fink (Hrsg.), Die Schwarz'schen Trachtenbücher, Berlin 1963.
Valentin Groebner, »Die Kleider des Körpers des Kaufmanns. Zum ›Trachtenbuch‹ eines Augsburger Bürgers im 16. Jahrhundert«, in: Zeitschrift für Historische Forschung 25 (1998), S. 323–358.
Mark Häberlein, Die Fugger. Geschichte einer Augsburger Familie (1367–1650), Stuttgart 2006.
Franz Herre, Die Fugger in ihrer Zeit, 12. Aufl., Augsburg 2005.
Wolfgang Treue, Abenteuer und Anerkennung. Reisende und Gereiste in Spätmittelalter und Frühneuzeit (1400–1700), Paderborn 2014.

Nr. 28 »Werner Tübkes Panoramabild in Bad Frankenhausen«

Harald Behrendt, Werner Tübkes Panoramabild in Bad Frankenhausen. Zwischen staatlichem Prestigeprojekt und künstlerischem Selbstauftrag, Kiel 2006.
Günter Meißner, Bauernkrieg und Weltgericht. Das Frankenhausener Monumentalbild einer Wendezeit, Leipzig 1995.
Günter Meißner, Werner Tübke. Leben und Werk, Leipzig 1989.
Werner Tübke, Monumentalbild Frankenhausen. Mit einem Text von Karl Max Kober, Dresden 1989.
Hans-Werner Schmidt/Eduard Beaucamp (Hrsg.), Tübke. Die Retrospektive zum 80. Geburtstag, Leipzig 2009.
Werner Tübke, »›Es kommt darauf an, Utopie zu leisten.‹ Interview mit Peter Sager«, in: Die Zeit, Nr. 11/1978, S. 27.
Werner Tübke, Reformation – Revolution. Mit Texten von Karl Max Kober, Dresden 1988.
Peter Blickle, Der Bauernkrieg. Die Revolution des Gemeinen Mannes, München 2012.

Nr. 29 »Marin Luthers Biblia Deutsch«

Hardy Eidam (Hrsg.), »Er fühlt der Zeiten ungeheuren Bruch und fest umklammert er sein Bibelbuch …«: zum Lutherkult im 19. Jahrhundert, Berlin 1996.
Stephan Füssel (Hrsg.), Die Luther-Bibel von 1534, Vollständiger Nachdruck, Biblia, das ist die ganze Heilige Schrift, Faksimile-Ausgabe, mit einer kulturhistorischen Einführung von Stephan Füssel, Köln 2012.
Michael Knoche (Hrsg.), Reise in die Bücherwelt. Drucke der Herzogin Anna Amalia Bibliothek aus sieben Jahrhunderten, Köln/Weimar/Wien 2011.
Stefan Laube (Hrsg.), Lutherinszenierung und Reformationserinnerung, Leipzig 2002.
Heinz-Gerhard Haupt (Hrsg.), Nation und Religion in der deutschen Geschichte, Frankfurt a. M. 2001.
Michael Fischer, Religion, Nation, Krieg. Der Lutherchoral »Ein feste Burg ist unser Gott« zwischen Befreiungskriegen und Erstem Weltkrieg, Münster 2014.
Hartmut Lehmann, Luthergedächtnis 1817 bis 2017, Göttingen 2012.

Nr. 30 »Die Augsburger Monatsbilder«

Hartmut Boockmann/Pia Maria Grüber (Hrsg.), »Kurzweil viel ohn' Maß und Ziel«. Alltag und Festtag auf den Augsburger Monatsbildern der Renaissance, München 1994.
Christina Langner/Detlef Wienecke-Janz (Hrsg.), Feste und Bräuche aus Mittelalter und Renaissance. Die Augsburger Monatsbilder, Gütersloh/München 2007.
Bernd Roeck, Architektur einer europäischen Stadt, Regensburg 1984.
Bernd Roeck, Lebenswelt und Kultur des Bürgertums in der Frühen Neuzeit, München 1991.
Heinz Schilling, Die Stadt in der frühen Neuzeit, München 1993.

Nr. 31. »Die Zapfhähne aus der Schlacht bei Wittstock«

Sabine Eickhoff/Franz Schopper (Hrsg.), 1636 – Ihre letzte Schlacht. Leben im Dreißigjährigen Krieg, Ausstellungskatalog, Berlin 2012.
Heinz Ludwig Arnold, Hans Jacob Christoffel von Grimmelshausen, München 2008.
Johannes Burkhardt, Der Dreißigjährige Krieg, Frankfurt a. M. 1992.
Benigna v. Krusenstjern, »Selbstzeugnisse aus der Zeit des Dreißigjährigen Krieges. Beschreibendes Verzeichnis«, in: Selbstzeugnisse der Neuzeit 6, Berlin 1997.
Jan Peters (Hrsg.), Ein Söldnerleben im Dreißigjährigen Krieg. Eine Quelle zur Sozialgeschichte, Berlin 1993.
Konrad Repgen, Dreißigjähriger Krieg und Westfälischer Friede. Studien und Quellen, hgg. von Franz Bosbach und Christoph Kampmann, 2. Aufl., Paderborn 1999.
Bernd Roeck, Als wollt die Welt schier brechen: eine Stadt im Zeitalter des Dreißigjährigen Krieges, München 1991.
Wolfgang Treue, »Aus dem Kloster hinaus in die Welt – zwei Mönche in der Zeit des Dreißigjährigen Krieges«, in: Archiv für Kulturgeschichte 2011, S. 439–471.

Nr. 32 »Ein Chanukka-Leuchter«

Karl Erich Grözinger (Hrsg.), Jüdische Kultur in Frankfurt von den Anfängen bis in die Gegenwart, Wiesbaden 1997.
Georg Heuberger (Hrsg.), Die Pracht der Gebote. Die Judaica-Sammlung des Jüdischen Museums Frankfurt am Main, Köln 2006.
Sabine Hödl u. a. (Hrsg.), Hofjuden und Landjuden. Jüdisches Leben in der Frühen Neuzeit, Berlin/Wien 2004.
Isidor Kracauer, Geschichte der Juden in Frankfurt a. M. (1150–1824), 2 Bde., Frankfurt a. M. 1923/27.
Was übrig blieb. Das Museum Jüdischer Altertümer in Frankfurt 1922–1938, Ausstellungs-Katalog, hgg. vom Jüdischen Museum Frankfurt, Frankfurt a. M. 1988.
Annette Weber, »Splendid Bridal Gifts from a Sumptuous Wedding Ceremony of 1681 in the Frankfurt Judengasse«, in: Journal of Jewish Art 20 (1994), S. 168–179.
Annette Weber, »›Was übrig blieb‹. Riten und Kultgerät aus der Frankfurter Judengasse«, in: Synagogen, Mikwen, Siedlungen. Jüdisches Alltagsleben im Lichte neuer archäologischer Funde, hgg. v. Egon Wamers und Fritz Backhaus, Frankfurt a. M. 2004, S. 41–59.

Nr. 33 »Die Pestarztmaske«

Klaus Bergdolt, Der Schwarze Tod. Die große Pest und das Ende des Mittelalters, München (1994), 3. Aufl. 2011.
Mischa Meier (Hrsg.), Pest. Die Geschichte eines Menschheitstraumas, Stuttgart 2005.
Norbert Ohler, Sterben und Tod im Mittelalter, Düsseldorf 2004.
Manfred Vasold, Pest, Not und schwere Plagen. Seuchen und Epidemien vom Mittelalter bis heute, München 1991.
Manfred Vasold, Grippe, Pest und Cholera. Eine Geschichte der Seuchen in Europa, Stuttgart 2008.

Nr. 34 »Der ›Tanzende Tod‹«

Philippe Ariès, Geschichte des Todes, München 1980.
Klaus Bergdolt, Der Schwarze Tod in Europa. Die Große Pest und das Ende des Mittelalters, 6. Aufl., München 2011.

Peter Borscheid (Hrsg.), Ehe, Liebe, Tod. Zum Wandel der Familie, der Geschlechts- und Generationsbeziehungen in der Neuzeit, Münster 1983.
Norbert Fischer, Geschichte des Todes in der Neuzeit, Erfurt 2001.
Andrea von Hülsen-Esch (Hrsg.), Zum Sterben schön! Alter, Totentanz und Sterbekunst von 1500 bis heute, Katalog zur Ausstellung des Museums Schnütgen, 2 Bde., Regensburg 2006.
Arthur E. Imhof/Rita Weinknecht (Hrsg.), »Erfüllt leben – in Gelassenheit sterben. Geschichte und Gegenwart. Beiträge eines interdisziplinären Symposiums vom 23.–25. November 1993 an der Freien Universität Berlin«, in: Berliner Historische Studien, Bd. 19, Berlin 1994.
Paul Münch, Lebensformen in der Frühen Neuzeit. 1500 bis 1800, Frankfurt a. M. 1992.
Eva Schuster (Hrsg.), Das Bild vom Tod. Graphiksammlung der Heinrich-Heine-Universität Düsseldorf, Recklinghausen 1992.
Klaus Wolbert, Memento mori. Der Tod als Thema der Kunst vom Mittelalter bis zur Gegenwart, Ausstellungskatalog, Darmstadt 1984.

Nr. 35 »Das Edikt von Potsdam«

Frederic Hartweg/Susanne Beneke/Hans Ottomeyer (Hrsg.), Zuwanderungsland Deutschland. Die Hugenotten, Katalog zur Ausstellung des DHM 2005/2006, Berlin 2005.
Guido Braun/Susanne Lachenicht (Hrsg.), »Hugenotten und deutsche Territorialstaaten. Immigrationspolitik und Integrationsprozesse«, in: Pariser Historische Studien, hgg. v. Deutschen Historischen Institut Paris, Bd. 82, München 2007.
Susanne Lachenicht, Hugenotten in Europa und Nordamerika. Migration und Integration in der Frühen Neuzeit, Frankfurt a. M. 2010.
Gottfried Bregulla, Hugenotten in Berlin, Berlin/Ost 1988.
Conrad Grau, Berlin Französische Straße. Auf den Spuren der Hugenotten, Berlin/Ost 1987.
Susanne Lachenicht, Hugenotten in Europa und Nordamerika. Migration und Integration in der Frühen Neuzeit, Frankfurt/New York 2010.
Ingrid Mittenzwei (Hrsg.), Hugenotten in Brandenburg-Preußen, Berlin/Ost 1987.
Ed. Muret (Bearb.), Geschichte der französischen Kolonie in Brandenburg-Preußen unter besonderer Berücksichtigung der Berliner Gemeinde. Aus Veranlassung der Zweihundertjährigen Jubelfeier am 29. Oktober 1885, Berlin 1885.
Ulrich Niggemann, Immigrationspolitik zwischen Konflikt und Konsens. Die Hugenottenansiedlung in Deutschland und England (1681–1697), Köln/Weimar/Wien 2008.
Ulrich Niggemann, Hugenotten, Köln/Weimar/Wien 2011.
Valeska von Roques, »Unsere lieben Hugenotten«, in: Der Spiegel 49/1985.
Rudolf von Thadden/Michelle Magdelaine (Hrsg.), Die Hugenotten 1685–1985, München 1985.
Wolfgang Neugebauer (Hrsg.), Das 17. und 18. Jahrhundert und Große Themen der Geschichte Preußens, Berlin 2009.

Nr. 36 »Balthasar Neumanns Instrumentum Architecturae«

Erich Franz, Räume, die im Sehen entstehen. Ein Führer zu sämtlichen Bauten Balthasar Neumanns, Ostfildern 1998.
Cornelius Gurlitt, Geschichte des Barockstiles und des Rococo in Deutschland, Stuttgart 1889.
Joseph Keller, Balthasar Neumann, Würzburg 1896.
Fritz Knapp, Balthasar Neumann. Der große Architekt seiner Zeit, Bielefeld 1937.
Gerd Schneider, Unbekannte Werke barocker Baukunst, Ansichten nach Entwürfen von Balthasar Neumann und Zeitgenossen, Wiesbaden 1995.
Wilfried Hansmann, Balthasar Neumann. Leben und Werk, Köln 1988.
Bernhard Schütz, Balthasar Neumann, Freiburg 1988.
Max H. von Freeden, Balthasar Neumann. Leben und Werk, 2. erw. Aufl., München 1963.
Ulrich Schütte (Hrsg.), Architekt und Ingenieur. Baumeister in Krieg und Frieden, Wolfenbüttel 1984.
R. Studtrucker, Aus Balthasar Neumanns Baubüro. Pläne der Sammlung Eckert zu Bauten des großen Barockarchitekten, Würzburg 1987.
Alexander Wiesneth, Gewölbekonstruktionen Balthasar Neumanns, Berlin 2011.
Ulrich Troitzsch (Hrsg.), Nützliche Künste. Kultur- und Sozialgeschichte der Technik im 18. Jahrhundert, Münster 1999.

Nr. 37 »Die Tabakdose Friedrich des Großen«

Johann Georg Prinz von Preußen (Hrsg.), Friedrich der Große. Sammler und Mäzen, München 1992.
Werner Benecke/Grzegorz Podruczny (Hrsg.), Kunersdorf 1759. Kunowice 2009. Studien zu einer europäischen Legende, Berlin 2010.
Verein der Freunde und Förderer des Museums Viadrina e. V., Stadtarchiv und Kleist-Museum, Frankfurt/Oder (Hrsg.), Das Mirakel des Hauses Brandenburg. Die Schlacht bei Kunersdorf. Der Dichter Ewald Christian von Kleist, Jacobsdorf 2010.
Friedrich der Große: Ausstellung des Geheimen Staatsarchivs Preußischer Kulturbesitz anläßlich des 200. Todestages Friedrichs II. von Preußen, Berlin 1986.
Tom Goeller, Der Alte Fritz. Mensch, Monarch, Mythos, Hamburg 2011.
Rüdiger Michael, »Kunersdorf 1759. Prestige- oder Vernichtungsschlacht?«, in: Militärgeschichte 9/1999, S. 79–88.
Johannes Kunisch, Friedrich der Große. Der König und seine Zeit, München 2004.
Deutsches Historisches Museum (Hrsg.): Friedrich der Große. Verehrt. Verklärt. Verdammt, Stuttgart 2012.

Nr. 38 »Der Blitzableiter«

Peter Heering/Oliver Hochadel/David J. Rhees (Hrsg.), »Playing with Fire: Histoires of the Lightning Rod«, Transactions of the American Philosophical Society 99, 5, Philadelphia 2009.
Oliver Hochadel, Öffentliche Wissenschaft. Elektrizität in der deutschen Aufklärung, Göttingen 2003.
Jonathan I. Israel, Radical Enlightenment. Philosophy and the Making of Modernity 1650 bis 1750, Oxford 2002.
Heinz-Dieter Kittsteiner, Die Entstehung des modernen Gewissens, Frankfurt a. M. 1991.
Christa Möhring, Eine Geschichte des Blitzableiters. Die Ableitung des Blitzes und die Neuordnung des Wissens um 1800, Diss. Weimar 2005 [PDF online].
Potzblitz! Der historische Blitzableiter des Augsburger Schaetzlerpalais. Katalog zur Kabinettausstellung der Museen und Kunstsammlungen Augsburg in Zusammenarbeit mit der Staats- und Stadtbibliothek Augsburg, Augsburg 2008.
Hannelore Schlaffer, »Prometheus und Lotte«, in: Wolfgang Lange/Jürgen Paul Schwindt/Karin Westerwelle (Hrsg.), Temporalität und Form. Konfigurationen ästhetischen und historischen Bewußtseins. Autoren-Kolloquium mit Karl Heinz Bohrer, Heidelberg 2004, S. 237 ff.
Rudolf Stichweh, Zur Entstehung des modernen Systems wissenschaftlicher Disziplinen. Physik in Deutschland 1740–1890, Frankfurt a. M. 1984.
Engelhard Weigl, »Entzauberung der Natur durch Wissenschaft – dargestellt am Beispiel der Erfindung des Blitzableiters«, in: Jahrbuch der Jean-Paul-Gesellschaft, hgg. v. Kurt Wölfel, 22. Jg. 1987, S. 7 ff.

Nr. 39 »Goethes ›Freiheitsbaum‹«

Holger Böning (Hrsg.), Französische Revolution und deutsche Öffentlichkeit. Wandlungen in Presse und Alltagskultur am Ende des 18. Jahrhunderts, München u. a. 1992.
Franz Dumont, »Die Mainzer Republik von 1792/93. Französischer Revolutionsexport und deutscher Demokratieversuch«, bearbeitet von Stefan Dumont und Ferdinand Scherf, in: Schriften des Landtags Rheinland-Pfalz, Heft 55, Mainz 2013.
Volkmar Hansen (Hrsg.), Europa, wie Goethe es sah, Ausstellungskatalog, Düsseldorf/Saverne/Bologna 1999.
Günther Jäckel (Hrsg.), Der Freiheitsbaum. Die Französische Revolution in Schilderungen Goethes und Forsters 1792/93, Berlin 1983.
Axel Kuhn, Freiheit, Gleichheit, Brüderlichkeit: Debatten um die Französische Revolution in Deutschland, Hannover 1989.
Rüdiger Safranski, Goethe. Kunstwerk des Lebens, München 2013.
Peter Schneider, Mainzer Republik und Französische Revolution, Mainz 1990.
Theo Stammen/Friedrich Eberle (Hrsg.), Deutschland und die Französische Revolution 1789–1806, Darmstadt 1988.
Claus Träger (Hrsg.), Die Französische Revolution im Spiegel der deutschen Literatur, Köln 1989.

Nr. 40 »Das Oktoberedikt«

Christopher Clark, Preußen – Aufstieg und Niedergang. 1800–1947, München 2007.
Heinz Duchhardt, Mythos Stein. Vom Nachleben, von der Stilisierung und von der Instrumentalisierung des preußischen Reformers, Göttingen 2008.
Heinz Duchhardt, Freiherr vom Stein. Preußens Reformer und seine Zeit, München 2009.
Max Lehmann, Freiherr vom Stein, 2. Teil. Die Reform 1807–1808, Leipzig 1903.
Ilja Mieck, »Die preußischen Reformen: Eine Revolution von oben?«, in: Manfred Schlenke (Hrsg.), Preußen-Ploetz. Eine historische Bilanz in Daten und Deutungen, Freiburg/Würzburg 1983.
Willy Andreas, »Die alte und die neue Welt im Zeichen von Revolution und Restauration«, in: Die neue Propyläen-Weltgeschichte, Bd. 5., Berlin 1943.
Veronika Roeder, »Preußische Geschichte in der sozialistischen Schule«, in: Geschichte in Wissenschaft und Unterricht, Jg. 32 (1981), S. 400–423.
Heinrich Scheel (Hrsg.), Preußische Reformen – Wirkungen und Grenzen, Ostberlin 1983.
Bernd Sösemann (Hrsg.), Gemeingeist und Bürgersinn. Die preußischen Reformen, Berlin 1993.
Barbara Vogel, 1807 – eine Zeitenwende der preußischen Geschichte?, Friedrichsruh 2008.
Hans Fenske, Freiherr von Stein. Reformer und Moralist, Darmstadt 2012.

Nr. 41 »Die Sammlung der *Kinder- und Hausmärchen* der Brüder Grimm«

Bruno Bettelheim, Kinder brauchen Märchen, Stuttgart 1977.
Iring Fetscher, Wer hat Dornröschen wachgeküsst? Das Märchen-Verwirrbuch, Frankfurt a. M. 1972.
Expedition Grimm. Ausstellungskatalog Hessische Landesausstellung. Kassel 2013, hgg. v. Hessischen Ministerium für Wissenschaft und Kunst, Thorsten Smidt.
Steffen Martus, Die Brüder Grimm. Eine Biographie, Berlin 2009.
Heinz Rölleke, Die Märchen der Brüder Grimm. Eine Einführung, 4. Aufl., Stuttgart 2004.
Hans-Jörg Uther, Handbuch zu den »Kinder- und Hausmärchen« der Brüder Grimm. Entstehung – Wirkung – Interpretation, Berlin 2008.
Maria Tatar, »Grimms Märchen«, in: Etienne François/Hagen Schulze (Hrsg.), Deutsche Erinnerungsorte, Bd. 1, München 2001, S. 275 ff.

Nr. 42 »Skelett mit Kanonenkugel«

Hans-Dietrich Dahnke/Thomas Höhle/Hans-Georg Werner (Hrsg.), Geschichte der deutschen Literatur. 1789 bis 1830, Berlin 1978.
Katrin Keller (Hrsg.), Vom Kult zur Kulisse. Das Völkerschlachtdenkmal als Gegenstand der Geschichtskultur, Leipzig 1995.
Andreas Platthaus, Die Völkerschlacht und das Ende der Alten Welt, Berlin 2013.
Kirstin Anne Schäfer, »Die Völkerschlacht«, in: Etienne Francois/Hagen Schulze, Deutsche Erinnerungsorte, Bd. 2, München 2001, S. 187 ff.
Stiftung Deutsches Historisches Museum (Hrsg.), 1813 – Auf dem Schlachtfeld bei Leipzig. Ein Rundgang durch das Gemälde »Siegesmeldung« von Johann Peter Krafft, Ausstellungskatalog, Berlin 2013.
Hans-Ulrich Thamer, Die Völkerschlacht bei Leipzig. Europas Kampf gegen Napoleon, München 2013.
Heinrich August Winkler, Der lange Weg nach Westen. Deutsche Geschichte 1806–1933, München 2000.

Nr. 43 »Beethovens ›Neunte‹«

Esteban Buch, »Beethovens Neunte«, in: Étienne François/Hagen Schulze (Hrsg.), Deutsche Erinnerungsorte, Bd. 3, München 2001, S. 665 ff.
Jan Caeyers, Beethoven. Der einsame Revolutionär. Eine Biographie, München 2012.
Andreas Eichhorn, Beethovens Neunte Symphonie. Die Geschichte ihrer Aufführung und Rezeption, Kassel 1993.
Dieter Hildebrandt, Die Neunte. Schiller, Beethoven und die Geschichte eines musikalischen Welterfolges, München/Wien 2005.

Christina M. Stahl, Was die Mode streng geteilt?! Beethovens Neunte während der deutschen Teilung, Mainz 2009.

Nr. 44 »Der Grabstein von Johann Gottfried Tulla«

Christoph Bernhardt, »Zeitgenössische Kontroversen über die Umweltfolgen der Oberrheinkorrektion im 19. Jahrhundert«, in: Zeitschrift für die Geschichte des Oberrheins, 146. Jg. (1998), S. 293–319.
David Blackbourn, Die Eroberung der Natur. Eine Geschichte der deutschen Landschaft, 3. Aufl., München 2008.
Mark Cioc, The Rhine. An Eco-Biography, 1815–2000, Seattle/London 2002.
Meinhard von Gerkan, Black Box BER. Vom Flughafen Berlin Brandenburg und anderen Großbaustellen. Wie Deutschland seine Zukunft verbaut, Köln 2013.
Joachim Radkau, Technik in Deutschland. Vom 18. Jahrhundert bis zur Gegenwart, Frankfurt a. M. 1989.
Horst Johannes Tümmers, Der Rhein. Ein europäischer Fluß und seine Geschichte, München 1994.
Hans Georg Zier, »Johann Gottfried Tulla. Ein Lebensbild«, in: Badische Heimat, 50. Jg. (1970), S. 379–449.

Nr. 45 »Die Hambacher Fahne«

Hans Fenske, »Das Hambacher Fest – ein Mythos?«, in: Pfälzer Heimat 58 (2007), S. 45 ff.
Landesbank Rheinland-Pfalz (Hrsg.): Hambach 1832–1982. Ereignis – Grundwerte – Perspektiven, Mainz 1982.
Meinrad M. Grewing (Hrsg.): Das Hambacher Schloß. Ein Fest für die Freiheit, Ostfildern 1998.
Berndt Guben, Schwarz-rot-gold: Biographie einer Fahne, Berlin/Frankfurt/München 1991.
Hambach-Gesellschaft für historische Forschung und politische Bildung (Hrsg.), 175 Jahre Hambacher Fest 1832–2007, Speyer 2007.
Karl-Heinz Quenzel, Schwarz-rot-gold. Die deutschen Farben vor dem Hintergrund ihrer Geschichte, 2. Aufl., Berlin 2010.
Symbol für Freiheit, Einheit und Demokratie. Die Hambacher Fahne im Landtag Rheinland-Pfalz, hgg. v. Präsidenten des Landtags Rheinland-Pfalz, 2. Aufl., Mainz 2011.
Hedwig Brüchert, Hinauf, hinauf zum Schloss!. Das Hambacher Fest 1832 (Begleitbuch zur Ausstellung im Hambacher Schloss), Neustadt an der Weinstraße 2008.

Nr. 46 »›Gränzverlegenheiten‹«

Ragnvald Christiansen, Vom Deutschen Zollverein zur Europäischen Zollunion, Schriftenreihe des Bundesministeriums der Finanzen, Heft 26, Bonn 1978.
Hans-Werner Hahn, Geschichte des Deutschen Zollvereins, Göttingen 1984.
Hans-Werner Hahn/Marko Kreutzmann (Hrsg.), Der Deutsche Zollverein. Ökonomie und Nation im 19. Jahrhundert, Köln/Weimar/Wien 2012.
William O. Henderson, The Zollverein, London/Chicago 1939.
Werner Knopp (Hrsg.), Als die Schranken fielen. Der deutsche Zollverein. Ausstellung des Geheimen Staatsarchivs Preußischer Kulturbesitz zur 150. Wiederkehr der Gründung des deutschen Zollvereins, Berlin 1984.
Richard H. Tilly, Vom Zollverein zum Industriestaat. Die wirtschaftlich-soziale Entwicklung Deutschlands 1834 bis 1914, München 1990.

Nr. 47 »Der Adler«

Karl-Wilhelm Belz, Eisenbahnen in der industriellen Revolution: Ein frühes Wuppertaler Projekt, Reihe Beiträge zur Geschichte und Heimatkunde des Wuppertals, Bd. 27, Wuppertal 1979.
DB Museum Nürnberg/Jürgen Franzke (Hrsg.), Der Adler – Deutschlands berühmteste Lokomotive, Reihe Objektgeschichten aus dem DB Museum, Bd. 2, Nürnberg 2011.
DB Museum Nürnberg/Jürgen Franzke (Hrsg.), Geschichte der Eisenbahn in Deutschland, 4 Bde., Nürnberg 2001–14.

Stephan Deutinger, Bayerns Weg zur Eisenbahn. Joseph von Baader und die Frühzeit der Eisenbahn in Bayern 1800 bis 1835, St. Ottilien 1997.
Dietrich Eichholtz, »Bewegungen unter den preußischen Eisenbauarbeitern im Vormärz«, in: Deutsche Akademie der Wissenschaften zu Berlin, Beiträge zur deutschen Wirtschafts- und Sozialgeschichte des 18. und 19. Jahrhunderts, Schriften des Instituts für Geschichte, Reihe I: Allgemeine und deutsche Geschichte, Bd. 10, Berlin 1962, S. 251 bis 287.
Eisenbahnjahr Ausstellungs-GmbH Nürnberg (Hrsg.), Zug der Zeit – Zeit der Züge: Deutsche Eisenbahn 1835–1985. Das offizielle Werk zur gleichnamigen Ausstellung, 2 Bde., Berlin 1985.
Friedrich-Wilhelm Henning, Die Industrialisierung in Deutschland 1800 bis 1914, 6. Aufl., Paderborn 1993.
Brian Hollingsworth/Arthur Cook, Das Handbuch der Lokomotiven, Augsburg 1996.
Ulrich Schefold, 150 Jahre Eisenbahn in Deutschland, München 1985.
Horst Wagenblass, Der Eisenbahnbau und das Wachstum der deutschen Eisen- und Maschinenbauindustrie 1835–1860. Ein Beitrag zur Geschichte der Industrialisierung Deutschlands, Reihe Forschungen zur Sozial- und Wirtschaftsgeschichte, Bd. 18, Stuttgart 1973.
Siegfried Weichlein, Nation und Region. Integrationsprozesse im Bismarckreich, Reihe Beiträge zur Geschichte des Parlamentarismus und der politischen Parteien, Bd. 137, 2. Aufl., Düsseldorf 2006.
Dieter Ziegler, Eisenbahnen und Staat im Zeitalter der Industrialisierung. Die Eisenbahnpolitik der deutschen Staaten im Vergleich, Vierteljahresschrift für Sozial- und Wirtschaftsgeschichte, Nr. 127, Stuttgart 1996.

Nr. 48 »Der Erstdruck des ›Deutschlandlieds‹«

Rainer Blasius, »Die Unwilligkeit zu singen. Deutschlandlied und Becherhymne zwischen Tradition und Neuanfang, Verfremdung und Verschweigen«, in: Flagge zeigen? Die Deutschen und ihre Nationalsymbole, Stiftung Haus der Geschichte der Bundesrepublik Deutschland (Hrsg.), Bielefeld/Leipzig 2009, S. 72 ff.
Hermann Schäfer, »Das Deutschlandlied hat viele Geburtstage«, in: Leipziger Universitätsreden, Neue Folge Heft 93: Vorträge aus dem Studium universale 2001–2003, Leipzig 2003, S. 21 ff.
Eberhard Schellhaus, Die Nationalhymne. Text von Heinrich von Fallersleben, Melodie Joseph Haydn. Eine Dokumentation zur Geschichte des Deutschlandliedes, Stuttgart 1987.
Jürgen Zeichner, Einigkeit und Recht und Freiheit. Zur Rezeptionsgeschichte von Text und Melodie des Deutschlandliedes seit 1933, Köln 2008.

Nr. 49 »Der Goldene Pflug«

Walter Achilles, Deutsche Agrargeschichte im Zeitalter der Reformen und der Industrialisierung, Stuttgart 1993.
Siegfried Epperlein, Siegfried, Bäuerliches Leben im Mittelalter. Schriftquellen und Bildzeugnisse, Köln 2003.
Wilfried Lagler, »Der ›Festzug der Württemberger‹ von 1841«, in: Universitätsbibliothek Tübingen 2000 [Publikationssystem: http://hdl.handle.net/10900/43793].
Bernhard Mann, Kleine Geschichte des Königreichs Württemberg 1806–1918, Leinfelden-Echterdingen 2006.
Massimon Montanari, Der Hunger und der Überfluß. Kulturgeschichte der Ernährung in Europa, München 1999.
Friedrich Wilhelm Henning, Deutsche Agrargeschichte des Mittelalters, 9.–15. Jahrhundert, Stuttgart 1994.
Paul Sauer, Reformer auf dem Königsthron. Wilhelm I. von Württemberg, Stuttgart 1997.
Gerhard Seybold, »Württembergs Industrie und Außenhandel vom Ende der Napoleonischen Kriege bis zum Deutschen Zollverein«, in: Veröffentlichungen der Kommission für geschichtliche Landeskunde Baden-Württemberg, Reihe B Forschungen, Bd. 74, Stuttgart 1974.
Jürgen Weisser, »Vom Beginn der Hohenheimer Ackergerätefabrik und der Hohenheimer Modellsammlung (1818–1845)«, in: Der Goldene Pflug 36 (2013), S. 45 ff.

Nr. 50 »Die Pickelhaube«

Burkhard Beyer, »Ein staatstragender Unternehmer des 19. Jahrhunderts: Der Elberfelder Metallwarenfabrikant Wilhelm Jaeger und seine Beziehungen zu Krupp Essen«, in: Geschichte in Wuppertal, 9. Jg. (2000), S. 8 ff.
Paul Pietsch, »Die Formations- und Uniformierungsgeschichte des preußischen Heeres 1808–1914«, in: Fußtruppen (Infanterie, Jäger und Schützen, Pioniere und deren Landwehr), Bd. 1, 2. Aufl., Hamburg 1963, S. 54–65.
Ralf Pröve, »Militär, Staat und Gesellschaft im 19. Jahrhundert«, in: Enzyklopädie Deutscher Geschichte, Band 77, München 2006.
Ulrich Schiers, »Kopfbedeckungen, Teil I: Die Verbreitung der Pickelhaube in den deutschen Staaten«, in: Die Sammlungen des Wehrgeschichtlichen Museums im Schloß Rastatt, Band 5, Rastatt 1888.
Ulrich Schiers, »Das Königsmanöver im Jahre 1842. Ein Helm erzählt seine Geschichte«, in: Zeitschrift für Heereskunde Nr. 456, April/Juni 2015.
Heinz Stübig, »Bildung, Militär und Gesellschaft in Deutschland. Studien zur Entwicklung im 19. Jahrhundert«, in: Studien und Dokumentationen zur deutschen Bildungsgeschichte, Band 54, Köln/Weimar/Wien 1994.
Bernd Ulrich, Untertan in Uniform, Frankfurt a. M. 2001.
Jakob Vogel, »Die Pickelhaube«, in: Étienne François/Hagen Schulze (Hrsg.), Deutsche Erinnerungsorte, Bd. 2, München 2001, S. 299 ff.
Wolfram Wette, Militarismus in Deutschland. Geschichte einer kriegerischen Kultur, Darmstadt 2008.

Nr. 51 »Geburtsmatrikel von ›Löb Strauß‹«

Klaus J. Bade, Europa in Bewegung: Migration vom späten 18. Jahrhundert bis zur Gegenwart, München 2000.
Klaus J. Bade, Deutsche im Ausland, Fremde in Deutschland: Migration in Geschichte und Gegenwart, München 1992.
Bernd Brunner, Nach Amerika. Die Geschichte der deutschen Auswanderung, München 2009.
Klaus Guth (Hrsg.), Jüdische Landgemeinden in Oberfranken (1800–1942), Bamberg 1988.
Dirk Hoerder, Geschichte der deutschen Migration. Vom Mittelalter bis heute, München 2010.
Tanja Roppelt, Abenteuer Jeans. Eine Reise zu den Ursprüngen der blauen Hose, Bamberg 2008.
Hans Schaub, Von Löb Strauß zu Levi Strauss, Bamberg 2011.

Nr. 52 *Das Kommunistische Manifest*«

Philipp Erbentraut/Torben Lütjen, »Eine Welt zu gewinnen. Entstehungskontext, Wirkungsweise und Narrationsstruktur des ›Kommunistischen Manifests‹«, in: Johanna Klatt/Robert Lorenz (Hrsg.): Manifeste. Geschichte und Gegenwart des politischen Appells, Bielefeld 2011, S. 73 ff.
Rolf Hosfeld: Die Geister, die er rief. Eine neue Karl-Marx-Biografie, München 2009.
Gareth Stedman Jones, Das Kommunistische Manifest von Karl Marx und Friedrich Engels. Einführung, Text, Kommentar, München 2012.
Thomas Kuczynski, »Das Kommunistische Manifest (Manifest der Kommunistischen Partei) von Karl Marx und Friedrich Engels. Von der Erstausgabe zur Leseausgabe. Mit einem Editionsbericht«, in: Schriften aus dem Karl-Marx-Haus Trier, Trier 1995.
Karl Marx/Friedrich Engels, Das kommunistische Manifest: Eine moderne Edition, mit einem Vorwort von Eric Hobsbawm, 7. Aufl., Hamburg 2010.
Urs Lindner, Marx und die Philosophie. Wissenschaftlicher Realismus, ethischer Perfektionismus und kritische Sozialtheorie, Stuttgart 2013.
Konrad Löw, Die Lehre des Karl Marx. Dokumentation – Kritik, Köln 1989.
Karl Löwith, Weltgeschichte und Heilsgeschehen. Die theologischen Voraussetzungen der Geschichtsphilosophie, 6. Aufl., Stuttgart 1973.

Nr. 53 »Der ›Zug der Volksvertreter‹ von Johannes Grützke«

Eduard Beaucamp, »Enorme Häupter sehen dich an. Eine monumentale Retrospektive in Nürnberg ehrt den Künstler Johannes Grützke«, in: FAZ Nr. 14 (17.1.2012), S. 30.

Hans Fenske, Der moderne Verfassungsstaat, Paderborn 2001.
Werner Hofmann, »Ein Historienmaler. Bemerkungen zu Grützkes Stellung in der Kunstgeschichte«, in: Johannes Grützke – Die Retrospektive. Begleitband zur Ausstellung im GNM, Nürnberg 2011, S. 72–93.
Gunther Hildebrandt, Die Paulskirche. Parlament in der Revolution 1848/49, Berlin 1986.
Jens Christian Jensen, »›Der Zug der Volksvertreter‹ in der Frankfurter Paulskirche«, in: kritische berichte 20 (2/1992), S. 68–79.
Jörg-Detlef Kühne, Die Reichsverfassung der Paulskirche, 2. Aufl., Neuwied 1998.
Wolfgang J. Mommsen, »Die Paulskirche«, in: Étienne François, Hagen Schulze (Hrsg.), Deutsche Erinnerungsorte, Bd. 2, München 2001, S. 47–66.
Thomas Nipperdey, Deutsche Geschichte: 1800–1866, 4. Aufl., München 1987.
Wolfgang Petzet/Otto E. Sutter, Der Geist der Paulskirche. Aus den Reden der Nationalversammlung, Frankfurt a. M. 1923.
Robert Seidel/Bernd Zegowitz (Hrsg.), Literatur im Umfeld der Frankfurter Paulskirche 1848/49, Bielefeld 2013.
Franz Wigard (Hrsg.), Stenographischer Bericht über die Verhandlungen der deutschen constituirenden Nationalversammlung zu Frankfurt am Main, Bd. 1–10, Frankfurt a. M. 1848.

Nr. 54 »Die Dynamomaschine von Werner von Siemens«

Wilfried Feldenkirchen, Siemens. Von der Werkstatt zum Weltunternehmen, München/Zürich 2003.
Wilfried Feldenkirchen/Eberhard Posner, Die Siemens-Unternehmer: Kontinuität und Wandel 1847–2005. Zehn Portraits, München 2005.
Wilhelm Füßl, Oskar von Miller 1855–1934. Eine Biographie, München 2005.
Gisela Grasmück, Die elektrisierte Gesellschaft. Ausstellungskatalog, Badisches Landesmuseum, Karlsruhe 1996.
Jürgen Kocka, Unternehmensverwaltung und Angestelltenschaft am Beispiel Siemens 1847–1914. Zum Verhältnis von Kapitalismus und Bürokratie in der deutschen Industrialisierung, Reihe Industrielle Welt, Bd. 11, Stuttgart 1969.
Martin Lutz, Carl von Siemens, München 2013.
Werner von Siemens, Lebenserinnerungen, München 1919.
Jürgen Steen, Die zweite industrielle Revolution. Frankfurt und Elektrizität 1800–1914. Ausstellungskatalog, Reihe Kleine Schriften des Historischen Museums, Bd. 13, Frankfurt a. M. 1981.
Sigfrid von Weiher/Herbert Goetzeler, Weg und Wirken der Siemens-Werke im Fortschritt der Elektrotechnik: 1847–1980. Ein Beitrag zur Geschichte der Elektroindustrie, Berlin/München 1981.
Horst A. Wessel (Hrsg.), Das elektrische Jahrhundert. Entwicklungen und Wirkungen der Elektrizität im 20. Jahrhundert, Essen 2002.

Nr. 55 »›Versailles‹ von Anton von Werner«

Dominik Bartmann, Anton von Werner. Zur Kunst und Kunstpolitik im Deutschen Kaiserreich, Berlin 1985.
Charlotte Bühl-Gramer, »Anton von Werner: Die Proklamierung des Deutschen Kaiserreichs 1871«, in: Michael Wobring/Susanne Popp (Hrsg.), Der Europäische Bildersaal. Europa und seine Bilder. Analyse und Interpretation zentraler Bildquellen, Schwalbach 2014, S. 86–97.
Werner Conze, »Das Kaiserreich von 1871 als gegenwärtige Vergangenheit im Generationswandel der deutschen Geschichtsschreibung«, in: Werner Conze, Gesellschaft – Staat – Nation. Gesammelte Aufsätze, hgg. v. Ulrich Engelhardt/Reinhart Koselleck/Wolfgang Schieder, S. 44–65 (= Industrielle Welt, Bd. 52), Stuttgart 1992.
Thomas W. Gaehtgens, Anton von Werner. Die Proklamierung des Deutschen Kaiserreiches. Ein Historienbild im Wandel preußischer Politik, Frankfurt 1990.
Robert Gerwarth, »Republik und Reichsgründung. Bismarcks kleindeutsche Lösung im Meinungsstreit der ersten deutschen Demokratie (1918–1933)«, in: Heinrich August Winkler (Hrsg.), Griff nach der Deutungsmacht. Zur Geschichtspolitik in Deutschland, Göttingen 2004.

Hagen Schulze, »Versailles«, in: Etienne Francois/Hagen Schulze (Hrsg.), Deutsche Erinnerungsorte, Bd. 1, München 2001, S. 406 ff.
Edgar Wolfrum, Geschichtspolitik in der Bundesrepublik Deutschland. Der Weg zur bundesrepublikanischen Erinnerung 1948–1990, Darmstadt 1999.

Nr. 56 »Die Traditionsfahne der Sozialdemokratie«

»Das alte Sozialisten-Banner. Der Schicksalsweg der Breslauer Lassalle-Fahne«, in: Neuer Vorwärts, 22.5.1953.
August Bebel, Aus meinem Leben, Berlin 2013.
Helga Grebing, Geschichte der Arbeiterbewegung von der Revolution 1848 bis ins 21. Jahrhundert, Berlin 2007.
Jürgen Kocka, Geschichte des Kapitalismus, München 2014.
Axel Kuhn, Die deutsche Arbeiterbewegung, Stuttgart 2004.
Dieter Langewiesche/Klaus Schönhoven (Hrsg.), Arbeiter in Deutschland. Studien zur Lebensweise der Arbeiterschaft im Zeitalter der Industrialisierung, Paderborn 1981.
Heinrich Potthoff/Susanne Miller (Hrsg.): Kleine Geschichte der SPD 1848–2001, Bonn 2012.
Gerhard A. Ritter/Klaus Tenfelde, Arbeiter im Deutschen Kaiserreich 1871 bis 1914, Geschichte der Arbeiter und der Arbeiterbewegung in Deutschland seit dem Ende des 18. Jahrhunderts, Bd. 5, Berlin, Bonn 1992.
Thomas Welskopp, Das Banner der Brüderlichkeit. Die deutsche Sozialdemokratie vom Vormärz bis zum Sozialistengesetz, Reihe Politik- und Gesellschaftsgeschichte 54, Bonn 2000.

Nr. 57 »Das ›Eisenwalzwerk‹ von Adolph Menzel«

Sigrid Achenbach, Menzel und Berlin. Eine Hommage, Berlin 2005.
Jens Christian Jensen, Adolph Menzel, Köln 1982.
Konrad Kaiser, Adolph Menzels Eisenwalzwerk, Berlin 1953.
Claude Keisch/Marie Ursula Riemann-Reyher, Adolph Menzel: 1815–1905. Das Labyrinth der Wirklichkeit, Köln 1996.
Susanne Popp, »Auf dem Weg zum europäischen ›Geschichtsbild‹. Anmerkungen zur Entstehung eines gesamteuropäischen Bilderkanons«, in: Aus Politik und Zeitgeschichte, Bd. 7f. (2004), S. 23–31.
Marie Ursula Riemann-Reyher, Moderne Cyklopen, Leipzig 1976.
Sven Tode, 175 Jahre Borsig. Technik für eine Welt im Wandel. 1837–2012, Hamburg 2012.
Hugo von Tschudi (Hrsg.), Ausstellung von Werken Adolph von Menzels in der Nationalgalerie Berlin, Berlin 1905.
Dieter Vorsteher, Borsig. Eisengießerei und Maschinenbauanstalt zu Berlin, Berlin 1983.
Dieter Wellershoff, Was die Bilder erzählen. Ein Rundgang durch mein imaginäres Museum, Köln 2013.

Nr. 58 »Die Kaiserliche Botschaft vom 17. November 1881«

Hans-Christof Kraus, Bismarck. Größe – Grenzen – Leistungen, Stuttgart 2015.
Lothar Machtan (Hrsg.), Bismarcks Sozialstaat. Beiträge zur Geschichte der Sozialpolitik und zur sozialpolitischen Geschichtsschreibung, Frankfurt a. M./New York 1994.
Gabriele Metzler, Der deutsche Sozialstaat. Vom bismarckschen Erfolgsmodell zum Pflegefall, Stuttgart/München 2003.
Christoph Nonn, Bismarck. Ein Preuße und sein Jahrhundert, München 2015.
Franz Pilz, Der Sozialstaat. Ausbau, Kontroversen, Umbau, Bonn 2004.
Werner Plumpe, »Otto von Bismarck und die soziale Frage – Überlegungen zu einem alten Thema der deutschen Wirtschafts- und Sozialgeschichte«, in: Tilman Mayer (Hrsg.), Bismarck. Der Monolith. Reflexionen am Beginn des 21. Jahrhunderts, Hamburg 2015, S. 178 ff.
Manfred G. Schmidt, Der deutsche Sozialstaat. Geschichte und Gegenwart, München 2012.
Agnete von Specht (Hrsg.), Streik – Realität und Mythos, Ausstellungskatalog, Berlin 1992.
Florian Tennstedt, »Vorgeschichte und Entstehung der Kaiserlichen Botschaft vom 17. November 1881«, in: Zeitschrift für Sozialreform 27 (1981), Heft 10, S. 663–710.

Nr. 59 »Der Benz Patent-Motorwagen Nummer 1«

Carl Benz, Lebensfahrt eines deutschen Erfinders. Erinnerungen eines Achtzigjährigen, Nachdruck der Ausgabe von 1925, Hamburg 2012.

Wilfried Feldenkirchen, »Vom Guten das Beste«: von Daimler und Benz zur Daimler-Chrysler AG, München 2003.

Ines Hoischen, »Ein technischer Text wird Weltkulturerbe. Die Patentanmeldung des ersten Automobils. Carl Friedrich Benz, 1886«, in: Max Behland/Walter Krämer/Reiner Pogarell (Hrsg.), Edelsteine. 107 Sternstunden deutscher Sprache vom Nibelungenlied bis Einstein, von Mozart bis Loriot, Paderborn 2014, S. 346–350.

Landesmuseum für Technik und Arbeit (Hrsg.), Räder, Autos und Traktoren. Erfindungen aus Mannheim – Wegbereiter der mobilen Gesellschaft, Ausstellungskatalog, Mannheim 1986.

Kurt Möser, Geschichte des Autos, Frankfurt a. M. 2002.

Werner Oswald, Mercedes-Benz Personenwagen 1886–1986, 4. Aufl., Stuttgart 1987.

Nr. 60 »Das Aspirin«

Michael Pohlenz, »Hoffmann, Felix Georg Otto«, in: Württembergische Biographien 1, S. 114–116.

Erik Verg/Gottfried Plumpe/Heinz Schultheis, Meilensteine. 125 Jahre Bayer. 1863–1988, hgg. v. Bayer AG, Leverkusen 1988.

Walter Sneader, »The discovery of aspirin: a reappraisal«, in: British Medical Journal 321 (2000), S. 1591–1594.

Wolfgang Wimmer, »Wir haben fast immer was Neues«. Gesundheitswesen und Innovationen der Pharma-Industrie in Deutschland, 1880–1935, Berlin 1994.

Uwe Zündorf, 100 Jahre Aspirin. The Future has just begun, hgg. v. Bayer AG, Bad Oeynhausen 1997.

Nr. 61 »Die Bleistifte des ›lachenden Pessimisten‹ Wilhelm Busch«

Klaus Budzinski/Rainer Hachfeld, Marx und Maoritz. Eine Bubengeschichte in sieben Streichen nach Wilhelm Busch für Erwachsene umfunktioniert, München 1969.

Michaela Diers, Wilhelm Busch. Leben und Werk, München 2008.

Manfred Görlach, Max und Moritz in aller Munde. Wandlungen eines Kinderbuches. Eine Ausstellung in der Universitäts- und Stadtbibliothek Köln, Köln 1997.

Ralf König (Hrsg.), Wilhelm Busch und die Folgen, Köln 2007.

Frank Pietzcker, Symbol und Wirklichkeit im Werk Wilhelm Buschs. Die versteckten Aussagen seiner Bildgeschichten, Frankfurt a. M. 2002.

Daniel Ruby, Schema und Variation. Untersuchungen zum Bildergeschichtenwerk Wilhelm Buschs, Frankfurt a. M. 1998.

Reiner Rühle, »Böse Kinder«. Kommentierte Bibliographie von Struwwelpetriaden und Max- und Moritziaden mit biographischen Daten zu Verfassern und Illustratoren, Osnabrück 1999.

Gudrun Schury, Ich wollt, ich wär ein Eskimo. Wilhelm Busch. Die Biographie, Berlin 2007.

Gert Ueding, Wilhelm Busch. Das 19. Jahrhundert en miniature. Erweiterte und revidierte Neuausgabe, Insel Verlag Frankfurt a. M./Leipzig 2007.

Eva Weissweiler, Wilhelm Busch, der lachende Pessimist. Eine Biographie, Köln 2007.

Nr. 62 »Der Sarotti-Mohr«

Sebastian Conrad, Deutsche Kolonialgeschichte, München 2008.

Rita Gudermann/Bernhard Wulff, Der Sarotti-Mohr – Die bewegte Geschichte einer Werbefigur, Berlin 2004.

Volker Langbehn, »Der Sarotti-Mohr«, in: Jürgen Zimmerer (Hrsg.), Kein Platz an der Sonne – Erinnerungsorte der deutschen Kolonialgeschichte, Frankfurt a. M./New York 2013, S. 119–133.

Reinhard Wendt, Vom Kolonialismus zur Globalisierung – Europa und die Welt seit 1500, Paderborn 2007.

Nr. 63 »Das MG 08/15«

Gerhard Bauer/Gorch Pieken/Matthias Rogg (Hrsg.), 14 – Menschen – Krieg: Begleitband und Katalog zur Ausstellung zum Ersten Weltkrieg, 2 Bde., München 2014.
Stephan Burgdorff/Klaus Wiegrefe (Hrsg.), Der I. Weltkrieg. Die Ur-Katastrophe des 20. Jahrhunderts, München 2004.
Christopher Clark, Die Schlafwandler. Wie Europa in den Ersten Weltkrieg zog, München 2013.
Michael Epkenhans, »Der Erste Weltkrieg – Jahrestagsgedenken, neue Forschungen und Debatten einhundert Jahre nach seinem Beginn«, in: VfZ 63 (2015), S. 135 ff.
Fritz Fischer, Griff nach der Weltmacht. Die Kriegszielpolitik des kaiserlichen Deutschland 1914/18, 1. Aufl., Düsseldorf 1961.
Konrad H. Jarausch, »Der nationale Tabubruch. Wissenschaft, Öffentlichkeit und Politik in der Fischer-Kontroverse«, in: Martin Sabrow/Ralph Jessen/Klaus Große Kracht (Hrsg.), Zeitgeschichte als Streitgeschichte. Große Kontroversen seit 1945, München 2003, S. 20 ff.
Élise Julien, »Asymmetrie der Erinnerungskulturen. Der Erste Weltkrieg in Frankreich und Deutschland«, in: DGAP-Analyse Nr. 13, Juli 2014.
Otto Lais, »Maschinengewehre im Eisernen Regiment«, in: Erlebnisse badischer Fronsoldaten, Bd. 1, Karlsruhe [1935].
Annika Mombauer, »Der hundertjährige Krieg um die Kriegsschuld«, in: Geschichte in Wissenschaft und Unterricht 65 (2014), S. 303 ff.
Klaus Große Kracht, »Die Fischer-Kontroverse – Von der Fachdebatte zum Publikumsstreit«, in: ders., Die zankende Zunft. Historische Kontroversen in Deutschland nach 1945, Göttingen 2005.
Andreas Rose, »Sammelrezension: Ein neuer Streit um die Deutungshoheit?«, in: H-Soz-Kult, 30.7.2014.
Dieter Storz, Der Große Krieg – 100 Objekte aus dem Bayrischen Armeemuseum, Essen 2014.

Nr. 64 »›Der Krieg‹ – das Triptychon von Otto Dix«

Gerhard Bauer/Gorch Pieken/Matthias Rogg (Hrsg.), 14 – Menschen – Krieg. Begleitband zur Ausstellung zum Ersten Weltkrieg. Essays und Katalog, Dresden 2014.
Ralph Jentsch, Otto Dix. Der Krieg 1924, Gent 2013.
Olaf Peters, Otto Dix: der unerschrockene Blick; eine Biographie, Stuttgart 2013.
Ernst Piper, Nacht über Europa. Kulturgeschichte des Ersten Weltkriegs, Berlin 2013.
Dietrich Schubert, Otto Dix, mit Selbstzeugnissen und Bilddokumenten, 8. Aufl., Hamburg 2014.
Dietrich Schubert, Künstler im Trommelfeuer des Krieges 1914–1918, Heidelberg 2013.
Staatliche Kunstsammlungen Dresden/Birgit Dalbajewa/Simone Fleischer/Olaf Peters (Hrsg.), Otto Dix. Der Krieg – Das Dresdner Triptychon, Dresden 2014.
Stephan Burgdorff/Klaus Wiegrefe (Hrsg.), Der I. Weltkrieg. Die Ur-Katastrophe des 20. Jahrhunderts, München 2004.

Nr. 65 »Der Waffenstillstandswaggon von Compiègne«

Jean-Paul Caracalla, Le goût du voyage. De l'Orient-Express au train à grande vitesse. Historie de la Compagnie des Wagons-Lits, Paris 2001.
Jean-Yves Bonnard, Rethondes, le jour où l'Histoire s'est arrêtée. 11 novembre 1918–21 juin 1940, Cuise-la-Motte 2008.
Ludger Grevelhörster, Der Erste Weltkrieg und das Ende des Kaiserreichs. Geschichte und Wirkung, 3. Aufl., Münster 2014.
Gerhard Hirschfeld/Gerd Krumeich, Deutschland im Ersten Weltkrieg, Frankfurt a. M. 2013.
Eberhard Kolb, Der Frieden von Versailles, 2. Aufl., München 2011.
Stefan Leonardy, »Der Salonwagen ›2419 D‹ – Symbol von Sieg und Niederlage«, in: Hermann Schäfer/Stiftung Haus der Geschichte der Bundesrepublik Deutschland (Hrsg.), Vis-à-vis: Deutschland und Frankreich, Köln 1998, S. 65–74.
Pierre Renouvin, L'armistice de Rethondes. 11. Novembre 1918, Paris 1968.

Nr. 66 »Die Scheidemann-Schallplatte«

Christian Gellinek, Philipp Scheidemann. Gedächtnis und Erinnerung, Münster/New York/München/Berlin 2006.
Britta Lange, »Archiv und Zukunft. Zwei historische Tonsammlungen Berlins für das Humboldt-Forum«, in: »Aus Berliner Archiven. Beiträge zum Wissenschaftsjahr 2010«, in: Trajekte, 10. Jg. (Nr. 20), April 2010, S. 4 ff.
Bernd Braun, Die Reichskanzler der Weimarer Republik von Scheidemann bis Schleicher, Stuttgart 2013.
Kirsten Bayer/Jürgen-Kornelius Mahrenholz, »Stimmen der Völker – das Berliner Lautarchiv«, in: Horst Bredekamp/Jochen Brüning/Cornelia Weber (Hrsg.), Theater der Natur und Kunst. Katalog, Berlin 2000, S. 117 ff.
Alexander Gallus (Hrsg.), Die vergessene Revolution von 1918/19, Göttingen 2010.
Eberhard Kolb/Dirk Schumann, Die Weimarer Republik, München 2013.
Gerhard Paul/Ralph Schock (Hrsg.), Sound der Zeit. Geräusche, Töne, Stimmen 1889 bis heute, Göttingen 2014 (Beiträge von Stefan Gauß und Martin Kohlrausch).
Philipp Scheidemann, Memoiren eines Sozialdemokraten, 2 Bde., Dresden 1928.
Susanne Ziegler, »Die akustischen Sammlungen – Historische Tondokumente im Phonogramm-Archiv und im Lautarchiv«, in: Horst Bredekamp/Jochen Brüning/Cornelia Weber (Hrsg.), Theater der Natur und Kunst. Katalog, Berlin 2000, S. 197 ff.

Nr. 67 »›Frauen! – für die Wahl‹«

Auf dem Weg zur Gleichstellung? Bildung, Arbeit und Soziales – Unterschiede zwischen Frauen und Männern, hgg. v. Statistischen Bundesamt, Wiesbaden 2014.
Badischen Statistisches Landesamt (Hrsg.), Die Wahlen zum Badischen Landtag am 30. Oktober 1921, Karlsruhe 1922.
Christine Brückel, »Die Frau in der politischen Propaganda«, in: Das Plakat. Zeitschrift des Vereins der Plakatfreunde e.V., hgg. v. Hans Sachs, 2/1919, S. 157 ff.
Kathleen Canning, »Women and the politics of gender«, in: Anthony McElligott (Hrsg.), Weimar Germany, Oxford/NewYork 2009.
Erster Gleichstellungsbericht. Neue Wege – Gleiche Chancen. Gleichstellung von Frauen und Männern im Lebensverlauf, hgg. v. Bundesministerium für Familie, Senioren, Frauen und Jugend, Stand September 2014 (4. Auflage).
Ute Gerhard, »50 Jahre Gleichberechtigung – eine Springprozession«, in: APuZ, 24 bis 25/2008, 9. Juli 2008, S. 3 ff.
Christina Holtz-Bacha (Hrsg.), Frauen, Politik und Medien, Wiesbaden 2008.
Joachim Hoffmann-Göttig, Emanzipation mit dem Stimmzettel. 70 Jahre Frauenwahlrecht in Deutschland, Bonn 1986.
Institut für Demoskopie Allensbach (Hrsg.), Weichenstellungen für die Aufgabenteilung in Familie und Beruf. Untersuchungsbericht zu einer repräsentativen Befragung von Elternpaaren. Im Auftrag des Bundesministeriums für Familie, Senioren, Frauen und Jugend, Allensbach 2015.
Juliane Jacobi, Mädchen- und Frauenbildung in Europa. Von 1500 bis zur Gegenwart, Frankfurt/New York 2013.
Tatjana Aigner/Stephan Meder/Arne Duncker/Andrea Czelk (Hrsg.), Frauenrecht und Rechtsgeschichte. Die Rechtskämpfe der deutschen Frauenbewegung, Wien/Köln/Weimar 2006.
Gisela Notz, »Her mit dem allgemeinen, gleichen Wahlrecht für Mann und Frau!« Die internationale sozialistische Frauenbewegung zu Beginn des 20. Jahrhunderts und der Kampf um das Frauenwahlrecht, Bonn 2008.
Die Statistik des Deutschen Reichs/NF 291,1–3,1920–1923.
Julia Sneeringer, Winning Women's Vote. Propaganda and Politics in Weimar Germany, Chapel Hill 2002.
Dieter Vorsteher, »Bilder für den Sieg. Das Plakat im Ersten Weltkrieg«, in: Rainer Rother (Hrsg.), Die letzten Tage der Menschheit. Bilder eines Krieges. Ausstellungskatalog des Deutschen Historischen Museums, Berlin 1994, S. 149.

Nr. 68 »Hitlers *Mein Kampf*«

Florian Beierl/Othmar Plöckinger, »Neue Dokumente zu Hitlers Buch ›Mein Kampf‹«, in: VfZ 2/2009, S. 261 ff.
Joachim Fest, Hitler. Eine Biographie, Berlin/München (1973) 2002.
Ian Kershaw, Hitler 1889–1936, München 1998.
Helmuth Kiesel, »War Adolf Hitler ein guter Schriftsteller?«, in: FAZ, 4.8.2014, Nr. 178, S. 11.
Werner Maser, Hitlers »Mein Kampf«. Entstehung, Aufbau, Stil, Änderungen, Quellen, Quellenwert, kommentierte Auszüge, München 1966.
Othmar Plöckinger, Geschichte eines Buches: Adolf Hitler »Mein Kampf« 1922–1945, München 2006.
Volker Ulrich, Adolf Hitler. Biographie. Band 1: Die Jahre des Aufstiegs 1889–1939, Frankfurt 2013.
Christian Zentner, Adolf Hitlers »Mein Kampf«. Eine kommentierte Auswahl, München (1974) 2009.

Nr. 69 »Ein Buch, das den Flammen entging«

Ludwig Greve/Jochen Meyer (Hrsg.), Das 20. Jahrhundert. Von Nietzsche bis zur Gruppe 47. Ständige Ausstellung des Schiller-Nationalmuseums und des Deutschen Literaturarchivs Marbach am Neckar, München 1980, S. 258f.
Erich Kästner, Bei Durchsicht meiner Bücher … Eine Auswahl von vier Versbänden, Berlin 1946.
Julius H. Schoeps/Werner Treß (Hrsg.), Orte der Bücherverbrennungen in Deutschland 1933, Hildesheim 2008.
Dies. (Hrsg.), Verfemt und Verboten. Vorgeschichte und Folgen der Bücherverbrennungen 1933, hrsg. vom Moses Mendelssohn Zentrum für europäisch-jüdische Studien (Potsdam), Hildesheim 2010.
Ilka Thom/Kirsten Weining (Hrsg.), Mittendrin. Eine Universität macht Geschichte. Eine Ausstellung anlässlich des 200-jährigen Jubiläums der Humboldt-Universität zu Berlin, Berlin 2010.
Werner Treß (Hrsg.), Verbrannte Bücher 1933. Mit Feuer gegen die Freiheit des Geistes, Bundeszentrale für politische Bildung, Schriftenreihe, Bd. 1003, Bonn 2009.

Nr. 70 »Der ›Judenstern‹«

Arno Herzig, Jüdische Geschichte in Deutschland – Von den Anfängen bis zur Gegenwart, Bonn 2007.
Wolfgang Benz (Hrsg.), Handbuch des Antisemitismus, 8 Bde., Berlin u. a. 2008–2015.
Wolfgang Benz, Was ist Antisemitismus?, München 2004.
Inge Deutschkron, Ich trug den gelben Stern, Köln 1978.
Jens J. Scheiner, Vom »Gelben Flicken« zum »Judenstern«? Genese und Applikation von Judenabzeichen im Islam und christlichen Europa (841–1941), Frankfurt a. M. 2004.

Nr. 71 »Der Volksempfänger«

Alfred Böll, Bilder einer deutschen Familie. Die Bölls, Bergisch Gladbach 1981.
Ansgar Diller, Rundfunkpolitik im Dritten Reich, München 1980.
Michael P. Hensle, Rundfunkverbrechen. Das Hören von »Feindsendern« im Nationalsozialismus, Reihe Dokumente, Texte, Materialien, Zentrum für Antisemitismusforschung der Technischen Universität Berlin, Bd. 49, Berlin 2003.
Wolfgang König, Volkswagen, Volksempfänger, Volksgemeinschaft. Volksprodukte im Dritten Reich. Vom Scheitern einer nationalsozialistischen Konsumgesellschaft, Paderborn 2004.
Daniel Mühlenfeld, »Joseph Goebbels und die Grundlagen der NS-Rundfunkpolitik«, in: Zeitschrift für Geschichtswissenschaft 54 (2006), S. 442ff.
Hans Sarkowicz, »›Nur nicht langweilig werden …‹. Das Radio im Dienst der nationalsozialistischen Propaganda«, in: Bernd Heidenreich/Sönke Neitzel (Hrsg.), Medien im Nationalsozialismus, Paderborn 2010, S. 205ff.
Heinrich Vormweg, Der andere Deutsche. Heinrich Böll. Eine Biographie, Köln 2000.

Nr. 72 »Die Werkbank von Georg Elser«

Lothar Fritze, »Die Bombe im Bürgerbräukeller. Der Anschlag auf Hitler vom 8. November 1939. Versuch einer moralischen Bewertung des Attentäters Johann Georg Elser«, in: Jahrbuch der Juristischen Zeitgeschichte 1 (1999/2000), S. 206 ff. (Erstveröffentlichung in: Frankfurter Rundschau, 8. 11. 1999).

Lothar Gruchmann (Hrsg.), Autobiographie eines Attentäters. Johann Georg Elser. Der Anschlag auf Hitler im Bürgerbräu 1939 [Aussage zum Sprengstoffattentat im Bürgerbräukeller, München am 8. November 1939], Stuttgart (1970), Neuaufl. 1989.

Hellmut G. Haasis, »Den Hitler jag ich in die Luft«. Der Attentäter Georg Elser. Eine Biographie, Berlin 1999.

Anton Hoch, »Das Attentat auf Hitler im Münchner Bürgerbräukeller 1939«, in: Vierteljahrshefte für Zeitgeschichte 17 (1969), S. 383 ff.

Andreas Morgenstern, »Attentat eines Tüftlers«, in: Haus der Geschichte Baden-Württemberg (Hrsg.), Anständig gehandelt. Widerstand und Volksgemeinschaft 1933-1945, Katalog zur Ausstellung im Haus der Geschichte Baden-Württemberg, Stuttgart 2012, S. 102 ff.

Helmut Ortner, Der einsame Attentäter. Georg Elser – Der Mann, der Hitler töten wollte, Darmstadt 2013.

Ulrich Renz, Georg Elser. Allein gegen Hitler, Stuttgart 2014.

Peter Steinbach/Johannes Tuchel, »Ich habe den Krieg verhindern wollen«. Georg Elser und das Attentat vom 8. November 1939. Eine Dokumentation. Katalog zur Ausstellung, Berlin 1997.

Peter Steinbach/Johannes Tuchel, Georg Elser, Berlin 2008.

Nr. 73 »Nicht einfach ›eine‹ Guillotine«

Matthias Blazek, Scharfrichter in Preußen und im Deutschen Reich 1866–1945, Stuttgart 2010.

Johann Dachs, Tod durch das Fallbeil. Der deutsche Scharfrichter Johann Reichhart (1893–1972). Mit einem Nachwort von Friedrich-Christian Schroeder, 2. Aufl., Regensburg 2012.

Bernhard Düsing, Die Geschichte der Abschaffung der Todesstrafe in der Bundesrepublik Deutschland unter besonderer Berücksichtigung ihres parlamentarischen Zustandekommens, jur. Diss., Schwenningen 1952.

Bernhard Grau, »In einem funktionierenden Königreich mussten auch die Köpfe ordentlich rollen«, in: Beilage der Bayerischen Staatszeitung (BSZ), Unser Bayern 3/2007, S. 7 ff.

Thomas Waltenbacher, Zentrale Hinrichtungsstätten. Der Vollzug der Todesstrafe in Deutschland von 1937–1945. Scharfrichter im Dritten Reich, Berlin 2008.

Uwe Wesel, Geschichte des Rechts. Von den Frühformen bis zur Gegenwart, 4., neu bearbeitete Aufl., München 2014.

Nr. 74 »Die sowjetische Fahne auf dem Reichstag«

Rainer Blasius, »Bonn und der 8. Mai«, in: FAZ, 11.5.2015, Nr. 108, S. 6.

Michael H. Feldkamp, Der Parlamentarische Rat und das Grundgesetz für die Bundesrepublik Deutschland 1948 bis 1949. Option für die europäische Integration und die deutsche Einheit, Berlin/St. Augustin 2008.

Ernst Volland, »Die Flagge des Siegers. Die Rote Fahne auf dem Reichstag«, in: Paul Gerhard (Hrsg.), Das Jahrhundert der Bilder, 2 Bde., Bd. 1: Bilderatlas 1900–1949, Göttingen 2009, S. 714 ff.

Ernst Volland/Heinz Krimmer, Jewgeni Chaldeji. Kriegstagebuch, Berlin 2011.

Michael Wobring, »Die Sowjetische Fahne auf dem Dach des Reichstagsgebäudes in Berlin am 2. Mai 1945«, in: Michael Wobring/Susanne Popp, Der Europäische Bildersaal. Europa und seine Bilder. Analyse und Interpretation zentraler Bildquellen, Schwalbach/Ts. 2014, S. 158 ff.

Nr. 75 »Die Suchdienst-Kartei«

Matthias Beer, Flucht und Vertreibung der Deutschen. Voraussetzungen, Verlauf, Folgen, München 2011.

Detlef Brandes/Holm Sundhaussen/Stefan Troebst (Hrsg.), Lexikon der Vertreibungen. Deportation, Zwangsaussiedlung und ethnische Säuberung im Europa des 20. Jahrhunderts, Wien, Köln, Weimar 2010.

Ray M. Douglas, Ordnungsgemäße Überführung. Die Vertreibung der Deutschen nach dem Zweiten Weltkrieg, München 2012.
Birgit Ebbert, Erziehung zu Menschlichkeit und Demokratie. Erich Kästner und seine Zeitschrift »Pinguin« im Erziehungsgefüge der Nachkriegszeit, Frankfurt a. M. 1994.
Flucht, Vertreibung, Integration. Begleitbuch zur Ausstellung im Haus der Geschichte der Bundesrepublik Deutschland, Bonn 2005/2006, im Deutschen Historischen Museum, Berlin 2006, im Zeitgeschichtlichen Forum Leipzig der Stiftung Haus der Geschichte der Bundesrepublik Deutschland 2006/2007, hgg. v. d. Stiftung Haus der Geschichte der Bundesrepublik Deutschland, Bielefeld (2005), 3. Auflage 2006.
Flucht, Vertreibung, ethnische Säuberung. Eine Herausforderung für Museums- und Ausstellungsarbeit weltweit. Neuntes Internationales Symposium der International Association of Museums of History (IAMH), hgg. v. Deutschen Historischen Museum/International Association of Museums of History/Stiftung Flucht, Vertreibung, Versöhnung, Berlin 2010.
Hansjörg Kalcyk/Hans-Joachim Westholt, Suchdienst-Kartei. Millionen Schicksale in der Nachkriegszeit, hgg. vom Haus der Geschichte der Bundesrepublik Deutschland, Bonn 1996.
Andreas Kossert, Kalte Heimat. Die Geschichte der deutschen Vertriebenen nach 1945, München 2008.
Klaus Mittermeier, »Vermißt wird …« Die Arbeit des deutschen Suchdienstes, Berlin 2002.
Norman Naimark, Flammender Haß. Ethnische Säuberung im 20. Jahrhundert, München 2004.
Thomas Petersen, »Flucht und Vertreibung aus der Sicht der deutschen, polnischen und tschechischen Bevölkerung«, in: Zeitfragen, hgg. v. d. Stiftung Haus der Geschichte der Bundesrepublik Deutschland, Bonn 2005.
Michael Schwartz, Funktionäre mit Vergangenheit. Das Gründungspräsidium des Bundes der Vertriebenen und das »Dritte Reich«, München 2013.
Hans-Peter Schwarz, Die Ära Adenauer. Gründerjahre der Republik 1949–1957, Stuttgart/Wiesbaden 1981.
Philipp Ther, Die dunkle Seite der Nationalstaaten. »Ethnische Säuberungen« im modernen Europa, Bonn 2012.
Von Solferino zur Suche 2.0. Meilensteine des DRK-Suchdienstes, hgg. v. Suchdienst des Deutschen Roten Kreuzes, Berlin 2015.

Nr. 76 »Die Anklagebank«

Klaus Kastner, Die Völker klagen an. Der Nürnberger Prozeß 1945–1946, Darmstadt 2005.
Horst Möller, »Unser letzter Stolz«, in: FAZ Nr. 132, 9.6.2012, S. 8.
Museen der Stadt Nürnberg (Hrsg.), Memorium Nürnberger Prozesse. Die Ausstellung, Nürnberg 2011.
Kim C. Priemel/Alexa Stiller (Hrsg.), NMT. Die Nürnberger Militärtribunale zwischen Geschichte, Gerechtigkeit und Rechtschöpfung, Hamburg 2013.
Steffen Radlmaier, Der Nürnberger Lernprozess. Von Kriegsverbrechern und Starreportern, Frankfurt 2001.
Jan Philipp Reemtsma/Hamburger Institut für Sozialforschung (Hrsg.), 200 Tage und 1 Jahrhundert. Gewalt und Destruktivität im Spiegel des Jahres 1945, Hamburg 1995.
Peter Steinbach, »Der Nürnberger Prozeß gegen die Hauptkriegsverbrecher«, in: Gerd R. Ueberschär (Hrsg.), Der Nationalsozialismus vor Gericht. Die alliierten Prozesse gegen Kriegsverbrecher und Soldaten 1943–1952, Frankfurt a. M. (1999), 3. Aufl. 2008, S. 32 ff.
Anette Weinke, Die Nürnberger Prozesse, München 2006.
Uwe Wesel, Geschichte des Rechts. Von den Frühformen bis zur Gegenwart, 4., neu bearbeitete Aufl., München 2014.
Willy Brandt, Verbrecher und andere Deutsche. Ein Bericht aus Deutschland 1946, bearbeitet von Einhart Lorenz, Bonn 2007.

Nr. 77 »Carepaket und Westpäckchen«

Christian Härtel/Petra Kabus (Hrsg.), Das Westpaket. Geschenksendung, keine Handelsware, Berlin 2000.
Volker Ilgen, CARE-Paket & Co. Von der Liebesgabe zum Westpaket, Darmstadt 2008.
Silvio Vietta/Roberto Rizzi (Hrsg.), »Sich an den Tod heranpürschen …«. Hermann Broch und Egon Vietta im Briefwechsel 1933–1951, Göttingen 2012.

Nr. 78 »Zuse-Rechenmaschine Z3«

Jürgen Alex/Hermann Flessner/Wilhelm Mons/Kurt Pauli/Horst Zuse, Konrad Zuse, der Vater des Computers, Fulda 2000.
Herbert Bruderer, Konrad Zuse und die Schweiz. Wer hat den Computer erfunden?, München 2012.
Jürgen Alex, Zur Entstehung des Computers – von Alfred Tarski zu Konrad Zuse, Düsseldorf 2007.
Karl-Heinz Czauderna, Konrad Zuse, der Weg zu seinem Computer Z3, Bericht der Gesellschaft für Mathematik und Datenverarbeitung Nr. 120, München 1979.
Wilhelm Füßl (Hrsg.), 100 Jahre Konrad Zuse. Einblicke in den Nachlass, München 2010.
Hans-Dieter Hellige (Hrsg.), Geschichten der Informatik, Berlin/Heidelberg 2004.
Raul Rojas, Die Rechenmaschinen von Konrad Zuse, Berlin 1998.
Konrad Zuse, Der Computer. Mein Lebenswerk, Berlin/Heidelberg/New York/Tokio 1984.

Nr. 79 »Das Besatzungsstatut«

Konrad Adenauer, Erinnerungen 1945–1953, Stuttgart 1965.
Rainer Blasius, »Der alliierte Teppich und das Besatzungspaket. Nach der Regierungsbildung machte Adenauer den Antrittsbesuch bei den Hohen Kommissaren«, in: FAZ, 15.9.1999, Nr. 214, S. 8.
Michael F. Feldkamp (Hrsg.), Die Entstehung des Grundgesetzes für die Bundesrepublik Deutschland 1949. Eine Dokumentation, Stuttgart 1999.
Andreas Rossmann, »Warum ist es am Rhein so schön? Hanglage Westblick: Fünfzig Jahre danach findet am historischen Ort das Symposion ›Petersberger Perspektiven‹ statt«, in: FAZ, 23.9.1999, Nr. 221, S. 51.
Hans-Peter Schwarz, Adenauer. Der Aufstieg: 1876–1952, Stuttgart 1986.
Hermann Weber, Die DDR 1945–1990, 5. Aufl., München 2012.
Wolfram Werner, »Eine rechtlich irrelevante Prunkausfertigung«, in: FAZ, 29.9.1999, Nr. 226, S. 10.
Paul Weymar, Konrad Adenauer. Die autorisierte Biographie, München 1955.

Nr. 80 »Der WM-Ball 1954«

Franz-Josef Brüggemeier, Zurück auf dem Platz. Deutschland und die Fußball-Weltmeisterschaft 1954, München 2004.
Friedrich Christian Delius, Der Sonntag, an dem ich Weltmeister wurde, Hamburg 1994.
DFB (Hrsg.), 100 Jahre DFB: Die Geschichte des Deutschen Fußball-Bundes, Berlin 1999.
Arthur Heinrich, 3:2 für Deutschland. Die Gründung der Bundesrepublik im Wankdorf-Stadion zu Bern, Göttingen 2004.
Peter Kasza, Fußball spielt Geschichte. Das Wunder von Bern 1954, Berlin 2004.
Carl Koppehel, Geschichte des deutschen Fußballsports, Frankfurt a. M. 1954.
Jürgen Leinemann, Sepp Herberger. Ein Leben, eine Legende, Berlin 1997.
Lorenz Pfeiffer/Dietrich Schulze-Marmeling (Hrsg.), Hakenkreuz und rundes Leder. Fußball im Nationalsozialismus, Göttingen 2008.
Reiner Pogarell, »Ein deutscher Staat entsteht auf einem Schweizer Fußballplatz«, in: Max Behland/Walter Krämer/Reiner Pogarell (Hrsg.), Edelsteine. 107 Sternstunden deutscher Sprache, Paderborn 2014, S. 523 ff.
Dietrich Schulze-Marmeling, Fußball. Zur Geschichte eines globalen Sports, Göttingen 2000.
Dietrich Schulze-Marmeling/Hubert Dahlkamp, Die Geschichte der Fußballweltmeisterschaft 1930–2006, Göttingen 2002.
Fritz Walter, 3:2 – Die Spiele zur Weltmeisterschaft, München 1954.

Nr. 81 »Die Europaflagge«

Henrik M. Broder, Die letzten Tage Europas, München 2013.
Oliver Bruttel, »Keine Abwendung von Europa. Ergebnisse einer Umfrage in vier großen EU-Ländern«, in FAZ, 15.8.2014, Nr. 188, S. 8.
Michael Gehler, Europa. Von der Utopie zur Realität, Innsbruck 2014.

Paul Kirchhof/Hermann Schäfer/Hans Tietmeyer, »Europa als politische Idee und rechtliche Form«, in: Wissenschaftliche Abhandlungen und Reden zur Philosophie, Politik und Geistesgeschichte, Bd. 19, hgg. von Josef Isensee, Berlin1993.

Renate Köcher, »Entspannter Fatalismus. Die Krise Europas lässt in Deutschland keine massiven antieuropäischen Ressentiments wachsen, wohl aber ein Empfinden von Ohnmacht«, in: FAZ, 17.10.2012, Nr. 242, S. 8.

Winfried Loth, Europas Einigung. Eine unvollendete Geschichte, Frankfurt/New York 2014.

Thomas Petersen, »Ein veränderter Blick auf Europa? Für Helmut Kohl war die Sache klar. Europa war Garant des Friedens. Angesichts der Krise in der Ukraine kehrt diese Sicht zurück«, in: FAZ, 14.5.2014, Nr. 111, S. 8.

Werner Weidenfeld, Europa – eine Strategie, München 2014.

Werner Weidenfeld, »Die Bilanz der Europäischen Integration 2014«, in: Jahrbuch der Europäischen Integration, 2014, S. 15–28.

Nr. 82 »Helme von Bundeswehr und NVA«

Detlef Bald, Die Bundeswehr. Eine kritische Geschichte 1955–2005, München 2005.

Ludwig Baer, Vom Stahlhelm zum Gefechtshelm. Eine Entwicklungsgeschichte von 1915 bis 1994, Bd. 2 (1945–1994), Neu-Anspach 1994.

Bernhard Chiari/Magnus Pahl (Hrsg.), Auslandseinsätze der Bundeswehr, Paderborn 2010.

Rolf Clement, Fünfzig Jahre Bundeswehr: 1955–2005, Hamburg 2005.

Hans Ehlert/Matthias Rogg (Hrsg.), Militär, Staat und Gesellschaft in der DDR. Forschungsfelder, Ergebnisse, Perspektiven, Berlin 2004.

Frank Hagemann, Parteiherrschaft in der Nationalen Volksarmee. Zur Rolle der SED bei der inneren Entwicklung der DDR-Streitkräfte (1956–1971), Berlin 2002.

Walter Kunstwadel, Von der Affenjacke zum Tropenanzug. Die Geschichte der Bundeswehr im Spiegel ihrer Uniformen und Abzeichen, Bonn 2006.

Frank Nägler, Die Bundeswehr 1955 bis 2005. Rückblenden, Einsichten, Perspektiven, München 2007.

Matthias Rogg, Armee des Volkes? Militär und Gesellschaft in der DDR, Berlin 2009.

Rüdiger Wenzke, Nationale Volksarmee. Die Geschichte, München 2014.

Otto-Eberhard Zander, Probleme und Aspekte der Tradition in den neuen Streitkräften in West und Ost. Ein Vergleich der Traditionen von Bundeswehr und Volksarmee (1950 bis 1990), Kiel 2000.

Nr. 83 »Anovlar und Ovosiston«

Eva-Maria Silies, Liebe, Lust und Last. Die Pille als weibliche Generationserfahrung in der Bundesrepublik (1960–1980), Göttingen 2010.

Klaus Dietz, Die Pille. Wirkung und Nebenwirkung. Schwangerschaftsunterbrechung oder Schwangerschaftsverhütung, 4. Aufl., Berlin 1978.

Beate Keldenich, Die Geschichte der Antibabypille von 1960 bis 2000. Ihre Entwicklung, Verwendung und Bedeutung im Spiegel zweier medizinischer Fachzeitschriften, Aachen 2002.

Annette Leo/Christian König (Hrsg.), Die Wunschkindpille. Weibliche Erfahrung und staatliche Geburtenpolitik in der DDR, Wallstein 2015.

Karl-Heinz Mehlan, Wunschkinder? Familienplanung, Antikonzeption und Abortbekämpfung in unserer Zeit, Rudolstadt 1969.

Wolf Schneider/Walter Krämer, »Hauptsache: Nebenwirkung. Der Beipackzettel zur ersten deutschen Antibabypille. Schering AG, Berlin. 1961«, in: Max Behland/Walter Krämer/Reiner Pogarell, Edelsteine. 107 Sternstunden deutscher Sprache vom Nibelungenlied bis Einstein, von Mozart bis Loriot, Paderborn 2014, S. 537 ff.

Gisela Staupe/Lisa Vieth (Hrsg.), Die Pille. Von der Lust und von der Liebe, Berlin 1996.

Siegfried Schnabl, Intimverhalten, Sexualstörungen, Persönlichkeit, Berlin 1973.

Nr. 84 »Der Volkswagen«

Christian Grundmann/Axel Struwe/Clauspeter Becker, Der erste Brezelkäfer. Wiederauferstehung eines Prototypen von 1938, 2. Aufl., Bielefeld 2012.

Florian Illies, Generation Golf. Eine Inspektion, Berlin 2000.

Markus Klein, »Gibt es eine Generation Golf? Eine empirische Inspektion«, in: Kölner Zeitschrift für Soziologie und Sozialpsychologie, 55. Jg. (2003), S. 99 ff.

Wolfgang König, Volkswagen, Volksempfänger, Volksgemeinschaft. »Volksprodukte« im Dritten Reich. Vom Scheitern einer nationalsozialistischen Konsumgesellschaft, Paderborn/München/Wien/Zürich 2004.

Hans Mommsen/Manfred Grieger, Das Volkswagenwerk und seine Arbeiter im Dritten Reich, Düsseldorf 1996.

Walter Henry Nelson, Die Volkswagen-Story. Biographie eines Autos, München 1966.

Erhard Schütz, »Der Volkswagen«, in: Étienne François/Hagen Schulze (Hrsg.), Deutsche Erinnerungsorte, Bd. 1, München 2001.

Nr. 85 »Das ›Gastarbeiter‹-Moped«

Veit Didczuneit, Armando Rodrigues de Sá, der millionste Gastarbeiter, das geschenkte Moped und die öffentliche Wirkung. Rekonstruktionen, Köln 2004.

Veit Didczuneit/Hanno Sowade, Zündapp Sport Combinette. Geschenk für den millionsten Gastarbeiter, hgg. von der Stiftung Haus der Geschichte der Bundesrepublik Deutschland, Bonn 2004.

Nr. 86 »Magnum-Revolver«

Stefan Aust, Der Baader-Meinhof-Komplex, erweiterte und aktualisierte Aufl., Hamburg 2008.

Haus der Geschichte Baden-Württemberg (Hrsg.), RAF – Terror im Südwesten. Katalog zur Ausstellung im Haus der Geschichte Baden-Württemberg, Stuttgart 2013.

Wolfgang Kraushaar (Hrsg.), Die RAF. Entmythologisierung einer terroristischen Organisation, Bundeszentrale für politische Bildung, Bonn 2008.

Nr. 87 »Bilder einer Familiengeschichte«

Yizhak Ahren (Hrsg.), Das Lehrstück »Holocaust«. Zur Wirkungspsychologie eines Medienereignisses, Opladen 1982.

Susanne Brandt, »Wenig Anschauung? Die Ausstrahlung des Films ›Holocaust‹ im westdeutschen Fernsehen (1978/79)«, in: Christoph Cornelißen u. a. (Hrsg.): Erinnerungskulturen. Deutschland, Italien und Japan seit 1945, Frankfurt a. M. 2003.

Jens Müller-Bauseneik, »Die US-Fernsehserie ›Holocaust‹ im Spiegel der deutschen Presse (Januar–März 1979). Eine Dokumentation«, in: Historical Social Research/Historische Sozialforschung (HSR) 30, 2005, Nr. 4. S. 128 ff.

Brewster S. Chamberlain, »Todesmühlen. Ein früher Versuch zur Massen-›Umerziehung‹ im besetzten Deutschland 1945–1946«, in: VfZ 29, 1981, S. 420–436.

Norbert Frei, 1945 und wir. Das Dritte Reich im Bewußtsein der Deutschen, München 2005.

Ralph Giordano, Die zweite Schuld oder von der Last, Deutscher zu sein, Hamburg/Zürich 1987.

Wolfgang Hartwig/Erhard Schütz (Hrsg.), Geschichte für Leser. Populäre Geschichtsschreibung im 20. Jahrhundert, München 2005, S. 123–146.

»›Holocaust‹: die Vergangenheit kommt zurück«, in: Der Spiegel 05/1979.

Wilhelm van Kampen, Holocaust. Materialien zu einer amerikanischen Fernsehserie über die Judenverfolgung im »Dritten Reich«, Sonderausgabe der Bundeszentrale für politische Bildung, [o. O.] 1978.

Manfred Kittel, Die Legende der »Zweiten Schuld«. Vergangenheitsbewältigung in der Ära Adenauer, Berlin/Frankfurt 1993.

Eugen Kogon, Der SS-Staat, Düsseldorf 1946.

Peter Märthesheimer/Ivo Frenzel (Hrsg.), Im Kreuzfeuer. Der Fernsehfilm »Holocaust«. Eine Nation ist betroffen, Frankfurt a. M. 1979.

Julius Schoeps, »Emotionale Reaktion auf die Ausstrahlung der amerikanischen Fernsehserie ›Holocaust‹ in der Bundesrepublik (1979)«, in: Peter Märthesheimer/Ivo Frenzel (Hrsg.), Im Kreuzfeuer. Der Fernsehfilm »Holocaust«. Eine Nation ist betroffen, Frankfurt a. M. 1979. S. 225–230.

Sandra Schulz, »Film und Fernsehen als Medien der gesellschaftlichen Vergegenwärtigung des Holocaust. Die deutsche Erstausstrahlung der US-amerikanischen Fernsehserie ›Holocaust‹

im Jahre 1979«, in: Historical Social Research/Historische Sozialforschung (HSR) 32, 2007, Nr. 1, S. 189 ff.
Werner Sollors, »›Holocaust‹ on West German Television: The (In)Ability to Mourn?«, in: The Massachusetts Review Vol. 20, No. 2 (Sommer 1979), S. 377 ff.
Marcus Stiglegger, Auschwitz-TV – Reflexionen des Holocaust in Fernsehserien, Wiesbaden 2014.
Matthias Weiß, »Sinnliche Erinnerung. Die Filme ›Holocaust‹ und ›Schindlers Liste‹ in der bundesrepublikanischen Vergegenwärtigung der NS-Zeit«, in: Norbert Frei/Sybille Steinbacher (Hrsg.), Beschweigen und Bekennen. Die deutsche Nachkriegsgesellschaft und der Holocaust, Göttingen 2001, S. 71 ff.
Waltraud Wende (Hrsg.), Der Holocaust im Film. Mediale Inszenierung und kulturelles Gedächtnis, Heidelberg 2007.

Nr. 88 »Die Geheimkamera«

Hubertus Knabe, 17. Juni 1953. Ein deutscher Aufstand, München 2003.
Ilko-Sascha Kowalczuk, 17. Juni 1953. Geschichte eines Aufstands, München 2013.
Ulrich Mählert (Hrsg.), Der 17. Juni 1953. Ein Aufstand für Einheit, Recht und Freiheit, Berlin 2003.
Richard Perlia, Mal oben – mal unten. Das brisante Leben des Testpiloten Richard Perlia, Horb 2002.
Hanno Sowade, Geheimkamera. Der 17. Juni 1953 – Zeitgeschichte im Brennpunkt, hgg. von der Stiftung Haus der Geschichte der Bundesrepublik Deutschland, Bonn 1998.

Nr. 89 »Die Geruchsproben der Stasi«

Anatomie der Staatssicherheit. Geschichte, Struktur, Methoden. MfS-Handbuch, hgg. im Auftrag der Bundesbeauftragten für die Unterlagen des Staatssicherheitsdienstes der ehemaligen DDR v. Klaus-Dietmar Henke, Siegfried Suckut u. a., Bonn/Berlin 1995 ff.
Jens Gieseke, Mielke-Konzern. Die Geschichte der Stasi 1945–1990, Stuttgart 2001.
Das MfS-Lexikon. Begriffe, Personen und Strukturen der Staatssicherheit der DDR, hgg. im Auftrag der Abteilung Bildung und Forschung der Bundesbeauftragten für die Unterlagen des Staatssicherheitsdienstes der ehemaligen DDR v. Roger Engelmann u. a., Berlin 2011.
Udo Ulfkotte, Verschlusssache BND, 3. Aufl. München 1997.
Siegfried Suckut (Hrsg.), Wörterbuch der Staatssicherheit. Definitionen zur »politisch-operativen Arbeit«, 2. Aufl. Berlin 1996.
Kristie Macrakis, Die Stasi-Geheimnisse: Methoden und Technik der DDR-Spionage, München 2009.
Jörn-Michael Goll, Kontrollierte Kontrolleure. Die Bedeutung der Zollverwaltung für die »politisch-operative Arbeit« des Ministeriums der Staatssicherheit der DDR, Göttingen 2011.
Holger Witzel, Schnauze, Wessi. Pöbeleien aus einem besetzten Land, Gütersloh 2012.
Wolf Biermann, »Tiefer als unter die Haut. Wolf Biermann über Schweinehunde, halbe Helden, Intimitäten und andere Funde aus seinen Stasi-Akten«, in: Spiegel 5/1992.
»Innere Sicherheit. Der Duft des Terrors«, in: Spiegel 21/2007, S. 32 ff.

Nr. 90 »Abfertigungskabine im Tränenpalast«

Philipp Springer, Bahnhof der Tränen. Die Grenzübergangsstelle Berlin-Friedrichstraße, Berlin 2013.
Stefan Wolle, »Bahnhof Friedrichstraße. Ein Museum der Erinnerungen«, in: Hans-Hermann Hertle/Konrad H. Jarausch/Christoph Kleßmann (Hrsg.), Mauerbau und Mauerfall. Ursachen – Verlauf – Auswirkungen, Berlin 2002, S. 165 ff.

Nr. 91 »Der Raumanzug von Sigmund Jähn«

Marsha Freeman, Hin zu neuen Welten. Die Geschichte der deutschen Raumfahrtpioniere, Wiesbaden 1995.
Gerhard Hertenberger, Aufbruch in den Weltraum. Geheime Raumfahrtprogramme, dramatische Pannen und faszinierende Erlebnisse russischer Kosmonauten, Wien 2009.
Horst Hoffmann, Die Deutschen im Weltraum. Zur Geschichte der Kosmosforschung in der DDR. Mit einem Vorwort von Sigmund Jähn, Berlin 1998.

Horst Hoffmann, Sigmund Jähn, der fliegende Vogtländer. Autorisierte Biografie. Mit einem Vorwort von Thomas Reiter und unter Mitarbeit von Matthias Gründer und Andreas Schütz, Berlin 1999.
Sigmund Jähn, Erlebnis Weltraum, Berlin 1983.
Peter Stache, Raumfahrer von A bis Z, Berlin 1988.
Helmuth Trischler, Luft- und Raumfahrtforschung in Deutschland 1900–1970. Politische Geschichte einer Wissenschaft, Frankfurt 1992.

Nr. 92 »›Schwerter zu Pflugscharen‹«

Rainer Eckert/Kornelia Lobmeier, Schwerter zu Pflugscharen. Geschichte eines Symbols, hgg. von der Stiftung Haus der Geschichte der Bundesrepublik Deutschland, Bonn 2007.
Ehrhart Neubert, Geschichte der Opposition in der DDR 1949–1989, Reihe Forschungen zur DDR-Gesellschaft, Berlin 1997.
Friedrich Schorlemmer, Klar sehen und doch hoffen. Mein politisches Leben, Berlin 2012.
Ders., Worte öffnen Fäuste. Die Rückkehr in ein schwieriges Vaterland, München 1992.
Richard Schröder, »Schwerter und Pflugscharen«, in: FAZ, 6. 10. 2014, S. 8.
Anke Silomon, »Schwerter zu Pflugscharen« und die DDR. Die Friedensarbeit der evangelischen Kirchen in der DDR im Rahmen der Friedensdekaden 1980 bis 1982, Arbeiten zur kirchlichen Zeitgeschichte, Reihe B: Darstellungen, Bd. 33, Göttingen 1999.

Nr. 93 »Schabowskis Zettel«

Hans-Hermann Hertle, Chronik des Mauerfalls: Die dramatischen Ereignisse um den 9. November 1989, Berlin 2009.
Florian Huber, Schabowskis Irrtum. Das Drama des 9. November, Berlin 2009.
Günter Schabowski, »Der Zerfall einer Leihmacht«, in: Diktaturen in Deutschland, Bd. 5, Rostock 2009.

Nr. 94 »MPlayer3 (Pontis)«

Arnold Jacobshagen/Frieder Reininghaus (Hrsg.), Musik und Kulturbetrieb. Musik, Märkte, Institutionen, Laaber 2006.
David Kusek/Gerd Leonhard, Die Zukunft gehört der Musik. Warum die digitale Revolution die Musikindustrie retten wird, München 2006.
Werner Mezger, »Schlager. Versuch einer Gesamtdarstellung unter besonderer Berücksichtigung des Musikmarktes der Bundesrepublik Deutschland«, in: Untersuchungen des Ludwig-Uhland-Instituts der Universität Tübingen, Bd. 39, Tübingen 1975.
Franz Miller, Die mp3-Story. Eine deutsche Erfolgsgeschichte, München 2015.
Musikindustrie in Zahlen 2014, hgg. vom Bundesverband Musikindustrie e.V., Berlin 2015.
Manfred Spitzer, Digitale Demenz. Wie wir uns und unsere Kinder um den Verstand bringen, München 2012.
Heike Weber, Das Versprechen mobiler Freiheit. Zur Kultur- und Technikgeschichte von Kofferradio, Walkman und Handy, Bielefeld 2008.
Stephen Witt, How Music Got Free: Wie zwei Erfinder, ein Plattenboss und ein Gauner eine ganze Industrie zu Fall brachten, Frankfurt a. M. 2015.

Nr. 95 »Sprechende Logos«

Lothar Hahn/Joachim Radkau, Aufstieg und Fall der deutschen Atomwirtschaft, München 2013.
Peter Leusch, Deutschlandfunk, 19.05.2011, »Kann Blockieren Sünde sein? Geschichte der Anti-AKW-Bewegung, http://www.deutschlandfunk.de/kann-blockieren-suende-sein.1148.de.html?dram:article_id=180766; http://www.occupydeutschland.de/.
Konrad Lischka, »Anonymous und Guy Fawkes: Grinsemaske ohne Botschaft«, in: Spiegel online 05. 11. 2011.
Volker Lösch/Gangolf Stocker/Sabine Leidig (Hrsg.), Stuttgart 21 – oder: Wem gehört die Stadt, Köln 2010.
Herfried Münkler, »Die Verdrossenen und die Empörten«, in: Neue Zürcher Zeitung 24.4.2012.
Haus der Geschichte Baden-Württemberg (Hrsg.), Dagegen leben? Der Bauzaun und Stuttgart 21, Katalog zur Sonderausstellung 2011/2012, Stuttgart 2011.

Heribert Prantl, »Lob der Unruhe«, in: Süddeutsche Zeitung, 17.5.2010.
Roland Roth/Dieter Rucht (Hrsg.), Die sozialen Bewegungen in Deutschland seit 1945. Ein Handbuch, Frankfurt a. M. 2008.
Ole Reißmann/Christian Stöcker/Konrad Lischka, We are Anonymous – Die Maske des Protests. Wer sie sind, was sie antreibt, was sie wollen, München 2012.
Franz Walter u. a. (Hrsg.), Die neue Macht der Bürger. Was motiviert die Protestbewegungen? BP-Gesellschaftsstudie, Reinbek bei Hamburg 2013.
Andreas Winterer, ZDF-Blog, »Zehn Dinge, die man über Anonymous wissen sollte«, http://blog.zdf.de/hyperland/2012/02/zehn-dinge-die-man-ueber-anonymous-wissen-sollte/.

Nr. 96 »Die DM-Urpatrize«

Werner Abelshauser, Deutsche Wirtschaftsgeschichte. Von 1945 bis zur Gegenwart, 2. überarbeitete u. erweiterte Auflage, München 2011.
Michael Brackmann, Vom totalen Krieg zum Wirtschaftswunder. Die Vorgeschichte der westdeutschen Währungsreform 1948, Essen 1993.
Christoph Buchheim, »Die Währungsreform 1948 in Westdeutschland«, in: Vierteljahrshefte für Zeitgeschichte 36 (1988), S. 189 ff.
Carl-Ludwig Holtfrerich, Die deutsche Inflation 1914–1923. Ursachen und Folgen in internationaler Sicht, Berlin 1980.
Helmut G. Schmidt (Hrsg.), Kopfgeld: Erinnerungen an den Geburtstag der Deutschen Mark. Eine Anthologie, Bornheim-Merten 1988.
Sicherheitsreport 2014. Ergebnisse einer repräsentativen Bevölkerungsumfrage, hgg. v. Deutsche Telekom/T-Systems, durchgeführt vom Institut für Demoskopie Allensbach, 2014.
Sicherheitsreport 2015. Ergebnisse einer repräsentativen Bevölkerungsumfrage, hgg. v. Deutsche Telekom/T-Systems, durchgeführt vom Institut für Demoskopie Allensbach, 2015.
Frederick Taylor, Inflation. Der Untergang des Geldes in der Weimarer Republik und die Geburt eines deutschen Traumas, München 2013.
Wolf Walter, Wirtschaftsgeschichte. Vom Merkantilismus bis zur Gegenwart, 5. aktualisierte Auflage, Köln/Weimar/Wien 2011.

Nr. 97 »Der Stuhl Benedikts XVI.«

Andreas Englisch, Franziskus. Zeichen der Hoffnung. Vom Erbe Benedikts XVI. zur Revolution im Vatikan, München 2014.
Joseph Ratzinger, Aus meinem Leben. Erinnerungen (1927–1977), Freiburg 2006.
Jan-Heiner Tück (Hrsg.), Der Theologenpapst. Eine kritische Würdigung Benedikts XVI., Freiburg/Basel/Wien 2013.
»›Wir müssen markanter sein‹, Kardinal Lehmann über die neue Freiheit des Papstes, Sozialneid, graue Katzen und die Kunst der Gelassenheit«, in FAS, 31.7.2005, Nr. 30, S. 6.

Nr. 98 »Merkels Handy«

Hans Peter Bull, Netzpolitik: Freiheit und Rechtsschutz im Internet, Baden-Baden 2013.
Birgit van Eimeren/Beate Frees, »Ergebnisse der ARD/ZDF-Onlinestudie 2014. 79 Prozent der Deutschen online – Zuwachs bei mobiler Internetnutzung und Bewegtbild«, in: Media Perspektiven 7–8/2014, S. 378 ff.
Rolf Gössner, »Abhören und Lauschen. Zur Entwicklung der akustischen Überwachung«, in: Gerhard Paul/Ralph Schock (Hrsg.), Sound der Zeit. Geräusche, Töne, Stimmen 1889 bis heute, Göttingen 2014, S. 513 ff.
Jürgen Kühling, »Das Ende der Privatheit«, in: Till Müller-Heidelberg u. a. (Hrsg.), Grundrechte-Report 2003, Reinbek 2003, S. 15 ff.
Horst W. Opaschowski, Deutschland 2030. Wie wir in Zukunft leben, Gütersloh, München 2008.
Ders., »Das Kind wird zum Scanner«, in: Spiegel-Special 3/1998, S. 29 ff.
George Packer, »The Quiet German. The astonishing rise of Angela Merkel, the most powerful woman in the world«, in: The New Yorker, Profiles, 1.12.2014.
Thomas Petersen, »Der Groll über den großen Bruder«, eine Dokumentation des Beitrags in der FAZ Nr. 216, 17.9.2014.
Bernhard Schinwald, »Keine Freundschaft mit Privilegien«, in: The European, 26.10.2013.

Nr. 99 »Großspeicherbatterien«

Achim Brunnengräber/Maria Rosaria Di Nucci (Hrsg.), Im Hürdenlauf zur Energiewende. Von Transformationen, Reformen und Innovationen, Wiesbaden 2014.
Christoph Buchal/PatrickWittenberg/Dieter Oesterwind, Strom. Die Gigawatt-Revolution, Gütersloh 2013.
Eckhard Fahlbusch (Hrsg.), Batterien als Energiespeicher. Beispiele, Strategien, Lösungen, Berlin 2015.
Ralf Fücks, Intelligent wachsen. Die grüne Revolution, München 2013.
Roger Hackstock, Energiewende, Die Revolution hat schon begonnen, Wien 2014.
Thomas Kästner/Henning Rentz (Hrsg.), Handbuch Energiewende, Essen 2013.
Konrad Kleinknecht, Risiko Energiewende. Wege aus der Sackgasse, Berlin 2015.
Volker Kronenberg/Christoph Weckenbrock, Energiewende konkret. Herausforderungen für Politik, Gesellschaft und Wirtschaft, Bonn 2014.
Klaus-Dieter Maulbach, Energiewende. Wege zu einer bezahlbaren Energieversorgung, Wiesbaden 2014.
Rüdiger Mautz/Andreas Byzio/Wolf Rosenbaum, Auf dem Weg zur Energiewende. Die Entwicklung der Stromproduktion aus erneuerbaren Energien in Deutschland, Göttingen 2008.
Bärbel Ruben/Thomas Friedrich, DAIMON – die helle Freude. Festschrift aus Anlaß des 100jährigen Gründungsjubiläums der »Elektrotechnischen Fabrik Schmidt & Co«, Berlin 2001.
Heinz-Jörg Wiegand, Die Argrar- und Energiewende. Bilanz und Geschichte rot-grüner Projekte, Hamburg 2006.

Nr. 100 »Das Plakat ›Dein Christus – ein Jude‹«

Hermann Bausinger, Typisch deutsch. Wie deutsch sind die Deutschen?, München 2000.
Beauftragte der Bundesregierung für Migration, Flüchtlinge und Integration (Hrsg.), 10. Bericht der Beauftragten der Bundesregierung für Migration, Flüchtlinge und Integration über die Lage der Ausländerinnen und Ausländer in Deutschland, Oktober 2014.
Deutscher Kaffeeverband, Kaffeemarkt 2013, Hamburg 2014.
Friedrich Beck/Lorenz Friedrich Beck, Die Lateinische Schrift. Schriftzeugnisse aus dem deutschen Sprachgebiet vom Mittelalter bis zur Gegenwart, Köln/Weimar/Wien 2007.
Christoph Drösser, Wie wir Deutschen ticken. Wie wir denken. Was wir fühlen. Wer wir sind, hgg. von Holger Geißler, Hamburg 2015.
Deutscher Reiseverband, Fakten und Zahlen 2014, Berlin 2015.
Nadja Milewski, »Wann ist eine Ehe stabil?«, in: Demographische Forschung. Aus erster Hand, 11. Jg. 2014, Nr. 4.
Maren Möhrig, Fremdes Essen. Die Geschichte der ausländischen Gastronomie in der Bundesrepublik Deutschland, München 2012.
Nadja Rosmann, »Deutsch-Sein – Ein neuer Stolz auf die Nation im Einklang mit dem Herzen. Die Identität der Deutschen. Eine repräsentative Studie im Auftrag der Identity Foundation«, in: Schriftenreihe der Identity Foundation, Bd. 10, Düsseldorf 2009.
Stiftung Haus der Geschichte der Bundesrepublik Deutschland (Hrsg.), Immer Bunter. Einwanderungsland Deutschland, Bonn 2015.
Ingrid Walter, »Ausländisch-deutsche Ehen – Anzeichen einer erfolgreichen Integration«, in: Statistisches Monatsheft Baden-Württemberg 3/2010.

Bildnachweis

Die Bildnachweise sind den jeweiligen Kapitelnummern zugeordnet.

[1] cmyk_E. Behrens + C. S. Fuchs, NLD; [2] Landesamt für Denkmalpflege und Archäologie Sachsen-Anhalt, Juraj Lipták; [3] Varusschlacht im Osnabrücker Land: Christian Grovermann; [4] Rheinisches Landesmuseum Trier (Foto Thomas Zühmer); [5] Archäologisches Landesmuseum, Stiftung Schleswig-Holsteinische Landesmuseen Schloss Gottorf, Schleswig; [6] Rheinisches Bildarchiv Köln, rba_d017590; [7] Domkapitel Aachen, Foto: Pit Siebigs; [8] Stadtmuseum Simeonstift Trier. Fotograf: Bernhard Matthias Lutz, Konz; [9] KHM-Museumsverband; [10] Dommuseum Hildesheim, Foto: Florian Monheim; [11] Karlsruhe, Badische Landesbibliothek, Cod. Donaueschingen 63, fol. 1r; [12] Diözesanmuseum Bamberg; [13] Universitätsbibliothek Heidelberg, Cod. Pal. germ. 164, Eike <von Reprow>: Heidelberger Sachsenspiegel – Ostmitteldeutschland, Anfang 14. Jh., Seite: 1r; [14] Schöning GmbH & Co. KG; [15] Generallandesarchiv Karlsruhe; [16] Erzbischöfliches Ordinariat Freiburg i. Br., Bildarchiv, Aufnahme Peter Trenkle; [17] Institut für Stadtgeschichte Frankfurt am Main, Privilegien 107; [18] Deutsches Schifffahrtsmuseum; [19] Bayerisches Armeenmuseum Ingolstadt (Foto: Christian Stoye); [20] Germanisches Nationalmuseum (Siegel); Universitätsarchiv Heidelberg, Foto: Gabriel Meyer (Siegelabdruck); [21] Parler, Heinrich (4): Parlerbüste; Museum Schnütgen, K 127 (Foto: Rheinisches Bildarchiv Köln, rba_d032916_02); [22] Gutenberg-Museum Mainz; [23] Germanisches Nationalmuseum; [24] Kunsthalle Bremen – Der Kunstverein in Bremen, Kupferstichkabinett, Foto Karen Blindow; [25] bpk / Staatliche Kunsthalle Karlsruhe / Wolfgang Pankoke; [26] Bayerische Staatsbibltiothek München, 2 L.impr.membr. 45, fol. XXXVI verso; [27] Herzog Anton Ulrich-Museum Braunschweig, Kunstmuseum des Landes Niedersachsen, Museumsfotograf; [28] VG Bild-Kunst, Bonn 2015; Foto Dieter Leistner; [29] Klassik Stiftung Weimar, Herzogin Anna Amalia Bibliothek; [30] Deutsches Historisches Museum, Berlin; [31] Detlef Sommer, BLDAM; [32] Chanukka-Leuchter, 1681, Silber, getrieben, teilweise vergoldet, Hersteller: Valentin Schüler (Meister 1680-1720) Jüdisches Museum Frankfurt am Main, Foto: Ursula Seitz-Gray © Jüdisches Museum der Stadt Frankfurt am Main; [33] Deutsches Historisches Museum, Berlin; [34] Hennen, Joachim: Memento Mori, tanzender Tod, um 1680; Museum Schnütgen (Foto: Rheinisches Bildarchiv Köln, rba_d032916_02, Meier, Wolfgang); [35] bpk / GStA PK; [36] Mainfränkisches Museum Würzburg (Foto: Katja Krause); [37] Eigentum des Hauses Hohenzollern; SKH Georg Friedrich Prinz von Preussen; [38] Altaugsburggesellschaft (der Blitzableiter befindet sich auf dem Dach des Festsaalbaues des Augsburger Schaezlerpalais); [39] Goethe-Museum Düsseldorf, Anton-und-Katharina-Kippenberg-Stiftung; [40] bpk / GStA PK; [41] Universitätsbibliothek Kassel; [42] Landesamt für Archäologie Sachsen; [43] bpk; [44] Foto: Dr. Gregor Schäfer; [45] Stadtmuseum Neustadt an der Weinstraße; [46] Universitätsbibliothek Heidelberg, G 5442-2 Folio RES, Seite: 45; [47] DB Museum, Nürnberg; [48] Archiv der Hoffmann-von-Fallersleben-Gesellschaft; [49] Deutsches Landwirtschaftsmuseum Hohenheim; [50] Wehrgeschichtliches Museum Rastatt; [51] Staatsarchiv Bamberg, Judenmartrikel Buttenheim »Löb Strauß«; [52] Friedrich-Ebert-Stiftung, Museum Karl-Marx-Haus; [53] ullstein bild – imageBROKER / Martin Siepmann; VG Bild-Kunst, Bonn 2015; [54] Foto Deutsches Museum; [55] Die Proklamierung des deutschen Kaiserreiches (18. Januar 1871), Maler: Anton von Werner, Öl auf Leinwand, 1885 © Otto-von-Bismarck-Stiftung; [56] Archiv der sozialen Demokratie der Friedrich-Ebert-Stiftung; [57] bpk / Nationalgalerie, SMB / Jürgen Liepe; [58] bpk; [59] Foto Deutsches Museum; [60] Bayer AG / Corporate History & Archives; [61] Wilhelm-Busch-Gesellschaft e. V. Hannover, Besitznachweis: Wilhelm Busch – Deutsches Museum für Karikatur und Zeichenkunst, Hannover; [62] Schokoladenmuseum Köln; [63] MHM/ David Brandt; [64] bpk / Staatliche Kunstsammlungen Dresden / Elke Estel / Hans-Peter Klut; [65] L'Association du Mémorial de la Clairière de l'Armistice (Compiègne); [66] Deutsches Historisches Museum, Berlin; [67] Archiv der sozialen Demokratie der Friedrich-Ebert-Stiftung; [68] Universitätsbibliothek Erlangen-Nürnberg, mit Genehmigung des Freistaates Bayern; [69] Ilka Thom (Foto Antonia Weiße); [70] JMB, Memorabilia of Saul M. Loeb, Foto: Jens Ziehe; [71] TECHNOSEUM, Foto Klaus Luginsland; [72] Haus der Geschichte Baden-Württemberg, Foto: Bernd Eidenmüller; [73] Bayrisches Nationalmuseum München (Foto: Haberland, Walter); [74] Jewgeni Chaldej/Sammlung Ernst Volland und Heinz Krimmer; [75] Michael Jentsch (Foto), Haus der Geschichte, Bonn; [76] Matthaeus. Photographer; [77] Deutsches Historisches Museum, Berlin; [78] Foto Deutsches Museum; [79] Stiftung Haus der Geschichte der Bundesrepublik Deutschland, Bonn; [80] Deutsches Fußballmuseum/firo; [81] Europarat; [82] Militärhistorisches Museum der Bundeswehr (Foto: Norbert Lasse); [83] Schering Archiv, Bayer AG; [84] ZeitHaus der Autostadt in Wolfsburg; [85] Axel Thünker (Foto), Stiftung Haus der Geschichte der Bundesrepublik Deutschland, Bonn; [86] Axel Thünker (Foto), Haus der Geschichte, Bonn; [87] erschienen bei polyband Medien GmbH; [88] Axel Thünker (Foto), Stiftung Haus der Geschichte der Bundesrepublik Deutschland, Bonn; [89] Bürgerkomitee Leipzig e. V. für die Auflösung der ehemaligen Staatssicherheit (MfS), Träger der Gedenkstätte Museum in der »Runden Ecke« mit dem Museum im Stasi-Bunker, GMRE – Inv.-Nr.: 00358; [90] Axel Thünker, Haus der Geschichte, Bonn; [91] aus Exponatebestand des MilHistMuseumBw; [92] Robert-Havemann-Gesellschaft; [93] Stiftung Haus der Geschichte der Bundesrepublik Deutschland, Bonn; [94] MPlayer3 von PONTIS Electronic, Schwarzenfeld. Fotografie Klaus Kurz, Schwetzendorf/Pettendorf, 1998 (Bezeichnung laut Audivo: SP4); [95] Guy Fawkes: iStockphoto (Getty Images); CND: Haus der Geschichte, Bonn; Stuttgart 21 und Atomkraft Nein Danke: Haus der Geschichte Baden-Württemberg; [96] Vorderseite Urpatrize: Axel Thünker (Foto), Rückseite: Michael Jentsch (Foto), Haus der Geschichte, Bonn; [97] Haus der Geschichte Baden-Württemberg, Foto: Bernd Eidenmüller; [98] Axel Thünker (Foto), Stiftung Haus der Geschichte der Bundesrepublik Deutschland, Bonn; [99] Foto: WEMAG/ Stephan Rudolph-Kramer; [100] mit Genehmigung der Ströer Deutsche Städte Medien GmbH

Personenregister

Abresch, Johann Philipp 281, 283f.
Adam von Bremen 42
Adenauer, Konrad 284, 301f., 485–488, 495, 503, 542
Aiken, Howard 483
Albert III. von Passau 126
Alkaios von Lesbos 38
Amberger, Christoph 174
Arminius der Cherusker 29–33
Armstrong, Neil 559
Arndt, Ernst Moritz 32, 188, 254, 265f., 331
Arnim, Achim von 257
Artaria, Domenico 273
Artzt, Sibylla 195
Attila 78
August d.J. von Braunschweig 177
Augustinus 593
Augustus 30f.
Ausonius, Decimus Magnus 35

Baader, Andreas 528f.
Baden, Jakob von 161
Baden, Max von 407
Baden, Philipp von 162
Baldin, Viktor 159
Baldung Grien, Hans 161f.
Banér, Johan 200
Barenboim, Daniel 272
Barényi, Béla 516
Bartholomäus von Hamm 138
Bastian, Gert 553, 565
Bauwens, Peco 493
Beauharnais, Josephine 56
Bebel, August 325, 349, 407
Beccaria, Cesare de 449
Becher, Johannes R. 301
Bechstein, Helene 421
Beethoven, Ludwig van 264, 268–273, 301f.
Behaim, Martin 148–153
Behrens, Christian 266
Behrens, Peter 339
Benedikt von Nursia 101f., 104f., 595
Benedikt XII., Papst 101f.

Benedikt XIV., Papst 242
Benedikt XV., Papst 595
Benedikt XVI., Papst 104, 592–597
Benn, Gottfried 302
Benz, Bertha 365–367
Benz, Carl 364–369
Benz, Eugen 365
Benz, Richard 365
Berbuer, Karl 300
Berliner, Emil(e) 409, 577
Berlioz, Hector 275
Bernhard von Clairvaux 101f., 104
Bernhard, Georg 426
Bernhard, Lucian 413
Bernstein, Leonard 272
Bernward von Hildesheim 71–73, 75
Berthold von Baden 164
Bettelheim, Bruno 261
Bienert, Friedrich 399
Biermann, Wolf 548
Bing-Kann, Scheinle 204
Bismarck, Otto von 80, 224, 237, 313f., 340f., 343f., 349f., 358–361, 363, 384, 408f.
Blank, Theodor 503, 505
Blankenhorn, Herbert 486f.
Blechen, Carl 353
Blickle, Peter 181
Blücher, Gebhard Leberecht von 504
Blum, Robert 284, 333, 411
Boccaccio, Giovanni 209f.
Böckenförde, Ernst-Wolfgang 549
Boden, Wilhelm 284
Bodmer, Johann Jakob 78
Boeden, Susanne 548
Boffrand, Germain 229
Bohley, Bärbel 566
Böhm, Erich 576
Böll, Alfred 441
Böll, Alois 441
Böll, Heinrich 86, 441, 531, 534, 582
Boller, Johann Adam 204

Bonaparte, Jérôme 249, 258, 261
Bormann, Martin 468f.
Born, Max 581
Börne, Ludwig 116
Borsig, August 355, 361
Bosch, Robert 368f.
Brandenburg, Karlheinz 576
Brandt, Willy 458, 469, 553f.
Brant, Sebastian 91
Braun, Wernher von 481, 558, 560
Brecht, Bert 201, 427f., 543
Brentano, Clemens 257f.
Breschnew, Leonid 560
Bretschneider, Harald 563
Breu, Jörg d.Ä. 192, 194
Breu, Jörg d.J. 194
Broch, Hermann 473
Brodkin, Herbert 533
Brückel, Josef 284
Buback, Siegfried 530
Buchkremer, Joseph 57
Bülow, Bernhard von 384
Bürger, Gottfried August 249
Busch, Wilhelm 289, 377–381
Bykowski, Waleri 557

Campe, Johann Heinrich 245, 248
Campos, Manuel 524
Caruso, Enrico 371
Celibidache, Sergiu 269
Chaldej, Jewgeni 455f., 459
Chamberlain, Houston Stewart 434
Chomsky, Marvin J. 533
Christoph I. von Baden 160f.
Chruschtschow, Nikita 563
Churchill, Winston 470
Clark, Christopher 393
Clemens Wenzeslaus von Sachsen 242
Clinton, Hillary 601
Coelestin V., Papst 597
Cook, James 247
Cotten, Joseph 475
Cranach, Lucas 185
Crusemark, *siehe* Krusemark

D'Alembert, Jean-Baptiste le Rond 241
Dahn, Felix 32, 79
Daimler, Gottlieb 366f., 369
Darmstaedter, Ludwig 410
Dassler, Adi 492
Davis, Jacob W. 319
De Cotte, Robert 229
De Gaulle, Charles 404
Defoe, Daniel 212
Delius, Friedrich Christian 495, 531
Delorme, Charles 209
Deuser, Erich 491
Deutschkron, Inge 435
Diderot, Denis 241
Dientzenhofer, Christoph 229
Dientzenhofer, Wolfgang 229
Dietrich, Marlene 475
Dirks, Rudolph 379
Dix, Otto 394–399
Djerassi, Carl 510
Döblin, Alfred 427, 469
Doegen, Wilhelm 408–411
Dönhoff, Marion von 534
Dönitz, Karl 456, 467, 469
Donnersmarck, Florian von 548
Dos Passos, John 427, 469
Douglas-Langenstein, Robert von 164
Drais, Karl 366
Dreser, Heinrich 373f.
Droysen, Johann Gustav 331
Duisberg, Carl 373
Dürer, Albrecht 66, 154–159, 162, 181, 212

Ebert, Friedrich 300, 407f., 410
Edison, Thomas Alva 337f., 409, 578
Ehrenburg, Ilja 469
Ehrmann, Riccardo 569
Eichengrün, Arthur 372–374
Eichmann, Adolf 296, 393, 471
Eichrodt, Ludwig von 289
Eike von Repgow 89–93
Einhard 54
Einstein, Albert 381, 474
Eisenhower, Dwight D. 559
Eisler, Hanns 301
Eisner, Kurt 271
Elisabeth, Zarin 235
Elser, Georg 442–447
Elser, Maria 447
Engels, Friedrich 32, 79, 181, 323–327, 347, 349, 505, 555
Ensslin, Gudrun 528f.

Eppelmann, Rainer 564
Erhard, Ludwig 344, 392, 458, 495, 589
Eriksson, Leif 44
Erxleben, Dorothea 415
Erzberger, Matthias 401, 403
Eschenburg, Theodor 464

Faraday, Michael 336
Fassbinder, Rainer Werner 531
Fawkes, Guy 584
Ferdinand I., Kaiser 55
Fest, Joachim 495
Fetscher, Iring 260
Fichte, Johann Gottlieb 265
Figl, Leopold 69
Filbinger, Hans 303
Finck von Finckenstein, Karl Wilhelm 235
Fischer von Erlach, Johann Bernhard 229
Fischer, Fritz 392f.
Foch, Ferdinand 401f.
Fontane, Theodor 313, 355
Forster, Georg 247f.
Forster, Johann Reinhold 247
François-Poncet, André 486
Frank, Anne 535
Frank, Hans 467, 469
Franklin, Benjamin 239, 241, 243
Franz I. (Österreich) 67
Franz II., Kaiser 67, 299
Franz, Günther 181
Frauberger, Heinrich 206
Freisler, Roland 453
Freud, Sigmund 380, 426
Frick, Wilhelm 467, 469
Friedrich der Weise von Sachsen 187
Friedrich I. von Baden 341f.
Friedrich II. der Große 79, 116, 224, 232–237, 251, 314, 353, 355, 449
Friedrich II. von Baden 163
Friedrich II., Kaiser 85
Friedrich III. von der Pfalz 133
Friedrich III., Kaiser 175
Friedrich V. von der Pfalz 199
Friedrich von Brandenburg 49
Friedrich Wilhelm I. von Preußen 116, 237
Friedrich Wilhelm III. von Preußen 251f.
Friedrich Wilhelm IV. von Preußen 68, 261, 311f., 332f., 336

Friedrich Wilhelm von Brandenburg-Preußen 221f.
Friedrich, Caspar David 258
Friedrichs, Hanns Joachim 571
Frings, Joseph 596
Frisch, Max 522
Fritzsche, Hans 467, 469
Fröbe, Gert 589
Fuchsberger, Joachim 391
Fugger, Anton 176, 194
Fugger, Georg 175
Fugger, Hans 174f.
Fugger, Jakob 172f., 175f., 193, 195
Fugger, Ulrich 175
Funk, Walter 467, 469
Furrer, Reinhard 561
Fürstenberg, Elisabeth von 77
Furtwängler, Wilhelm 272

Gabriel, Sigmar 600
Gagarin, Juri 560
Galilei, Galileo 227
Ganghofer, Ludwig 409
Gassner, Carl 606
Gates, Bill 483
Gauß, Carl Friedrich 336
Genscher, Hans-Dietrich 530, 572
George, Heinrich 153
Gerhäuser, Heinz 575, 579
Gernhardt, Robert 380
Gerstenmaier, Eugen 392
Gervinus, Georg Gottfried 331
Giordano, Ralph 537
Gipkens, Julius 383f.
Gisela von Bayern 85
Giskra, Karl 330
Glaeser, Ernst 426
Glockendon, Georg 150
Glockengiesser, Hans 150
Goebbels, Joseph 272, 404, 422, 426, 431, 437–441, 445, 468, 516
Goethe, Johann Wolfgang von 116, 181, 243–248, 264, 270, 301, 378
Gollwitzer, Helmut 582
Gorbatschow, Michail 572
Göring, Hermann 57, 81, 403, 441, 467, 469f.
Gotthelf, Jeremias 212
Graf, Oskar Maria 428
Graf, Willi 453
Grass, Günter 201, 582
Greene, Graham 371
Gregor I. der Große, Papst 75

Griessing, Otto 437
Grill, Bernhard 576
Grimm, Albert Ludewig 258
Grimm, Jacob 256–261, 331
Grimm, Ludwig Emil 258
Grimm, Wilhelm 256–261
Grimmelshausen, Hans Jakob Christoffel von 201
Grotjohann, Philipp 260
Gröttrup, Helmut 558
Grützke, Johannes 329, 333
Gryphius, Andreas 201
Gundahar 78
Günther, Hans F. K. 86
Günther, Wilhelm Christoph 258
Gurlitt, Cornelius 231
Gustav II. Adolf von Schweden 199f.
Gutenberg, Johannes 142f., 145–147

Haberlandt, Ludwig 510
Haderer, Zacharias 126
Hagenbeck, Carl 384
Hahn, Otto 581
Halem, Gerhard Anton von 246
Hallgarten, Charles L. 206
Halske, Johann Georg 336
Hardenberg, Karl August von 224, 251, 254
Harkort, Christian 311
Harlan, Veit 69, 153
Hary, Armin 302
Hauff, Wilhelm 128, 384
Hauptmann, Gerhart 350, 421
Havemann, Robert 565
Haydn, Joseph 299, 303
Hebbel, Friedrich 81
Hecker, Friedrich 319, 331
Heckmann, Carl Justus 355
Heer, Friedrich 51
Hege, Walter 86
Hegel, Georg Wilhelm Friedrich 264
Heidegger, Martin 473
Hein, Christoph 549
Heine, Heinrich 32, 116, 275, 312
Heine, Thomas Theodor 379
Heinemann, Gustav 344f.
Heinemann-Grüder, Curt-Jürgen 563
Heinrich I. von Trier 59
Heinrich II., Kaiser 66, 85
Heinrich IV. (Frankreich) 221
Heinrich von Gmünd 137, 140f.
Heisenberg, Werner 581
Heitz, Arsène 497

Hemingway, Ernest 427, 469
Hemmer, Johann Jakob 238f., 241f.
Henderson, William O. 290
Henlein, Peter 149, 153
Hennen, Joachim 214f.
Herberger, Sepp 490–492, 494
Herder, Johann Gottfried 32, 247
Herfurth, Rötger 204
Hermann, siehe Arminius
Herrhausen, Alfred 530
Herzog, Roman 459
Heß, Rudolf 403, 467, 469
Heusinger, Adolf 505
Heuss, Theodor 301f., 422, 427, 458f., 486, 493
Heyden, Friedrich von 372f.
Heym, Stefan 565
Hilda von Baden 163f.
Hildebrandt, Dieter 582
Hildebrandt, Johann Lucas von 229f.
Himmler, Heinrich 41, 57, 468
Hindenburg, Paul von 80, 314, 344, 403, 410
Hippokrates von Kos 371
Hirschfeld, Magnus 425, 427
Hitchcock, Alfred 535
Hitler, Adolf 33, 57, 69, 86, 116, 129, 135, 189, 237, 260, 266, 272, 294, 300, 314, 344, 351, 357, 387, 403f., 411, 419–422, 435, 437f., 440f., 443–447, 452, 455f., 458, 468, 504, 516f., 519, 534, 536f., 613
Hoffmann von Fallersleben, August Heinrich 298f., 301, 303
Hoffmann, Felix 372–374
Hoffmann, Heinrich 379
Hoffmann, Hugo 383
Holbein, Hans d. J. 218
Hölderlin, Friedrich 249
Holtom, Gerald 581
Honecker, Erich 553, 560f., 565, 570
Honecker, Margot 563
Horch, August 368
Hoyer von Falkenstein 90f.
Humboldt, Alexander von 246
Humboldt, Wilhelm von 134, 246, 253, 261
Huntziger, Charles 403
Hutten, Ulrich von 31
Hüttenrauch, Richard 511

Imhof, Arthur E. 219

Jackson, Robert 471
Jacobi, Friedrich Heinrich 246
Jaeger, Wilhelm 311
Jäger, Harald 571
Jahn, Friedrich Ludwig 32, 265, 331
Jähn, Sigmund 556–558, 560f.
Janosch (Horst Eckert) 261
Jeanne d'Arc 401
Jellinek, Emil 368
Jellinek, Mercedes 368
Jens, Walter 582
Jodl, Alfred 457, 469
Joffre, Joseph 402
Johann II. von Portugal 150
Johannes Paul II., Papst 594, 596
Jordan, Max 357
Jordan, Wilhelm 333
Joyce, James 474
Juchacz, Maria 414
Jünger, Ernst 129, 391
Jungk, Robert 469
Junker Jörg, siehe Luther, Martin

Kafka, Franz 371
Kaltenbrunner, Ernst 469
Kann, Isaak 204, 206
Kant, Immanuel 242
Kantorowicz, Alfred 428
Kapp, Wolfgang 128
Karajan, Herbert von 272
Karl August von Sachsen-Weimar 247
Karl der Große 36, 48, 53–57, 66f., 169
Karl der Kühne 175
Karl Friedrich von Baden 134, 275
Karl IV., Kaiser 113–115
Karl Theodor von der Pfalz 242
Karl V., Kaiser 176, 449
Karl VI., Kaiser 116
Karl von Spanien, siehe Karl V.
Kasparow, Garri 479
Kästner, Erich 425f., 429, 462, 469
Kastner, Wolfram P. 429
Katharina von Württemberg 306
Katzenelnbogen, Ottilie von 161
Kauka, Rolf 381
Kautsky, Karl 426
Keitel, Wilhelm 403, 457, 467, 469
Kelly, Petra 553, 565
Kempowski, Walter 371
Kennedy, John F. 331, 559
Kerr, Alfred 426f., 469

Kersting, Walter Maria 438
King, Martin Luther 563
Kirchick, James 601
Kirst, Hans Hellmut 371, 391 f.
Kisch, Egon Erwin 427
Kittel, Manfred 537
Kleinert, Marcus F. 229
Kleist, Heinrich von 32 f., 265
Klopstock, Friedrich Gottlieb 32, 246, 248
Klugkist, Hieronymus 158
Knigge, Adolph von 246
Koenig, Friedrich 146
Kogon, Eugen 535
Kohl, Helmut 303, 396, 447, 459, 485, 553, 599
Köhler, Horst 459
Kolbe, Hermann 372
Kolberger, Ruprecht 150
Kolle, Oswalt 513
Kolumbus, Christoph 150–152
Konrad II., Kaiser 55, 66
Konstantin der Große 84
Körner, Christian Gottfried 265
Kräcker, Julius 350
Krenz, Egon 570, 572 f.
Kreuder, Peter 301
Krupp von Bohlen und Halbach, Alfried 468
Krupp von Bohlen und Halbach, Gustav 468
Krupp, Alfred 361
Krusemark, Hans-Friedrich von 234
Kugler, Franz 355
Kühling, Jürgen 601
Kunibert von Köln 47

Lais, Otto 389
Lang, Fritz 80, 558
Lassalle, Ferdinand 347–349, 351
Laßberg, Joseph von 77
Lauder, Ronald S. 165
Leber, Julius 505
Lehmann, Karl 595
Leinweber, Robert 260
Lemmer, Ernst 539
Lenin, Wladimir Iljitsch 585
Leonardo da Vinci 157, 231
Leonow, Alexei 559
Leopold von Baden 163
Levetzow, Hulda von 379
Lévy, Paul M. G. 497
Ley, Robert 468, 516 f.
Lichtenberg, Georg Christoph 243
Liebermann, Adolph von 356

Liebermann, Max 356
Liebert von Liebenhofen, Benedikt Adam 239
Liebknecht, Karl 128, 408
Liebknecht, Wilhelm 325, 349
Linde, Carl 170
Lindenberg, Udo 567
List, Friedrich 287, 294
Lloyd, David 584
Loest, Erich 267
Löns, Hermann 289
Lothar I. 54
Louis, Joe 475
Ludendorff, Erich 398, 403, 411
Lüderitz, Adolf 385
Lüderitz, Horst 552
Ludwig der Bayer 113
Ludwig der Fromme 54, 56
Ludwig I. von Bayern 330
Ludwig X. von Bayern 167 f.
Ludwig XIII. (Frankreich) 200
Ludwig XIV. (Frankreich) 62, 221 f., 229
Ludwig XV. (Frankreich) 239
Ludwig XVI. (Frankreich) 248
Lufft, Hans 185
Lund, Anna 582
Luther, Hans 186
Luther, Martin 32, 36, 92, 147, 180, 184–189, 240, 427, 566
Lüttwitz, Walther von 128
Lützow, Ludwig Adolf Wilhelm von 265, 283
Luxemburg, Rosa 128, 427

Maginot, André 402
Magnus, Heinrich Gustav 335
Mann, Erika 469
Mann, Golo 180, 380
Mann, Heinrich 426 f.
Mann, Klaus 427
Mann, Thomas 212, 371, 427, 441, 474
Mannhardt, Johann 452 f.
Marbod 31
Marc Aurel 72
Maria von Burgund 175
Marie Elisabeth von Österreich 116
Marshall, George C. 475, 498 f., 589
Marsilius von Inghen 132
Marx, Jenny 260, 324
Marx, Karl 181, 260, 323–327, 347, 349, 426, 555
Masur, Kurt 269
Matthias von Arras 138

Maurice, Emil 421
Maxim, Hiram 390
Maximilian I., Kaiser 175 f.
Maximilian II. 56
Maybach, Wilhelm 366
Mehlan, Karl-Heinz 511
Meiger, Johannes 102, 104
Meinhof, Ulrike 529, 531
Meins, Holger 529
Meisner, Joachim 595
Melanchthon, Philipp 187
Meller, Harald 23
Menzel, Adolph 353–357
Merbold, Ulf 561
Merkel, Angela 583, 598–600, 603
Mertens, Dieter 162, 165
Messer, Guido 524
Messerschmid, Ernst 561
Metternich, Klemens Wenzel Lothar von 283, 330
Metzner, Franz 266
Mevissen, Gustav von 330
Michelangelo Buonarroti 231
Mielke, Erich 542, 546 f.
Miller, Oskar von 338, 365
Millerand, Alexandre 402
Mitterrand, François 396
Möller, Irmgard 528
Moltke, Helmuth Karl Bernhard von 342
Mommsen, Theodor 29, 32
Monnet, Jean 499
Moore, Alan 584
Morgenthau, Henry 468
Moriarty, Michael 532
Möser, Justus 32
Motte, Henri-Paul 56
Motteler, Julius 350
Müller, Johannes von 79
Müntzer, Thomas 178, 180, 182, 187
Münzer, Hieronymus 150
Musäus, Johann August 258
Musk, Elon 606
Mussolini, Benito 33
Myller, Christoph Heinrich 79

Nannen, Henri 428
Napoleon I. Bonaparte 32, 37, 49, 56, 67, 111, 128, 134, 188, 249, 251–254, 259, 261, 263–266, 270, 276, 283, 372, 438, 476
Napoleon III. 249
Nau, Stefan 566
Naubert, Benediktine 258
Nebenius, Karl Friedrich 287

Neidhardt von Gneisenau, August 252, 263
Neidhardt von Gneisenau, Karoline 263
Neumann, Johann Balthasar 227–231
Neurath, Konstantin von 467, 469
Niedecken, Wolfgang 567
Niemöller, Martin 447
Nikolaus I., Zar 311
Nikolaus II., Zar 371, 397
Ninus 60
Nixon, Richard M. 569
Norbert von Xanten 240
Nordhoff, Heinrich 518

Obama, Barack 601
Obereit, Jacob Hermann 78
Oberth, Hermann 558
Oettinger, Günther 162
Ohnesorg, Benno 529
Orff, Carl 301
Ortega y Gasset, José 371
Ossietzky, Carl von 420, 426f.
Ottheinrich von der Pfalz 133
Otto I., Kaiser 53, 55, 59, 66f., 84
Otto II., Kaiser 72, 169
Otto III., Kaiser 72f.
Otto, Nikolaus August 366f., 369
Otto-Peters, Luise 415

Papen, Franz von 437, 467, 469
Parler, Gertrud 138
Parler, Peter 137f., 140f.
Pasteur, Louis 38, 170, 210
Paul VI., Papst 596
Perlia, Richard 538, 543
Perrault, Charles 259
Pessoa, Fernando 371
Pestalozzi, Johann Heinrich 248
Peters, Carl 385
Peutinger, Konrad 194
Peutinger, Margarethe 194
Philipp von Schwaben 85
Picasso, Pablo 399, 581
Pieck, Wilhelm 301
Pincus, Gregory 510
Pius XII., Papst 476
Platner, Georg Zacharias 295
Poe, Edgar Allen 212
Poincaré, Raymond 402
Polo, Marco 153
Ponto, Jürgen 530
Popp, Harald 576
Porsche, Ferdinand 515–518
Preuß, Hans 189
Preußen, Heinrich von 235

Preußen, Wilhelm von 409
Preußler, Otfried 315
Probst, Christoph 453
Ptolemäus, Claudius 149
Putin, Wladimir 601

Qualtinger, Helmut 422
Quidde, Ludwig 427

Raeder, Erich 403, 467, 469
Raffael da Urbino 231
Rahn, Helmut 490–492
Raspe, Jan-Carl 528f.
Rasputin, Grigori Jefimowitsch 371
Rathenau, Emil 338f.
Ratzinger, Joseph, *siehe* Benedikt XVI.
Rau, Eugen 443
Rehlinger, Anna 194
Rehlinger, Konrad 195
Rehlinger, Ulrich 194
Reichhart, Franz Xaver 453
Reichhart, Johann 453
Reimarus, Johann Albert 241f.
Remarque, Erich Maria 426f.
Remmele, Adam 164
Renner, Narziß 174
Rethel, Alfred 56
Reuter, Ernst 301, 542
Reutter, Hermann 301
Rezzori, Gregor von 469
Ribbentrop, Joachim von 403, 467, 469
Richelieu (Armand-Jean du Plessis) 200
Richter, Gerhard 531
Richter, Heinrich 379
Ringelnatz, Joachim 381
Ritter, Gerhard 392
Robespierre, Maximilien de 245
Rock, John 510
Rodrigues de Sá, Armando 520–524
Roger, Émile 367
Röhm, Ernst 128
Rohwedder, Detlev Karsten 530
Romanow, Alexei Nikolajewitsch 371
Roon, Albrecht von 341
Rosenberg, Alfred 33, 57, 422, 467, 469
Rothfels, Hans 344
Ruge, Arnold 331
Runge, Philipp Otto 258
Ruprecht I. von der Pfalz 131f.
Ruprecht II. von der Pfalz 131f.

Sachs, Hans 413
Sauckel, Fritz 467, 469
Savigny, Friedrich Carl von 257
Schabowski, Günter 568–573
Schacht, Hjalmar 467, 469
Schaezler, Johann Lorenz 239
Scharnhorst, Gerhard Johann David von 252, 504
Scharoun, Hans 120
Scharrer, Johannes 295
Schäuble, Wolfgang 549
Schedel, Hartmann 150
Scheel, Walter 87, 459
Scheffel, Joseph Victor von 289, 342
Scheidemann, Philipp 407f., 410f.
Schemel, Jeremias 174
Schiller, Friedrich 50, 248, 270f.
Schindler, Anton 273
Schirach, Baldur von 467, 469
Schleiermacher, Friedrich 265
Schleyer, Hanns Martin 528, 530
Schlöndorff, Volker 531
Schmidt, Helmut 527, 536
Schmidt, Paul 606
Schmitt, Josef 164
Schmitz, Bruno 266
Schmoll von Eisenwerth, Karl 80
Schmorell, Alexander 453
Schnitzler, Arthur 426f.
Scholl, Hans 451–453
Scholl, Sophie 451–453
Schön, Helmut 491
Schönborn, Johann Philipp Franz von 228, 230
Schönborn, Lothar Franz von 228
Schorlemmer, Friedrich 566
Schröder, Gerhard 546, 599, 607
Schrötter, Friedrich Leopold von 251f.
Schrötter, Karl Wilhelm von 251f.
Schübler, Johann J. 228
Schüler, Johann Valentin 202, 204
Schumacher, Kurt 301, 347, 351, 488
Schuman, Robert 499
Schumann, Jürgen 527f.
Schur, Gustav-Adolf (Täve) 560
Schurz, Carl 319
Schwarz, Matthäus 172–174, 177
Schwarz, Veit Konrad 174
Schwarzer, Alice 513
Schwerz, Johann Nepomuk Hubert von 308
Seehofer, Horst 423

Seghers, Anna 427
Selbert, Elisabeth 416
Sendler, Horst 549
Serke, Jürgen 428
Seyß-Inquart, Arthur 467, 469
Shakespeare, William 259
Siebenpfeiffer, Philipp Jakob 281, 283
Siegmund von Tirol 175 f.
Siemens, Carl 337
Siemens, Werner von 334–339
Siemens, Wilhelm (William) 335, 337
Sigismund, Kaiser 67
Simrock, Karl 80
Sneader, Walter 374
Snowden, Edward 600, 602
Söderbaum, Kristina 153
Sophie von Hannover 177
Spaeth, Johann Wilhelm 293
Sparschuh, Jens 549, 555
Speer, Albert 467, 469
Speyer, Moses Michael 204, 206
Spitzweg, Carl 289
Stalin, Josef W. 454, 456 f.
Stauber, Carl 289
Stauffenberg, Claus Schenk von 446, 505
Stein, Heinrich Friedrich Karl vom und zum 224, 252, 254 f.
Steinbeck, John 469
Stephan von Ungarn 85
Stephenson, George 355
Stiefel, Edmund 482
Stilke, Heinrich 312
Stoecker, Adolf 189
Stolberg-Stolberg, Friedrich Leopold zu 246
Stoph, Willi 553
Störtebeker, Klaus 121, 123
Strauß, Fanny 317
Strauß, Franz Josef 391 f.
Strauß, Hirsch 316–318
Strauss, Levi, *siehe* Strauß, Löb
Strauß, Löb 316 f., 319
Strauß, Maila 317
Strauß, Rebecca 317 f.
Streep, Meryl 532
Streicher, Julius 467, 469
Streiter, Georg 594
Strousberg, Bethel Henry 356
Stumm-Halberg, Carl Ferdinand 361
Stumpf, Carl 409

Suhr, Otto 427
Süssmuth, Rita 303

Tacitus, Publius Cornelius 31, 169
Teske, Werner 451
Thaer, Albrecht von 306
Theophanu, Kaiserin 72
Thieme, Clemens 266
Thieme, Hartmut 20
Thoma, Ludwig 379
Tiberius 30 f.
Tilly, Johann 49
Toller, Ernst 428
Trajan 72
Trapattoni, Giovanni 569
Trebeta 60
Tresckow, Henning von 505
Trotha, Lothar von 386
Trotta, Margarethe von 531
Truman, Harry S. 471
Tübke, Werner 179–183
Tucholsky, Kurt 371, 426
Tulla, Johann Gottfried 274–279
Turing, Alan 482

Uhland, Ludwig 331
Ullman, Micha 429
Urban VI., Papst 132

Van de Velde, Henry 339
Vane, John R. 374
Varus, Publius Quinctilius 28–33, 188
Vasco da Gama 151
Veiel, Andres 531
Verne, Jules 558
Vespucci, Amerigo 151
Viehmann, Dorothea 258 f.
Vietta, Egon 473
Vischer, Friedrich Theodor 331
Voigt, Wilhelm 314
Von der Hagen, Friedrich Heinrich 79
Voss, Oliver 612

Wagner, Richard 80 f., 270 f., 277, 434
Waldseemüller, Martin 151
Wallace, Edgar 371
Wallenstein (Albrecht Wenzel Eusebius von Waldstein) 127, 199 f.
Wallot, Paul 343
Wallraf, Ferdinand Franz 141

Walter, Fritz 493–495
Walter, Ludwig 494
Waltz, Jean-Jacques (Hansi) 314
Weber, Carl Maria von 265
Weber, Wilhelm Eduard 336
Wegener, Ulrich 527, 530 f.
Weitling, Wilhelm 323
Weizsäcker, Richard von 303, 458 f., 566
Welcker, Carl Theodor 299
Wenzel von Luxemburg 115
Werfel, Franz 427
Werner, Anton von 340–342, 344
Widukind (Sachsen) 57
Widukind von Corvey 53, 55
Wieland, Christoph Martin 248
Wilder, Billy 535
Wilhelm I. von Württemberg 304–306
Wilhelm I., Kaiser 32, 49, 313, 340–343, 349, 357–359, 450
Wilhelm II., Kaiser 266, 313, 350, 362 f., 385, 402, 407–410
Wilhelm IV. von Bayern 167 f.
Willigis von Mainz 72
Wilson, William 293
Winkelmann, H. M. 424, 426
Winkler, August Heinrich 459
Wipo 55
Wirsching, Andreas 423
Wirth, Johann Georg August 281
Wischnewski, Hans-Jürgen 527
Woermann, Adolph 385
Wolf, Markus 469, 555
Wolfger von Erla 77
Woods, James 532
Wright, Orville 558
Wright, Wilbur 558
Wutschetitsch, Jewgeni 563

Yersin, Alexandre 210

Zedler, Johann Heinrich 241
Zenlin, Johannes 102–104
Zeppelin, Ferdinand von 558
Zimmermann, Herbert 492, 495
Zimmermann, Wilhelm 181
Zola, Émile 275
Zollitsch, Robert 594
Zuckmayer, Carl 314, 371, 525
Zuschneid, Karl 301
Zuse, Konrad 478–483
Zweig, Arnold 427
Zweig, Stefan 421, 427
Zwingli, Huldrych 180